Erreurs
de
Pilotage
tome 10

ISBN : 978-2-37301-038-1
EAN : 9782373010381
Éditions Jean-Pierre Otelli
www.editions-jpo.com

Maquette / Graphisme : Naoual Otelli
Révision : Valérie Eveillé - Caractère essentiel

Jean-Pierre Otelli

Erreurs de Pilotage

tome 10

Éditions JPO

À ma mère, au ciel...

Photo de couverture :

2 février 2005 : un Challenger CL-600 termine son décollage dans l'agglomération de Teterboro (@Art Brett).

AVANT-PROPOS

Voici le Tome 10 de la série *ERREURS de PILOTAGE...*
Attendu par certains, violemment critiqué par d'autres qui ne le liront pas, cet ouvrage ne laissera personne indifférent. On répétera que je m'acharne sur une profession qui m'a donné les meilleurs moments de ma vie et que c'est une forme de trahison... Ce n'est évidemment pas le cas. En réalité, c'est un travail pédagogique comme on devrait en trouver au sein de toutes les structures aéronautiques modernes et responsables. On ne peut faire progresser la sécurité aérienne qu'en ayant une parfaite connaissance des erreurs qui ont été commises, aussi bien par nous-mêmes que par les autres.
Vouloir nier l'importance du facteur humain dans un accident d'avion est une aberration. Il est vital de mettre en lumière ce que les spécialistes appellent le retour d'expérience et seul son décryptage permet de progresser.
Comme toujours, les contradicteurs opposeront le même argument : « tout ce qui est dans ce livre relève de la vie privé des pilotes et cela ne devrait pas être révélé ». C'est un étrange raisonnement. Comment admettre que le public n'ait pas le droit de tout savoir lorsqu'un crash a fait des dizaines de victimes ? Après un accident, les conversations qui se sont tenues dans un cockpit n'ont rien de privé. C'est d'ailleurs la raison pour laquelle le Cockpit Voice Recorder existe. Son écoute est une contribution essentielle à toute enquête.
Nous vivons à l'heure de la transparence totale et il n'est pas concevable que l'aéronautique reste en retrait de cette évolution pour des raisons corporatistes ou économiques.

Jean-Pierre OTELLI.
15 200 heures de vol.

DROIT DANS LE MUR...

(Photo de couverture).

Aucun décollage ne peut s'effectuer en sécurité si le centrage de l'avion n'est pas correct... Les passagers, les bagages et le carburant doivent être répartis dans l'appareil en respectant scrupuleusement les consignes du constructeur. La moindre négligence peut coûter très cher !

Mercredi 2 février 2005
6 heures 30 du matin.

Le Bombardier Challenger CL-600 de ce récit (Immatriculation N370V).

L'appareil est un Canadair Challenger qui appartient à la compagnie Platinum Jet Management. C'est un modèle de la série CL600-1A... Équipé de deux réacteurs Honeywell ALF502L-2C qui délivrent une poussée totale de plus de 7 tonnes, cette version haut de gamme est spécialement conçue pour transporter des passagers très exigeants. Car la facture est toujours très élevée. Un trajet aller-retour sur une distance standard aux USA coûte en moyenne

85 000 dollars. Il est donc évident que seuls des hommes d'affaires ou des stars du showbiz peuvent se permettre de telles prestations. C'est ainsi que, depuis sa création, la compagnie Platinum Jet se flatte d'avoir transporté Beyoncé et son mari Jay Z... le rappeur Snoop Dogg... Joe Montana... Jon Bon Jovi... Shaquille O'Neal... Luciano Pavarotti... Duran Duran... Ozzi Osbourne ou encore, le producteur Harvey Weinstein. Plus surprenant, les deux ex-présidents Bill Clinton et Georges W. Bush ont également voyagé à bord du Challenger lorsqu'ils étaient en campagne électorale. Le dernier a même entretenu un temps des liens privilégiés avec les propriétaires de la compagnie...

Le Challenger est configuré pour transporter neuf passagers : six sont assis dans des fauteuils classiques orientés vers l'avant et trois autres peuvent prendre place sur un superbe divan disposé latéralement le long de la cloison à droite.

La cabine du Challenger avec son divan VIP placé le long de la cloison.

L'appareil de ce récit est sorti d'usine 25 ans plus tôt. C'est donc loin d'être un modèle de dernière génération. Les instruments du tableau de bord sont analogiques et il n'y a aucun écran. Quant aux différents systèmes d'assistance informatique, ils sont quasiment inexistants.
Les premiers propriétaires de l'avion ont été les dirigeants du transporteur de fret FedEx mais ceux-ci ne l'ont jamais utilisé. En fait, ils n'ont même pas attendu la livraison de l'appareil pour

s'en séparer. Ayant décidé d'acheter des Dassault Falcon 20[1], ils ont immédiatement cédé leur bon de commande au groupe TAG international, qui l'a lui aussi rapidement revendu au département de la Défense du Canada. Les militaires de l'armée de l'air l'ont alors exploité pendant près de 20 ans pour effectuer des missions de liaisons à travers le continent.

C'est en 2003 que Platinum Jet Management a racheté le Challenger dans une vente aux enchères. Le prix était particulièrement intéressant. Les nouveaux propriétaires ont alors fait reconditionner l'intérieur pour en faire une version haut de gamme : fauteuils en cuir de buffle, ronce de noyer sur les cloisons et équipement général de très grand luxe avec une cuisine et un bar. Malgré le coût de la remise en état, la compagnie a réalisé une excellente affaire car l'appareil avait très peu volé. Ainsi, au moment des événements décrits dans ce récit, il ne totalise que 6 901 heures de vol. C'est un chiffre très faible en comparaison du nombre d'heures effectuées généralement par un avion de ligne.

Le tableau de bord du Challenger CL-600-1A11.
Aucun écran et des instruments analogiques datant des années 90.

[1]Le premier Falcon 20 acheté par FedEx est aujourd'hui exposé à l'annexe du musée Smithsonian de l'aéroport de Dallas-Dulles. Il a été baptisé Wendy.

LA COMPAGNIE PLATINUM JET MANAGEMENT

La compagnie PJM est spécialisée dans le transport aérien à la demande. Elle appartient aux frères Brassington, originaires du Guyana. Michael, le plus âgé, est le PDG de la société mais il est également responsable des opérations aériennes et chef-pilote. Il lui arrive très souvent de prendre les commandes de l'appareil, en particulier lorsque les passagers sont des personnalités connues. Du fait de ses multiples fonctions, rien ne peut se faire sans son accord, même pour des détails insignifiants. Son frère Paul n'est que le vice-président de la compagnie. Il gère le marketing et s'occupe de rechercher des clients. C'est une attribution qui lui convient parfaitement car elle lui permet de rencontrer les dirigeants de puissantes sociétés et des vedettes mondialement connues.
Comme les frères Brassington ne possèdent pas de licence de transport aérien, ils travaillent officiellement pour le compte de Darby Aviation basée à Muscle Shoals dans l'Alabama. Cette compagnie aérienne possède en effet un *agreement* délivré par la FAA pour effectuer des vols charters. Contre une redevance mensuelle de 2 000 dollars, Darby Aviation délègue les droits de sa licence à Platinum qui peut alors faire du transport aérien à la demande. Cette procédure étonnante est courante aux USA... Elle sous-entend toutefois que Darby Aviation est responsable de l'entraînement des pilotes, de la surveillance de l'entretien des avions ainsi que des plannings de vols. En réalité, tout cela reste très théorique... Platinum se contente d'envoyer un fax à la fin du mois pour résumer les opérations qui ont été effectuées avec le Challenger. Darby Aviation n'exerce aucun contrôle réel. Elle se contente d'encaisser ses 2 000 dollars et laisse carte blanche à la compagnie à laquelle elle délègue ses droits de transport.
À la suite des événements qui vont se produire, les autorités de l'aviation américaine se rendront compte que cette procédure fonctionne mal et qu'elle est souvent à l'origine de dérives réglementaires graves.

L'AÉROPORT DE TETERBORO

Les pistes de Teterboro vues du ciel.
La ville de New York se trouve à seulement 8 kilomètres sur la gauche de la photo.

Situé dans le New Jersey à seulement 8 kilomètres de New York, l'aéroport de Teterboro est utilisé principalement par des avions privés. C'est l'aéroport le plus ancien de la côte est des États-Unis puisque c'est en 1919 qu'un avion y a décollé pour la première fois. Du fait de sa proximité avec Manhattan, c'est aujourd'hui la plate-forme préférée des New-Yorkais fortunés. Ce sont surtout les hommes d'affaires de Wall Street qui apprécient de pouvoir rejoindre l'aéroport en moins d'une demi-heure. Tout comme l'aéroport du Bourget implanté au nord de Paris, aucune ligne régulière ne vient jamais atterrir à Teterboro. Le trafic est constitué essentiellement de jets privés : des Dassault Falcon, des Grumman et des Challenger. De toute façon, le terrain ne peut pas recevoir des gros-porteurs car il souffre de la proximité d'une grande métropole... Au fil des ans, l'aéroport a été encerclé par la banlieue et les possibilités d'extension ont disparu. De ce fait, les deux pistes 01/19 et 06/24 sont très courtes[2] et leur résistance ne leur permet pas de recevoir des appareils de plus de 50 tonnes. Malgré ce handicap, Teterboro fait partie des plates-formes les plus fréquentées des États-Unis. Et cela pose souvent des problèmes... Ainsi, lors des grandes manifestations sportives, il arrive que les contrôleurs refusent des arrivées pour la simple raison qu'il n'y a plus de place dans les parkings. Il faut alors enchevêtrer des dizaines d'appareils un peu partout de manière anarchique (photo). Bien évidemment, les autorités rêvent d'agrandir les aires de stationnement mais c'est impossible. Les constructions sont à l'extrême limite des clôtures et aucun terrain n'est plus disponible aussi bien à l'intérieur qu'à l'extérieur. Par ailleurs la proximité de la route 46 au nord représente une frontière infranchissable. La conséquence, c'est que Teterboro est à la limite de la saturation et que les choses ne s'arrangeront pas.

Des parkings bondés.

[2] Les pistes 06/24 et 01/19 mesurent respectivement 1 833 mètres et 2 134 m.

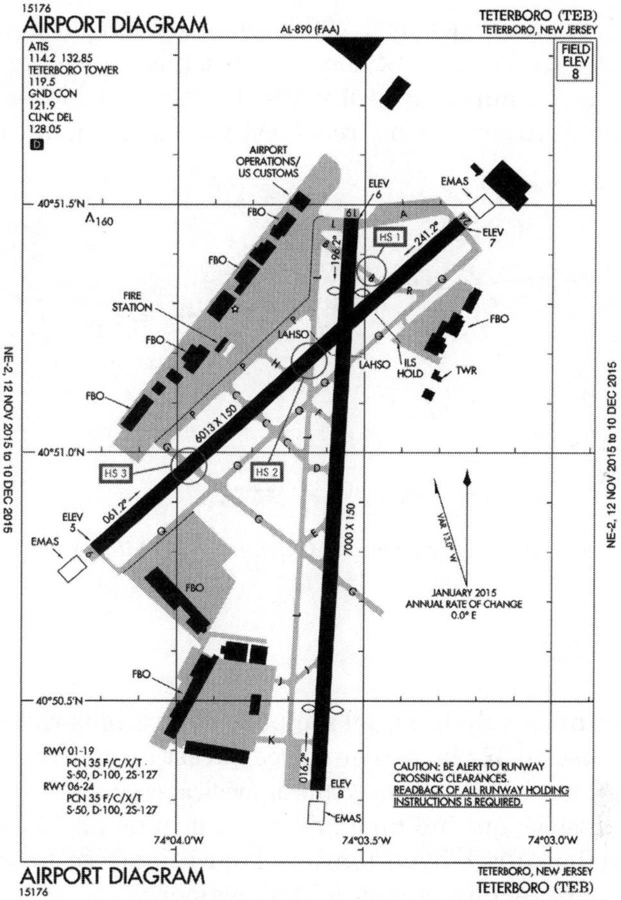

Plan des pistes et des taxiways de Teterboro.

LE TRAJET

Le Challenger de Platinum est arrivé dans la nuit en provenance de Las Vegas. Il s'est posé à minuit 41 minutes. Comme il n'y avait aucun passager à bord, le pilote a été dirigé directement vers le parking ouest qui jouxte la tour de contrôle en face des bâtiments du FBO local[3]. C'était le seul endroit disponible à cette heure tardive. Au moment où l'équipage a coupé les moteurs, l'appareil fonctionnait normalement et aucune panne technique n'a été signalée.

Le planning de la compagnie prévoit qu'un autre équipage va se présenter à 5 heures 30 du matin pour emmener huit passagers à

[3] *Fixed Base Operator* : Agent local permanent.

Chicago. C'est un trajet de 1 200 kilomètres dont la durée de vol est de l'ordre d'une heure et demie. Sur le plan de vol, le décollage est prévu à 7 heures avec un atterrissage à Chicago Midway International Airport à 9 heures. C'est un vol tout à fait banal…

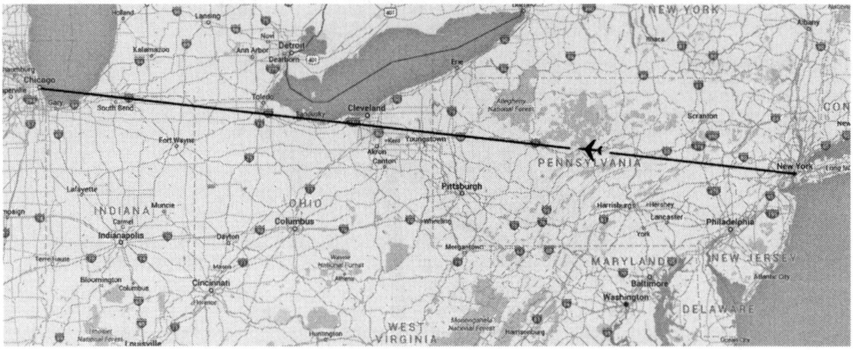

Trajet entre Teterboro et Chicago : 1 200 kilomètres.

L'ÉQUIPAGE

Le commandant de bord : il s'appelle John Kimberling et il a 58 ans. Il totalise 16 374 heures de vol, ce qui est un chiffre respectable pour un pilote de ligne. Son certificat médical « classe 1 » est valide malgré un dossier qui indique qu'il a perdu plus de 15 kg en onze mois et qu'il souffre d'hypertension. Pour soigner cette pathologie, il doit prendre régulièrement des médicaments.
De manière étrange, Kimberling ne possède aucun domicile fixe. Il n'a pas de maison, pas d'appartement ni même un simple studio quelque part aux USA… En fait, le pilote a adopté un style de vie bohème inhabituel pour un navigant : bien que sa situation financière soit saine, il a pris l'habitude de squatter chez différents amis qu'il sélectionne en fonction de l'endroit où il se trouve aux États-Unis. C'est principalement en Virginie et en Floride qu'il fait appel à ses connaissances pour se loger temporairement. Lorsque personne ne peut lui donner asile, il prend alors une chambre dans un motel.

D'un point de vue professionnel, le moins que l'on puisse dire, c'est que John Kimberling a déjà eu quelques problèmes au cours de sa carrière. Ainsi, avant d'être recruté par Platinum Jet Management, il a travaillé pour un très grand nombre de compagnies aériennes. Certaines étaient basées au Texas, d'autres en Floride, d'autres encore en Californie, en Caroline du Nord, en Caroline du Sud, dans l'Ohio ou dans le Missouri. Bien évidemment, Kimberling n'est jamais resté très longtemps quelque part. Pour preuve de cette accumulation d'emplois aussi divers que variés, il emporte en permanence dans sa sacoche tous les badges qui lui ont été délivrés entre 2001 et 2004. Des souvenirs fétiches de ses activités précédentes ! La compagnie au sein de laquelle il est resté le plus longtemps était basée à Harrisonburg en Virginie. Il volait alors sur un biréacteur Cessna Citation II mais les choses se sont mal terminées... Le chef-pilote expliquera plus tard aux enquêteurs que John Kimberling était *un sujet difficile avec des problèmes qui se sont aggravés de jour en jour*. Il faisait preuve d'un *très mauvais jugement et ses prises de décision étaient souvent très mauvaises et il a violé la règlementation* à plusieurs reprises. Finalement, le 3 octobre 2003, à la suite d'une approche dangereuse sur l'aéroport de Buffalo, la compagnie lui a proposé de rédiger lui-même une lettre de démission. Cette procédure lui évitait de briser définitivement sa carrière de pilote.

Après cette déconvenue, John Kimberling a réussi à signer un contrat avec une agence gouvernementale qui l'a fait travailler pendant quelques mois pour différentes organisations internationales. C'est à la fin de ce contrat qu'il a été recruté par PJM. Mais lorsque son nouvel employeur lui a demandé de fournir un CV en indiquant le nom des organisations pour lesquelles il avait volé, John Kimberling a refusé de répondre... D'après lui, ces informations étaient « classées secrètes » et il n'était pas autorisé à révéler le nom du signataire du contrat. Il s'est borné à expliquer qu'en marge de ces activités, il travaillait officiellement pour une autre compagnie aérienne basée en Virginie au sein de laquelle « *tout se serait passé au mieux pour lui* ».
Le problème, c'est que l'examen des archives de cette compagnie montre que cela n'a pas été vraiment le cas. Ainsi, son dossier révèle que le 28 mars 2004, John Kimberling a été tout simplement viré parce qu'il posait des problèmes graves au niveau de la sécurité. Les reproches qui lui ont été adressés sont particulièrement sévères : « *lacunes importantes dans la connaissance de l'avion, lacunes dans l'application des procédures, qualités de pilotage très médiocres et problèmes relationnels récurrents avec les autres membres du personnel* ». Plus grave encore, les responsables de la compagnie ont estimé que « *le pilote prétendait avoir une expérience aéronautique qui ne correspondait absolument pas avec ses performances en vol et qu'il n'était pas disposé à faire le nécessaire pour s'améliorer* ».

Pour ce vol en direction de Chicago, c'est John Kimberling qui sera aux commandes du Challenger. Il sera PF...

Son copilote sera PNF[4].

Le copilote : il totalise 5 962 heures de vol et il a 31 ans. Il est de nationalité vénézuélienne et s'appelle Carlos Winston Salavarria. Il est titulaire d'une licence CPL valable pour les avions multimoteurs et le vol aux instruments. Et comme tous les pilotes du monde, il passe chaque année une visite médicale dont le certificat « Classe 1 » doit être impérativement joint au triptyque de sa licence[5]. Malheureusement, il y a un sérieux problème... car au moment des événements, ce certificat est périmé depuis plus d'un mois. Carlos Salavarria n'est donc pas autorisé à effectuer la moindre opération commerciale aux commandes d'un avion transportant des passagers. Et comme si ce n'était pas suffisant, il n'a pas le droit de travailler aux États-Unis car il ne dispose que d'un visa de touriste.
Avant d'être recruté par Platinum, Carlos Salavarria a été employé dans une compagnie aérienne vénézuélienne. Il y a d'abord volé comme ingénieur navigant sur Boeing 727 puis sur un gros-porteur DC-10. Aujourd'hui, il jouit d'une bonne réputation au sein de la compagnie. D'ailleurs, le commandant Kimberling a été l'un des premiers à le féliciter par écrit. Dans un compte-rendu de vol, il le qualifie de « *pilote brillant, très compétent et parfaitement à l'aise dans l'exécution des procédures* ». Ce jugement est d'autant plus inattendu que... le copilote n'a pas terminé sa formation. Il n'a suivi que 22 heures de cours au sol sur les 35 prévues par les opérations pour être copilote sur le Challenger CL-600[6].

L'hôtesse. Elle s'appelle Angelica Calad-Gomez et elle a 22 ans. C'est une très jolie jeune femme brune qui a commencé sa carrière à l'âge de 16 ans en tant que mannequin dans une agence de mode de Miami. Elle a été ensuite serveuse « VIP » dans un grand hôtel et vient tout juste d'être recrutée par Platinum en tant que « Cabin

---

[4] *Pilot Flying.* Pilote aux commandes. PNF : Pilot not flying : Pilote non aux commandes (gère les communications, lit les check-lists et assiste le PNF. Dans certaines petites compagnies, c'est toujours le commandant qui est PF. Dans les grandes compagnies les rôles sont intervertis à chaque rotation.

[5] Le certificat médical « Classe 1 » est valable un an pour un pilote âgé de moins de 40 ans et six mois pour un pilote de plus de 40 ans.

[6] D'après la réglementation « 14 code of Federal Regulations Part 135 ».

Aide ». Une de ses amies expliquera ultérieurement que ce job est la réalisation d'un rêve de petite fille. Depuis toujours, Angelica voulait être hôtesse de l'air pour « *être admirée, voyager et découvrir le monde* ». Par ailleurs, en travaillant pour Platinum, la jeune femme sait qu'elle va côtoyer un grand nombre de célébrités et elle espère ainsi se faire un nom dans le monde du show-business.
Le plus étonnant, c'est qu'Angelica est programmée sur le vol à destination de Chicago mais qu'elle n'a pas encore terminé sa formation de navigante. Elle n'a suivi que la moitié des cours prévus au cursus et il lui reste encore à passer l'examen final de « *Cabin Crew Diploma* ». Cela ne semble pourtant pas poser de problème aux dirigeants de Platinum. On lui a répété à de nombreuses reprises qu'elle était douée et qu'elle pouvait travailler malgré tout. Malheureusement, comme la sécurité aérienne n'est pas qu'une question d'esthétique, l'inexpérience flagrante de la jeune femme aura des conséquences importantes lors de l'accident.

LES PASSAGERS

Ils ne sont que huit à bord... Ce sont tous des hommes. Deux d'entre eux sont des membres de Kelso Investments, une banque de New York qui engrange des bénéfices record à Wall Street depuis trente ans. Le responsable présent à bord de l'avion s'appelle David I. Wahrhaftig mais tout le monde l'appelle simplement Dave. Il est l'un des présidents les plus influents de la société.
Les autres passagers sont des gros clients qu'il invite pour une journée à Chicago à l'occasion d'un séminaire festif. Tout le monde rentrera à New York dans la soirée avec le même Challenger.
L'ambiance à bord est beaucoup plus décontractée que dans un avion de ligne. Le luxe raffiné de la cabine, le confort des sièges et la présence d'une jeune femme belle comme Miss Univers font comprendre aux passagers qu'ils ne sont pas des touristes banals.
Par ailleurs, le divan confortable le long de la cloison permet aux deux responsables de se décontracter encore davantage.
Pour une raison indéterminée, Angelica ne leur fera pas de démonstration des procédures de sécurité comme cela se pratique dans un avion de ligne. Le résultat, c'est que les passagers vont se montrer un peu inconscients. Ainsi, quatre d'entre eux n'attacheront pas leur ceinture y compris au moment du décollage : ce sont ceux assis aux places 3L et 4L ainsi que les deux responsables installés sur le divan aux places 2 et 3. Nous y reviendrons...

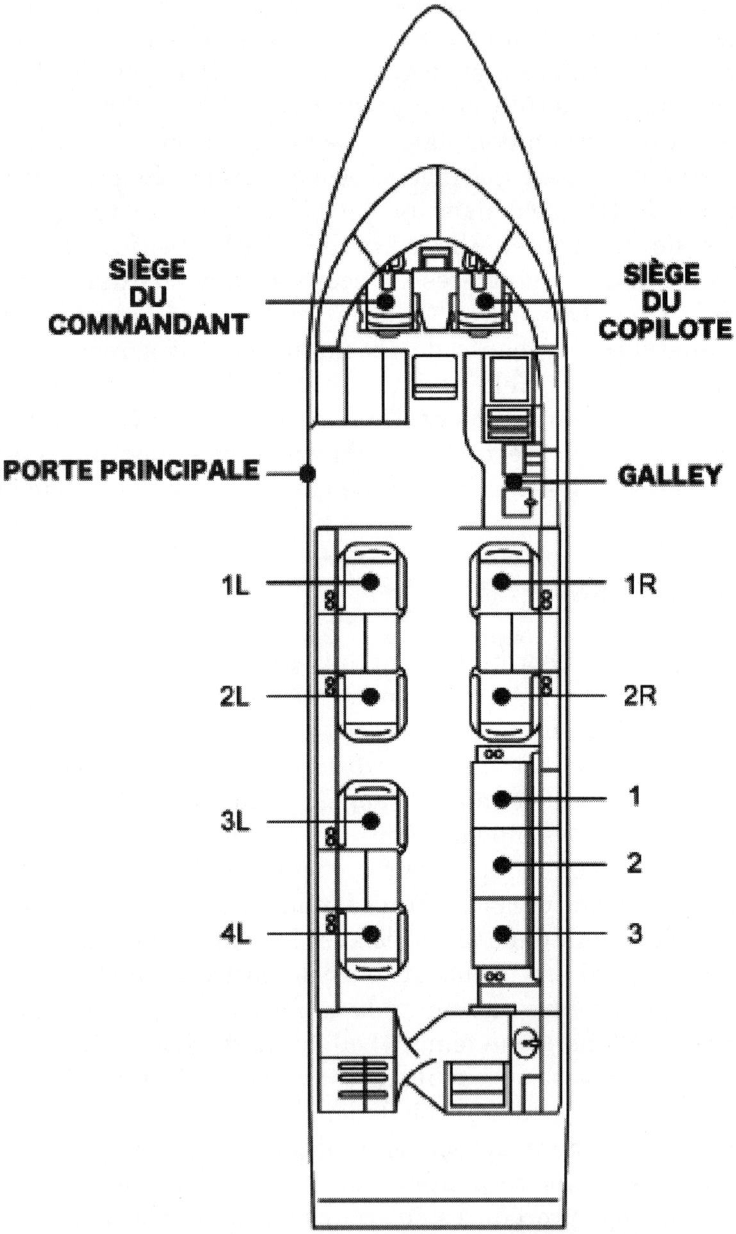

Plan de la cabine du Challenger

LE TIMING DES ÉVÉNEMENTS DU 2 FÉVRIER

À **5 heures du matin**, John Kimberling, Carlos Winston Salavarria et Angelica Calad-Gomez sont récupérés à l'hôtel Holiday Inn de Hasbrouck Heights-Meadowlands. Le véhicule qui vient les chercher est une navette qui appartient à l'opérateur local de Platinum Jet à Teterboro.
L'équipage arrive sur le parking à **5 heures 20**. Le copilote et le commandant effectuent ensemble une inspection de l'avion et ils le trouvent « *parfaitement propre* ». Puis John Kimberling s'installe dans le cockpit pendant que Salavarria appelle le soutier afin de compléter le carburant dans les réservoirs. Cette opération s'effectue en deux temps. Lors d'une première rotation, le soutier rajoute 5 261 litres mais il ne peut pas terminer le plein car sa citerne est vide. Il va donc chercher un second véhicule à partir duquel il rajoute 1 711 litres dans les réservoirs[7].
Une fois les pleins terminés, le copilote rejoint son chef dans le cockpit et comme il fait très froid dans l'avion, ce dernier décide de démarrer les moteurs. Il faut en effet attendre la livraison des repas et des boissons qui seront consommés par les passagers. Or, cette procédure devrait prendre un certain temps.
Le véhicule du *catering* arrive à **6 heures 08**. Bien évidemment, tous les produits livrés ne sont que du très haut de gamme... Il y a une caisse de champagne millésimé, du vin de Bordeaux, du caviar et une vingtaine de plateaux-repas dignes des plus grands restaurants. Kelso Investments paye en effet très cher pour que les prestations offertes à ses invités soient de très grande qualité. C'est une question d'image !
Dès que les plateaux sont embarqués, l'équipage appelle sur la fréquence sol afin d'obtenir l'autorisation de rejoindre le parking d'Atlantic Aviation (voir la carte). C'est là en effet que les passagers vont se présenter pour l'embarquement. Ce local est particulièrement confortable et luxueux. De cette manière, ils n'auront que quelques mètres à parcourir pour rejoindre le Challenger qui se placera à proximité de la porte vitrée.

[7] Aux USA, le carburant est mesuré en gallons, ce qui représente un total de 1 842 gallons (1 390 gallons pour le premier camion et 452 pour le second).

Le salon d'accueil d'Atlantic Aviation.

L'appareil traverse donc les deux pistes par les *taxiways* « Roméo » et « Bravo » et il vient se garer sur le parking d'Atlantic à **6 heures 25**. À cet instant, le jour se lève et il fait – 6 degrés C. Malgré le froid, les conditions météo s'annoncent très bonnes pour toute la journée : il a neigé les jours précédents mais les pistes sont parfaitement propres et il n'y a nulle trace de verglas sur les aires de roulage. Par ailleurs, l'air est très sec et les pare-brise des avions ne sont pas givrés. Quant à la visibilité, elle est supérieure à 20 kilomètres avec un ciel sans nuages. En fait, la région est sous l'influence d'un anticyclone qui génère une pression atmosphérique locale de 30,50 pouces de mercure[8].

L'équipage coupe les moteurs, mais contrairement à ce qui se passe lors d'un vol régulier, les passagers ne se précipitent pas pour embarquer. Personne ne vient faire la queue à côté de la porte. Mieux… les responsables de Kelso Investments restent assis pour terminer leur conversation avec leurs clients. Le décollage est prévu à 7 heures mais personne ne leur met la pression. Finalement, trois passagers se lèvent et se dirigent tranquillement vers la porte. Ils n'ont qu'un attaché-case et une sacoche contenant un ordinateur portable. C'est John Kimberling en personne qui les accueille à côté de l'escalier de l'appareil. Comme c'est la tradition, il porte sa veste galonnée et sa casquette sur la tête. Les clients sont souriants. Avant d'embarquer, ils expliquent au commandant que leur société possède exactement le même type d'appareil et qu'ils voyagent souvent à bord.

[8] Les Américains utilisent le pouce de mercure comme unité de pression atmosphérique. Les Européens sont restés à l'hectopascal. Les pays de l'Est le millimètre de mercure. Dans le cas présent 30,53 inch/hg = 1016 hPa = 775,5 mm de mercure.

Puis Angelica Calad-Gomez les guide dans la cabine. Elle prend en charge les manteaux et les bagages à main et les dispose avec soin dans les coffres situés le long des cloisons.
Alors que les trois passagers s'installent, le responsable de Kelso Investments vient voir John Kimberling. Il l'informe qu'il y aura peut-être une personne supplémentaire lors du vol retour.
Les cinq autres passagers restent à discuter dans le salon d'accueil pendant encore une dizaine de minutes avant de rejoindre l'avion. Aucun d'eux n'a de bagages à mettre en soute. Les seuls bagages qui sont placés dans les coffres avant de l'avion appartiennent à John Kimberling, Carlos Salavarria et Angelica. Il y a des sacoches de vol, un gros sac de toile, des manuels de procédures et un grand nombre de bidons d'huile réacteur. L'ensemble représente un poids non négligeable[9].

LE DÉROULEMENT DES ÉVÉNEMENTS

Comme tous les avions d'affaires, le Challenger possède un équipement comparable à celui d'un avion de ligne. Bien évidemment, du fait de son âge, les instruments du tableau de bord n'ont aucun rapport avec les écrans ultra modernes qu'on trouve aujourd'hui sur les appareils de dernière génération. Ils permettent pourtant de naviguer sur toutes les destinations nationales et internationales. Par ailleurs, le Challenger est équipé de deux boîtes noires :

- un FDR[10] qui enregistre les 25 dernières heures des paramètres du vol.
- Un CVR[11] qui enregistre les 30 dernières minutes de conversations dans le cockpit.

En cas d'accident, ces enregistreurs permettent de reconstituer le déroulement des événements avec la plus grande précision. Voici donc la totalité des échanges qui se sont tenus.
La retranscription commence au moment où les cinq derniers passagers se présentent à l'embarquement.
Le commandant est maintenant dans le cockpit.
Salavarria et Angelica se chargent de l'accueil au pied de l'escalier :

[9] Du fait de l'incendie qui a suivi l'accident, le poids dans le coffre a été estimé car la plus grande partie des bagages a brûlé.
[10]FDR : *Flight Data Recorder*. Contrairement aux instruments digitaux de dernière génération, le FDR du Challenger est un enregistreur analogique à bande magnétique « six pistes ».
[11]CVR : *Cockpit Voice Recorder*.

7 heures 04 minutes 38 secondes (hôtesse) *: Bonjour, comment allez-vous ?*

7 heures 04 minutes 39 secondes (passager non identifié) : *Bien. C'est un plaisir de vous rencontrer...*

Angelica s'adresse ensuite au passager qui se trouve derrière...

7 heures 04 minutes 41 secondes (hôtesse) : *Bonjour bienvenue à bord.*

7 heures 04 minutes 42 secondes (passager suivant) : *Bonjour mademoiselle comment vous allez ?*

7 heures 04 minutes 42 secondes (hôtesse) : *Très bien et vous, comment allez-vous ?*

Angelica continue à saluer individuellement chaque passager qui franchit la porte du Challenger. Les mots sont les mêmes, le ton un peu commercial mais le sourire reste très chaleureux. Alors que les nouveaux arrivants s'installent, on entend des rires qui fusent au fond de la cabine. Il y a quelques plaisanteries qui semblent concerner la jeune femme. Visiblement, sa présence à bord va mettre un peu d'ambiance pendant le voyage.
Lorsque tout le monde est installé, le commandant sort du poste de pilotage et il se présente :

7 heures 05 minutes 36 secondes (commandant) : *On va faire mieux connaissance plus tard... On va faire mieux connaissance... mais je veux déjà vous souhaiter un bon voyage. Mon nom est John Kimberling... Voici Angelica et voici mon copilote Carlos. Nous sommes tous ici pour vous servir et vous rendre ce vol le plus agréable possible. N'hésitez pas à faire appel à nous pour quoi que ce soit.*

7 heures 05 minutes 50 secondes (un passager) : *Merci.*

La voix n'est pas identifiée formellement mais il est probable que c'est celle de David Wahrhaftig. Quelques secondes plus tard, le CVR enregistre le ronronnement discret du moteur électrique qui remonte l'escalier. Puis la porte est fermée et l'ambiance dans la cabine devient plus feutrée. Contrairement à ce qui est prévu dans

les procédures, ce n'est pas l'hôtesse qui a fermé la porte de l'avion mais le copilote.
Les passagers ne cessent de parler à haute voix. De temps à autre, on entend des rires auxquels se mêle la voix claire d'Angelica. Puis, un claquement caractéristique retentit. C'est une boucle de ceinture qui se referme.

Dans le poste de pilotage, John Kimberling semble très satisfait. Malgré la nonchalance de ses clients pour embarquer, il sera pratiquement à l'heure pour quitter le bloc.

7 heures 06 minutes 54 secondes (commandant) : *Okay mon pote !*

Dans la foulée, Carlos Salavarria se connecte sur 132.85. C'est la fréquence de l'ATIS[12] qui va lui fournir les paramètres du décollage ainsi que les dernières informations météorologiques sur l'aéroport. Aussitôt, la voix monocorde du contrôleur retentit dans les haut-parleurs. L'enregistrement a été réalisé il y a une dizaine de minutes et il tourne en boucle.

7 heures 07 minutes 00 seconde (ATIS) : *...11 heures 51*[13]*. L'ILS de la piste 06 est en service. Les arrivées et les départs se font sur la piste 06. Informations aux pilotes : la piste 01/19 est fermée. Le taxiway « Lima » est fermé partiellement entre Delta 24. Tous les pilotes doivent respecter la procédure antibruit. Vous devez répéter les instructions pour maintenir position. Annoncez au premier contact que vous avez reçu l'information « Hôtel »... Teterboro information « Hôtel » enregistrée à 11 heures 51. Le vent est calme... La visibilité 16 kilomètres. Le ciel est clair en dessous de 12 000 pieds. La température -6 degrés. Le point de rosée -8. Réglage altimétrique 30.53.*

On remarque que le contrôleur a insisté sur l'obligation de respecter strictement la procédure antibruit. En effet, non seulement l'aéroport de Teterboro se trouve enclavé au milieu de la banlieue mais la ville de New York est toute proche. Par ailleurs, il y a une contrainte supplémentaire aujourd'hui. En temps normal à cette heure matinale, la piste utilisée est la 01/19 car sa nuisance est

[12]*Automatic Terminal Information Service* : Service automatique d'information terminale.
[13] Il s'agit ici de l'heure universelle GMT qui est la seule référence horaire utilisée en aéronautique. Elle correspond à 6 h 51 de l'Eastern standard time de New York.

moins forte pour les riverains. Malheureusement, celle-ci est fermée pour la matinée. Il faut donc utiliser la 06/24, ce qui amène les avions à se rapprocher des gratte-ciel... Depuis le 11 septembre, ce n'est pas vraiment du goût des habitants. Le décollage doit donc se faire sur une pente de montée très forte et il faut réduire rapidement la puissance sans jamais dépasser 190 nœuds[14]. Par ailleurs, aucun virage ne doit être effectué en dessous de 300 pieds ou avec une inclinaison supérieure à 15 degrés.

Alors que Carlos Salavarria termine de noter les différents paramètres du départ, Kimberling appelle les opérations de Platinum sur son téléphone portable. Il s'agit de prévenir les responsables que leur départ est proche. Le CVR ne peut pas enregistrer les paroles de l'interlocuteur mais les paroles du commandant permettent de comprendre le sens de la conversation :

7 heures 07 minutes 14 secondes (commandant) : *Hey mec, c'est John avec le N370V de Platinum Jet. J'ai tous mes passagers à bord. Je suis sur le point de quitter Teterboro. Tout le monde va bien et je vous appellerai à l'arrivée à Chicago.*

7 heures 07 minutes 28 secondes (commandant) : *Hey, au fait, ils ont dit aussi qu'il pourrait y avoir un passager supplémentaire au retour. Je vous tiendrai au courant.*

Comme l'interlocuteur ne semble pas savoir combien il y a de passagers à bord, Kimberling précise :

7 heures 07 minutes 40 secondes (commandant) : *Euh... j'en ai huit ici maintenant. En fait, je pense que ce... ce... celui-là viendra. Je vous tiendrai au courant quand on sera à Chicago monsieur... Merci monsieur. Au revoir.*

Alors que Kimberling range son portable dans sa poche, le copilote continue à préparer la mise en route.

7 heures 08 minutes 45 secondes (commandant) : *Humm... j'ai laissé mon téléphone connecté, j'aurais pas dû le faire... En plus, j'étais en train d'essayer de te parler... Ouais, c'est okay pour ce que tu as fait...*

---

[14] 352 km/h... Pour tout savoir sur les procédures en vigueur à Teterboro, consulter la vidéo « briefing » réalisée par les autorités de l'aéroport : http://www.airportflightcrew-briefing.com/teterboro/

7 heures 08 minutes 55 secondes (copilote) : *Est-ce qu'il a dit d'appeler… quand on en aura besoin ?*

La question de Carlos n'est pas très audible car elle est brouillée par les rires et le brouhaha des conversations dans la cabine. En fait, Angelica vient d'ouvrir une première bouteille de champagne et elle apporte des coupes sur un plateau. Évidemment, l'ambiance monte… Le soleil vient tout juste de se lever mais la journée promet d'être joyeuse.
Pendant qu'Angelica apporte à boire aux passagers qui en redemandent déjà, aucun d'eux ne semble remarquer qu'on ne leur fait pas les démonstrations de sécurité obligatoires dans le transport public. Les passagers des vols réguliers connaissent bien cette procédure au cours de laquelle le personnel de cabine se place au milieu de l'allée pour montrer comment attacher et détacher les ceintures, enfiler un gilet de sauvetage ou expliquer le fonctionnement des masques à oxygène.
À part le champagne, il ne se passe rien…
John Kimberling se justifiera plus tard en disant qu'il a toujours été persuadé que c'était à Angelica de s'en occuper. Au contraire, la jeune femme pense que c'est au commandant de faire les démonstrations… Elle est d'autant plus persuadée d'avoir raison qu'elle n'a pas la moindre idée de ce qu'elle devrait montrer aux passagers.
Après l'accident, les responsables de Platinum expliqueront qu'étant donné « *le manque d'expérience de l'hôtesse, c'*était en effet *au commandant ou au copilote de procéder à la démonstration des procédures de sécurité* ». Le résultat de ce flou artistique, c'est que personne ne montre aux passagers ce qu'ils devront faire en cas de problème à bord. Tout cela relève d'un amateurisme ahurissant !

7 heures 07 minutes 56 secondes (commandant) : *Okay, allez on démarre…*

Pour ce vol, c'est John Kimberling qui sera aux commandes. Le copilote s'occupera des communications radio. L'appareil n'effectuant pas un vol régulier, l'indicatif radio noté au plan de vol sera l'immatriculation de l'avion : N370V. Dans les échanges qui se feront avec le contrôle, cette appellation sera plusieurs fois abrégée sous la forme « 70 Victor ».
Carlos Salavarria commence donc la lecture de la check-list « Avant mise en route ». Le démarrage des moteurs du Challenger est

semblable à celui d'un avion de ligne. Les voyants de fermeture des portes sont vérifiés... Le frein de parking est mis et la pression hydraulique est vérifiée... Les manettes de poussée sont placées en position *Shut off* ...
Pendant ce temps-là en cabine, l'ambiance monte encore d'un cran. Les rires sont de plus en plus forts car l'un des passagers raconte des blagues. Cette cascade d'éclats de bonne humeur ne va jamais cesser pendant la mise en route et le roulage. Les huit hommes semblent d'autant plus heureux qu'Angelica vient d'ouvrir une seconde bouteille de champagne et qu'elle ne cesse de remplir les coupes de cristal. Le type de récipient utilisé à cet instant n'est pas sans importance car son aspect tranchant aura certaines conséquences dans ce qui va arriver.
Alors qu'on s'amuse dans la cabine, le responsable de Kelso Investments se présente à la porte du cockpit pour assister à la mise en route des moteurs. La procédure commence mais le brouhaha en cabine est si fort qu'il couvre souvent les dialogues entre Kimberling et Salavarria.

7 heures 09 minutes 11 secondes (un passager) : *Quoi ?*

7 heures 09 minutes 20 secondes (un autre passager) : *Ce sera plus rapide que de prendre l'autoroute...*

Quelques secondes plus tard, les deux moteurs sont lancés.

7 heures 09 minutes 34 secondes (commandant) : *Okay, nous avons démarré.*

7 heures 09 minutes 36 secondes (copilote) : *Okay, après démarrage, générateur 1 et 2... Testés et sur « On ».*

En fait, Salavarria semble avoir des difficultés dans l'application des procédures et Kimberling va lui donner quelques conseils qui ne vont rien arranger... Peu à peu, une forme de désordre s'installe et la check-list « Après mise en route » est effectuée sans qu'on sache vraiment quel est le rôle de chacun.

7 heures 09 minutes 45 secondes (commandant) : *Non, c'est pas bon ! Il faut toujours que tu t'assures que tu es sur statique. Et puis, mets-les toujours sur le haut. Ne t'arrête pas au milieu. Mets-les sur le haut.*

7 heures 09 minutes 54 secondes (commandant) : *Okay, on coupe l'APU*[15].

7 heures 10 minutes 01 secondes (copilote) : *Les pompes hydrauliques vérifiées...*

7 heures 10 minutes 03 secondes (commandant) : *Elles sont vérifiées. Elles sont sur « On ».*

La check-list se poursuit, toujours imprécise car on ne sait pas qui annonce vraiment quoi. Le copilote est supposé lire les items mais le commandant ne cesse de l'interrompre en parlant à toute vitesse... C'est donc dans la confusion la plus totale que l'ignition est désarmée, l'isolation est mise « à la demande », la pressurisation de secours est vérifiée, les ACU sont mis sur *On*, le *Nose Wheel Steering* est armé, le braquage de la direction est également vérifié, la manette de *reverse* est armée et le trim de l'amortisseur de lacet est réglé.
Le plus étonnant, c'est que la lecture de ces items est débitée si rapidement que toutes ces vérifications ne prennent que... 33 secondes. Difficile d'expédier une check-list plus rapidement !
Finalement, Salavarria annonce d'une voix satisfaite :

7 heures 10 minutes 42 secondes (copilote) : *Et maintenant, on y va !*

7 heures 10 minutes 47 secondes (commandant) : *Bon !*

7 heures 10 minutes 49 secondes (copilote) : *La check-list « Après mise en route » est terminée.*

7 heures 10 minutes 51 secondes (commandant) : *Allez, on va rouler avec ce bébé !*

7 heures 10 minutes 59 secondes (commandant) : *Ouais, tout est prêt. Tu peux les appeler.*

Salavarria appuie donc sur l'alternat de son micro et il contacte 121.90.

---

[15] *Auxiliary Power Unit* : petite turbine auxiliaire qui fournit du courant dans la cabine et dans le cockpit lorsque les réacteurs sont arrêtés.

7 heures 11 minutes 09 secondes (copilote à la radio) : *Euh... Teterboro sol bonjour, Challenger Novembre 370 Victor. Nous sommes au parking Atlantic et nous avons l'information « Hôtel ». On est prêts à rouler.*

Comme le contrôleur ne répond pas immédiatement, Kimberling se dit qu'il peut gagner un peu de temps : il lâche les freins et commence à rouler doucement vers le sud-ouest. Bien évidemment, ce genre de comportement n'est absolument pas réglementaire et le commandant se justifie aussitôt vis-à-vis du copilote en lui montrant l'entrée du *taxiway* « Hôtel » (voir plan de Teterboro).

7 heures 11 minutes 26 secondes (commandant) : *Je vais m'arrêter... heu, juste là !*

Le contrôleur répond 17 secondes plus tard.

7 heures 11 minutes 43 secondes (contrôleur sol) : *Challenger 370 Victor... Teterboro, je vous écoute ?*

7 heures 11 minutes 47 secondes (copilote) : *Ah oui monsieur, bonjour... Nous sommes à Atlantic. On a l'information « Hôtel »... Prêts à rouler.*

7 heures 11 minutes 53 secondes (contrôleur sol) : *Okay Challenger 370 Victor... euh... piste 06 derrière le TBM qui rentre à Atlantic. Euh, vous pouvez rouler et maintenez au bord de la piste à l'intersection « Golf ».*

Comme on peut le voir sur le plan de l'aéroport, il n'existe aucun *taxiway* qui permette de rejoindre directement le seuil de la piste 06 à partir du parking nord. Le contrôleur vient donc d'autoriser le Challenger à rejoindre initialement l'intersection « Golf »... À partir de cette position, l'avion pourra soit remonter la piste 06 jusqu'à son extrémité, soit la traverser pour aller au point d'attente par le taxiway « Québec ». En fait, malgré l'heure matinale, il y a déjà beaucoup de trafic au départ et à l'arrivée. Il est donc probable que le contrôleur ne pourra pas accepter que la piste soit bloquée par la présence du Challenger.

7 heures 12 minutes 07 secondes (copilote) : *Roger, on passe derrière le TBM[16] et on maintient au bord de la piste à « Golf ».*

Le copilote suit des yeux le TBM 900 qui vient tout juste d'atterrir. Celui-ci est en train de rejoindre le parking Atlantic par le *taxiway* « Charlie ». Dès qu'il aura libéré le passage, le Challenger pourra rejoindre l'intersection Golf.

7 heures 12 minutes 13 secondes (copilote) : *Il va juste se garer...*

7 heures 12 minutes 15 secondes (commandant) : *On va passer derrière, par là.*

7 heures 12 minutes 16 secondes (copilote) : *Ouais.*

7 heures 12 minutes 17 secondes (commandant) : *Tu le vois ?*

7 heures 12 minutes 18 secondes (copilote) : *Oui.*

7 heures 12 minutes 29 secondes (commandant) : *Piste 06... par Golf.*

DÉBUT DU ROULAGE

Le commandant augmente très légèrement la puissance... Il lâche les freins et le Challenger recommence à rouler. Au même moment, de nouveaux rires éclatent dans la cabine. L'ambiance vient encore de monter d'un cran. Les cris sont si forts que le contrôleur expliquera plus tard qu'au moment des transmissions, il entend les hurlements en fond sonore.
« *On aurait dit des supporters qui regardent un match dans un bar* ».
Au même moment, Angelica fait le tour des clients pour proposer des amuse-gueules. Pourtant, elle n'a pas beaucoup de succès car c'est surtout le champagne qui intéresse les passagers. Tout cela n'a rien à voir avec l'atmosphère feutrée qui règne dans un avion de ligne juste avant le décollage.
De temps en temps, certaines exclamations sont même clairement lisibles sur la bande enregistrée du CVR :

---

[16]TBM 900 : appareil de conception française fabriqué par le groupe Daher-Socata à Tarbes.

7 heures 12 minutes 34 secondes (un passager non identifié) : *Oh putain, putain, je le crois pas !!*

C'est dans cette ambiance survoltée que John Kimberling tente de se repérer sur l'aéroport. Pour cela, il utilise le plan des pistes qu'il a agrafé sur son manche.

7 heures 12 minutes 35 secondes (commandant) : *Okay, tu vois où on est ?*

Nouvel éclat de rire général.

7 heures 12 minutes 59 secondes (copilote) : *Oui, ça va être la prochaine à gauche.*

7 heures 13 minutes 03 secondes (commandant) : *Merci. Et... excuse-moi, c'est quoi notre procédure de départ ?*

Étonnant ! On est à quelques minutes du décollage et Kimberling ne connaît pas la route qu'il s'apprête à suivre. C'est pourtant un paramètre majeur car Teterboro se trouve dans un secteur où le trafic aérien est l'un des plus denses du monde. Outre les trois grands aéroports internationaux de JFK, Newark et La Guardia, la zone autour de New York compte en effet une douzaine d'aéroports très actifs dans un rayon de 60 kilomètres[17]. Cela représente des centaines de routes et de cheminements qui s'entrecroisent dans tous les sens et qu'il faut suivre au mètre près !

7 heures 13 minutes 08 secondes (copilote) : *La route, c'est « Teterboro 5 »*[18].

7 heures 13 minutes 10 secondes (commandant) : *Ah, ouais d'accord.*

7 heures 13 minutes 10 secondes (copilote) : *Il a dit...*

---

[17] Essex – Wetchester – Morristown – Teterboro – Farmingdale – Long Island Mac Arthur – Francis Gabriski – Brookhaven – White Plains – Easthampton – Montauk et Lincoln Park.

[18] La route de départ Teterboro « 5 » n'est plus utilisée aujourd'hui pour la piste 06 car elle amène les avions à se rapprocher des zones d'habitation très denses. Cette route présente également l'inconvénient de se trouver juste en dessous de l'axe de descente des trafics qui vont atterrir sur l'aéroport de Newark tout proche, en particulier lorsque les pistes 22 droite et gauche sont en service. La route de départ « 5 » a donc été remplacée par la Teterboro « 6 » et la « 9 » qui ne concerne que la piste 24.

Salavarria n'en dit pas plus. Il est interrompu par de nouveaux éclats de rire. Le bruit est si présent que les échanges entre les pilotes deviennent incompréhensibles.
Nouveaux cris de joie et applaudissements...

7 heures 13 minutes 11 secondes (commandant) : *La piste 06 paraît...*

Comme Kimberling ne semble toujours pas connaître sa route de départ, Salavarria continue à lui apporter des précisions.

7 heures 13 minutes 13 secondes (copilote) : *Ouais piste 06... montée sur le cap 040.*

7 heures 13 minutes 16 secondes (commandant) : *Okay, cap 040.*

7 heures 13 minutes 18 secondes (copilote) : *Jusqu'à ce qu'on arrive... Oui, c'est notre cap... Okay... Okay.*

7 heures 13 minutes 21 secondes (commandant) : *On doit faire attention à cette chose...*

Difficile de comprendre quelle est cette « chose » à laquelle John Kimberling fait allusion ! Il pourrait pourtant s'agir du respect de la procédure antibruit à laquelle les autorités du New Jersey sont particulièrement attachées. C'est ce que semble comprendre Salavarria. Il poursuit ses explications et le commandant se contente d'approuver :

7 heures 13 minutes 23 secondes (copilote) : *Oui, jusqu'à ce qu'on quitte 1 500 pieds... Okay, on vire à gauche.*

7 heures 13 minutes 26 secondes (commandant) : *Okay.*

7 heures 13 minutes 27 secondes (copilote) : *On doit faire direct la balise Papa November Juliette qui se trouve là au cap 347*[19].

7 heures 13 minutes 32 secondes (commandant) : *Okay... Okay...*

[19] PNJ est une balise radiocompas pour « Patterson New Jersey » (fréquence 347 kHz) située à 14 kilomètres au nord de l'aéroport de Teterboro.

7 heures 13 minutes 33 secondes (copilote) : *Et maintenir 2 000 pieds jusqu'à la verticale de Papa Novembre Juliette.*

7 heures 13 minutes 37 secondes (commandant) : *Okay.*

7 heures 13 minutes 39 secondes (copilote) : *Et puis on doit monter à 3 000 pieds.*

Il faut noter que la route de départ va se faire « à l'ancienne » car le Challenger ne dispose d'aucune assistance électronique moderne. Il n'est pas possible de choisir une route à suivre sur un écran puis de laisser le pilote automatique se charger de tout. Il faut afficher des balises VOR et des radiales, puis les suivre en exerçant une surveillance précise. C'est évidemment beaucoup plus compliqué et dans ces conditions, on s'étonne que Kimberling n'ait pas mieux préparé sa route…

7 heures 13 minutes 41 secondes (commandant) : *Okay… Maintenant on devra faire la procédure antibruit ici… Donc, ce que je vais faire quand on arrivera là, je vais réduire les gaz, aller tout droit et faire le changement.*

Kimberling n'a pas le temps de donner plus d'explications car Angelica vient de rentrer dans le cockpit. De toute évidence, depuis que la porte de l'avion est fermée, la jeune femme est l'objet de toutes sortes de demandes. Les coupes de champagne se vident à un rythme ahurissant. Et il lui faut continuer à sourire malgré les propositions plus ou moins grivoises.

7 heures 13 minutes 50 secondes (hôtesse) : *Est-ce que vous voulez que je vous apporte quelque chose avant le décollage ?*

7 heures 13 minutes 51 secondes (commandant) : *Oui m'dame… fais-moi un café.*

Mais avant qu'Angelica retourne dans le galley, Kimberling la rattrape.

7 heures 13 minutes 53 secondes (commandant) : *Et écoute… Quand je te dirai qu'on est prêt pour le décollage, je me fous de ce qu'ils te demandent. Tu t'assois et tu leur dis d'attendre une minute, Okay ?*

Angelica retourne immédiatement dans le galley sans répondre. La réflexion de Kimberling l'a-t-elle froissée ? Toujours est-il qu'elle va oublier le café demandé. On entend seulement le cliquetis des verres et le « pop » caractéristique d'un nouveau bouchon qui saute. Ce bruit déclenche aussitôt des applaudissements dans la cabine. Pendant ce temps-là, Kimberling examine les avions garés tout autour de lui. Ce sont surtout des Falcon[20]. Il réalise alors qu'il ne lui sera pas aussi facile de rejoindre la bretelle « Golf » car le passage est étroit.

Le parking de Teterboro aux abords d'Atlantic Aviation : des jets d'affaires encastrés par dizaines les uns dans les autres.

7 heures 14 minutes 03 secondes (commandant) : *Et maintenant, il va falloir qu'on fasse quelques manœuvres pour sortir de là.*

Au même moment, le paysage semble brusquement s'éclairer d'un coup sur l'aéroport. Une superbe lumière orangée inonde la piste et les *taxiways*, et Kimberling n'est pas insensible à la magie du spectacle :

7 heures 14 minutes 10 secondes (commandant) : *Ouah... voilà le soleil qui se lève !*

[20] Le constructeur Dassault possède une unité située juste en face du parking d'Atlantic : Dassault Falcon Jet Corporation.

Salavarria semble beaucoup moins sensible à la beauté de l'instant. En réalité, il essaie de se concentrer sur la préparation de la route de départ.

7 heures 14 minutes 13 secondes (copilote) : *Est-ce que vous voulez que je vous affiche le VOR Papa Novembre Juliette ici ?*

7 heures 14 minutes 15 secondes (commandant d'une voix distraite) : *Ouais...*

7 heures 14 minutes 17 secondes (copilote) : *Est-ce que je vous mets ELIOT avant ?*

7 heures 14 minutes 26 secondes (commandant) : *Ouais mec...*

« Eliot » est un point de report qui doit être survolé impérativement lors des départs vers l'ouest et Salavarria est en train de préparer toutes les radiales à intercepter. La proximité de la ville de New York et l'importance du trafic n'autorisent pas la moindre erreur. Le jeune copilote en est bien conscient et il semble beaucoup moins décontracté que le commandant.

7 heures 14 minutes 29 secondes (copilote) : *Le Directeur de Vol ?*

7 heures 14 minutes 31 secondes (commandant) : *Hum ?*

7 heures 14 minutes 32 secondes (copilote) : *Voilà !*

7 heures 14 minutes 33 secondes (commandant) : *Merci.*

Toujours contemplatif, Kimberling continue d'admirer la lumière de l'aube qui monte de l'est. Le ciel est d'un bleu très pur et une silhouette caractéristique se détache à contre-jour sur la ligne des gratte-ciel.

7 heures 14 minutes 42 secondes (commandant) *: Le soleil se lève... Regarde l'Empire State Building.*

Mais Salavarria ne semble vraiment pas intéressé :

7 heures 14 minutes 45 secondes (copilote) : *Hum...*

La piste 06 au niveau de la bretelle « Golf » avec l'Empire State Building en arrière-plan.

À cet instant, le Challenger arrive au niveau de la bretelle « Golf » et le contrôleur l'appelle aussitôt pour le guider, car un Gulfstream G650 est en train de rouler vers les hangars de First Aviation.

7 heures 14 minutes 47 secondes (contrôleur sol) : *Challenger 370 Victor, traversez la piste 06. Le Gulfstream va maintenir position pour vous à Novembre.*

7 heures 14 minutes 58 secondes (copilote) : *Roger, on roule vers la piste 06... 370 Victor.*

Puis soudain, le commandant a l'impression de s'être égaré. Malgré sa fiche de roulage Jeppesen agrafée sur son manche, il pense avoir dépassé le *taxiway* « Québec ». Pourtant, le plan des pistes de Teterboro est particulièrement simple, ce n'est pas Roissy et encore moins Atlanta :

7 heures 15 minutes 02 secondes (commandant) : *On dirait qu'on est sur la piste 01, non ? On est en train d'aller vers...*

Par chance, Salavarria sait parfaitement où ils sont. Il le rassure aussitôt.

7 heures 15 minutes 05 secondes (copilote) : *C'est bon, on roule vers la piste 06.*

7 heures 15 minutes 13 secondes (commandant) : *Okay, et on vire toujours au cap 040 après le décollage, correct ?*

Le moins que l'on puisse dire, c'est que Kimberling semble vraiment perturbé par la contemplation du soleil levant... Il est en total retard de phase, ce qui n'est jamais bon signe quand on pilote un avion.

7 heures 15 minutes 17 secondes (copilote) : *Oui, c'est ça... 040.*

7 heures 15 minutes 18 secondes (commandant parlant très lentement) : *0... 4... 0... jusqu'à... 1 500 pieds et puis... virage à gauche... direct vers...*

Comme Kimberling hésite, Salavarria confirme aussitôt l'information.

7 heures 15 minutes 25 secondes (copilote) : *Direct vers Papa Novembre Juliette.*

Maintenant qu'il a enfin noté sa route de départ, Kimberling décide de reprendre la préparation de l'avion :

7 heures 15 minutes 43 secondes (commandant) : *Okay, on va faire la check-list « Avant décollage ». Appelle la tour et dis-leur qu'on est prêts.*

Décidément, le commandant n'est pas concentré sur son travail. Il vient de commettre une erreur en demandant la check-list « Avant décollage ». C'est beaucoup trop tôt !
Pour ne pas vexer son patron, Salavarria le corrige discrètement.

7 heures 15 minutes 47 secondes (copilote) : *Okay, pour la check-list « Roulage ».*

Salavarria ouvre donc son livret de procédure et il commence à lire les différents points à vérifier. Une fois encore, les échanges entre les deux navigants sont anarchiques et manquent cruellement de précision. Parfois, c'est le copilote qui pose les questions et qui répond lui-même... Parfois, Kimberling répond mais il ne fait pas l'action prévue. Parfois, il agit de lui-même sans respecter l'ordre de la check-list. En fait, c'est n'importe quoi et d'une manière générale, les vérifications sont encore une fois effectuées à toute vitesse :

7 heures 15 minutes 53 secondes (copilote) : *Les freins « anti-skid » sont vérifiés et les inverseurs de poussée sont vérifiés. Les pompes hydrauliques « B » ? Elles sont « On ».*

7 heures 15 minutes 58 secondes (commandant) : *Oui, elles sont sur « On ».*

7 heures 16 minutes 00 seconde (copilote) : *Vérification des volets à 20 degrés !*

7 heures 16 minutes 02 secondes (commandant) : *Les volets sont en transit.*

7 heures 16 minutes 03 secondes (copilote) : *Okay, les volets en transit.*

On notera que cette dernière vérification est mal effectuée. Constater que les volets sont en transit ne permet pas de s'assurer qu'ils vont être braqués à « 20 degrés ». Il pourrait y avoir une mauvaise manipulation de la manette qui amènerait les volets sur une autre position. C'est un risque d'autant plus probable que les deux hommes effectuent la check-list tout en surveillant leur progression au milieu des jets garés dans tous les sens.
Qu'importe, une seconde plus tard, Salavarria passe à l'item suivant.

7 heures 16 minutes 05 secondes (copilote) : *Les trims[21] ?*

7 heures 16 minutes 06 secondes (commandant) : *Les trims sont réglés sur 1 - 2 et 3.*

Avant de poursuivre ce récit, il est important de rappeler quelques notions sur la façon dont un avion doit être « centré ». Car il n'est pas

[21] Systèmes de compensation qui agissent sur des palettes placées au niveau des gouvernes et qui permettent de diminuer les efforts du pilote pour maintenir l'avion dans une attitude déterminée. Selon le centrage et la masse, les trims doivent être réglés avant le décollage.

possible de charger n'importe comment les bagages, les passagers et le carburant. Le centre de gravité doit se trouver à l'intérieur d'une enveloppe respectant le domaine de vol de l'avion. C'est d'ailleurs la raison pour laquelle lorsqu'un passager se présente au comptoir d'embarquement, ce n'est pas l'employé qui lui attribue son siège mais un système informatique. L'ordinateur répartit chacun dans la cabine en fonction du nombre de passagers, de la masse des bagages et du carburant qui va être embarqué. Si le centrage n'est pas correct, l'avion aura inévitablement des difficultés au moment du décollage. Selon que l'excédent de poids se trouve sur l'avant ou sur l'arrière, les problèmes peuvent être de deux sortes :

- **Centrage avant :** si les bagages, les passagers et le carburant sont placés trop en avant du centre de gravité, l'avion accélérera normalement au moment de la mise des gaz. Le pilote ne remarquera rien mais lorsqu'il tirera sur le manche pour effectuer la rotation, le nez sera trop lourd et le train avant restera collé sur la piste. Dans ce cas, il ne pourra pas décoller. La seule solution sera alors de freiner pour tenter de s'arrêter avant la fin de la piste.
- **Centrage arrière :** si les bagages, les passagers et le carburant sont placés trop en arrière du centre de gravité, ce sera encore plus grave. L'avion aura tendance à se cabrer de lui-même bien avant que la vitesse de référence ne soit atteinte. Dans ce cas, le décollage se produira de façon incontrôlée avec une incidence beaucoup trop forte. Bien évidemment, le pilote tentera instinctivement de pousser sur le manche mais cela ne servira à rien : le nez continuera à monter dans le ciel. La situation se dégradera très rapidement et dans la plupart des cas, cela se terminera par un décrochage au ras du sol.

Or, dans le cas du Challenger, John Kimberling a commis une succession d'erreurs graves dans le chargement de son appareil... Dans un premier temps, il a fait placer la totalité des bagages de l'équipage dans la soute avant de l'avion. C'est ainsi qu'on y trouve de nombreux sacs de sport, des outils, des sacoches de cartes et de la documentation. Rien n'a été mis sur l'arrière.

Par ailleurs, et c'est beaucoup plus grave, il a fait rajouter une quantité trop importante de carburant dans les réservoirs. Car il pratique ce qu'on appelle le *tankering*, une procédure interdite aux USA et qui consiste à remplir les réservoirs au-delà de la limite autorisée dans le but de bénéficier d'un carburant moins cher que sur un autre aéroport. Cela permet également aux équipages de ne pas perdre du temps pour *refueler* lors de chaque escale.

En fait, après l'accident, Kimberling avouera ne pas se souvenir exactement de ce qu'il a mis dans ses réservoirs. Après réflexion, il prétendra avoir demandé 13 800 livres alors que les relevés du soutier prouvent qu'il en a fait rajouter 14 634. En réalité, les enquêteurs sont persuadés qu'aucun calcul n'a été effectué. On est dans le domaine de l'improvisation absolue. Le chargement et les pleins de l'avion ont été faits de manière routinière avec un raisonnement tristement classique : « *On a toujours fait comme ça, il n'y a pas de raison pour que ça ne marche pas aujourd'hui* ». Le résultat c'est que lorsque le commandant roule vers la piste 06, son avion est en surcharge de 50 kg et le centre de gravité se trouve 20 % en avant de l'enveloppe de centrage autorisée pour le décollage.

Bien évidemment, afin de respecter la réglementation, une feuille de centrage a été remplie par l'équipage mais le document est loin de représenter la réalité. Il n'a pas été tenu compte du nombre exact de passagers, du poids réel du carburant et certains bagages se trouvant sur l'avant de l'appareil ne figurent même pas sur la fiche. Encore une fois, le travail a été bâclé.

Totalement inconscients de la situation, les deux hommes poursuivent leur check-list à toute vitesse :

7 heures 16 minutes 09 secondes (copilote) : *Les commandes ?*

Cette vérification est prévue sur tous les types d'avions. Elle consiste à tester les ailerons, la profondeur et la direction afin de vérifier que les gouvernes sont libres et que leur débattement se fait dans le bon sens et sans aucun blocage. Il s'agit en particulier de vérifier qu'aucune éclisse n'a été oubliée lors de la visite prévol. Ce genre de problème est déjà arrivé à de nombreuses reprises et cela s'est toujours terminé par un crash puisque le pilote ne peut pas contrôler l'avion au moment du décollage.

Pour effectuer cette vérification, il suffit au pilote de braquer les commandes à fond sur chacun des axes et de vérifier qu'il ne rencontre aucune résistance.

7 heures 16 minutes 12 secondes (commandant) : *Tu vas prendre celles du haut. J'ai déjà fait celles du bas.*

Le moins que l'on puisse dire, c'est que le langage de Kimberling n'est pas très aéronautique. En fait, ce dernier demande à Salavarria de ne tester que le manche (ailerons et profondeur). Il n'a pas besoin de vérifier le palonnier car il s'en est déjà chargé.

L'exécution de ces vérifications est importante pour la compréhension de ce qui va arriver par la suite. Elle prouve que toutes les commandes fonctionnent normalement. Respectant les instructions de son commandant, le copilote saisit donc le manche. Il le fait basculer à fond à droite et à gauche puis il le tire à fond en arrière et en butée vers le tableau de bord. Lorsqu'il a terminé, il annonce :

7 heures 16 minutes 15 secondes (copilote) : *Okay... Okay, les commandes de vol sont vérifiées.*

C'est à cet instant qu'une voix féminine retentit dans les haut-parleurs. C'est la contrôleuse de Teterboro :

7 heures 16 minutes 21 secondes (contrôleuse sol) : *Challenger 370 Victor... la tour de Teterboro. Positionnez-vous sur la piste 06 et attendez en attendant le départ IFR.*

7 heures 16 minutes 25 secondes (copilote) : *Okay, on se met en position sur la piste 06 et on maintient... 70 Victor.*

7 heures 16 minutes 26 secondes (commandant) : *Okay, on se prépare à y aller...*

L'instruction de Kimberling est un peu prématurée. En effet, la check-list « Roulage » n'est pas terminée et celle « Avant décollage » n'a même pas été évoquée.
Cela n'empêche pas le copilote de terminer la lecture des items.

7 heures 16 minutes 31 secondes (copilote) : *Les spoilers sont vérifiés.*

Bien qu'aucune annonce vocale ne soit faite, la consigne « Attachez les ceintures » est allumée à l'intention des passagers et le carillon résonne en cabine. Dans le même temps, le Challenger pénètre sur la piste et Salavarria réalise que le temps presse. Comme l'avion n'est pas encore prêt, il se met à parler de plus en plus vite :

7 heures 16 minutes 36 secondes (copilote) : *Check-list « Roulage » terminée. On fait la check « Avant décollage »... Anticollision... Phares d'atterrissage...*

Visiblement, Kimberling ne s'attendait pas à devoir enchaîner les procédures aussi rapidement. Du coup, il a du mal à suivre et il répond à peine à l'énoncé des items. Une fois de plus, ce comportement frôle l'amateurisme et il est malsain car la sécurité ne fait jamais bon ménage avec la précipitation. Tout cela va avoir des conséquences sur la préparation du Challenger.

7 heures 16 minutes 39 secondes (commandant) : *Oui.*

7 heures 16 minutes 40 secondes (commandant) : *Euh... « On ».*

7 heures 16 minutes 40 secondes (copilote) : *L'ignition est mis...*

7 heures 16 minutes 43 secondes (copilote) : *Réchauffage pare-brise ADS...*

Comme le temps presse, Kimberling décide d'interrompre Salavarria. Le résultat, c'est qu'aucune des deux check-lists « Roulage » et « Avant décollage » n'a été effectuée complètement... Ainsi, de nombreux items vitaux n'ont même pas été annoncés : la vérification des spoilers, le réglage du radar, l'activation du transpondeur, l'annonce de la vitesse de référence... Tous ces points ont été carrément oubliés[22].

7 heures 16 minutes 46 secondes (commandant) *: Ils nous ont briefés sur le standard pour nous ?*

7 heures 16 minutes 48 secondes (copilote) : *Okay.*

La phrase est énigmatique et elle semble n'avoir aucun rapport avec les check-lists en cours. Puis, Kimberling change de sujet : il s'intéresse brusquement à ce que ferait Angelica si quelque chose se produisait pendant le décollage. Ce n'est absolument pas prévu dans les procédures mais c'est lui qui décide. Aurait-il soudainement conscience de l'ignorance de son hôtesse ?

7 heures 16 minutes 49 secondes (commandant) : *S'il se passe quelque chose en dessous 80 nœuds, il faut que je la briefe.*

7 heures 16 minutes 52 secondes (copilote) : *Okay.*

[22] De manière étonnante, le commandant expliquera plus tard aux enquêteurs qu'il a vérifié ces points « avant l'arrivée des passagers alors que l'avion était encore au parking ».

Stoïque, Carlos Salavarria cesse donc l'énoncé des points à vérifier et il annonce d'une voix tranquille :

7 heures 16 minutes 56 secondes (copilote) : *Okay... Check-list « Avant décollage » terminée.*

Kimberling se tourne alors vers la porte du cockpit et il interpelle directement la jeune femme assise sur son *jump-seat.*

7 heures 16 minutes 58 secondes (commandant) : *Euh... au cas où on interromprait le décollage et au cas où j'ordonnerais une évacuation... euh, tu choisiras le bon côté de la cabine... où il n'y a pas de feu ou quelque chose comme ça. Et qu'il n'y a pas d'obstructions.*

Même si cela ressemble à de la prémonition, on ne peut s'empêcher de penser que ce conseil n'a pas lieu d'être. Les procédures de sécurité auraient dû être parfaitement assimilées par l'hôtesse au cours des entraînements. Ce n'est pas le rôle du commandant de lui en parler quelques secondes avant le décollage :

7 heures 17 minutes 09 secondes (contrôleur sol) : *Challenger 370 Victor, continuez à rouler... Piste 06... Autorisé à décoller. Le trafic est un Lear jet à 4 nautiques en finale.*

Au lieu de collationner l'autorisation de décollage qu'il vient de recevoir, Salavarria s'adresse directement à Kimberling pour lui transmettre l'information.

7 heures 17 minutes 14 secondes (copilote sans appuyer sur l'alternat de la radio) : *Roger, on est autorisés au décollage piste 06... 70 Victor.*

7 heures 17 minutes 17 secondes (commandant) : *Alors, on se dépêche... On roule !*

Évidemment, le contrôleur s'étonne de ne pas avoir reçu de réponse à son message. Rien de plus normal... Toute instruction qui reste sans réponse déclenche aussitôt une forme d'inquiétude.

7 heures 17 minutes 19 secondes (contrôleur) : *Challenger 70 Victor, vous me confirmez juste l'autorisation de décollage pour la piste 06 ?*

7 heures 17 minutes 22 secondes (copilote) : *Ah oui... piste 06, nous sommes autorisés au décollage... 70 Victor.*

Alors que l'appareil s'apprête à décoller, le niveau sonore des conversations redouble en cabine. Il y a de nouveau des rires et des éclats de voix. Il est clair que les passagers sont habitués à prendre l'avion et l'imminence du départ ne les impressionne pas. Au milieu de ce brouhaha, Angelica tente de parler à Kimberling mais elle ne parvient pas à se faire comprendre. Comme le moment est mal choisi, ce dernier réagit assez brutalement :

7 heures 17 minutes 31 secondes (commandant) : *Ne m'appelle pas maintenant !*

La piste 06/24 vue depuis la finale 24. Le Challenger va décoller à partir du seuil 06 situé en haut de la photo. On remarque la présence d'entrepôts très étendus situés exactement dans l'axe de son décollage.

7 heures 17 minutes 32 secondes (hôtesse) : *Okay, je le fais pas.*

7 heures 17 minutes 32 secondes (commandant) : *Allons-y !*

7 heures 17 minutes 34 secondes (hôtesse) : *J'y arrive pas...*

À cet instant, Kimberling ne tient pas le manche. Sa main gauche se trouve sur le petit volant du *Nose Wheel Steering* qui permet de diriger l'avion au sol (photo) et sa main droite est sur les manettes de puissance.

Alors que l'avion arrive au milieu de la piste, il avance franchement les manettes vers l'avant. Le sifflement des réacteurs monte progressivement dans le cockpit. Kimberling ne touche toujours pas au manche.
Par ailleurs, au moment où il affiche pleine poussée sur les moteurs, la situation à l'intérieur de la cabine comporte des anomalies graves. On peut les résumer ainsi :
- **L'hôtesse n'est pas attachée.** Angelica expliquera plus tard aux enquêteurs que c'est seulement après le lâcher des freins qu'elle se rend compte que son harnais n'est pas attaché. Elle saisit alors la boucle et la verrouille précipitamment. Du fait de l'augmentation du niveau sonore au moment de la mise des gaz, le claquement de la boucle n'est pas audible sur l'enregistrement et on ne sait donc pas à quelle heure exactement Angelica s'est vraiment attachée.

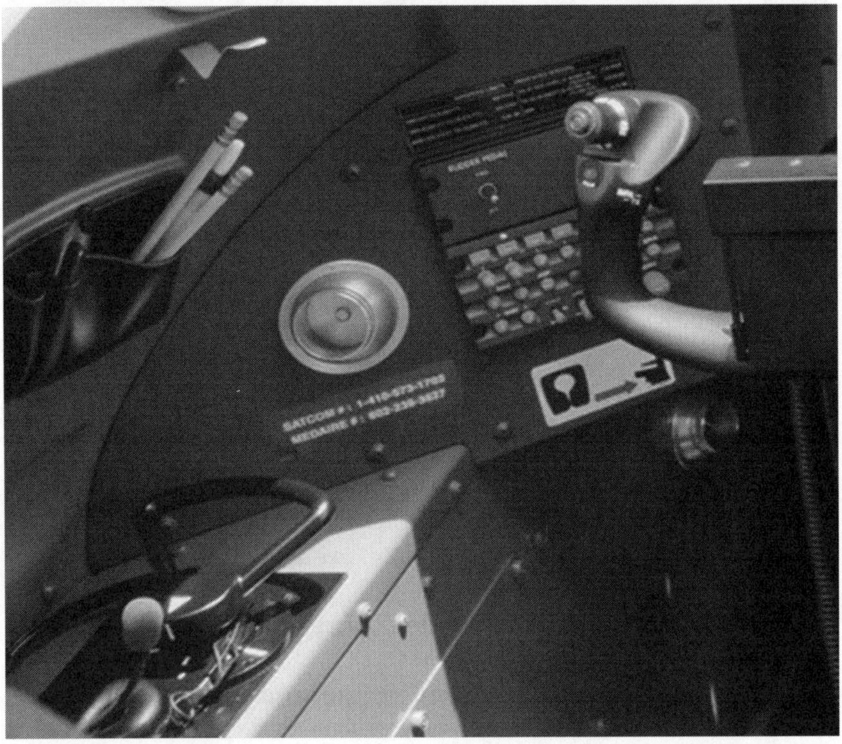

Manette du Nose Wheel Steering qui permet de diriger le Challenger au sol. Comme sur la plupart des avions, cette commande de forme triangulaire n'est disponible que du côté gauche. Le commandant est donc le seul à pouvoir l'utiliser.

- **Quatre passagers n'ont pas bouclé leur ceinture.** Les deux hommes assis aux places 3L et 4L réalisent qu'ils ne sont pas attachés. Ils cherchent fébrilement leur ceinture mais ils ont du mal à la trouver le long de la cloison gauche. Les deux autres passagers non attachés sont assis sur le divan aux places 2 et 3. Ils tentent également de trouver leur boucle mais elles sont engoncées entre les coussins et aucun d'eux n'y arrive.

- **De nombreux éléments de vaisselle en verre sont encore abandonnés au hasard dans la cabine.** En effet, dès l'embarquement, Angelica a servi des amuse-gueules. Elle les a apportés sur des assiettes en porcelaine chinoise. Or, aucune pièce de cette vaisselle n'a été débarrassée. Plus grave, pendant le décollage, certains passagers ont toujours une coupe de champagne à la main. D'autres l'ont simplement posée sur leur accoudoir ou sur une tablette qui n'a pas été relevée. Au moment où les freins sont lâchés, le passager assis à la place 4L est en train de boire un café dans une tasse. Pour éviter de tacher ses vêtements pendant l'accélération, il recouvre le récipient avec sa main droite mais le café est très chaud et c'est difficile à supporter.
- **Il règne une ambiance particulièrement festive en cabine.** Or, les rires et les cris sont difficilement compatibles avec une capacité de réaction efficace en cas de problème. Si les choses tournent mal, les passagers seront d'autant plus handicapés qu'ils n'ont reçu aucun briefing de sécurité.

C'est dans cette configuration anormale que le Challenger prend de la vitesse... Douze secondes après la mise des gaz, l'aiguille de l'indicateur de vitesse commence à décoller.
Aussitôt, Carlos Salavarria l'annonce à haute voix en utilisant les termes consacrés :

7 heures 17 minutes 42.5 secondes (copilote) : *La vitesse est vivante*[23].

7 heures 17 minutes 45.1 secondes (commandant) : *Puissance affichée.*

Deux secondes plus tard, l'instrument arrive sur le chiffre qui détermine le premier contrôle du décollage :

7 heures 17 minutes 47.6 secondes (copilote) : *80 nœuds.*

[23] Le terme utilisé est toujours *Airspeed is alive.*

Le temps de roulage pour atteindre cette vitesse a été parfaitement normal. Cela signifie que les deux moteurs Honeywell ALF502L-2C délivrent leur puissance optimum. Sur le tableau de bord, tous les paramètres sont dans le vert. Le décollage peut donc se poursuivre. John Kimberling saisit alors le manche de la main gauche et il annonce :

7 heures 17 minutes 48.5 secondes (commandant) : *À moi les commandes.*

Comme la piste de Teterboro n'est pas très lisse, l'avion sursaute au passage des irrégularités :

7 heures 17 minutes 49 secondes (commandant) : *Oh, c'est mal pavé.*

L'accélération se poursuit... En fait, tant que le pilote ne tentera pas de mettre l'avion en montée, tout lui semblera normal. Sa main droite est toujours sur les manettes de gaz. La main gauche tient maintenant le manche.
Six secondes plus tard, l'aiguille de l'indicateur de vitesse atteint 127 nœuds[24]. C'est un moment absolument crucial car c'est la vitesse de décision. Au-delà de cette limite, le pilote ne pourra plus freiner. Il lui faudra décoller quoi qu'il arrive ! Si l'avion reste au sol et que Kimberling tente de l'arrêter malgré tout, il est certain qu'il dépassera l'extrémité de la piste.

7 heures 17 minutes 56 secondes (copilote) : *V1...*

L'accélération se poursuit normalement... Lorsque le Challenger atteint 135 nœuds, Salavarria annonce :

7 heures 17 minutes 58 secondes (copilote) : *Rotation.*

À cet instant, le commandant retire sa main droite des manettes de puissance et il la place sur le manche. La vitesse est à présent de 160 nœuds[25]. De manière classique, il exerce alors une traction à deux mains sur la commande dans le but d'afficher l'assiette de montée. Il expliquera plus tard que, dans un premier temps la commande

[24] 235 km/h.
[25] 296 km/h.

est dure, mais que « *tout paraît normal* ». En réalité, il lui faut cinq secondes pour comprendre qu'il ne se passe rien lorsqu'il essaie de tirer sur le manche. À cet instant, l'avion parcourt 82 mètres à la seconde et le train avant reste obstinément collé sur la piste. Kimberling pousse alors un cri.

7 heures 18 minutes 03.1 secondes (commandant) : *On abandonne !!*

Dans le même temps, il ramène les deux manettes de poussée en arrière... Le grondement des réacteurs s'arrête d'un coup. Puis il freine de toutes ses forces tout en braquant le levier des aérofreins vers l'arrière. Il ramène ensuite les manettes de puissance sur la position des inverseurs de poussée. Le CVR enregistre clairement le claquement du système qui s'enclenche. Aussitôt, les réacteurs repartent à plein régime mais cette fois, les coquilles des inverseurs sont ouvertes pour projeter le flux vers l'avant.
Tous les systèmes fonctionnent normalement.
Dans la cabine, la brutalité du freinage surprend évidemment les passagers. Les rires s'arrêtent d'un coup.
Le problème, c'est qu'un obus de 20 tonnes lancé à près de 300 km/h ne s'arrête pas comme une Formule 1. D'autant que la piste 06 ne fait que 1 833 mètres.
Malgré la pression de plus en plus forte que Kimberling exerce sur les freins, la fin de la zone bétonnée se rapproche à toute vitesse.

C'est seulement à cet instant que le passager assis à la place 4L réussit à boucler sa ceinture. Une seconde plus tard, celui de la place 3L réussit lui aussi à s'attacher. Mais les deux occupants du divan n'y arrivent pas. De toute façon, à partir de maintenant, les choses deviennent très difficiles pour eux car la décélération s'exerce dans le sens longitudinal, ce qui a pour conséquence de les faire basculer sur le côté. Ils n'ont pas d'autre solution que de tenter de s'agripper au bord du divan. Ce n'est évidemment pas vraiment efficace.

7 heures 18 minutes 07 secondes (commandant) : *Putain !*

7 heures 18 minutes 08 secondes (commandant) : *Oh putain de merde...*

7 heures 18 minutes 09 secondes (copilote) : *Merde...*

Depuis son *jump-seat*, Angelica peut voir tout ce qui se passe dans le poste de pilotage et malgré son inexpérience, elle comprend immédiatement que quelque chose ne va pas.

7 heures 18 minutes 10 secondes (hôtesse) : *Oh mon Dieu !!*

7 heures 18 minutes 11 secondes (commandant) : *Merde, on y va...*

Au même moment, le Challenger passe sur le chiffre 24 peint à l'entrée de bande puis il franchit les « peignes » qui matérialisent la fin de la piste. Sa vitesse est alors de 203 km/h. Il ne reste plus qu'une cinquantaine de mètres avant la clôture de l'aéroport. C'est un secteur où la neige n'a pas été déblayée et le freinage devient alors totalement inefficace. La grille d'enceinte est pulvérisée en une fraction de seconde. Les enquêteurs estimeront qu'au moment de l'impact, l'appareil est encore à 192 km/h.

La clôture de l'aéroport arrachée par le Challenger.

Il rebondit sur le talus enneigé qui borde les six voies de la Route 46. L'endroit est particulièrement bondé dans la journée mais à cette heure la circulation est peu importante. Par ailleurs, au même moment, les véhicules en provenance de l'ouest sont arrêtés au feu rouge qui se trouve au niveau de *Huyler Street*[26].

Le Challenger ne percute que deux voitures. Sa vitesse est encore de 180 km/h[27]. L'une d'elles, une Toyota Camry est littéralement déchiquetée : le toit est arraché et le conducteur est éjecté. Les

[26] Les enquêteurs sont persuadés que si le feu avait été au vert, le nombre de véhicules impliqués dans le crash aurait été de l'ordre d'une vingtaine.

[27] 97 nœuds enregistrés par le FDR au moment de l'impact avec le premier véhicule.

véhicules sont projetés comme des jouets en travers de la route. Ils bloquent la circulation dans les deux sens.

La Toyota Camry entièrement détruite par le Challenger (FOX 5).

Le Challenger poursuit alors sa course folle en ville. Il s'engage à 170 km/h sur le parking des entrepôts d'A&E Stores, des magasins spécialisés dans la vente de vêtements sur internet[28]. Une dizaine de mètres sur la gauche se trouve une succursale de la Bank of America. Un peu plus loin, il y a le tribunal de Teterboro et la Bergen County Technical School dont les élèves ne sont pas encore arrivés. Par chance, à cette heure, l'endroit est complètement désert.
Une seconde plus tard, l'appareil vient s'encastrer dans le mur des entrepôts d'A&E Stores.

L'impact est d'une très grande violence... Tout le bâtiment entre en vibration mais c'est le nez de l'appareil qui encaisse toute l'énergie de l'impact. Il s'enfonce à l'intérieur de l'entrepôt et reçoit plusieurs centaines de kilos de briques. Au moment du choc, l'avion pivote sur lui-même de 90 degrés (photo). La partie inférieure du cockpit est écrasée et le tableau de bord se replie vers l'arrière emprisonnant les jambes des pilotes. Les passagers qui ne sont pas

[28] Aux USA, la société A&E est reconnaissable grâce à son logo en forme de fraise.

attachés sont carrément projetés dans l'allée centrale... Ils traversent la cabine comme des obus et percutent lourdement la cloison du galley. Des coupes de champagne sont projetées un peu partout. Elles se brisent sur le plancher. Dans un réflexe maladroit, le passager de la place 4L tente de ne pas renverser son café brûlant. Il se crispe sur sa tasse qui se brise dans sa main au moment du choc. Il est blessé par des éclats de porcelaine acérés qui se plantent dans sa paume.
Les lumières du plafond s'éteignent d'un coup. Très rapidement, il fait sombre et de la fumée apparaît au niveau de l'emplanture. Un début d'incendie se déclare rapidement dans le hangar. Il se communique aux plastiques des rayonnages et aux lignes de vêtements qui se trouvent derrière le mur.
Par chance, les réservoirs de l'avion ne sont pas percés.

Dans un premier temps, les pilotes ne parviennent pas à se dégager du cockpit. Leurs jambes sont coincées sous le tableau de bord au niveau des palonniers. C'est Salavarria qui est le plus touché. Il souffre d'une fracture au niveau de la cheville.

Le Challenger encastré dans le mur des entrepôts d'A&E.

LE MANQUE D'ENTRAÎNEMENT DE L'HÔTESSE

Au moment du choc, Angelica a hurlé de toutes ses forces... Ensuite elle a fermé les yeux. Lorsqu'elle les ouvre quelques secondes plus tard, elle constate que Kimberling et Salavarria sont vivants mais qu'ils semblent blessés. De la fumée commence à monter par le plancher du cockpit. Hébétée, la jeune femme ne sait pas si elle doit prendre l'initiative de quitter son *jump-seat* ou s'il lui faut attendre les instructions du commandant. Par chance, ce dernier est conscient.

Il se retourne vers elle :

— *Il faut faire attention au feu... Fais sortir les passagers et cours pour les éloigner de l'avion*[29].

En tremblant, Angelica déboucle alors sa ceinture et se précipite vers la porte. Elle saisit le grand levier d'ouverture ; malheureusement, elle ne sait pas dans quel sens le manœuvrer pour le déverrouillage. C'est la panique, elle fond en larmes... Les secondes passent, longues comme des siècles ! L'odeur âcre de la fumée se fait plus forte.

Quelqu'un hurle à l'arrière :

— *Grouillez-vous, il faut foutre le camp d'ici !*

En voyant l'hôtesse galérer sur le levier, le passager de la place 1L réalise qu'elle n'y arrivera jamais. Il décide de prendre les choses en main. Assisté par le passager de 1R, il passe devant elle et ouvre la porte en respectant simplement le sens de la flèche dessinée sur la cloison. En arrivant en fin de course, la porte semble résister mais un coup de pied énergique fait basculer les briques qui bloquaient le passage.

En quelques secondes, les deux hommes qui ont ouvert la porte sont dehors. Ils sont suivis par Angelica et par les six autres passagers. Tout le monde s'éloigne de la carcasse en courant.

La solidarité n'étant pas au programme, personne ne pense à porter assistance aux pilotes qui sont bloqués dans le cockpit. Ceux-ci ont toujours les jambes entravées dans les débris du tableau de bord et ils ne parviennent pas à se dégager. C'est du côté droit que les déformations sont les plus importantes.

John Kimberling expliquera aux enquêteurs que cela ne l'empêche pas de couper les moteurs ainsi que le *master switch* de la batterie. Puis en se démenant de toutes ses forces, il parvient à retirer ses jambes de l'enchevêtrement de métal. Il n'a pas de fracture mais des entailles assez profondes au niveau des mollets. Comme Salavarria est toujours prisonnier, il le saisit par la ceinture du

[29] Ces paroles n'ont pas été enregistrées par le CVR qui a cessé de fonctionner après l'impact. Elles ont été rapportées aux enquêteurs par l'hôtesse et par le commandant.

pantalon et le soulève en force de son siège. Le copilote s'accroche à la barre du plafond et il réussit à se dégager mais sa cheville brisée le fait terriblement souffrir. Il s'extrait du cockpit à quatre pattes. Le temps presse. La fumée est de plus en plus épaisse et une méchante odeur de carburant se répand à présent à l'intérieur. John Kimberling retourne jusqu'au fond de la cabine afin de vérifier qu'il ne reste plus personne. Il expliquera qu'il est obligé de ramper parce que ses blessures aux jambes le font souffrir.
Dès que le commandant est à l'air libre, il retrouve ses passagers un peu plus loin sur le parking. Ils se sont regroupés à une cinquantaine de mètres de la carcasse et ils sont sains et saufs. Seule Angelica n'est plus là... On la cherche mais elle a complètement disparu. Tout le monde s'inquiète... Serait-elle retournée dans la carcasse pour vérifier qu'il n'y a plus personne à bord ? Il n'en est rien... En fait, les enquêteurs découvriront ultérieurement qu'elle a fait de l'auto-stop et qu'elle est montée dans la voiture d'un automobiliste qui l'a emmenée loin du lieu du crash !

Tous les passagers entourent Kimberling pour savoir ce qui s'est passé. Pourquoi se sont-ils plantés ? En fait, l'homme est hagard, il boite et son pantalon est déchiré. Tous les témoins expliquent qu'il répète alors les mêmes phrases :

— *Il a pas fait la rotation...*

— *J'ai tiré et il n'a pas bougé...*

Tout en parlant, le commandant mime l'action de tirer à deux mains sur le manche avec une grimace d'effort.

— *Pas de portance... pas de portance...*

— *On est arrivés au moment de la rotation et j'ai pas pu lui faire quitter le* sol...

Alors que Kimberling tente d'expliquer ce qui est arrivé. Salavarria reste assis sur le parking et il ne dit pas un mot. Il saigne du nez et sa cheville droite semble le faire souffrir...
Deux passagers l'aident alors à marcher afin de l'éloigner de la carcasse qui commence à brûler. Tous ne cessent de téléphoner à leurs proches. David Wahrhaftig appelle le 320 Park Avenue à Manhattan[30] pour informer ses collaborateurs qu'il est sain et sauf. Il sait que dans quelques minutes les images du crash seront sur tous les écrans du pays. Il est vital que les actionnaires de la société soient rapidement rassurés.
C'est à cet instant que les premiers pompiers arrivent...

[30] Siège de Kelso & Co.

Dans un premier temps, les passagers sont emmenés dans le gymnase de l'école Bergen Technical qui jouxte l'entrepôt. On leur donne des couvertures de survie et des boissons chaudes.

L'INTERVENTION DES POMPIERS

Le feu prend de l'ampleur autour de l'avion mais les pompiers vont intervenir très rapidement. Ce sont ceux de la brigade ARFF[31] de l'aéroport de Teterboro. Leur hangar est à moins de 800 mètres du sinistre et il leur suffit de franchir la clôture détruite par l'avion. Ils arrivent sur place alors même que les deux pilotes viennent d'évacuer l'appareil. On est à des années-lumière de ce qui s'est passé en Inde lors du crash de l'airbus de Mangalore[32]... Il leur faut très peu de temps pour déployer leur lance et circonscrire l'incendie qui se propage vers l'intérieur de l'entrepôt. Malheureusement, c'est plus compliqué au niveau du Challenger.
Certaines canalisations de carburant ont été arrachées sous le fuselage et le feu monte maintenant à l'intérieur de la cabine. Il faudra plus d'une heure de lutte avant que tout risque soit complètement maîtrisé. Quoi qu'il en soit, les enquêteurs souligneront que c'est grâce à la rapidité d'intervention des pompiers que l'incendie ne s'est pas propagé dans les bâtiments voisins car les experts expliquent qu'il n'aurait fallu que « *6 minutes pour que le feu ne devienne incontrôlable et détruise entièrement hangar* ».

Les pompiers sont sur place quatre minutes après l'impact.

[31] *Air Rescue Fire Fighting* : Brigade aérienne de sauvetage anti-incendie.
[32] Les pompiers situés sur l'aéroport de Mangalore avaient mis... 22 minutes pour parcourir les 500 mètres qui séparaient leur hangar de l'avion en flammes. Lire ERREURS de PILOTAGE tome VII : « Crash sur le Golf ».

Au même moment, sur la route 46, un gigantesque embouteillage se forme entre Palisade Park et Paterson. Malgré les déviations qui sont installées rapidement sur l'Express 80, les deux voies sont bloquées sur 12 kilomètres et toutes les rues de Little Ferry sont complétement engorgées.

La circulation est entièrement bloquée autour de Teterboro.

L'entrepôt d'A&E avant l'impact.

LE BILAN

Les passagers n'ont que des éraflures sans gravité. Seuls les deux pilotes sont sérieusement blessés. John Kimberling souffre de profondes lacérations aux jambes mais c'est Carlos Salavarria qui est le plus touché. Il a le nez brisé, trois factures à la cheville et une à la main droite.
Le Challenger a fait également trois blessés à l'extérieur. Les plus

graves sont évidemment les deux occupants de la Toyota Camry. Le conducteur s'appelle James Dinnall, c'est un New-Yorkais de 66 ans. Il est victime de plusieurs traumatismes crâniens. En fait, le choc a été si soudain qu'il n'a pas compris ce qui s'était passé. Lui aussi a cru qu'il s'agissait d'un tremblement de terre. Ce n'est qu'à son arrivée aux urgences de l'Hackensack University Medical Center qu'on lui a expliqué que sa voiture avait été percutée par un avion.
À l'intérieur de l'entrepôt d'A&E Stores, une employée a également été blessée par la chute du mur de briques. Par chance, elle était seule dans les locaux à cette heure. Si l'accident s'était produit vingt minutes plus tard, ils auraient été plus de 200.

Le toit de la Toyota Camry a été entièrement arraché. (Vue depuis l'hélicoptère de la chaîne FOX 5).

LES CONCLUSIONS DE L'ENQUÊTE

Les enquêteurs découvriront que, contrairement à la réglementation, les deux pilotes n'ont effectué aucun calcul de centrage lors de la préparation du vol. Pour eux, c'était la routine... Ils se sont dit que l'avion était chargé « à peu près comme tou*tes les autres fois et que cela n'avait jamais posé de problème* ». Ils n'étaient pas conscients

que le Challenger était en surcharge. Ils n'avaient pas non plus anticipé le fait que le carburant consommé pendant le roulage et le décollage serait pompé dans le réservoir principal, ce qui allait encore accentuer le poids sur le train avant.
L'avion n'aurait jamais pu décoller dans ces conditions...
Quelques heures après l'accident, certains commentateurs, incompétents en aéronautique, affirmeront que le crash a été causé par des conditions météorologiques défavorables. Étant donné la température très basse au moment des faits, il y aurait eu de la glace sur la piste et celle-ci aurait été à l'origine d'un dérapage. Cela n'a aucun sens... Il faisait effectivement très froid et des remblais neigeux se trouvaient en bordures des *taxiways* mais la piste était parfaitement propre et déneigée. Même les voitures qui roulaient sur la route 46 n'ont eu aucun problème d'adhérence.

Pendant le choc, l'avion a pivoté de 90 degrés sur lui-même. Noter les coquilles des reverse qui sont restées déployées.

LES DÉGÂTS SUR L'AVION

L'avion n'a pas été complètement détruit par le feu. Cela a permis aux enquêteurs de faire toute la lumière sur certains points essentiels. C'est ainsi qu'ils ont constaté que le cuir du divan latéral avait brûlé mais que l'intérieur du siège était toujours en bon état. Dans ces conditions, on peut constater que les ceintures sont intactes parce qu'elles se trouvaient *sous le divan* (photo). C'est la preuve formelle qu'elles n'ont pas été bouclées au moment du décollage.

Dommages causés par l'incendie sur le divan.
Les flèches montrent les points d'ancrage des ceintures. On peut noter que celles-ci sont intactes car elles étaient placées sous les dossiers de cuir.

LES ANALYSES SANGUINES

Une heure après le crash, les pilotes sont emmenés à l'hôpital afin d'y subir une prise de sang. Il s'agit de vérifier qu'ils ne sont pas sous l'emprise de stupéfiants ou d'alcool. C'est alors qu'un incident étrange se produit : si les analyses ne révèlent aucun problème pour Carlos Salavarria, il en va tout autrement des résultats de Kimberling. Les prélèvements de sang sont envoyés dans un laboratoire mais ils se perdent mystérieusement en chemin. Personne ne retrouvera jamais leur trace... Les enquêteurs ne pourront donc pas conclure sur ce point.

LES ENTORSES AU RÈGLEMENT

Après l'accident, les enquêteurs du NTSB demanderont aux dirigeants de Platinum de leur fournir tous les documents concernant des points vitaux pour la sécurité :

- l'entraînement des pilotes,
- l'entretien de l'avion,
- les qualifications des mécaniciens.

Malgré des demandes insistantes et répétées, ils ne recevront jamais rien... Ils n'auront donc pas d'autre possibilité que de se renseigner auprès des compagnies qui ont employé précédemment l'équipage. C'est ainsi qu'ils apprendront que John Kimberling et Carlos Salavarria présentaient tous les deux des défaillances graves au niveau de leur formation et de leur qualification. C'est également à cette occasion qu'ils découvriront que le commandant de bord avait **été** viré par d'autres compagnies, qu'il avait menti sur son expérience aéronautique et sur ses différentes fonctions précédant son recrutement par Platinum.

CONDAMNATION

Deux mois après l'accident, la FAA ordonne la cessation totale d'activité pour Platinum Jet Management car les opérations aériennes effectuées sous le couvert de Darby Aviation n'étaient pas réglementaires. On reproche notamment aux dirigeants de PJM d'avoir fait croire **à** leurs clients qu'ils utilisaient les services d'une compagnie aérienne alors que ce n'était pas le cas.

Pendant plusieurs années, les deux patrons de PJM, Michael et Paul Brassington sembleront bénéficier de solides appuis politiques de la part de l'administration Bush. Malgré les nombreuses infractions constatées, le procès s'éternisera d'appel en appel. Pourtant, la justice américaine ne renonce jamais... En 2011, alors qu'Obama aura pris la place de Georges Bush, Michael Brassington sera finalement condamné à deux ans et demi de prison ferme pour avoir violé un très grand nombre de règlements, et pour avoir mis en jeu la vie de ses passagers. Il devra s'acquitter d'une amende de 1,86 million de dollars.

LES CONSÉQUENCES POUR L'ÉQUIPAGE

La justice américaine se montrera également très sévère à l'encontre de Carlos Salavarria. Celui-ci est condamné à six mois de prison ferme, suivis de six mois d'assignation à résidence avec un bracelet électronique. On lui reproche d'avoir travaillé illégalement aux États-Unis avec un visa de touriste, d'avoir volé avec un certificat médical périmé et de n'avoir pas suivi les cours obligatoires pour valider sa formation de copilote.

ACCIDENTS IDENTIQUES SURVENUS SUR DES CHALLENGER

Ce n'est pas la première fois que ce type d'accident se produit :
- Ainsi le **16 décembre 2003**, sur le même aéroport de Teterboro, un Challenger exactement semblable était victime du même problème. En surcharge et centré trop en avant, l'appareil avait refusé de lever le nez au moment de la rotation. Par chance, le décollage se faisant sur la piste 09, beaucoup plus longue, le pilote avait pu s'arrêter avant de passer la clôture.
- Le **9 mars 2005** sur l'aéroport de Tupelo (Mississippi), soit deux mois après le crash de Kimberling, un autre Challenger refusera également d'afficher une pente de montée au moment de la rotation. Pourtant cette fois, la raison est plus insolite : le support du micro du copilote avait basculé de 90 degrés. La colonne du manche était bloquée à mi-course. Bien que ce soit un problème technique, les enquêteurs considéreront qu'il s'agit d'une erreur de pilotage. En effet, lors des check-lists, l'équipage n'avait pas vérifié que les commandes étaient parfaitement libres.

UNE NOUVELLE BARRIÈRE À TETERBORO : « *L'ARRESTOR BED BARRIER* ».

À la suite de l'accident du Challenger, les autorités de l'aéroport finiront par admettre que les bâtiments situés en bout de piste présentent un risque majeur en cas d'accélération-arrêt. Elles feront alors installer une barrière d'arrêt dotée d'une technologie nouvelle : l'*Arrestor bed barrier*. Le système est installé entre la fin de la piste et la clôture d'enceinte. C'est une sorte de tapis

constitué de blocs de béton fragilisés dans lequel l'avion s'enlise avant de s'arrêter en quelques mètres. Le revêtement est conçu pour s'écraser sous les roues de l'avion et il se révèle extrêmement efficace... Ainsi, cinq ans après le crash du Challenger, un Gulfstream immatriculé N322CL se présente beaucoup trop vite en finale de la 06. Le pilote ne parvient pas à s'arrêter avant la fin de la piste. Il roule alors sur la barrière qui le bloque pratiquement sur place sans aucun dommage pour les passagers et pour l'avion[33].
Depuis la mise en place du système, quatre autres appareils ont été arrêtés en urgence avant la clôture. Aucun n'a subi le moindre dommage.
La sécurité n'ayant pas de prix, la barrière d'arrêt coûtera tout de même la bagatelle de 15,6 millions de dollars[34]...
Le mieux tout de même pour s'arrêter avant la fin d'une piste, c'est de préparer correctement son vol !

Le 30 septembre 2010, un Gulfstream vient se bloquer dans la barrière d'arrêt. Il termine sa course à moins de 15 mètres de la clôture de l'aéroport.

[33] Pour voir la vidéo de l'incident, consulter : https://www.youtube.com/watch?v=2xk-51iqfE4
[34] Le prix annoncé aux journalistes sera de seulement 8 millions de dollars.

LE CRASH D'AIR ASIA

Pilotage à la main !

Dimanche 28 décembre 2014

L'Airbus 320 de ce récit (immatriculation PK-AXC)

L'avion de ce récit est un Airbus 320-216 immatriculé en Indonésie PK-AXC. Il appartient à la compagnie Air Asia. C'est un très bel avion rouge et blanc qui ne passe pas inaperçu sur les aéroports. La décoration et les couleurs vives rappellent étrangement celles d'une grande compagnie britannique : Virgin Atlantic ; nous verrons plus loin que ce n'est pas un hasard. Depuis sa sortie d'usine en 2008, l'appareil a été repeint à deux reprises. Dans un premier temps, le logo *Air Asia* a été remplacé par *AirAsia.com,* puis quelques mois plus tard, les peintres ont rajouté la devise de la compagnie sur le flanc droit : *Now Everyone Can Fly*[1].
Air Asia est dirigée d'une main de fer par son PDG : Tony Fernandez.

[1] Cette devise « maintenant, tout le monde peut voler » figurait déjà sous la forme d'une inscription de petite taille sous le cockpit dans les peintures précédentes. À présent, elle s'étale en grand sur la totalité du fuselage.

LA ROCKSTAR DES CIEUX !

On ne peut évoquer la compagnie Air Asia sans parler de son truculent président. L'homme est une figure du business mais c'est également une star des médias et de la musique. Car celui que ses admirateurs surnomment affectueusement « la Rockstar des Cieux » est un personnage à part. C'est un Malaisien né à Kuala Lumpur qui a fait des études de commerce dans un pensionnat britannique avant d'être diplômé de la prestigieuse London School of Economics.[2] Après avoir travaillé comme contrôleur financier dans le groupe musical Virgin, Tony Fernandes a décroché le poste de vice-président de Warner Music pour l'Asie du Sud-Est. Une superbe réussite professionnelle ! En quelques années, il est devenu un décideur incontournable dans le domaine de la musique. Pourtant, comme il l'explique lui-même, arriver à ce poste prestigieux n'a pas été un aboutissement car depuis l'âge de six ans, son rêve le plus fou était de posséder sa propre compagnie aérienne. L'homme admire profondément Michael O'Leary, le patron de Ryanair ou Stelios Haji-Ioannou qui a fondé EasyJet[3]. À ses yeux, ces chefs d'entreprise sont des visionnaires qui ont révolutionné le transport aérien... Mais sa véritable idole, c'est Richard Branson, le grand patron qui lui a fait confiance à ses débuts chez Virgin.

Par ailleurs, Tony Fernandes a compris avant les autres que le transport aérien allait exploser en Asie. Il était certain de pouvoir faire fortune dans ce secteur. En 2001, il rencontre le Premier ministre Mahathir ibn Mohamad qui l'autorise à fonder une compagnie sous réserve qu'il utilise une structure déjà existante. Avec la bénédiction des autorités, Fernandes rachète alors Air Asia pour la somme symbolique de 1 ringgit[4]. Cette petite compagnie ne possède que deux vieux Boeing 737 et elle n'exploite que trois lignes intérieures en Indonésie. Par ailleurs, elle est criblée de dettes.

Tony Fernandes débauche alors Conor Mc Carthy, un dirigeant de Ryanair auquel il confie la tâche de transformer la société à bout de souffle en une *low-cost* performante.

---

[2] La London School of Economics compte 16 prix Nobel et 42 chefs d'État parmi ses anciens élèves.

[3] Michael O'Leary PDG irlandais de Ryanair... Stelios Haji-Ioannou fondateur d'EasyJet (britannique d'origine chypriote).

[4] Un ringgit = 0,21 euro.

Et l'ancien contrôleur financier voit juste : en moins de trois ans, il redresse la trésorerie d'Air Asia et tout va pour le mieux. Les bénéfices sont si importants qu'il achète des participations dans des compagnies aériennes concurrentes et devient même majoritaire dans plusieurs majors en Thaïlande, aux Philippines, au Japon et en Inde... « *Le meilleur moyen de casser la concurrence, c'est de la racheter* » explique-t-il.

Tony Fernandes (@EPA).

En quelques années, l'homme d'affaires devient une figure incontournable du transport aérien mais cela ne lui suffit pas... Il veut tenter sa chance dans d'autres domaines. Ainsi, en s'inspirant des méthodes Richard Branson, il fonde une chaîne d'hôtel *low-cost*, puis il crée un opérateur téléphonique en Asie : Tune Talk. Il décide ensuite de s'investir dans le sport car les retombées médiatiques y sont toujours très importantes et l'homme adore faire la couverture des magazines. Il crée donc une écurie de Formule 1 : Lotus F1 Racing, qui vient se frotter aux plus grands constructeurs sur tous les circuits du monde. Malheureusement, c'est un échec... En quatre ans de course, l'équipe ne marque pas un seul point, aussi bien dans le championnat du monde des pilotes que dans celui des constructeurs. Bien avisé, Tony Fernandes décide alors de revendre son écurie quelques mois avant qu'elle ne fasse faillite. Tony Fernandes se tourne alors vers le milieu du football en rachetant l'équipe des *Queens Park Rangers* de Londres[5].

[5] Tony Fernandes possède 66 % des parts des QPR. Les 33 % restants appartiennent au magnat de l'acier Lakshmi Mittal.

La Lotus de l'écurie de Tony Fernandes (circuit de Barcelone - 2010)

Lorsqu'on lui fait remarquer que le club est seulement en deuxième division, il rétorque que cela ne durera pas. Il les amènera au sommet comme il l'a fait avec Air Asia. Pour la saison 2015-2016, ce n'est pas encore gagné puisque, les QPR sont encore dans le bas du classement mais qu'importe, le plus important, c'est que le nom du PDG d'Air Asia apparaisse dans les médias. C'est la raison pour laquelle, il accepte de participer à une émission de téléréalité américaine *The Apprentice*, un programme produit par le milliardaire Donald Trump. Tony Fernandes est le *businessman* vedette qui fait subir des entretiens d'embauche à des candidats à la recherche d'un job. L'émission rencontre un très vif succès en Indonésie et la cote de popularité de Fernandes atteint alors des sommets.[6]

Tout comme Richard Branson, le Malaisien a compris que la réussite professionnelle ne peut s'accomplir dans la discrétion. Et dans ce domaine, il arrive parfois que les deux hommes s'associent pour faire parler d'eux.

---

[6] La version française de l'émission a été lancée sur la chaîne M6 en 2015 mais elle a été rapidement déprogrammée à cause d'une audience très faible.

C'est ainsi qu'après avoir gagné un pari, Tony Fernandes n'hésite pas à poser devant les photographes avec son ancien patron déguisé… en hôtesse de l'air[7].

Deux célèbres PDG de compagnies aériennes : Richard Branson (Virgin Atlantic) déguisé en hôtesse de l'air et Tony Fernandes quelques minutes avant d'embarquer à bord d'un avion d'Air Asia (@EPA).

Malgré ses frasques et ses financements tous azimuts, Tony Fernandes affiche une santé financière insolente. Ainsi, au moment où ces lignes sont écrites, la fortune personnelle de l'ancien contrôleur financier de Virgin est estimée à 700 millions d'euros. Il fait maintenant partie des puissants de ce monde. À ce titre, il a reçu le titre de Commandeur de l'Ordre de l'Empire britannique et il a été décoré de la Légion d'honneur par le président François Hollande. Quant à sa compagnie aérienne, elle exploite aujourd'hui 196 Airbus et elle en a commandé 322 de type « Néo ».

---

[7] Tony Fernandes avait parié que l'écurie Lotus Team serait devant celle de Virgin VR-1 au championnat du monde des constructeurs. Aucune des deux équipes ne marque un seul point mais celle de Richard Branson termine à la douzième (et dernière place !) alors que la Lotus est dixième.

Par ailleurs, à cinq reprises consécutives, le jury des Word Airlines Awards[8] a désigné Air Asia comme la « *Meilleure compagnie low-cost du monde* ». Fier de cette superbe réussite, Tony Fernandes veut voir encore plus grand. En 2013, il décide d'étendre son réseau aérien au-delà du Sud-Est asiatique. Son but est de conquérir l'Europe et pourquoi pas, les États-Unis. C'est la raison pour laquelle il a commandé des Airbus long-courriers A330-300…
En un peu plus de dix ans, Air Asia est devenue un acteur incontournable du transport aérien *low-cost*. On est très loin des deux Boeing 737 fatigués des débuts.

LE COMMANDANT DE BORD DU VOL QZ 8501 :

Il s'appelle Muhammad Iriyanto. Il a 53 ans et totalise 20 537 heures de vol, ce qui représente une solide expérience pour un pilote de ligne. Par ailleurs, il jouit d'une bonne réputation au sein de l'aviation indonésienne. C'est un ancien pilote militaire qui a été instructeur à l'Académie de l'air d'Adi Sucipto. Il volait alors sur Bravo AS-202 et sur T-34C. Il a ensuite été muté au 14e escadron de la base aérienne d'Iswahjudi. Contrairement à ce que la presse indonésienne a annoncé après l'accident, le commandant Iriyanto n'a jamais été pilote de F16. Il a seulement effectué quelques heures de Northrop F5, un petit chasseur peu performant et sans réelles capacités de combat. Il n'empêche que l'homme a laissé un excellent souvenir à ses camarades de promotion. La plupart le décrivent comme « *un pilote intelligent et doté d'excellents réflexes* ». Après avoir servi dans l'armée de l'air pendant plus de 15 ans, Iriyanto a demandé à prendre une retraite anticipée et, comme beaucoup de pilotes militaires en Asie, il n'a eu aucune difficulté pour trouver une compagnie.
Il a d'abord été recruté comme copilote au sein de Merpati Nusantara Airlines, une petite structure appartenant à l'État indonésien. Ce n'était malheureusement pas une situation d'avenir… Équipé d'un seul Boeing 737 et de petits avions Casa 212, la compagnie n'était pas vraiment l'endroit où un navigant rêve de terminer sa carrière. Par ailleurs, Merpati Nusantara est classée sur la liste noire des compagnies à risques car elle présente de graves lacunes au niveau de la sécurité.
Iriyanto n'y reste que deux ans.

[8]En 2009 – 2010 – 2011 – 2012 et 2013.

Il travaille ensuite pour Sriwijaya Air, une structure un peu moins dangereuse que la précédente. Il y reste pendant six ans en tant que copilote sur Boeing 737 avant de rejoindre une troisième compagnie indonésienne : Adam Air. C'est là qu'il sera enfin qualifié en tant que commandant de bord sur Boeing 737. Malheureusement, comme tous les pilotes concernés, Iriyanto en garde un très mauvais souvenir : les avions sont vieux et très mal entretenus et ils sont l'objet de pannes à répétition. Par ailleurs, les pilotes sont surexploités. Le nombre d'heures qu'ils effectuent chaque mois dépasse la limite légale. Pour ne pas avoir de problèmes avec l'administration, Adam Air triche sur les documents et viole allégrement la réglementation. Quant aux salaires, ils sont souvent payés avec plusieurs mois de retard. En fait, les accidents se succèdent à un rythme effrayant chez Adam Air : sorties de piste… rupture de train à l'atterrissage et même… un Boeing 737 cassé en deux après un atterrissage particulièrement dur[9].

Finalement, en 2007, la compagnie est victime d'un crash qui fait 102 victimes[10].

Certains pilotes démissionnent aussitôt parce qu'ils ont peur de voler sur des avions dont les réparations ont été bâclées. Mal leur en prend car les représailles sont violentes : dans une attitude de vengeance délirante, le PDG d'Adam Air les attaque en justice pour « *mise en danger de la vie des passagers* ». Iriyanto reste à son poste. Il continuera à travailler pour la compagnie jusqu'à ce que le gouvernement indonésien suspende définitivement la licence de navigation.

En mars 2008, Adam Air dépose le bilan et cesse toutes ses opérations aériennes. Le commandant Iriyanto se retrouve alors au chômage comme plusieurs centaines de navigants.

Par chance, c'est la période où Air Asia est en pleine expansion. Elle ouvre des nouvelles lignes un peu partout et recherche des pilotes expérimentés. C'est une chance pour l'ancien militaire. Mieux… les nouveaux avions sont des Airbus ultramodernes, ce qui change Iriyanto des épaves sur lesquelles il volait. En outre, l'ambiance est très bonne dans la compagnie car tous les employés sont fiers de travailler pour un PDG que l'on aperçoit partout à la télévision.

---

[9] Le 21 février 2007 sur l'aéroport de Surabaya. Lire « Faute d'inattention » dans ERREURS de PILOTAGE Tome 6 du même auteur aux Éditions JPO.

[10] Lire ERREURS de PILOTAGE Tome 6 du même auteur aux Éditions JPO.

Le commandant passe alors une qualification sur Airbus 320. Au cours du stage, il est notamment sensibilisé à la technique de sortie de décrochage. Il réussit les tests sans difficulté. D'une manière générale, les *proficiency checks* qu'il subit révèlent un niveau satisfaisant et les instructeurs ne notent aucune remarque négative le concernant.

Le commandant Iriyanto devant l'Airbus de ce récit.

De l'avis général, Iriyanto est un commandant de bord qui s'épanouit dans son travail... Par ailleurs, malgré un métier qui l'accapare à toute heure du jour et de la nuit, il s'implique énormément dans la vie associative de son quartier. Tous les témoignages attestent qu'il est très respecté par ses voisins, en particulier parce que c'est un musulman très pratiquant. On le voit très souvent à la mosquée du quartier et il ne boit jamais d'alcool. Il a la réputation d'être toujours disponible pour aider ceux qui sont dans le besoin. En fait, il jouit d'une telle notoriété que même les commerçants l'appellent systématiquement « Commandant Iriyanto » avec une nuance d'admiration.
Outre ses activités charismatiques, il collectionne les motos anciennes. Il en possède une trentaine parfaitement restaurées.

LE COPILOTE

Il s'appelle Rémi Plésel... C'est un Français de 46 ans, originaire de la Martinique. Il ne totalise que 2 247 heures de vol, ce qui est très peu pour un copilote de cet âge. En fait, l'homme a suivi un parcours professionnel tout à fait hors du commun. Nombreux sont ceux à la Martinique qui le considèrent comme « l'enfant prodige du pays ». Après avoir décroché son bac à 17 ans, il a fait des études à l'université Pierre et Marie Curie de Paris, puis il a été recruté au sein de la branche raffinerie-marketing de Total en métropole. Il a progressé très rapidement dans la société et est devenu directeur « stratégie et gestion des risques » puis coordinateur responsable au sein de la filiale « Air Total International ».

C'est une très belle réussite mais cela ne satisfait pas vraiment Rémi Plésel.

Après avoir travaillé quinze ans au sein du groupe pétrolier, il décide de changer radicalement de vie. Il veut devenir pilote de ligne... C'est son rêve depuis toujours. Il rassemble donc ses économies et en octobre 2010, il démissionne de son poste pour partir en Belgique. C'est là qu'il s'inscrit à la CAE Oxford Academy, une célèbre école de pilotage installée sur l'aéroport de Bruxelles. Le programme « ATPL[11] intégré » propose une formation de pilote de ligne étalée sur vingt mois pour un coût de 97 500 euros[12]... L'école dispose de simulateurs performants et prévoit un stage à Phoenix aux États-Unis[13]. Ce programme est reconnu par des compagnies comme British Airways, EasyJet, Jetstar et... Air Asia. Cela signifie qu'à la fin de leur formation, les élèves sont assurés de trouver du travail. C'est évidemment un gage de sérieux.

Rémy Plésel apprend alors à piloter sur un petit quadriplace Piper Archer III puis sur Diamond 40 et 42. Il est intelligent et n'éprouve aucune difficulté pour suivre les cours théoriques qui le conduisent à obtenir sa licence CPL[14].

En décembre 2012, il est donc recruté par Air Asia qui termine sa formation en lui faisant passer une qualification de copilote sur Airbus 320. Une fois de plus, l'élève s'applique et il est sérieux. Pourtant, il manque notoirement d'expérience... Même si la

---

[11] *Airline Transport Pilot Licence* : licence de Pilote de ligne.

[12] Pour en savoir plus sur le coût et la formation au sein de CAE Oxford Aviation Academy consulter le site : http://www.caeoaa.com/brussels/integrated-atpl-program/fees-and-funding/#.Vqd3IxjhDmE

[13] Avro RJ85/100 – Airbus A340 - A330 - A320 - B737 - B 757 - B767.

[14] Commercial Pilot Licence.

presse martiniquaise le considère comme un « pilote chevronné » parce qu'il a été élu « vice-président de l'Association des pilotes professionnels antillo-guyanais », la réalité, c'est que Rémi Plésel est un vrai débutant. Alors qu'il arrive en ligne, il n'a connu qu'un seul type de machine et il a très peu piloté à la main.

Rémy Plésel, un copilote avec des antécédents professionnels inhabituels dans l'aéronautique (AFP).

D'ailleurs, l'instructeur qui lui fait passer un test le 11 mai 2013 en est parfaitement conscient puisqu'il écrit dans ses remarques que Remy Plésel « *doit être mis en place avec un commandant de bord sénior très expérimenté pendant les prochaines 200 heures* ». À cet instant, le Martiniquais n'est pas encore titulaire de la licence de pilote de ligne. Il est seulement CPL. C'est seulement le 5 novembre 2014, soit un mois et demi avant l'accident, que la DGAC française lui délivre sa licence définitive.
Au moment de ces événements, c'est Rémy Plésel qui sera aux commandes de l'Airbus.

L'ÉQUIPAGE DE CABINE

Il se compose de deux hôtesses et deux stewards. Ce sont : Oscar Desano, le chef de cabine (27 ans), Wanti Setiawati (22 ans), Khairunusa Haidar Fauzi (21 ans), Wismiyo Ari Prambudi (23 ans). Tous ces navigants sont jeunes et très motivés.

Oscar Desano (Chef de cabine)

Oscar Desano est père d'une petite fille de deux ans et son épouse est enceinte de sept mois. De l'avis de tous, c'est un jeune homme d'une efficacité tout à fait remarquable dans son service. Quelques mois avant l'accident, il a *tweeté* un message demandant que ses *followers* n'oublient pas de prier pour les passagers du Boeing 777 de Malaysian Airlines disparu mystérieusement en mer. Puis, lorsque les rebelles pro-russes abattent un autre 777 en Ukraine, il ne manque pas d'écrire un nouveau message, pour dire à quel point il est épouvanté par cette nouvelle catastrophe qui frappe une fois encore la compagnie malaisienne.

Wismiyo Ari Prambudi

Khairunusa Haidar Fauzi

Wanti Setiawati

LES PASSAGERS

Ils sont 156 à bord, parmi lesquels on compte 137 adultes, 17 enfants et un bébé. Ce sont principalement des Indonésiens mais il y a également un Français[15]. L'un des passagers est un agent au sol travaillant pour Air Asia. Bien qu'il n'ait pas la moindre fonction à bord, il est enregistré comme membre de l'équipage dans le manifeste du vol.

---

[15]Les occupants de l'avion se composent de 155 Indonésiens, un Français, un Malaisien, un Singapourien, trois Sud-Coréens et un Britannique.

LE VOL QZ 8501 : UN TRAJET NON AUTORISÉ !

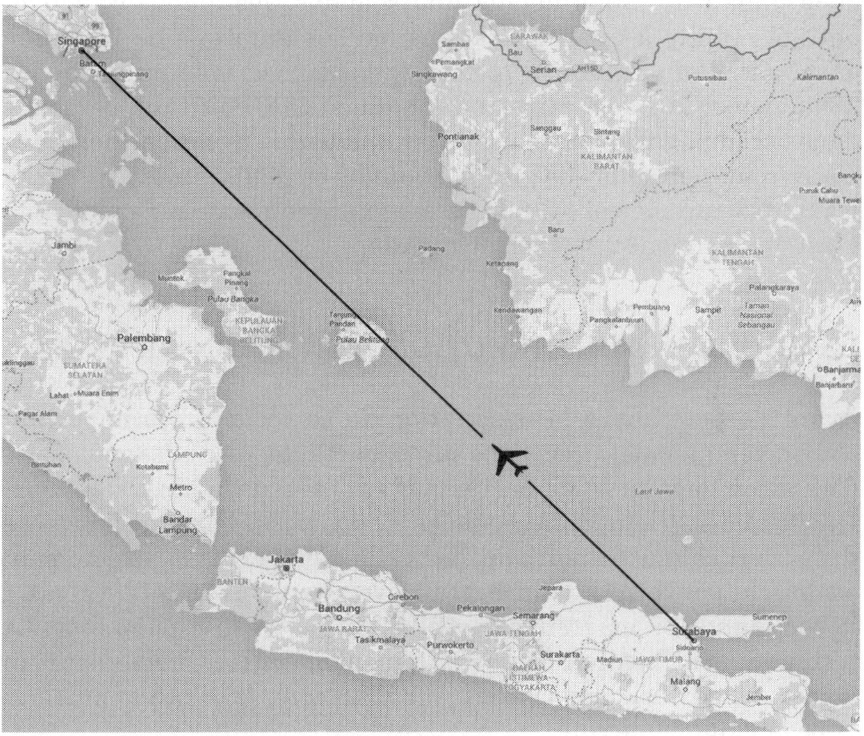

Trajet Surabaya Singapour : 1 380 kilomètres au-dessus de la mer de Java .

L'Airbus d'Air Asia va effectuer un vol régulier entre l'île de Java et Singapour. C'est un trajet de 1 380 kilomètres qui doit durer un peu plus de deux heures. Le départ est prévu à 5 heures 30 du matin. Cet horaire très matinal est particulièrement apprécié par les hommes d'affaires de Surabaya car il leur permet de travailler sur place pendant la journée puis de rentrer le soir. Par ailleurs, la compagnie Air Asia propose des tarifs très compétitifs puisqu'un aller simple ne coûte que 1,24 million de roupies indonésiennes[16] et le vol présente l'avantage incontestable d'être direct. Toutes les autres compagnies imposent une escale à Kuala Lumpur ou parfois même à Jakarta. Le voyage alors dure près de 5 heures et les billets sont beaucoup plus chers[17].Les conditions de ce trajet pourraient donc sembler parfaites, sauf qu'il y a un sérieux problème ! Jusqu'au 21 décembre, le vol QZ 8501 était programmé

---

[16] 1,24 million de IDR = 82 euros.

[17] À l'heure où ces lignes sont écrites, Air Asia ne propose plus aucun vol direct entre Surabaya et Singapour. Seule sa filiale Tigerair effectue des liaisons directes.

cinq fois par semaine : le lundi, le jeudi, le vendredi, le samedi et le dimanche. Mais depuis une semaine, les créneaux d'hiver ont été réduits à quatre rotations par les autorités de l'aviation civile. *Le vol du dimanche a été supprimé...* Or, il se trouve que le 28 décembre 2014 est justement un dimanche. Pourtant, personne dans la compagnie ne semble l'avoir remarqué. Et comme personne n'a rien vu non plus chez les gestionnaires de l'aéroport ou parmi les contrôleurs, le vol QZ 8501 a été maintenu pour Singapour.
C'est évidemment une énorme bourde !

LA GOUVERNE DE DIRECTION D'UN AVION DE LIGNE

Avant de poursuivre la description de ce récit, il est important d'apporter quelques précisions sur le fonctionnement des gouvernes d'un avion de ligne et en particulier sur celui de la direction.
Quelle que soit leur taille, tous les avions possèdent une gouverne fixée verticalement sur la dérive[18]. Celle-ci agit exactement comme le gouvernail d'un bateau avec toutefois une différence : la commande se manœuvre avec les pieds. C'est le palonnier. La technique d'utilisation est parfaitement intuitive, même pour un novice... Pour braquer la gouverne d'un côté, le pilote appuie sur la pédale du même côté.

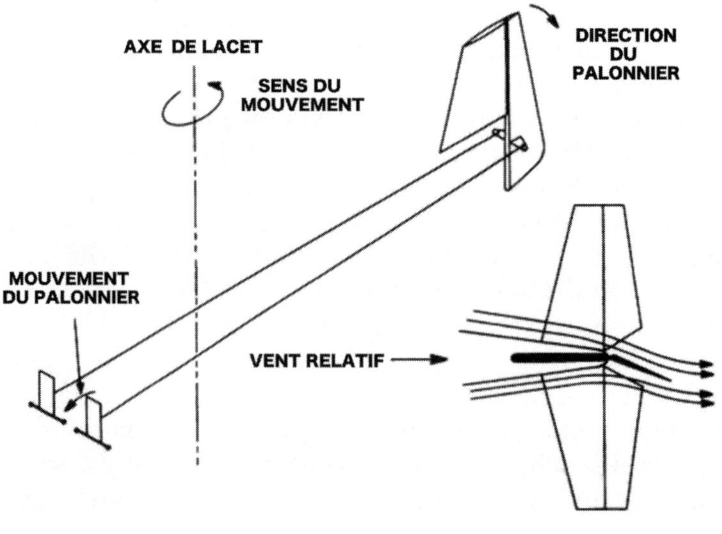

[18] À l'exception des ailes volantes comme le bombardier américain B2.

Sur un petit quadriplace de tourisme, il est possible de braquer la direction à fond en croisière. Même si cela ne présente aucun intérêt, il n'y aura aucune conséquence si ce n'est de freiner l'avion. Car celui-ci va alors voler avec de l'attaque « oblique » par rapport au vent relatif. Il se présentera en crabe et sa consommation augmentera mais tout cela restera sans importance pour les occupants. Il en va tout autrement sur un avion de ligne... En effet, du fait de la longueur importante du fuselage, toute action sur le palonnier aura des répercussions importantes dans la cabine. Si le pilote met brusquement du pied à fond à droite, il est certain que les passagers ne vont pas apprécier... Mais alors pas du tout ! Ce sont surtout ceux qui sont assis à l'arrière de la cabine qui vont voir leur plateau-repas glisser d'un seul coup vers la droite. Et eux-mêmes vont se sentir déporté du même côté. La sensation sera particulièrement déplaisante.

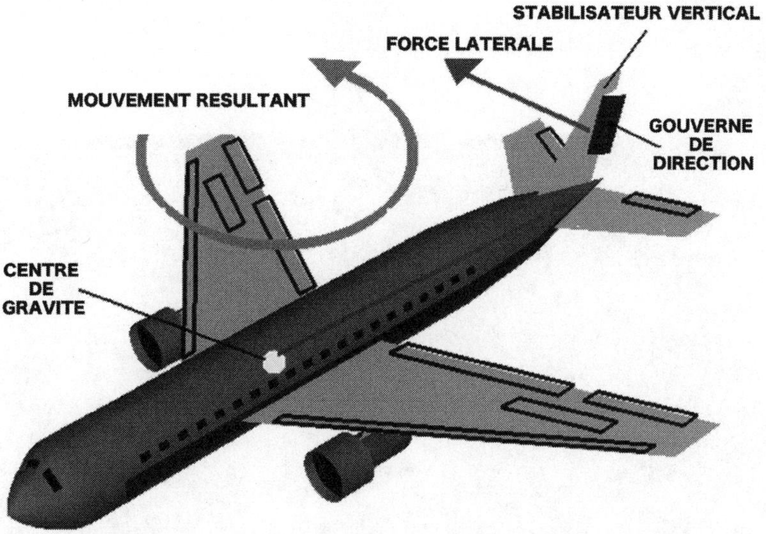

Une action du pilote sur le palonnier fait pivoter la queue autour de l'axe de lacet. Ce sont surtout les passagers assis à l'arrière qui ressentent fortement ce mouvement.

Il y a encore plus problématique... Lorsque l'avion est en vol de croisière aux environs de 800 km/h, toute action inconsidérée sur le palonnier provoque un puissant mouvement de torsion au niveau de la queue. À cette vitesse, les forces sont considérables et elles sont à l'origine de puissantes contraintes sur la structure de l'avion. Les fatigues engendrées peuvent aller jusqu'à la rupture. Ainsi,

deux Boeing 737 ont été victimes de graves problèmes après que les pilotes ont effectué des brusques mouvements de « pédalages » sur leur palonnier[19].
Afin de résoudre les problèmes liés à l'utilisation intempestive de la gouverne de direction, les constructeurs ont d'abord imaginé un système qui amortit le lacet. C'est le *Yaw Damper* ou « amortisseur de lacet[20] ». Lorsque le pilote appuie brusquement à droite et à gauche sur le palonnier, un système atténue la brutalité des mouvements latéraux à l'arrière de l'avion. De cette manière, les déplacements ne sont pas ressentis trop violemment par les passagers. Depuis plusieurs dizaines d'années, tous les avions de ligne sans exception sont ainsi équipés d'un *Yaw Damper*.
Mais à présent, il y a plus perfectionné...

On peut voir les palonniers sous le tableau de bord de cet Embraer 135 LR.

[19] Vol United Airlines 585 le 3 mars 1991 (25 victimes) et United Airlines 427 le 8 septembre 1994 (132 victimes). Lire POURQUOI ILS SONT TOMBÉS du même auteur aux Éditions JPO.
[20] C'est essentiellement le terme anglo-saxon qui est utilisé en aéronautique.

L'INVENTION DU RTLU[21].

Pour diminuer les risques et faciliter le travail des équipages, Airbus a mis au point un système qui vient compléter l'action de l'amortisseur de lacet : le RTLU. Ce système est géré par le calculateur électronique FAC[22] mais sa fonction est différente de celle du *Yaw Damper*. Elle consiste à limiter le braquage de la gouverne en fonction de la vitesse. En clair, plus l'avion va vite et moins la gouverne se braque, et ce, même si le pilote appuie à fond sur le palonnier. Ainsi, comme on peut le voir sur le graphique qui suit, lorsque l'avion vole à 100 nœuds, la gouverne peut se braquer à 30 degrés. Mais à 400 nœuds, elle ne peut pas aller au-delà de 3 degrés. C'est une énorme sécurité pour les navigants qui se montreraient un peu trop nerveux avec leurs pieds. En fait, c'est un luxe ultime dans la sécurité car les équipages des avions de ligne n'utilisent pratiquement jamais le palonnier pendant la croisière. Dans cette phase du vol, c'est toujours le Pilote Automatique qui gère l'avion.
Par sécurité, il y a deux ordinateurs FAC sur les Airbus et deux limiteurs de direction RTLU.

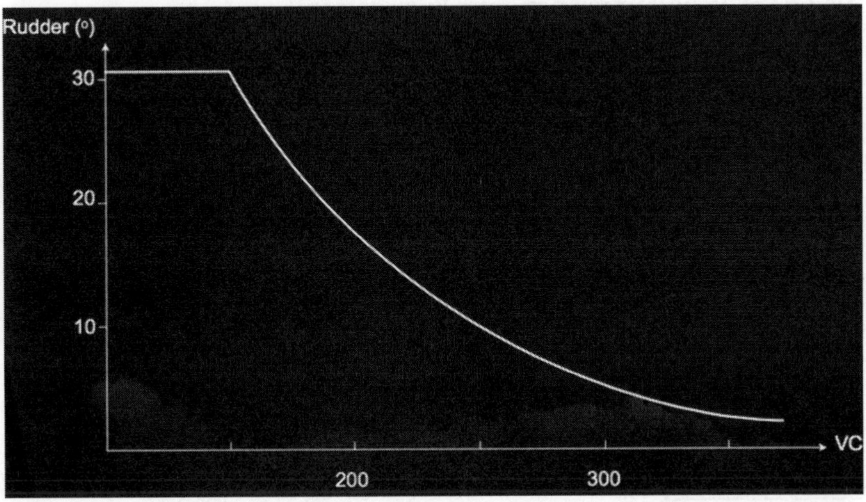

L'action du « Limiteur de la gouverne de direction » : 30 degrés à 100 nœuds (185 km/h) mais seulement 3 degrés à 350 nœuds (650 km/h).

[21] *Rudder Travel Limitation Unit*, également nommé *Rudder Travel Limiter*.
[22] « *Flight Augmentation Computer* ».

UN INCIDENT PRÉCÉDENT AVEC LE *RUDDER TRAVEL LIMITER*

Avant de poursuivre, il est important de relater un problème survenu quatre jours plus tôt sur ce même Airbus immatriculé PK-AXC. Il s'est produit à Surabaya et c'était déjà le commandant Iriyanto qui est aux commandes :

C'est la veille de Noël et l'avion va partir pour Kuala Lumpur... Alors que les deux moteurs viennent d'être mis en route et que l'avion commence à rouler, un message s'affiche sur l'écran « ECAM[23] ».

« AUTO FLT RUD TRV LIM SYS[24] »

L'ordinateur informe l'équipage que le système automatique qui limite le braquage de la direction est défaillant. Notons que cette panne est tout à fait mineure et qu'elle n'empêche nullement de poursuivre le vol. Après tout, de très nombreux avions de ligne volent encore aujourd'hui sans RTLU et cela ne pose pas le moindre problème. Il suffit que le pilote ne mette pas des grands coups de pied dans le palonnier pendant la croisière.
Pourtant, le commandant Iriyanto décide de revenir au parking pour faire réparer la panne. Lui qui a volé pendant des années sur les Boeing délabrés de la compagnie Adam Air, n'accepte plus la moindre imperfection sur son avion. Difficile de lui en tenir rigueur ! Il ordonne donc l'arrêt des moteurs et demande que l'on fasse venir un technicien dans le cockpit. Bien évidemment, la première question qu'il pose concerne le temps d'immobilisation de l'avion.

— *Est-ce qu'il faut d*ébarquer l*es passagers ?*

Rien de plus logique... Comme tous les pilotes, Iriyanto ne veut pas prendre de retard sur son horaire...
Mais le technicien le rassure. Tout le monde peut rester à bord car cela va aller très vite. Il suffit de relancer les ordinateurs « FAC[25] » à partir des deux boutons-poussoirs qui se trouvent

---

[23]*Electronic Centralized Aircraft Monitoring :* Écran de surveillance centralisée de l'avion (situé au centre du tableau de bord).

[24] *Auto Flight Rudder Travel Limiter System* : Système automatique de limitation de la gouverne de direction.

[25] *Flight Augmentation Computer* : il y en a deux qui assurent, entre autres, la gestion de l'amortisseur de lacet et du limiteur de la gouverne de direction. Ils contrôlent également tous les paramètres vitesse pendant le vol, les alarmes « Low Energy » et la détection des cisaillements de vent.

au-dessus de la tête des pilotes : les mettre sur « Off » puis sur « On » et tout rentrera dans l'ordre.
Et ça marche...
Lorsque l'intervention est terminée, le technicien annonce qu'il va faire une opération supplémentaire : il va réinitialiser le système en coupant momentanément les deux disjoncteurs des FAC[26]. L'un se trouve à côté des poussoirs au-dessus de la tête de l'équipage et l'autre est sur un panneau vertical, juste derrière le siège du copilote.
Toutes ces opérations sont effectuées en moins de dix minutes et le message ne réapparaît pas.
Alors que le technicien s'apprête à quitter le cockpit, le commandant Iriyanto le retient :

— *Est-ce que je pourrai faire la même chose, si ça se reproduit*[27]?

Le technicien est catégorique :

— *Bien sûr... Chaque fois que le message s'affiche au niveau de l'ECAM, vous faites pareil !*

Quelques instants plus tard, l'homme quitte le cockpit et le premier moteur est remis en route. Le copilote expliquera ultérieurement que le commandant Iriyanto semble soulagé car il déteste prendre du retard[28].

Les deux écrans « ECAM » sont situés l'un au-dessus de l'autre, au centre du tableau de bord. Ils permettent de gérer les moteurs et de surveiller le bon fonctionnement des systèmes.

[26] Le terme le plus souvent utilisé en aéronautique est « Breaker ».
[27] Dialogue reproduit d'après le rapport d'enquête du bureau du Komite Nasional Keselamatan Transportasi.
[28] Le copilote en place lors de ce vol n'était pas Rémi Plésel.

L'avion est donc repoussé une nouvelle fois sur le parking. Le second moteur démarre et les passagers respirent... Ils arriveront à l'heure à Singapour. Mais alors que le commandant appelle la tour pour avoir l'autorisation de rouler, le message réapparaît sur l'écran « ECAM » :

« AUTO FLT RUD TRV LIM SYS »

Le commandant Iriyanto décide donc de refaire lui-même la procédure que le technicien vient de lui montrer. Il place les poussoirs des FAC sur « Off » puis sur « On »... Malheureusement, cela ne sert à rien ! Dès que l'écran se rallume, le message s'affiche de nouveau.

Nouvel essai... Aucun résultat.

Troisième tentative... Sans plus de succès.

Pendant ce temps, le technicien est toujours en attente sur le parking et il constate évidemment que l'avion ne part pas. Il prend donc l'interphone de l'agent au sol pour discuter avec Iriyanto.

Visiblement énervé, ce dernier demande aussitôt :

— *Est-ce qu'on peut tirer les disjoncteurs des FAC comme vous l'avez fait tout à l'heure* [29]?

— *Bien sûr, allez-y.*

Depuis le parking, le technicien voit alors le copilote quitter sa place pour aller au panneau puis revenir s'asseoir au bout de quelques minutes. Le commandant annonce par l'interphone qu'il a effectué l'opération :

— *Vous attendez que ça reparte et ça devrait marcher.*

Quelques minutes s'écoulent puis Iriyanto rappelle le technicien par l'interphone. Il semble mécontent :

— *Désolé, ça ne marche pas... On a toujours le message sur l'ECAM* !

Le technicien demande alors au commandant de ramener l'avion à la porte. Mais cette fois, il explique qu'il faut débarquer ses passagers car la réinitialisation du système ne suffit pas pour résoudre le problème.

— *Combien de temps pour réparer* ?

Le technicien n'a aucune idée du temps d'immobilisation. Il explique même qu'il faudra peut-être même changer d'avion. On ramène donc les passagers dans l'aérogare et le spécialiste se met au travail...

---

[29] Dialogues reproduits d'après le rapport d'enquête.

Cela lui prend environ deux heures au cours desquelles il change le FAC 2. En fait, il n'a pas recours à une pièce neuve mais à un FAC qu'il va récupérer sur un autre Airbus en entretien dans un hangar tout proche. Avant de donner le feu vert pour procéder à l'embarquement des passagers, le technicien demande au commandant de démarrer les deux moteurs. Il veut voir si le message ne réapparaît pas au moment où le groupe électrogène est déconnecté juste après la mise en route...

Le test est effectué et cette fois, tout est normal. Rien ne s'affiche sur l'ECAM.

Les passagers reviennent alors à bord et Iriyanto peut enfin partir pour Kuala Lumpur. Le trajet se déroule normalement.

À cet instant, le commandant ne le sait pas mais le remplacement du FAC 2 n'a rien résolu car cet ordinateur n'est absolument pas à l'origine du problème. En fait, une minuscule soudure est fissurée sur le module électronique du « Limiter » et cette craquelure provoque de brèves interruptions d'alimentation électrique au niveau du RTLU. Le problème n'est donc pas réglé mais comme c'est souvent le cas, les coupures électriques se font de manière aléatoire et sans aucune logique.

Pendant les quatre jours qui vont suivre, l'avion va voler normalement et le message ne réapparaît pas sur l'ECAM.

Il est difficile de connaître l'origine de la fissure survenue au niveau de la soudure. Il peut s'agir d'un défaut de fabrication ou d'une mauvaise manipulation au cours d'un remontage.

Le plus étonnant, est que ce n'est pas la première fois que le message s'est affiché sur l'ECAM de cet Airbus. Ainsi, depuis un an, l'incident s'est produit *à 23 reprises.* À chaque fois, les services de maintenance ont effectué un bricolage mais ils n'ont pas pris de mesures sérieuses pour résoudre définitivement le problème. L'origine de ce laxisme vient sans doute du fait que la panne est mineure et qu'elle n'empêche pas l'avion de voler.

Pourquoi chercher plus loin lorsqu'on peut se contenter d'un dépannage de fortune ?

L'AÉROPORT DE JUANDA-SURABAYA

L'aéroport de Juanda-Surabaya est le second aéroport d'Indonésie. Il se trouve sur l'île de Java, dans une région du monde où il pleut beaucoup, en particulier entre octobre et avril. C'est la mousson... un climat équatorial chaud et humide

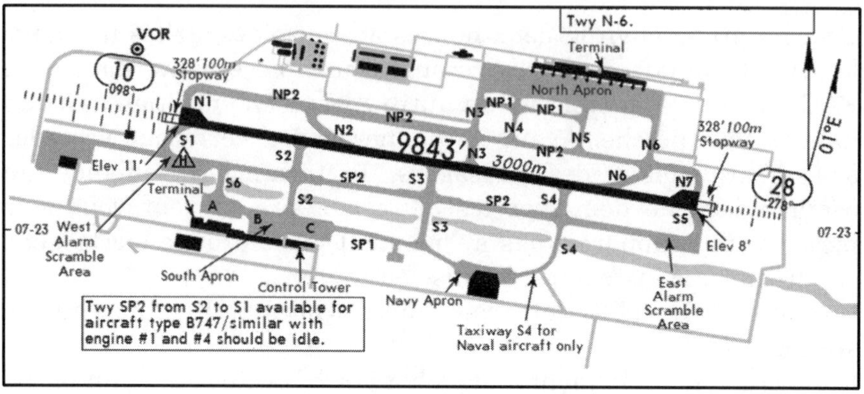

La piste 10/28 de l'aéroport de Surabaya.
Le terminal 2 est au sud.

caractéristique de l'Asie du Sud-Est. En fait, pendant cette période, il pleut tous les jours. Les averses commencent en début d'après-midi et elles se poursuivent jusque tard dans la nuit. C'est la raison pour laquelle la ville de Surabaya est traversée par plusieurs centaines de cours d'eau dont certains se rejoignent au niveau de l'aéroport. En fait, il y a tellement d'eau que les infrastructures de Juanda-Surabaya sont parmi les seules au monde à être traversées par une rivière avec des bassins de rétention… Ainsi, pendant le roulage, les avions passent sur des ponts qui enjambent le Pelabuhan Cemandi qui se jette trois kilomètres à l'est dans la mer de Java. Il n'est pas rare que la rivière déborde et que l'eau envahisse l'aéroport. Les Indonésiens sont habitués et cela n'empêche pas l'enregistrement des passagers de se poursuivre dans l'aérogare (photo).

Malgré des installations partiellement inondées, l'enregistrement se poursuit dans le terminal 2

Par chance, à l'heure où ces événements se déroulent, la météo est relativement clémente dans la région de Surabaya. La pluie a cessé vers 2 heures du matin et le plafond des nuages est élevé. Par contre, les conditions sur le trajet sont mauvaises en direction de Singapour. Une perturbation très active traverse actuellement la mer de Java. Elle est à l'origine d'énormes cumulonimbus dont les « enclumes » montent jusqu'à 44 000 pieds[30]. Ce genre de monstre se développe fréquemment dans le Sud-Est asiatique et l'on sait qu'il est absolument impossible de pénétrer à l'intérieur sous peine de briser l'avion ou de le recouvrir de glace mortelle. Le plafond de la plupart des avions de ligne étant généralement limité au niveau 420, il n'y a pas d'autre solution que d'effectuer une altération de cap pour les éviter. En fait, les pilotes ont l'habitude : ce sont des conditions habituelles dans la région. Par ailleurs, les avions sont tous équipés d'un radar météo qui permet de gérer ces problèmes en sécurité.

Météo au moment du vol : les taches blanches sont des zones de très mauvais temps .

[30] 13 376 mètres.

LA CHRONOLOGIE DU DRAME

Les horaires qui suivent sont indiqués en heures locales de Surabaya[31]. La retranscription du *Cockpit Voice Recorder* n'ayant pas été publiée par le KNKT[32], il manque une grande partie des paroles prononcées par l'équipage. Personne ne connaît la raison de cette dissimulation. Bien évidemment, cette absence d'information laisse planer un doute sur la volonté des autorités indonésiennes de faire réellement la lumière sur l'accident. Par chance, les enregistrements de la seconde boîte noire[33] associés aux échanges radio effectués avec les contrôleurs aériens ont permis de reconstituer le déroulement du drame avec une grande précision :

Le jour n'est pas encore levé sur l'île de Java... L'Airbus 320 d'Iriyanto est stationné sur le parking « A » au niveau de la porte 9 du Terminal 2. Ce sont des bâtiments flambant neufs qui ont été inaugurés en février dernier. Ils sont parfaitement adaptés aux besoins des compagnies *low-cost.* L'accès des bus est facile, l'enregistrement est adapté aux foules importantes et les taxes d'aéroport y sont moins élevées que pour le prestigieux Terminal B. L'embarquement est maintenant terminé. Tous les passagers sont installés... La porte avant gauche vient d'être fermée et les toboggans sont armés.

À **5 heures 31 minutes,** le commandant Iriyanto connecte la VHF 1 sur 118,9 MHz qui correspond à la fréquence sol de Juanda-Surabaya. C'est lui qui va gérer les communications radio. Le copilote Rémi Plésel est aux commandes.

L'indicatif du vol sera « Wagon Air 8501 »

5 heures 31 minutes (commandant) : *La tour, Wagon Air 8501, bonjour...*

5 heures 31 minutes (contrôleur de Juanda) : *Wagon Air 8501 bonjour, Juanda Tour, je vous écoute...*

---

[31] L'heure locale indonésienne correspond à l'heure universelle GMT + 7.

[32] Komite Nasional Keselamatan Transportasi : organisme indonésien d'enquête équivalent au BEA français ou

[33] Le DFDR : Digital Flight Data Recorder. Enregistreur digital des paramètres du vol.

5 heures 31 minutes (commandant) : *8501 Alpha X-ray Charlie*[34]*, on est au parking... porte Alpha 9... destination Singapour... 161 passagers à bord... On demande le repoussage et la mise en route, Wagon Air 8501...*

5 heures 31 minutes (contrôleur de Juanda) : *Wagon Air 8501 roger... Au parking poste Alpha 9. Le repoussage et la mise en route sont approuvés face à l'ouest. Ce sera la piste 10, sortie par Sierra 2.*

5 heures 31 minutes (commandant) : *Roger exit Sierra 2... Piste 10. Wagon Air 8501.*

Le contrôleur vient d'autoriser l'équipage à rouler vers la piste 10 dont le seuil est situé à seulement une centaine de mètres de la porte 9. Lorsque le vent est faible, les pilotes des *low-cost* préfèrent utiliser cette piste car elle représente un gain de temps et de carburant très important par rapport à la 28. C'est une économie substantielle pour la compagnie ! Dans ces conditions, il faut moins de 4 minutes pour que l'Airbus rejoigne le point d'attente.
Dès qu'il y arrive, la tour rappelle.
Cette fois, c'est une voix féminine qui est au micro :

5 heures 34 minutes (tour de Juanda) : *Wagon Air 8501, vous êtes prêts à copier votre clearance ?*

5 heures 34 minutes (commandant) : *Oui allez-y, Wagon Air 8501.*

5 heures 34 minutes (tour de Juanda) : *Wagon Air 8501, vous êtes autorisés direct Singapour par la M635. Initialement niveau 240. Route « Rampy 1 » après le départ. Transpondeur 7005.*

Bien que le commandant Iriyanto soit PNF, c'est Rémi Plésel qui répond à la radio. Ce n'est pas son travail aujourd'hui mais il est probable qu'il veut montrer son efficacité :

5 heures 34 minutes (copilote) : *Roger... direct Singapour, via M635. Niveau 240 et Rampy 1 avec le transpondeur 7005.*

5 heures 34 minutes (tour de Juanda) : *C'est correct 8501... alignez-vous piste 10 et rappelez quand vous serez prêts.*

---

[34] Abréviation de l'appareil PK-AXC.

5 heures 34 minutes (copilote) : *On s'aligne piste 10 et on vous rappellera une fois prêts, Wagon Air 8501.*

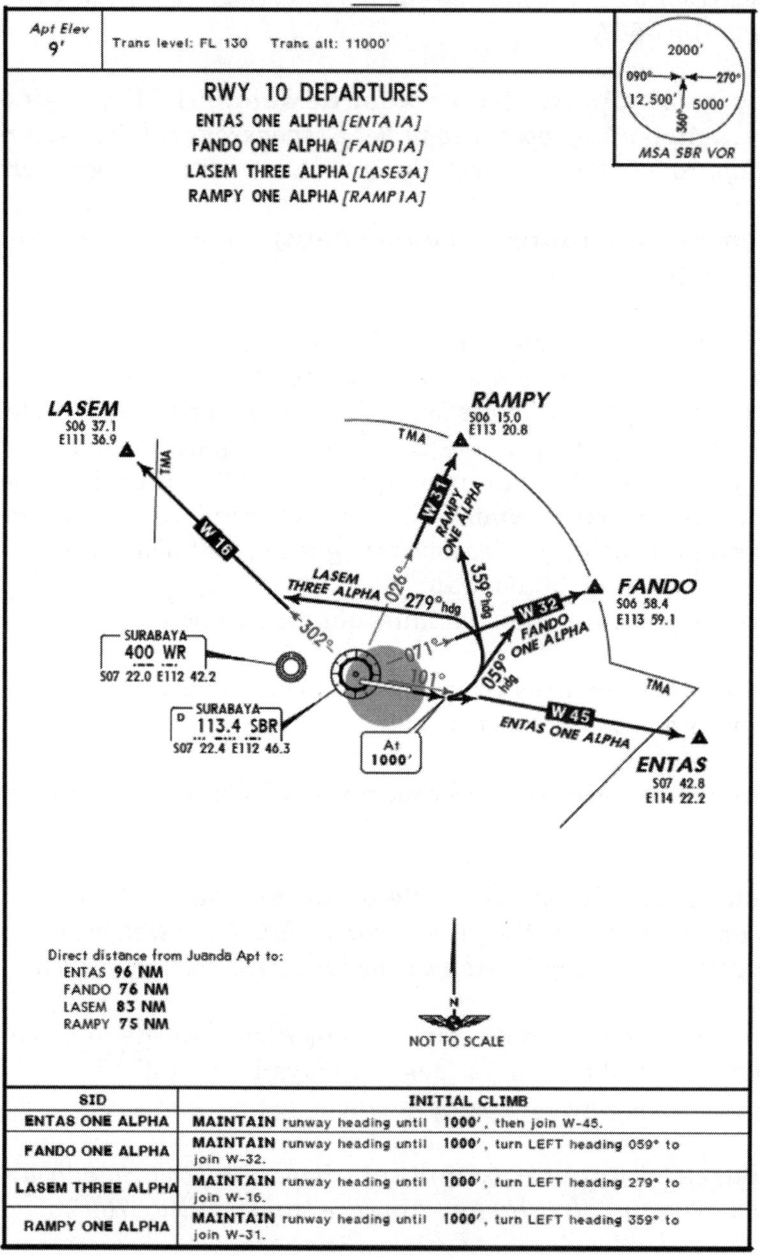

SID	INITIAL CLIMB
ENTAS ONE ALPHA	MAINTAIN runway heading until 1000', then join W-45.
FANDO ONE ALPHA	MAINTAIN runway heading until 1000', turn LEFT heading 059° to join W-32.
LASEM THREE ALPHA	MAINTAIN runway heading until 1000', turn LEFT heading 279° to join W-16.
RAMPY ONE ALPHA	MAINTAIN runway heading until 1000', turn LEFT heading 359° to join W-31.

La route de départ « Rampy 1 » : Après décollage, montée à 1 000 pieds en gardant l'axe de la piste puis virage à gauche au cap 359 pour rejoindre la W-31 vers le point Rampy.

La contrôleuse vient de demander à l'équipage de rappeler « une fois prêts au décollage » mais elle se lance ensuite dans une longue série d'instructions destinées à un autre appareil en approche. La fréquence est bloquée pendant près de 45 secondes... Le commandant Iriyanto ne peut donc pas rappeler et il doit rester au milieu de la piste en attendant de trouver un créneau pour parler. Finalement, c'est la contrôleuse qui rappelle et son message est alors d'une brièveté qui n'a rien de réglementaire puisqu'elle ne cite même pas l'indicatif de l'Airbus :

5 heures 35 minutes (contrôleuse de Juanda) : *Vous pouvez décoller !*

Bien évidemment, le copilote comprend que c'est lui le destinataire de cette autorisation anonyme puisqu'il est le seul sur la piste. Il collationne donc :

5 heures 35 minutes (copilote) : *Roger, autorisé au décollage 8501.*

Quelques secondes plus tard, la puissance maximum est affichée sur les deux moteurs et l'Airbus décolle dans la nuit...
Une trentaine de secondes après que les roues ont quitté la piste, le copilote enclenche le Pilote Automatique sur la fonction L-NAV. À partir de maintenant, c'est l'électronique qui prend en charge la totalité de la navigation. Lorsque l'avion arrive à 1 000 pieds, il vire de lui-même à gauche au cap 359 pour suivre la route de départ « *Rampy One Alpha* ». En fait, le pilotage manuel du copilote a duré moins d'une minute. C'est très court mais c'est devenu la norme dans les procédures d'aujourd'hui. Entre le décollage et l'atterrissage, il est rare qu'un navigant tienne les commandes plus de trois minutes pendant un trajet et ce, même si le vol dure une dizaine d'heures.
Nous y reviendrons.
Alors que l'avion prend rapidement de l'altitude, la contrôleuse le fait basculer sur la fréquence de l'approche.

5 heures 37 minutes (contrôleuse de Juanda) : *Wagon Air Changez sur 125.1*

5 heures 37 minutes (copilote) : *Roger 125.1... Wagon Air 8501.*

Iriyanto permute donc les fréquences mais une fois de plus, c'est Rémi Plésel qui parle à sa place.

5 heures 38 minutes (copilote) : *L'approche, Wagon Air 8501, bonjour.*

5 heures 38 minutes (contrôleur de Juanda) : *Wagon Air 8501, transpondeur 7001 et vous pouvez procéder direct Sundi.*

5 heures 38 minutes (copilote) : *Roger 7001 et direct Sundi.*

Lorsque l'appareil sort de la zone terminale de Juanda, Iriyanto quitte la fréquence d'approche et il bascule alors avec le contrôleur de « Jakarta Radar » qui l'autorise alors à poursuivre sa montée jusqu'au niveau 320[35].

À **5 heures 49 minutes,** l'Airbus se stabilise de lui-même sur la route aérienne M635. Il se trouve alors à 32 000 pieds. C'est une altitude de croisière relativement basse compte tenu des mauvaises conditions météo mais l'appareil n'est pas seul dans le secteur. Au même moment, on compte onze autres avions dans les environs du couloir et le contrôleur ne peut pas laisser tout le monde monter n'importe comment. D'une manière générale, la route M635 est très fréquentée puisqu'on y recense en moyenne 160 avions par jour en direction de Singapour. C'est d'ailleurs la raison pour laquelle les autorités indonésiennes ont limité le nombre de vols quotidiens sur cet axe, en particulier le dimanche qui est un jour encore plus chargé que les autres.

Dans le cockpit de l'Airbus, le radar météo est branché. Et très rapidement, des taches rouges apparaissent sur l'écran. Elles annoncent que le vol ne sera pas de tout repos à cette altitude : les têtes de cumulonimbus sont nombreuses sur la route. Quelques minutes après la stabilisation, l'avion pénètre dans la couche et les premières turbulences se manifestent. Le copilote demande alors que les systèmes de dégivrage soient branchés. Puis la consigne « attachez vos ceintures » est allumée, ce qui déclenche une réaction immédiate du PNC en cabine.

---

[35] 9 728 mètres.

5 heures 57 minutes 39 secondes (hôtesse) : *Mesdames messieurs, le commandant vient d'allumer la consigne… Nous traversons actuellement une zone de turbulence. Veuillez retourner à votre place et attachez votre ceinture.*

Ce qui se passe n'a évidemment rien d'inquiétant. Certes, le vol ne sera pas très agréable mais la plupart des passagers sont des habitués de la ligne. Ils savent que les vols ne sont jamais paisibles en cette période de l'année. Par ailleurs, l'Airbus est suivi en permanence par les contrôleurs de « Jakarta ACC[36] » qui gèrent le secteur ouest de Java. Ceux-ci disposent également de puissants radars qui leur permettent de localiser avec précision les zones orageuses. Malgré une météo difficile, c'est donc un vol qui ne devrait poser aucun problème.

À **6 heures 00,** un bip discret retentit dans le cockpit et le voyant du « Master Caution » s'allume. Aussitôt, un message s'affiche sur l'ECAM :

« AUTO FLT RUD TRV LIM SYS
RUD WITH CARE ABOVE 160 Kt[37]»

La présentation n'a absolument rien d'alarmant. Ce n'est pas une alerte stressante qui clignote en rouge. C'est un banal affichage de couleur ambre qui ne revêt aucun caractère d'urgence. Il n'y a pas non plus de klaxon sonore. Seul un bip comparable à l'arrivée d'un mail attire l'attention de l'équipage. Bien évidemment, c'est le même message qui s'est affiché quelques jours plus tôt sur cet Airbus alors qu'Iriyanto était déjà aux commandes. Il signifie que le limiteur de direction « RTLU » est inopérant. Et, comme on peut le voir sur la photo qui suit, l'ordinateur indique la procédure à suivre pour résoudre le problème. Et là encore, les indications sur l'écran sont parfaitement claires : *il faut utiliser la direction avec précaution lorsque la vitesse est supérieure à 160 nœuds.* Ne pas donner de coups de pied à fond (à part une soudaine crise d'épilepsie, on se demande d'ailleurs, ce qui pourrait amener un pilote à se comporter ainsi en croisière !).

---

[36] *Area Control Center.*

[37] *Auto Flight Rudder Travel Limiter System* : Système automatique de limitation de la gouverne de direction.
Rud with Care above 160 kT : utiliser la direction avec précaution au-dessus de 296 km/h.

En dessous de cette vitesse, notamment pendant l'approche et l'atterrissage, il n'y a pratiquement aucune limitation[38].
Il n'y a donc pas lieu de paniquer. Le Pilote Automatique continue à gérer les choses et le vol peut donc se poursuivre tout à fait normalement.

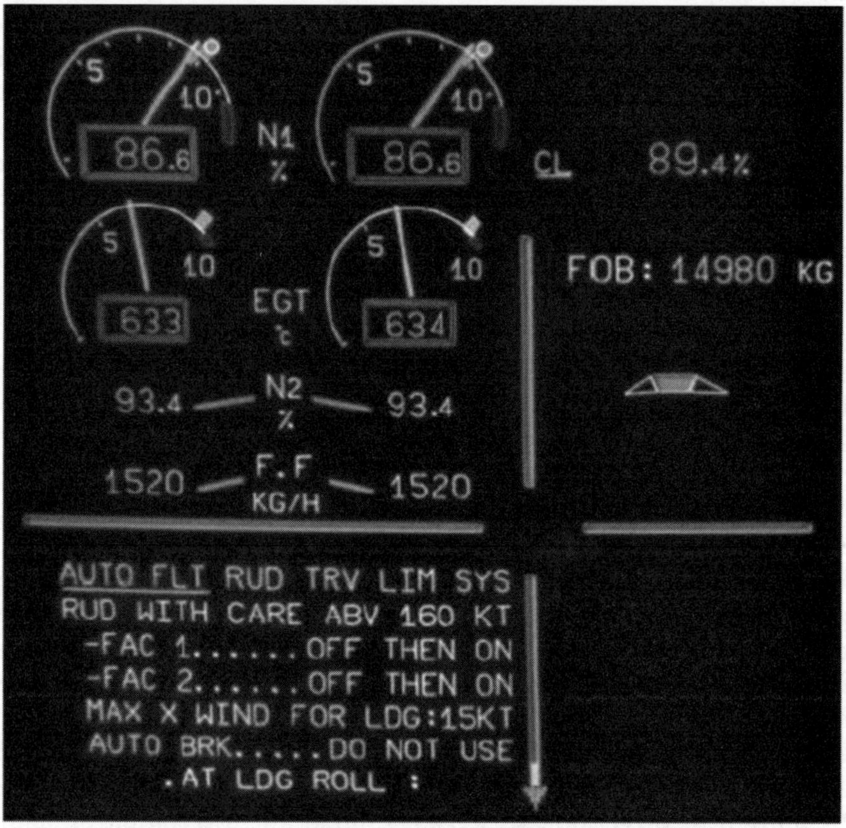

Message qui s'affiche sur l'écran ECAM de l'Airbus
La procédure à suivre est indiquée en bas à gauche :

- **Utiliser le palonnier avec précaution au-dessus de 160 nœuds.**
- **FAC 1... OFF puis ON**
- **FAC 2... OFF puis ON**
- **Vent de travers maximum à l'atterrissage : 15 nœuds.**
- **Freinage automatique... Ne pas utiliser pendant le roulage à l'atterrissage.**

[38] Comme on peut le voir sur l'écran, l'équipage ne doit pas non plus utiliser le freinage automatique « Auto Brake » après l'atterrissage et il ne faut pas se poser avec un vent de travers de plus de 15 nœuds.

Aussitôt, Rémi Plésel demande :

— ECAM... qu'est-ce qu'on fait ?

Le commandant Iriyanto lit donc la procédure qui est affichée sur l'écran. Il annonce à haute voix :

— FAC 1... « Off » puis « On »

— FAC 2... « Off » puis « On »

Il suffit donc de couper puis de redémarrer les FAC à partir des deux boutons-poussoirs qui se trouvent au-dessus de la tête de l'équipage. Seule restriction, les coupures ne doivent pas être effectuées simultanément. L'équipage applique donc cette procédure très simple et le message disparaît de l'écran.

Tout va bien...

Une minute plus tard, les deux limiteurs de direction fonctionnent à nouveau normalement.

Mais alors que la tension retombe dans le cockpit, le commandant remarque qu'une énorme tache rouge commence à apparaître sur le radar. Ce sont les sommets des nuages d'orages qui montent droit devant l'avion. Ils se trouvent exactement sur l'*Airway* M635. Comme les nuages montent bien au-delà de l'altitude de l'Airbus, il n'y a pas d'autre solution que de les éviter.

6 heures 04 minutes 49 secondes : Iriyanto appelle immédiatement le contrôleur d'Ujung Pandang pour lui demander l'autorisation de se déporter de 15 milles sur la gauche[39]. Celui-ci n'est pas surpris. Depuis une heure, tous les avions de ligne ne cessent de demander des évitements. On est en pleine mousson humide et les nuages d'orages bourgeonnent par centaines.

Rémi Plésel affiche donc le cap 310 sur le FCU[40] et l'avion vire à gauche. Comme la météo n'est pas très bonne, le copilote fait alors un « briefing de croisière » au cours duquel il explique au commandant ce qu'il ferait en cas de problème. S'ils avaient une panne sur un moteur ou s'il fallait effectuer une descente d'urgence, ils se dérouteraient sur l'aéroport de Semarang situé à 200 kilomètres au sud de leur position. Encore une fois, tout cela n'a rien d'anxiogène... Après le drame, la presse indonésienne mettra l'accent sur ce changement de trajectoire destiné à éviter le mauvais temps. Ce serait la cause de la catastrophe. Cette interprétation est complètement erronée...

---

[39] 28 kilomètres.

[40] *Flight Control Unit* : boîtier de commande du pilote automatique des Airbus. MCP (Mode Control Panel) sur les Boeing.

Faire un évitement ne signifie nullement qu'il y a un problème. C'est une procédure fréquente et tout à fait normale, prévue pour assurer la sécurité. Quant au briefing du copilote, il est prévu dans les procédures d'Air Asia dès que l'avion se stabilise en croisière.

À **6 heures 09...** Nouveau bip ! Le témoin lumineux du « Master Caution » se rallume et le message réapparaît sur l'ECAM. Le problème est le même : le limiteur de braquage de direction ne fonctionne pas... Comme précédemment, ce message n'est qu'une information et il n'a aucune incidence sur le vol en croisière.
L'équipage applique donc exactement la même procédure. Les deux FAC sont coupés puis ils sont remis sur « On » et le message disparaît.

6 heures 11 minutes 44 secondes : Le commandant affiche la fréquence 131.60 qui correspond à un nouveau secteur de « Jakarta radar ». Dès le premier appel, le contrôleur annonce qu'il a identifié l'Airbus sur son écran.
Iriyanto l'informe alors qu'il a effectué un évitement à gauche afin de ne pas traverser une zone de mauvais temps. De ce fait, il n'est plus tout à fait sur la voie aérienne M635...
Le contrôleur note l'information et lui demande de le rappeler lorsqu'il souhaitera reprendre sa route initiale. Tout va bien et jusqu'ici, la sécurité de l'avion n'a jamais été mise en cause.

6 heures 11 minutes 49 secondes (commandant) : *Roger 8501, on vous rappelle sur la route initiale et... est-ce qu'on pourrait monter plus haut ?*

6 heures 11 minutes 55 secondes (Jakarta radar) : *Wagon Air 8501... Vous demandez quel niveau ?*

6 heures 12 minutes 01 seconde (commandant) : *On voudrait le... 380, si c'est possible Wagon Air 8501.*

Il est simple de comprendre pourquoi Iriyanto souhaite monter à 38 000 pieds[41]. En restant à 32 000, il se trouve en permanence plus bas que les sommets des cumulonimbus. Il ne peut pas reprendre sa route sans rentrer dans la couche. Si on ne lui permet pas de monter, il va devoir poursuivre les évitements et les virages vont lui faire perdre du temps.

---

[41] 11 552 mètres.

Malheureusement, Iriyanto n'est pas le seul à vouloir grimper. Ce matin, les niveaux élevés sont très demandés. Juste devant l'Airbus se trouvent deux vols : le LNI 626 et le LNI 763. Ces avions sont en train de se croiser aux niveaux 360 et 380. Juste derrière se trouve le vol AWQ 502, un autre Airbus d'Air Asia qui est au 340. En fait, il y a des avions partout et le contrôleur ne peut pas satisfaire tout le monde.

6 heures 12 minutes 55 secondes (Jakarta radar) : *QZ 8501, Jakarta radar… maintenez le 320. Je vous rappelle pour plus haut.*

Iriyanto ne peut qu'accuser réception de l'instruction et attendre que le contrôleur lui trouve une possibilité de monter.

6 heures 13 minutes 41 secondes : le bip retentit pour la troisième fois et le message s'affiche de nouveau sur l'ECAM.

Au vu de ce qui se passe, il est clair que la réponse apportée n'est d'aucune efficacité. De toute évidence, les deux hommes n'ont pas compris qu'il ne sert à rien de couper les FAC. La panne des « RTLU » ne peut être résolue en vol. L'apparition du message étant sans conséquence sur la sécurité de l'avion, il faut poursuivre tranquillement la croisière en oubliant cette annonce sans importance pour la sécurité puisque l'atterrissage à Singapour ne posera aucun problème particulier.
Il suffit donc… de ne rien faire !

Pourtant, le commandant décide d'effectuer une nouvelle tentative ! Même problème… Même procédure. Il presse les boutons des FAC 1 et 2 et le message disparaît. Malheureusement, deux minutes plus tard, ça recommence.

6 heures 15 minutes 36 secondes. Pour la quatrième fois, le bip retentit et le message apparaît accompagné du voyant « Master Caution »…
C'est à présent un réflexe… Dès que le message s'affiche, l'équipage appuie sur les boutons-poussoirs des FAC : *Off* puis *On*… Mais cette fois, le commandant n'a pas le temps de s'attarder pour voir le résultat de son geste car le contrôleur de Jakarta Radar rappelle. Le croisement est effectué avec les vols LNI 626 et 763. À présent, la voie est libre pour que l'Airbus puisse monter au-dessus du mauvais temps :

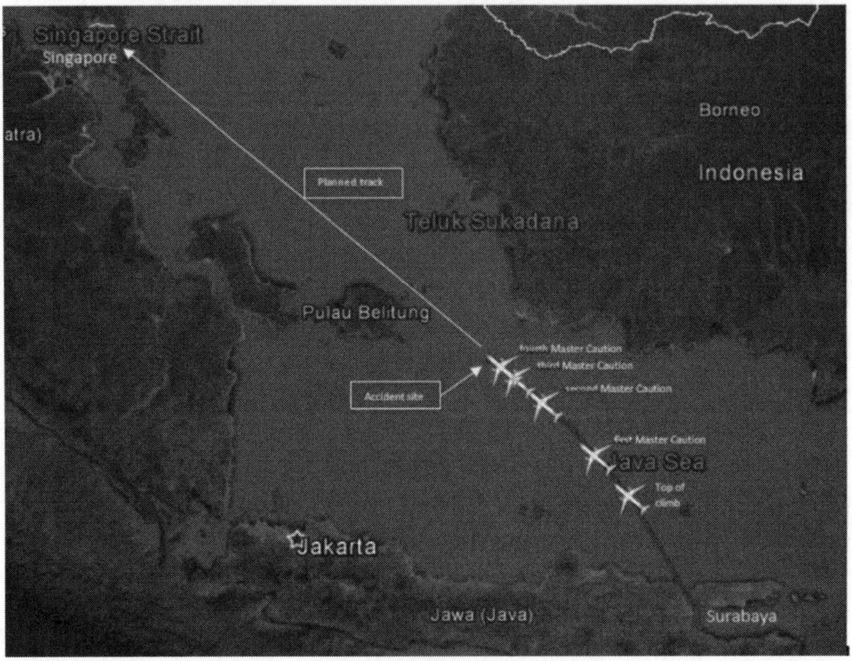

Position de l'Airbus lors de l'apparition des 4 premiers messages.

6 heures 16 minutes 00 seconde (Jakarta Radar) : *Wagon Air 8501, montez au niveau 340. Rappeler stable…*

Le commandant Iriyanto ne répond pas… En fait, il vient de décider de faire ce que lui a montré le technicien il y a quatre jours sur le parking : il va tirer les *breakers* !

6 heures 16 minutes 12 secondes (Jakarta Radar) : *Wagon Air 8501, montez au niveau 340*[42]*. Rappelez atteignant…*

Comme il n'obtient pas de réponse, le contrôleur insiste :

6 heures 16 minutes 22 secondes (Jakarta Radar) : *Wagon Air 8501, montez au niveau 340. Rappeler atteignant…*

6 heures 16 minutes 25 secondes (Jakarta Radar) : *Wagon Air 8501, comment vous me recevez ?*

Pas de réponse…

---

[42] 34 000 pieds : 10 336 mètres.

Si le commandant reste silencieux, c'est qu'il est maintenant occupé à réinitialiser complètement le système. Deux secondes plus tard, il tire le disjoncteur qui se trouve juste au-dessus de sa tête. C'est celui du FAC 1. Malgré l'absence de retranscription du CVR dans le rapport d'enquête, on est certain que c'est effectivement Iriyanto qui tire le disjoncteur du FAC 1 parce qu'il est le seul à pouvoir le faire. On imagine mal le copilote se pencher par-dessus le pylône central pour aller chercher le *breaker* au-dessus de la tête de son chef.
Une fois ce premier *breaker* tiré, le message habituel ne s'affiche plus sur l'ECAM. Seul le voyant du « Master Caution » s'allume pour la cinquième fois.

Il est alors **6 heures 16 minutes et 27 secondes** : les véritables problèmes vont commencer !

Sans attendre, Iriyanto recule alors son siège et il quitte sa place pour aller vers le panneau situé derrière Rémi Plésel. Puis il tire le disjoncteur du FAC 2.

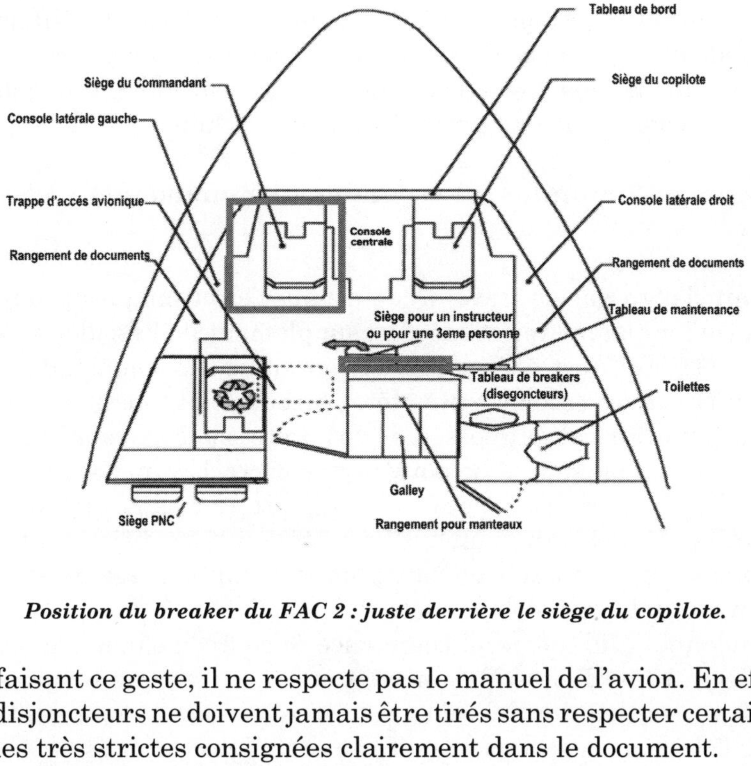

Position du breaker du FAC 2 : juste derrière le siège du copilote.

En faisant ce geste, il ne respecte pas le manuel de l'avion. En effet, les disjoncteurs ne doivent jamais être tirés sans respecter certaines règles très strictes consignées clairement dans le document.
Les instructions sont les suivantes :

Note : ***En vol, avant d'effectuer la moindre action sur les disjoncteurs, les pilotes, PF et PNF, doivent :***

- *1/ Étudier et bien comprendre quelles seront les conséquences de leur geste.*
- *2/ Faire une vérification croisée et s'assurer que le disjoncteur correspond effectivement au système qui pose un problème.*

Et le texte se termine par l'avertissement suivant :

ATTENTION : Ne jamais réinitialiser plus d'un ordinateur en même temps.

Or, c'est justement l'erreur qu'Iriyanto vient de commettre. Il a tiré simultanément les disjoncteurs des FAC 1 et 2 ! Dans ces conditions, cette manipulation provoque des coupures d'alimentation qui bloquent de nombreux paramètres transmis aux ordinateurs.

6 heures 16 minutes 44 secondes : le témoin du « Master Caution » s'allume pour la sixième fois. Le message n'apparaît plus sur l'ECAM, mais dans le même temps le Pilote automatique et les manettes d'auto-poussée se déconnectent. C'est parfaitement normal, ces systèmes ne peuvent fonctionner s'ils ne reçoivent pas d'informations. Cette fois, une alarme ressemblant au clairon d'une charge de cavalerie retentit dans le cockpit.

6 heures 16 minutes 53 secondes (commandant) : *Oh mon Dieu !*

En fait, il n'y a rien de grave, si ce n'est que l'électronique ne contrôle plus l'avion. L'appareil vient tout simplement de basculer en « loi Alternate » et c'est à l'homme de reprendre les commandes à la main. Quelques secondes plus tôt, l'Airbus était une machine qui savait tout faire et qui possédait des protections extraordinaires : il naviguait tout seul, il ne pouvait pas décrocher, ni s'incliner au-delà de 67 degrés et il pouvait même atterrir sans intervention humaine. Mais le commandant Iriyanto a tiré les disjoncteurs des deux FAC et l'appareil ne sait plus rien faire. Il est devenu un avion normal qui doit être piloté à la main.
Abandonné à lui-même, il commence donc à s'incliner lentement sur la gauche. Bien évidemment, tout cela n'est que temporaire. Lorsque les deux ordinateurs seront réinitialisés, tout rentrera dans l'ordre mais cela va prendre environ deux minutes.
Pendant ce laps de temps, Rémy Plésel doit reprendre les com-

mandes en manuel. C'est du pilotage de base tel que les élèves l'apprennent dès leurs premières heures en vol de nuit. Il faut tenir l'avion en se référant à la maquette de l'horizon artificiel. Même si cela demande un certain entraînement, c'est tout de même assez simple et les adolescents savent parfaitement le faire lorsqu'ils s'entraînent sur un jeu de simulation de vol. Pour le copilote, la seule erreur à éviter serait de se laisser abuser par ses sensations physiques. Seules comptent les informations fournies par les instruments !
C'est la base du vol sans visibilité...
Car, lorsque le cerveau n'a plus de références extérieures, il ne parvient pas à connaître sa position dans l'espace. La nuit ou lorsque l'avion se trouve dans les nuages, il faut faire confiance aux instruments. Si le pilote ne les regarde pas, il peut imaginer qu'il est *en montée en virage à droite* alors qu'il est en train de *descendre en virage à gauche.*
Le pilotage aux instruments n'a rien d'une épreuve insurmontable. Il y a quelques années, nos grands-parents volaient ainsi pendant de longues heures d'affilée. Ils le faisaient la nuit et par tous les temps... Aujourd'hui, nous l'avons vu, le pilotage manuel se limite à quelques minutes avant l'atterrissage et parfois même à quelques secondes après le décollage. Dans ces conditions, certains jeunes pilotes n'ont pas l'entraînement suffisant pour tenir eux-mêmes l'avion. Car il faut être particulièrement souple et précis sur les commandes. Ne jamais faire de mouvements brusques ! Les actions brutales sont en effet difficiles à maîtriser et par ailleurs, elles risquent d'effrayer les passagers.

Dans un premier temps, l'Airbus est donc livré à lui-même... Sans l'assistance du Pilote Automatique et sans l'auto-poussée qui gère la puissance des moteurs, il continue à s'incliner doucement vers la gauche. Le mouvement est lent et progressif jusqu'à atteindre 54 degrés. À cet instant, il est probable qu'aucun des deux pilotes ne se rend compte de ce qui se passe. Tous les deux sont absorbés par leur tentative de résolution du problème. L'absence de retranscription complète du CVR fait cruellement défaut pour analyser le comportement de chaque pilote. Seules quelques paroles isolées ont été publiées... Il faut donc se référer aux actions effectuées pour comprendre les erreurs qui ont été commises. Et sur ce point, les paramètres enregistrés par le DFDR sont particulièrement explicites :

Neuf secondes après la déconnexion du Pilote Automatique, le copilote saisit brusquement son minimanche et il le braque à fond dans le coin droit (position n° 1 ci-dessous). Si l'action aux ailerons est admissible, celle sur la profondeur est absolument catastrophique. Elle est totalement déconseillée par les instructeurs car elle peut être à l'origine d'un basculement de l'avion en position « inusuelle »...
La situation se dégrade donc très rapidement :

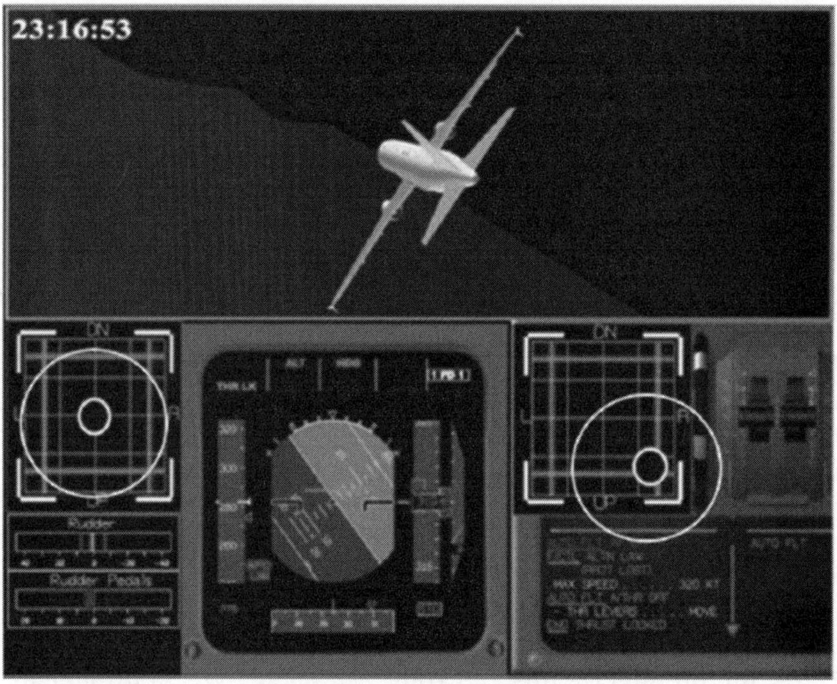

Position 1 (6 h 16 min 53 s).
Noter la position des deux minimanches.

- **Le commandant Iriyanto ne touche à rien : il n'est pas encore revenu à sa place.**
- **Le copilote Rémi Plésel met tout « dans le coin ». Ailerons et profondeur à fond.**

Bien évidemment, cette action brutale du copilote sur la commande de profondeur déclenche aussitôt l'avertisseur de décrochage. Il tire trop fort sur le manche... Aussitôt, la voix de synthèse retentit pendant une seconde.

6 heures 16 minutes 56 secondes : (voix de synthèse) : *STALL* ![43]

L'avertissement est immédiatement suivi par l'alarme « charge de cavalerie ». C'est un son strident volontairement désagréable qui ne peut pas passer inaperçu. Il est probable que Rémi Plésel soit impressionné par ce clairon. Il lâche son minimanche... Pendant un bref instant, l'avion se redresse doucement et il se retrouve dans une position quasi normale. En fait, même sans électronique, l'Airbus vole mieux lorsque le copilote ne touche pas aux commandes (schéma qui suit).

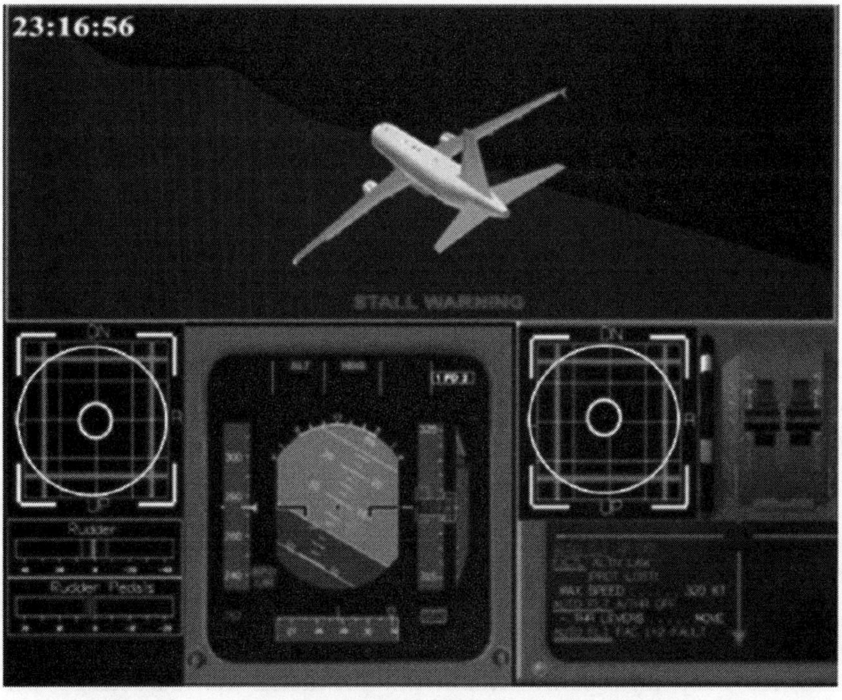

Position 2 (6 h 16 m 56 s).

- **Le commandant n'a toujours pas saisi son manche.**
- **Le copilote a cessé de tirer n'importe comment.**

À cet instant, Iriyanto n'est pas encore revenu à sa place. Il ne peut rien faire d'autre que prodiguer des conseils à son copilote.

6 heures 17 minutes 02 secondes (commandant) : *Ailes horizontales... horizontales... horizontales... horizontales...*

[43] Décrochage !

Mais Rémi Plésel semble éprouver d'énormes difficultés à stabiliser l'avion. Comme tous les pilotes qui manquent d'entraînement en vol sans visibilité, sa maquette est très instable sur l'horizon. Dans un mouvement qui ressemble à de la panique, il recommence à tirer sur son minimanche. Cette fois, son action est de plus en plus soutenue. L'avion repart donc en montée à 2 624 pieds par minute. À cette altitude, c'est trop violent. L'angle d'incidence augmente et l'avertisseur de décrochage se déclenche de nouveau. Iriyanto continue à donner des instructions.

6 heures 17 minutes 15 secondes (commandant) : *Tire vers le bas... Tire vers le bas... Tire vers le bas*[44]*...*

Il est probable que le commandant veut que son copilote mette le manche en avant mais sa formulation est particulièrement ambiguë car il utilise des termes contradictoires. Si on tire sur le manche, c'est pour monter !
Dans le même temps, l'avertisseur de décrochage se déclenche à nouveau.

6 heures 17 minutes 17 secondes (voix de synthèse) : *STALL !*

En fait, bien que la vitesse de l'avion soit encore de 268 nœuds[45], l'angle d'incidence est maintenant de 8 degrés, ce qui est limite. Iriyanto n'est toujours pas revenu à sa place mais l'alarme le fait de nouveau réagir...

6 heures 17 minutes 22 secondes (commandant) : *Tire vers le bas... Tire vers le bas... Tire vers le bas...*

Malheureusement, Rémi Plésel réagit instinctivement. Et, comme tous les débutants confrontés à une situation de décrochage, ses sensations physiques lui disent de faire le contraire de ce que lui ordonne son commandant. Au lieu de pousser sur le manche, il tire de toutes ses forces. Du coup, l'avion se met à vibrer : c'est le *buffeting*, un phénomène aérodynamique qui annonce que les filets d'air se décrochent des ailes. La voix de synthèse ne cesse de retentir et chaque avertissement est suivi d'une alarme « criquet » destinée à faire réagir le copilote.
Mais ce dernier tire de plus en plus fort.

---

[44] Le commandant prononce l'expression Pull down à trois reprises.

[45] 496 km/h.

6 heures 17 minutes 23 secondes (voix de synthèse) : *STALL... STALL... STALL... STALL...*

Cette fois, le taux de montée augmente à 11 000 pieds par minute. À titre de comparaison, le taux normal d'un avion chargé est de l'ordre de 2 500 pieds par minute. L'angle d'incidence passe donc à 21 degrés, ce qui est énorme. Et bien évidemment, la vitesse chute dramatiquement à 147 nœuds[46].
Visiblement déstabilisé, le commandant continue à ordonner à son copilote de « rendre la main ». Mais ses ordres sont toujours aussi ambigus :

6 heures 17 minutes 25 secondes (voix de synthèse) : *Tire vers le bas... Tire vers le bas... Tire vers le bas...*

Pourtant, celui-ci réagit toujours instinctivement. Il se crispe sur son manche en butée arrière sans comprendre ce qui se passe. Du coup, alors que l'anglais est la langue en vigueur dans les cockpits d'Air Asia, il s'exprime cette fois en français. C'est un début de panique.

6 heures 17 minutes 29 secondes (copilote en français) : *Mais qu'est-ce qui se passe ?*

On rappelle que depuis la coupure des deux FAC, l'Airbus est devenu un avion comme tous les autres. Il ne dispose plus des protections électroniques habituelles qui corrigeraient les erreurs de pilotage. Il faudrait donc le manier avec la plus grande précaution. Malheureusement, les mouvements du copilote sont d'une très grande brutalité et ils sont toujours d'une amplitude maximum qui amène les commandes en butée. Le vol aux instruments est une technique qui doit s'effectuer avec finesse et précision et les actions de Rémi Plésel sont aux antipodes de ce qu'il faudrait faire.

Treize secondes plus tard, l'avion arrive à 37 776 pieds[47]. Après une telle course, il n'a plus la moindre énergie et sa vitesse calibrée est pratiquement à 0. Quelques secondes avant qu'il ne s'arrête, l'angle d'incidence a atteint la valeur incroyable de... 48 degrés. À présent, l'Airbus n'est plus qu'une masse de métal brut qui s'immobilise dans le ciel avant de basculer brusquement sur l'aile gauche.

---

[46] 272 km/h.

[47] 11 484 mètres.

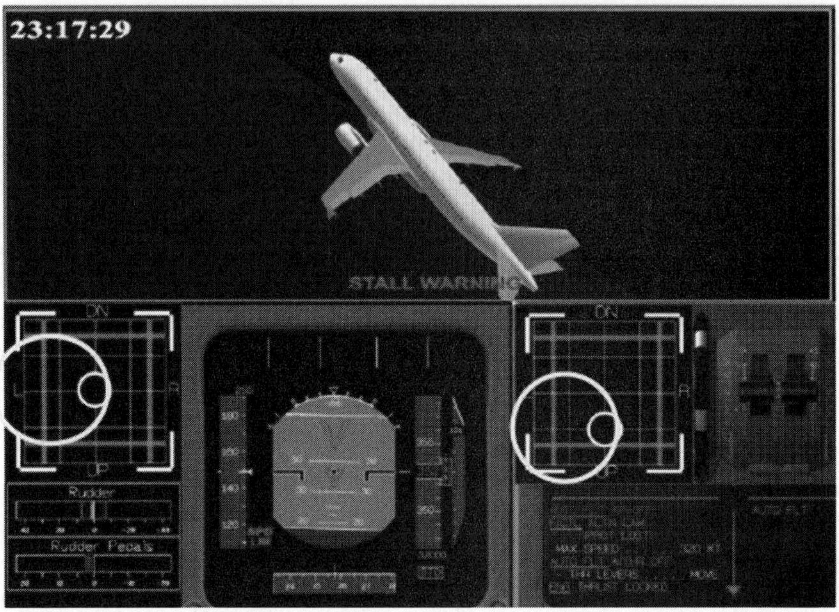

Position 3 (6 h 17 mn 29 sec) : L'avion grimpe à 11 000 pieds par minute.
- **Le copilote tire à fond sur son manche.**
- **Le commandant n'a pas encore repris sa place.**

Il est sur le point de partir dans une position que les spécialistes qualifient « d'inusuelle ». Le *buffeting* ne cesse de s'amplifier et il ne va plus cesser jusqu'à la fin.

6 heures 17 minutes 33 secondes (commandant) : *Puissance TOGA*[48].

Le commandant vient de demander que la puissance maximale soit appliquée. Ce n'est pas forcément une bonne idée. Dans la position où se trouve l'avion, la poussée des réacteurs provoque un couple cabreur qui tend à faire remonter le nez, ce qui augmente encore l'angle d'incidence. C'est le moment précis où Iriyanto réussit à reprendre sa place à gauche. Encore une fois, il suffit d'examiner la position respective des deux manches pour comprendre que le chef a une réaction beaucoup plus saine que son subordonné (position 4).

- Le manche du commandant est braqué à droite mais il n'est pas à fond.

---

[48]Puissance maximale utilisée pour le décollage et la remise des gaz (Take Off – Go Around).

- Le manche du copilote est encore une fois bloqué dans le coin : aileron droit et profondeur à fond à cabrer. C'est exactement ce qu'il ne faut pas faire !

Iriyanto ne peut retenir une plainte.

6 heures 17 minutes 41 secondes (commandant) : *Mon Dieu !*

Dans un renversement digne d'un monoplace de voltige, l'appareil bascule alors dans un piqué impressionnant. Depuis près d'une minute, la voix de synthèse ne cesse d'avertir que l'avion est en décrochage. Notons qu'à cet instant, la situation est très grave mais elle n'est pas perdue pour autant. Si Iriyanto faisait preuve de beaucoup de souplesse, il pourrait reprendre de la vitesse tout en stabilisant la machine. Surtout ne pas tirer trop brutalement sur le manche...

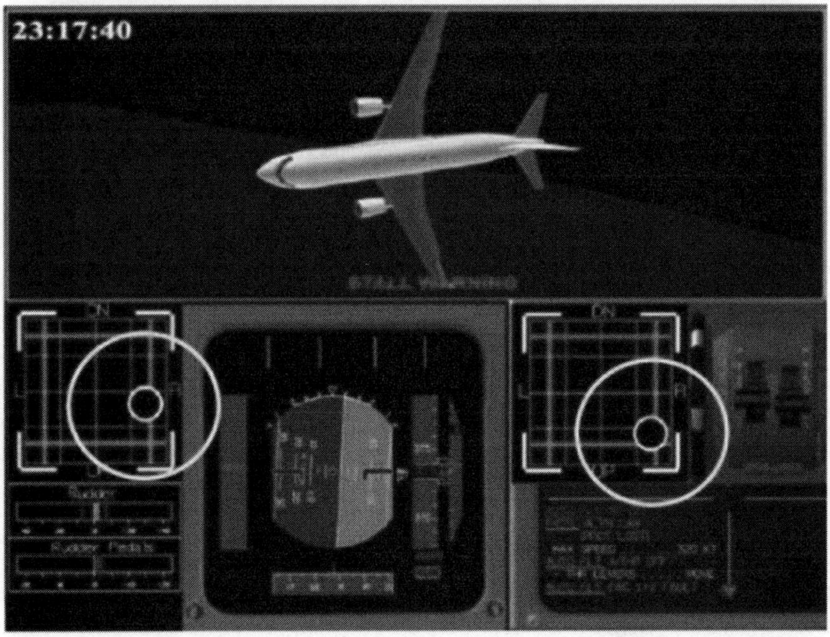

Position 4 (6 h 17 min 40 sec) : l'avion est incliné à 104 degrés à gauche.

- **Altitude : 37 796 pieds.**
- **La vitesse calibrée est nulle.**
- **Le commandant tente d'annuler l'inclinaison en braquant le manche à fond à droite mais il ne tire pas.**
- **Le copilote met une nouvelle fois le manche dans le coin.**

6 heures 17 minutes 51 secondes (commandant) : *Doucement... doucement... doucement... doucement... doucement.*

Malheureusement, Iriyanto n'est pas seul à toucher les commandes. Au lieu d'appuyer sur le bouton qui lui donnerait la priorité et lui permettrait d'être seul à manier l'avion, il laisse Rémi Plésel s'agiter sur son joystick[49]. Or, ce dernier maintient en permanence le manche bloqué en butée arrière.
Et le résultat est catastrophique !

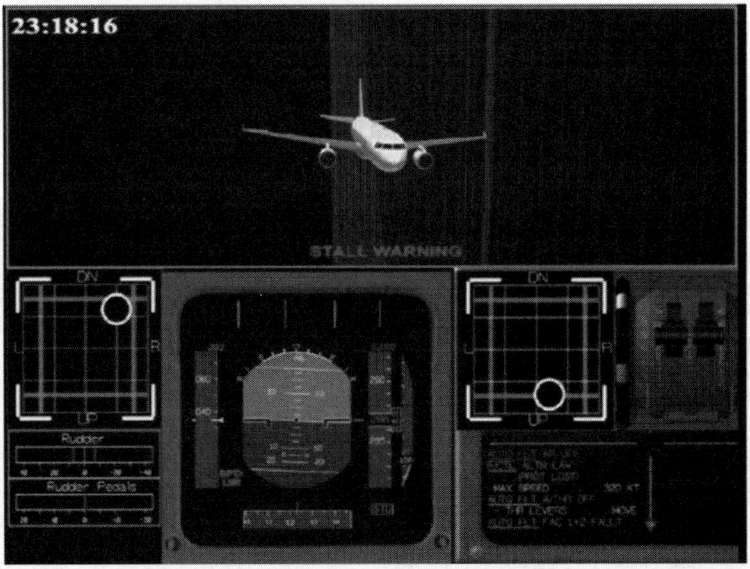

Position 5 (6 h 18 min 16 sec) : tout le drame est résumé dans la position des deux manches. À gauche, le commandant pousse en avant à fond... À droite, le copilote est en butée arrière.

Dans ces conditions, l'avion reprend peu à peu une assiette nulle (position 5). En apparence, l'horizon artificiel est à sa place mais cette attitude est trompeuse. Car en réalité, l'Airbus descend à plat avec un angle d'incidence de 41.1 degrés. Sa vitesse calibrée est de seulement... 37 nœuds[50]. C'est à peine plus rapide qu'une petite mobylette. En fait, il est en décrochage à plat et toute la structure est secouée de puissantes vibrations.

---

[49] Si le commandant de bord ne prend pas la priorité sur le manche, c'est la somme algébrique des deux positions de manches qui s'applique. Cela signifie que si un pilote (le commandant) pousse à fond en avant et que l'autre (le copilote) tire à fond en arrière, les actions s'annulent et rien ne se passe.

[50] 68 km/h.

L'avertisseur de décrochage ne cesse de retentir !

6 heures 18 minutes 00 seconde (voix de synthèse) : *STALL... STALL... STALL... STALL... STALL...*

Le taux de chute est alors de... 15 500 pieds par minute[51]. Pour sortir de cette position dramatique, il faudrait absolument remettre le manche sur l'avant. C'est la seule action qui permettrait d'accélérer. Malheureusement, malgré la voix de synthèse qui ne cesse d'avertir que l'avion est en décrochage, aucun des deux hommes ne semble conscient de ce qui se passe. Il suffirait pourtant qu'Iriyanto ordonne « À *moi les commandes* » ou plus simplement encore qu'il appuie sur la touche lui donnant la priorité. L'ordinateur annoncerait alors :

— *Priority Left.*

Et le nez de l'avion redescendrait aussitôt sur l'horizon... Une simple pression sur un bouton !

Mais pendant tout le drame, le chef ne va jamais prendre la priorité sur son copilote. Il se contente de donner des instructions qui ne servent à rien puisque Plésel reste crispé sur la butée arrière de son minimanche. Cette passivité stupéfiante est une erreur grave : du point de vue réglementaire, le décrochage est un état d'urgence absolue qui impose que le commandant prenne seul les commandes...

Alors que la voix de synthèse continue à répéter inlassablement *STALL... STALL... STALL*, le commandant semble soudain hésiter sur la procédure à suivre pour se sortir du décrochage.

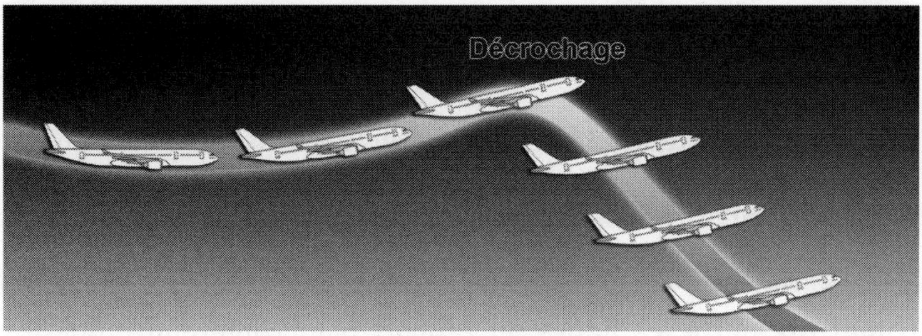

Décrochage : lorsque l'angle d'incidence dépasse une valeur critique, la portance s'écroule. Dans ce cas, l'avion décroche et ce, quelle que soit sa vitesse ou la poussée des moteurs.

[51] Le taux de descente normale en finale est de l'ordre de 600 pieds par minute.

À partir de cet instant, le rapport du KNKT devient étonnamment vague. Il ne mentionne plus aucun paramètre. Pourquoi cette absence totale d'informations entre 06 heures 18 minutes 16 secondes et 06 heures 20 minutes 36 secondes ? Cela représente deux minutes et 40 secondes pendant lesquelles l'avion est en chute rapide vers l'eau. Ces paramètres sont pourtant disponibles dans l'enregistrement du FDR. Que s'est-il passé pendant ce laps de temps ? Quelle était la position des gouvernes ? L'avion était-il en survitesse ou a-t-il été détruit pas les vibrations ? Les facteurs de charge induits par le comportement de l'équipage ont-ils brisé l'avion ?
Rien n'est précisé.

6 heures 18 minutes 23 secondes (commandant) : *Tire... tire...*

6 heures 18 minutes 24 secondes (commandant) : *Tire vers le bas... Tire vers le bas...*

6 heures 19 minutes 08 secondes (commandant) : *Cabre... Cabre...*

Encore une fois, toutes ces instructions sont confuses et contradictoires. Elles contribuent à déstabiliser le copilote. En fait, le commandant devrait prendre la priorité et tenir lui-même le manche mais il ne le fait pas.

Alors que l'altimètre affiche 17 000 pieds, le commandant demande :

6 heures 19 minutes 10 secondes (commandant) : *Quelle altitude ?*

6 heures 19 minutes 58 secondes (commandant) : *CAPT 3*[52]*...*

6 heures 20 minutes 36 secondes (commandant) : Fin de l'enregistrement.

Il faut lire entre les lignes du rapport pour comprendre que les vibrations engendrées par le décrochage ont provoqué la rupture

[52] Du fait de la fluctuation de la vitesse, il est possible que le commandant pense qu'il y a un problème sur les paramètres source de sa vitesse. Il demande donc au copilote de basculer le sélecteur « Air data » de Capt 1 vers Capt 3.

de l'avion en plein vol. Pour une raison inconnue, cette information ne se trouve nulle part.
En fait, certains débris de l'Airbus sont retrouvés à une très grande distance les uns des autres. Ainsi les deux enregistreurs de vol se trouvent à près de 2 kilomètres de leur support situés dans la queue de l'Airbus. Bien que le rapport ne donne aucune précision de quelque nature, on peut raisonnablement supposer que l'avion s'est brisé dans les basses couches de l'atmosphère[53].

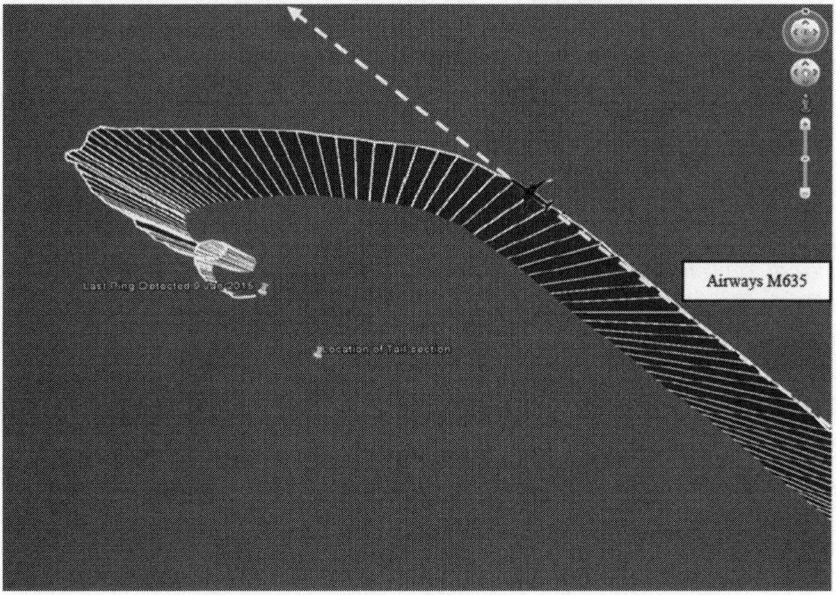

Une longue chute en spirale à gauche.

LA RECHERCHE DE L'AIRBUS

Après 40 minutes d'appels restés sans réponse, le contrôleur de « Jakarta radar » déclenche une procédure « Incerfa[54] » concernant le vol QZ 8501. Il demande aux services de recherche et de sauvetage du « Basarnas[55] » de se tenir prêts à intervenir dans les environs de l'île de Belitung.

[53] En tenant compte du temps écoulé entre le passage à 17 000 pieds, l'heure de la fin de l'enregistrement et un taux moyen de chute à 12 000 pieds / minute, on peut raisonnablement estimer que la rupture s'est produite aux environs de 5 000 pieds.
[54] Phase d'incertitude.
[55] Badan Search and Rescue Nasional.

À **8 heures 30**, le contrôleur d'approche de l'aéroport de Singapour-Changi appelle le centre régional pour demander la position du vol QZ 8501. Le plan de vol prévoyait un atterrissage à 8 h 25 et l'appareil n'a pas encore appelé. On lui répond que « *personne ne sait où se trouve l'avion* ».

Une heure plus tard, l'alerte générale est lancée... Pourtant, les recherches s'avèrent très difficiles car la zone de disparition est très imprécise même s'il est certain qu'elle se situe dans la mer de Java. Par ailleurs, l'avion n'a lancé aucun message de détresse qui permettrait de savoir exactement où il se trouvait dans les derniers instants. Jusqu'à la tombée de la nuit, trois navires patrouillent sur les lieux supposés du drame, sans trouver le moindre débris.

Le lendemain, Angela Ranastianis, la fille du commandant Iriyanto poste un message poignant sur les réseaux sociaux : « *S'il te plaît Papa, reviens* à la maison, j'ai encore besoin de toi ». Les journaux télévisés font aussitôt leurs gros titres avec ce *tweet* déchirant. Le pays est d'autant plus ému qu'une semaine avant le crash, le frère du commandant est décédé d'une crise de diabète foudroyante. Une question revient dans tous les médias : qu'est-il arrivé au vol QZ 3501 ?
Pendant la journée du 29 décembre, ce sont alors 14 avions, 16 hélicoptères et 12 navires qui font des recherches dans quatre zones de plus en plus étendues. Cela ne donne rien...
La tension monte en Asie. Le spectre du vol MH 370 qui a disparu quelques mois plus tôt sans laisser de trace resurgit brusquement.
Ce n'est que le 30 décembre que les premiers débris flottants sont découverts éparpillés au sud de l'île Belitung. C'est un secteur où la profondeur ne dépasse pas 30 mètres, ce qui laisse penser que l'épave pourra être localisée rapidement. Malheureusement, il faudra plus de deux semaines de recherches intensives avant de pouvoir récupérer les deux boîtes noires.

LA LIAISON AÉRIENNE SURABAYA-SINGAPOUR

Comme bien souvent après une catastrophe, une véritable psychose s'empare des passagers. Quatre jours après le drame, un appareil d'Air Asia est victime d'un léger problème technique au moment du démarrage des moteurs. L'équipage demande aux passagers de rester à bord en attendant que le problème soit résolu... Un technicien monte à bord et pénètre dans le cockpit. Mais au bout de quelques minutes, la tension monte en cabine et les passagers sont victimes de véritables crises de panique. Ils exigent qu'on leur donne un autre avion. Confrontés aux hôtesses qui leur ordonnent de rester à leur place, ils ouvrent eux-mêmes la porte avant gauche et quittent l'avion en hurlant.

QUATRE CONTRÔLEURS LICENCIÉS APRÈS LE CRASH DU VOL AIR ASIA

Une semaine après l'accident, les autorités de l'aviation civile indonésienne font savoir que quatre contrôleurs sont virés pour ne pas avoir vérifié que le vol QZ 8591 était bien autorisé à emprunter la route M635. L'autorisation d'effectuer une liaison Surabaya-Singapour le dimanche n'était plus valable depuis le 21 décembre 2014. Bien que cette négligence n'ait aucun rapport avec les événements, les fonctionnaires sont considérés comme coupables de négligence grave et ils perdent leur emploi.

UN RAPPORT VAGUE ET INCOMPLET

Le moins que l'on puisse dire, c'est que le rapport final publié par les Indonésiens ne restera pas dans les annales comme un modèle du genre. On est à des années-lumière des documents chirurgicaux réalisés par le NTSB américain. On peut ainsi remarquer les lacunes suivantes :

- **La retranscription complète du CVR n'a pas été publiée...** On ne connaît donc pas la teneur exacte des échanges qui ont eu lieu dans le cockpit. C'est une omission grave pour comprendre le comportement des deux hommes. En fait, le processus est classique : sous prétexte de protéger la « vie privée des navigants », seules quelques bribes de conversation sont révélées. Bien évidemment, personne n'y croit... Comment imaginer qu'il faut protéger l'intimité des pilotes alors même que le but d'un rapport d'enquête est de faire la lumière sur un accident qui a fait plusieurs centaines de victimes. Et pourtant, dans certains pays latins, y compris en France, l'administration réussit à dissimuler certains éléments[56]. Dans la plupart des cas, l'objectif est de protéger une corporation, un syndicat, une compagnie aérienne ou un constructeur. Malheureusement, ces méthodes d'un autre âge ne font pas progresser la sécurité.

- **Il manque deux minutes et 40 secondes de paramètres...** À partir de 6 heures 18 minutes et 16 secondes et jusqu'à la fin de l'enregistrement, le rapport ne retranscrit plus aucun des paramètres techniques enregistrés par le DFDR. Pendant cette éternité, des informations essentielles ne sont pas portées à la connaissance du public : angle d'incidence, vitesse, assiette, inclinaison, taux de chute, position des commandes, etc. Pour quelles raisons ?

- **Certaines circonstances de l'accident ne sont pas évoquées...** Ainsi, malgré 204 pages de texte, le rapport ne mentionne nulle part que l'avion s'est désintégré en vol. L'information est passée sous silence comme si elle n'avait aucune importance. Elle est pourtant capitale.

- **L'accent est mis sur une panne mineure...** Ainsi, le rapport explique sur près d'une centaine de pages les raisons pour lesquelles le message du RTLU s'est affiché sur l'ECAM. On apprend ainsi à quel endroit se trouvait la soudure qui a cédé et quelles ont été les conséquences techniques de cette défaillance. En réalité, tout cela est secondaire dans l'explication du drame. La preuve en est que le message s'est affiché plusieurs dizaines de fois au cours de l'année précédente et que les équipages concernés ne se sont pas plantés pour autant.

- **Il n'est fait nulle mention d'une quelconque erreur de pilotage...** Le facteur humain est totalement occulté. L'avion serait-il parti en décrochage sans que l'équipage intervienne de quelque manière ? Ainsi, on ne peut que s'interroger sur cette phrase extraite du synopsis : « *neuf secondes après le désengagement du Pilote Automatique, le manche droit a été bougé. Le roulis de l'avion a alors diminué de 9 degrés gauche et puis a été remis de 53 degrés gauche. L'action sur le manche droit a été principalement à cabrer et l'avion est monté jusqu'à approximativement avec un taux de montée*

[56] Lire ERREURS de PILOTAGE Tome 7 « Ce que le BEA n'a pas dit ».

de 11 000 pieds par minute[57]. » Ce texte donne l'impression que les commandes bougent seules sans l'intervention du copilote... La totalité du rapport est de la même veine : les rédacteurs mettent systématiquement l'homme en retrait et n'évoquent jamais la moindre erreur de pilotage. Pour protéger qui ? Il n'est nulle part mentionné qu'il s'agit d'une succession de bourdes grossières. De même, à la page 113, on peut lire une prose tout aussi incroyable « *Le pilote pourrait ne pas avoir compris que l'angle d'incidence était élevé malgré l'avertisseur de décrochage et les vibrations*[58] » En résumé, les alarmes sonores et visuelles associées aux vibrations terribles de l'avion n'auraient pas été suffisantes pour que l'équipage comprenne qu'il se passait quelque chose d'anormal... La réalité, c'est qu'il suffit de regarder la position des deux minimanches pendant le drame pour constater que *le commandant avait compris.* Le problème, c'est qu'il n'a jamais pris la priorité, ni donné aucune instruction à son copilote de tout lâcher. Le texte laisse penser que l'avion est parti de lui-même en position inusuelle. C'est loin d'être le cas... Quand on examine les différents schémas, on comprend que c'est l'action du seul copilote qui est le résultat de la chandelle ahurissante qui amène l'avion à près de 38 000 pieds.

- **Le rapport contient de longues explications totalement inutiles concernant le fonctionnement de l'avion.** Le but d'un rapport d'enquête n'est pas d'expliquer aux enfants comment fonctionne une machine volante. Il ne s'agit pas davantage de remplir des pages pour augmenter l'épaisseur du document mais d'indiquer les causes réelles de l'accident en restant factuel et en évitant la langue de bois.

LES COMMENTAIRES DU BEA

Dans les annexes du rapport, les Indonésiens publient les commentaires des enquêteurs du BEA qui ont également participé

---

[57] Texte original du rapport : Nine seconds after the autopilot disengaged, the right side-stick activated. The aircraft roll angle reduced to 9° left and then rolled back to 53° left. The input on the right side-stick was mostly pitch up and the aircraft climbed up to approximately 38,000 feet with a climb rate of up to 11,000 feet per minute.

[58] Les termes exacts sont : The pilot might have not recognized the high AOA despite the stall warning and the buffet.

à l'enquête. C'est une procédure très inhabituelle mais qui permet de comprendre que les Français ne sont pas d'accord avec les termes du rapport. Car si le BEA est souvent timoré dans ses propres comptes rendus d'accident, il ne l'est pas dans la critique de l'analyse des Indonésiens. Ainsi, on peut lire que les experts français demandent d'adopter un langage plus ferme pour dénoncer une erreur flagrante de pilotage de la part du copilote. Ils demandent également pourquoi le rapport ne souligne pas que le problème survenu sur le « Rudder Limiter » quatre jours plus tôt n'a pas été résolu : « *la pièce défectueuse aurait dû être remplacée immédiatement et l'avion n'aurait jamais dû repartir en vol dans ces conditions* ».

Ces suggestions de modification du rapport ont été rejetées fermement par les enquêteurs indonésiens mais ceux-ci ont pourtant accepté de les faire figurer en annexe du document. Quoi qu'il en soit, il semble évident que le flou artistique du rapport est destiné à ménager la compagnie aérienne, le personnel navigant et surtout son PDG dont l'influence sur les autorités du pays est loin d'être une légende.

Le BEA a donc parfaitement raison de signaler ces lacunes, même s'il est cocasse que ce soient les Français qui en sont à l'origine[59].

LE PROBLÈME DES JEUNES PILOTES D'AUJOURD'HUI

Aujourd'hui, la formation des pilotes de ligne est basée essentiellement sur la gestion des systèmes. Le pilotage pur, ce qu'on appelait il y a encore quelques années la « mania », n'est plus vraiment au programme des fondamentaux. Et chacun en est conscient parmi les navigants. Ainsi, un pilote de ligne très expérimenté, commandant de bord sur 747 à Air France, expliquait récemment sur un forum que les jeunes copilotes qui arrivent en ligne sont une génération « presse-bouton ». Leur expérience du pilotage à la main est étonnamment faible. Et cela ne s'améliorera pas dans la mesure où le temps de pilotage réel est de plus en plus court.

La situation est parfaitement résumée par l'intervention d'un autre commandant de bord ayant volé sur 747 : « *Voilà le résultat du manque de mania dans les entraînements pratiques, et de l'hérésie de passer en pilotage automatique dès le train rentré après décollage. Sur DC 8 nous gardions le pilotage manuel jusqu'au premier niveau de croisière et enlevions le PA dès le début de descente. Ça*

[59] Lire ERREURS de PILOTAGE tome 7 : Ce que le BEA n'a pas dit

permettait de voir les réactions de l'avion à haute altitude. Sur 747 je le faisais encore, dur de perdre les bonnes habitudes… Sans aller jusque-là, les jeunes pilotes devraient rester en manuel une partie de la montée, au moins après la sortie de TMA qui demande des trajectoires très précises par exemple ».
Tout est dit dans les propos de ce vrai professionnel…

LES MANCHES DES AIRBUS

Les Airbus volent depuis plus de 30 ans avec des commandes de vol électriques. Plusieurs dizaines de milliers d'appareils ont été construits et ils ont effectué des millions d'heures de vol. Pourtant, en France, certains esprits chagrins se sont récemment insurgés contre les commandes de vol dont ils sont équipés. En effet, l'équipage ne dispose pas des deux grands « volants » classiques mais de minimanches situés le long de la paroi latérale. Ces « joysticks » n'agissent pas directement sur les gouvernes. Ils donnent des instructions à un calculateur qui analyse les souhaits du pilote et qui les applique : cabrer l'avion, piquer, incliner, etc.
De ce fait, contrairement aux manches d'un Boeing, les deux « joysticks » ne bougent pas simultanément lorsqu'un pilote agit sur sa commande : ils sont indépendants. Trois cas peuvent alors se présenter :

- **Un des pilotes agit sur son *joystick* et l'autre pilote ne touche pas le sien…** C'est ce qui se produit dans l'immense majorité des cas : le *joystick* actionné envoie alors des informations au calculateur de vol et l'autre reste sans effet.

- **Les deux pilotes actionnent ensemble leur *joystick* respectif…** C'est une situation de *Dual Input*. Dans ce cas, c'est la somme algébrique des actions effectuées sur les manches qui prévaut (le calculateur fait la « moyenne » des gestes effectués par les pilotes). On comprend alors que si un pilote pousse son manche en butée avant et que l'autre tire en butée arrière, l'avion ne va pas bouger. En fait, c'est exactement la même chose que sur un manche classique, si un pilote tire et que l'autre pousse avec la même force, l'avion ne bougera pas. C'est ce qui s'est passé ors du suicide du copilote du Boeing 767 d'Egyptair 990 au large de New York[60].

[60] Lire Catastrophes Aériennes du même auteur.

- **Un des pilotes fait preuve d'autorité...** Il décide alors de prendre la priorité sur l'autre. Pour cela, il appuie pendant trois secondes sur le poussoir rouge situé sur son manche. Une alarme sonore et visuelle se déclenche pour prévenir que l'un des manches est « mort ». Si la situation ne convient pas à l'autre pilote, ce dernier peut reprendre la priorité en faisant le même geste de son côté. Cette étrange « rivalité » se produira à plusieurs reprises au cours de l'accident du vol Rio/Paris.

Or, d'après ces mêmes esprits chagrins, cette conception serait dangereuse parce qu'un pilote ne sent pas physiquement ce que l'autre est en train de faire. C'est évidemment un raisonnement absurde : le pilotage n'est pas une affaire de force physique. Si un commandant de bord se rend compte que son copilote commet une erreur, il doit simplement reprendre la priorité, soit en appuyant sur la touche, soit en ordonnant au débutant de lâcher les commandes. C'est lui le responsable et il possède l'expérience suffisante pour prendre les décisions.
La polémique est donc stérile et pour être clair, ses objectifs n'ont aucun rapport avec la sécurité.

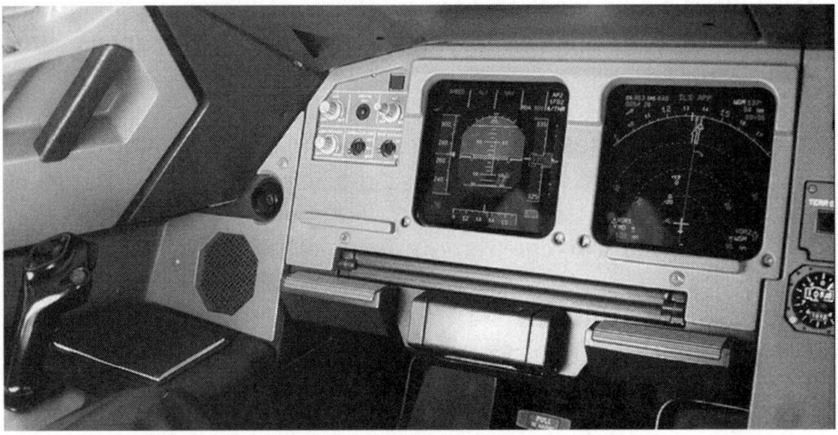

Le manche d'un Airbus
Un système fiable, éprouvé par des millions d'heures de vol.
On distingue le poussoir rouge destiné à prendre la priorité sur l'autre pilote.

DES RECOMMANDATIONS INHABITUELLES

Malgré les imprécisions flagrantes du rapport, personne n'est dupe qu'il s'agit d'une erreur de pilotage. Même les enquêteurs indonésiens finissent par l'admettre. Ainsi, Nurcahyo Utomo, le responsable de l'enquête au KNKT expliquera finalement aux journalistes que « *des recommandations ont été adressées à Air Asia afin qu'ils entraînent leurs navigants* à piloter *l'Airbus et qu'ils procèdent à des tests pour leur apprendre à sortir de positions inusuelles* ».

RÉSUMÉ DU DRAME

Toute catastrophe est provoquée par une cause initiale. Dans le cas du vol QZ 8501, c'est une fissure sur une soudure qui a bloqué les FAC à plusieurs reprises. Pourtant, même avec les RTLU hors service, l'avion ne bascule pas de la « loi normale » vers la « loi Alternate » et le Pilote Automatique ne se déconnecte pas. Malheureusement, le commandant de bord a effectué ensuite un *reset* simultané des calculateurs (opération qui n'est pas autorisée dans ces conditions). Cette erreur majeure a eu pour conséquence de déconnecter le PA et l'auto-poussée. Le copilote s'est alors retrouvé en pilotage manuel et c'est son incapacité à piloter dans ces conditions qui a entraîné le décrochage.

LES CAS SIMILAIRES

Ce n'est pas la première fois qu'un avion de ligne s'écrase parce qu'il est l'objet d'une panne sans importance :

- Le 20 décembre 1972, un jumbo-jet Tristar de la compagnie Eastern Airlines se plante près de Miami à cause d'une minuscule ampoule grillée sur le tableau de bord. La panne accapare toute l'attention de l'équipage qui ne se rend pas compte que l'avion se met progressivement en descente avant de s'écraser finalement dans les Everglades[61].

- Le 1er janvier 2007, un Boeing 737 d'Adam Air est victime d'un problème mineur sur une centrale inertielle. Pendant que les deux hommes pianotent tranquillement sur leurs instruments, l'avion part en virage engagé et rentre en survitesse avant de se désintégrer en vol[62].

[61] Lire : Erreurs de pilotage Tome 3 du même auteur aux éditions JPO.

[62] Erreurs de Pilotage Tome 6.

- Le 1er juin 2009, l'Airbus du vol Rio-Paris subit un givrage temporaire des sondes anémométriques. La panne ne dure que quelques dizaines de secondes mais elle est à l'origine d'une réaction disproportionnée de la part d'un copilote qui met l'avion en situation de décrochage[63].

On ne peut s'empêcher de remarquer des similitudes flagrantes entre ces différents accidents. Dans tous les cas, un problème ne présentant aucun risque pour la sécurité provoque une réaction totalement inappropriée de la part d'un membre de l'équipage. La situation se dégrade rapidement jusqu'à devenir irrécupérable. Dans tous les cas, il s'agissait de vols de nuit. La météo était parfois limite mais elle n'a été qu'un cofacteur dans le déroulement de l'accident. C'est d'abord le facteur humain qui reste la cause du drame...

[63] Erreurs de Pilotage Tome 5.

NÉGLIGENCE FATALE

Dimanche 16 août 1987
Detroit, Michigan.

L'appareil de ce récit : un MD-82 immatriculé N312RC

L'avion est un MD-82 qui appartient à la compagnie Northwest Orient[1]. Il est âgé de six ans au moment de ces événements et il est en parfait état[2]. C'est une évolution des premiers DC-9 construit par McDonnell Douglas en 1963. Il est équipé de moteurs Pratt & Whitney JTD8D-217 qui sont des moteurs fiables mais très gourmands. Ils peuvent délivrer une poussée de 20 000 livres mais dans certaines circonstances exceptionnelles, l'équipage peut utiliser 20 850 livres[3] mais cela ne doit pas durer plus de 5 minutes. Deux ans avant ces événements, l'appareil appartenait à la compagnie Republic Airlines mais la compagnie a été rachetée par Northwest Orient et il a été récupéré avec 139 autres MD-82.

[1] Le mot « Orient » a été abandonné quelques mois plus tard pour regrouper toutes les filiales sous le nom de Northwest Airlines. Cette compagnie est devenue aujourd'hui la cinquième plus importante du monde.

[2] Ce type est certifié sous l'intitulé DC-9-82.

[3] 9,07 tonnes et 9,45 tonnes.

Les nouveaux propriétaires ne se sont pas embarrassés pour mettre les avions aux nouvelles couleurs : ils ont conservé l'ancienne peinture et se sont contentés de mettre un autocollant sur la partie supérieure du fuselage (photo). La dérive n'a même pas été repeinte en rouge avec le logo « N » caractéristique de Northwest Orient comme cela a été fait par la suite pour le reste de la flotte.
La récupération de tous les MD-82 de Republic Airlines a été une excellente affaire car les avions sont en parfait état et la plupart ont peu d'heures de vol. Par ailleurs, à l'époque, le prix d'un MD-82 neuf est de l'ordre de 21 millions de dollars… C'est très cher en comparaison des tarifs pratiqués de nos jours[4].

LE TRAJET.

En début d'après-midi, le MD-82 de Northwest Orient a effectué une première liaison régulière entre Minneapolis et Saginaw. Puis, à 18 heures 53, il est reparti en direction de Santa Anna en Californie. Ce nouveau trajet comporte deux escales : la première à Detroit et la seconde à Phoenix.
Le vol porte l'indicatif Northwest 255…
L'appareil a atterri sur l'aéroport de Detroit-Metropolitan à 19 heures 42 et il est allé se garer à la porte Delta 15. Le programme prévoit qu'il doit normalement repartir pour Phoenix à 20 heures 10 mais le vol n'est pas arrivé à l'heure et dans le meilleur des cas, ce sera 20 heures 40. Cette petite demi-heure de retard n'aurait rien de grave en soi, pourtant, elle va être à l'origine d'une forte situation de stress pour l'équipage. Nous y reviendrons…

LA MASSE DU MD-82.

Pour ce vol en direction de Phoenix, le MD-82 va décoller avec une masse d'un peu plus de 65 tonnes[5]. C'est pratiquement le maximum autorisé. Il y a deux raisons à cela :

---

[4] Lors de la sortie d'usine de l'appareil, le prix de la baguette de pain était quatre fois moins cher qu'aujourd'hui en euro constant. Ce qui mettrait le prix du MD-82 à 84 millions de dollars. À titre de comparaison, 36 ans plus tard, le prix d'un Airbus 319 (dont la capacité est légèrement supérieure au MD 82) est de « seulement » 44 millions de dollars.

[5] La masse exacte est 144 047 livres (65,33 tonnes) pour une masse maximale autorisée de 149 500 livres (67,8 tonnes).

- **La distance entre Detroit et Phoenix est de 2 704 kilomètres...** En tenant compte des réserves obligatoires de carburant pour une attente éventuelle et du risque de déroutement vers un autre aéroport, cela représente la distance maximale franchissable par l'appareil. Avec 19 tonnes de kérosène, les réservoirs sont donc pleins à ras bord.
- **L'avion est complet**... Il n'y a pas un seul siège libre. Mieux, deux commandants de Northwest Orient et une hôtesse sont à bord à l'occasion d'un déplacement privé. Comme il n'y a plus de places disponibles, ils vont devoir voyager sur un *jump-seat* à côté du personnel de cabine.

Du fait de la masse importante de l'avion, le décollage va être le moment le plus délicat pour l'équipage. Tout doit être effectué en respectant les procédures et les spécifications du manuel du vol. Il ne peut y avoir aucune place pour la négligence ou une quelconque improvisation.

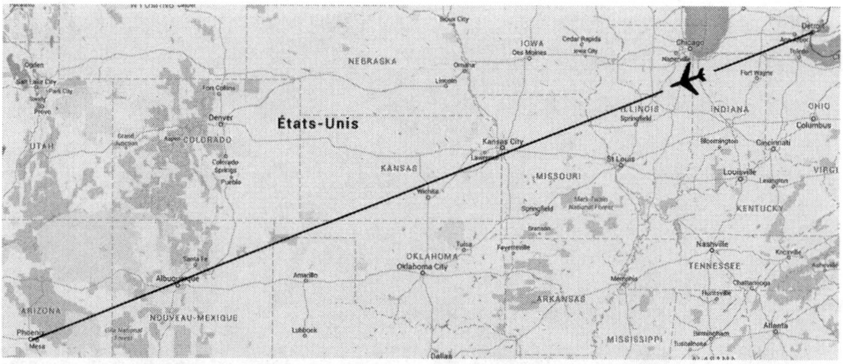

Distance entre Detroit et Phoenix : 2 704 kilomètres (1 460 milles nautiques).

L'AÉROPORT DE DETROIT-METROPOLITAN.

L'État du Michigan comporte plusieurs grands aéroports mais c'est le Detroit Metropolitan International Airport qui enregistre le plus fort trafic[6]. Aujourd'hui, les infrastructures et les pistes sont réparties sur une superficie de 2 900 hectares : c'est pratiquement le double d'Orly[7]. Par ailleurs, l'aéroport enregistre plus de mille atterrissages et décollages par jour.

---

[6] Detroit Metro est le 10e aéroport des États-Unis en termes de mouvements et le 44e mondial pour le nombre de passagers transportés.

[7] Orly fait 1 528 hectares.

En fait, « Detroit-Metro » est l'un des *hubs* les plus actifs des États-Unis. Il comporte six pistes[8] et les gestionnaires envisagent de rajouter encore une piste tout en agrandissant certains terminaux. Les bâtiments sont en effet sous-dimensionnés par rapport au nombre de passagers qui les fréquentent chaque année. Certains terminaux comme le « McNamara » réservé à Northwest Airlines comporte aujourd'hui... 121 portes d'embarquement réparties sur près de deux kilomètres. Pour les passagers, les distances à parcourir sont si grandes que les tapis roulants ne suffisent plus. C'est la raison pour laquelle, le « McNamara » possède un service de tramway aux couleurs de NWA à l'intérieur même du bâtiment : l'Express Tram. L'engin circule le long des portes d'embarquement et dessert trois stations, en restant la plupart du temps au niveau du plafond (photo).
Par ailleurs, afin de faciliter la circulation sur la plate-forme, il est prévu de construire une voie ferrée pour relier les terminaux à l'intérieur même de l'aéroport.

L'Express Tram de Northwest Airlines qui dessert les trois stations à l'intérieur même de l'immense terminal « McNamara ».

[8] 4R/22L – 4L/22R – 3R/21L – 3L/21R - 9L/27R – 9R/27L

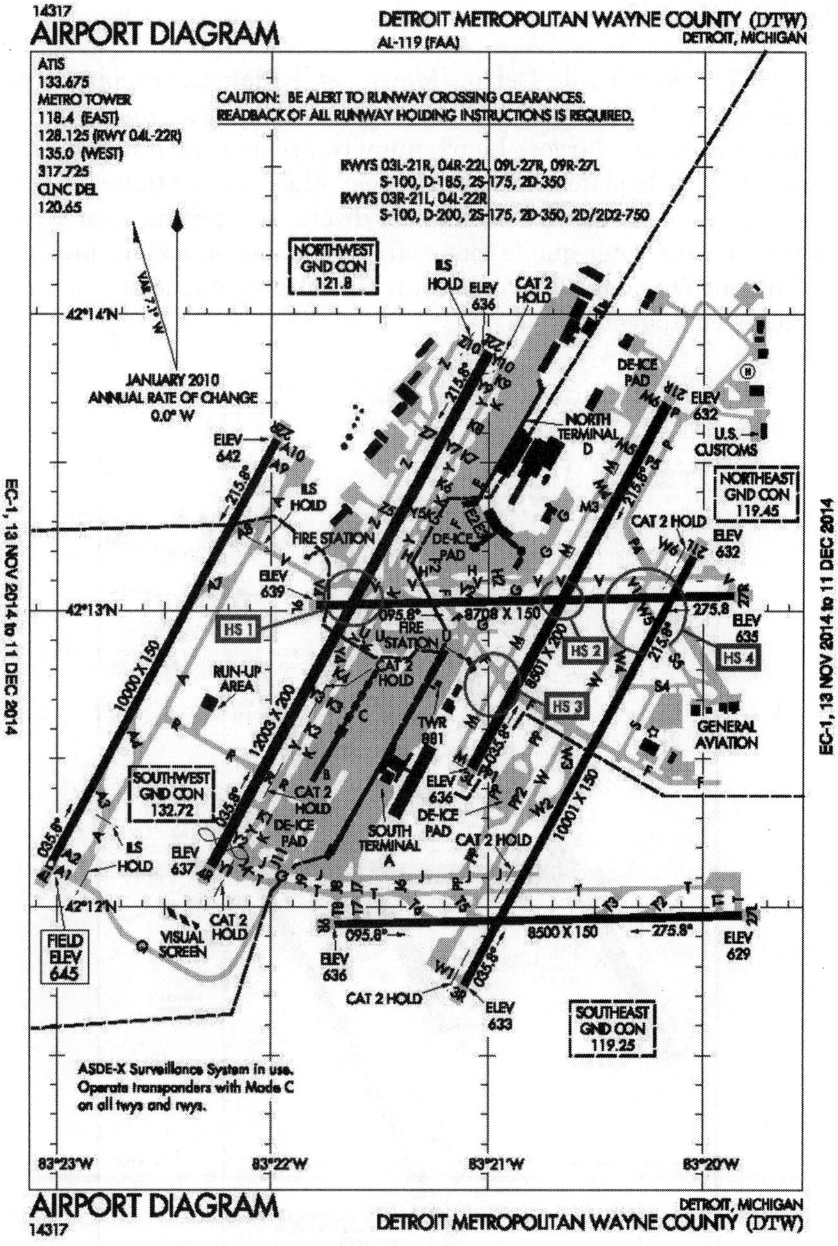

Aujourd'hui, l'aéroport de « Detroit Metro » comporte six pistes. Les deux pistes 04 et les deux 03 sont parfaitement parallèles mais pour éviter tout risque de confusion, elles portent des numéros différents.

L'AÉROPORT DE DETROIT-METRO À L'ÉPOQUE DE CES ÉVÉNEMENTS

En 1987, l'aéroport de Detroit-Metro est évidemment moins développé que de nos jours. Il comporte seulement quatre pistes, moins longues et moins larges. Leurs numérotations sont différentes. À l'exception de la piste orientée est/ouest, elles portent toutes le QFU 03/21 avec un indicatif spécifiant « droite », « gauche » ou « centrale ». Il faut noter que le mot *central* n'est pratiquement plus utilisé aujourd'hui dans le monde car il présente un risque de confusion pour les équipages.

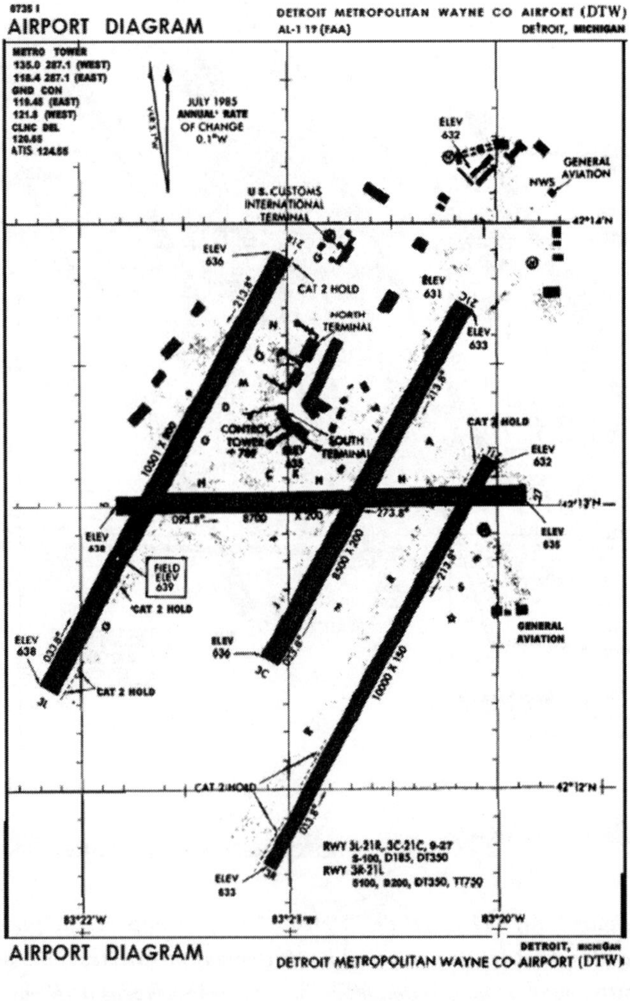

L'aéroport de Detroit en 1987 avec « seulement » quatre pistes moins longues que de nos jours.

L'ÉQUIPAGE DU VOL 255

Le commandant de bord.

Il s'appelle John R. Maus, il a 57 ans et totalise 20 859 heures de vol. Il habite Las Vegas... Le moins que l'on puisse dire, c'est que sa carrière aéronautique est assez inhabituelle. Car John Maus a commencé à voler à la compagnie West Coast Airlines en 1955. Les premières années se sont écoulées paisiblement mais en 1980, à la suite de difficultés financières, la compagnie a fusionné avec Republic Airlines. Puis elle a disparu. Bien évidemment, cette mésaventure a été à l'origine de nombreux licenciements mais John Maus n'a pas été touché. Du fait de son ancienneté et de ses qualifications, il a été l'un des rares navigants à conserver son poste.

En 1986, Republic Airlines s'est retrouvée à son tour en grandes difficultés financières et elle a été rachetée par son principal concurrent Northwest Orient. Et une fois encore, les nouveaux dirigeants ont procédé à des licenciements économiques. Mais encore une fois, John Maus n'a pas été concerné par les charrettes. Ainsi, au fil des ans, ses employeurs se sont succédé mais rien n'a jamais changé pour lui. Pendant les 31 ans où il a travaillé pour les trois compagnies, le pilote a été qualifié sur Boeing 727 – 757 puis finalement sur MD-82.

Par ailleurs, John Maus vole parfois au sein de la FAA[9] en tant que pilote-inspecteur. Après le drame, ses collègues fonctionnaires expliqueront qu'il est très consciencieux et qu'il respecte toujours les procédures avec le plus grand soin. Ils le décrivent « comme un type compétent *qui ne plaisante pas avec le règlement* ». Pourtant, certains enquêteurs mettront en doute ce jugement dicté par les circonstances. Car en réalité, si John Maus est expérimenté, il a également la réputation d'être « *beaucoup trop cool* » et de « *ne jamais faire preuve d'autorité dans son cockpit* ».

Les événements qui suivent vont montrer que c'est malheureusement vrai.

Par ailleurs, le commandant souffre de quelques problèmes de surdité. Il porte donc en permanence une prothèse auditive au niveau de son oreille gauche. Elle lui permet d'ajuster les fréquences sonores élevées. Son épouse ne cache pas à ses amies que c'est elle-même qui l'a encouragé à utiliser cet appareillage. Elle ne l'a pas fait pour d'éventuels problèmes de conversation mais parce qu'il

[9] Federal Aviation Administration : équivalent de la DGAC française.

met toujours le volume de la télévision au maximum et que cela gêne ceux qui sont dans la pièce.
Notons que ce dispositif n'a eu aucune conséquence dans les résultats de sa visite médicale : John Maus est titulaire d'un certificat « Classe 1 ».

Le copilote.

Il s'appelle David John Dodds et totalise 8 044 heures de vol. Il a 35 ans et bien qu'il soit beaucoup plus jeune que les commandants avec lesquels il vole, il a la réputation de ne pas être d'un contact agréable dans un cockpit. Certains collègues le décrivent comme « *un type au caractère parfois difficile* ». On lui reproche notamment d'être « *trop sûr de lui, de parler fort et de donner l'impression de ne jamais écouter les autres* ».
Les proches de David Dodds ne sont évidemment pas de cet avis. Ils évoquent un « *beau mec très sympathique qui respire la santé* ». Car il est grand, sportif, pratique le ski nautique et le ski alpin. Par ailleurs, il est père d'un petit garçon de quatre ans qui est étrangement inquiet chaque fois qu'il le voit partir au travail. Pour le rassurer, David lui explique régulièrement, que lui n'a absolument pas peur de voler et que de toute façon, il croit en la protection divine. Rien ne peut lui arriver.
David Dodds a été recruté par Northwest Orient en 1979. Il est pilote de ligne. Depuis 6 mois, son certificat médical lui impose de porter des lunettes pour voir de loin pendant le vol. De ce fait, son certificat médical a été dégradé en « Classe 2 » depuis cette date[10].

LE PERSONNEL DE CABINE

Ils sont quatre à bord du vol Northwest 255 :

- **Michael L. Kahle** (34 ans). Il est le chef de cabine. C'est un ancien steward de Republic Airlines qui a conservé son poste après la fusion avec Northwest. Il connaît très bien le commandant John Maus pour avoir souvent volé avec lui. Son comportement est particulièrement décontracté à son égard.

[10] En 1987, les Américains ont trois classes d'aptitude pour les certificats médicaux (contrairement aux Européens qui n'en ont que deux).

- Roberta Elisabeth Rademacher. Cette hôtesse de 35 ans travaille à Northwest Orient dans des conditions particulièrement inhabituelles puisqu'elle est enceinte de six mois et deux semaines au moment des faits. C'est une situation très rare dans la profession. En effet, si la plupart des compagnies autorisent leurs passagères enceintes à voyager jusqu'à la 36e semaine, les restrictions sont beaucoup plus sévères pour le personnel navigant. Car le travail d'une hôtesse est fatigant. Il impose beaucoup de stress, de longues périodes debout et des décalages horaires épuisants. Par ailleurs, la répétition des changements de pression peut être nuisible aussi bien à la mère qu'au bébé. Dans les compagnies françaises, une navigante commerciale doit être arrêtée de vol dès lors qu'elle annonce sa grossesse aux médecins du CEMPN[11]. Et de toute façon, elle sera systématiquement déclarée inapte au vol à partir de la 16e semaine[12].

- **Pamela D. Shaffer.** C'est une hôtesse de 36 ans qui est également une ancienne navigante de Republic Airlines. Elle connaît très bien John Maus et elle est parfaitement à l'aise dans les rapports qu'elle entretient avec lui.

- **Bruce R. Elfering.** Il est le plus jeune de l'équipe puisqu'il n'a que 23 ans. Malgré sa moustache et une coupe de cheveux décontractée, il ne peut dissimuler une allure juvénile... Il a été recruté par Northwest depuis quelques mois seulement, et il est toujours particulièrement enthousiaste pour faire ce travail dont il a rêvé depuis son plus jeune âge.

Comme l'avion est plein et que certains *jump-seats* sont occupés par des passagers, le chef de cabine a demandé à Bruce Elfering de s'asseoir à la place 29 D située tout à l'arrière de l'avion.

LES PASSAGERS

Ce soir, le MD-82 est configuré pour transporter 143 passagers répartis en deux classes.

[11] Centre d'expertise médicale du personnel navigant.

[12] À l'heure où ces lignes sont écrites, un nouveau règlement européen rédigé par l'EA-SA est en cours de parution. Il permettra à une hôtesse de voler jusqu'à son quatrième mois de grossesse.

Les « First » sont situées à l'avant de la cabine avec trois rangées de quatre sièges particulièrement spacieux. Les accoudoirs sont très larges et la place disponible pour les jambes est très importante. C'est la raison pour laquelle, on trouve Nick Vanos assis au premier rang. Le célèbre basketteur rentre à Phoenix en compagnie de sa fiancée Carolyn Cohen après avoir rendu visite à ses beaux-parents. L'homme a 25 ans, il mesure 2,16 mètres et joue pour les Suns de Detroit. Il est l'un des joueurs les plus prometteurs de la NBA. Le jeune homme a acheté un billet en classe économique mais la compagnie l'a immédiatement surclassé en première. D'une part, il est trop grand pour être à l'aise et d'autre part, l'image de cette star volant en « First » avec Northwest Orient est très positive pour la compagnie.

Nick Vanos, un basketteur plein d'avenir.

Les passagers qui sont en classe économique sont évidemment beaucoup moins bien installés, puisqu'ils sont 131 répartis sur des rangées de six sièges. Dans ces conditions, l'espace est beaucoup plus réduit au niveau des genoux et des épaules. C'est d'autant moins agréable que le vol est complet car on est dimanche soir. C'est le retour du week-end et toutes les compagnies aériennes ont fait le plein en direction de la Californie. Mieux, ce soir, Northwest Orient a fait du *surbooking* puisque six personnes supplémentaires ont été embarquées. Elles ont été installées sur des *jump-seats* à côté du personnel de cabine.
Il y a donc un total de 149 passagers à bord...
Parmi ceux-ci, on trouve un très grand nombre d'enfants en bas âge. Il y a également trois membres du personnel navigant de Northwest. Ils voyagent en tenue civile :

- **Melvin Roundy** (53 ans), commandant de bord à Northwest Orient. Il rentre à Phoenix après avoir passé le week-end à Detroit. Il est en GP[13]. Comme l'avion était complet, il lui a fallu attendre au comptoir d'enregistrement en espérant une éventuelle défection pour bénéficier d'un siège confortable en cabine. C'est la règle dans la plupart des compagnies aériennes sérieuses : les passagers sont toujours prioritaires sur les membres du personnel navigant qui voyagent gratuitement. En fait, même pour un pilote chevronné, c'est une sensation très désagréable de ne pas savoir si on va pouvoir embarquer pour rentrer chez soi ! Et justement, ce soir, il n'y a pas eu de *no show*... Melvin Roundy s'est alors résolu à faire une demande auprès de John Maus afin qu'il accepte de lui accorder un « siège service », en fait un strapontin contre une cloison à côté d'une hôtesse ou d'un steward. Dans la plupart des compagnies, l'attribution d'un *jump-seat* est en effet du ressort du seul commandant de bord et il ne peut être attribué qu'à un membre du personnel de la compagnie. Il serait en effet inadmissible qu'un passager ayant payé plein tarif voyage dans des conditions de confort précaire. Dans le cas de Melvin Roundy, la demande a été formulée par l'intermédiaire du « chef avion ». Bien évidemment, John Maus n'a fait aucune difficulté pour accepter son collègue en siège service.

- **Jerome D. Cook** (48 ans). C'est un autre commandant de bord de Northwest. Pour embarquer, il a subi exactement la même attente stressante que son collègue Melvin Roundy.

- **Suzanne Morris** (35 ans), hôtesse.

Comme tous les GP en attente devant un comptoir d'enregistrement, les trois navigants ont été profondément soulagés en apprenant qu'ils allaient pouvoir embarquer à la dernière minute. Ironie du destin... lorsqu'ils montent à bord de l'avion, les malheureux sont loin d'imaginer que leur sort vient d'être scellé.

[13] Gratuité partielle. Dans la plupart des compagnies aériennes, les employés bénéficient de billets à tarif réduit. Ceux-ci permettent aux salariés et leur famille (parfois même à leurs amis) de voyager dans des conditions financières très avantageuses, allant même parfois jusqu'à la gratuité totale. Les billets « GP » sont valables sur la compagnie du salarié mais également sur toutes les autres compagnies.

L'ARRIVÉE ET LA PRÉPARATION DU VOL

Après son atterrissage sur la piste 21C, le MD-82 dégage la piste. Il est alors 19 heures 42 et c'est à cet instant que l'équipage commet ses deux premières erreurs de la soirée : une fois sur le *taxiway*, la procédure prévoit qu'ils doivent couper le radar météo. Cette action est prévue dans la check-list « APRÈS ATTERRISSAGE ». Or, rien n'est fait... À la lumière des événements qui vont se produire par la suite, les enquêteurs pensent que cette première check-list au sol a été oubliée ou qu'elle a été bâclée...
Ensuite, pendant le roulage vers la porte Delta 15, l'équipage manque tout simplement sa passerelle d'arrivée. Il se retrouve au niveau de la porte Delta 11 où l'avion n'est pas attendu. Le contrôleur ordonne alors au commandant de faire un large demi-tour sur le parking pour revenir à l'endroit où les passagers doivent débarquer.
Finalement, le MD-82 arrive à 19 heures 53 à la porte D15 du terminal McNamara. Cela représente un temps de roulage de onze minutes, là où il n'en faut que quatre habituellement.
Dès que la porte est ouverte, les passagers débarquent et un agent de la compagnie se présente dans le cockpit afin d'examiner le « CRM[14] ». C'est sur ce document que l'équipage inscrit les éventuels problèmes techniques rencontrés au cours du vol. Aujourd'hui, aucune remarque n'a été notée, que ce soit au niveau de l'avion ou de la cabine. Les moteurs ont tourné normalement et il n'y a pas eu la moindre panne.
L'appareil est donc en parfait état pour repartir dans 45 minutes.
Aux environs de 20 heures 15, le « chef avion » apporte le dossier de départ. À l'intérieur se trouvent tous les documents réglementaires qui doivent être à bord pendant le vol. C'est David Dodds qui l'accueille dans le cockpit. Lorsque le technicien demande à voir le commandant, le copilote explique qu'il n'est pas là. Il prétend ne pas savoir où il se trouve.
Le copilote examine le dossier, puis il signe le reçu. Alors que l'agent quitte l'avion par la passerelle qui conduit à la salle d'embarquement, il rencontre le commandant en train de remonter de la piste. Ce dernier vient tout juste d'effectuer la visite prévol sur le parking.
Le « chef avion » explique au commandant que son copilote vient de signer le dossier à sa place... John Maus semble légèrement contrarié... Il examine alors le document avec attention : il y a 149

[14] Compte Rendu Matériel.

passagers à bord et 6 membres d'équipage. Le devis de masse est correct. Il précise que l'avion pèse 65,33 tonnes et qu'il y a 19 tonnes de carburant dans les réservoirs. Compte tenu de la masse, tous les paramètres notés dans les documents prévoient un décollage à partir de la piste 21 droite ou de la 21 gauche. John Maus confirme que tout va bien et il remercie l'agent au sol.
Quelques minutes plus tard, il rejoint sa place à gauche dans le cockpit. C'est lui qui va piloter l'avion ce soir : il sera PF. David Dodds sera en charge des communications radio et de la lecture des check-lists. Il sera PNF.
À cet instant, les conditions météorologiques sont très mauvaises dans la région. Une dépression est en train de se creuser au nord du lac Supérieur avec un front froid qui s'étire vers le sud. Cette situation génère quelques nappes de brume dans les environs de Detroit mais également des cumulonimbus à 40 kilomètres au nord-ouest de la ville. Ces nuages sont à l'origine de violentes averses et d'orages dont les sommets montent jusqu'à 40 000 pieds[15].

Cockpit du MD-82
(@ Andy Eglof)

Au-dessus de l'aéroport, c'est plutôt tranquille : le plafond est de 2 500 pieds avec plusieurs couches successives allant de 15 000 à 25 000 pieds. Rien qui pourrait empêcher les avions de décoller. Pourtant, John Maus s'inquiète... Le dossier comporte plusieurs

[15] 12 160 mètres.

messages « Sigmets[16] » qui préviennent les équipages des dangers qu'ils pourraient rencontrer sur leur route. Or, l'avion doit partir vers le sud-ouest. Après son décollage, il va passer à proximité de la zone de très mauvais temps. Il lui sera impossible de rejoindre sa destination en suivant une ligne droite. John Maus décide donc d'étudier la météo sur le trajet avec la plus grande précision.
Voici les paroles qui ont été prononcées à partir du moment où John Maus rejoint sa place. L'indicatif du vol est « Northwest 255 », celui de l'aéroport est « Metro ». Tous les horaires qui suivent sont en heure locale *Daylight Saving Time* de Detroit. Cela correspond à l'heure GMT - 4.

20 heures 14 minutes 29 secondes (commandant) : *Quel est le vent donné par la tour ?*

20 heures 14 minutes 33 secondes (copilote) : *Je sais pas...*

20 heures 14 minutes 39 secondes (commandant) : *Tu pourrais, euh... mettre tous ces « sigmets »... Euh, tu vois, tu pourrais taper dedans... Ok... la ville... On pourrait prendre quelque chose comme un cap au 220 degrés qui nous fera passer à 40 nautiques... Mets un waypoint à cet endroit et puis tu tires un trait pour rejoindre et tu fais les autres waypoints qui suivent... Tu peux tirer un trait...*

En clair, John Maus veut que tous les dangers annoncés dans les « sigmets » soient matérialisés clairement sur leur carte Jeppesen. Il demande donc à David Dodds de tracer une route en évitant les endroits où des problèmes météo ont été signalés.

20 heures 15 minutes 08 secondes (copilote) : *Je mets les coordonnées des sigmets...*

20 heures 15 minutes 09 secondes (commandant) : *Quoi qu'ils t'aient donné qui se trouve sur le bulletin de Northwest, tu les mets sur notre carte.*

Le commandant ne dispose évidemment pas des perfectionnements électroniques modernes qui permettent aux pilotes d'aujourd'hui

---

[16] Un SIGMET (SIGnificant METérological Information) est un message destiné à informer les équipages de la présence de phénomènes météo très dangereux : orages, tornades, cyclones, givrage fort, onde orographique marquée, turbulence extrême, tempête de sable, éruption volcanique, vents supérieurs à 50 nœuds, windshear.

d'évoluer au milieu du mauvais temps. En 1987, la couverture météo par satellite est encore embryonnaire et les informations sont peu précises. Les cartes météo se font à partir des seuls rapports des stations météorologiques et il est donc difficile de visualiser le mauvais temps sur un trajet. Par ailleurs, ce soir le MD-82 est très lourd. Son plafond pratique sera donc limité. Pendant les deux premières heures du vol, il ne pourra pas monter très haut. C'est la raison pour laquelle, John Maus insiste pour pointer toutes les zones orageuses sur sa route.

20 heures 15 minutes 20 secondes (commandant) : *En voilà un... en voilà un... Je pense qu'il faut qu'on passe au nord-nord-est de Dubuque puis 20 nautiques au sud-est de Cedar City.*

20 heures 15 minutes 33 secondes (copilote) : *Cedar Rapids !*

John Maus vient de commettre une erreur et David Dodds n'a pas manqué de le corriger : « Cedar City » se trouve dans l'Utah alors que la ville sur leur route est « Cedar Rapids » dans l'Iowa.
Sans faire le moindre commentaire, John Maus poursuit la lecture du message d'alerte...

20 heures 15 minutes 36 secondes (commandant) : *Cedar Rapids... une ligne d'orages sévères... 25 nautiques de largeur... en provenance du 260 et culminant à 40 ou 45 000 pieds... Tornades... Grêle... rafales jusqu'à 70 nœuds.*

Nul besoin d'être un expert pour comprendre que ces conditions sont particulièrement difficiles. Maus a parfaitement raison de vouloir éviter le secteur de Cedar Rapids. Pourtant, David Dodds ne semble pas vraiment prendre les choses au sérieux. Il plaisante :

20 heures 15 minutes 44 secondes (copilote) : *Oh... peut-être un peu de pluie, ce soir, là-bas, euh...*

20 heures 15 minutes 56 secondes (copilote) : *Euh... bien ah...*

Au même moment, Michael Kahle fait son entrée dans le cockpit.

20 heures 16 minutes 08 secondes (chef de cabine) : *Est-ce que je peux savoir quand on va partir ?*

Dans un premier temps, John Maus ne réagit pas. Il se concentre sur le message Sigmet. C'est donc David Dodds qui répond à sa place et il reste assez vague.

20 heures 16 minutes 14 secondes (copilote) : *Eh bien vendredi soir, on est parti à 25, après qu'on a...*

En fait, le départ était prévu à 20 heures 10 et ils ont déjà six minutes de retard. Deux jours plus tôt, ils sont partis à 20 heures 25. C'était une performance car il y a presque toujours des problèmes de dernière minute à Detroit. Or ce soir, chaque minute de retard risque de coûter cher :

20 heures 16 minutes 14 secondes (commandant) : *Vendredi soir, on est parti à 25 mais ce sera pas la même chose ce soir.*

20 heures 16 minutes 18 secondes (copilote) : *Ouais, je suis pas certain qu'on va faire pareil ce soir.*

20 heures 16 minutes 20 secondes (commandant) : *Je pense pas.*

Puis John Maus se replonge dans l'étude des zones orageuses.

20 heures 16 minutes 23 secondes (commandant) : *En voilà un à 40 nautiques au sud-ouest de Lacrosse et à 40 de Cedar Rapids... Et en voilà un autre à 20 nautiques au sud-est de Cedar Rapids et à 10 au nord-est de Dubuque.*

20 heures 16 minutes 52 secondes (copilote en bâillant bruyamment) : *J'ai l'impression qu'on va pas arriver à Orange County ce soir !*

Si David Dodds est aussi pessimiste sur leurs chances d'atterrir à Santa Anna, c'est que les choses ne vont pas être simples. D'une part la météo va leur imposer une route avec de nombreux évitements et ils risquent de se faire piéger par le mauvais temps. D'autre part, chaque minute de retard va avoir des répercussions importantes sur leur atterrissage. En effet, l'aéroport « John Wayne » de Santa Anna n'est pas ouvert 24 heures sur 24. Du fait des procédures antibruit très strictes dans la région, les pistes sont fermées à 23 heures 00 locales[17]. Ensuite, aucun atterrissage n'est plus

[17] L'heure locale PDT (Pacific Daylight Time) de Santa Anna, Californie, est UTC-7. Au moment de la fermeture de l'aéroport à 23 heures, il sera 2 heures du matin à Détroit.

possible jusqu'à 6 h 15 du matin. Cela signifie que si l'avion arrive trop tard à Phoenix, il sera impossible de repartir pour la Californie. Ce sera alors la galère totale pour l'équipage... Dans ce cas-là, il est probable que la compagnie va les envoyer quelques heures dans un motel proche de l'aéroport. À moins qu'on les maintienne tout simplement dans l'avion pour redécoller une heure avant la réouverture des pistes.

20 heures 16 minutes 55 secondes (commandant) : *Cedar Rapids... oh... en voilà encore un...*

Mais David Dodds ne semble pas s'intéresser aux orages. Le pointage de son commandant lui paraît fastidieux et il insiste lourdement pour faire comprendre qu'il faudrait partir dès maintenant.

20 heures 17 minutes 12 secondes (copilote) : *On va jamais arriver à Orange County ce soir*[18] *!*

Au même moment, la porte s'ouvre et le commandant Melvin Roundy pénètre dans le cockpit. Malgré sa fonction au sein de Northwest, il n'a aucune autorité à bord ce soir. C'est un passager comme les autres. En voyant que John Maus est concentré sur sa carte, il plaisante avec David Dodds :

20 heures 17 minutes 29 secondes (« GP » s'adressant au copilote) : *John m'a donné le dernier siège de la boutique... Mais je vais pas être celui qui l'empêche de dormir !*

20 heures 17 minutes 32 secondes (commandant) : *Ouais, c'était vraiment la dernière place... Et je te l'ai donnée.*

20 heures 17 minutes 34 secondes (GP s'adressant toujours au copilote) : *Tu vas l'empêcher de dormir, hein ?*

C'est une plaisanterie qui trahit pourtant un fond de vérité. Melvin Roundy est un professionnel expérimenté... Il sait que le vol va être long et fatigant pour l'équipage, en particulier pour John Maus qui sera en permanence aux commandes. Personne ne voudrait qu'il s'endorme pendant la nuit comme c'est arrivé parfois à certains pilotes[19].

---

[18] Le nom complet de l'aéroport de Santa Anna est « John Wayne Orange County Airport ». Il a été attribué en hommage à un célèbre acteur de cinéma des années 60.

[19] Lire « Un petit somme pendant le vol » dans ERREURS de PILOTAGE Tome 5 du même auteur aux Éditions JPO.

20 heures 17 minutes 35 secondes (copilote en riant) : *Okay, je m'en occupe !*

Malgré l'ambiance décontractée qui règne autour de lui, John Maus ne cesse pas pour autant de préparer sa route.
Conscient que l'équipage a du travail, Melvin Roundy quitte alors le poste de pilotage, sans un mot de plus.

20 heures 17 minutes 36 secondes (commandant en fredonnant) : *Okay... Okay, au sud de... 40 nautiques au sud d'Oklahoma City.*

20 heures 17 minutes 43 secondes (commandant toujours en fredonnant) : *Okay... Okay... au sud...*

20 heures 18 minutes 18 secondes (commandant) : *Oh, il faut qu'on se faufile à travers celui-là... Oklahoma City... Kansas City...*

20 heures 18 minutes 27 secondes (commandant) : *Ouais... Oklahoma City... Kansas City.*

Pour éviter le mauvais temps, John Maus vient de décider de faire un léger crochet par le sud pour passer entre ces deux villes. Et comme Oklahoma City n'était pas prévu au plan de vol, David Dodds cherche aussitôt le nom de l'aéroport pour avoir les paramètres du terrain. Il est indispensable de les préparer au cas où il faudrait envisager un déroutement à cause du mauvais temps.

20 heures 18 minutes 32 secondes (copilote) : *Euh... Oklahoma City, c'est Will Rogers*[20] *?*

20 heures 18 minutes 34 secondes (commandant) : *Oui.*

La porte du cockpit s'ouvre une nouvelle fois et Michael Kahle, le chef de cabine passe la tête pour annoncer que les passagers sont prêts. Il est possible de partir. Mais sa formulation est étrangement familière pour qui veut s'adresser à un commandant de bord.

[20] Le nom complet de l'aéroport d'Oklahoma City est « Will Rogers World Airport », en hommage à un acteur américain célèbre dans des rôles de cow-boy et décédé dans un accident d'avion en 1935.

20 heures 18 minutes 35 secondes (chef de cabine Michael Kahle) : *Allons-y... Allons-y pour Los Angeles... Repoussez !*

Personne ne lui répond. Les deux hommes sont toujours en train de pointer les zones de mauvais temps.

20 heures 18 minutes 37 secondes (copilote) : *Bon, c'est là... hein ? À côté de Will Rogers, peut-être qu'on peut passer par là ?*

20 heures 18 minutes 42 secondes (copilote) : *Ça, c'est Walnut Ridge... Ouais Will Rogers est juste par là...*

20 heures 18 minutes 57 secondes (commandant) : *15 nautiques de CDS... Qu'est-ce que c'est que CDS... C'est Cedar City ?*

20 heures 19 minutes 09 secondes (copilote) : *Je sais pas ! CDS... Euh ?*

Les jeunes pilotes d'aujourd'hui seront étonnés de voir la méthode utilisée pour tracer la route à travers le mauvais temps. Car il est clair que le manque de moyens rend la préparation longue et difficile avec une précision qui reste aléatoire. Finalement, quelques instants plus tard David Dodds manifeste une nouvelle fois son désir de partir.

20 heures 19 minutes 15 secondes (copilote) : *Oh ouais... Foutons le camp d'ici avant qu'il commence à pleuvoir.*

Il est évident que depuis l'atterrissage, Dodds ne cesse de pousser discrètement Maus à se dépêcher. Il ne semble pas réaliser à quel point la localisation des orages est un élément vital pour la sécurité du vol. Par ailleurs, il n'imagine pas que sa précipitation va être un des cofacteurs de l'accident.

Au même moment, le vol 1146 appelle sur la fréquence sol. C'est également un appareil de Northwest. Il vient tout juste d'atterrir. Comme c'est souvent le cas, son pilote transmet des informations sur les conditions météo qu'il a rencontrées pendant sa finale.

20 heures 19 minutes 13 secondes (pilote de Northwest Airlines) *: Le sol bonjour, c'est 1146, on vient tout juste d'atterrir sur le côté droit. Et on a percé entre 500 et 300 pieds et... on a eu un « plus ou moins » 20 nœuds.*

20 heures 19 minutes 23 secondes (contrôleur sol) : *Okay merci, je vais faire passer l'info.*

En fait, le pilote du vol 1146 vient de donner deux renseignements très importants pour la sécurité des autres :

1/ Le plafond des nuages évolue entre 300 et 500 pieds.

2/ Il y a certainement un « microburst » dans les environs de l'aéroport (schéma)... Ce phénomène météorologique associé aux nuages d'orage est souvent à l'origine d'un fort cisaillement de vent en finale. C'est un *windshear.*

John Maus comprend immédiatement la signification du message transmis par le vol 1146 :

20 heures 19 minutes 23 secondes (commandant) : *Euh, est-ce que c'était pas un micr...*

Mais Maus n'a pas le temps de terminer sa phrase. Au même moment, un troisième pilote de Northwest intervient sur la fréquence : il vient d'apercevoir une manifestation physique de la présence du microburst et c'est juste au centre de l'aéroport.

20 heures 19 minutes 27 secondes (Northwest 722) : *Le sol de 722, on vient d'avoir un microburst juste ici... sur la piste 27. Je sais pas si vous l'avez vu mais il y a de la poussière qui a explosé juste là...*

Apparemment, le contrôleur n'a rien vu.

20 heures 19 minutes 34 secondes (contrôleur sol) : *Okay merci... Dans quel sens il allait ?*

20 heures 19 minutes 36 secondes (Northwest 722) : *Ben, dans tous les sens !*

20 heures 19 minutes 38 secondes (contrôleur sol) : *Okay.*

Dans le cockpit du MD-82, John Maus ne peut s'empêcher de ricaner car la question du contrôleur révèle une méconnaissance du phénomène.

20 heures 19 minutes 38 secondes (commandant) : *Ce type est un idiot... c'est ça un microburst ! Ça va dans tous les sens !*

Un microburst est à l'origine de violents cisaillements de vent (schéma Nasa). Le pilote est alors victime de brusques variations de vitesse lorsqu'il pénètre dans les couches basses du phénomène.

Bien entendu, David Dodds en rajoute aussitôt…

20 heures 19 minutes 43 secondes (copilote) : *Dans quel sens, il allait ? Le dernier que j'ai vu, il avait un cap plein Est.*

Comme Maus éclate de rire, Dodds en remet une couche :

20 heures 19 minutes 50 secondes (copilote) : *À Mach 3 !!*

Puis les rires cessent et on n'entend plus que la voix du contrôleur qui guide le vol Northwest 722 vers son parking.
John Maus se replonge alors dans l'étude des secteurs orageux. En fait, il n'a toujours pas terminé de tracer sa route vers la Californie car la liste sur le Sigmet est particulièrement longue. En outre, il a des difficultés car il ne connaît pas les indicatifs de toutes les villes par cœur :

20 heures 20 minutes 08 secondes (commandant) : *C'est quoi « CID » ?*

20 heures 20 minutes 09 secondes (copilote) : *C'est Cedar Rapids.*

20 heures 20 minutes 10 secondes (commandant) : *40 nautiques à l'ouest de Cedar Rapids mais de toute façon, c'est pas sur cette putain de carte !*

20 heures 20 minutes 14 secondes (copilote) : *Ah, c'est juste à l'ouest de Dubuque... Juste à l'ouest de Dubuque.*

20 heures 20 minutes 20 secondes (commandant) : *Eh ben alors, c'est à Waterloo.*

20 heures 20 minutes 22 secondes (copilote) : *Ouais, c'est juste un peu au sud de Waterloo... Au sud-est de Waterloo.*

20 heures 20 minutes 25 secondes (commandant) : *Ah oui, le voilà... le voilà.*

20 heures 20 minutes 28 secondes (commandant) *: Et maintenant, je l'ai perdu. Ah oui, 10 nautiques au nord-est de Dubuque. Juste là. Et 20 au sud-est de Cedar Rapids...*

Puis comme Maus ne parvient pas à mémoriser chaque secteur et qu'il ne veut plus griffonner sur sa carte, il décide de choisir un autre mode de repérage.

20 heures 21 minutes 02 secondes (commandant) : *Bon, tu sais ce qu'on va faire... T'as vu ces petits trucs qu'on a dans un des « racks », je sais plus où... Ces trucs en rouleau. Ça ressemble à du papier paraffiné... Il y a un peu de colle au dos mais tu peux les enlever et les remettre.*

20 heures 21 minutes 17 secondes (copilote) : *Ouais, ouais...*

20 heures 21 minutes 19 secondes (commandant) : *On prend ces petits points verts ou rouges ou d'autres couleurs avec les coordonnées qu'on colle dessus... Et ensuite, on pourra les enlever quand on aura le temps... Okay ?*

En fait John Maus pense que l'utilisation de « Post-it » colorés sera une bonne solution pour baliser les zones dangereuses.

20 heures 21 minutes 35 secondes (commandant) : *C'est vraiment tout près de Dubuque Des Moines, c'est à peu près à mi-chemin entre Cedar Rapids et Des Moines.*

Étrangement, John Maus semble être vraiment le seul à se soucier de la météo car Dodds n'intervient pratiquement jamais dans la localisation des orages. Alors que son commandant continue à étudier les secteurs sensibles, il se mouche bruyamment :

20 heures 21 minutes 55 secondes (copilote) : *Excuse-moi.*

20 heures 21 minutes 56 secondes (commandant) : *Lacrosse... Lacrosse, oui, c'est exactement à Lacrosse. On va 40 nautiques au sud-ouest de Lacrosse et 20 nautiques au sud de Cedar Rapids.*

La radio retentit de nouveau... C'est un quatrième vol de Northwest qui appelle. Il est encore au parking mais son pilote s'inquiète de l'évolution de la météo dans les environs de Detroit. Le ciel est particulièrement noir vers le nord-ouest. Il est évident qu'il pleut déjà très fort à moins de 10 kilomètres :

20 heures 22 minutes 12 secondes (Northwest 181) : *Euh... le sol de Northwest 181 ?*

20 heures 22 minutes 14 secondes (contrôleur sol) : *Oui, Northwest 181, le sol... je vous écoute ?*

20 heures 22 minutes 16 secondes (Northwest 181) : *Est-ce qu'il y a une attente prévue pour notre départ vers Waterville ?*

20 heures 22 minutes 18 secondes (contrôleur sol) : *Négatif monsieur, rien de prévu pour le moment, sauf si cet orage passe au-dessus de nous, il pourrait y avoir du retard pour Waterville...*

20 heures 22 minutes 23 secondes (Northwest 181) : *Okay.*

20 heures 22 minutes 25 secondes (copilote au commandant) : *Eh bien, nous on va être prêts...*

Dodds vient de faire un nouvel appel du pied à John Maus pour lui suggérer de se dépêcher. Malheureusement, celui-ci ne réagit pas. Il se contente de jeter un coup d'œil vers le nord-ouest et ce qu'il voit semble l'inquiéter. L'horizon est terriblement sombre.

20 heures 22 minutes 26 secondes (commandant) : *Jésus, regarde ça ! Il y a une ligne de grains entre ces deux-là...*

20 heures 22 minutes 28 secondes (copilote) : *Ouais...*

20 heures 22 minutes 33 secondes (commandant) : *Et une autre là-bas ! Ça fait au moins 25 nautiques de large*[21]*... Okay, on a celui-là... On a celui-là.*

Du coup, David Dodds ne cache pas son impatience de partir. Il veut absolument arriver cette nuit à Orange County :

20 heures 22 minutes 40 secondes (copilote) : *Si on se barre d'ici rapidement, on n'aura pas de retard...*

20 heures 22 minutes 41 secondes (commandant) : *Il faut pas qu'on en ait... Ouais.*

20 heures 22 minutes 43 secondes (copilote) : *Sur Waterville... Mauvais... Si on attend ici jusqu'après les orages, on prendra du retard au-dessus de Waterville.*

20 heures 22 minutes 44 secondes (commandant) : *Ouais.*

20 heures 22 minutes 52 secondes (copilote) : *Bon, on dirait que les bagages sont tous chargés...*

On comprend pourquoi certains commandants de bord ont du mal à supporter le caractère de David Dodds. Bien que copilote, il n'hésite jamais à intervenir fermement pour influencer ses interlocuteurs et son insistance est souvent dérangeante. Nul doute que s'il travaillait au sein d'une compagnie asiatique, cette attitude serait considérée comme gravement irrespectueuse vis-à-vis du chef. Cela lui vaudrait un rapport qui le pénaliserait fortement pour la suite de sa carrière. Mais John Maus n'est pas vraiment à cheval sur la discipline et il ne semble pas remarquer ce qui se passe.
D'autant plus qu'au même moment, une hôtesse entre dans le cockpit. C'est Pamela Shaffer qui vient tout juste d'embarquer à Detroit. Comme c'est l'usage, elle vient saluer le commandant. C'est une ancienne navigante de Republic Airlines qu'il n'a pas vue depuis longtemps. Ils prennent des nouvelles l'un de l'autre et

---

[21] 46 kilomètres.

la jeune femme explique qu'elle voudrait bien cesser de travailler mais qu'elle doit rembourser le crédit de sa maison.
Pendant un moment David Dodds se contente d'écouter la conversation mais au bout de 46 secondes, il ne peut retenir une plaisanterie un peu lourde.

20 heures 24 minutes 01 seconde (copilote) : *Je suppose qu'elle veut pas me donner son numéro de téléphone ?*

20 heures 24 minutes 05 secondes (commandant) : *David !*

En riant, John Maus s'adresse alors à Pamela Shaffer :

20 heures 24 minutes 10 secondes (commandant) : *Il veut... il veut ton numéro de téléphone.*

La navigante ne fait aucune difficulté. D'autant plus qu'elle a déjà rencontré le copilote au cours d'un vol précédent et qu'elle le lui a déjà donné.

20 heures 24 minutes 12 secondes (hôtesse) : *... 05 710... Est-ce que tu te rappelles pas de mon numéro ?*

20 heures 24 minutes 16 secondes (copilote) : *Euh, non !*

20 heures 24 minutes 17 secondes (hôtesse) : *Shaffer !*

20 heures 24 minutes 18 secondes (copilote) : *J'arrive même pas à me rappeler du mien... Ah oui, je m'en souviens maintenant, ça me revient !*

20 heures 24 minutes 21 secondes (hôtesse) : *Prénom : Pamela, d'accord ?*

20 heures 24 minutes 23 secondes (copilote) : *Pamela, d'accord !*

20 heures 24 minutes 24 secondes (hôtesse) : *Oui, c'est ça !*

Il y a quelques rires, puis Dodds tente d'en savoir davantage sur le planning de l'hôtesse dans les 48 heures. Car il sera peut-être différent de celui des pilotes. Va-t-elle quitter l'avion à Phoenix ou poursuivre avec eux jusqu'en Californie ?

20 heures 24 minutes 28 secondes (copilote) : *Tu continues, c'est ça ?*

20 heures 24 minutes 29 secondes (hôtesse) : *Hein ?*

20 heures 24 minutes 31 secondes (copilote) : *Tu viens de faire un « layover*[22]*» et tu continues avec nous.*

20 heures 24 minutes 32 secondes (hôtesse) : *Ah non, non... Tu sais, je commence et je finis.*

Comme David Dodds ne comprend pas, John Maus croit bon d'apporter quelques précisions :

20 heures 24 minutes 37 secondes (commandant) : *Elle commence, elle commence après un layover.*

20 heures 24 minutes 39 secondes (hôtesse) : *Je commence et je finis.*

20 heures 24 minutes 41 secondes (commandant) : *Tu as couché ici, c'est ça ?*

20 heures 24 minutes 43 secondes (hôtesse) : *Hein ?*

20 heures 24 minutes 44 secondes (commandant) : *Tu as couché ici, c'est ça ?*

20 heures 24 minutes 45 secondes (hôtesse) : *Non, je suis basée ici à Detroit.*

20 heures 24 minutes 45 secondes (copilote) : *Ah oui, vraiment ?*

[22] Le mot anglais layover est utilisé par la plupart des navigants français. Dans de rares compagnies, le terme français est « couché » qui désigne une escale où le navigant dort sur place. La plupart des vols courts et moyen-courriers n'ont pas de layover puisque ce sont des allers-retours qui se font dans la même journée.

20 heures 24 minutes 46 secondes (hôtesse) : *Je vais seulement à Phoenix et je couche là-bas. Donc, je commence ici et je finis là-bas.*

20 heures 24 minutes 48 secondes (commandant) : *Okay.*

20 heures 24 minutes 52 secondes (hôtesse) : *Et ensuite, demain, je quitte Phoenix pour aller à Memphis.*

20 heures 24 minutes 53 secondes (commandant) : *D'accord, alors, tu dors à Phoenix.*

20 heures 24 minutes 56 secondes (hôtesse) : *C'est ça, je commence et j'ai mon layover là-bas.*

Puis soudain, John Maus cesse de discuter pour reprendre la lecture des sigmets qui localisent les secteurs dangereux :

20 heures 25 minutes 03 secondes (commandant) : *40 nautiques au sud-sud-ouest d'Oklahoma City jusqu'à 50 nautiques au sud-est de... bordel, c'est quoi CES ?*

20 heures 25 minutes 06 secondes (copilote) : *Aucune idée...*

20 heures 25 minutes 08 secondes (commandant) : *Je parie que c'est Cedar City !*

20 heures 25 minutes 09 secondes (copilote) : *Ouais sûrement.*

Bien que John Maus ne s'adresse plus à elle, Pamela Shaffer ne quitte pas le cockpit pour autant. En le voyant faire ces tracés caractéristiques sur son « en-route » Jeppesen, elle comprend ce que cela signifie pour la suite du voyage :

20 heures 25 minutes 22 secondes (hôtesse) : *Vous n'allez pas arriver ce soir à Santa Anna, hein ?*

20 heures 25 minutes 25 secondes (copilote) : *On dirait bien que non !*

À partir de cet instant, l'équipage commence à faire toutes sortes d'hypothèses pour savoir comment ça se passera pour eux si la météo les bloque à Phoenix. Leurs passagers seront acheminés à Orange County par un autre appareil et les Opérations de la compagnie enverront l'avion vers une autre destination :

20 heures 25 minutes 26 secondes (commandant) : *On va probablement faire Los Angeles.*

20 heures 25 minutes 34 secondes (copilote) : *On fera Memphis…*

20 heures 25 minutes 40 secondes (commandant) : *Pourquoi on n'irait pas à Los Angeles ?*

20 heures 25 minutes 42 secondes (copilote) : *Nooon… ils vont nous garder à Phoenix et on fera le vol vers Memphis.*

20 heures 25 minutes 45 secondes (hôtesse) : *Ensuite Memphis – Minneapolis, c'est quelque chose… quelque chose de possible, vous croyez pas ?*

Peu à peu, la scène devient surréaliste... Tout le monde se met à donner son avis comme si le planning de la compagnie dépendait des désirs de chacun. Il règne alors un brouhaha au milieu duquel John Maus a du mal à se faire entendre.

20 heures 25 minutes 48 secondes (hôtesse) : *Dallas Fort Worth ou quelque part au Texas…*

20 heures 25 minutes 48 secondes (commandant) : *Non, on va à Los Angeles.*

20 heures 25 minutes 49 secondes (hôtesse) : *Oh, ils pourraient nous envoyer aussi à Memphis.*

20 heures 25 minutes 49 secondes (commandant) : *Non, on va à L.A.*

20 heures 25 minutes 49 secondes (hôtesse) : *Il me semble que…*

C'est au milieu de cet étrange forum que Michael Kahle se présente à son tour à la porte. Cela fait maintenant quatre personnes qui se pressent dans l'étroit cockpit du MD-82. Et bien évidemment, le chef de cabine a également un avis sur ce qu'il faudrait faire. Le ton qu'il emploie vis-à-vis de Maus est particulièrement familier :

20 heures 25 minutes 55 secondes (chef de cabine) : *John, allons à L.A. Il faut pas qu'on les laisse faire n'importe quoi avec nous ! Ils vont pas nous envoyer n'importe où !*

Bien évidemment, David Dodds n'est pas d'accord... Jusqu'ici, il n'a pas caché son désir d'aller à Memphis. Raisons personnelles ou volonté de faire le même vol que Pamela Shaffer ? Quoi qu'il en soit, il contredit ouvertement Michael Kahle.

20 heures 26 minutes 00 seconde (copilote) : *Je pense pas que c'est ce qu'on va faire.*

20 heures 26 minutes 01 secondes (commandant) : *Ils ont besoin de l'avion là-bas.*

20 heures 26 minutes 05 secondes (hôtesse) : *Mais un gars m'a dit... quelqu'un m'a dit qu'il fallait faire Memphis.*

20 heures 26 minutes 06 secondes (copilote) : *Bien, ce qu'ils... ce qu'ils vont faire, c'est prendre ce... cet avion pour le vol de la matinée.*

20 heures 26 minutes 09 secondes (commandant) : *Oui, mais ils ont besoin d'un avion pour 7 heures et ils prendront cet avion pour le vol de 8 heures.*

20 heures 26 minutes 12 secondes (copilote) : *D'accord, il y en a un là-bas... Il y en a déjà un là-bas.*

20 heures 26 minutes 15 secondes (commandant) : *Oui...*

Cette discussion parfaitement stérile se poursuit pendant encore plusieurs minutes. Le lecteur aura compris qu'il y a deux camps : d'un côté l'hôtesse et le copilote qui voudraient aller à Memphis... de l'autre, le commandant et le chef de cabine qui pensent qu'il est plus raisonnable d'aller à Los Angeles.
Le plus étonnant, c'est que la décision finale n'est pas du ressort de l'équipage mais des Opérations de Northwest Airlines. Ce sont

les responsables du planning qui décideront d'envoyer l'avion, soit vers sa destination initiale, soit vers Memphis. Finalement, au bout d'une succession d'argumentations interminables, John Maus finit par expliquer que les ordres seront certainement de rester à Phoenix cette nuit puis de repartir ensuite au petit matin pour la Californie avec le même avion.

20 heures 27 minutes 19 secondes (commandant) : *Tout ce qu'on aura à faire ce matin, c'est d'aller à l'hôtel à Phoenix pour redécoller à 3 heures et demie. Moi, j'en ai rien à faire s'ils veulent qu'on fasse ça. Ça me convient.*

20 heures 27 minutes 36 secondes (copilote) : *Mais comment est-ce qu'on peut aller là-bas et faire ça. Il nous faudra plus de sommeil...*

20 heures 27 minutes 39 secondes (commandant) : *On aura 10 heures.*

La discussion reprend de plus belle mais John Maus décide d'abandonner la partie. Il se replonge dans l'étude des secteurs où la météo pose problème.

20 heures 27 minutes 48 secondes (commandant) : *Bon alors... 30 nautiques au sud-sud-ouest d'Oklahoma City où...*

En fait, c'est un moyen de faire diversion car non seulement Maus a des difficultés à s'imposer vis-à-vis de son copilote mais il en a également avec Michael Kahle qui lui adresse une remarque à peine aimable :

20 heures 27 minutes 54 secondes (chef de cabine) : *L'avion est complet et on est prêt... Qu'est-ce qu'on attend ? Le devis de masse ?*

20 heures 27 minutes 55 secondes (commandant) : *Aucune idée !*

L'ironie du chef de cabine n'échappe pas à Dodds qui en rajoute une couche avec une plaisanterie un peu lourde :

20 heures 28 minutes 02 secondes (copilote) : *Ouais, le devis de masse pour le moteur numéro 1.*

Du coup, tout le monde s'y met. Même Pamela Shaffer ne parvient pas à cacher son impatience :

20 heures 28 minutes 06 secondes (hôtesse) : *Mais qu'est-ce qu'on attend ?*

20 heures 28 minutes 14 secondes (chef de cabine) : *On n'en sait rien ! Qu'est-ce qu'on attend ?*

20 heures 28 minutes 16 secondes (hôtesse) : *Quelqu'un s'occupe de la météo ?*

Du coup, John Maus cesse de tracer sur sa carte et s'adresse à Dodds :

20 heures 28 minutes 18 secondes (commandant) : *Pourquoi tu les appelles pas pour leur dire qu'on est prêts à partir ?*

Évidemment, c'est ce que Dodds attendait. Il ne se fait donc pas prier pour contacter la compagnie.

20 heures 28 minutes 23 secondes (copilote) : *Trafic, c'est 255 on est à Delta 15, on est prêt à partir.*

20 heures 28 minutes 32 secondes (trafic de Northwest) : *255, attendez un moment.*

20 heures 28 minutes 34 secondes (copilote) : *Okay.*

Visiblement cette nouvelle attente provoque un certain agacement au sein de l'équipage. À présent, tout le monde est pressé de partir car la nuit va être longue. Toujours un peu goguenarde, Pamela Shaffer s'adresse à John Maus :

20 heures 28 minutes 27 secondes (hôtesse) : *Est-ce que tu veux dire quelques mots à nos joyeux passagers ou je le fais moi-même ?*

Comme John Maus ne répond pas, Pamela prend elle-même l'initiative.

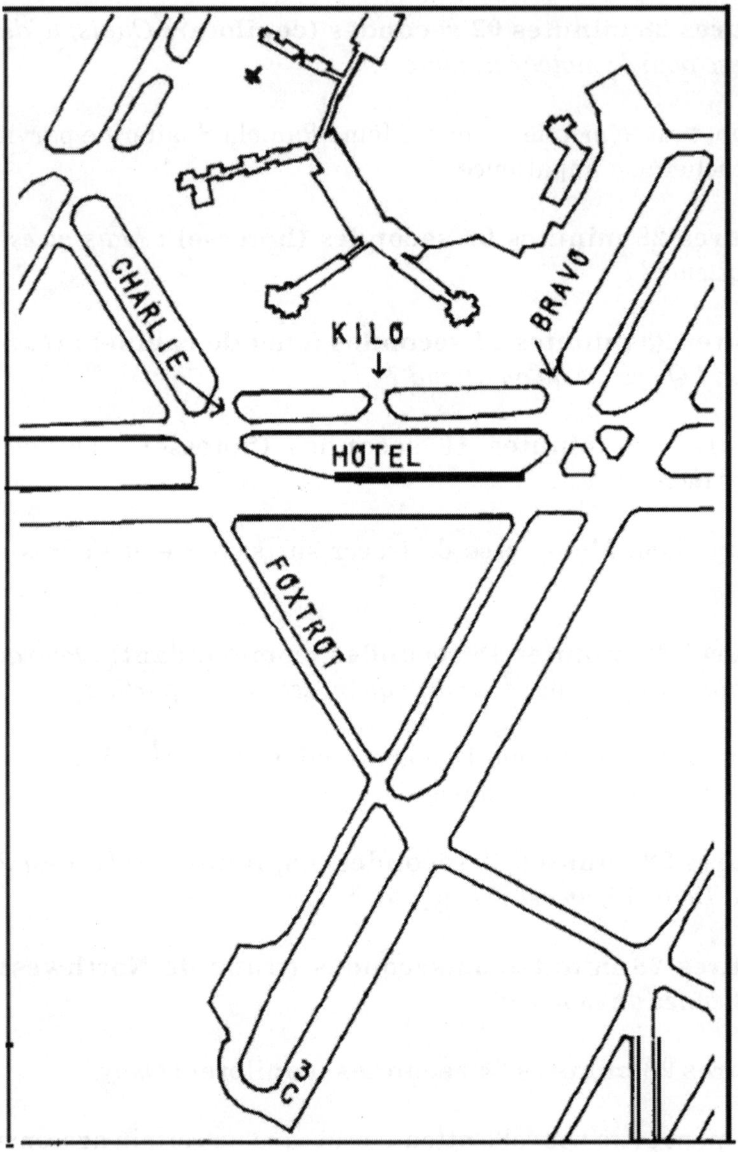

Taxi – 1 : Position du MD-82 stationné à la porte Delta 15

20 heures 28 minutes 33 secondes (hôtesse) : *Okay, je vais leur dire quelque chose.*

20 heures 28 minutes 34 secondes (copilote) : *Okay…*

20 heures 28 minutes 39 secondes (commandant) : *Dis-leur qu'on est juste… on est juste en train d'attendre des bagages.*

L'hôtesse s'apprête à quitter le cockpit pour aller dans le galley et prendre le micro du « Public Adress » mais elle n'en a pas le temps. Le « trafic » rappelle :

20 heures 28 minutes 53 secondes (trafic de Northwest Airlines) : *255 vous pouvez repousser. Passez avec le sol sur 118.0.*

20 heures 28 minutes 57 secondes (copilote voix soulagée) : *Okay... on est autorisé au repoussage.*

C'est à partir de maintenant que certaines erreurs graves vont être commises, car tout se fait dans la précipitation. Rien n'est plus néfaste que de travailler dans un cockpit sans prendre le temps de réfléchir.
Comme c'est le cas dans tous les avions de ligne, les procédures du MD-82 prévoient qu'un certain nombre de check-lists doivent être effectuées avant le décollage. Elles sont obligatoires. Ce sont les suivantes :

- « Avant Mise en Route ».
- « Après Mise en Route ».
- « Roulage ».
- « Avant décollage ».

Ces différentes vérifications sont présentées dans un classeur plastifié qui contient la liste des items que le PNF doit lire à haute voix. Alors que la porte de l'avion n'est pas encore fermée, la check-list « AVANT MISE EN ROUTE » est donc entamée par Dodds et tout se fait très rapidement.

20 heures 29 minutes 18 secondes (commandant) : *On fait la check-list...*

20 heures 29 minutes 19 secondes (copilote) : *Les freins...*

20 heures 29 minutes 21 secondes (commandant) : *Serrés...*

Ensuite, David Dodds continue à parler seul... Il ne respecte pas la procédure qui prévoit que la check-list doit se faire sous forme d'un dialogue entre le PF et le PNF. En réalité, il fait les questions et les réponses et apparemment, John Maus n'y trouve rien à redire.

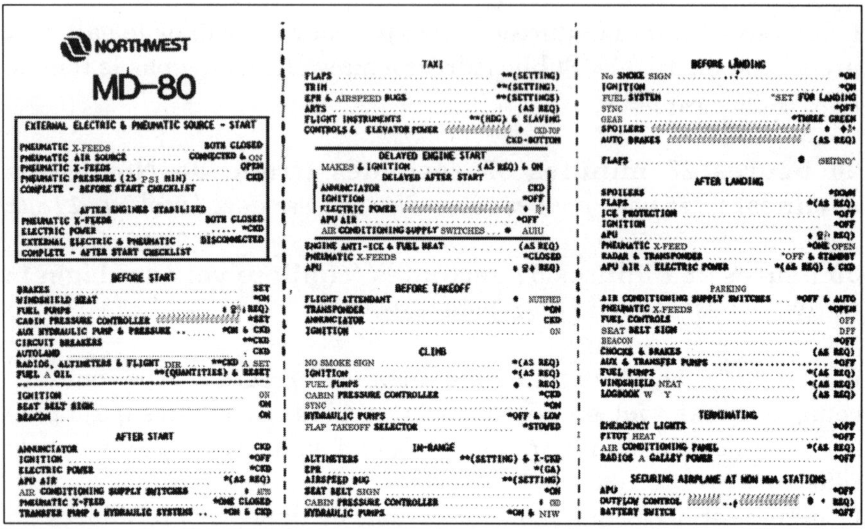
NORTHWEST
MD-80

EXTERNAL ELECTRIC & PNEUMATIC SOURCE - START
PNEUMATIC X-FEEDS .... BOTH CLOSED
PNEUMATIC AIR SOURCE .... CONNECTED & ON
PNEUMATIC X-FEEDS .... OPEN
PNEUMATIC PRESSURE (25 PSI MIN) .... CKD
COMPLETE - BEFORE START CHECKLIST

AFTER ENGINES STABILIZED
PNEUMATIC X-FEEDS .... BOTH CLOSED
ELECTRIC POWER .... *CKD
EXTERNAL ELECTRIC & PNEUMATIC ... DISCONNECTED
COMPLETE - AFTER START CHECKLIST

BEFORE START
BRAKES .... SET
WINDSHIELD HEAT .... *ON
FUEL PUMPS .... REQ)
CABIN PRESSURE CONTROLLER .... *SET
AUX HYDRAULIC PUMP & PRESSURE .... *ON & CKD
CIRCUIT BREAKERS .... **CKD
AUTOLAND .... CKD
RADIOS, ALTIMETERS & FLIGHT DIR .... **CKD A SET
FUEL A OIL .... **(QUANTITIES) & RESET
IGNITION .... ON
SEAT BELT SIGN .... ON
BEACON .... ON

AFTER START
ANNUNCIATOR .... CKD
IGNITION .... *OFF
ELECTRIC POWER .... *CKD
APU AIR .... *(AS REQ)
AIR CONDITIONING SUPPLY SWITCHES .... AUTO
PNEUMATIC X-FEED .... *ONE CLOSED
TRANSFER PUMP & HYDRAULIC SYSTEMS .... *ON & CKD

TAXI
FLAPS .... **(SETTING)
TRIM .... **(SETTING)
EPR & AIRSPEED BUGS .... **(SETTINGS)
ARTS .... (AS REQ)
FLIGHT INSTRUMENTS .... **(HDG) & SLAVING
CONTROLS & ELEVATOR POWER .... CKD-TOP CKD-BOTTOM

DELAYED ENGINE START
BRAKES & IGNITION .... (AS REQ) & ON
DELAYED AFTER START
ANNUNCIATOR .... CKD
IGNITION .... *OFF
ELECTRIC POWER ....
APU AIR .... *OFF
AIR CONDITIONING SUPPLY SWITCHES .... AUTO
ENGINE ANTI-ICE & FUEL HEAT .... (AS REQ)
PNEUMATIC X-FEEDS .... *CLOSED
APU .... REQ)

BEFORE TAKEOFF
FLIGHT ATTENDANT .... NOTIFIED
TRANSPONDER .... *ON
ANNUNCIATOR .... CKD
IGNITION .... ON

CLIMB
NO SMOKE SIGN .... *(AS REQ)
IGNITION .... *(AS REQ)
FUEL PUMPS .... REQ)
CABIN PRESSURE CONTROLLER .... *CKD
SYNC .... *ON
HYDRAULIC PUMPS .... *OFF & LOW
FLAP TAKEOFF SELECTOR .... *STOWED

IN-RANGE
ALTIMETERS .... **(SETTING) & X-CKD
EPR .... *(GA)
AIRSPEED BUG .... **(SETTING)
SEAT BELT SIGN .... *ON
CABIN PRESSURE CONTROLLER .... CKD
HYDRAULIC PUMPS .... *ON & NEW

BEFORE LANDING
No SMOKE SIGN .... *ON
IGNITION .... *ON
FUEL SYSTEM .... *SET FOR LANDING
SYNC .... *OFF
GEAR .... *THREE GREEN
SPOILERS ....
AUTO BRAKES .... (AS REQ)
FLAPS .... SETTING

AFTER LANDING
SPOILERS .... *DOWN
FLAPS .... *(AS REQ)
ICE PROTECTION .... *OFF
IGNITION .... *OFF
APU .... REQ)
PNEUMATIC X-FEED .... *ONE OPEN
RADAR & TRANSPONDER .... *OFF & STANDBY
APU AIR A ELECTRIC POWER .... *(AS REQ) & CKD

PARKING
AIR CONDITIONING SUPPLY SWITCHES ... *OFF & AUTO
PNEUMATIC X-FEEDS .... *OPEN
FUEL CONTROLS .... OFF
SEAT BELT SIGN .... OFF
BEACON .... *OFF
CHOCKS & BRAKES .... (AS REQ)
AUX & TRANSFER PUMPS .... *OFF
FUEL PUMPS .... *(AS REQ)
WINDSHIELD HEAT .... *(AS REQ)
LOGBOOK .... (AS REQ)

TERMINATING
EMERGENCY LIGHTS .... *OFF
PITOT HEAT .... *OFF
AIR CONDITIONING PANEL .... *(AS REQ)
RADIOS A GALLEY POWER .... *OFF

SECURING AIRPLANE AT NON MA STATIONS
APU .... *OFF
OUTFLOW CONTROL .... REQ)
BATTERY SWITCH .... *OFF

Les différentes check-lists de la série MD-80 : une suite de vérifications simples et claires.

Pourtant, les annonces de son copilote sont loin de suivre les items avec précision et ses propos sont décousus :

20 heures 29 minutes 21 secondes (copilote) : *Le chauffage pare-brise est « On »... les booster pompes, nous avons « On »... euh la pression cabine contrôleur check... les pompes hydrauliques et la pression sur « On » et c'est vérifié. Les circuits breakers sont euh...*

20 heures 29 minutes 28 secondes (commandant) : *Vérifiés.*

20 heures 29 minutes 31 secondes (copilote) : *Auto-land est vérifié. Les radios altimètres et le directeur de vol est... euh 2982 sur... sur les mètres... On va mettre 83...*

Alors que le copilote poursuit son monologue à toute vitesse, une jeune femme pénètre dans le cockpit. C'est l'agent au sol qui apporte les derniers documents pour le départ. Parmi ceux-ci se trouve le devis de masse que le commandant attendait. Elle ne va rester que quelques secondes dans le cockpit.

20 heures 29 minutes 39 secondes (agent au sol) : *Bon voici, tout ce dont vous avez besoin ici... Et je suis prête à fermer la porte, si vous êtes prêt...*

20 heures 29 minutes 41 secondes (commandant) : *Okay, au revoir.*

Agent au casque qui surveille l'extérieur de l'avion pendant la mise en route. Il est en liaison filaire avec l'équipage. Sous la queue se trouve un « Tail Walker » qui vérifie qu'aucun obstacle ne se trouve sur la trajectoire de l'avion pendant le repoussage.

20 heures 29 minutes 42 secondes (agent au sol) : *Bye bye.*

Alors que l'agent quitte l'avion, David Dodds continue à débiter sa check-list. Il parle de plus en plus vite et ses propos sont loin d'être clairs :

20 heures 29 minutes 44 secondes (copilote) : *Et euh... le carburant... et l'huile... 36... 322 minimum... Ouais... On va passer à travers une météo nouvelle... 144...*

Soudain, il est interrompu par une voix grave qui retentit dans les haut-parleurs :

20 heures 30 minutes 05 secondes (technicien sol) : *Salut dans le cockpit !*

C'est l'agent au casque qui vient de connecter son câble sur le fuselage de l'appareil. Il va assurer la sécurité de l'avion pendant le repoussage et la mise en route des moteurs :

20 heures 30 minutes 08 secondes (commandant) : *Okay, vous êtes en bas, hein ?*

John Maus desserre le frein de parking, puis il s'adresse à Dodds :

20 heures 30 minutes 12 secondes (commandant) : *On est autorisés à y aller...*

20 heures 30 minutes 13 secondes (copilote) : *Yup...*

Puis à l'agent au casque :

20 heures 30 minutes 14 secondes (commandant) : *Le frein de parking est desserré... Les phares sont éteints. Vous pouvez pousser.*

Malheureusement, le technicien n'est pas prêt car les *tail walkers* ne sont pas en place[23]...

20 heures 30 minutes 15 secondes (technicien sol) *: Okay, mais il faut que j'attende mes gars à la queue et euh... Je sais pas où ils sont partis. Ils devraient être en route...*

Bien évidemment, le chauffeur du *pusher* ne peut repousser l'avion sans la présence de surveillants au sol. Et cette absence va encore augmenter le retard de l'avion. Du coup, John Maus doit effectuer un appel sur la fréquence « trafic » de Northwest. La situation le perturbe tellement qu'il se trompe en indiquant son numéro de vol.

20 heures 30 minutes 22 secondes (commandant) : *C'est 755, on a besoin d'urgence de gars au sol sinon, on ne pourra pas faire Orange County...*

20 heures 30 minutes 25 secondes (trafic de Northwest) : *Okay... des wing walkers... On va vous trouver quelqu'un là-bas.*

Une trentaine de secondes plus tard, l'équipage aperçoit un homme en gilet fluorescent qui court vers l'avion. Du coup, David Dodds interrompt donc sa check-list solitaire pour faire un commentaire :

20 heures 31 minutes 08 secondes (copilote) : *Ah, en voilà un...*

[23] Agents qui se placent à l'arrière de l'avion pour surveiller la queue de l'avion pendant le repoussage.

Puis il reprend aussitôt son monologue :

20 heures 31 minutes 09 secondes (copilote) : *Alors, les volets rentrés... pour la vitesse, c'est la même qu'avec 11 degrés.*

La formulation n'est pas vraiment claire. On comprend simplement que Dodds a constaté que la vitesse de référence au décollage ne change pas si les volets sont braqués à plus ou moins 11 degrés. En fait, cette remarque signifie que les volets ne sont pas encore sortis[24]. C'est loin d'être un détail anecdotique même si, pour le moment, ce qui semble un oubli ne présente aucun caractère de gravité.
Quelques secondes plus tard, Pamela Shaffer revient dans le cockpit et elle s'adresse directement à David Dodds : on est en plein mois d'août et les passagers se plaignent d'avoir trop chaud dans la cabine.

20 heures 31 minutes 25 secondes (hôtesse) : *Est-ce que tu as mis l'air conditionné ?*

20 heures 31 minutes 26 secondes (copilote) : *Oui, c'est sur « On » au maximum et c'est aussi froid que ça peut l'être.*

20 heures 31 minutes 28 secondes (hôtesse) : *Vraiment ?*

Dodds éclate de rire.

20 heures 31 minutes 29 secondes (copilote) : *Non mais... tu crois que je te mentirais ? Maintenant, on te l'a mis au maximum. Si tu veux plus fort, il faut attendre que les moteurs tournent.*

Pamela Shaffer n'insiste pas... Elle quitte le cockpit en riant à son tour. Quelques secondes plus tard, un second *tail walker* arrive sur le parking et John Maus rappelle l'agent au casque.

20 heures 31 minutes 49 secondes (commandant) : *Okay, quand vous serez prêts... vous vous grouillez !*

20 heures 31 minutes 52 secondes (agent au casque) : *Ouais, ils sont en train d'enlever les cales. Est-ce que les freins sont desserrés ?*

---

[24] Les volets du MD-82 peuvent être braqués sur cinq positions préréglées : 0° - 11° - 15° - 28° - et 40°. Seules les positions 11° et 15° sont utilisables pour le décollage.

20 heures 31 minutes 55 secondes (commandant) : *Les freins sont desserrés et les phares sont coupés. Allez-y poussez*[25] *!*

Au même moment, le pare-brise commence à se brouiller.

20 heures 32 minutes 04 secondes (commandant au copilote) : *Oh putain, il commence à pleuvoir.*

20 heures 32 minutes 07 secondes (commandant à l'agent au casque) : *Vous allez être complètement trempé... trempé dans une minute.*

20 heures 32 minutes 09 secondes (agent au casque) : *Oui, je sais... J'ai pris ce tracteur découvert... J'avais décidé de changer... j'y ai pensé juste au moment où vous avez été prêts à repousser et c'est juste quand il commence à pleuvoir !*

20 heures 32 minutes 17 secondes (commandant) : *Oui...*

Devant l'explication laborieuse du mécanicien, David Dodds ne peut retenir une remarque ironique :

20 heures 32 minutes 22 secondes (copilote) : *Peut-être qu'ils vont y arriver !*

Mais les choses ne sont pas aussi simples car les cafouillages se succèdent :

20 heures 32 minutes 30 secondes (agent au casque) : *Quelqu'un a coincé les cales la dessous... C'est presque bon...*

En fait, les mécaniciens ont des difficultés à retirer les cales qui bloquent les roues. Car une erreur a été commise 50 minutes plus tôt lorsque l'avion est arrivé au parking. Elles ont été placées contre les pneus, sans laisser le moindre espace... C'est ce qu'il ne faut jamais faire ! Pendant l'escale, les pleins ont été faits. On a rajouté 19 tonnes de carburant dans les ailes et les pneus se sont légèrement écrasés. Rien de plus normal, sauf que, dans ces conditions, les cales se sont bloquées sous la semelle de caoutchouc. Maintenant, on ne peut plus les enlever. La seule possibilité pour

[25] Aujourd'hui, les procédures ont changé. Le pilote ne peut plus repousser sans avoir contacté le contrôleur sol qui donne en même temps l'autorisation de mettre en route.

les dégager est d'utiliser une masse. Cela ne prend qu'une trentaine de secondes mais c'est déjà beaucoup trop pour l'équipage qui veut quitter Detroit le plus rapidement possible.
Enfin, l'avion commence à reculer. Les deux hommes respirent et Dodds expédie les derniers items de sa check-list à toute vitesse.

20 heures 32 minutes 46 secondes (copilote) : *Ignition... et consignes ceintures... Tout ça, c'est sur « On »... Parfait... la check-list « Avant Mise en Route » est terminée.*

20 heures 32 minutes 57 secondes (commandant) : *Okay... On... On... et... On.*

20 heures 33 minutes 02 secondes (commandant à l'agent au sol) : *Bon est-ce que c'est Okay pour mettre en route ?*

20 heures 33 minutes 04 secondes (agent au sol) : *Ouais, c'est bon pour la mise en route, allez-y.*

Dans une succession de gestes réflexes, le commandant démarre alors le premier moteur. Sur le tableau de bord, les cadrans s'animent. Le chuintement lointain des réacteurs se fait entendre. Tout est normal. Les pressions sont optimales. À l'extérieur, le hurlement strident des deux Pratt & Whitney s'entend de très loin sur l'aéroport. Les techniciens au sol ajustent leur casque pour se protéger du bruit.

20 heures 33 minutes 29 secondes (commandant) *: Merde... il a pas dit vers quelle piste, hein ?*

20 heures 33 minutes 31 secondes (copilote) : *Non.*

Stupéfiant ! L'équipage vient de constater qu'il ne sait pas vers quelle piste il doit se diriger et il ne demande aucune précision supplémentaire. En fait, le commandant se dit qu'il le saura en regardant dans quel sens, le tracteur va le repousser. Cela ne doit pas lui causer beaucoup de soucis car il change brusquement de sujet en observant un Jumbo-jet garé une cinquantaine de mètres sur sa gauche.

20 heures 33 minutes 39 secondes (commandant) : *Ça faisait longtemps qu'on avait pas vu un 747 de la Pan Am... Ils font* *plus de vols à partir de la côte ouest à cause des Airbus A300 qui descendent vers l'Amérique du Sud à partir d'ici.*

20 heures 33 minutes 48 secondes (copilote) : *C'est vrai ?*

20 heures 33 minutes 51 secondes (commandant) : *Oui.*

20 heures 33 minutes 56 secondes (copilote) : *La plupart des vols qui partaient de la côte ouest étaient faits par les gros ventrus, tu sais, ceux qui ont beaucoup d'autonomie*[26].

Au même moment, le chef de cabine commence l'annonce de bienvenue pour les passagers :

20 heures 34 minutes 01 seconde (chef de cabine) : *Mesdames, messieurs bonjour, mon nom est Michael Kahle, je suis votre chef de cabine sur ce vol à destination de Phoenix, Arizona. Au nom de notre commandant monsieur Maus, je vous souhaite la bienvenue sur ce vol à destination de Phoenix que nous atteindrons après un vol de 4 heures et 30 minutes.*

Puis il enchaîne sur les démonstrations de sécurité, au cours desquelles les membres de l'équipage de cabine montrent les procédures à suivre en cas de dépressurisation de la cabine ou d'amerrissage forcé.
Dans le cockpit, le second moteur est démarré puis David Dodds attaque la check-list « APRÈS MISE EN ROUTE ». Cette fois, il parle encore plus rapidement que lors de la précédente :

20 heures 34 minutes 09 secondes (copilote) : *L'ignition est coupée, l'alimentation électrique est vérifiée, l'APU est coupé, l'air conditionné sur « auto », les cross feeds tu en as un, c'est fermé, la pompe de transfert et les systèmes hydrauliques sont sur « On » et puis…*

Et puis, c'est tout ! La check-list vient de se terminer de manière

[26] Le copilote fait ici allusion au Boeing 747 SP (Special Performance) qui était beaucoup plus court que les 747 normaux, ce qui lui donnait un aspect « ventru ». Il transportait beaucoup moins de passagers mais ses réservoirs de très grande capacité emportaient 200 tonnes de carburant qui lui permettaient de parcourir plus de 12 000 kilomètres avec 276 passagers. L'avion était très apprécié des pilotes parce qu'il était particulièrement puissant.

peu ordinaire et la lecture a duré exactement 11 secondes. Difficile de parler plus vite !

C'est l'agent au sol qui prend le relais dans les haut-parleurs :

20 heures 34 minutes 20 secondes (agent au casque) : *Okay, les freins sont mis ?*

20 heures 34 minutes 25 secondes (commandant) : *Les freins sont mis !*

Repoussage d'un MD-82 (@Jacobus Saayman).

Cette vérification est importante car le mécanicien va déconnecter le tracteur et l'avion risque de rouler tout seul si le frein de parc n'est pas serré.

Pendant que le mécanicien s'affaire, David Dodds contacte le sol sur 121.80 pour obtenir l'autorisation de rouler. Les dialogues du commandant et du copilote vont alors se superposer.

20 heures 34 minutes 38 secondes (copilote à la radio) : *Le sol de Northwest 755... euh... 255, bonsoir, on est sur le spot 1, à la porte euh... 5.*

Le moins que l'on puisse dire, c'est que le copilote ne sait pas vraiment où il se trouve sur l'aéroport puisqu'il n'est ni sur le spot 1 ni à la porte 5...

20 heures 34 minutes 40 secondes (mécanicien au casque dans l'interphone) : *Okay, la barre de remorquage est déconnectée. Passez une bonne nuit et on va vous guider sur la gauche. À plus tard, les gars.*

20 heures 34 minutes 42 secondes (contrôleur-sol au copilote) : *Northwest 255 de Metro/sol, Roger... De quelle porte vous êtes en train de partir ?*

20 heures 34 minutes 48 secondes (copilote) : *Euh... euh... Oui, on vient de sortir de Delta... euh 15.*

20 heures 34 minutes 50 secondes (contrôleur sol) : *Okay Northwest 255, vous êtes sur le spot 4... Roulez par le taxiway et maintenez position à l'intersection « Delta ». Préparez la piste 03 centre... C'est actuellement l'information « Hotel » sur l'ATIS. Est-ce que vous l'avez ?*

20 heures 34 minutes 57 secondes (copilote) : *Oui, on l'a, euh... nous avons l'info... Et oui, on était sur le spot 4. On maintiendra position avant l'intersection « Delta » sur le taxiway. C'est ça hein ?*

20 heures 35 minutes 01 seconde (contrôleur-sol) : *Affirmatif...*

Malheureusement, David Dodds a encore commis une erreur... Contrairement à ce qu'il vient d'affirmer, il n'a absolument pas écouté l'information « Hotel ». Il ne connaît donc pas les paramètres en vigueur sur l'aéroport. Or, ce message contient des informations capitales pour la sécurité du décollage. Les effets de la course contre la montre commencent à se faire sentir !
Sans un mot, Dodds connecte la VHF sur 124.55. C'est la fréquence de l'ATIS qu'il aurait dû écouter bien avant que le roulage ne commence. Mais avant même que la bande enregistrée ne délivre le message, il place le volume au minimum car il n'a pas le temps maintenant... il écoutera plus tard.
L'avion commence à rouler...
En cabine, les démonstrations de sécurité se terminent. John Maus en profite pour vérifier que tous les passagers sont à bord.

C'est le moment de lancer la check-list « ROULAGE », pourtant il n'en parle pas. Au cours de cette check-list, l'équipage doit vérifier que les volets et les slats sont effectivement sortis. C'est un point de sécurité absolument essentiel.
En réalité, aucun des deux hommes ne semble y penser et les éléments ne sont toujours pas sortis.

20 heures 35 minutes 38 secondes (commandant) : *Est-ce qu'on a fait un comptage ?*

20 heures 35 minutes 42 secondes (copilote) : *143 passagers...*

On notera au passage que Dodds a oublié de comptabiliser les *jump-seats* : il n'y a pas 143 passagers à bord mais 149. En fait on peut résumer la situation ainsi : l'ATIS n'a pas été écoutée, les volets ne sont pas sortis, le nombre de passagers est erroné et le commandant ne sait pas sur quelle piste il va décoller. Tout cela frise l'amateurisme.

20 heures 35 minutes 43 secondes (contrôleur-sol) : *Northwest 255, continuez à rouler maintenant. Vous sortez à la bretelle « Charlie » pour la piste 03 centre. Contactez le sol sur 119.45.*

20 heures 35 minutes 48 secondes (copilote) : *Okay, mmm, vers « Charlie » pour la 03 centre, Northwest 255.*

Puis il s'adresse à John Maus pour l'informer de la piste en service :

20 heures 35 minutes 50 secondes (copilote) : *Jusqu'à « Charlie » pour la 03 centre.*

David Dodds a encore commis une bourde et celle-ci est plus ennuyeuse : le contrôleur sol vient de lui demander de changer sur 119.45 et il n'a pas collationné le message. Or, cette procédure est obligatoire. La conséquence est immédiate : il oublie de basculer sur la nouvelle fréquence. En fait, il se prépare à écouter bien tardivement les informations contenues dans l'ATIS qu'il n'a pas écouté.

20 heures 35 minutes 55 secondes (copilote) : *Je suis plus là... Je vais écouter la nouvelle ATIS.*

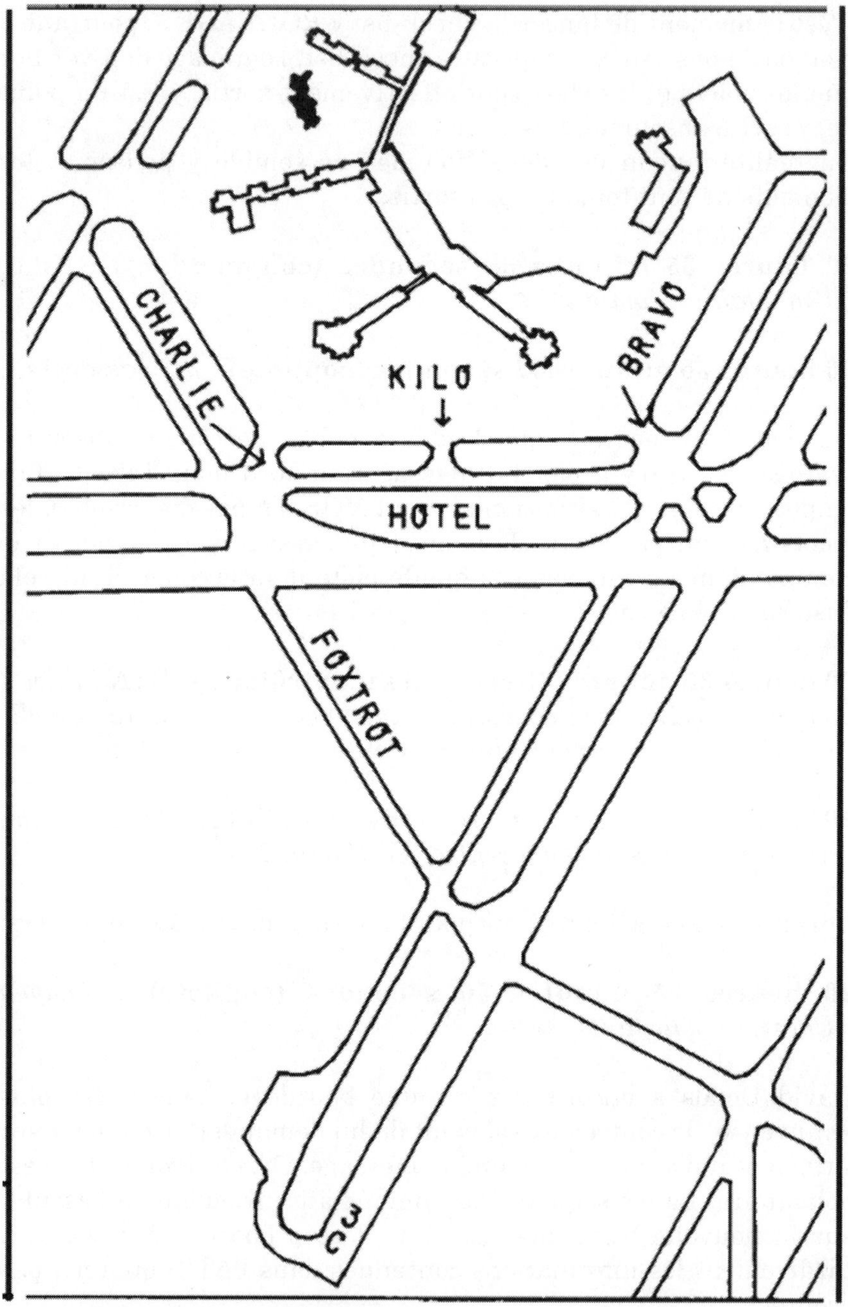

Taxi – 2 : début du roulage.

20 heures 35 minutes 57 secondes (commandant) : *Okay…*

Puis soudain, Bruce Elfering, le plus jeune des stewards se présente à la porte qui est restée ouverte. C'est lui qui a procédé au comptage des passagers et John Maus veut savoir :

20 heures 35 minutes 59 secondes (commandant) : *Ah Bruce !*

20 heures 36 minutes 02 secondes (steward) : *Oui monsieur.*

20 heures 36 minutes 04 secondes (commandant) : *Pour le comptage… est-ce qu'on est complet ?*

20 heures 36 minutes 06 secondes (steward) : *On est complet, monsieur. Tous les jump-seats sont occupés.*

Elfering ne peut pas en dire plus car Maus lui fait signe de se taire… Dodds vient de mettre le volume de la radio à fond pour écouter enfin le message enregistré de l'ATIS.
La voix monocorde du contrôleur retentit dans les haut-parleurs :

20 heures 36 minutes 10 secondes (enregistrement de l'ATIS) : *Ceci est Detroit-Metro… information « Hotel » enregistrée à 23 h 50 Zoulou*[27]*. Les nuages : 2 500 pieds épars, 4 500 pieds épars. Plafond estimé à 15 000 pieds morcelé… Visibilité 6 kilomètres avec brume. Température 31 degrés. Point de rosée 20 degrés*[28]*. Vent du 300 degrés pour 17 nœuds… Altimètre 2 984*[29]*. L'approche ILS est possible sur les pistes 03 gauche et 03 droite… Les pistes de départ sont toutes les 03. Attention aux Notam : la piste 09/27 est fermée. Le roulage par le taxiway « Golf » est fermé. Le sud du taxiway « Hôtel » est fermé entre les taxiways « Foxtrot » et « Golf ». Le taxiway « Hall » est fermé. Le balisage lumineux sur le taxiway « Foxtrot » entre « Juliet » et la piste 09 est hors service… Des cisaillements de vent à basse hauteur sont signalés… Des bans d'oiseaux ont été aperçus à l'intérieur de l'enceinte de l'aéroport… Le message d'alerte SIGMET 80 est valable jusqu'à 00 heure 55 Zoulou. Pour plus d'informations, contactez Detroit Flight Service. Au premier contact, avisez que vous avez reçu l'information « Hotel ».*

---

[27] Tous les horaires aéronautiques sont donnés en heure universelle GMT… 23 h 50 correspond à 19 h 50 locales (Eastern Time).

[28] En réalité, le message donne les températures en Fahrenheit (88 et 68 degrés).

[29] 29.84 Pouces de mercure = 1010.5 hPa.

L'équipage ne fait aucune remarque sur ce qui vient d'être annoncé. Il y aurait pourtant beaucoup à commenter. Outre le fait que de nombreux *taxiways* sont fermés ce soir et qu'il faut donc être vigilant pendant le roulage, ce sont surtout les informations météo qui sont importantes. Le fait que des cisaillements de vent ont été signalés par d'autres pilotes doit inciter à la prudence, en particulier au niveau de la vitesse de référence au décollage. Mais étrangement, personne ne fait aucun commentaire. Le mot *winshear* ne sera même jamais prononcé jusqu'au dénouement. Pas un mot sur le risque aviaire annoncé. La présence d'oiseaux à proximité des décollages est pourtant un problème grave. De nombreux accidents se sont produits parce que des volatiles ont été ingérés dans les entrées d'air des moteurs[30].
En fait, John Maus reprend tranquillement sa conversation avec Bruce Elfering. Comme tout le reste de l'équipage, le jeune steward s'inquiète de savoir s'ils vont pouvoir continuer vers la Californie après leur escale à Phoenix.

20 heures 36 minutes 29 secondes (steward) : *Est-ce qu'on va aller à John Wayne ?*

John Maus ne répond pas, pour la simple raison qu'il n'en sait rien. Il préfère revenir sur le nombre de *jump-seats* qui sont occupés par des passagers.

20 heures 36 minutes 08 secondes (commandant)[31] : *À part celui-là ?*

20 heures 36 minutes 09 secondes (steward) : *Oui, à part celui-là, on en a cinq qui sont occupés.*

Puis soudain, John Maus saute du coq à l'âne pour faire une proposition à Elfering.

20 heures 36 minutes 11 secondes (commandant) : *Est-ce que tu veux venir un peu avec nous ici pour le décollage ? T'as quelqu'un assis à côté de toi ?*

---

[30] Lire ERREURS de PILOTAGE Tome 4 : « Crash du Boeing 747 de Kalitta Air ».

[31] Dans le timing, certains horaires sont répétitifs. Il ne s'agit pas d'une erreur dans le rapport mais de l'obligation de marquer la simultanéité avec certains contacts radio ou dialogues.

En général, c'est le genre de propositions que les jeunes navigants apprécient, pourtant la réponse d'Elfering n'a pas l'air vraiment enthousiaste :

20 heures 36 minutes 16 secondes (steward) : *Oui, on a quelqu'un assis là-bas. J'ai quelqu'un juste à côté... Euh non, merci... Le décollage, c'est ennuyeux. J'aime assister à l'atterrissage. Alors peut-être qu'à Santa Anna, si vous avez personne dans le poste*

20 heures 36 minutes 22 secondes (commandant) : *D'accord, on verra.*

20 heures 36 minutes 26 secondes (steward) : *Okay.*

Alors que l'avion roule vers la bretelle « Charlie », John Maus examine le devis de masse qui lui a été apporté quelques instants plus tôt. Il s'agit de vérifier que la 03 C peut permettre un décollage en sécurité. Car c'est la plus courte des pistes de Detroit, l'avion est très lourd et la température est élevée. Or, la conjonction de ces trois paramètres pourrait poser un sérieux problème.

20 heures 36 minutes 45 secondes (commandant) : *144 000*[32]*... Comment peut-on être aussi léger avec un avion aussi plein ?*

20 heures 37 minutes 08 secondes (commandant) : *On est OK pour la piste centrale, hein ?*

20 heures 37 minutes 12 secondes (copilote) : *Je vais euh... Je vais vérifier.*

Il est évident que les deux hommes manquent de rigueur dans la gestion des procédures. En temps normal, lorsqu'un contrôleur donne une piste, l'équipage la note sur son log de navigation et il vérifie que la longueur disponible correspond aux performances de l'avion. Par ailleurs, c'est également un bon moyen de ne pas oublier dans quelle direction il faut rouler pour ne pas se perdre sur l'aéroport. Et ce soir, ça commence très mal : on leur a demandé de sortir par « Charlie » mais le commandant est un peu distrait. Il manque la bretelle !

---

[32] 144 000 livres soit 65,31 tonnes.

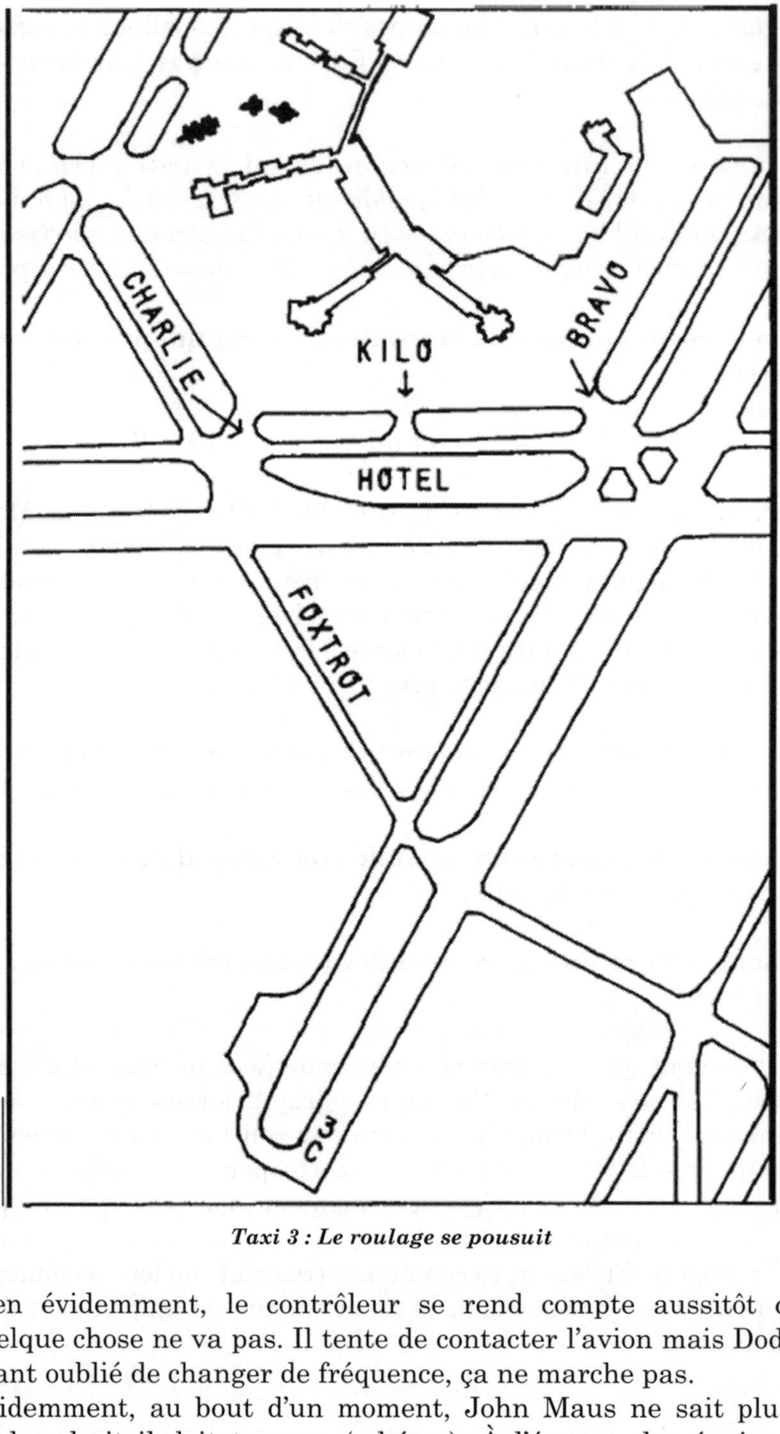

Taxi 3 : Le roulage se pousuit

Bien évidemment, le contrôleur se rend compte aussitôt que quelque chose ne va pas. Il tente de contacter l'avion mais Dodds, ayant oublié de changer de fréquence, ça ne marche pas.
Évidemment, au bout d'un moment, John Maus ne sait plus à quel endroit il doit tourner (schéma). À l'époque, les équipages

ne disposent pas de tous les perfectionnements informatiques d'un Airbus 350. Ils utilisent des fiches Jeppesen en papier et les suivent comme une véritable carte routière. Notons malgré tout que les cheminements à Detroit ne sont pas très complexes et qu'un minimum d'attention permet de se repérer facilement. Par ailleurs, les deux hommes sont déjà venus plusieurs dizaines de fois sur l'aéroport et il est étonnant qu'ils aient du mal à se repérer.

Il se produit alors un superbe cafouillage :

20 heures 37 minutes 16 secondes (commandant) : *La fiche dit que c'est la droite ou la gauche ?*

20 heures 37 minutes 30 secondes (copilote) : *Euh... où est « Charlie » ?*

20 heures 37 minutes 33 secondes (commandant) : *Euh...*

20 heures 37 minutes 34 secondes (copilote) : *Où ça ?*

20 heures 37 minutes 35 secondes (commandant) : *Tout droit, au bout de ce taxiway.*

20 heures 37 minutes 39 secondes (copilote) : *Ah oui...*

20 heures 37 minutes 41 secondes (commandant) : *Non, c'est « Bravo » !*

20 heures 37 minutes 42 secondes (copilote) : *Je pense que « Charlie » c'était...*

20 heures 37 minutes 43 secondes (commandant) : *Non, Charlie, c'est là-bas...*

20 heures 37 minutes 44 secondes (copilote) : *T'es sûr ?*

20 heures 37 minutes 45 secondes (commandant) : *Oui, je crois... Euh, est-ce qu'il a dit la 03 centre ?*

C'est étonnant mais le commandant semble avoir encore oublié sur quelle piste il va décoller.

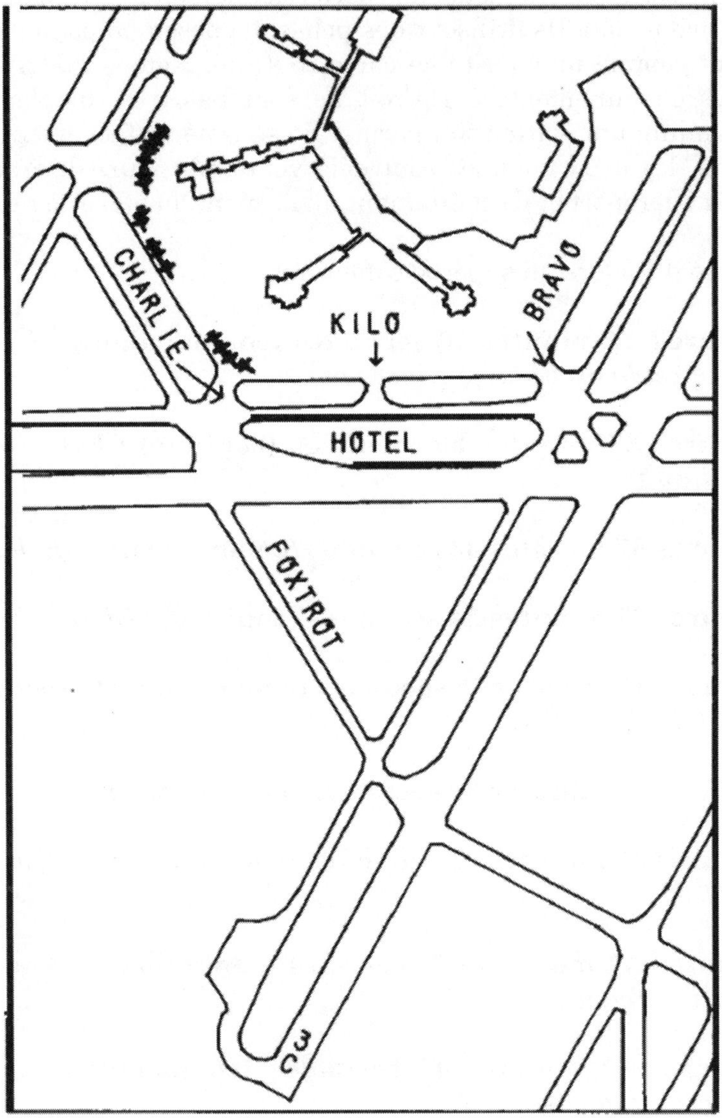

Taxi – 4 : le commandant rate la bretelle « Charlie ».

20 heures 37 minutes 49 secondes (copilote) : *Oui, la 03 centre.*

20 heures 37 minutes 52 secondes (commandant) : *Oui, la 03 centre, c'est pour ça que je croyais qu'on devait passer par là… Oui.*

Puis soudain, John Maus réalise enfin qu'il a raté la bretelle « Charlie ». En fait, il ne sait toujours pas vers quelle piste il se dirige.

20 heures 37 minutes 53 secondes (commandant) *: Meeerde ! Je croyais qu'on prenait la 21… Je veux dire…*

Bien évidemment, David Dodds appelle aussitôt le contrôleur sol mais c'est sur la mauvaise fréquence et son explication est assez laborieuse. Pour s'en sortir, il propose alors de… changer de piste de décollage.

20 heures 38 minutes 01 seconde (copilote) : *Euh, le sol… de Northwest 255. Je crois qu'on a dépassé « Charlie ». Ben, on va aller vers la piste 03 droite.*

20 heures 38 minutes 03 secondes (contrôleur-sol) : *Northwest 255, le sol… Affirmatif. Virez à droite sur « Hotel » puis virage à gauche sur Foxtrot et vous suivez le Jumbo-jet.*

Puis il ajoute sur un ton un peu sec :

20 heures 38 minutes 09 secondes (contrôleur-sol) : *Et, sil vous plaît monsieur, vous contactez le sol sur 119.45.*

20 heures 38 minutes 10 secondes (copilote) : *Okay, on va suivre ce jumbo et 119.45.*

20 heures 38 minutes 14 secondes (contrôleur-sol) : *Salut.*

Un peu déstabilisé d'avoir été pris en défaut pour son erreur de *taxiway*, John Maus tente aussitôt de se justifier auprès de David Dodds.

20 heures 38 minutes 16 secondes (commandant) : *Faut juste savoir qu'on a atterri sur la 21 et… les deux en même temps…*

20 heures 38 minutes 18 secondes (copilote) : *Oui, ils viennent de changer de piste.*

Malheureusement, le MD-82 n'est pas le seul avion en circulation sur l'aéroport et l'erreur de cheminement de John Maus provoque une certaine confusion dans le trafic. La contrôleuse qui travaille sur la nouvelle fréquence tente donc de rétablir la situation avec les autres appareils :

20 heures 38 minutes 19 secondes (contrôleuse-sol) : *Continental 656, désolée au sujet de l'avion qui roulait derrière vous... Euh, il n'a pas respecté nos instructions et j'arrivais pas à le contacter.*

20 heures 38 minutes 22 secondes (Continental 656) : *D'accord madame, 656, pas de problème.*

20 heures 38 minutes 31 secondes (contrôleuse-sol) : *Northwest 255, est-ce que vous êtes sur la fréquence ?*

20 heures 38 minutes 34 secondes (copilote) : *Oui, on est là... Personne ne nous avait fait changer jusqu'à maintenant, jusqu'à ce que je le rappelle.*

Le mensonge est un peu gros... Car la jeune femme est assise dans la tour à côté de son collègue. Elle est donc parfaitement au courant de ce qui s'est passé. Pourtant, elle ne relève pas.

20 heures 38 minutes 40 secondes (contrôleuse-sol) : *Northwest 255, roger, roulez vers la piste 03 centre par les taxiways « Foxtrot » et « Juliet ». Pour l'ATIS, c'est maintenant l'information « Hotel » en cours avec une alerte de cisaillements de vent et l'altimètre à 29.85.*

20 heures 38 minutes 46 secondes (commandant) : *Dis-lui qu'on l'a déjà et qu'on est en train de le suivre !*

David Dodds a alors un comportement étrange. Au lieu de se faire discret après avoir menti outrageusement, il tente de se justifier d'une manière agressive. Le ton qu'il emploie est cassant :

20 heures 38 minutes 52 secondes (copilote) : *Okay, euh nous avons l'information « Hotel » et euh... Est-ce qu'on est supposés changer de 121.80 à 119.45 de notre propre initiative ou est-ce que ce sont eux qui nous basculent ?*

20 heures 38 minutes 57 secondes (contrôleuse-sol) : *Il dit qu'il vous a fait changer monsieur... Je ne sais pas si vous l'avez fait. C'est peut-être un autre avion qui a répondu ?*

20 heures 39 minutes 04 secondes (copilote) : *Eh bien, j'ai pas accusé réception !*

Le moins que l'on puisse dire, c'est que Dodds est de mauvaise foi ! Le fait de ne pas avoir accusé réception est une erreur dont il est le seul responsable. Il a donc tort de hausser le ton. Pourtant, une fois encore, la contrôleuse n'insiste pas. Elle juge certainement que la polémique n'a pas sa place sur la fréquence.

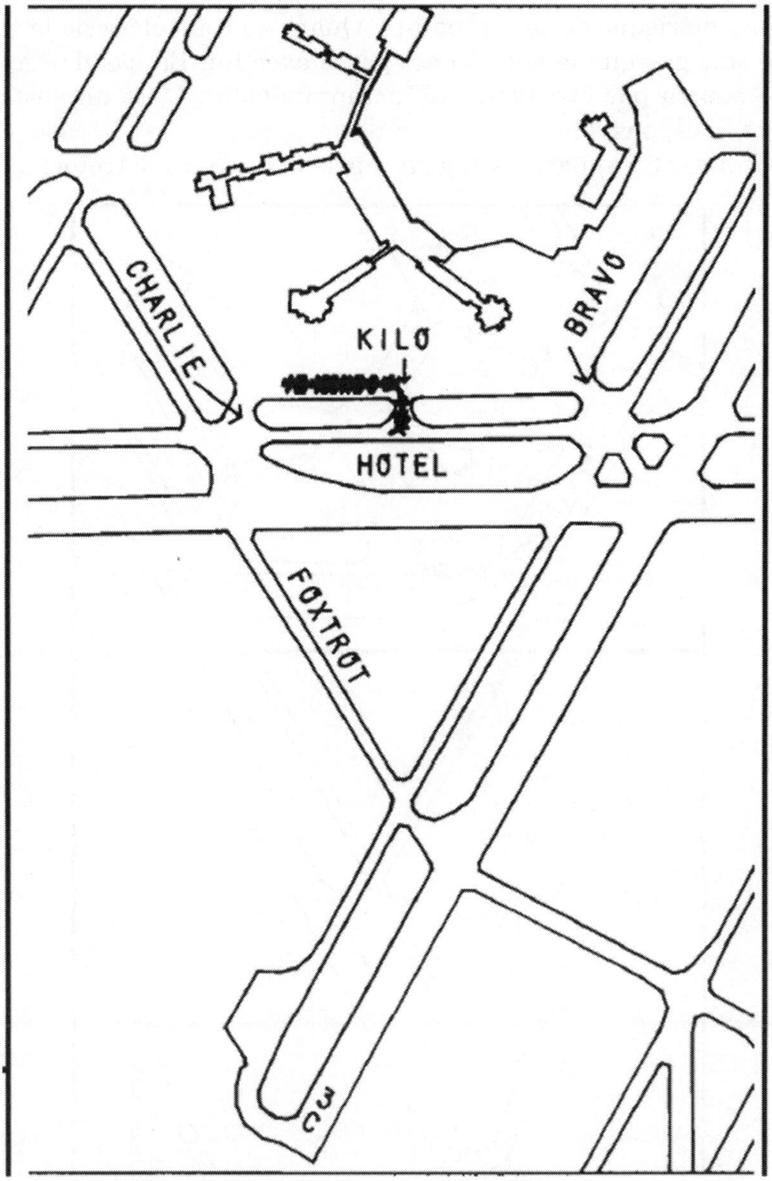

Taxi – 5 : Trop loin !

Cela n'empêche pas Dodds de manifester une nouvelle fois son mécontentement : il quitte la fréquence sans en demander l'autorisation. De lui-même, il bascule sur 118.40 qui est la fréquence de la tour pour le secteur est de l'aéroport. Cette façon d'agir est non seulement très impolie mais elle n'est pas réglementaire car la contrôleuse pense que l'avion est encore avec elle et le même quiproquo risque de se reproduire. Quant au contrôleur de la tour, il ne sait pas que le vol 255 est passé avec lui. En cas d'urgence, il ne pourra pas être contacté instantanément. C'est un geste de colère irresponsable…
À cet instant, l'appareil s'engage sur le taxiway « Foxtrot » :

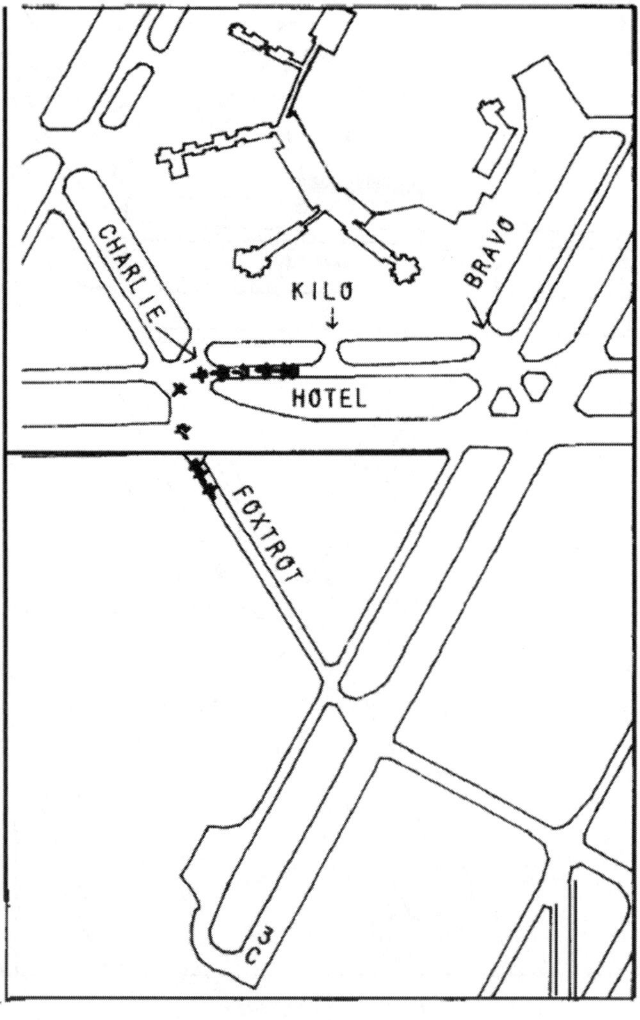

Taxi – 6 : Le vol Northwest 255 sur « Foxtrot ».

20 heures 39 minutes 20 secondes (commandant) : *31 degrés.*

Le commandant vient de vérifier la température extérieure[33]. Ce paramètre est important car il intervient dans le calcul de la vitesse de référence au décollage. Ce soir, elle sera de 168 nœuds : 311 km/h. Elle a été calculée en tenant compte de la masse de l'avion, de sa configuration, de la température, du gradient de vent et du braquage des volets à 11 degrés.

20 heures 39 minutes 22 secondes (copilote) : *Ça semble correct, oui, on est bon.*

20 heures 39 minutes 35 secondes (commandant) : *Ouais, c'est plus que suffisant.*

Il y a soudain un brouhaha au niveau du galley. On entend des éclats de rire féminins qui couvrent les paroles de John Maus. Visiblement, l'ambiance est relax dans la cabine.
Dans le même temps, le MD-82 s'approche de l'intersection avec le *taxiway* qui longe la 03C. Il est alors à proximité de la piste où se trouve un appareil de la compagnie Blue Streak. Celui-ci est aligné et il reçoit les dernières instructions de la tour pour le décollage :

20 heures 40 minutes 57 secondes (tour de contrôle) : *Blue Streak 5064... piste 03 centre. Le vent du 300 degrés pour 14 nœuds. Virez à droite au cap 080. Autorisé au décollage.*

Ce message déclenche aussitôt une remarque de la part de David Dodds : l'indicatif radio utilisé n'est pas celui de la compagnie concernée.

20 heures 41 minutes 03 secondes (copilote) : *Blue Streak[34] ?*

20 heures 41 minutes 05 secondes (commandant) : *Ouais.*

20 heures 41 minutes 06 secondes (copilote) : *Eux, c'est Piemont, euh... ou Express.*

Sur la piste, l'avion met les gaz et l'équipage le suit des yeux au moment où il passe à côté d'eux. Étrangement, John Maus semble ne pas savoir de quel type d'appareil il s'agit.

---

[33] Le commandant l'annonce en degrés Fahrenheit : 88 ° F.

[34] Blue Streak : traînée bleue.

20 heures 41 minutes 16 secondes (commandant) *: Est-ce que c'est pas un Embraer ? Ah non, c'est un Gulfstream !*

20 heures 41 minutes 21 secondes (copilote) : *Oui.*

20 heures 41 minutes 24 secondes (commandant) : *C'est un Gulfstream 31.*

On ne peut s'empêcher de noter que John Maus a quelques lacunes dans la connaissance des machines volantes car le « Gulfstream 31 » n'a jamais existé. Toujours très sûr de lui, David Dodds le corrige immédiatement : l'appareil concerné n'est pas un Grumman.

20 heures 41 minutes 26 secondes (copilote) : *Non, c'est pas un Gulfstream !*

20 heures 41 minutes 27 secondes (commandant) : *Ah bon ?*

20 heures 41 minutes 31 secondes (copilote) : *Non, c'est un... Euh... Tu sais ces trucs qu'ils ont à Republic Express... Tu sais à Republic Express !*

20 heures 41 minutes 33 secondes (commandant) : *Ils ont des... ils ont des...*

20 heures 41 minutes 34 secondes (copilote) : *C'est des BAE Jetstream.*

20 heures 41 minutes 36 secondes (commandant) : *Oui, c'est pareil. C'est la* **même** *machine... le même avion.*

20 heures 41 minutes 42 secondes (copilote) : *Oui, c'est fabriqué par BEA.*

20 heures 41 minutes 42 secondes (commandant) : *Oui, mais ça s'appelait autrement avant... Euh... euh, je me rappelle plus. Oui... c'était un constructeur britannique qui appartenait à British Aircraft. Ils avaient l'habitude de mettre des petits moteurs minuscules sur leurs gros avions. Des trucs bruyants.*

Cette conversation anodine semble faire oublier aux deux hommes qu'ils ont la responsabilité d'un avion qui va décoller dans quelques minutes et qu'il leur faut être vigilants. Si Maus et Dodds se concentraient un instant sur leurs procédures, ils se rendraient compte qu'ils n'ont toujours pas effectué la check-list « ROULAGE » et que l'avion n'est pas en configuration correcte pour le décollage : les volets et les slats ne sont pas sortis.

Cet oubli est d'autant plus grave aujourd'hui que *l'alarme de configuration décollage ne fonctionne pas* parce que le *breaker* P40 est défaillant. Comme dans la plupart des avions de lignes, ce *breaker* se trouve sur un panneau vertical, situé juste derrière le siège du commandant de bord. Il est destiné à sauter si un court-circuit se produit dans l'avion. Après le drame, les enquêteurs ne pourront pas savoir si ce « disjoncteur » a été tiré volontairement ou s'il s'est déclenché à la suite d'une quelconque surcharge électrique.

Cette alarme de configuration de décollage porte le nom de « TOWS[35] ». C'est une sorte de rappel à l'ordre qui se déclenche si quelque chose a été oublié juste avant la mise des gaz. Le système est comparable à ce qu'on trouve sur une voiture : un signal sonore retentit si le conducteur a oublié de mettre sa ceinture ou si le frein de parking est serré.

Dans un MD-82, il existe cinq raisons qui peuvent amener l'ordinateur à prévenir l'équipage que l'appareil n'est pas prêt à décoller :

- Le frein de parking est serré.
- Le système de freinage automatique « autobrake » n'est pas sélectionné[36].
- Les aérofreins sont déployés.
- Le trim. est mal réglé.
- Et enfin... *les volets et les slats ne sont pas en position décollage.*

Tous ces points sont capitaux. Il suffit d'un seul oubli pour que la sécurité de l'avion soit fortement compromise. L'alarme de configuration au décollage se manifeste sous la forme d'un klaxon accompagné d'une voix de synthèse qui annonce clairement ce qui a été oublié.

Or, l'avion approche maintenant du point d'attente de la piste 03 C. Le départ est proche et le MD-82 n'est toujours pas prêt.

---

[35] Take-Off Warning System : système d'alarme au décollage. Appelé également Take-Off Configuration sur certains avions.

[36] Le MD-82 est un des rares appareils sur lequel l'oubli de l'autobrake déclenche l'alarme de configuration de décollage.

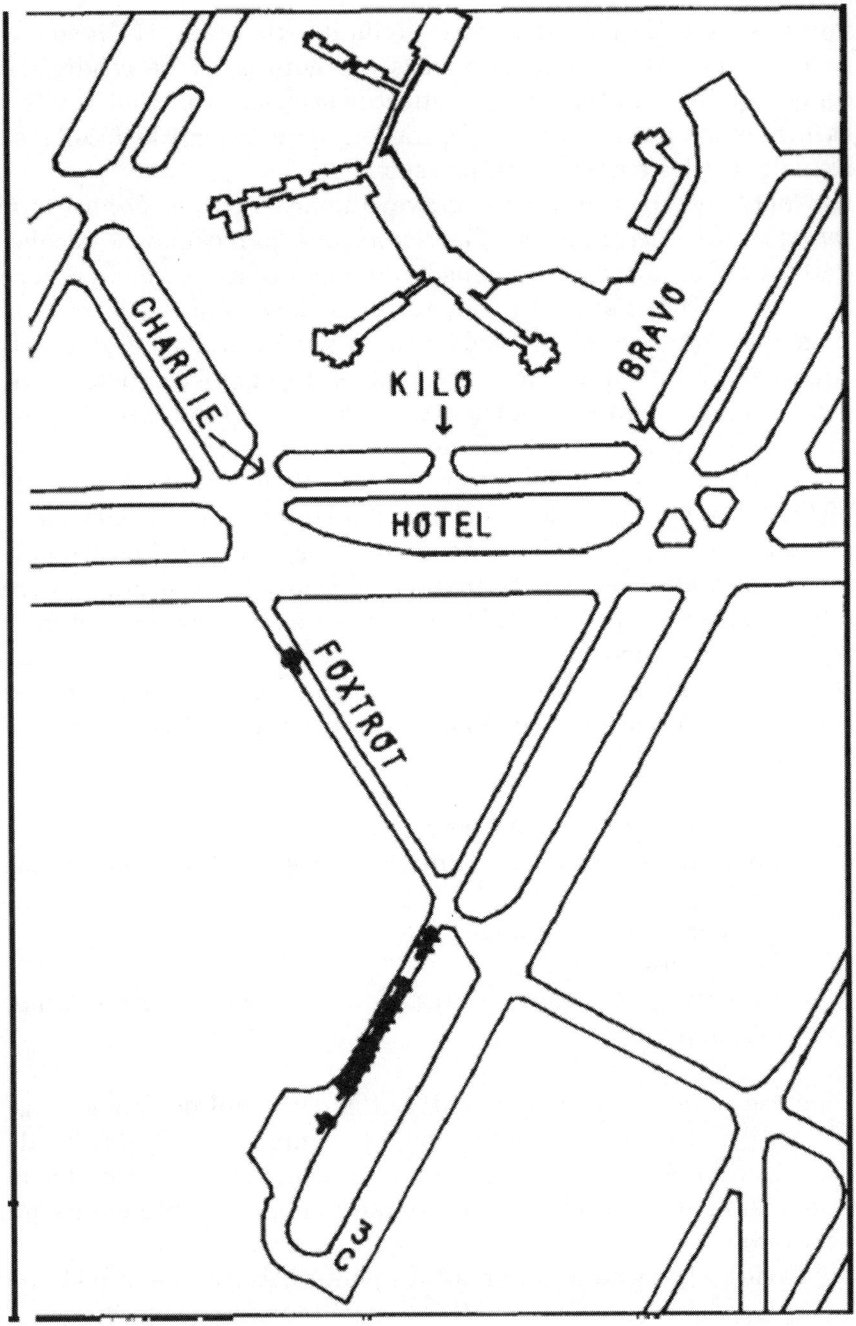

Taxi – 7 : Le MD-82 est maintenant sur le taxiway qui longe la 03 C

Dès que l'avion de Piedmont Express est en vol, le contrôleur demande à son pilote de basculer sur la fréquence de départ. Aussitôt, David Dodds appelle pour signaler qu'il arrive au point d'attente de la 03 C.

20 heures 42 minutes 08 secondes (copilote) : *Northwest 255, on est prêts pour la centrale.*

Il est clair que Dodds est pressé de partir. Pourtant, les choses ne sont pas aussi simples car il y a du trafic. En outre, les contrôleurs n'ont pas apprécié l'agressivité dont il a fait preuve à leur égard quelques minutes plus tôt. Ils vont donc appliquer la réglementation à la lettre :

20 heures 42 minutes 11 secondes (contrôleur de la tour) : *Northwest 255, la tour de Metro. Je voudrais que vous fassiez un... euh... que vous teniez compte... Euh... Northwest 255 alignez-vous et mettez-vous en position sur la piste 03 C. Vous allez devoir attendre environ trois minutes sur la piste. Vous avez une séparation pour turbulence de sillage derrière le trafic qui vient juste de décoller...*

En clair, l'avion va devoir rester au sol afin de ne pas être gêné par la turbulence du vol Blue Streak 5064. Cette mesure réglementaire n'est pas toujours appliquée avec rigueur car il faut accélérer le trafic mais dans le cas du vol 255, le contrôleur ne fait pas d'exception. Bien évidemment, John Maus n'apprécie pas d'être ainsi maintenu sur la piste mais il a de l'expérience... Il a parfaitement compris la signification du message et il le décrypte pour Dodds : ils ne doivent surtout pas avoir le moindre problème lorsqu'ils seront sur la piste, autrement on ne leur fera pas de cadeau !

20 heures 42 minutes 21 secondes (commandant) : *Si on devait remonter le taxiway, il nous faudrait revenir jusqu'au bout et reprendre la queue derrière tout le monde...*

20 heures 42 minutes 22 secondes (copilote à la radio) : *Okay, on s'aligne et on maintient position... Northwest euh... 255.*

Alors qu'il commence à rouler, Maus ne peut s'empêcher de bougonner : le Boeing 747 de Continental 656 qui a décollé quelques minutes plus tôt n'a pas été maintenu comme eux au milieu de la piste.

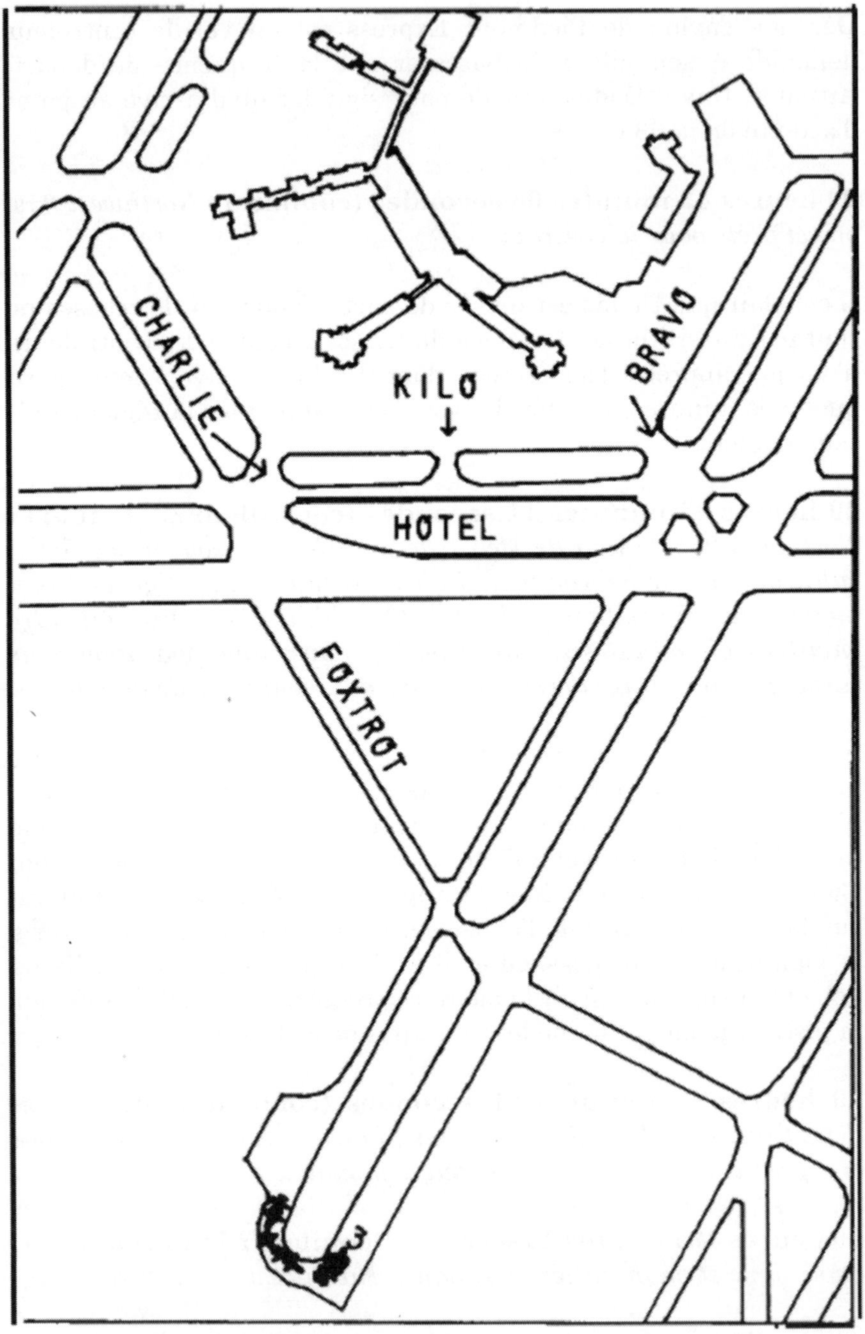

Taxi – 8 : Le MD-82 s'aligne sur la piste 03 C.

20 heures 42 minutes 31 secondes (commandant) : *Il n'y a pas eu… pas d'attente pour ce putain de Continental !*

John Maus râle, pourtant, il oublie de se concentrer sur les procédures. Car la check-list « ROULAGE » n'est pas encore effectuée et les volets et les slats sont toujours rentrés. Par ailleurs, il est en train de s'aligner et la check-list « AVANT DÉCOLLAGE » n'a même pas encore été évoquée. Le copilote préfère prendre le combiné du « Public Adress » pour dire quelques mots aux passagers. C'est une initiative personnelle pour laquelle il ne demande pas la moindre autorisation au commandant :

20 heures 42 minutes 36 secondes (copilote) : *Ah… Mesdames messieurs, mmm, nous sommes actuellement numéro 1 au décollage. On devrait partir dans quelques minutes. Euh, nous avons deux minutes de séparation du fait des turbulences de sillage… PNC, position décollage, merci.*

Les secondes passent… Le contrôleur prend son temps pour gérer le roulage du vol Northwest 185 puis pour guider plusieurs trafics vers la finale sur la piste 03 gauche. Pendant ce temps-là, l'équipage du MD-82 attend son tour. Ce délai imprévu pourrait être utilisé pour effectuer les check-lists obligatoires mais personne n'y pense. John Maus se contente d'observer les nuages qui arrivent par l'ouest.

20 heures 42 minutes 57 secondes (commandant) : *Là-bas, c'est plus noir qu'ici…*

20 heures 43 minutes 00 seconde (copilote) : *Il pleut un peu là-bas !*

À cet instant, on peut apercevoir un cumulonimbus au nord-ouest du terrain. Il est énorme mais il se déplace vers l'est et ne pose pas vraiment de problèmes aux avions qui décollent puisque le contrôleur les fait systématiquement virer au cap 060.

Puis, soudain, sans respecter la procédure, ni même annoncer ce qu'il va faire, David Dodds se lance dans la check-list « AVANT DÉCOLLAGE ».

20 heures 43 minutes 04 secondes (copilote) : *Le transpondeur est mis et sur « On »… Le panneau d'alarme ?*

La vérification consiste à appuyer sur un bouton test afin de vérifier qu'aucune ampoule n'est grillée sur le tableau d'alarme. C'est John Maus qui fait le geste tout en annonçant à voix haute :

20 heures 43 minutes 09 secondes (commandant) : *Vérifié !*

20 heures 43 minutes 11 secondes (copilote) : *Et l'ignition ?*

20 heures 43 minutes 12 secondes (commandant) : *On.*

Une fois encore, on remarque que cette check-list n'a pas été terminée correctement... La procédure exige de la clôturer par les mots « Check-list Terminée » mais Dodds n'en a rien fait. En réalité, il s'est interrompu pour écouter le contrôleur donner des instructions à un autre appareil de Northwest Airlines.
Pendant ce temps-là John Maus suit toujours des yeux l'énorme nuage noir au nord-ouest de la piste. Le cumulonimbus semble particulièrement monstrueux. Aucun avion ne pourrait pénétrer à l'intérieur sans se retrouver en très grande difficulté : le givrage et la turbulence y sont si violents qu'il serait inévitablement détruit. John ne peut retenir une remarque sarcastique :

20 heures 43 minutes 38 secondes (commandant) : *Ben, c'est sûr qu'on va pas partir vers la gauche !*

20 heures 43 minutes 40 secondes (copilote) : *On non !*

20 heures 43 minutes 42 secondes (commandant) : *Ça c'est sûr !*

Enfin, une vingtaine de secondes plus tard, le contrôleur rappelle pour donner enfin les instructions qu'ils attendaient :

20 heures 44 minutes 04 secondes (contrôleur de la tour) : *Northwest 255, piste 03 Centrale... Autorisé au décollage, virez à droite au cap 060.*

20 heures 44 minutes 08 secondes (copilote) : *À droite au cap 060. Autorisé à partir... Northwest 255.*

Cette fois, le destin est en marche : toutes les conditions sont réunies pour qu'une catastrophe majeure se produise :

- L'avion est à sa masse maximale.
- La température extérieure est très élevée.
- Il y a un microburst à proximité de l'aéroport avec de forts cisaillements de vent.
- Mais surtout, les volets et les slats ont été oubliés. Cela signifie que le MD-82 n'est pas en configuration correcte. Du fait de la température extérieure et de la masse, la vitesse de décollage a été calculée pour un avion avec des volets braqués à 11 degrés. Ils sont à zéro... Le problème, c'est que cette vitesse est trop faible si les volets ne sont pas sortis.
- L'alarme de configuration de décollage ne fonctionne pas.

Quatre secondes après que le copilote a accusé réception de l'autorisation, le frein de parking est desserré et la puissance maximale est appliquée sur les deux moteurs. L'avion s'ébranle lourdement. Aussitôt, le commandant remarque que l'automanette ne s'enclenche pas. Rien de grave mais c'est le signe qu'il se passe quelque chose d'anormal.

20 heures 44 minutes 28 secondes (commandant) *: Elle ne reste pas !*

20 heures 44 minutes 30 secondes (copilote) : *Elle veut pas...*

20 heures 44 minutes 31 secondes (commandant) : *Mais elle veut pas...*

Aussitôt, David Dodds jette un regard sur le cadran des EPR pour vérifier si la poussée des réacteurs est correcte. Et comme c'est le cas, il commente d'une voix ferme :

20 heures 44 minutes 32 secondes (copilote) : *Okay, la puissance est normale.*

Soudain, John Maus comprend ce qui se passe :

20 heures 44 minutes 39 secondes (commandant) : *Oh, le TCI était déconnecté*[37].

[37] *Thrust Computer Indicator* : instrument qui indique les valeurs limites de la poussée calculée par l'ordinateur en fonction de la température.

Le commandant vient de se rendre compte qu'il a oublié de mettre le *switch* du TCI sur la position « Take Off ». C'est la raison pour laquelle l'automanette ne peut pas fonctionner. Cette vérification aurait dû être effectuée pendant la check-list « ROULAGE » mais comme la procédure n'a pas été respectée, l'action n'a pas été faite... Encore une erreur !
Alors que le MD-82 prend peu à peu de la vitesse, David Dodds remarque également le problème :

20 heures 44 minutes 42 secondes (copilote) : *Est-ce que tu peux le mettre maintenant ?*

John Maus ne répond pas. Il se contente d'appuyer sur le bouton et le système se met en route normalement.
Dodds se contente de constater que l'automanette vient de s'enclencher :

20 heures 44 minutes 43 secondes (copilote) : *Ok, il est sur « On » maintenant. Ça marche !*

Puis la vitesse arrive à 185 km/h et David Dodds l'annonce d'une voix monocorde.

20 heures 44 minutes 45.6 secondes (copilote) : *100 nœuds !*

On pourrait imaginer que la découverte de cet oubli alerterait l'équipage... Pourquoi n'ont-ils pas connecté le TCI ? Certes, il faudrait réagir vite mais un raisonnement simple pourrait les amener à comprendre que la check-list « ROULAGE » n'a pas été effectuée... Mais rien ne se passe. La seule réaction de John Maus est de jurer en se moquant de son étourderie :

20 heures 44 minutes 55 secondes (commandant) : *Oh putain !* (Rires).

L'accélération se poursuit... Lorsque la vitesse de décision arrive, David Dodds l'annonce d'une voix paisible. À cet instant, il est clair qu'il croit que c'est un vol normal qui commence.

20 heures 44 minutes 57.1 secondes (copilote) : *V1...*

Encore une fois, John Maus ne répond pas. Deux secondes plus tard, la vitesse atteint 168 nœuds[38].

Les différents témoins au sol affirmeront que la longueur de roulage a été exceptionnellement longue avant que le nez ne se soulève. En fait, au moment où le commandant exerce une traction sur le manche pour mettre l'avion en montée, il ne reste plus que 450 mètres de piste devant lui.

20 heures 44 minutes 57.7 secondes (copilote) : *Rotation.*

Comme d'habitude, un claquement sourd retentit juste en dessous du poste de pilotage : c'est l'amortisseur du train avant qui se détend. Puis il y a de légères vibrations lorsque les deux roues moulinent dans le vide.
Malheureusement, dans la seconde qui suit, le manche de John Maus se met à vibrer. C'est le « Stick Shaker » qui avertit que l'angle d'incidence est trop fort : l'avion va décrocher !
À cet instant, la situation est grave mais elle n'est pas complètement désespérée. Car, dans la configuration « volets rentrés », la vitesse de décrochage est de 170 nœuds. C'est très légèrement au-dessus de la vitesse actuelle. Le MD-82 est donc au bord du gouffre mais il n'est pas encore tombé dedans. Il faudrait faire preuve de la plus grande finesse de pilotage en rendant la main de manière presque imperceptible pour permettre à l'avion d'accélérer encore un peu. Surtout ne pas continuer à tirer pour ne pas atteindre l'angle d'incidence critique…
Malheureusement John Maus ne comprend pas ce qui se passe.
Il n'a pas conscience que ses volets sont rentrés. En sentant l'avion lui échapper, il tire plus fort… Pourtant la procédure en vigueur sur le MD-82 est claire : si l'avertisseur de décrochage se déclenche pendant le décollage, il faut immédiatement diminuer la traction sur le manche et le PNF doit appuyer sur la palette des volets afin d'augmenter le braquage à 15 degrés. Les deux hommes ont à plusieurs reprises répété ces gestes lors de leurs entraînements en « Proficiency Training ». Pourtant, aucun d'eux ne fait la moindre action…
Le vol ne va alors durer que 14 secondes… Une voix féminine retentit alors dans les haut-parleurs pour avertir qu'il y a un problème. Elle répète le mot « Décrochage » à deux reprises :

---

[38] 311 km/h.

20 heures 45 minutes 09.1 secondes (voix de synthèse du CAWS) : *STALL ! STALL !*

L'un des deux hommes donne alors un conseil mais les mots ne sont pas clairs :

20 heures 45 minutes 11.4 secondes (?) : *...va jusqu'à la barre de vitesse...*

20 heures 45 minutes 15.7 secondes (commandant) : *Ah... merde !*

En fait, le MD-82 a décollé mais il se traîne péniblement au ras de la piste. Il reste désespérément cabré sans prendre de hauteur. La queue est à moins d'un mètre du ciment. Puis, l'enceinte de l'aéroport arrive. À cet instant, la sonde altimétrique indique 30 pieds[39] et l'aiguille ne bouge pas.
John Maus tire alors encore plus fort sur le manche pour forcer les lois de l'aérodynamique. Mais ça ne marche pas. Au contraire, les filets d'air commencent à se décoller alternativement de part et d'autre du fuselage. L'appareil bascule d'abord de 15 degrés à gauche puis de 90 degrés à droite avant de basculer de nouveau fortement sur la droite. Pendant ces violents coups de roulis, la queue se trouve toujours au ras du sol.

20 heures 45 minutes 19.3 secondes : Premier impact.

Lors du dernier coup de roulis l'aile gauche a percuté un lampadaire situé sur le parking du loueur de voitures Hertz. Cette fois, c'est le coup de grâce... Une section d'aile de deux mètres de long est arrachée. Elle tombe au milieu des voitures. Aussitôt, une flamme orange jaillit de l'intrados.
Droit devant, il y a des obstacles !

20 heures 45 minutes 19.7 secondes : Second impact.

Après avoir frappé le lampadaire, l'avion est gravement déséquilibré. La portance s'écroule du côté gauche. L'appareil passe sur la tranche. Il percute une dizaine de voitures inoccupées...

20 heures 45 minutes 22.7 secondes : Troisième impact.

---

[39] 9 mètres.

Puis il percute un second lampadaire situé sur le parking du loueur Avis. L'aile s'écrase alors contre le mur d'enceinte du parking puis frappe le toit du bâtiment administratif.

Le bâtiment AVIS après l'impact : on distingue nettement l'encoche creusée sur la façade par l'aile du MD-82 (@Azcentral).

20 heures 45 minutes 23.1 secondes : Quatrième impact.

Dans la seconde qui suit, il bascule complètement sur le dos et poursuit sa course folle jusqu'à la double voie de Middlebelt Road.

20 heures 45 minutes 24.2 secondes : Cinquième impact.

Il percute alors deux automobiles et un camion GMC qui circulaient sur la route. Les trois véhicules sont entièrement détruits dans l'impact. Ils prennent feu et l'incendie se propage à plusieurs voitures bloquées par les débris de l'avion éparpillés sur la route.

20 heures 45 minutes 24.4 secondes : Sixième impact.

20 heures 45 minutes 24.6 secondes : Septième impact.

Un des véhicules percutés sur Middlebelt Road (@Azcentral).

Cette fois, le MD-82 se pulvérise entièrement contre le remblai d'une voie ferrée et déclenche un nouvel incendie. Des débris partent alors dans toutes les directions.

Au même moment, Patricia Adkins circule sur l'*Interstate 94.* Elle est en train de discuter avec son fiancé lorsqu'elle aperçoit soudain une énorme boule de feu qui se superpose au le soleil couchant.

— *On aurait dit un gigantesque feu d'artifice.*

Pendant une fraction de seconde, la jeune fille croit que l'astre explose puis elle comprend qu'un avion est en train de s'écraser à proximité de l'aéroport. Elle ne peut s'empêcher de penser que des centaines de personnes viennent tout juste de mourir sous ses yeux.

20 heures 45 minutes 24.7 secondes : Fin de l'enregistrement.

L'explosion est visible à plus de 15 kilomètres à la ronde car ce sont 18 tonnes de carburant[40] en feu qui illuminent le crépuscule. Dans la tour, les deux contrôleurs se précipitent aussitôt sur leur micro. Contrairement à ce qui se passe généralement en de telles circonstances, ils n'essaient pas d'appeler l'équipage de l'appareil accidenté. Le superviseur se contente de donner un ordre clair à tous les autres trafics :

[40] Les enquêteurs estiment qu'environ une tonne de kérosène a été consommée pendant le roulage et la mise des gaz sur la piste.

20 heures 45 minutes 29 secondes (contrôleur d'une voix stressée) : *J'ai un crash sur l'aéroport. L'aéroport est fermé !!*

20 heures 45 minutes 30 secondes (trafic inconnu) : *Okay, compris, l'aéroport est fermé.*

Il ne faut que quelques minutes pour qu'un immense embouteillage se forme sur Midlebelt Road. Plus aucune voiture ne peut passer au milieu des débris et certains automobilistes resteront bloqués toute la nuit.

Embouteillage dans la nuit sur plusieurs dizaines de kilomètres (@Azcentral)

Pour avoir une visualisation précise des circonstances de l'accident, il est possible d'écouter les paroles enregistrées par le contrôle aérien à partir du moment où le MD-82 arrive au point d'attente jusqu'au lâcher des freins. Les dialogues sont accompagnés d'une reconstitution informatique claire de la séquence du décollage[41].

Le crash s'est produit sur le comté de Romulus et les débris de l'appareil sont répartis sur plus d'un kilomètre entre les installations du loueur Avis et la voie ferrée. Les dommages au sol sont considérables. La double voie routière et la circulation des trains seront interrompues pendant plusieurs jours.

[41] Voir la vidéo sur le site : http://article.wn.com/view/2012/08/16/Memorial_event_set_for_victims_of_1987_crash_of_Northwest_Ai/

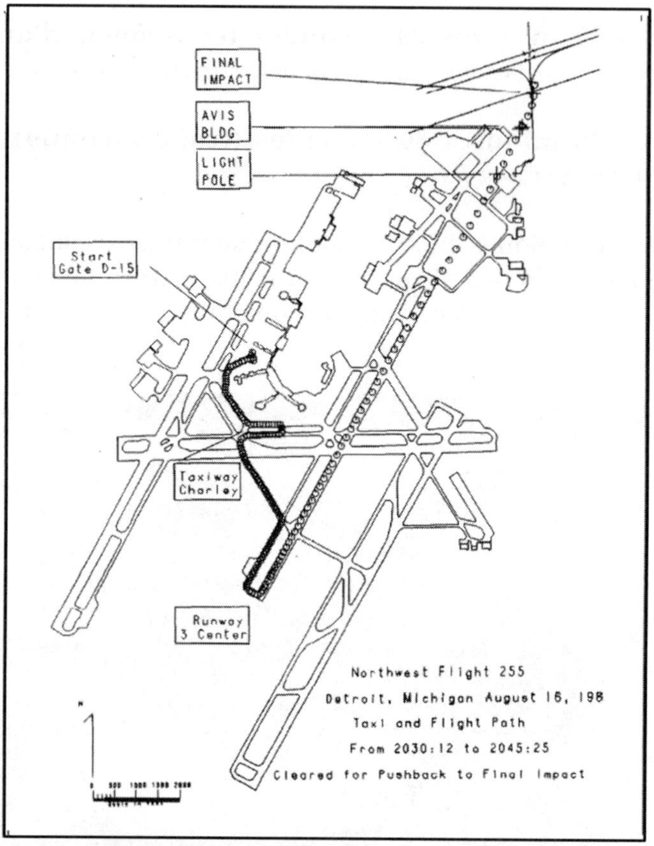

La trajectoire du MD-82 depuis le « push » jusqu'au crash (NTSB).

Des débris du MD-82 éparpillés sur plus d'un kilomètre (@Azcentral).

LES TABLEAUX D'AFFICHAGE À PHOENIX

Fait très rare aux USA, malgré la gravité de l'événement, la nouvelle de l'accident se répand assez lentement dans les médias. En fait, il est tard et les journaux télévisés du soir viennent de se terminer. Les agences de presse mettent un certain temps à réagir. De ce fait, les familles des victimes ignorent ce qui s'est passé. Elles sont alors nombreuses à se rendre à l'aéroport de Phoenix pour accueillir leurs proches.

L'arrivée de l'appareil est prévue à 22 heures 07 locales MST[42]. Mais à 20 heures 52 minutes, l'écran vidéo qui est supposé annoncer le vol Northwest 255 affiche un message laconique : « *See Northwest Agent* ».
Lorsque les pompiers de Romulus arrivent sur place, ils découvrent une scène de guerre. Il y a des dizaines de foyers d'incendie sur plus d'un kilomètre, ils ont du mal à progresser au milieu des nappes de kérosène en flamme et la nuit accentue encore la vision d'enfer qui se dégage du site. Certains ont du mal à ne pas fondre en larmes car le sol est jonché de débris humains… Ils sont alors persuadés qu'ils ne retrouveront personne. Comment pourrait-on survivre à un tel carnage ?

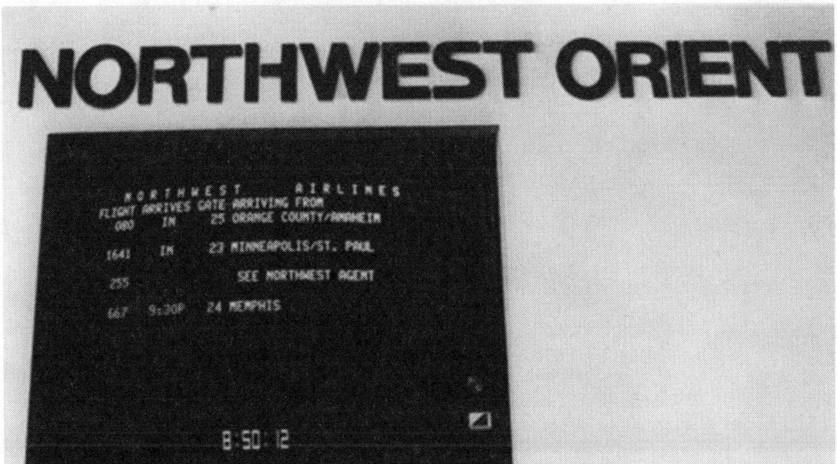

Heure d'arrivée du vol 255 : contactez l'agent Northwest ! (@Azcentral)

[42] Mountain Standard Time.

UNE RESCAPÉE !

Mais alors qu'un pompier fouille les décombres au milieu des tôles déchirées, il entend brusquement un cri étrange. Le lieutenant John Thiede expliquera plus tard que « *cela ressemblait au couinement d'une poupée qui parle lorsqu'on la bascule sur le dos* ». Il y a une survivante ! C'est une enfant de 4 ans. Elle s'appelle Cecelia Cichan. La gamine a été éjectée de la cabine lorsque l'avion s'est désintégré. Il la découvre encore sanglée sur son siège au milieu d'un champ. Les corps de ses parents et de son petit frère sont à quelques mètres. Toute la famille était assise à l'avant de l'appareil à la rangée 8. Cecelia était à côté du hublot de droite.
L'enfant souffre d'un traumatisme crânien et d'une fracture du fémur et de la clavicule. Elle a évidemment de multiples contusions mais ses jours ne sont pas en danger.

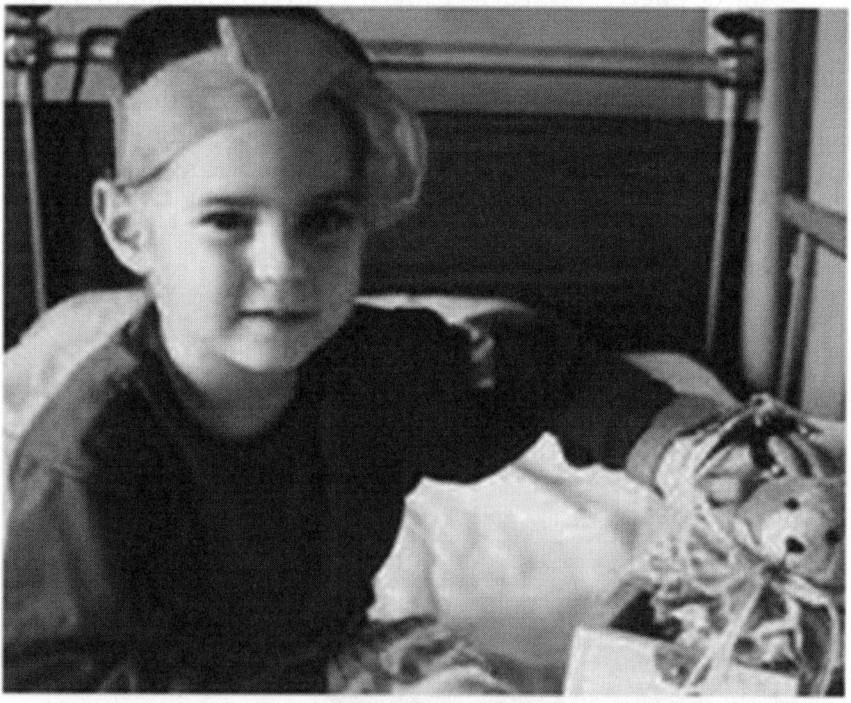

Cecelia Cichan photographiée à l'hôpital sept semaines après le drame.

La fillette va très rapidement devenir une légende… Alors qu'elle est encore hospitalisée, elle reçoit des milliers de lettres accompagnées de peluches en provenance de tous les coins des États-Unis. Il y en a tellement que les médecins décident de tout redistribuer aux enfants des hôpitaux du Michigan. Les médias tenteront d'interviewer la petite miraculée car son aventure fascine le public. Tout le monde veut savoir comment un tel miracle a pu se produire. On parle de protection divine... Mais aucun journaliste ne réussira jamais à l'approcher. Après sept semaines d'hôpital, l'enfant sera recueillie par son oncle et sa tante qui la protégeront pendant 25 ans. Le seul qui pourra la rencontrer sera John Thiede, le pompier qui l'a découverte au milieu des décombres. Quelques années plus tard, Cecelia l'invitera même à son mariage lorsqu'elle deviendra madame Crocker à l'âge de 23 ans.

Ce n'est qu'en 2012 lors des cérémonies du 25e anniversaire de l'accident que la jeune femme décidera enfin de parler et qu'elle acceptera d'être photographiée. Elle montrera alors le MD-82 tatoué sur son poignet en souvenir du drame. Elle expliquera qu'elle n'a aucun souvenir de ce qui s'est passé et qu'elle prend l'avion régulièrement sans jamais éprouver la moindre crainte. Quelques mois après les cérémonies, un film documentaire intitulé *Sole Survivor* a alors été réalisé à partir de son histoire.

Cecelia Cichan à l'âge de 29 ans arborant le tatouage du MD-82 sur son poignet.

LE BILAN

Il est terrible... La catastrophe fait 154 morts à bord parmi lesquels John Maus et David Dodds et les quatre membres du personnel de cabine. Par ailleurs, Eddie Galloway et Sharon Schweitzer, les deux automobilistes percutés sur Middlebelt Road ont été tués sur le coup. Il y a également cinq blessés graves dont le chauffeur du Truck GMC.

LE PROBLÈME SUR LE MD-82

Les enquêteurs du NTSB ont cherché à comprendre pour quelle raison, l'alarme de configuration de décollage ne s'est pas déclenchée au moment de la mise des gaz. Un klaxon aurait dû retentir pour avertir l'équipage que l'avion ne pouvait pas décoller avec les volets rétractés. Ce signal sonore aurait dû être suivi d'une alerte vocale lancée par le système CAWS[43] et comparable à celle du décrochage. Après l'accident, le boîtier du CAWS a été découvert dans les débris. Malgré l'accident, il était en parfait état. Il a été remonté sur un autre appareil et il a parfaitement fonctionné. Après un examen approfondi des débris, les enquêteurs ont découvert que le disjoncteur du circuit P40 n'était pas connecté : court-circuit ou action délibérée, aucune conclusion définitive ne sera jamais établie sur les véritables causes de cette défaillance.

LA RÉACTION DES SYNDICATS AMÉRICAINS :

Comme c'est souvent le cas lorsqu'il s'agit d'une erreur de pilotage, un syndicat monte immédiatement au créneau pour défendre des collègues disparus. Ainsi, l'Air Line Pilots Association, qui représente plus de 40 000 pilotes américains, décide de contester le rapport du NTSB. Avec une certaine mauvaise foi, les responsables prétendent que les enquêteurs n'ont pas été assez loin dans la recherche d'une défaillance mécanique des volets. Les pilotes les auraient braqués au parking mais ceux-ci ne seraient pas sortis normalement. Puis, devant l'incohérence de cette hypothèse, l'ALPA explique que le crash est le résultat de la panne du système d'alarme de configuration de décollage mais cette nouvelle hypothèse ne convainc personne... Par ailleurs, les témoignages des

[43] Central Aural Warning System.

syndicalistes qui cherchent à défendre John Maus et David Dodds ne sont pas plus crédibles. Ainsi, plusieurs pilotes de ligne présents ce soir-là sur l'aéroport attestent qu'ils ont observé le décollage du MD-82 avec attention et que les volets étaient sortis normalement. Outre le fait qu'avec la distance, il était quasiment impossible d'apercevoir ce détail à la nuit tombante depuis l'aérogare, c'est en contradiction flagrante avec les paramètres relevés par le second enregistreur : le DFDR. Les relevés prouvent sans ambiguïté que les volets étaient rétractés au moment de la mise de gaz.
Le syndicat demandera que les conclusions de l'enquête soient entièrement revues mais le NTSB ne cédera pas. Aucune modification ne sera apportée au texte. Avec une fermeté inébranlable, le bureau d'enquête américain conclura finalement que « la catastrophe a pour origine une succession d'erreurs de pilotage : *"l'équipage n'a pas effectué les check-lists conformément aux procédures du manuel de vol publié par la compagnie Northwest. La check-list « Roulage » n'a pas été faite.*
Les volets et les slats n'ont pas été sortis et la configuration de décollage était incorrecte" ».
Dans leur rapport, les enquêteurs du NTSB insisteront également sur le manque de discipline qui a régné à l'intérieur du cockpit pendant toute la préparation du vol. À aucun moment, le commandant n'a su faire preuve d'autorité pour imposer un respect des procédures...

UN TRÈS GRAND NOMBRE D'ERREURS

La réalité est que l'équipage a été particulièrement faible ce jour-là. Ainsi, entre le moment où l'avion a atterri à Detroit et celui où il a tenté de redécoller, les deux hommes ont commis un très grand nombre d'erreurs. Cela a commencé quelques secondes après que les roues du MD-82 ont pris contact avec le sol :

- L'équipage a oublié de couper le radar météo après l'atterrissage à Detroit.
- La check-list « APRÈS ATTERRISSAGE » n'a pas été effectuée ou elle a été bâclée.
- Pendant le roulage vers la porte Delta 15, l'équipage a manqué sa porte d'arrivée. Il s'est retrouvé au niveau de la porte Delta 11.

- Pendant le roulage de départ vers la piste 03C, le copilote a oublié de changer de fréquence comme le contrôleur le lui avait demandé.
- Il n'a pas accusé réception du message.
- La check-list « ROULAGE » a été oubliée.
- Les volets et les slats n'ont pas été sortis.
- Le commandant n'a pas respecté le cheminement que le contrôleur lui avait indiqué et il a raté le *taxiway* « Charlie ».
- D'une manière plus générale, le ton colérique employé par le copilote à l'encontre de la contrôleuse pour dissimuler une erreur constitue également une forme d'erreur de pilotage. Un navigant se doit de garder son calme en toutes circonstances. L'agressivité génère un stress qui nuit à la concentration indispensable à la bonne gestion de la machine.

À la suite de toutes ces erreurs, le NTSB n'a pu que constater officiellement que les performances de l'équipage ont été très en dessous du niveau standard qui doit être celui d'un pilote de ligne.

LES COMPENSATIONS FINANCIÈRES

Comme c'est toujours le cas après une catastrophe aérienne, l'accident donnera lieu à des dédommagements pour les familles des victimes. Le drame s'étant déroulé aux États-Unis, les sommes versées seront particulièrement importantes. Elles se chiffreront en millions de dollars. Pourtant, c'est l'action en justice intentée par Charles Rademacher, qui restera la plus spectaculaire. Il est le mari de Roberta Rademacher, l'hôtesse qui était enceinte. L'homme prétendra que l'enfant qu'elle portait était viable au moment de l'accident. Il devait donc être considéré comme une personne, ce qui permettait au futur père de prétendre à une double compensation financière de la part de Northwest Orient.
Après plus de deux années de procédure, le tribunal déboutera la demande de Charles Rademacher qui devra se contenter des seules indemnités accordées pour la disparition de son épouse.

UN ACCIDENT SIMILAIRE

Quelques années plus tard, un autre accident tout aussi dramatique se produira sur l'aéroport de Madrid sur le même type d'appareil.

Un équipage de la compagnie Spanair, tout aussi distrait, négligera de faire une check-list avant le décollage. Il tentera de décoller avec les volets rentrés et cela se terminera également par un drame[44].

Les mêmes causes produisent les mêmes effets !

[44] Lire ERREURS de PILOTAGE Tome 5 du même auteur aux Éditions JPO.

TROU NOIR...

Les erreurs de pilotage ne sont pas toujours causées par des négligences ou par l'incompétence... La fatigue et le stress peuvent être également à l'origine de catastrophes.

26 juillet 2002

L'appareil de ce récit est un Boeing 727 immatriculé N497FE[1]. Il appartient à la société américaine Federal Express spécialisée dans le transport international de fret et dont le siège se trouve à Memphis, Tennessee.
Avec une flotte de 677 avions, la compagnie se vante de pouvoir acheminer n'importe quoi, n'importe où dans le monde[2]. Elle transporte chaque jour plus de 8 millions de colis et de lettres... En janvier 2012, elle a même convoyé un couple de pandas géants de Chine jusqu'en France.

Le Boeing 727-232 immatriculé N497FE
(@ Chris E.Novak)

---

[1] Pour des raisons évidentes, tous les appareils de Federal Express portent une immatriculation qui se termine par les lettres FE ou FD.
[2]La compagnie possède également 80 000 véhicules. Elle emploie 300 000 personnes dans le monde et son chiffre d'affaires 2016 est de 47 milliards de dollars avec un bénéfice net de 2,6 milliards de dollars.

Comme tous les avions de Federal Express, le Boeing de ce récit arbore un superbe fuselage blanc et violet qui sont les couleurs caractéristiques de la compagnie.

UN AVION ÉTONNEMENT SOLIDE

Ce Boeing appartenait autrefois à Delta Air Lines et il était configuré de manière traditionnelle avec des sièges confortables pour accueillir des passagers exigeants. Il a ainsi volé pendant 16 ans et n'a jamais été victime du moindre accident. Lorsque FedEx l'a racheté en 1990, la cabine a été entièrement reconditionnée en version cargo. Tout l'aménagement intérieur a été démonté pour ne laisser qu'une immense soute destinée à l'embarquement de palettes de fret. Tout a été enlevé : les cloisons, les cuisines, les plafonds, les toilettes arrière et même les hublots qui ont été supprimés et obturés. Tous ces équipements étaient lourds et encombrants et ils ne présentaient aucun intérêt pour transporter des colis !
Le Boeing 727 est un avion de conception relativement ancienne puisque le premier vol du prototype date de 1963. C'est pourtant un avion fiable et extrêmement solide. Pendant longtemps, il a été la machine la plus vendue par Boeing[3]. Il est très apprécié des équipages qui ont été bluffés par sa résistance exceptionnelle lors de certains événements dramatiques. C'est notamment pendant l'attentat perpétré contre le roi du Maroc en 1971 que la machine a acquis ses lettres de noblesse : le Boeing royal a été mitraillé par six avions de chasse. Il a reçu des centaines d'obus au niveau des ailes, du fuselage et des moteurs... Il ne restait plus qu'un seul réacteur en fonctionnement... La pression hydraulique était à zéro et la moitié des instruments était hors service. Pourtant, le pilote a réussi à atterrir presque normalement sur l'aéroport de Rabat[4].
L'appareil de FedEx impliqué dans ces événements est un Boeing 727 de type 232F. Il est équipé de trois moteurs simple flux JT8D-15. Ce sont pratiquement les mêmes que ceux du MD-82 dont il est question dans le récit précédent.

[3] Le 727 a été vendu à 1 832 exemplaires. Il a été dépassé en 1990 par le 737 qui, à l'heure où ces lignes sont écrites, a été livré à plus de 9 000 exemplaires.

[4] L'appareil était piloté par le général Kabbaj, directeur du PNT de Royal Air Maroc. L'homme est alors devenu lui-même un héros à la compétence unanimement reconnue. Lire CATASTROPHES AÉRIENNES du même auteur aux Éditions JPO.

Ils sont très bruyants et gourmands en carburant mais extrêmement fiables.
Ce soir, l'avion pèse un peu plus de 72 tonnes qui se répartissent notamment en 20 tonnes de fret et 8,5 tonnes de carburant. C'est plutôt « léger » puisque la masse maximale au décollage d'un 727 est de 95 tonnes.

L'ÉQUIPAGE

Le cockpit d'un Boeing 727 est conçu pour le pilotage à trois. Contrairement aux avions modernes, il y a donc un ingénieur navigant assis devant un panneau de contrôle situé juste derrière le siège du copilote. Tous les tableaux de bord sont analogiques avec des cadrans circulaires et des aiguilles. Quant à l'informatique, elle est réduite à sa plus simple expression. L'ordinateur gère le radioaltimètre et quelques fonctions de navigation basiques mais pour le reste, tout est entre les mains de l'équipage. Le pilotage d'un 727 exige donc des navigants compétents, bien entraînés et en pleine possession de leurs moyens physiques et intellectuels.

Le cockpit d'un Boeing 727. Un univers composé d'instruments d'une autre époque uniquement analogiques.
(@Jean-Marie Hanon dr)

Le panneau de commande de l'ingénieur navigant situé derrière le siège du copilote.
(@Andy Eglof).

LES TROIS HOMMES DANS LE COCKPIT :

Le commandant de bord.

Il s'appelle William Walsh et il a 55 ans. Comme de très nombreux pilotes « FedEx », il réside à proximité de l'aéroport de Memphis car il ne veut pas perdre de temps à chaque fois qu'il doit rejoindre sa base. Avant d'être recruté par le transporteur, il a travaillé pour plusieurs petites compagnies régionales. C'était souvent des petits boulots peu valorisants « en attendant mieux ».
De manière inhabituelle, Walsh ne possède pas de carnet de vol. Le total de ses heures repose donc sur une estimation personnelle : il déclare avoir effectué « entre 13 000 et 14 000 heures » sans plus de précisions. Les seules heures pour lesquelles on possède une trace officielle de son expérience sont celles qui ont été effectuées au sein de FedEx. La compagnie a comptabilisé 2 754 heures sur Boeing 727 dont 861 en tant que commandant de bord. Il a également fait 515 heures en tant que copilote et 1 378 en tant qu'ingénieur navigant. Ce sont des chiffres étonnants mais il faut savoir que

FedEx applique une politique de recrutement inhabituelle au sein des compagnies aériennes. Lorsqu'elle engage un nouveau pilote, il doit obligatoirement commencer par travailler en tant que « troisième homme » dans le cockpit, et ce, quelle que soit son expérience. La règle est incontournable. Même si le postulant a déjà été commandant de bord au sein d'une autre compagnie, il n'y a jamais d'exception ! Le navigant progressera ensuite en fonction de l'évolution de la liste de séniorité de la compagnie. Sa promotion se fera au rythme des démissions ou des différents départs à la retraite. C'est ainsi que l'on a vu des navigants très expérimentés accepter de recommencer au bas de l'échelle comme des débutants pour pouvoir être recrutés par FedEx.
William Walsh jouit d'une excellente réputation auprès de ses collègues car il est d'une nature plutôt souriante. De l'avis général, les copilotes aiment voler avec lui... L'un d'eux témoigne que « *son pilotage est bon et que sa technique de Cockpit Ressource Management est excellente* ». Un autre précise qu'il n'a fait qu'un seul vol avec lui mais que « *cela s'est très bien passé car c'est quelqu'un de très optimiste avec un grand sens de l'humour* ». Mais la véritable raison de cet engouement, c'est que, contrairement à certains commandants de bord, William Walsh n'hésite pas à laisser les commandes à ses copilotes et ceux-ci apprécient. Ainsi, l'un d'eux témoigne qu'il a effectué une rotation de deux jours avec lui et que « *Walsh l'a autorisé à faire tous les atterrissages, à l'exception d'un seul parce qu'il y avait du brouillard sur l'aéroport et que c'était particulièrement difficile* ».
Au niveau des Opérations de la compagnie, William Walsh a la réputation d'être un pilote facile à gérer car il est toujours disponible pour voler. Son dossier montre d'ailleurs qu'il n'est jamais en retard et qu'on peut l'appeler à n'importe quelle heure du jour ou de la nuit. Par ailleurs, l'homme affirme être en très bonne santé et il accepte sans rechigner toutes les missions qui lui sont confiées. Ce n'est pas toujours facile car les conditions de travail sont souvent pénibles au sein de FedEx. La plupart des vols se font la nuit, les décalages horaires sont permanents et les temps de repos sont généralement réduits au minimum légal. C'est parfois très dur... Ainsi, trois jours avant le drame, Walsh a été réveillé à 4 heures du matin par un coup de téléphone des « Ops ». Un responsable l'a informé qu'il devait rejoindre immédiatement Shreveport en Louisiane pour aller chercher un Boeing 727. Il fallait partir comme passager dans la soute d'un avion de la compagnie et ramener l'avion à Memphis. C'était le vol 1380... Il n'y a que 500

kilomètres entre Memphis et Shreveport, pourtant Walsh a tout de même mis près de six heures pour arriver sur place et ce n'est que le soir à 23 h 53 qu'il a été de retour à Memphis aux commandes du 727, soit une journée de près de 20 heures de travail pour faire un vol de seulement… 45 minutes. Walsh a été de retour chez lui vers une heure du matin et il n'a pas pu se coucher immédiatement. Il lui a fallu d'abord soigner son chien dont la santé se détériore de jour en jour. Puis, comme il était inquiet, il a décidé de dormir sur le canapé à côté de l'animal. Et il s'est réveillé à trois reprises pour lui apporter des soins.

Le lendemain a été une journée « off » pour lui mais il ne s'est pas reposé pour autant. Il a dû régler un certain nombre de problèmes administratifs et surtout, emmener son chien chez le vétérinaire. Il n'a pas été appelé par FedEx et s'est couché vers 21 h 30. Malheureusement l'état de l'animal s'est encore aggravé. Tout comme la nuit précédente, le pilote s'est couché sur le divan. Il expliquera aux enquêteurs qu'il a été obligé de se lever à six reprises pour lui apporter des soins.

Le lendemain à 18 h 30, Walsh a consulté son « roster » à partir de son ordinateur personnel et il a alors découvert qu'il était prévu pour une rotation entre Memphis et Tallahassee (voir trajet) avec un décollage de nuit à 4 h 12 du matin. Le vol est assez court car il n'y a que 750 kilomètres entre les deux villes mais l'heure de mise en place allait lui imposer de se lever à minuit et demi. Cela lui ferait à peine trois heures de sommeil.

On comprend donc que, malgré ses affirmations, William Walsh n'est pas en grande forme pour repartir pour son prochain vol en direction de la Floride. Pendant cette rotation, il sera PNF pour le vol aller. C'est donc lui qui gérera la radio ainsi que toutes les actions ne dépendant pas du pilotage de l'avion.

Le copilote.

Il s'appelle William Frye et il a 44 ans. Il totalise 8 500 heures de vol dont 526 comme copilote sur Boeing 727 et 1 457 heures en tant qu'ingénieur navigant. Cela fait 5 ans qu'il a été recruté par FedEx. C'est un ancien pilote militaire qui a servi pendant 16 ans au sein de l'US Navy où il a effectué près de 5 000 heures sur P3 Orion. Tout comme son commandant, Frye jouit d'une excellente réputation au sein de ses collègues et des navigants de FedEx… Ainsi, deux commandants de bord qui ont volé avec lui la veille de l'accident reconnaissent que « *c'est un type sérieux qui applique les procédures avec méthode* ».

D'après les formulaires qui sont remplis par les navigants lors de chaque visite médicale, il ressort que William Frye affirme lui aussi être en bonne santé. Il reconnaît malgré tout souffrir du genou gauche. En effet, six semaines avant ces événements, il s'est blessé au cours d'un match de base-ball et il semble avoir quelques difficultés à se remettre. Ainsi, pendant la semaine précédente, il est resté six jours allongé chez lui avec la jambe gauche immobilisée. Par ailleurs, c'est un fumeur qui consomme généralement un demi-paquet par jour. Pourtant, il a tendance à augmenter sensiblement le rythme lorsqu'il travaille car le tabac représente un bon moyen pour lui de lutter contre le stress...
Si, officiellement, le copilote affirme être en pleine forme, en privé, il admet que le rythme imposé par la compagnie est dur à supporter. Ainsi, trois jours avant l'accident, William Frye s'est levé à 1 heure du matin. Il a décollé de Memphis à 3 heures 30 en direction de Washington. Puis il est reparti pour Rochester dans l'État de New York avant de revenir finalement à Memphis tard dans la nuit. Il ne se rappelle plus exactement à quelle heure il est arrivé chez lui. Il sait seulement qu'il s'est endormi comme une pierre jusqu'au lendemain après-midi.
William Frye partage un appartement à proximité de l'aéroport avec quatre autres pilotes de FedEx et il se plaint fréquemment auprès d'eux que « *le programme des vols est tel que le rythme des jours et des nuits est sans cesse inversé. C'est exténuant !* ».

C'est la veille de l'accident que sa charge de travail semble avoir atteint son paroxysme. Ce jour-là, il fait une série de rotations encore plus épuisantes que d'habitude. Qu'on en juge : il se lève à 2 heures du matin... Un de ses colocataires qui rentre de vol lui fait alors remarquer « qu'il a *une sale gueule* et qu'*il ne semble vraiment pas en forme* ». Qu'importe, Frye enfile son uniforme et il rejoint l'aéroport.
Il décolle de Memphis à 3 h 56 du matin et part pour Winnipeg au Canada. Une fois sur place, il dort 5 heures dans un motel avant de repartir pour Grand Forks dans le Dakota, puis finalement, il rentre à Memphis où il atterrit à 23 h 03. Après une telle journée, on pourrait croire que le copilote va pouvoir rentrer chez lui pour dormir... Ce n'est pas le cas !
Il est à peine au sol qu'on l'informe qu'il est programmé pour faire le vol 1478 à destination de Tallahassee en Floride et dont le départ est prévu à 3 h 12 du matin. C'est-à-dire seulement 4 heures après son atterrissage !

Avant d'accepter, William Frye prend le temps de vérifier qu'il n'est pas en contradiction avec les accords syndicaux signés entre FedEx et le personnel navigant et qu'il n'est pas « illégal » dans la durée maximum de son temps de travail. Il constate que c'est très limite mais que ça devrait passer !
Il va alors dormir pendant une heure et demie dans une salle de repos située juste à côté des hangars de tri de FedEx. Lorsqu'il se réveille, il se rend dans la salle pilote afin de rencontrer le commandant de bord et préparer le vol pour Tallahassee. William Frye expliquera plus tard qu'il a « *réussi à dormir profondément mais qu'il ne se sent pas très alerte au réveil* ». On le comprend ! Pour ce vol, il sera PF. C'est donc lui qui sera aux commandes du Boeing.

L'ingénieur navigant.

Il s'appelle David Mendez. Il a 33 ans et seulement 2 600 heures de vol. C'est un nouveau venu dans la compagnie puisqu'il a été recruté 8 mois plus tôt et que c'est son premier emploi en ligne. Aujourd'hui, il ne totalise que 327 heures en tant que « Flight Engineer » sur Boeing 727. C'est peu mais son dossier professionnel est bon ! Bien qu'il possède une licence de pilote de ligne, il sait qu'il va lui falloir suivre le cursus habituel dans le cockpit avant d'espérer devenir copilote, puis, un jour peut-être, commandant de bord.
Contrairement à la plupart des navigants de FedEx, David Mendez ne réside pas dans les environs de Memphis. Il habite Albany dans l'État de New York. C'est à... 1 600 kilomètres ! Pour lui, les choses sont donc encore plus fatigantes lorsqu'il s'agit de venir travailler. Car il doit commencer par rejoindre Memphis en tant que passager. En général, il emprunte un avion de FedEx et voyage dans la soute avec les colis. Lorsque les horaires ne sont pas adaptés, il prend alors un vol régulier sur une autre compagnie. Dans tous les cas, c'est long puisqu'il met rarement moins de 5 heures pour aller de son domicile jusqu'à son lieu de travail. C'est même parfois un véritable parcours du combattant... Ainsi le jour de ces événements, David Mendez quitte son domicile la veille vers 19 heures et il arrive dans les locaux de FedEx à minuit 15. Mais il n'est pas encore à pied d'œuvre... Il doit ensuite se rendre dans les locaux de la sécurité afin de satisfaire aux nouvelles mesures qui imposent que les empreintes digitales de tous les navigants soient vérifiées *avant chaque vol*. Puis il se rend en salle de briefing afin

de souffler un peu. Il s'installe alors sur une chaise et réussit à sommeiller pendant une demi-heure. Ce n'est qu'à 1 h 35 du matin qu'il peut enfin faire la connaissance de William Walsh et William Frye pour préparer le vol. C'est la première fois que les trois hommes se rencontrent. Rien de plus normal : il y a 4 500 pilotes à FedEx et la probabilité est infime pour qu'un navigant connaisse déjà ceux avec lesquels il doit voler. La plupart du temps, un pilote effectue une rotation avec deux navigants qu'il ne reverra plus jamais au cours de sa carrière.

Lors de ses visites médicales, David Mendez se présente comme étant « en très bonne santé », même s'il reconnaît souffrir souvent de violentes douleurs dans le dos.
Notons que, dans la hiérarchie des cockpits de FedEx, l'ingénieur navigant porte la qualification de « Second Officer ». Et à ce titre, comme il est le moins gradé de l'équipage, c'est lui qui est chargé de toutes les tâches un peu rebutantes : il compile la documentation, prend la météo et s'occupe du remplissage des différents formulaires. Pour un pilote de ligne même débutant, ce n'est pas toujours ce qu'il y a de plus passionnant dans un cockpit. Par chance, aujourd'hui, le commandant le prévient qu'il n'a pas vraiment envie de parler à la radio. Il lui demande de s'occuper des communications à sa place.

LE TRAJET

Le temps de vol entre Memphis et Tallahassee est bref : une heure au maximum. Pendant la journée, la route est toujours extrêmement chargée car elle passe à proximité d'Atlanta, dont l'aéroport est le premier du monde[5]. Ce sont des milliers d'avions qui circulent en Géorgie. Mais en pleine nuit, tout est différent : le ciel est quasiment vide et les contrôleurs adoptent un comportement particulièrement décontracté. Comme on le verra dans le récit, la plupart du temps, ils laissent les pilotes gérer leur altitude « à leur convenance ».

[5] Plus de 100 millions de passagers transitent chaque année par Atlanta. En comparaison, Roissy est à la 9e place avec 66 millions de passagers et 28 millions pour Orly

Le trajet entre Memphis et Tallahassee
750 km : environ une heure de vol.

LE TIMING

Le règlement interne de FedEx est très strict sur les horaires... Il impose que les équipages soient présents dans les cockpits au minimum une heure avant le décollage. En fait, cela ne pose pas vraiment de problème aux trois hommes du vol 1478 puisque cette nuit, ils sont arrivés beaucoup plus tôt. Pendant que le copilote et l'ingénieur navigant préparent le départ, le commandant se rend dans la soute afin de vérifier lui-même la cargaison. Ce soir, ce sera un chargement standard tel qu'il en transporte régulièrement. Il se compose de milliers de colis stockés sur des palettes et protégés par des filets. Pourtant, au cours de son inspection, William Walsh remarque qu'une des palettes semble mal arrimée. C'est un problème sérieux car le déplacement d'une charge pendant le vol est un des plus grands dangers qui puisse survenir à bord d'un cargo. Il demande donc aux chargeurs de procéder à une vérification supplémentaire. Ces travaux prennent exactement 12 minutes et tout rentre dans l'ordre.

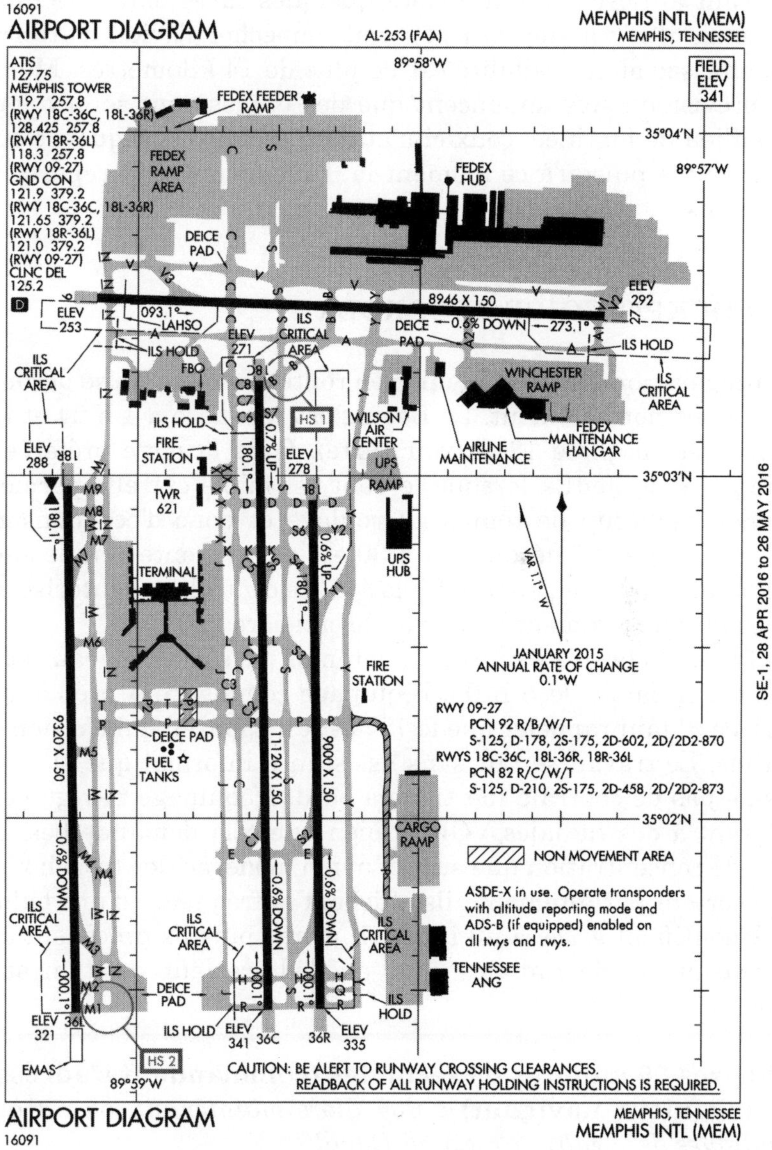

Plan de l'aéroport de Memphis.
Les bâtiments de FedEx (en haut du plan) occupent pratiquement 1/4 de la superficie totale de l'aéroport.

LA MÉTÉO

En ce début d'été 2002, le temps est plutôt clément dans le sud-est des États-Unis. Il n'y a pas la moindre perturbation sur la route que le Boeing s'apprête à suivre. La Floride est sous l'influence d'un puissant anticyclone qui génère quelques rares bancs de nuages bas mais il n'y a rien qui pourrait empêcher l'avion d'atterrir à Tallahassee où la visibilité est de plus de 14 kilomètres. Même si les prévisionnistes annoncent que des orages vont se développer en milieu de matinée, ceux-ci n'auront aucune conséquence sur le programme puisqu'à ce moment-là, l'avion sera déjà reparti pour Memphis.

LE COCKPIT VOICE RECORDER

La préparation du vol et la mise en route des moteurs se déroulent tout à fait normalement. Le Boeing est repoussé à 4 h 24 et il est dirigé vers la piste 18 C (voir carte). C'est la piste préférée des équipages de FedEx lorsque le vent est faible car elle permet de gagner beaucoup de temps au roulage et donc d'économiser du carburant. Le 727 décolle à 4 h 30 et l'avion monte vers le sud en suivant la route de départ « Elvis 3 »[6]. Le contrôleur l'autorise alors à prendre directement le niveau de croisière 290[7].
Du fait de la brièveté du trajet, le temps passé à ce niveau est très court... À partir de 5 h 05, l'équipage commence à préparer son arrivée. Il faut rappeler que le 727 est un appareil qui n'a rien d'un Airbus. Le travail se fait sans assistance informatique et il n'y a même pas de centrale inertielle à bord. L'équipage navigue en se référant à des radiales VOR et bien que cela demande beaucoup plus de concentration que sur un avion moderne, les trois hommes s'en sortent parfaitement : ils affichent la fréquence d'une balise... ils l'identifient grâce à un indicatif morse puis ils procèdent à des recoupements de radiales pour en déduire leur position sur la route.

5 heures 06 minutes 08 secondes (commandant s'adressant à l'ingénieur navigant) : *Bon alors maintenant, on est à 200 nautiques de... euh... c'est à toi David !*

---

[6] Elvis Presley étant mort à Memphis, son nom a été donné à des centaines de lieux dans la région, y compris à des routes aériennes.
[7] 29 000 pieds : 8 800 mètres.

En fait, William Walsh vient de redemander à son second officier de parler à sa place à la radio. C'est également lui qui va afficher la fréquence de la balise VOR « Seminole » qui est le point d'entrée nord de la zone de Tallahassee.
Quelques instants plus tard, on entend les trois lettres « SZW » qui retentissent en morse dans les haut-parleurs[8]. La balise est identifiée :

5 heures 06 minutes 38 secondes (commandant) : *C'est bon, on a « Seminole » sur le VORTAC numéro 1.*

Le copilote règle le VOR afin que le voyant « To » s'affiche dans la fenêtre et il place l'aiguille du RMI sur la route choisie... Les secondes passent dans un silence un peu lourd. À cet instant, l'avion est toujours stabilisé en croisière. Il fait nuit noire. Les hommes sont fatigués. Au moment où David Mendez appelle Gainesville, William Walsh ne peut retenir un long bâillement sonore.

5 heures 09 minutes 46 secondes (commandant) : *Ahhhhhhh...*

5 heures 09 minutes 48 secondes (ingénieur navigant) : *Gainesville radio, de FedEx 1478.*

Pas de réponse... C'est le petit matin. À cette heure, le trafic aérien est nul et il est évident que le contrôleur de Gainesville Flight Service Station n'est pas devant son micro.
Une trentaine de secondes plus tard, David Mendez fait donc une seconde tentative :

5 heures 10 minutes 15 secondes (ingénieur navigant) : *Gainesville radio, FedEx 1478, vous me recevez ?*

Finalement, le contrôleur répond. Sa voix est légèrement traînante

5 heures 10 minutes 26 secondes (contrôleur) : *Oui, FedEx 1478... Gainesville radio, je vous écoute...*

5 heures 10 minutes 29.5 secondes (ingénieur navigant) : *Gainesville... bonjour monsieur, c'est FedEx 1478. Euh... je me demandais si vous aviez la dernière météo de Tallahassee ?*

[8] Nom de la balise : Séminole. Indicatif morse : SZW. Fréquence : 117.50. TACAN : 122X.

Bien évidemment, le contrôleur dispose de cette information et il la transmet immédiatement. Mais contrairement à David Mendez, le ton est froid et il n'y a pas le moindre bonjour, ni formule de politesse. De toute évidence, l'homme n'a pas le réveil très aimable :

5 heures 10 minutes 35 secondes (contrôleur) : *Dernière de Tallahassee en ce moment : 100 pieds épars... 1 800 épars... 2 500 épars... La visibilité 14 kilomètres... Le vent est du 120 pour 5 nœuds... La température et le point de rosée 22 degrés.*

David Mendez collationne soigneusement ces informations mais il remarque qu'il manque un paramètre essentiel :

5 heures 10 minutes 50.5 secondes (ingénieur navigant) : *Okay monsieur, on a copié 1478 : 100 pieds épars avec plusieurs autres couches. Le vent est du 120 pour 5 nœuds. La visibilité 14 kilomètres... La température et le point de rosée 22. Est-ce que vous auriez le réglage altimètre, s'il vous plaît ?*

5 heures 11 minutes 00 seconde (contrôleur) : *3010*[9] *!*

Encore une fois, le contrôleur ne s'est pas embarrassé de longs discours. Cela n'empêche pas Mendez de rester parfaitement courtois :

5 heures 11 minutes 02.9 secondes (ingénieur navigant) : *Okay 3010, j'apprécie... Passez une bonne journée monsieur.*

5 heures 11 minutes 06 secondes (contrôleur) : *Ouais, bonne journée.*

Au même moment, le commandant augmente le volume de sa VHF et la fréquence enregistrée de l'ATIS retentit dans le cockpit.

5 heures 12 minutes 08 secondes (ATIS de Tallahassee) : *55.4... La tour de Tallahassee reprendra ses activités normales à 6 heures 00 locales.*

La conséquence de cette information est claire : l'atterrissage du Boeing étant prévu dans une trentaine de minutes, l'équipage

[9] 3010 pouces de mercure = 1019.3 hPa.

ne pourra pas bénéficier d'une assistance pour son arrivée à Tallahassee. Aucun contrôleur ne répondra à leur appel ! Tout devra se faire en « auto-information » comme sur un petit terrain d'aéroclub. C'est la procédure « Unicom »... Rien d'anormal après tout, car à cette heure matinale, le 727 sera certainement le seul avion en approche et même si ce n'était pas le cas, cela ne poserait aucun problème. Chaque pilote annoncera sa position et gérera sa trajectoire en fonction des autres trafics. Chacun pourra même décider de la piste sur laquelle il souhaite atterrir. En fait, le véritable paramètre sera la force et la direction du vent.
Le seul contact radio se fera avec les agents de FedEx qui attendent l'avion sur le parking de Tallahassee pour décharger la cargaison.

David Mendez transmet les informations météo à William Walsh qui ne semble pas du tout inquiet :

5 heures 12 minutes 35 secondes (commandant) : *D'accord, ça semble bon !*

Walsh a raison d'être confiant : les quelques nuages bas qui traînent à Tallahassee ne sont que des barbules sans importance. Ils n'ont aucune conséquence sur la visibilité puisque celle-ci est de 14 kilomètres. C'est excellent ! Il n'y aura donc aucun problème pour atterrir :

5 heures 12 minutes 39 secondes (ingénieur navigant) : *Et quelle piste vous pensez prendre ?*

5 heures 12 minutes 41 secondes (commandant) : *La 27 !*

Évidemment, ce choix étonne le jeune navigant. Certes, le vent est faible mais il est tout de même du 120 degrés pour 5 nœuds. Pourquoi atterrir avec une composante arrière alors qu'ils seront seuls dans l'approche et qu'ils ont toute latitude pour choisir la solution la plus paisible ?

5 heures 12 minutes 42 secondes (ingénieur navigant) : *La 27 ?*

5 heures 12 minutes 43 secondes (commandant) : *Oui... Redonne-moi le vent : c'est du 160 ?*

5 heures 12 minutes 48 secondes (ingénieur navigant) : *1…*

5 heures 12 minutes 48 secondes (commandant) : *Avec 9 nœuds ?*

En fait, cette erreur, quoique minime, est certainement une première manifestation de la fatigue du commandant qui vient de confondre la visibilité avec la force du vent. David Mendez lui redonne donc les paramètres exacts.

5 heures 12 minutes 48 secondes (ingénieur navigant) *: Le vent est du 120 pour 5 nœuds.*

Maintenant qu'on lui a répété l'information, la logique voudrait que Walsh change d'avis et qu'il prenne la piste 09… Car, non seulement le vent est légèrement favorable pour cette piste, mais elle lui permettrait aussi de gagner du temps. Après le toucher des roues, il pourrait en effet dégager à la bretelle B3 et accéder directement au parking cargo de FedEx (voir le plan de l'aéroport). Cela représenterait un gain d'environ 6 minutes par rapport à un atterrissage sur la 27.
Pourtant, William Walsh ne se laisse pas influencer :

5 heures 12 minutes 50 secondes (commandant) : *La 27… Oh oui… 27, oui !*

David Mendez n'insiste pas… Après tout, c'est Walsh le chef… L'appareil poursuit donc sa route pour une approche face à l'ouest. Alors qu'il arrive à 180 kilomètres de Tallahassee, le contrôle d'Atlanta Air Route Traffic Control Center appelle pour lui demander de libérer le niveau de croisière :

5 heures 13 minutes 13 secondes (contrôleur AARTCC) : *FedEx 1478, descendez à votre convenance vers le niveau 240*[10] *et maintenez.*

Bien qu'il ait confié la radio à son ingénieur navigant, Walsh ne lui laisse pas le temps de répondre.

5 heures 13 minutes 17.8 secondes (commandant) : *Roger… À notre convenance vers le 240, FedEx 1478.*

[10] 24 000 pieds : 7 300 mètres.

L'expression « à votre convenance » suggère que l'avion est seul sur la route et que l'équipage peut changer de niveau lorsque cela l'arrangera. Mais, dans un premier temps, le commandant estime qu'il est trop tôt pour commencer la descente : il va maintenir le 290. William Frye a également entendu le message et il confirme qu'il a compris avant même que le commandant ne lui transmette le niveau demandé par le contrôleur :

5 heures 13 minutes 21 secondes (copilote) : *Okay ce sera bon pour le 240...*

5 heures 13 minutes 22 secondes (commandant) : *Roger.*

Puis, Frye regarde le ciel et il lance une remarque inattendue :

5 heures 13 minutes 30 secondes (copilote) : *Il y a beaucoup de lune là-bas.*

En fait, à ce moment précis, la lune se trouve à 31 degrés au-dessus de l'horizon et elle est pratiquement pleine. Comme la couche nuageuse se dissipe devant l'avion, la visibilité vers le bas s'améliore et le sol est à présent éclairé avec une intensité lunaire de 95 %. Cela signifie que les conditions seront très confortables pour effectuer une approche à vue
Pourtant, William Walsh ne comprend pas.

5 heures 13 minutes 32 secondes (commandant) : *Beaucoup de quoi ?*

5 heures 13 minutes 34 secondes (copilote) : *Beaucoup de lune, là-bas !*

5 heures 13 minutes 35 secondes (commandant) : *Oui, ce que je vois, c'est que c'est très mince... Je crois pas que...*

Puis, la conversation s'arrête brusquement. En fait, le sujet ne présente aucun intérêt pour le moment et il est probable que les deux hommes n'ont pas vraiment envie de parler pour ne rien dire. Une trentaine de secondes plus tard, l'ingénieur navigant appelle le parking de FedEx pour prévenir de leur arrivée.

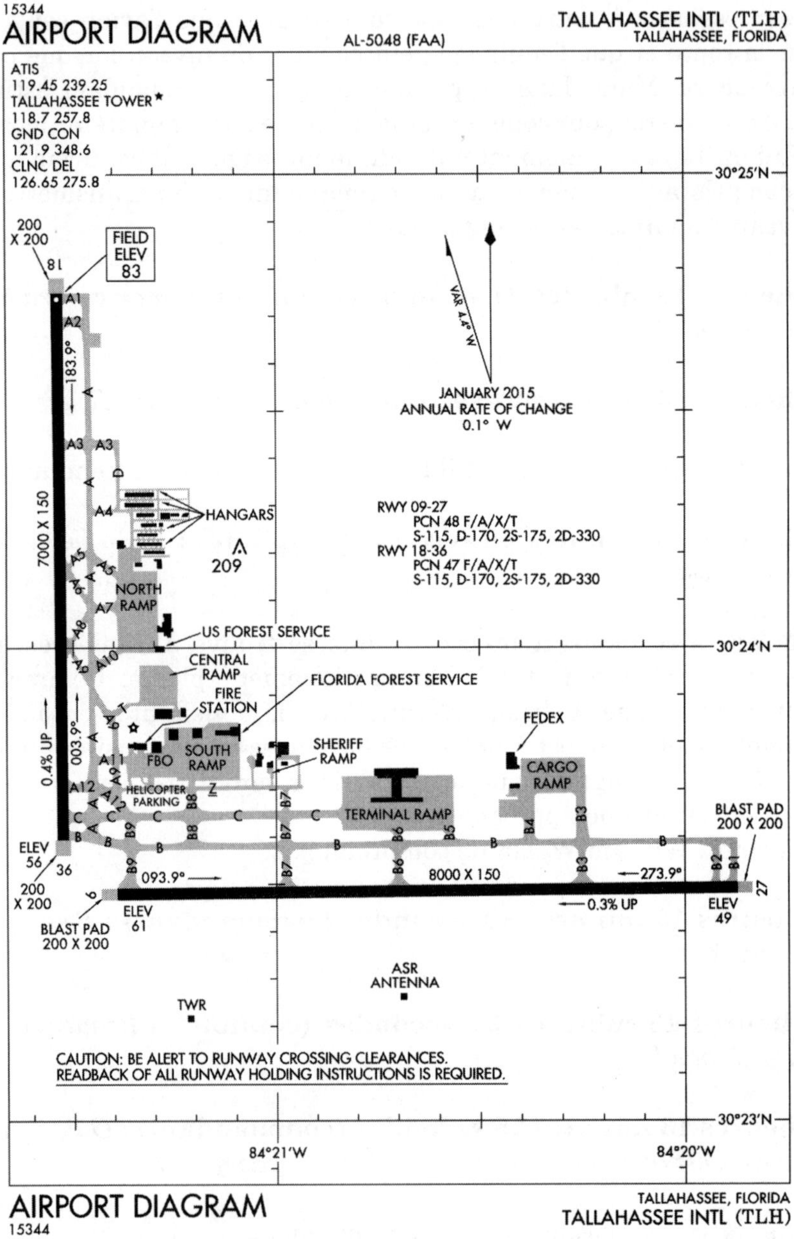

L'aéroport de Tallahassee.

Deux pistes : une nord-sud (18/36) et une est-ouest (09/27).

Atterrissage autorisé 24/24 mais pas de tour de contrôle entre 23 h 00 et 6 h 00.

5 heures 13 minutes 54.9 secondes (ingénieur navigant) : *Tallahassee « ramp », FedEx 1478, bonjour.*

5 heures 14 minutes 02 secondes (ramp de FedEx) : *Oui 1478 ?*

5 heures 14 minutes 04.7 secondes (ingénieur navigant) : *Tallahassee, bonjour, c'est FedEx 1478. L'avion sera là dans approximativement 25 à 30 minutes. On va avoir besoin du parking et de la lumière...*

David Mendez est brusquement interrompu par une longue succession de parasites en provenance du micro du copilote. C'est si fort que la réponse de l'agent du *ramp* est entrecoupée.

5 heures 14 minutes 13 secondes (ramp de FedEx) : *Arrivée... 25 minutes... Porte numéro 2. Vous arriverez par le taxiway « Charlie »... Suivez le marshaller et face au sud...*

Par ailleurs, la communication est également interrompue par Walsh qui découvre soudain un problème. Il a du mal à dissimuler son agacement :

5 heures 14 minutes 24 secondes (commandant) : *Ah putain, on a du givrage ! David... Pourquoi est-ce qu'on fait rien et qu'on n'a pas mis le dégivrage moteur ? On est en train de ramasser de la glace... de la glace !*

David Mendez se voit donc obligé de travailler sur deux fronts. Il doit réagir aux instructions du commandant tout en continuant à discuter avec les agents du parking. Bien évidemment, la situation le perturbe et il commet des erreurs :

5 heures 14 minutes 26.5 secondes (ingénieur navigant à la radio) : *Euh, alors... on va à la porte numéro 3 par le taxiway « Charlie » et, euh... j'ai pas compris la suite...*

5 heures 14 minutes 37 secondes (ramp de FedEx) : *Non, ça devrait être par le taxiway « Charlie », porte numéro 2.*

Puis soudain les bruits parasites cessent et les dialogues redeviennent compréhensibles...

5 heures 14 minutes 41.6 secondes (ingénieur navigant) : *D'accord, on roulera par « Charlie », porte numéro 2, maintenant, je vous reçois fort et clair, merci !*

5 heures 14 minutes 45 secondes (ramp de FedEx) *: Okay, n'oubliez pas de vous garer face au sud une fois que vous serez là-bas...*

5 heures 14 minutes 54.8 secondes (ingénieur navigant) : *Oui, oui, j'ai tout noté, FedEx 1478.*

La tour de contrôle étant fermée, ce sont donc les agents de FedEx qui guideront l'avion au sol pour l'amener jusqu'à son point de stationnement. Et ce matin, pour une raison qui leur est propre, ceux-ci ne souhaitent pas le faire venir sur le parking « Cargo » de la compagnie. Il devra se placer au niveau de l'aérogare juste devant la passerelle numéro 2. De ce fait, tout le roulage au sol est totalement différent par rapport à ce qui se fait habituellement.

Soudain, David Mendez se souvient des instructions que le commandant lui a données et il annonce :

5 heures 15 minutes 02 secondes (ingénieur navigant) : *Dégivrage moteur sur « On ».*

5 heures 15 minutes 04 secondes (commandant) : *Merci.*

5 heures 15 minutes 05 secondes (ingénieur navigant) : *Et vous allez... euh, nous allons porte 2, taxiway Charlie, et il faudra qu'on se gare face au sud.*

5 heures 15 minutes 12 secondes (commandant) : *Oui, d'accord, je sais où c'est merci...*

Puis, de manière presque scolaire, le jeune « second officier » sort la fiche préparée par FedEx concernant leur vol sur Tallahassee. Celle-ci indique le niveau de risques à l'atterrissage pour cet aéroport ainsi que l'heure à laquelle l'avion doit arriver au parking :

5 heures 15 minutes 15 secondes (ingénieur navigant) : *Le taux de risques CFIT*[11] *est modéré et il faut qu'on soit au bloc à 44...*

---

[11] *Controlled Flight Into Terrain* : Impact sol d'un vol contrôlé au sol.

5 heures 15 minutes 18 secondes (commandant) : *Okay.*

L'information du problème « CFIT » donnée par David Mendez est étrangement prémonitoire. Car le risque de percuter le sol à Tallahassee pendant l'approche est relativement faible. Ce n'est pas un aéroport dangereux : le terrain est très plat et hormis des arbres à l'ouest, il n'y a pas la moindre colline dans cette région de Floride. Pourtant, Frye remarque que l'approche pourrait poser quelques difficultés parce que la couche nuageuse descend très bas :

5 heures 15 minutes 27 secondes (copilote) : *100 pieds épars.*[12]

5 heures 15 minutes 29 secondes (commandant) : *Oui.*

Pas le temps de commenter davantage : le contrôleur d'Atlanta rappelle. Sur l'écran de son radar, il remarque que le Boeing est en train de quitter son secteur. Il est temps de le faire basculer avec le suivant.

5 heures 15 minutes 32 secondes (contrôleur ARTCC Atlanta) : *FedEx 1478, contactez le centre de Jacksonville sur 134.45.*

5 heures 15 minutes 36.8 secondes (commandant) : *Roger 124.45... À la prochaine, FedEx 1478.*

Encore une fois, Walsh a été plus rapide que Mendez pour répondre. Le problème, c'est qu'il s'est trompé de fréquence.

5 heures 15 minutes 40 secondes (contrôleur ARTCC Atlanta) : *Euh, non monsieur... C'est 134.45 !*

5 heures 15 minutes 42.2 secondes (commandant) : *Okay... 134.45. Bonne nuit monsieur... FedEx 1478.*

Quelques secondes plus tard, Walsh bascule sur la fréquence pour appeler le nouveau contrôle.

5 heures 15 minutes 52.3 secondes (commandant) : *Jacksonville Center, euh bonjour, FedEx 1478, on est stables au 290 et on est autorisés au 240 à notre convenance.*

---

[12] 30 mètres.

5 heures 15 minutes 58 secondes (contrôleur de Jacksonville) : *FedEx 1478... JAX Center, descendez à la convenance du pilote au niveau 90*[13] *et maintenez... Le QNH de Tallahassee est de 3010.*

5 heures 16 minutes 05 secondes (commandant) : *Roger, à notre convenance vers le niveau 90 et 3010, FedEx 1478.*

Le moins que l'on puisse dire, c'est que la gestion du trafic est plutôt tranquille à cette heure puisqu'une fois encore, tout va se faire « à la convenance » du commandant. En apparence, il est seul dans la région et il peut faire pratiquement ce qu'il veut. Comme l'atterrissage se rapproche, il est temps malgré tout d'annoncer les vitesses de référence qui seront utilisées pendant la finale.

5 heures 16 minutes 09 secondes (commandant) : *D'accord, les vitesses... Quand tu seras prêt... La Vref à 137 nœuds.*[14]

5 heures 16 minutes 14 secondes (copilote) : *Oui.*

5 heures 16 minutes 15 secondes (commandant) : *Euuuuh, tu mets le bug*[15] *à 147...*

En fait, le calcul de la vitesse en finale a donné 137 nœuds mais par sécurité, Walsh a décidé de rajouter 10 nœuds supplémentaires. Puis il se tourne vers Mendez et demande :

5 heures 16 minutes 38 secondes (commandant) : *Pour la météo... 1 000 pieds épars et 16 kilomètres de visi... C'est ce qu'il a dit, hein ?*

Ce n'est absolument pas ce qui a été annoncé précédemment puisqu'en réalité le plafond est épars à 100 pieds et non à 1 000 et que la visibilité est de seulement 14 kilomètres. Mais étrangement, l'ingénieur navigant ne répond rien. De toute évidence, personne n'est en grande forme dans le cockpit !
Du coup, c'est Frye qui prend l'initiative :

---

[13] 9 000 pieds : 2 700 mètres.

[14] Vref : vitesse de référence.

[15] Repère mobile sur l'indicateur de vitesse qui permet au pilote de visualiser en permanence la vitesse à respecter. Le terme familier parfois utilisé en France est « pinule ».

5 heures 16 minutes 43 secondes (copilote) : *Bien alors, on va préparer... euh une approche à vue sur la piste 27.*

5 heures 16 minutes 49 secondes (commandant) : *D'accord !*

Même de nuit, une approche « à vue » est beaucoup plus paisible qu'une procédure « aux instruments ». Elle ne peut se faire évidemment que si la météo est bonne puisque les seuls moyens utilisés seront les yeux du pilote pour se présenter dans l'axe des lumières de la piste. Il pourra également utiliser les différentes aides-radio de l'aéroport et tout ce qui pourrait lui permettre de se repérer mais il n'est pas obligé de suivre une trajectoire longue et pénalisante. Dans la plupart des cas, la seule assistance viendra du PAPI[16] au moment de la finale. Ce système est basé sur la vision de deux couleurs : le blanc et le rouge (voir schéma) et il permet au pilote de rester sur un angle de descente d'environ 3 degrés[17].

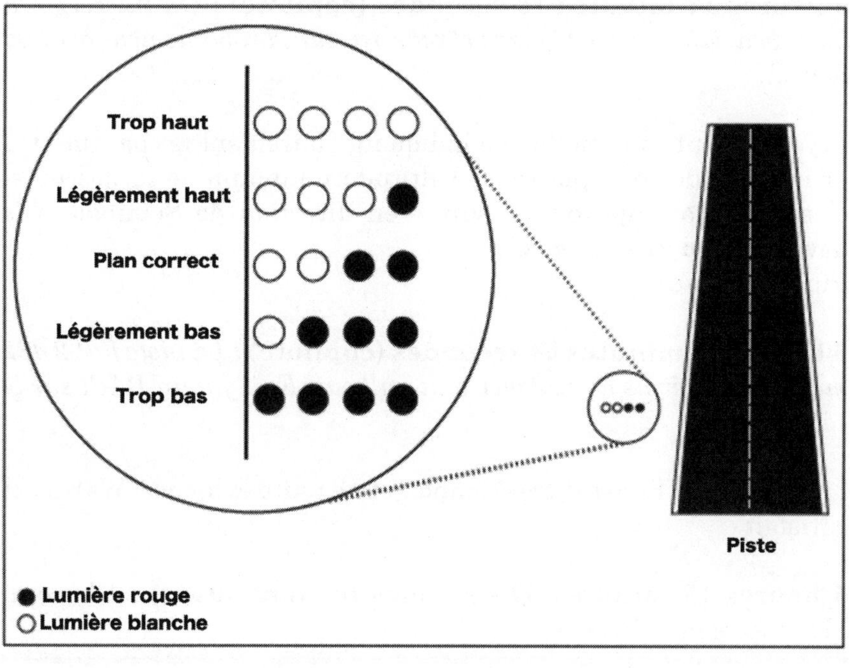

LE PAPI : un système basé sur la vision des couleurs rouge et blanche.

[16] Precision Approach Path Indicator : Indicateur de précision de la pente d'approche.

[17] Cet angle peut être plus ou moins fort selon les aéroports mais les différences sont minimes et avoisinent toujours une pente de 5 %.

L'utilisation du PAPI est extrêmement simple… Pendant la finale, le pilote se laisse guider par des lampes allumées à côté de la piste. Il y en a quatre qui changent de couleur selon que l'avion est trop haut, trop bas ou sur un plan correct.
Lorsque toutes les lampes sont rouges, il y a danger !
Après avoir proposé de faire une approche à vue, William Frye va donc faire un briefing pour décrire la trajectoire qu'il va suivre pour rejoindre la piste 27.

5 heures 16 minutes 50 secondes (copilote) : *Alors, on prendra, euh… l'ILS de la piste 27… Procédure d'éloignement sur PALEE puis un retour en « teardrop ». Et on revient en finale. La fréquence de l'ILS est 111.90 et le cap 272 pour la finale.*

5 heures 17 minutes 06 secondes (commandant) : *Roger.*

5 heures 17 minutes 13 secondes (copilote) : *On interceptera le glide à euh… à 1 705 pieds et on sera, euh, probablement à 1 800 pieds…*

Frye poursuit son briefing en indiquant clairement les paramètres principaux de son approche : l'altitude minimum de la descente, et surtout la trajectoire à suivre en direction de Seminole s'ils devaient remettre les gaz.
Puis il précise :

5 heures 17 minutes 54 secondes (copilote) : *La piste fait 2 432 mètres. Je prévois de dégager tout au bout. Et il y a un PAPI sur le côté gauche.*

Le briefing de Frye est très complet et de toute évidence, Walsh est satisfait :

5 heures 17 minutes 59 secondes (commandant) : *D'accord, c'est très bon ! C'est bon.*

Maintenant, il s'agit d'allumer les balises lumineuses de la piste et le PAPI… Et comme il n'y a personne dans la tour de contrôle, c'est à l'équipage de s'en charger. Rien de bien compliqué puisque cela se fait en *Pilot-Controlled Lighting*. Il faut commencer par connecter la radio sur la fréquence « Auto-information » CTAF[18], celle

---

[18] *Common Traffic Advisory Frequency* : Fréquence commune d'auto-information de trafic

justement qui permettra d'annoncer la position de l'avion pendant l'approche. Ensuite, il suffit d'appuyer à plusieurs reprises sur l'alternat du micro. Trois clics en moins de 5 secondes activent les balises lumineuses en mode « basse intensité ». Cinq clics activent les balises en « intensité moyenne ». Sept clics activent la « haute intensité ». Il faut noter que ces différents modes n'ont aucune incidence sur le PAPI qui reste toujours en intensité maximum. D'emblée, William Frye demande que la piste soit allumée dans les meilleures conditions de visibilité.

5 heures 18 minutes 04 secondes (copilote) : *On est en « Pilot-Controlled Lighting », hein... Si vous pouviez cliquer sept fois j'apprécierais beaucoup.*

5 heures 18 minutes 09 secondes (commandant) : *Bien sûr, on va faire ça.*

Puis se retournant vers l'ingénieur navigant :

5 heures 18 minutes 13 secondes (commandant) : *Tu veux t'en occuper ?*

5 heures 18 minutes 14 secondes (ingénieur navigant) : *Oui merci.*

C'est donc David Mendez qui va se charger de cliquer plusieurs fois sur l'alternat de son micro pour allumer la piste et le PAPI.

Une seconde plus tard, le copilote règle son siège pour être en place pour la descente puis il annonce à l'intention de Mendez.

5 heures 18 minutes 19 secondes (copilote) : *Coupe le dégivrage, s'il te plaît.*

La demande est très claire pourtant, le commandant met un certain temps à comprendre. Encore une fois, la fatigue diminue considérablement ses temps de réaction :

5 heures 18 minutes 23 secondes (commandant) : *C'est quoi ça ? Oui, je suis désolé... on peut le couper maintenant !*

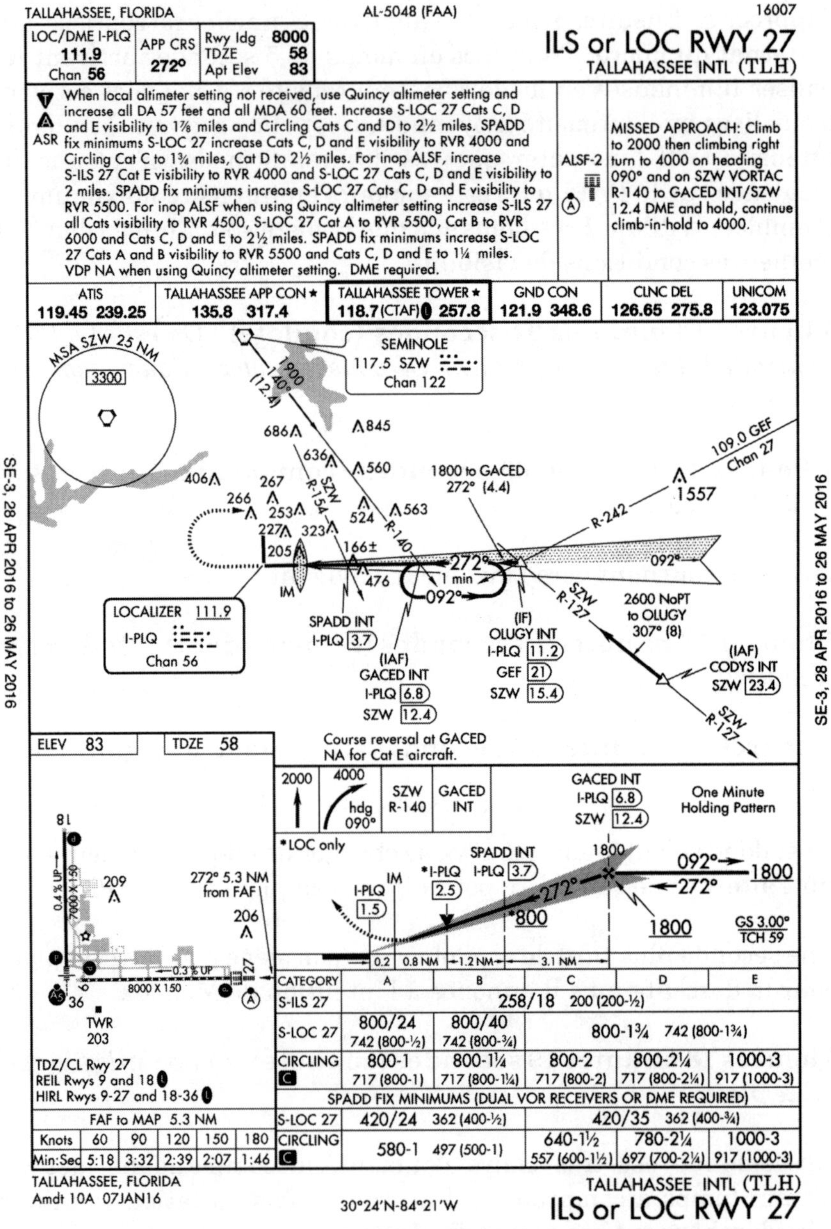

La fiche de percée de Tallahassee pour la piste 27.

(En haut de la carte, la balise « Seminole » qui sert de point d'entrée pour la procédure)

5 heures 18 minutes 30 secondes (copilote) : *D'accord, on le coupe pour descendre.*

Puis Walsh appelle le contrôle pour prévenir qu'ils vont commencer à descendre.

5 heures 18 minutes 34.2 secondes (commandant) : *Euh, Atlanta... FedEx 1478, on quitte le 290 pour... euh... pour... 9 000 pieds.*

Sauf qu'il vient de se tromper d'indicatif. Il n'appelle pas Atlanta mais Jacksonville et le contrôleur lui signale discrètement son erreur.

5 heures 18 minutes 40 secondes (contrôleur de Jacksonville) : *FedEx 1478, c'est JAX, roger.*

5 heures 18 minutes 43 secondes (ingénieur navigant) : *Le dégivrage est coupé.*

5 heures 18 minutes 47 secondes (commandant) : *Ah oui, d'accord.*

Puis soudain, alors qu'il vient de faire un briefing détaillé pour un atterrissage sur la 27, William Frye fait une proposition inattendue :

5 heures 19 minutes 38 secondes (copilote) : *Vous voulez pas atterrir sur la 09 ?*

Le commandant a du mal à cacher sa surprise : David Mendez avait déjà suggéré de prendre cette piste et il avait refusé et voilà maintenant que le copilote relance l'idée. Du coup, il hésite :

5 heures 19 minutes 42 secondes (commandant) : *Euhhhhhh...*

5 heures 19 minutes 46 secondes (copilote) : *On a également un PAPI sur la 09 !*

5 heures 19 minutes 48 secondes (commandant) : *Ouais... peut-être... C'est juste que euhhhhhhhhh... ça va nous faire plus long de roulage mais... en fonction d'où on vient, la 27 sera probablement aussi facile que toutes les autres.*

L'explication est laborieuse et elle ne tient pas. Il suffit de regarder le plan de l'aéroport pour voir que le temps de roulage vers le parking sera exactement le même pour la 09 et la 27 puisque le terminal se trouve à mi-chemin des deux seuils. Bien que Walsh n'ait pas encore défini clairement sa décision, il semble qu'il souhaite rester sur sa première idée : atterrir sur la 27, même s'il y a un peu de vent arrière.
Frye ne peut qu'obéir :

5 heures 19 minutes 58 secondes (copilote) : *Okay...*

Une seconde plus tard, David Mendez commence la lecture de la check-list « IN RANGE » qui doit être exécutée au début de la descente. Il lit alors les items un à un :

- le réglage des altimètres est effectué,
- les bugs de vitesse sont positionnés sur la Vref,
- les bugs des EPR sont réglés en cas de remise de gaz,
- les servocommandes du Pilote Automatique sont réglées sur le système « A ».

Pendant que l'ingénieur navigant débite les items, William Walsh commence à cliquer sur l'alternat de son micro pour déclencher l'allumage des balises lumineuses. Même s'ils sont encore à plus de 200 kilomètres, il se dit certainement qu'il vaut mieux s'y prendre à l'avance. Plus la piste sera allumée tôt et meilleures seront leurs chances de la repérer rapidement. Malheureusement, contrairement à ce que le copilote lui a demandé, il effectue six clics au lieu de sept... Par ailleurs, comme il n'est pas connecté sur la bonne fréquence, la piste ne s'allume pas. Et bien évidemment, si c'était le cas, les balises seraient en « moyenne intensité ».
Au même moment, David Mendez termine sa lecture par les mots consacrés dans la procédure :

5 heures 22 minutes 20 secondes (ingénieur navigant) : *Check-list « In RANGE » terminée.*

5 heures 22 minutes 21 secondes (commandant) : *Merci.*

Le silence retombe dans le cockpit.
Dans la salle radar de Jacksonville, le contrôleur suit tranquillement la progression de l'avion vers Tallahassee. Et comme une fois de plus, il n'a qu'un seul spot sur son écran, les instructions qu'il donne sont particulièrement souples :

5 heures 22 minutes 46 secondes (contrôleur) : *FedEx 1478 descendez à votre convenance à 3 000 pieds et maintenez.*

5 heures 22 minutes 50.8 secondes (commandant) : *D'accord... À notre convenance vers 3 000... FedEx 1478.*

5 heures 22 minutes 55 secondes (copilote) : *Okay... 3 000 maintenant.*

5 heures 23 minutes 33 secondes (contrôleur) : *FedEx 1478, changez sur mon autre fréquence 135.32.*

5 heures 23 minutes 39 secondes (commandant) : *Roger... 135.32, FedEx 1478.*

Walsh bascule donc très rapidement sur la nouvelle fréquence mais c'est la même voix qui va lui répondre. Car, il n'y a qu'un seul contrôleur pour gérer les différents secteurs de la région.

5 heures 23 minutes 49.2 secondes (commandant) : *Euh... Atlanta, FedEx 1478, je suis avec vous sur 135.32.*

Walsh vient encore de commettre la même erreur. Il n'est pas avec Atlanta mais avec Jacksonville. Il est évident que la fatigue y est pour quelque chose dans cette forme de viscosité mentale. Et pour la seconde fois, le contrôleur va le reprendre discrètement :

5 heures 23 minutes 54 secondes (contrôleur) : *FedEx 1478, Jacksonville roger... Et euh, est-ce que vous avez la dernière météo de Tallahassee ?*

5 heures 23 minutes 59.8 secondes (commandant) : *Euh, oui monsieur... FedEx 1478.*

5 heures 24 minutes 03 secondes (contrôleur) : *Roger, alors préparez une approche à vue vers Tallahassee et rappelez-moi en vue de l'aéroport.*

5 heures 24 minutes 06.5 secondes (commandant) : *Roger FedEx 1478.*

Puis soudain, Walsh semble changer d'avis sur la piste qu'il va prendre.

5 heures 24 minutes 29 secondes (commandant au copilote) : *Voyons ça… la piste 09… Il y a un PAPI du côté gauche… Je sais pas… Ce sera long au roulage. Tu veux essayer la 09 ?*

5 heures 24 minutes 32 secondes (copilote) : *On sera orientés dans la bonne direction. Je sais pas… comme vous dites, il y aura un putain de long roulage.*

Finalement, Walsh décide de suivre l'idée de ses adjoints.

5 heures 24 minutes 37 secondes (commandant) : *Oui, d'accord, ça devrait aller.*

Aussitôt, pour conforter son chef dans sa décision, le copilote ressort l'argument qui lui semblait évident depuis le début.

5 heures 24 minutes 44 secondes (copilote) : *J'ai toujours pensé que vous deviez atterrir avec le vent de face* (toux violente)…

5 heures 24 minutes 49 secondes (commandant) : *Oui… mais tout de même, il n'y a que 5 nœuds de vent… Tu sais, en réalité, le seul… le seul avantage que tu as à atterrir vers l'ouest, c'est que t'as le glide*[19].

En fait, le commandant n'a pas encore vraiment tranché et il est clair qu'il hésite encore. S'ils atterrissent sur la piste 09, ils vont se priver de l'aide que l'ILS pourrait leur apporter. Ce sera plus délicat car l'approche se fera sans autre aide que celle du PAPI. Deux minutes passent dans le silence le plus total. Puis soudain, Walsh pose une question qui laisse penser qu'il a un doute concernant son copilote.

5 heures 26 minutes 41 secondes (commandant) : *Tu connais bien cet aéroport… à Tallahassee ?*

5 heures 26 minutes 44 secondes (copilote) : *Non, je le connais pas.*

Le commandant va alors lui montrer la position des installations à partir d'une carte de vol à vue. C'est important car le copilote

[19]Système associé à l'ILS qui indique au pilote la pente à suivre. La piste 27 est équipée d'un glide et d'un PAPI alors que la 09 ne possède qu'un PAPI.

va devoir trouver la piste en se repérant sur les lumières de la ville. Les aéroports sont souvent situés au milieu de secteurs très obscurs situés à proximité des agglomérations. Et c'est justement le cas pour Tallahassee qui se trouve en bordure de la forêt d'Apalachicola, la plus grande étendue d'arbres de Floride. C'est une immense zone déserte qui s'étend sur près de 3 000 km^2. De ce fait, si le commandant décide de prendre la piste 09, toute la finale va se faire au-dessus d'une zone où il n'y aura pas la moindre lumière. Or cette situation particulière est étudiée dans les écoles de pilotage car toutes les conditions sont alors réunies pour créer une illusion d'optique très dangereuse : l'illusion de Kraft.
Le problème ne se poserait pas si la pleine lune éclairait le sol. Malheureusement, alors que le Boeing approche de Tallahassee, il rencontre une large couche nuageuse qui s'étend aux environs de 20 000 pieds. C'est donc maintenant l'obscurité totale au sud-ouest de la ville : un véritable trou noir.

5 heures 26 minutes 45 secondes (commandant) : *Tu vois le centre de la ville, juste là, droit devant ?*

5 heures 26 minutes 47 secondes (copilote) : *Oui.*

5 heures 26 minutes 48 secondes (commandant) : *Eh bien si tu regardes vers le sud-sud-ouest, il y a un petit groupe de lumières vers le bas...*

5 heures 26 minutes 53 secondes (copilote) : *Okay.*

5 heures 26 minutes 54 secondes (commandant) : *Et bien, là... tu vois le phare... juste derrière le second groupe de lumière, d'accord ?*

Le commandant fait ici allusion au phare d'identification de l'aéroport : un *airport identifier beacon*. C'est une puissante lumière tournante comparable à un phare maritime qui permet de faciliter les approches à vue. La lumière émise est de couleur blanche et verte et elle clignote. Ce système est principalement destiné aux pilotes d'hélicoptère qui survolent la ville et qui rentrent ensuite vers les pistes en vol à vue.

5 heures 26 minutes 57 secondes (copilote) : *Oui, je suis en train d'essayer... mais je vois pas où...*

Il n'est pas facile de comprendre les explications de Walsh pour se repérer parmi les innombrables lumières qui brillent au sol. Et de toute évidence, Frye n'a pas encore repéré l'aéroport. C'est d'autant plus difficile que l'avion arrive sur une route perpendiculaire à la piste 09/27 et qu'il est toujours plus difficile d'apercevoir des balises lumineuses lorsqu'on n'est pas dans l'axe de la finale.

5 heures 26 minutes 58 secondes (commandant) : *Regarde là-bas ! Putain, on voit bien.*

5 heures 26 minutes 58 secondes (copilote) : *Je crois que je vois le balisage... juste au milieu du terrain, c'est ça hein ?*

5 heures 27 minutes 00 seconde (commandant) : *Euh, oui... juste là.*

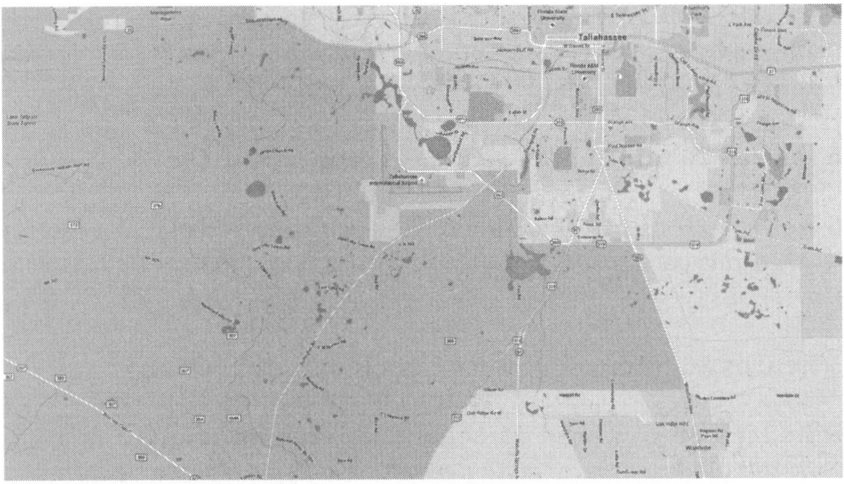

Le « trou noir » de l'aéroport de Tallahassee : la ville est au nord-est avec ses innombrables éclairages visibles de très loin.
L'obscurité totale se trouve au sud-ouest.

5 heures 27 minutes 04 secondes (copilote) : *Oui, je crois que je le vois.*

Pendant que Frye fait des efforts pour repérer la piste, David Mendez contacte l'escale de FedEx. Il s'agit de prévenir les agents de permanence qu'il faut activer la préparation du déchargement.

5 heures 27 minutes 39.7 secondes (ingénieur navigant) : *Tallahassee de FedEx 1478 ?*

5 heures 27 minutes 44 secondes (ramp de FedEx) : *Oui... 1478, je vous écoute...*

5 heures 27 minutes 46.5 secondes (ingénieur navigant) : *Oui, eh bien 1478, on est à 5 minutes... Au fait, une petite question : vous voulez qu'on mette l'APU*[20] *ou vous avez un groupe ?*

Assez logiquement, Mendez veut savoir si l'avion sera alimenté par un groupe électrogène pendant l'escale. Car les opérations au sol vont durer plus de deux heures et il ne serait pas possible de laisser la soute allumée aussi longtemps en utilisant les batteries de bord. S'il n'y a pas de groupe, il faudra connecter l'APU et dans ce cas, l'ingénieur navigant devra rester à bord au lieu d'aller souffler dans une salle de repos. Par chance, les agents de l'escale ont tout préparé :

5 heures 28 minutes 03 secondes (ramp de FedEx) : *Pas de souci, on vous mettra le groupe.*

5 heures 28 minutes 05.8 secondes (ingénieur navigant) : *Okay 1478, c'est noté, on aura le groupe. Et si vous pouviez faire venir un moyen de transport pour nous, s'il vous plaît, merci.*

5 heures 28 minutes 12 secondes (ramp de FedEx) : *D'accord.*

5 heures 28 minutes 17 secondes (ingénieur navigant s'adressant au commandant) : *On devrait avoir un groupe quand on va arriver là-bas.*

5 heures 28 minutes 19 secondes (commandant) : *Merci.*

Puis, comme il ne reste plus que 8 minutes avant l'atterrissage, David Mendez propose de prendre un peu d'avance sur les procédures.

5 heures 28 minutes 24 secondes (ingénieur navigant) : *Est-ce que vous voulez qu'on fasse la check-list « APPROCHE » puisqu'on est pratiquement tout seuls, hein ?*

---

[20] *Auxiliary Power Unit* : petite turbine intégrée dans la queue de l'avion et qui fournit l'alimentation électrique pour l'éclairage de la cabine et des servitudes lorsque les trois moteurs sont coupés au parking.

La proposition est parfaitement logique pourtant Frye émet immédiatement une objection : le commandant n'a pas encore annoncé clairement sur quelle piste ils allaient atterrir. Dans ces conditions, il est impossible de faire la check-list si on ne sait pas où on va. Il pose donc une question qui appelle une réponse ferme :

5 heures 28 minutes 26 secondes (copilote) : *Ben, on n'a toujours pas décidé si on prend la 09 ou la 27 ?*

Du coup, le commandant ne peut plus reculer et son choix va être exactement le contraire de celui qu'il avait fait quelques minutes plus tôt :

5 heures 28 minutes 28 secondes (commandant) : *Bon, tu peux prendre la 09 si tu veux.*

Frye est évidemment ravi de constater que le chef se range enfin à son idée. Il va donc prendre la piste qui l'amène à survoler le trou noir.

5 heures 28 minutes 30 secondes (copilote) *: Okay, piste 09, piste 09 à vue... avec un PAPI sur le côté gauche... Check-list « APPROCHE »...*

Toujours très scolaire, David Mendez propose alors au copilote de poursuivre la procédure.

5 heures 28 minutes 35 secondes (ingénieur navigant) : *On fait le briefing ?*

5 heures 28 minutes 36 secondes (commandant) : *OK, ben, c'est fait pour la piste 09.*

5 heures 28 minutes 39 secondes (ingénieur navigant) : *Les altimètres ?*

Le commandant tend la main vers son tableau de bord et il affiche la pression qui lui a été annoncée quelques minutes plus tôt.
Puis il annonce :

5 heures 28 minutes 41 secondes (commandant) : *Réglés à 3010*[21].

[21] Le réglage de cette pression (QNH) permet d'afficher l'altitude de l'avion par rapport au niveau de la mer.

Aussitôt, le copilote effectue le même geste et confirme.

5 heures 28 minutes 43 secondes (copilote) : *Okay, réglés à 3010.*

5 heures 28 minutes 45 secondes (ingénieur navigant) : *Les minima ?*

5 heures 28 minutes 47 secondes (commandant) : *Euh... c'est réglé... euh bon, c'est réglé pour... eh ben... 254 pieds*[22] *pour... euh...*

5 heures 28 minutes 52 secondes (copilote) : *Oui, d'accord 254...*

5 heures 28 minutes 54 secondes (commandant) : *Ouais.*

Comme dans toutes les finales, le préaffichage de l'altitude minimale à respecter est capital pour la sécurité. L'aéroport de Tallahassee se trouvant à 83 pieds[23] par rapport au niveau de la mer, il y aura un moment décisif lorsque l'avion arrivera à 254 pieds. Deux cas se présenteront :

- L'équipage verra parfaitement la piste. Dans ce cas, il pourra poursuivre l'approche et se poser normalement.
- La piste sera invisible parce que l'avion sera encore dans les nuages : dans ce cas, il sera absolument impératif de remettre les gaz.

5 heures 28 minutes 57 secondes (ingénieur navigant) : *La check-list « APPROCHE » est terminée.*

5 heures 29 minutes 00 seconde (commandant) : *Merci.*

La descente se poursuit... La ville de Tallahassee est maintenant parfaitement visible avec ses avenues rectilignes parfaitement éclairées. Sur la droite se trouve la zone obscure de la forêt d'Apalachicola.

5 heures 29 minutes 53 secondes (commandant) : *Tu veux que j'appelle le terrain ?*

---

[22] 77 mètres.

[23] 25 mètres.

5 heures 29 minutes 55 secondes (copilote) : *Oui... je vois pas encore la piste mais je vois le phare.*

5 heures 29 minutes 58 secondes (commandant) : *Ok.*

Il est normal que Frye ne voie pas encore les balises lumineuses car elles sont à 55 kilomètres mais c'est pourtant le moment de basculer sur la fréquence d'auto-information. Il est temps de dire au-revoir au contrôleur de Jacksonville.

5 heures 29 minutes 59.6 secondes (commandant) : *Jacksonville de FedEx 1478, on a l'aéroport en vue.*

5 heures 30 minutes 03 secondes (ingénieur navigant) : *L'allumage de la piste est en PCL*[24] **?**

La question de Mendez est étonnante car le sujet a été évoqué il y a dix minutes et il en a lui-même parlé... Encore une fois, il est probable que la fatigue n'est pas étrangère à ce genre de bug.

5 heures 30 minutes 04 secondes (commandant) : *Oui, bien sûr.*

Pas le temps de donner plus d'explications... le contrôleur de Jacksonville répond à l'appel de Walsh :

5 heures 30 minutes 05 secondes (contrôleur) : *FedEx 1478, vous êtes autorisés pour une approche à vue sur Tallahassee. Est-ce que vous êtes au courant qu'il y a un NOTAM concernant la piste de Tallahassee ? La 18/36 est fermée.*

5 heures 30 minutes 13.6 secondes (commandant) : *Euh, non monsieur, mais euh, on va utiliser la piste 09.*

5 heures 30 minutes 17 secondes (contrôleur) : *D'accord, alors vous êtes autorisés pour une approche à vue. Et rappelez une fois au sol sur cette fréquence. Si ça ne marche pas, appelez Gainesville Radio. Le changement sur la fréquence « auto-info » est approuvé.*

---

[24] *Pilot Controlled Lighting* : le pilote allume les balises lumineuses de la piste en cliquant à plusieurs reprises sur l'alternat de son micro (voir plus haut).

5 heures 30 minutes 24 secondes (commandant) : *Reçu FedEx 1478, bonne matinée.*

Quelques secondes plus tard, le commandant permute les fréquences pour passer sur 123.075 réservée à l'auto-information. Lorsque c'est fait, les trois hommes se mettent instinctivement à cliquer sur les micros pour déclencher l'allumage de la piste. Puis Walsh lance son premier message pour annoncer sa position :

5 heures 30 minutes 39.1 secondes (commandant) : *Tallahassee… euh FedEx 1478, nous sommes en longue euh… étape de base pour la piste 09.*

À présent, le 727 se trouve à 40 kilomètres au nord-ouest de la ville et cette fois, les clics sur les micros ont atteint leur objectif : le balisage est allumé.
Frye réagit aussitôt.

5 heures 30 minutes 56 secondes (copilote) : *Okay, je pense que je vois la piste maintenant.*

En réalité, Frye est en train de faire une confusion. Car la piste 09 est exactement perpendiculaire à la trajectoire d'arrivée de l'avion et dans ces conditions il semble impossible de la distinguer d'aussi loin.
D'ailleurs, William Walsh ne voit rien encore et l'enquête montrera que sa vue est meilleure que celle de son copilote :

5 heures 30 minutes 58 secondes (commandant) : *D'accord… La piste devrait être juste… euh…*

5 heures 31 minutes 04 secondes (copilote) : *De l'autre côté du… euh…*

5 heures 31 minutes 06 secondes (commandant) : *Tu vois le phare, là-bas ?*

5 heures 31 minutes 07 secondes (copilote) : *Le phare sur la droite ?*

5 heures 31 minutes 08 secondes (commandant) : *Oui, c'est ça. De l'autre côté de la balise.*

Une nouvelle fois David Frye pense avoir repéré la piste mais ce n'est toujours pas le cas. Il décide pourtant de préparer l'avion pour l'atterrissage. La première chose à faire consiste à sortir progressivement les volets.

5 heures 31 minutes 10 secondes (copilote) : *Les volets 2 degrés.*

5 heures 31 minutes 11 secondes (commandant) : *Les volets 2.*

Le CVR enregistre alors le claquement sec de la palette qui passe sur la position demandée. Puis la grosse roue du trim électrique se met à tourner pour compenser le changement d'assiette provoqué par la sortie des éléments.

5 heures 31 minutes 22 secondes (copilote) : *Les volets 5.*

5 heures 31 minutes 23 secondes (commandant) : *Les volets 5.*

De nouveau, le claquement de la palette retentit.
À cet instant, l'avion arrive à 3 000 pieds et les lumières de Tallahassee sont maintenant parfaitement visibles. Pourtant, Frye n'a toujours pas repéré la piste car la topographie des lieux est déstabilisante : comme dans toutes les villes américaines, les avenues et les rues de Tallahassee sont parfaitement rectilignes et elles se coupent à angle droit tout comme... les deux pistes de l'aéroport.
Du coup, William Frye hésite avant de virer vers la finale... Conscient qu'il ne peut pas s'aligner n'importe comment, il veut être certain de ne pas faire d'erreur. On a déjà vu des pilotes se retrouver en courte finale sur des boulevards parfaitement éclairés. Certains se sont même parfois posés dans une avenue comme lors de l'accident de Cap Skirring au Sénégal[25].

5 heures 32 minutes 34 secondes (copilote) : *Eh ben, j'espère que je suis en train de regarder au bon endroit, là-bas.*

La remarque attire l'attention de Walsh et ce dernier comprend soudain que son copilote est en train de prendre une direction qui n'est pas la bonne. Il décide de lui venir en aide :

---

[25] Le 9 février 1992, le pilote d'un Convair CV-640 de la compagnie Gamcrest a confondu les lampadaires d'une grande avenue avec les balises de la piste. L'accident a fait 26 morts parmi les 50 vacanciers du Club Med présents à bord.

5 heures 32 minutes 36 secondes (commandant) : *Oui, regarde là-bas... Tu vois ce groupe de lumières brillantes un peu vers le sud, là-bas ? Et tu vois le phare, juste au milieu ?*

5 heures 32 minutes 40 secondes (copilote) : *Oui.*

5 heures 32 minutes 41 secondes (commandant) : *Eh bien, c'est juste là... juste là. En ce moment, tu es à peu près, euh, je sais pas... à peu près... probablement à 10 nautiques de la base gauche*[26].

5 heures 32 minutes 47 secondes (copilote) : *Ah oui, d'accord, alors j'étais en train de regarder au mauvais endroit... je regardais vers l'autre putain de phare.*

5 heures 32 minutes 49 secondes (commandant) : *Ouais.*

5 heures 32 minutes 50 secondes (copilote) : *Cette lumière là-bas, alors ?*

5 heures 32 minutes 51 secondes (commandant) : *Oui !*

5 heures 33 minutes 04 secondes (commandant) : *Tu la vois ? Là-bas à droite à environ, euh...*

5 heures 33 minutes 05 secondes (copilote) : *Oui, oui, j'étais en train de regarder le mauvais phare.*

5 heures 33 minutes 07 secondes (commandant) : *Okay, oui Okay !*

Finalement William Frye réalise qu'il était sur un très mauvais cap.

5 heures 33 minutes 40 secondes (copilote) : *Oui, avec la direction que je prenais, on aurait pu prendre le 27, hein ?*

Au lieu de râler contre son copilote, le commandant adopte une attitude plutôt conciliante, il le rassure. Après tout, sa franchise est plutôt bon signe.

---

[26] 18 kilomètres.

5 heures 33 minutes 44 secondes (commandant) : *Oui, mais c'était pas grave.*

5 heures 33 minutes 48 secondes (commandant) : *Oui, la piste est à peu près à 10 nautiques au sud du VOR.*

Puis, comme les installations sont à présent bien visibles, Walsh décide de lancer un message en « Unicom » pour donner sa position. Jusqu'ici, ils n'ont pas entendu le moindre trafic sur la fréquence. C'est rassurant : ils sont seuls dans le circuit.

5 heures 33 minutes 54.6 secondes (commandant en Unicom) : *Euh, FedEx 1478, on est en base gauche pour la piste 09 à Tallahassee.*

Il n'y a toujours aucune réponse et la descente se poursuit. La piste est sur la gauche du pare-brise et le 727 se rapproche peu à peu de l'endroit où il devra effectuer son dernier virage pour se mettre dans l'axe. En réalité, William Frye galère : son interception va s'effectuer sous la forme d'une longue trajectoire en convergence courbe qui va prendre beaucoup de temps avant qu'il ne soit stabilisé en finale. Dans ces conditions, la qualité de l'approche se dégrade progressivement.
Étrangement, Walsh ne semble pas gêné par cette finale tordue et il ne suggère aucune correction. Il suffirait pourtant d'enchaîner un virage à droite puis un autre à gauche pour rétablir la situation. En réalité, le seul souci du commandant semble être de conserver allumées les lumières de la piste.

5 heures 34 minutes 11 secondes (commandant) : *Je crois que le balisage va rester mais si ça s'éteint, je le recliquerai quand on sera un peu plus près.*

Il joint alors le geste à la parole et appuie à cinq reprises sur l'alternat de son micro. Bien évidemment, ce n'est pas ce qu'avait demandé le copilote : il voulait sept clics pour garder le balisage en haute intensité… La piste reste donc allumée mais en intensité moyenne, ce qui n'est pas l'idéal pour celui qui semble toujours avoir des difficultés pour se repérer.
Du coup, Walsh l'encourage :

5 heures 34 minutes 35 secondes (commandant) : *Allez, on y va !*

L'approche se poursuit... Le 727 est à présent à la verticale d'Ochlokonee River (carte), mais l'équipage n'aperçoit aucun repère au sol car la lune a maintenant complètement disparu. L'immense étendue d'eau n'est qu'une tache sombre invisible dans la nuit. Les seules lumières visibles sont les phares des rares voitures qui roulent sur Blountown Highway (carte). Mais à cette heure, la route est quasiment déserte. La piste se trouve à une dizaine de kilomètres sur la gauche mais le Boeing n'est toujours pas dans l'axe de la piste.

5 heures 35 minutes 24 secondes (copilote) : *Les volets 15 degrés !*

5 heures 35 minutes 25 secondes (commandant) : *Okay les volets 15.*

5 heures 35 minutes 31 secondes (copilote) : *On sort le train et check-list « AVANT ATTERRISSAGE ».*

5 heures 35 minutes 33 secondes (ingénieur navigant) : *Okay.*

Tout en parlant, David Mendez, fait glisser son siège sur ses rails pour venir s'installer en position entre les deux hommes, juste derrière le pylône central. De cette manière, il a accès aux manettes de puissance. En cas de remise de gaz, c'est lui qui sera chargé de les repousser vers l'avant.

Pendant ce temps-là, Walsh exécute la dernière instruction de son copilote. Il saisit le levier du train et il l'abaisse d'un coup. Aussitôt, les trappes s'ouvrent et le système mouline sous le cockpit. On entend distinctement le mécanisme qui travaille.
La piste est maintenant à 9 kilomètres. Les balises lumineuses strient l'obscurité sur la gauche du pare-brise. C'est le moment pour Walsh d'annoncer une nouvelle fois sa position sur la fréquence Unicom.

5 heures 35 minutes 41.8 secondes (commandant) : *FedEx 1478, on est en train de... euh virer en finale euh... sur la piste 09 de Tallahassee.*

Si le commandant a hésité, c'est peut-être parce que son message radio ne correspond pas à la réalité : l'avion n'est pas vraiment en dernier virage et il n'est pas non plus en finale stabilisée. C'est une approche un peu bâtarde. Pourtant Walsh ne proteste toujours pas... En fait, tout l'équipage se concentre surtout sur la check-list.

5 heures 35 minutes 54 secondes (copilote) : *Le train ?*

5 heures 35 minutes 56 secondes (commandant) : *Il est sorti et trois vertes.*

5 heures 35 minutes 57 secondes (ingénieur navigant) : *C'est vérifié !*

5 heures 35 minutes 59 secondes (ingénieur navigant) : *Autobrake.*

Cette fois la question surprend le commandant :

5 heures 36 minutes 00 seconde (commandant) : *Aaaahhh...*

En fait, contrairement à la plupart des avions de ligne, le Boeing 727 de ce récit n'est pas équipé d'un système de freinage automatique. L'item de l'ingénieur est donc sans objet :

5 heures 36 minutes 02 secondes (commandant) : *C'est pas non plus... euh... Pas installé !*

À présent, la piste n'est plus qu'à 7 kilomètres. Les balises lumineuses sont parfaitement visibles mais elles ne sont pas encore dans l'axe du pare-brise de Frye. Par ailleurs, l'avion survole maintenant la forêt d'Apalachicola. Seuls les secteurs situés à l'est et au nord de l'aéroport sont éclairés. Ce sont des conditions propices pour que le copilote soit victime de l'illusion du *black hole*[27]. La seule solution pour ne pas se faire avoir, consiste à surveiller la couleur des lampes du PAPI avec la plus grande attention.

5 heures 36 minutes 06 secondes (copilote) : *Les volets 25 ?*

5 heures 36 minute 07 secondes (commandant) : *Volets 25...*

5 heures 36 minutes 08 secondes (ingénieur navigant) *: Les spoilers automatiques ?*

[27] Trou noir.

Encore une fois, David Mendez vient de lancer un item qui n'a pas lieu d'être sur l'appareil. Du coup, Walsh réplique assez sèchement :

5 heures 36 minutes 09 secondes (commandant) : *Pas installé !!*

L'ingénieur navigant poursuit alors la lecture de la check-list sans faire de commentaire.

5 heures 36 minutes 10 secondes (ingénieur navigant) : *Les instruments de vol et de navigation ?*

5 heures 36 minutes 12 secondes (commandant) : *Vérifications croisées et il n'y a aucun « flag »*[28].

Au même moment, Frye applique un coup de trim électrique pour tenter de stabiliser l'avion mais son geste est un peu trop accentué, il corrige donc immédiatement par une action contraire.

5 heures 36 minutes 20 secondes (copilote) : *Euh, désolé pour ça !*

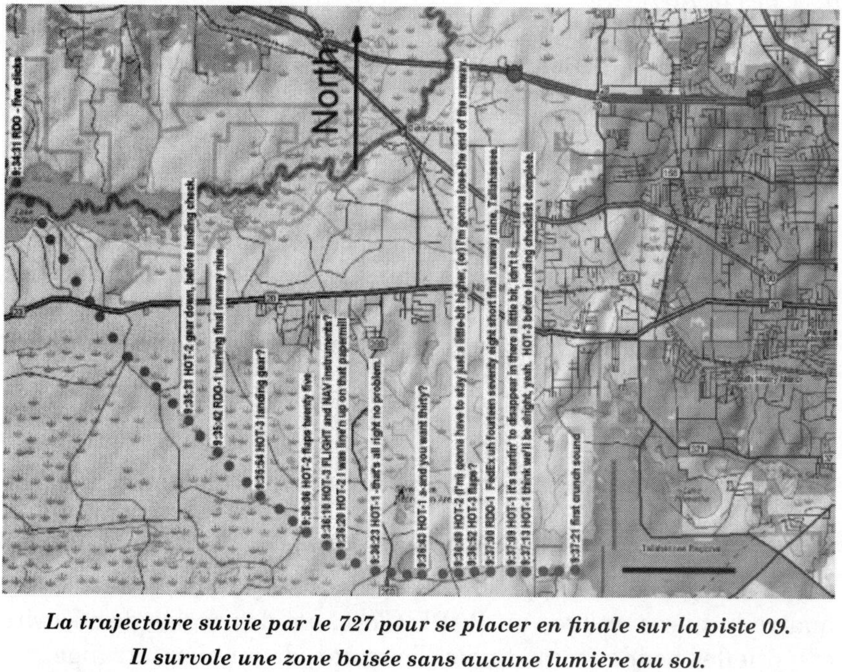

La trajectoire suivie par le 727 pour se placer en finale sur la piste 09. Il survole une zone boisée sans aucune lumière au sol.

[28] Si un instrument de navigation cesse de fonctionner ou si la réception d'une balise est trop faible, un drapeau rouge s'abaisse dans un coin du cadran afin d'avertir l'équipage qu'il serait dangereux de se fier aux indications affichées.

Au même moment, la voix grave de l'ordinateur retentit dans le cockpit. C'est le GPWS qui annonce la hauteur de l'avion par rapport au sol[29].

5 heures 36 minutes 20.2 secondes (GPWS) : *1 000...*[30]

Le copilote ne fait aucune remarque. Il semble seulement vouloir s'excuser de ne pas avoir parfaitement repéré l'axe de la finale :

5 heures 36 minutes 21 secondes (copilote) : *J'étais en train de m'aligner sur cette papeterie, hein !*

5 heures 36 minutes 22 secondes (commandant) : *Oh, pas de problème, non !*

Comme rien n'indique qu'il s'agit vraiment d'une papeterie, Frye corrige aussitôt :

5 heures 36 minutes 22 secondes (copilote) : *Ou sur cette chose avec des lumières...*

5 heures 36 minutes 23 secondes (commandant) : *C'est bon, pas de problème !*

À moins de 5 kilomètres de la piste et c'est seulement maintenant que Frye le met dans l'axe. Or, selon les procédures de stabilisation en finale préconisées par FedEx, c'est beaucoup trop tard. Et c'est d'autant plus ennuyeux que le plan de descente se dégrade. En quelques secondes, l'avion se retrouve trop bas. Il suffit de regarder les lumières qui s'affichent sur le PAPI et de surveiller leur couleur. À cet instant, on peut voir :

- une blanche.
- trois rouges.

Or, pour être sur un plan correct, il faudrait voir deux blanches et deux rouges. Et les choses vont en s'aggravant... Ainsi, trois secondes plus tard, le système affiche *quatre rouges. Cette fois, il y a danger...* Une approche à vue ne doit jamais se faire avec quatre lumières rouges au PAPI. C'est une des règles de sécurité essentielles pendant une finale. Pourtant, de manière étrange,

---

[29] *Ground Proximity Warning System* : système d'alarme de proximité du sol.

[30] 1 000 pieds : 304 mètres.

Frye ne semble pas voir le problème et Walsh ne fait toujours aucune remarque.
Il est focalisé sur la sortie des volets !
Au même moment, la puissance des trois réacteurs augmente sensiblement. L'EPR passe de 1.05 à 1.25[31]. Il est probable que David Mendez vient de rajouter un peu de puissance pour tenir la vitesse. Mais ce surcroît de poussée est très court. Deux secondes plus tard, l'EPR redescend à 1.17.

5 heures 36 minutes 43 secondes (commandant) : *Et… tu veux 30 degrés ?*

5 heures 36 minutes 45 secondes (copilote) : *Oui, s'il vous plaît.*

5 heures 36 minutes 45 secondes (commandant) : *Ouais… d'accord, alors les volets sur 30.*

Ce dernier échange est particulièrement intéressant : c'est Walsh qui vient de proposer à Frye de braquer les volets à 30 degrés. C'est loin d'être un détail anecdotique car il est clair que le copilote avait oublié de poursuivre la sortie des volets.
La piste se rapproche… Une nouvelle fois, la voix de l'ordinateur donne la hauteur par rapport au sol.

5 heures 36 minutes 47.8 secondes (GPWS) : *500 pieds*[32].

5 heures 36 minutes 49 secondes (copilote) : *Je vais être obligé de rester, juste un peu…*

Frye ne termine pas sa phrase mais il est probable qu'il se rende compte de ce qui se passe et qu'il souhaite rester en palier pendant quelques secondes. C'est également l'avis de Walsh :

5 heures 36 minutes 49 secondes (commandant) : *Reste stable !*

5 heures 36 minutes 50 secondes (copilote) : *Je vais monter un peu plus haut ou je vais perdre…*

---

[31] *Engine Pressure Ratio* : l'EPR mesure la puissance délivrée par un réacteur. C'est le rapport entre la pression totale des gaz brûlants à la sortie de la tuyère et la pression de l'air admis à l'entrée du réacteur.
[32] 152 mètres.

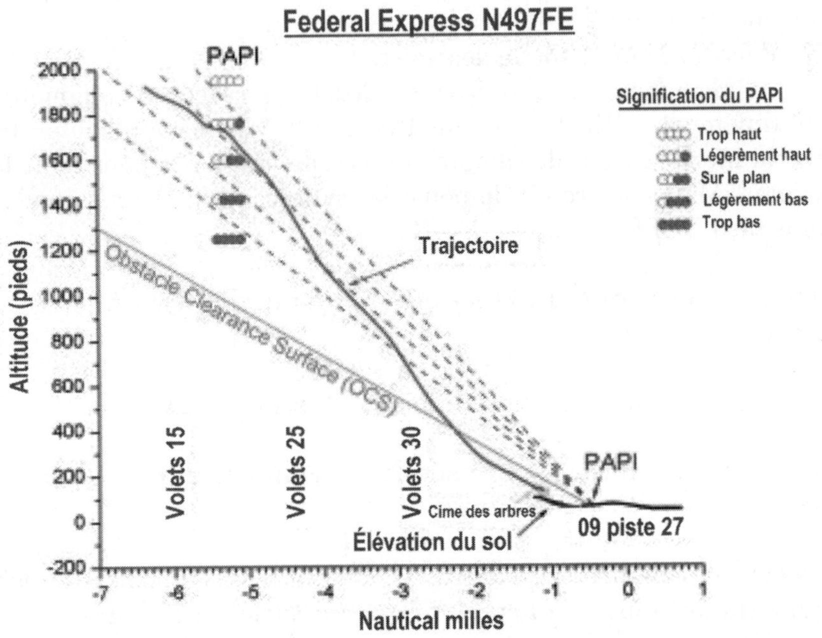

La trajectoire d'approche du 727 comparée à la pente correcte qui aurait dû être suivie.

De toute évidence, Frye sait qu'il est trop bas, pourtant à aucun moment, il n'évoque les quatre lumières rouges du PAPI. Elles sont pourtant parfaitement visibles à gauche de la piste et elles envoient un signal clair : la situation se dégrade dangereusement. En fait, les enquêteurs sont persuadés que le copilote a un problème de vision : avec la fatigue, il distingue mal la différence entre le blanc et le rouge.
Pendant ce temps-là, Walsh observe le travail de son copilote mais il ne reprend toujours pas les commandes. Plus ennuyeux, il approuve discrètement. C'est d'autant plus grave que le taux de chute de l'avion augmente brusquement à 1 248 pieds par minute. C'est près du double de ce qui le maintiendrait sur un angle de descente correct ! L'EPR est toujours à 1.17 et la vitesse à 152 nœuds[33]. Frye stabilise le taux de chute mais il ne remonte pas pour autant.

5 heures 36 minutes 51 secondes (commandant) : *Oui.*

5 heures 36 minutes 51 secondes (copilote) : *Sinon, je vais rater… euh… le début de la piste.*

[33] 282 km/h.

5 heures 36 minutes 52 secondes (commandant) : *Oui... oui... oui d'accord.*

Alors que le taux de chute revient à une valeur normale, Mendez poursuit tranquillement la lecture de sa check-list « AVANT ATTERRISSAGE ». Le ton est aussi appliqué que s'il s'agissait d'un examen.

5 heures 36 minutes 53 secondes (ingénieur navigant) : *Les volets ?*

5 heures 36 minutes 54 secondes (commandant) : *30... 30 degrés et trois vertes.*

5 heures 36 minutes 56 secondes (ingénieur navigant) : *Autorisation d'atterrissage ?*

5 heures 36 minutes 57 secondes (commandant) : *En bien, on est autorisés à atterrir sur la piste... euh... 09.*

Puis, pour confirmer ce qui n'est en réalité qu'une information, Walsh prend son micro pour transmettre sa position en « Unicom ». Personne ne l'écoute mais la procédure est respectée :

5 heures 36 minutes 59.7 secondes (commandant) : *FedEx... euh 1478, on est en courte finale sur la piste 09 à Tallahassee.*

L'avion se trouve alors à 1,6 kilomètre du seuil de la piste. Sa vitesse est de 146 nœuds[34] et son taux de descente est maintenant remonté à 528 pieds par minute. Les quatre lampes du PAPI sont toujours rouges car il n'est plus qu'à 200 pieds du sol. C'est très en dessous du plan. Sous les ailes, les arbres de la forêt d'Apalachicola se rapprochent. En fait, l'avion est si bas que leurs silhouettes viennent s'interposer par moments entre le pare-brise et les balises lumineuses. Mais personne dans le cockpit ne comprend ce qui passe. Dehors, il fait toujours nuit noire. Le soleil ne se lèvera que dans une heure et 14 minutes.
Inconscient, le copilote continue à descendre rapidement dans le trou noir. Sa trajectoire verticale devient fortement concave (voir schéma). À côté de lui, Walsh pense que les balises lumineuses sont simplement cachées par un nuage bas :

[34] 270 km/h.

5 heures 37 minutes 09 secondes (commandant) : *Elles commencent un peu à disparaître, hein ? Je pense qu'on est bien... oui, ça va aller.*

Au même moment, David Mendez referme le livret plastifié utilisé pour les check-lists. On entend le claquement sec du classeur. Puis, il annonce à haute voix :

5 heures 37 minutes 13 secondes (ingénieur navigant) : *Check-list « ATTERRISSAGE » terminée.*

La voix trahit une sorte de soulagement. Il est tard... L'imminence de l'atterrissage annonce une période de repos bien méritée. Les trois hommes vont pouvoir aller dormir dans un motel. Dans quelques secondes, les roues prendront contact avec le ciment et ils n'auront plus qu'à rentrer au parking. La voix apaisante du GPWS commence à annoncer la hauteur.
Tout va alors se jouer en quelques fractions de secondes :

5 heures 37 minutes 14.0 secondes (GPWS) : *100*[35]...

La vitesse est en légère diminution. Elle n'est plus que de 266 km/h. Il est probable que Mendez s'en rende compte car il avance les trois manettes de puissance vers l'avant. L'EPR monte à 1.34.
Personne ne parle... Seule la voix de synthèse de l'ordinateur résonne dans le cockpit :

5 heures 37 minutes 19.9 secondes (GPWS) : *50*[36]...

5 heures 37 minutes 20.3 secondes (GPWS) : *40*[37]...

Les balises lumineuses sont droit devant. Elles semblent toutes proches quand soudain un énorme craquement secoue dans la cellule. L'aile droite du 727 vient de percuter la cime d'un arbre qui se trouve à seulement 1 109 mètres du seuil de la piste... Le coup retentit durement dans la cellule. Des vibrations violentes apparaissent. Aussitôt, William Walsh se précipite sur les manettes de poussée. Sans réfléchir, il met tout en avant. La puissance des

[35] 100 pieds : 30 mètres.
[36] 50 pieds : 15 mètres.
[37] 40 pieds : 12 mètres.

réacteurs remonte à 1.46 EPR. Mais il est malheureusement trop tard. L'impact a déséquilibré l'appareil.

5 heures 37 minutes 21 secondes (GPWS) : *30*[38]...

Le craquement s'amplifie. Des centaines de branches crissent sur le fuselage. Le bruit est épouvantable. En moins d'une seconde, le Boeing bascule franchement sur la droite. Aussitôt, l'ordinateur donne l'alarme, car les ailes doivent rester à l'horizontale lorsque l'avion est en courte finale.

5 heures 37 minutes 22.6 secondes (GPWS) : *Inclinaison... Inclinaison...*

En une seconde, les crissements prennent de l'ampleur et se transforment en un vacarme épouvantable. Le Boeing est précipité vers le sol dans une longue glissade à droite. Les ailes ne sont plus que des faux gigantesques qui décapitent littéralement les arbres de part et d'autre du fuselage. Puis, l'appareil sort de la zone boisée et déboule dans un champ. Il traverse un chemin de terre. Les sillons qu'il creuse sont si profonds qu'on peut encore les distinguer aujourd'hui sur Google Earth[39].
Alors que la course folle se poursuit, l'un des trois hommes pousse un long hurlement. La voix n'est pas reconnaissable mais le cri déchirant ne s'arrêtera que lorsque le CVR cessera de tourner.

Enfin, la carcasse effectue un violent tête-à-queue par la droite et se retrouve avec un cap 260. C'est quasiment dans le sens contraire de son axe d'approche. Puis, tout s'arrête d'un coup. Le freinage est si violent que le visage de Walsh vient percuter le tableau de bord. Depuis l'impact avec la cime du premier arbre, le Boeing a parcouru 637 mètres.
Il y a une seconde de silence puis un plouf retentit sourdement vers l'arrière : la soute vient de s'embraser.

5 heures 37 minutes 26.2 secondes : Fin de l'enregistrement.

Les trois hommes sont blessés mais ils parviennent à bouger. Ils tentent d'abord de fuir par la porte du cockpit ; malheureusement,

---

[38] 30 pieds : 9 mètres.

[39] Détail étonnant, avec le temps, ils se sont même transformés en un chemin emprunté par des véhicules pour prendre un raccourci (voir photo).

ils doivent renoncer immédiatement car les flammes prennent de l'ampleur de seconde en seconde. La porte avant gauche est déjà inaccessible. Le carburant a imbibé la cargaison et c'est un gigantesque brasier qui ronfle de plus en plus fort.

Une saignée impressionnante dans la forêt d'Apalachicola

Le commandant décide alors de fuir par la fenêtre latérale gauche. Miracle, malgré la violence des chocs, le cockpit n'est pas vrillé et le système d'ouverture fonctionne normalement. Il réussit à se glisser par l'ouverture et se laisse tomber au sol, la tête la première. L'atterrissage n'a rien de brutal car le Boeing est sur le ventre. Sans le train avant, l'issue se trouve à moins de deux mètres du sol. Walsh a beaucoup de chance. Il ne souffre que d'une fracture du nez consécutive au choc contre le tableau de bord.

Les choses sont beaucoup plus pénibles pour William Frye car il a plusieurs côtes fracturées et l'une d'elles a perforé son poumon droit... Il souffre également d'un traumatisme crânien et d'une luxation de l'épaule droite. Malgré l'assistance de Walsh et de Mendez, il lui faut près de trois minutes pour évacuer le cockpit. C'est une éternité alors que l'incendie commence à faire fondre la cloison derrière eux. Lorsque Frye est enfin au sol, David Mendez quitte à son tour le cockpit. Il n'a qu'une légère commotion cérébrale et un énorme hématome au niveau de la cage thoracique.

Les trois hommes s'éloignent en se soutenant mutuellement dans la nuit. Puis, lorsqu'ils sont suffisamment loin du brasier, ils se laissent tomber dans l'herbe pour assister au désastre dont ils sont responsables.

Traces au sol laissées par le 727.

Des sillons encore visibles aujourd'hui sur Google Earth.

LES CAUSES DE LA CATASTROPHE

Les enquêteurs détermineront que la principale cause de l'accident vient du fait que « *le commandant et le copilote n'ont pas été capables de maintenir un plan de descente correct pendant une approche à vue de nuit* ». Afin de mieux comprendre l'enchaînement des événements, le NTSB reconstituera la trajectoire exacte du Boeing à partir du moment où le GPWS annonce « 1 000 pieds ». Cette analyse très intéressante est consultable sur internet[40]. Mais comme toujours, plusieurs cofacteurs sont intervenus dans le déroulé des faits et c'est cette conjonction qui provoque la catastrophe :

1/ Une approche de nuit.

Le manuel des Opérations de la compagnie FedEx attire l'attention des pilotes sur les accidents au cours desquels un avion percute le sol en vol contrôlé CFIT[41]. Ils sont trois fois plus nombreux la nuit que le jour. Comme les vols du transporteur se déroulent principalement de nuit, des procédures ont été mises en place afin de sensibiliser les équipages sur les risques inhérents à ce genre d'opérations.

2/ Le phénomène d'illusion d'optique du trou noir : le « Black Hole » ou « illusion de Kraft ».

Finale de nuit en Airbus 330.
L'avion est sur un plan de descente correct.

[40] Voir le site : https://www.youtube.com/watch?v=Rm1uTlVNhD4
[41] *Controlled Flight Into Terrain.*

Les approches à vue sur des surfaces sombres telles que l'eau, les forêts et les zones désertiques en général sont à l'origine d'une illusion d'optique qui amène le pilote à faire une approche dite « concave ». En clair, la trajectoire verticale devient courbe au lieu d'être rectiligne. Elle se creuse vers le sol à mesure que l'avion se rapproche de la piste. Pour éviter ce phénomène sournois, les équipages doivent exécuter des vérifications croisées de la trajectoire en utilisant tous les moyens à leur disposition : PAPI, contrôle de la hauteur en fonction de la distance, utilisation du glide, chronomètre, etc.

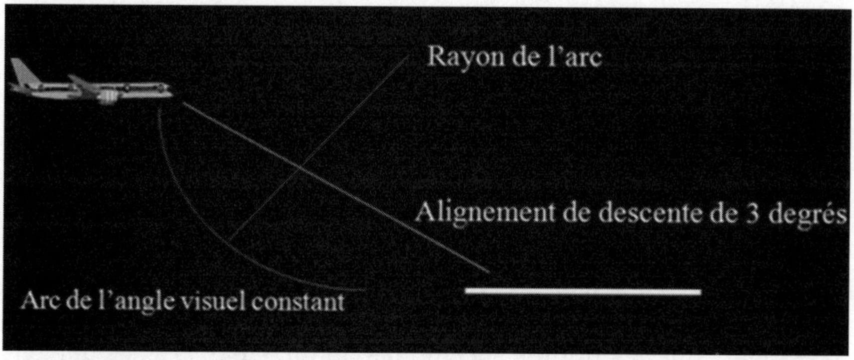

Au cours d'une approche à vue sans référence instrumentale, le pilote a tendance à décrire une trajectoire concave qui se termine au ras du sol.

De manière étrange, quelques mois plus tôt, le copilote avait suivi un stage sur les risques d'illusion d'optique pendant une approche à vue. Il était donc parfaitement au courant du phénomène « black hole ». Par contre, le commandant et l'ingénieur navigant n'avaient jamais suivi le moindre cours de sensibilisation. En fait, aucun des trois n'a respecté les indications du PAPI dont toutes les lampes étaient rouges.

3/ Les déficiences visuelles du copilote.

Entre 1979 et 1995, William Frye a été pilote au sein de l'US Navy. C'était un navigant avec un excellent dossier professionnel. Pendant toutes ces années dans l'armée, il a passé avec succès toutes les visites médicales obligatoires. Sa vision des couleurs n'a jamais été mise en défaut et il a toujours eu 10/10 sans correction pour chaque œil. C'est seulement deux ans après avoir été recruté par FedEx que le copilote semble avoir éprouvé quelques difficultés au niveau de la vision du bleu et du vert. Pourtant, le problème a été jugé mineur par les médecins qui ne l'ont pas déclaré inapte pour autant. En fait, il est très probable que le manque de sommeil a joué un rôle prépondérant dans l'aggravation ponctuelle de cette pathologie. Les enquêteurs pensent que, du fait de la fatigue, sa vision du rouge et du blanc s'est trouvée dégradée au moment où l'avion est passé sous le plan de descente.

4/ La fatigue.

Le rapport du NTSB lui consacre un très long chapitre car la fatigue des équipages est un facteur déterminant dans les accidents survenus ces dernières années au sein du transport aérien.
En septembre 1990, soit 12 ans avant le crash de FedEx, un premier rapport avait été publié pour dénoncer les pratiques de certaines compagnies aériennes. Il était accablant ! En mai 1999, un second rapport est sorti afin de signaler qu'aucun progrès significatif n'avait été réalisé pour diminuer les risques liés au non-respect des cycles circadiens et rappelant les besoins de sommeil des navigants. Les réponses apportées par les compagnies ont été étudiées à la loupe par la FAA et dans le bulletin de sécurité A-99-45, elles ont été jugées « inacceptables ».
Il est clair que les limites spécifiques définies par la FAA doivent être respectées, y compris pour les appareils dans lesquels on trouve trois navigants. Celles-ci prévoient notamment un maximum de 12 heures de vol, suivies d'une période de repos de 24 heures consécutives. Ceci est valable pour une durée maximale de sept jours consécutifs. Or, William Frye avait été de réserve pendant 24 heures, puis il avait effectué 6 heures de vol pendant les 24 heures ayant précédé le crash. Avant de partir pour Tallahassee, il avait discuté avec un responsable du planning et avait finalement accepté le vol sans avoir conscience que les règles de FedEx n'étaient pas claires. En fait, il ne savait pas vraiment lui-même s'il allait violer la réglementation fédérale en acceptant ce vol.
En réalité, il est évident que les trois membres de l'équipage du FedEx 1478 étaient épuisés. Ainsi, pendant l'approche, le commandant a commis certaines erreurs, certes minimes mais significatives car elles montrent que son état de vigilance était très faible :

- Il n'a pas collationné correctement certaines fréquences,
- Il a mal compris les informations météo de Tallahassee,
- À deux reprises, il a confondu le contrôleur de Jacksonville avec celui d'Atlanta.
- Il n'a cliqué que six fois sur l'alternat de son micro au lieu des

- sept clics demandés par le copilote pour obtenir un éclairage haute intensité du balisage.
- Il n'était pas sur la fréquence « Unicom » lorsqu'il a effectué cette action.
- Dans sa seconde tentative, il n'a cliqué que cinq fois au lieu de sept.

Puis sont venues des erreurs plus graves :

- Il n'a fait aucune correction aux commandes lorsque le Boeing est passé sous le plan.
- Il n'a pas vu que les quatre lampes du PAPI étaient rouges.

ilote n'était pas en meilleure forme. Il expliquera aux enquêteurs que depuis plusieurs mois, ses cycles de sommeil étaient terriblement perturbés. Il ne parvenait pas à dormir la nuit lorsqu'il était en repos et il tombait de sommeil pendant la journée. Lui aussi a commis de nombreuses erreurs qui sont clairement imputables à la fatigue. Certaines sont mineures, d'autres sont beaucoup plus graves :

- Il a oublié de poursuivre le braquage des volets à 30 degrés et c'est le commandant qui le lui a rappelé.
- Il a confondu plusieurs phares de la région de Tallahassee.
- Il n'a pas maintenu la puissance EPR indispensable pour stabiliser l'approche.
- Il s'est laissé descendre sous le plan.
- Il n'a fait aucun suivi visuel ou oral des indications du PAPI.

La fatigue a également eu des effets pervers sur les performances de l'ingénieur navigant. C'est surtout dans la phase finale de l'approche que ce dernier a été particulièrement faible. Ainsi, il n'a fait aucune remarque lorsque l'avion est passé sous le plan d'approche. C'était pourtant son rôle de surveiller et d'alerter le commandant si ce problème se produisait. C'est d'autant plus étonnant que le dossier de David Mendez mentionne qu'il est un élément attentif et très réactif aux questions de sécurité. Sa vigilance a toujours été remarquée positivement lors de ses vols précédents.

Quelques jours après le drame, Ed Coleman, le directeur de la communication de FedEx expliquera aux médias qu'il ne sait pas encore quel sera l'avenir des trois navigants au sein de la compagnie : « *FedEx ne commente jamais le statut de ses employés* ». Aucune information ne sera donc jamais fournie par le transporteur sur le sort qui leur a été réservé...

PILOTES NORVÉGIENS ET CONTRÔLEURS SUÉDOIS

Jeudi 15 mars 2012

Le C-130 de la Royal Norwegian Air Force immatriculé 5630 (@ Karl Heinz-Krebs)

L'appareil de ce récit est un C-130J-30 de l'Armée de l'air norvégienne[1]. Il appartient au 335e Squadron basé à Gardermoen[2] et son immatriculation est 5630.

C'est un Super Hercules, la toute dernière évolution du célèbre avion de transport américain dont le premier vol date de 1956. Après soixante ans de bons et loyaux services et des millions d'heures de vol, la lignée des C-130 est devenue une véritable légende chez les militaires. Car il est increvable… Il peut atterrir et décoller sur des terrains non préparés, voler dans les conditions les plus dures et sur tous les champs de bataille. Conçu pour transporter 128 soldats avec tout leur équipement, l'appareil est finalement devenu une bête de somme à qui l'on a confié des dizaines de missions différentes. C'est ainsi qu'au fil des années, il est devenu bombardier d'eau pour la lutte anti-incendie, garde-côtes, spécialiste de l'épandage agricole

[1] Le C-130J-30 est une nouvelle version dont le fuselage a été allongé de 5 mètres par rapport au C-130J.

[2] Cet escadron appartient lui-même au 135 Air Wing.

et même avion d'attaque au sol dans sa version *Gunship AC-130*. Cette dernière déclinaison a d'ailleurs été équipée du plus gros canon jamais monté sur un avion de transport[3]. Selon les armées et les pays, il a été équipé de skis pour atterrir sur la neige, il est ravitailleur en vol et il a même été équipé de puissantes fusées Jato[4] qui lui permettent de décoller sur une centaine de mètres comme un chasseur. Plus étonnant encore, le C-130 est certainement le seul gros-porteur quadrimoteur au monde à avoir apponté sur un porte-avions.

Appontage d'un C-130 sur le porte-avions Forrestal en 1963.

Celui de ce récit est un C-130J-30, une version modernisée qui a été rallongée de plus de cinq mètres par rapport à ses prédécesseurs. Il est équipé de quatre moteurs Rolls Royce de 4 700 ch et de magni-

[3] L'AC-130 Gunship « Spectre » est équipé d'un canon latéral M102 de 105 mm.

[4] Jet-Assisted Take-off. Voir le C-130 qui équipe la patrouille acrobatique américaine des Blue Angels à Pensacola (https://en.wikipedia.org/wiki/JATO#/media/File:C-130T_Hercules_Blue_Angels.jpg).

fiques hélices courbes à six pales. Comparé aux anciens C-130, le modèle « J » monte donc plus vite, il vole plus haut et il décolle et atterrit sur des distances plus courtes. Sa masse maximale autorisée au décollage est de 74 tonnes[5] mais pour le vol d'aujourd'hui, l'avion sera pratiquement vide : il ne pèsera que 54 tonnes.

Lavage d'un C-130J.
Des moteurs Rolls-Royce AE 2100 D3 de 4 700 ch
équipés de superbes hélices six pales Dowty R391 en composite.

Comme tous les appareils de cet escadron norvégien, le C-130J-30 de ce récit a reçu un nom de baptême : *SIV* qui a été peint de manière très visible juste sous le pare-brise latéral...
C'est un avion pratiquement neuf : il est sorti d'usine il y a seulement 18 mois et il n'a effectué que 856 heures de vol. Par ailleurs, il est parfaitement entretenu puisque, comme tous les avions de la Royal Norwegian Air Force, lorsque le C-130J ne vole pas, il est systématiquement mis à l'abri dans un hangar chauffé et éclairé... de jour comme de nuit. C'est un luxe de précautions rarissime dans le monde où l'immense majorité des gros-porteurs couchent dehors et ne rentrent dans un hangar qu'à l'occasion des révisions.
L'Armée de l'air norvégienne possède quatre C-130J de ce type et *SIV* est le plus récent. C'est un appareil que les équipages apprécient particulièrement pour sa fiabilité. Les équipements intérieurs ont

[5] Le chiffre exact est 74,390 tonnes. À l'époque des événements, la presse norvégienne a évoqué en permanence une masse maximale de 40 tonnes, ce qui est une grossière erreur.

été testés depuis des années et tout y est incroyablement solide. Il n'y a jamais de mauvaise surprise...
Par ailleurs, son immense cockpit est confortable et sa largeur est parfaitement adaptée aux missions difficiles. Rien à voir avec l'exiguïté d'un avion de ligne ! Une dizaine de personnes peuvent y pénétrer facilement pour scruter le ciel au travers des nombreux pare-brise. Car il n'y a pas moins de 19 vitrages répartis autour de l'équipage. Certains hélicoptères ne font pas aussi bien ! L'endroit comporte même une couchette disposée au niveau du plafond. Un passager privilégié peut assister à l'atterrissage en étant confortablement allongé.
Évidemment, rien n'est parfait et le C-130 présente malgré tout un défaut majeur : c'est un avion de guerre à l'intérieur duquel rien n'a été étudié pour satisfaire le confort des passagers. Il n'y a aucun panneau d'insonorisation sur les cloisons et le fuselage agit comme une immense caisse de résonance. Comme tous les appareils de transport militaire, l'intérieur est donc terriblement bruyant et l'on ressent fortement les vibrations des turbopropulseurs dont le fonctionnement n'est pas aussi lisse qu'un réacteur. En fait, le vacarme dans l'avion est si assourdissant que la plupart des maîtres chargeurs ont pris l'habitude de porter des boules de protection auditive pendant les vols !
Par chance, les passagers sont presque toujours des soldats. Bien qu'ils soient assis sur des sièges en toile rugueuse et dans un confort précaire, les réclamations sont peu nombreuses !

L'ÉQUIPEMENT ÉLECTRONIQUE DU C-130J-30

Au niveau du cockpit, l'appareil profite évidemment des énormes progrès réalisés ces dernières années sur les avions civils... Les anciens cadrans circulaires ont été remplacés par de superbes écrans LCD qui fournissent des informations claires et intuitives. Le pilotage de l'appareil est devenu facile et comme dans toutes les machines de dernière génération, l'équipage se compose de seulement deux pilotes. Il n'y a plus de mécanicien navigant, ni de navigateur... En outre, la soute ne requiert qu'un seul maître chargeur (même si, par sécurité, les militaires norvégiens en mobilisent systématiquement deux...)[6].

---

[6] Un C-130J ne requiert qu'un équipage de trois personnes alors qu'il en fallait cinq sur le modèle « H ».

Le tableau de bord d'un C-130-H (ancienne version) avec ses dizaines d'instruments analogiques.
Malgré son âge, l'appareil est encore en service aujourd'hui.
(@ Royal Norwegian Air Force)

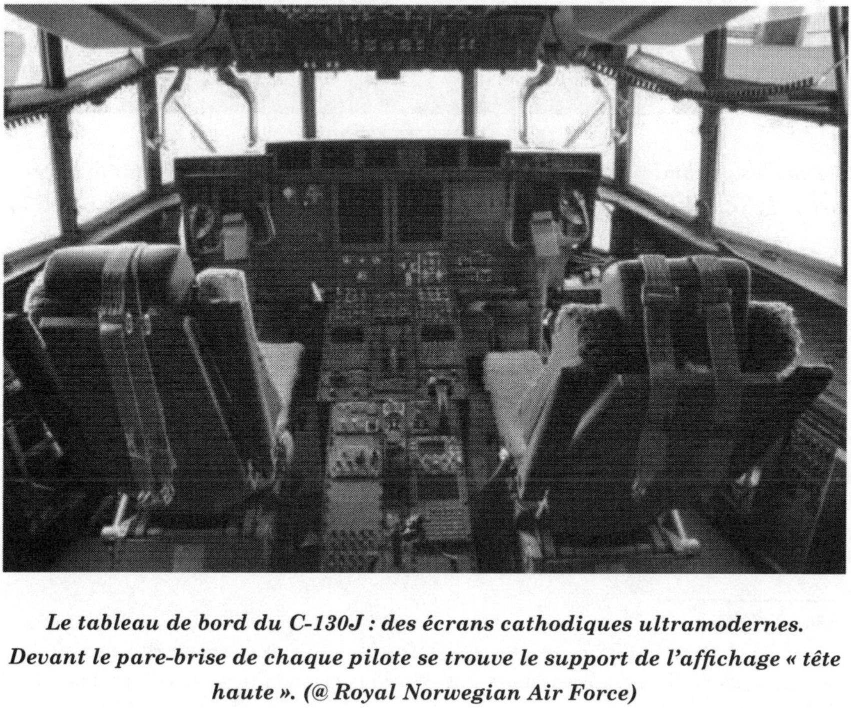

Le tableau de bord du C-130J : des écrans cathodiques ultramodernes. Devant le pare-brise de chaque pilote se trouve le support de l'affichage « tête haute ». (@ Royal Norwegian Air Force)

Par ailleurs, le C-130J est équipé des derniers perfectionnements techniques en matière de pilotage. Il possède notamment un imposant affichage tête haute « HUD »[7]. Tous les paramètres du vol viennent s'afficher devant le pare-brise, ce qui permet au pilote de ne plus baisser et relever la tête en permanence lors des approches. C'est un atout de sécurité incontestable !

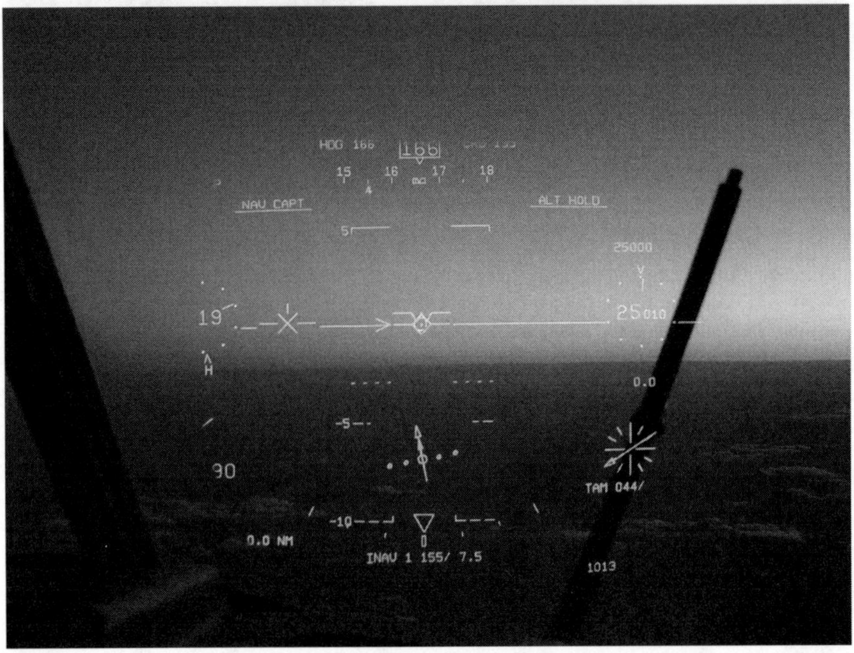

Le « HUD » du C-130J.

Tous les paramètres indispensables au pilotage s'affichent devant le pare-brise. Le pilote peut naviguer et atterrir sans jamais baisser les yeux vers son tableau de bord.

(@Philip Brown)

Pour faciliter l'exécution des missions dangereuses, l'avion possède également les derniers équipements électroniques en matière de suivi de terrain. Ainsi, le pilote peut voler de nuit au ras du sol, tous feux éteints, pour échapper aux radars de l'ennemi. Pour cela, il possède un système très perfectionné qui l'avertit du risque de percuter un obstacle : le GCAS/TAWS[8]. Nous y reviendrons.

---

[7] Head Up Display.

[8] CGAS : Ground Collision Avoidance System (Système d'évitement de collision avec le sol). TAWS : Terrain Awareness and Warning System (système d'information et d'alerte du sol).

L'EXERCICE MILITAIRE « *COLD RESPONSE* »

Chaque année, les Norvégiens organisent des manœuvres militaires de grande envergure afin de se préparer à un éventuel conflit. C'est un exercice organisé dans le cadre de l'OTAN. En ce mois de mars 2012, il implique quinze pays et 16 000 soldats qui vont s'entraîner pendant onze jours sur le territoire norvégien mais également sur les pays voisins[9]. Le scénario est le suivant : à la suite d'un tremblement de terre, le chaos règne en Norvège et un groupe de séparatistes très bien armés tente de renverser le gouvernement... Pour rétablir l'ordre, le Conseil de sécurité des Nations unies autorise l'OTAN à intervenir. C'est dans ces conditions qu'une force composée de Casques bleus doit être mise en place en moins de dix jours pour stabiliser la situation. Ce sont bien évidemment des avions de transport militaires comme le Super Hercules qui sont chargés de cette mission.

L'exercice « Cold Response » se tient toujours en hiver... C'est une saison très dure en Norvège mais c'est exactement ce que recherchent les participants car elle permet aux militaires des autres pays de tester leur matériel dans des conditions climatiques terriblement rigoureuses : routes enneigées, vent glacial, verglas, brouillards, etc. Les vols y sont également très difficiles pour les pilotes car les météos locales n'ont aucun rapport avec ce qu'ils rencontrent habituellement dans leur pays.

Malheureusement, comme toujours, ces manœuvres ne font pas que des heureux, notamment à l'Est. Ainsi le président Vladimir Poutine considère-t-il que « *cette agitation est une véritable provocation à l'encontre de la Russie* ». Il est vrai que le scénario met en scène une attaque de séparatistes fortement armés par « un pays voisin ». Or, cela ressemble fortement à ce qui s'est passé en Géorgie, en Crimée et qui se produira très prochainement en Ukraine. Personne ne cite officiellement les Russes mais ils sont montrés du doigt... Car la Norvège se trouve dans une région hautement stratégique. Elle possède une frontière avec la Russie... C'est un gros producteur de pétrole et ses richesses attirent les convoitises. Vladimir Poutine voit donc d'un très mauvais œil les Occidentaux s'entraîner à proximité de chez lui pour protéger son petit voisin. En réponse à ce qu'il considère comme une forme d'agression, il annonce alors que la Russie crée deux brigades

[9] Les pays participants à « Cold Response 2012 » sont : Allemagne, Belgique, Canada, Danemark, Espagne, Finlande, France, Hollande, Lettonie, Pologne, Royaume-Uni, Suède, USA et Norvège.

mobiles « *qui pourront opérer n'importe où dans l'Arctique* où il sera nécessaire de *protéger les intérêts du pays* ».
La tension monte progressivement...
C'est dans ces conditions de semi-guerre froide que le Super Hercules 5630 doit effectuer des liaisons entre différents pays. Sa mission consiste à acheminer des troupes et du matériel de ravitaillement sur certains aéroports sensibles. Les trajets à effectuer changent tous les jours.
Aujourd'hui, l'équipage est composé des éléments suivants :

LE COMMANDANT DE BORD : Truls Audun Ørpen

(@ Forsvarets Medesenter/ANB)

Il est capitaine au sein de la Royal Norwegian Air Force. Il a 42 ans et totalise 6 153 heures de vol qui ont toutes été effectuées sur différents types de C-130. Il est parfaitement accoutumé aux conditions climatiques de son pays.
Comme la majorité des pilotes norvégiens, Ørpen a été formée aux États-Unis par des instructeurs de l'US Air Force et tous ses *Proficiency checks*[10] sont également effectués sur des bases américaines. En effet, la Royal Norwegian Air Force ne possède pas de simulateur adapté à ce type d'avion.
Pendant les trois derniers mois, le commandant de bord n'a fait que 25 heures de vol. Cela pourrait sembler très peu pour un pilote civil mais c'est un chiffre acceptable pour les militaires norvégiens[11]. En effet, les vols effectués dans l'Armée de l'air ne sont pas de même nature. Ils sont généralement courts mais exigent une tension de tous les instants. Le Pilote Automatique est rarement utilisé et le stress est énorme puisque l'avion est supposé opérer à proximité d'un champ de bataille.
Étrangement, lorsqu'il était enfant Truls Audun Ørpen ne rêvait pas de piloter un avion. Il voulait simplement reprendre la ferme familiale où il avait grandi. C'était à Krødsherad dans le comté de Buskerud. Malheureusement, à l'âge de 18 ans, Ørpen a commencé à souffrir de violentes allergies au pollen. Il n'a plus été capable de travailler dans les champs. Au fil du temps, sa pathologie est

[10] Contrôle de compétence.
[11] En Europe, un pilote de chasse effectue en moyenne 170 heures de vol par an.

devenue si grave qu'il a dû quitter la ferme. C'était en 1985... Il a alors décidé de s'engager dans l'Armée de l'air et il est devenu l'un des meilleurs pilotes du transport militaire norvégien. Ses camarades le décrivent comme « *quelqu'un de fiable, parfois dur mais toujours humain dans ses relations* ».
Au moment de ces événements, Truls Audun Ørpen est PNF. C'est lui qui gère les communications radio mais il ne touche pas aux commandes de l'avion. Il est assis à la place gauche.

LE COPILOTE : Ståle Garberg.

(@ Forsvarets Medesenter/ANB)

Il est lieutenant-colonel. Il a 46 ans et 3 285 heures de vol mais seulement 91 heures sur C-130J.
Ståle Garberg est marié avec Kjertsti et père de deux enfants Marte (14 ans) et Jonas (10 ans). Le pilote jouit également d'une excellente réputation dans l'Armée de l'air norvégienne. C'est un navigant sérieux qui n'a jamais été impliqué dans le moindre incident. Comme la plupart des militaires norvégiens, il est sportif et en excellente forme physique. C'est lui qui sera PF pour ce vol. Il sera assis en place droite.
Les enquêteurs ne pourront s'empêcher de remarquer que la composition de l'équipage n'est pas totalement standard. En effet, Ståle Garberg totalise un nombre d'heures très inférieur à celui du commandant de bord. Il est également beaucoup moins expérimenté et beaucoup moins brillant. Il est donc évident que Garberg va se reposer sur lui et imaginer que ses erreurs seront immédiatement corrigées. Car si la mission présente un caractère routinier, les violentes rafales de vent peuvent être déstabilisantes pour un pilote qui n'a effectué que 18 heures dans les trois mois précédents.
Pourtant, un autre facteur intervient dans les relations qu'entretiennent les deux navigants : Ståle Garberg est le supérieur hiérarchique direct d'Ørpen et il est d'un grade beaucoup plus élevé. D'une certaine façon, c'est donc de lui que dépend l'évolution de la carrière du commandant de bord. Dans ces conditions, on comprend que ses erreurs, s'il y en a, ne seront pas signalées avec la même sévérité que s'il s'agissait d'un jeune stagiaire sous-lieutenant tout juste sorti de l'académie !

Cette situation pourrait paraître étrange pour un non-initié mais elle est habituelle dans toutes les armées du monde et on peut la résumer par ces mots : « la fonction prime le grade ». Bien que Garberg soit d'un grade supérieur à celui d'Ørpen, il est beaucoup moins expérimenté.
Le lieutenant-colonel doit donc obéir aux ordres du capitaine.

Ståle Garberg aux commandes d'un C-130H lors d'un vol précédent (@ Forsvarets medesenter/ANB)

LE PREMIER-MAÎTRE CHARGEUR : capitaine Siw Robertsen.

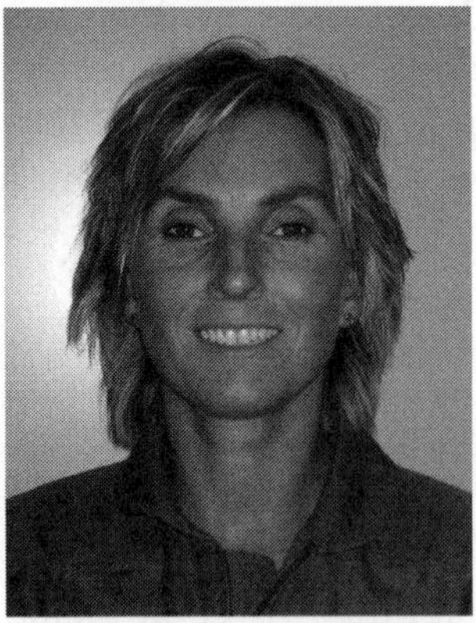

(@ Forsvarets Medesenter/ANB)

C'est une jeune femme de 45 ans particulièrement sportive... Elle pratique la course à pied, le ski de fond et c'est une excellente joueuse de football... Elle possède également son propre voilier avec lequel elle fait des régates, mais c'est principalement à vélo qu'elle excelle puisqu'elle est une des meilleures cyclistes de Norvège. C'est d'ailleurs à ce titre qu'elle participe chaque année à la *Birkenbeinrrittet*, la plus célèbre compétition du pays. En 2007, elle est même arrivée... vingt-troisième, ce qui représente un exploit fantastique car la compétition rassemble environ 17 000 coureurs. Cette épreuve de 92 kilomètres se tient au mois d'août sur des pistes de montagne, à travers les forêts, et elle a la réputation de rassembler les meilleurs.

Du point de vue professionnel, Siw Robertsen totalise 1 590 heures de vol et possède toutes les qualifications requises pour effectuer le travail de premier maître chargeur. C'est une des meilleures de sa promotion. Son rôle est capital dans la sécurité du C-130. Il consiste à répartir les charges à l'intérieur de la soute cargo afin que l'avion soit parfaitement centré pendant tout le vol. Toute erreur de sa part se traduirait inévitablement par un accident. Elle est également chargée de remplir les documents administratifs indispensables à la mise en place du fret. C'est un travail long et fastidieux mais elle l'effectue toujours avec la plus grande précision. Son dossier professionnel est excellent !
Le maître chargeur n'a aucun rôle dans le pilotage de l'avion mais Siw Robertsen est une passionnée d'aéronautique qui rêve de s'asseoir un jour à la place gauche. Elle ne manque donc jamais de venir dans le cockpit pendant les vols. Elle s'installe généralement sur le siège juste devant la console centrale entre le commandant et le copilote et elle adore poser des questions techniques concernant le fonctionnement des différents systèmes.

LE SECOND MAÎTRE CHARGEUR : capitaine Bjorn Yngvar Haug.

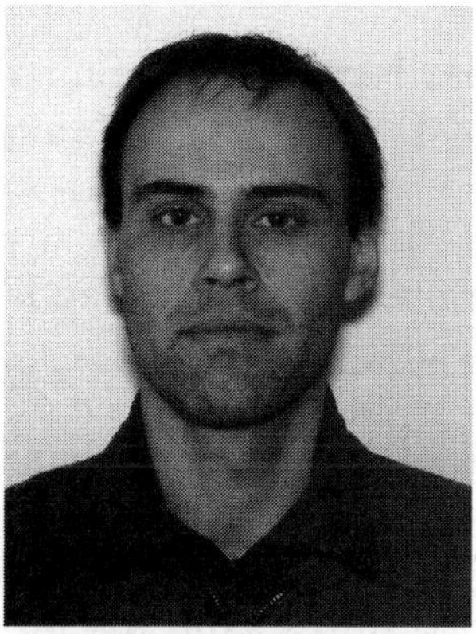

(@ Forsvarets Medesenter/ANB)

Malgré ses 42 ans, il a la réputation d'être assez réservé. Un de ses camarades de promotion le décrit comme « *un type gentil qui ne fait pas de bruit mais dont le travail est toujours absolument impeccable* ». Il totalise 3 004 heures de vol effectuées sur les différents types de C-130 norvégiens.

(@ Forsvarets Medesenter/ANB)

LE PASSAGER : capitaine Steinar Utne.

C'est un pilote d'hélicoptère de la Royal Norwegian Air Force qui n'a aucun rôle dans le déroulement de la mission. Il a 35 ans. C'est juste un passionné qui a obtenu l'autorisation de l'état-major pour embarquer à bord du Super Hercules. Il vole d'habitude sur un Westland Sea King Mk 43 spécialisé dans la recherche et le sauvetage.

La veille, Steinar Utne a effectué une mission « Cold Response » au cours de laquelle il lui a fallu simuler la récupération de pilotes tombés en mer. Son indicatif habituel est « Saver 20 ». Comme aucun entraînement n'a été prévu pour lui aujourd'hui, il a décidé de profiter de son temps libre pour aller voler avec ses amis. Il veut voir comment ça se passe pendant une mission de transport de troupes. Bien évidemment, il va s'installer sur un *jump-seat* dans le cockpit avec le reste de l'équipage. Il suivra le déroulement du vol avec la plus grande attention et ne manquera pas lui non plus de poser de nombreuses questions.

LES VOLS PRÉCÉDENTS

Ce n'est pas la première mission effectuée par l'équipage du Super Hercules dans le cadre de « Cold Response ». Il y en a déjà eu cinq au cours des deux journées précédentes :

- Le 13 mars, l'avion a réalisé quatre rotations de transport pour une durée totale de 5 heures et 12 minutes. Il n'y a pas eu le moindre incident et tous les objectifs ont été atteints.
- Le 14 mars, un seul vol a été effectué en fin d'après-midi. Il n'a duré qu'une heure et 22 minutes. Tout s'est parfaitement déroulé. L'atterrissage à Harstad-Narvik s'est fait de nuit à 21 heures 08. L'équipage est ensuite rentré à l'hôtel Tjedsundbrua Maritim situé à 15,6 kilomètres de l'aéroport. Après avoir discuté quelques instants au bar, les cinq militaires sont montés dans leur chambre vers 23 heures. Tout le monde s'est couché rapidement sans imaginer que le lendemain serait une journée terrible.

BRIEFING À EVENES SUR l'AÉROPORT D'HARSTAD-NARVIK

Le 15 mars, l'équipage se présente dans la salle de briefing à 10 heures du matin. Il y a le commandant de bord, le copilote et les deux maîtres chargeurs mais le passager ne vient pas. La séance est dirigée par un colonel norvégien responsable des opérations aériennes de « Cold Response ». Ils apprennent alors que leur indicatif radio sera le même que celui des vols précédents : « Haze 01 ». Leur mission consistera à se rendre sur l'aéroport de Kiruna en Suède afin de récupérer une centaine de soldats qu'ils devront ramener à Evenes. Mais l'avion ne devra pas rejoindre sa destination directement... Il faudra d'abord effectuer une heure d'attente en vol à 80 kilomètres au sud d'Evenes. Ils ne pourront mettre le cap vers la Suède qu'après avoir reçu le feu vert du PC dont l'indicatif radio est « Viper ».
Le Super Hercules entrera en contact avec les troupes au sol de Kiruna par l'intermédiaire du système UHF « Tac/Sat ». De cette manière, les soldats pourront se mettre en rang sur le parking afin que l'embarquement se fasse le plus rapidement possible.
Le colonel qui effectue le briefing exige la plus grande ponctualité en ce qui concerne les heures de présentation. Ainsi, l'avion devra décoller d'Evenes-Harstad-Narvik à 13 h 45 précises et il atterrira à Kiruna à 14 h 25... Par ailleurs, le responsable explique que le vol doit être effectué entièrement en IFR. Bien que la mission se déroule en pleine journée, il n'est nullement question de faire une approche à vue.
Une fois rapatriés en Norvège, les soldats se déploieront autour de l'aéroport pour empêcher les rebelles séparatistes de s'en emparer.

LE TRAJET

La distance entre Harstad-Narvik et Kiruna est très courte : il n'y a que 132 kilomètres à vol d'oiseau. Cela représente un petit quart d'heure de vol en C-130J. Rien à voir avec le même trajet effectué par voie terrestre. Les routes jusqu'à la frontière sont sinueuses. Même en empruntant l'E10, il faut contourner des centaines de lacs et de reliefs qui sont encore enneigées à cette période de l'année. Difficile de mettre moins de deux heures et demie en voiture et quatre heures en bus...

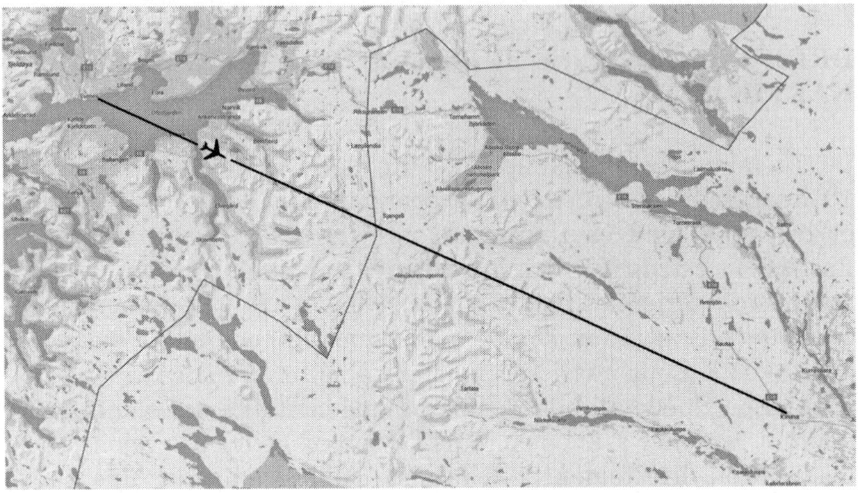

Le trajet Evenes Kiruna : 132 kilomètres :

- 15 minutes en C-130.

- 2 heures et demie en voiture

- 4 heures en bus.

Pendant le briefing, l'équipage du Super Hercules apprend qu'il ne sera pas le seul avion participant au rapatriement de soldats vers la Norvège. Deux autres appareils seront également présents avec des missions identiques.

On trouve ainsi :

- Un Transall C-160 de l'Armée de l'air allemande dont l'indicatif sera « Torch 03 ». Il devra se mettre lui aussi en attente sur le même point que le C-130 mais il y restera moins longtemps car le programme prévoit qu'il atterrira à Kiruna une dizaine de minutes plus tôt.
- Un second Super Hercules norvégien dont l'indicatif radio sera « Haze 02 »[12]. Il jouera le rôle d'avion *Spare* au cas où Haze 01 aurait un problème technique.

Une fois le briefing terminé, les trois équipages décident de faire le point entre eux afin de coordonner leurs vols en sécurité. Les avions seront en attente pendant au minimum une heure sur le point « GILEN » situé au sud-est d'Evenes mais ils auront chacun un niveau de vol différent.

- Haze 01 sera au niveau 130.
- Torch 03 sera au 150.

[12] Les avions sont affectés d'indicatifs correspondant à leur pays d'origine. Tous les Norvégiens sont « Haze ». Les Allemands sont « Torch ».

- Haze 02 sera au 170[13]. Comme, ce dernier décollera plus tard, il ne sera pas sur les fréquences en même temps que les deux autres.

LA MÉTÉO

On est au mois de mars... C'est la fin de l'hiver scandinave, pourtant tout le nord de la région est encore sous la neige et il fait très froid. Selon les régions, la température au sol se situe entre 2 et -7 degrés.

À **Harstad-Narvik :** la visibilité est excellente mais une succession de couches nuageuses recouvre le terrain (voir photo). Rien de bien gênant pour un avion militaire parfaitement équipé... Ce qui est plus ennuyeux, c'est le vent ! Le prévisionniste annonce que sa force va augmenter au cours de l'après-midi. On devrait atteindre 39 nœuds avec des rafales à 59 nœuds[14].

À **Kiruna :** les conditions sont quasiment parfaites. Le ciel est dégagé... Il n'y a pas un nuage et le vent n'est que de 20 nœuds[15].

Sur le trajet entre les deux aéroports : c'est malheureusement beaucoup plus mauvais. Ainsi, au sommet du mont Kebnekaise, la station météo locale enregistre une visibilité inférieure à un kilomètre avec d'importantes chutes de neige ! Le vent est encore plus fort qu'à Harstad-Narvik : il atteint 80 nœuds entre les sommets[16]. C'est du blizzard ! Cela ne devrait pourtant pas poser de problème au C-130 puisque le plan de vol prévoit qu'il volera très au-dessus des reliefs. Il sera alors dans le ciel clair. Peut-être y aura-t-il des turbulences un peu violentes du fait des remous causés par les montagnes, mais cela ne devrait durer que quelques minutes !

---

[13] 13 000 pieds (3 952 m) - 15 000 pieds (4 560 m) – 17 000 pieds (5 158 m).
[14] 72 km/h et 109 km/h.
[15] 37 km/h.
[16] 148 km/h.

LE DÉROULEMENT DES FAITS

La retranscription du CVR n'a pas été totalement publiée par les enquêteurs. Seules certaines conversations indispensables à la compréhension du drame ont été dévoilées dans le rapport. Par chance, grâce aux enregistrements récupérés auprès des organismes de contrôle, il a été possible d'analyser toutes les erreurs commises aussi bien par l'équipage que par les contrôleurs aériens.

Voici les faits :

Après avoir déjeuné au mess de la base d'Harstad-Narvik, l'équipage s'installe dans le cockpit du Super Hercules. Il est alors **13 heures**. Les conditions météo se sont progressivement dégradées depuis le début de la matinée. Si la visibilité est toujours supérieure à 10 kilomètres, le vent est de plus en plus fort. Il souffle à présent du 220 pour 30 nœuds avec des rafales à 40 nœuds[17]. Même pour un gros-porteur, ces conditions imposent une grande prudence, surtout si la composante traversière est importante. Plus grave... le prévisionniste annonce que le vent devrait encore augmenter au cours de l'après-midi. On devrait avoir des rafales qui approcheront 60 nœuds[18].
Alors que les deux hommes viennent tout juste de s'installer aux commandes, Truls Audun Ørpen demande à Ståle Garberg s'il veut piloter à l'aller ou au retour. Les procédures des militaires sont aujourd'hui les mêmes que celles des civils : il y a systématiquement un PF et un PNF dans le cockpit et les fonctions sont permutées à chaque étape. Garberg réplique qu'il préfère effectuer la première partie du vol. Ørpen se chargera donc des communications radio et de la gestion des check-lists. Il pilotera au retour lorsque les soldats seront à bord.

Vers **13 heures 10**, les Norvégiens reçoivent la visite des pilotes du Transall allemand. Ceux-ci viennent jusque dans le cockpit pour répéter une dernière fois les procédures à suivre pendant l'attente. Les deux équipages ne parlant pas la même langue, les dialogues se tiennent en anglais.
Dans un premier temps, le commandant de bord de Torch 03 s'émerveille devant le tableau de bord du Super Hercules. Lui qui vole sur un vieux Transall dont la conception date des années 60,

[17] 56 km/h et 74 km/h.
[18] 111 km/h.

rêve de pouvoir disposer d'un tel équipement. Tous les écrans sont tactiles et ce sont des LCD de dernière génération ! L'informatique est omniprésente et tous les systèmes sont à la pointe du progrès...

Le Super Hercules photographié par un mécanicien à Harstad-Narvik le matin de son départ.

Ørpen lui fournit alors quelques explications sur les possibilités tactiques de son avion et l'Allemand continue de s'extasier. Sa seule consolation est de savoir que dans quelque temps, il volera sur le nouvel Airbus militaire A400 M qui promet d'être encore plus moderne que le Super Hercules.
La conversation bascule ensuite sur le vol qui se prépare... Ørpen explique qu'après avoir reçu les instructions de « Viper », il rejoindra Kiruna le plus rapidement possible. Ils annuleront leur plan de vol IFR afin de poursuivre en vol à vue parce que les trajectoires à suivre seront moins contraignantes. Cela leur permettra de gagner au moins 10 minutes... Le pilote allemand explique qu'il aimerait bien faire la même chose mais son avion est beaucoup trop vieux pour ça. Il ne dispose pas de toute l'électronique indispensable pour effectuer ce genre d'approche. Inutile de tenter le diable avec la météo d'aujourd'hui. De plus, il n'a pas les cartes VFR de la Suède... Ørpen lui propose alors de lui en prêter. Il dispose de cartes de type Falcon View qui sont très pratiques pour naviguer en utilisant des repères au sol. Mais l'Allemand refuse poliment. Il ne veut pas improviser... À ses yeux, les conditions météo sont vraiment trop mauvaises pour voler en VFR. Il exécutera sa mission comme elle a été prévue pendant le briefing et il restera en IFR jusqu'à Kiruna, même si le temps de vol est plus long.

Le Norvégien lui confirme alors qu'il le contactera avec Tac/Sat[19] lorsqu'ils seront dans le circuit d'attente. Cela permettra de coordonner les trajectoires. Si ça ne marche pas, ils se mettront à l'écoute sur 123.45, la fréquence VHF que les pilotes privés utilisent généralement pour leurs conversations personnelles. Il n'y a pas de risque d'être dérangé, aucun amateur ne vole par ce temps-là.
Vers **13 heures 20**, les deux Allemands quittent le poste de pilotage non sans avoir invité les Norvégiens à venir visiter l'escadron ATW 61[20] sur la base de Penzing-Landsberg. Ils y seront les bienvenus dès que les nouveaux Airbus A400 M seront livrés.
Quelques secondes plus tard, Bjorn Yngvar Haug et Steinar Utne montent à leur tour dans le cockpit. Le maître chargeur s'installe sur le siège en face de la console centrale et le passager prend un *jump-seat*. Pendant ce temps-là, Siw Anderson reste sur le parking pour surveiller la mise en route des moteurs. Elle est en contact radio filaire avec le cockpit.
La suite de la préparation du vol est standard et tout se fait en respectant parfaitement les procédures. Les check-lists sont effectuées calmement sans la moindre précipitation. Dans un premier temps, Ståle Garberg explique que ce sera la piste 17 en service, ce qui leur permettra d'être pratiquement sur le bon cap de départ après le décollage… Puis, il fait un briefing à l'intention d'Ørpen pour décrire la route qu'ils vont suivre. Ce sera « GILEN 1E » qui va les conduire exactement au niveau de la frontière entre la Norvège et la Suède (voir la carte des routes de départ standard). Le point de report est situé à une soixantaine de kilomètres dans le sud-est de l'aéroport. C'est là qu'ils se mettront en attente au niveau 130 en attendant le feu vert de « Viper ».
Les moteurs sont mis en route à **13 heures 30** et dix minutes plus tard, Ståle Garberg s'aligne sur la piste 17. Il y a des congères de neige sur les bas-côtés mais le revêtement central est parfaitement propre. Après avoir fait plusieurs tests de freinage pour vérifier que les roues ne glissent pas, le copilote pousse les quatre manettes de puissance à fond vers l'avant. Aussitôt, l'ambiance sonore change. Un grondement grave et profond résonne à travers

---

[19] Les Norvégiens utilisent les quatre satellites militaires américains « Tac/Sat » qui sont en orbite elliptique basse. Le système de « reconnaissance et de communication » présente l'avantage de pouvoir être relocalisé en moins de 24 heures n'importe où dans le monde (y compris sur les latitudes élevées de la Scandinavie). Évidemment, lorsque les satellites ne sont pas en place au-dessus de la zone de combat, le réseau ne fonctionne pas.
[20] Air Transport Wing 61 (ATW 61).

le fuselage. L'avion vibre légèrement… Lorsque les torques et tous les paramètres sont dans la zone verte, Garberg lâche les freins… Une vingtaine de secondes plus tard, les roues quittent la piste. L'avion est léger… Le taux de montée s'affiche immédiatement à plus de 2 000 pieds par minute mais le vol n'est pas stable. Du fait des remous causés par les collines à l'est de la piste, il est fortement secoué par la turbulence. C'est si violent qu'Ørpen demande aussitôt à son passager de serrer son harnais.

Lorsque l'échelle verticale de l'altimètre indique 3 000 pieds, Garberg entame un léger virage à gauche pour mettre le cap vers « GILEN ». C'est sur ce point de report que l'équipage va devoir patienter pendant une heure avant de mettre le cap vers Kiruna.

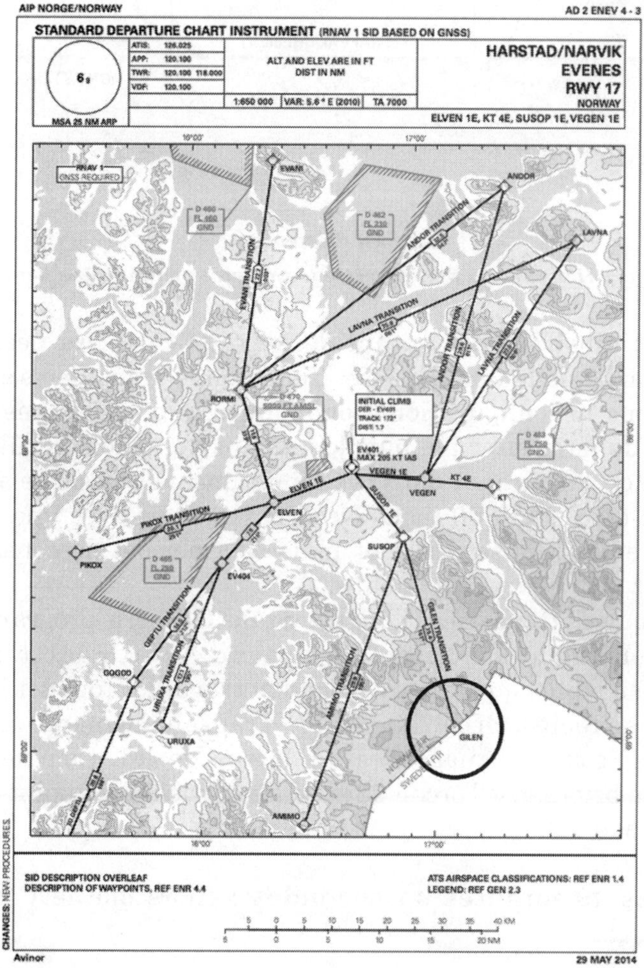

Les différentes routes de départ à partir de la piste 17 d'Harstad-Narvik.

13 heures 46 minutes : le Super Hercules est encore en montée mais il se rapproche de la frontière. Dès qu'il passe à la verticale du point « GILEN », Garberg entame une trajectoire en forme d'hippodrome. C'est un circuit classique… Il comporte une minute d'éloignement en ligne droite suivie d'un virage standard de 180 degrés puis d'une minute de rapprochement et enfin d'un nouveau virage pour repasser à la verticale de la balise. Il faut quatre minutes pour faire un tour complet.

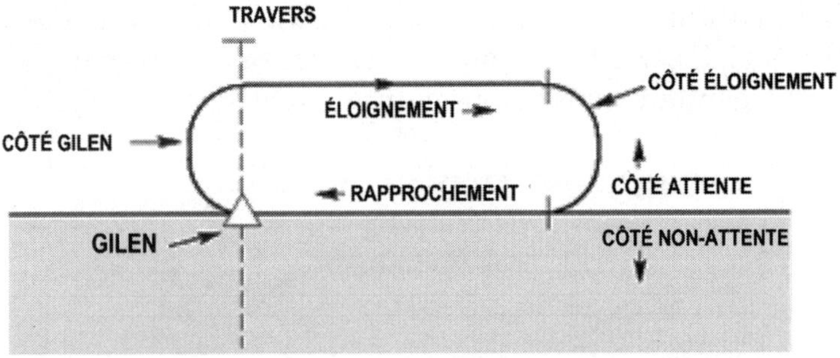

Circuit d'attente.
Le Super Hercules va décrire cette trajectoire pendant une heure.

L'avion va ainsi tourner autant de fois que cela sera nécessaire en attendant que le temps passe. Cette ronde monotone s'effectue évidemment en configuration économique. Le but n'est pas d'aller vite mais de tenir en vol le plus longtemps possible en brûlant un minimum de carburant : dans ces conditions, la puissance affichée au torque est de 14 000 inch/pound par moteur avec une vitesse de 150 nœuds[21]. C'est très lent mais cela permet de consommer seulement 3 500 livres[22] à l'heure…
Sachant que l'attente sera longue, Ståle Garberg programme le pilote automatique pour gérer la trajectoire. À partir de cet instant, l'équipage n'a plus qu'à regarder l'avion travailler tout seul !
De temps en temps, Ørpen aperçoit le Transall allemand qui passe entre deux couches nuageuses au-dessus de lui. Comme prévu pendant le briefing, « Torche 03 » orbite sur le même point mais il est au niveau 150[23].

13 heures 49 minutes 44 secondes : Alors que le C-130 est

[21] 278 km/h.
[22] 280 km/h et environ 2 200 litres à l'heure.
[23] 11 000 pieds : 3 344 mètres.

stabilisé à 13 000 pieds depuis deux minutes[24], Ørpen connecte le Tac/Sat pour appeler les soldats qui l'attendent à Kiruna. Il s'agit de les prévenir que leur « taxi » a décollé et que l'arrivée au parking est prévue à 14 h 25, même si cette estimée reste très théorique. Car en réalité, lorsque le commandant refait ses calculs, il se rend compte qu'il lui sera absolument impossible de respecter l'horaire si « Viper » les maintient dans l'attente pendant une heure. La seule façon de gagner du temps serait de procéder directement vers Kiruna en passant sous la couche pour finir en vol à vue.
Et même dans ces conditions, ce sera très juste !

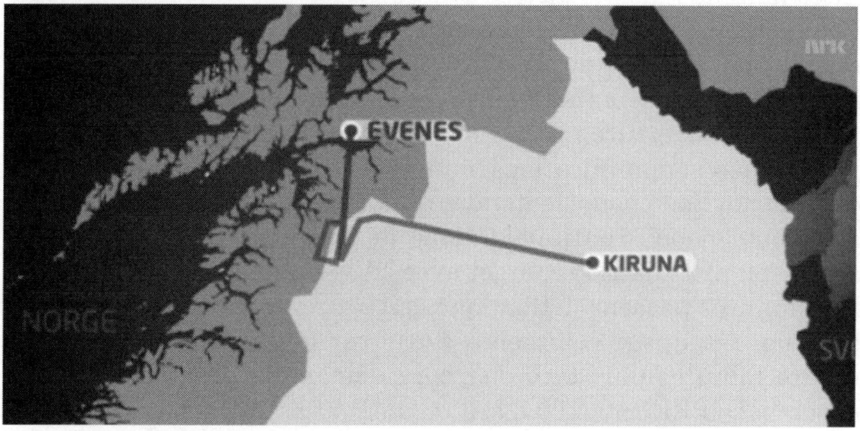

La position de l'attente par rapport à Evenes et Kiruna.

Malheureusement, il y a un problème de communication avec le sol. Après plusieurs tentatives, Ørpen se rend compte que la liaison ne se fait pas. En fait, il finit par supposer que la relocalisation des satellites n'est pas terminée : Tac/Sat ne peut pas fonctionner dans ces conditions. Il décide alors d'appeler sur la fréquence UHF. Malheureusement, ce n'est guère mieux : la communication est entrecoupée et des parasites empêchent toute conversation normale. Un peu agacé, le commandant décide de rappeler plus tard. De toutes les façons, ce n'est que lorsqu'il aura reçu le feu vert de « Viper » qu'il pourra transmettre son heure d'atterrissage avec précision.
Un peu surpris par ces étranges difficultés de communication, Garberg lance une méchante plaisanterie : « et si c'étaient les Russes qui brouillaient les fréquences ? ».
L'attente se poursuit au niveau 130.

[24] 13 000 pieds : 3 952 mètres.

Peu à peu, l'atmosphère se détend… Ørpen recule légèrement son siège afin de pouvoir placer son pied gauche sur le support latéral du tableau de bord.

13 heures 54 minutes 24 secondes : Ørpen jette un coup d'œil vers l'extérieur et il aperçoit l'Allemand qui tourne toujours 2 000 pieds au-dessus. Il tente encore une fois de l'appeler à l'aide de la liaison satellite mais ça ne fonctionne pas. Un peu énervé, il décide d'avoir recours à la bonne vieille technique des pilotes privés sur la fréquence VHF 123.45.
Et ça marche !
Le dialogue qui se tient alors entre les deux avions est tout à fait standard. Le pilote de Torch 03 confirme qu'il est au 150 mais il envisage de demander un niveau plus élevé pour avoir une meilleure couverture radio. Pour le moment, il n'a encore rien fait mais si les communications ne s'améliorent pas, il appellera le contrôle de Bodö pour demander à monter.
Les deux avions continuent donc de tourner l'un au-dessus de l'autre en attendant le contact avec « Viper ».
Les minutes passent… Bien que cette attente ait été planifiée au briefing, l'équipage commence à trouver le temps long. Du coup, quatre minutes plus tard, Garberg demande s'il peut débuter la check-list « PRÉPARATION AU COMBAT ». Ça leur fera passer le temps et de cette façon, ils seront prêts à partir immédiatement si, par chance, « Viper » les appelle plus tôt que prévu.
Cette check-list spécifique n'existe évidemment jamais dans un avion de ligne car elle consiste à vérifier que les systèmes électroniques sont correctement configurés pour protéger l'avion contre les tirs de missiles. Il faut également s'assurer que les sécurités pour le vol à très basse hauteur sont opérationnelles. Il faut ainsi tester le GCAS/TAWS[25], un système qui prévient le pilote s'il risque de percuter le sol. Garberg demande à le configurer en mode « tactique » et non en mode « normal »… Malheureusement, l'écran du TAWS reste barré d'une croix rouge[26]. En fait, le système ne peut pas fonctionner de l'autre côté de la frontière pour la simple raison que le territoire suédois ne figure pas dans la *data-base* de l'avion. L'équipage est comme le conducteur d'une voiture dont les

---

[25] Ground Collision Avoidance System : système pour éviter de percuter le sol. Terrain Awareness and Warning System : système d'alarme et de visualisation du sol.
[26] En mode « tactique », le temps d'alarme pour prévenir le pilote d'un risque potentiel est deux fois moins long qu'en mode « Normal ». En effet, il s'agit d'éviter que les pilotes soient submergés d'alarmes lorsque l'avion vole au ras du sol.

informations du GPS s'arrêtent lorsqu'il franchit la frontière d'un pays étranger.
Garberg ne paraît pas contrarié pour autant... Il se contente de remarquer que le système ne leur servirait à rien aujourd'hui. La lecture de la check-list « Préparation au combat » se poursuit donc normalement... Quelques secondes plus tard, le radar altimètre est réglé pour une hauteur minimale de 200 pieds et une fois de plus le copilote se justifie auprès du commandant :

13 heures 59 minutes 17 secondes (copilote) : *Oui, il n'y aura pas de vol à basse hauteur à partir d'ici.*

13 heures 59 minutes 21 secondes (commandant) : *Non.*

Cette analyse est parfaitement normale... Le Super Hercules n'est pas en train d'effectuer une approche en pleine nuit pour déposer des commandos sur un terrain ennemi. Il va faire une liaison paisible pour récupérer des soldats en Suède et les ramener en Norvège. Rien que ne pourrait faire un banal avion de ligne. Le commandant règle donc l'altimètre sur 1013 hPa qui permet de voler sur un niveau de croisière, et l'avion continue à tourner dans l'hippodrome.
Puis le silence revient.
Soudain, Steinar Utne demande à examiner une des cartes posées par Garberg sur le pylône central. Il semble étonné car ce n'est pas le genre de documents que lui-même utilise lorsqu'il est aux commandes de son hélicoptère.

14 heures 05 minutes 27 secondes (passager) : *Est-ce que vous prenez toujours des cartes au 1/250 000 dans vos missions normales ou est-ce que c'est seulement pour aujourd'hui ?*

14 heures 05 minutes 35 secondes (commandant) : *Oui, on utilise toujours des 250 000 parce que c'est ce qui convient le mieux pour le vol à basse hauteur.*

14 heures 05 minutes 40 secondes (passager) : *Ah d'accord.*

14 heures 05 minutes 45 secondes (commandant) : *Tu sais, les cartes au 1/500 000 c'est pas bon pour le vol à vue qu'on fait. Même les 1/millionième ou les 2/millioniémes, c'est pas suffisant. Ce qu'on utilise normalement en altitude, c'est des 5/millionièmes. Ça c'est vraiment bien !*

Ce dialogue est particulièrement intéressant car il permet de comprendre certains éléments du drame qui va survenir. Il y a en effet une contradiction flagrante dans les propos d'Ørpen. On peut les résumer ainsi : aujourd'hui, ils vont voler à 13 000 pieds, pourtant, ils préparent des cartes spécifiques pour le vol à basse hauteur. En fait, contrairement à ce qui a été annoncé au briefing, l'équipage semble avoir décidé de faire une arrivée à vue « au ras des pâquerettes ».
Il y a encore quelques minutes de silence pendant lesquelles le Pilote Automatique continue inlassablement son circuit autour du point « GILEN ». De temps en temps, l'avion traverse une couche nuageuse avant de ressortir dans un ciel plus dégagé mais à aucun moment, l'équipage n'aperçoit le sol dissimulé sous une épaisse couche de nuages bas.
Puis soudain Siw Robertsen monte l'escalier qui mène au cockpit. À partir de ce moment-là, Bjorn-Yngvar Haug lui cède sa place face à la console et il va s'asseoir sur le *jump-seat* à côté du passager. Évidemment, la jeune femme pose immédiatement la question qui intrigue toute personne qui pénètre dans un cockpit :

14 heures 10 minutes 40 secondes (maître chargeur 1) : *On est où ?*

14 heures 10 minutes 42 secondes (commandant) *: On est à mi-chemin entre Evenes et Bodö... C'est juste sur la frontière entre la Norvège et la Suède.*

Tout en parlant, Ørpen pose le doigt sur l'écran couleur qui se trouve en face de lui. On peut y voir défiler la *moving map* de la région. Une petite maquette noire apparaît au centre de la carte pour matérialiser la position de l'avion :

14 heures 10 minutes 47 secondes (commandant) : *Tiens, on est exactement ici... C'est Fauske.*

14 heures 10 minutes 50 secondes (maître chargeur 1) : *Ah d'accord...*

Puis le silence revient, un peu lourd... Il est évident que l'équipage voudrait bien quitter cette attente où il n'a rien d'autre à faire que d'attendre les instructions d'un centre de commandement qui n'appelle pas... Alors, six minutes plus tard, Ørpen tente une nouvelle fois de contacter les troupes au sol.

Mais il n'y a toujours aucune réponse et cette fois, Garberg commence à s'inquiéter. S'ils ne reçoivent pas leurs instructions en temps utile, ils vont rater le créneau d'atterrissage prévu à 14 h 25. Et, il est clair que ce manque de précision ne sera pas apprécié en haut lieu. L'exercice « Cold Response » est organisé pour montrer l'efficacité de chaque unité... Que devront-ils faire si l'ordre de quitter l'hippodrome arrive trop tard ?

Au même moment, le pilote allemand commence lui aussi à s'inquiéter des difficultés de communication avec les troupes au sol. Il appelle donc le contrôle de Bodö qui lui donne l'autorisation de monter au niveau 180[27]. Une minute plus tard, l'Allemand appelle le Super Hercules.

14 heures 20 minutes 33 secondes (Torch 03) : *Haze 01 de Torch 03, pour information, on est autorisés pour le niveau 180.*

14 heures 20 minutes 40 secondes (commandant) : *C'est bien noté Torch 03... En ce qui nous concerne, on maintient le 130.*

Ørpen a tout juste terminé de répondre que deux *pings* retentissent dans le cockpit. Impossible de ne pas entendre cette alarme sonore qui signale un problème électronique.
Garberg l'identifie immédiatement :

14 heures 22 minutes 01 seconde (copilote) : *L'IFF2 ne fonctionne pas !*

L'IFF est un équipement spécifiquement militaire qui s'apparente au transpondeur des avions civils mais il est plus perfectionné. Il permet aux contrôleurs au sol d'identifier clairement un appareil mais il permet également à l'équipage de savoir immédiatement si les avions qui apparaissent sur son écran sont des amis ou des ennemis[28]. Le Super Hercules possède deux systèmes IFF mais aujourd'hui l'un d'eux vient de les lâcher !
Cela n'a rien de vraiment inquiétant. D'une part parce que l'FF numéro 1 fonctionne toujours normalement et d'autre part parce qu'aujourd'hui, il n'y a pas de véritable ennemi dans le ciel. C'est donc un problème anecdotique pour l'équipage. D'ailleurs, la panne ne trouble pas vraiment Siw Robertsen qui continue à poser des

[27] 18 000 pieds : 5 472 mètres.
[28] IFF : Identification Friend or Foe pour Identification « Ami » ou « Enemi ».

questions sur les informations qui apparaissent sur les écrans. Et même si elle n'est pas pilote, elle est suffisamment qualifiée pour remarquer les problèmes.

14 heures 24 minutes 23 secondes (maître chargeur 1) : *Pourquoi est-ce qu'il affiche « TAWS Tactical » là ?*

14 heures 24 minutes 30 secondes (copilote) : *C'est parce que le « TAWS Tactical » ne marche pas.*

14 heures 24 minutes 33 secondes (maître chargeur 1) : *Ah bon ?*

Comme la jeune femme s'étonne de constater qu'un avion qui vaut tout de même plus de 120 millions d'euros n'est pas exempt de problèmes, Ørpen la rassure.

14 heures 24 minutes 45 secondes (commandant) : *Ça marche pas comme il faut parce qu'on est trop haut...*

Cette fois, Ørpen vient de prononcer une phrase stupéfiante. Nous avons vu que le TAWS ne peut pas fonctionner en Suède parce que sa *data-base* est vide pour ce pays. Quelques minutes plus tôt, l'ordinateur a clairement prévenu l'équipage. Cela signifie que si l'avion descend à basse hauteur, le système ne pourra pas garantir la sécurité du vol parce que la cartographie n'a pas été chargée *et non parce qu'ils sont trop hauts...* Dans ces conditions, il est donc hors de question de descendre au ras du sol après la frontière.
Bien évidemment, Siw Robertsen n'est pas une spécialiste... Elle accepte cette explication sans sourciller.

14 heures 24 minutes 49 secondes (maître chargeur 1) : *Ah d'accord.*

C'est à cet instant que Ståle Garberg demande quelle approche ils vont effectuer pour atterrir à Kiruna. Car ils sont supposés être en situation de guerre et il n'est pas possible de faire une longue finale paisible comme un avion de ligne. Les risques seraient trop grands d'être abattu par un « Manpad », ces missiles portables qui peuvent toucher un avion dès qu'il descend à basse hauteur.
Il fait donc une proposition parfaitement logique :

14 heures 29 minutes 15 secondes (copilote) : *Est-ce que tu veux qu'on fasse une approche tactique à partir de la verticale de Kiruna ?*

14 heures 29 minutes 18 secondes (commandant) : *Oui, d'accord.*

Une approche tactique est la trajectoire suivie par un avion lorsqu'il doit atterrir sur un aéroport ou sur un terrain situé à proximité de positions ennemies.
Il existe deux types d'approche tactique qui permettent à l'appareil de rester hors de portée des tirs de missiles...

- **L'approche « dans l'axe »**. L'avion se présente à une hauteur de 10 000 pieds à 6 nautiques de la piste[29]. L'équipage sort le train d'atterrissage et les pleins volets puis il réduit les gaz à fond pour faire une descente à très forte pente jusqu'à la verticale de la piste. Lorsqu'il arrive au seuil, il peut alors, soit se poser dans la foulée, soit passer en branche vent-arrière très rapprochée pour atterrir après un dernier virage très serré. Cette approche présente l'inconvénient de laisser un couloir d'approche assez large dans l'axe de la piste. Si le secteur n'est pas sécurisé sur plusieurs dizaines de kilomètres, l'ennemi peut y accéder et les risques de tirs sont réels.

- **L'approche « en spirale »**. C'est une approche souvent utilisée par les pilotes américains en Irak et en Afghanistan : l'avion arrive exactement à la verticale de l'aéroport à 10 000 pieds puis il descend en spirale très serrée pour rester à l'intérieur d'un secteur qui a été « nettoyé » par les troupes au sol. Pour que l'avion reste dans ce cylindre de sécurité, l'angle d'inclinaison en descente doit souvent avoisiner 70 degrés. Ce sont des manœuvres très serrées qui seraient mal supportées par les passagers d'un avion de ligne. Pourtant, certains aéroports comme Bagdad imposent parfois aux appareils civils de faire ce type d'approche. Beaucoup de passagers sont alors malades. En fait, l'avion est tellement incliné que l'alarme « *Bank Angle* » se déclenche quasiment en permanence dans le cockpit[30].

[29] 912 mètres et 11 kilomètres.
[30] Pour voir une approche en spirale serrée au-dessus de Bagdad : http://www.liveleak.com/view?i=5b7_1312500215

Aujourd'hui, l'équipage du Super Hercules a décidé d'effectuer une approche tactique « dans l'axe ».

Vue de la piste en courte finale en C-17 lors d'une approche tactique dans l'axe de la piste.
L'angle de piqué est très fort.

Pendant que Garberg commence l'étude de son approche, le Transall allemand est contacté par le contrôleur de Bodö qui l'autorise à quitter le circuit d'attente pour se diriger vers le point « VAGAS ». Torch 03 appelle donc le Super Hercules pour l'informer qu'il va enfin partir.

14 heures 29 minutes 34 secondes (Torch 03) : *Haze 01 de Torch 03 ?*

14 heures 29 minutes 37 secondes (commandant) : *Oui, je te reçois 5 sur 5 Torch 03.*

14 heures 29 minutes 40 secondes (Torch 03) : *Pour info, on vient de quitter l'attente et on met le cap vers VAGAS... On est stables au 180 et... euh, on n'a pas de contact avec les troupes au sol mais on vous tient au courant dès qu'on les a sur la fréquence.*

14 heures 29 minutes 50 secondes (Haze 01) : *Roger.*

Cette fois, Ørpen est satisfait... Si le Transall se met en route, cela signifie que l'ordre ne va pas tarder pour lui aussi. Pourtant, il explique à Garberg que, de toute façon, ils ne pourront jamais respecter leur *timing* puisque l'heure d'atterrissage est déjà pratiquement dépassée. Par ailleurs, les communications étant catastrophiques, il leur faut prévoir un moyen de secours au cas où ils ne pourraient pas contacter le sol :

14 heures 31 minutes 01 seconde (commandant) : *On a 76 nautiques à faire jusqu'à Kiruna*[31]. *Il faudra certainement qu'on les appelle en UHF.*

À cet instant, Ståle Garberg ne peut retenir une critique à l'encontre des contrôleurs suédois qui ne leur facilitent pas la tâche.

14 heures 31 minutes 05 secondes (copilote) : *Oui, c'est un peu bizarre qu'ils... les gars en bas, ils ne font rien qui correspond à ce qui est prévu.*

En effet, alors que chacun sait qu'il s'agit d'un exercice militaire, les Suédois viennent pourtant d'obliger le pilote allemand à faire un détour par le point « VAGAS » qui se trouve à 29 nautiques au sud de Kiruna[32]. C'est une procédure inutile qui ne correspond pas à une véritable situation de conflit. Si c'était la guerre, cela ne se passerait pas comme ça ! En fait, les contrôleurs de Kiruna sont des fonctionnaires très peu réactifs. Ils appliquent leurs procédures d'arrivée de manière routinière et tout changement leur pose d'énormes problèmes d'adaptation. Par ailleurs, l'avion qui va se présenter est norvégien et tout ce qui vient de ce pays ne jouit pas d'une grande estime aux yeux des Suédois qui considèrent souvent leurs voisins avec une forme de condescendance presque méprisante[33]. Pourtant, la remarque de Garberg ne va pas plus loin... À cet instant, l'homme est loin de se douter que la convergence des erreurs de l'équipage et des contrôleurs suédois va avoir des conséquences dramatiques pour eux.
La conversation dans le cockpit bascule alors sur des paramètres moins prioritaires comme les codes des IFF ou la sécurisation de la charge dans la soute.

---

[31] 141 kilomètres.

[32] 54 kilomètres.

[33] Les Norvégiens sont souvent l'objet de moqueries parfois douteuses de la part des Suédois qui les considèrent comme des paysans peu instruits. Beaucoup de Suédois ont l'habitude de reprendre les blagues françaises sur les Belges et de les « traduire » pour des Norvégiens. Les mentalités évoluent progressivement depuis que la Norvège est devenue un gros producteur de pétrole et que leur niveau de vie a beaucoup augmenté, alors que celui de la Suède stagne.

Puis soudain, Garberg examine sa carte de navigation et il pose une question qui devrait s'avérer essentielle pour la suite du vol. Malheureusement, la réponse qu'il va obtenir va se limiter à une banale information touristique :

14 heures 44 minutes 00 seconde (copilote) : *C'est vrai que la montagne la plus haute de la région, c'est 7 000 pieds*[34] *?*

14 heures 44 minutes 07 secondes (commandant) : *Euh... Oui, ça doit être 6 600 ou quelque chose comme ça*[35]*.*

Comme personne ne semble savoir vraiment ce qu'il en est, c'est alors Siw Robertsen qui intervient pour donner des précisions sur ce sommet dont personne ne connaît la position :

14 heures 44 minutes 10 secondes (maître chargeur 1) : *Est-ce que c'est pas la plus haute montagne de Suède... euh... C'est juste à côté de Kiruna, non ?*

14 heures 44 minutes 14 secondes (commandant) : *Oui, c'est le Kebne... euh le... Kebnekaise.*

En fait, ce dialogue prouve que les Norvégiens connaissent très mal le territoire de leur voisin... Car Siw Robertsen a parfaitement raison... le Kebnekaise est le point culminant de la Suède. Certes, ce n'est pas le mont Blanc, mais il culmine tout de même à 2 111 mètres et il est couvert de deux glaciers et de neiges éternelles[36]. Par ailleurs, Ørpen vient de sous-estimer l'altitude du sommet d'une centaine de mètres. C'est la preuve que sa navigation a été insuffisamment préparée. Or, c'est d'autant plus important aujourd'hui qu'il a évoqué la possibilité de terminer le trajet en VFR avec des conditions météo qui sont loin d'être idéales.
Pendant que se tient ce dialogue tranquille, le pilote du Transall allemand s'énerve dans son cockpit car il rencontre toujours des problèmes de communication avec le sol. Il est en approche sur Kiruna mais les choses semblent particulièrement compliquées : il vient de faire *22 tentatives* pour contacter les troupes et il n'a jamais eu la moindre réponse. Or, il a maintenant une demi-heure

[34] 2 128 mètres.
[35] 2 006 mètres.
[36] Année après année, la hauteur du Kebnekaise diminue à cause de la fonte progressive des glaciers qui recouvrent ses deux sommets.

de retard sur l'horaire annoncé au briefing... Tout cela présage mal de ce qui se passerait s'ils étaient en situation de conflit réel !

Vue aérienne du mont Kebnekaise et de ses environs au mois de mars.

Finalement, après 27 minutes de silence total, les militaires de Kiruna finissent par répondre. La communication n'est pas claire mais l'Allemand comprend tout de même que les soldats seront prêts à embarquer dès que les avions atterriront. Le responsable du détachement demande qu'un relais radio soit fait pour prévenir Haze 01 qu'il doit se présenter lui aussi dès maintenant.
Le pilote allemand contacte alors le Super Hercules pour transmettre le message :

14 heures 47 minutes 53 secondes (Torch 03) : *Haze 01, nous, on est en approche sur Kiruna... on va débuter l'approche... En ce qui vous concerne, vous devez quitter l'attente et venir également à Kiruna. C'est parti !*

Cette fois, l'équipage norvégien respire... Cela fait plus d'une heure qu'il a décollé et qu'il tourne en rond à la verticale dans le manège de la balise. Tout le monde piaffe d'impatience.

14 heures 48 minutes 05 secondes (commandant) : *Reçu Torch 03... On va mettre le cap vers Kiruna... Haze 01. On contacte d'abord Bodö contrôle.*

C'est donc le moment de préparer la descente... Dans un premier temps, Ørpen remet son siège en position devant son tableau de bord... Puis, les cartes sont récupérées et pliées dans le bon sens. Il ne reste plus qu'à prévenir Bodö qu'ils ont le feu vert pour partir. Par ailleurs, il explique à Garberg qu'il faut envisager une trajectoire directe vers Kiruna. Ils sont déjà suffisamment en retard pour que les Suédois ne les obligent pas à faire un détour par « VAGAS » comme ils l'ont fait pour l'Allemand.

14 heures 48 minutes 23 secondes (commandant) : *Bodö contrôle, Haze 01, vous me recevez ?*

14 heures 48 minutes 30 secondes (Bodö contrôle) : *5 sur 5 Haze 01, allez-y.*

14 heures 48 minutes 33 secondes (commandant) : *Haze 01, on est prêts pour mettre le cap direct en direction de Kiruna.*

14 heures 48 minutes 39 secondes (Bodö contrôle) : *Stand-by, je vous rappelle Haze 01.*

Lourdeur administrative oblige... le contrôleur de Bodö ne peut pas laisser partir le Super Hercules immédiatement. Il doit auparavant contacter son homologue suédois pour faire la coordination. Le problème, c'est que ce dernier se trouve... à Stockholm. C'est à plus de 1 200 kilomètres et il n'a aucune image radar de la situation car son faisceau de balayage est trop haut. On l'aura compris, la procédure d'autorisation ne respire pas l'efficacité ! En fait, le Super Hercules effectue un entraînement auquel participent plusieurs pays, malheureusement, les conditions ne sont pas suffisamment rodées pour que ça fonctionne correctement.
Les choses pourraient malgré tout être très simples car l'aéroport de Kiruna est minuscule. Aucun rapport avec Roissy ou même Orly puisque la ville ne compte que... 18 000 habitants, et le trafic aérien est quasiment nul[37]... Les bâtiments de l'aérogare ne font pas plus de 60 mètres de long, et en temps normal il n'y a qu'un vol

[37] La ville de Kiruna a été créée au début du siècle dernier du fait des gisements de minerai.

par jour[38]. Il arrive souvent qu'il n'y en ait aucun. Même pendant les périodes de pointe, il n'y a jamais plus de *quatre avions par jour* et ce sont toujours des vols intérieurs en provenance de Stockholm. Ce n'est donc pas la charge de travail qui épuise les responsables de la tour !

Par ailleurs, il est important de savoir que les contrôleurs suédois ne sont pas des fonctionnaires comme c'est le cas en France. Ils travaillent pour une agence gouvernementale semi-privée : Luftfartsverket[39]. Car, depuis quelques années, certains pays ont privatisé leurs aéroports mais également leur contrôle aérien. Et, tout comme en Suisse ou au Danemark, leurs contrôleurs gèrent aussi bien le trafic civil que militaire, même si les choses sont un peu confuses, car personne ne sait vraiment qui est son employeur officiel.

Toutes les communications qui concernent un service de contrôle sont enregistrées. Voici donc la retranscription de la conversation téléphonique qui se tient alors entre le contrôleur de Bodö et celui de Sweden Control :

14 heures 48 minutes 52 secondes (contrôleur de Bodö) : *Allo, tu m'entends ? Je t'appelle* **à propos du** *Haze 01.*

14 heures 48 minutes 58 secondes (contrôleur de Sweden) : *Haze 01, c'est ça ? Il est où ?*

14 heures 49 minutes 00 seconde (contrôleur de Bodö) : *Il est exactement au sud de* **«** *GILEN* **»**, *au niveau de vol 130...*

14 heures 49 minutes 02 secondes (contrôleur de Sweden) : *Ah oui.*

14 heures 49 minutes 04 secondes (contrôleur de Bodö) : *Il veut prendre un cap direct vers Kiruna pour atterrir.*

14 heures 49 minutes 05 secondes (contrôleur de Sweden) : *Okay mais tu l'envoies directement vers « Kilo Romeo Alpha », hein[40] !*

---

[38] Le vol régulier le plus fréquent est celui de Norwegian Air Shuttle DY 4063 qui fait une rotation par jour entre Kiruna et la capitale suédoise. Par ailleurs, il n'y a que 2 900 passagers par an qui empruntent un vol international à partir de Kiruna.

[39] Le terme le plus souvent utilisé pour désigner l'agence est « LFV ».

[40] Balise VOR (fréquence 115.2 MHz) située au centre même de l'aéroport de Kiruna.

14 heures 49 minutes 08 secondes (contrôleur de Bodö) : *D'accord « Kilo Romeo Alpha » et il passe avec vous sans radar.*

14 heures 49 minutes 11 secondes (contrôleur de Sweden) : *Sans radar, oui, c'est ça... Et est-ce que tu l'auras lâché quand il sera avec nous ?*

14 heures 49 minutes 15 secondes (contrôleur de Bodö) : *Oui, oui, il sera* lâché...

14 heures 49 minutes 17 secondes (contrôleur de Sweden) : *Alors, c'est bon, salut.*

Aussitôt après cet échange, le contrôleur norvégien rappelle le Super Hercules.

14 heures 49 minutes 45 secondes (contrôle de Bodö) : *Alors... Haze 01, vous êtes autorisés à procéder directement vers « Kilo Romeo Alpha » sans contact radar. Vous changez avec Sweden Control sur 131.125. Bonne journée.*

14 heures 49 minutes 52 secondes (commandant) : *Bien reçu Bodö, on passe avec Sweden sur 131.125. Au revoir.*

Tout va alors très vite... Pendant qu'Ørpen clôture tout juste avec le contrôleur norvégien, Garberg tourne la molette du Pilote Automatique sur le panneau de contrôle. Il affiche le cap en direction de Kiruna et le chiffre 092 degrés s'affiche sur l'écran de son PFD avec une distance à parcourir de 74,3 nautiques[41]. L'avion part lentement en virage à gauche, puis Garberg augmente progressivement la puissance des turbopropulseurs. Le grondement des moteurs se fait plus présent et l'avion accélère. À partir de maintenant, le Super Hercules devrait mettre une quinzaine de minutes pour arriver à destination. Quelques secondes plus tard, il franchit la frontière suédoise :
La mission commence enfin !
C'est dans ces conditions qu'Ørpen appelle le contrôle régional suédois :

14 heures 50 minutes 25 secondes (commandant) : *Sweden Control, Haze 01, bonjour...*

[41] 137,6 kilomètres.

14 heures 50 minutes 29 secondes (Sweden Control) : *Oui, bonjour Haze 01.*

14 heures 50 minutes 33 secondes (commandant) : *On a mis le cap vers Kiruna niveau 130.*

14 heures 50 minutes 36 secondes (Sweden Control) : *Haze 01, roger… et pour information, il n'y a pas de contact radar*

14 heures 50 minutes 40 secondes (commandant) : *D'accord Sweden… Pas de contact radar.*

Ørpen vient de collationner l'information. Il sait donc parfaitement que, sans radar, le contrôleur de Stockholm n'a aucune idée de sa position et qu'il ne peut donc lui procurer aucune assistance pour le protéger des obstacles ou des autres avions. Cela ne paraît pas le troubler particulièrement… En fait, il semble surtout pressé d'arriver à Kiruna.

14 heures 50 minutes 48 secondes (commandant) : *On fait la check-list « APPROCHE » et on n'a pas de radar.*

14 heures 50 minutes 51 secondes (copilote) : *Oui… Ok… et pour info, on voit le sol de temps en temps.*

14 heures 50 minutes 56 secondes (commandant) : *Oui, d'accord, tant mieux…*

Pratiquement au même moment, le contrôleur de Sweden téléphone à son collègue de Kiruna pour le prévenir de l'arrivée imminente du Super Hercules. Voici la retranscription de la conversation qui se tient alors :

14 heures 50 minutes 51 secondes (contrôleur de Sweden) : *Salut, c'est Stockholm, euh… c'est pour te dire que le Haze 01 vient vers toi… bientôt… et il veut atterrir. Est-ce qu'on peut lui donner une directe « Kilo Romeo Alpha » pour intercepter une arrivée par VAGAS 3F pour la piste 21 ?*

14 heures 51 minutes 00 seconde (contrôleur de Kiruna) : *Oui, c'est bon, tu peux.*

14 heures 51 minutes 02 secondes (contrôleur de Sweden) :
Et puis on le fait descendre au niveau 100 ?

14 heures 51 minutes 06 secondes (contrôleur de Kiruna) :
Oui... OK.

14 heures 51 minutes 07 secondes (contrôleur de Sweden) :
Est-ce que je peux le garder un moment sur ma fréquence. De toute façon, le transpondeur est 2470.

14 heures 51 minutes 11 secondes (contrôleur de Kiruna) :
Okay, 2470.

Puis, comme le gars de Kiruna tarde à répondre, celui de Sweden insiste :

14 heures 51 minutes 13 secondes (contrôleur de Sweden) :
Est-ce que je peux le garder un moment sur ma fréquence. Parce que tu sais... on n'a pas notre radar.

14 heures 51 minutes 21 secondes (contrôleur de Kiruna) :
Oui, bien sûr, fais ça.

14 heures 51 minutes 23 secondes (contrôleur de Sweden) :
Bon d'accord.

Encore une fois, on ne peut s'empêcher de remarquer à quel point tout cela est compliqué et totalement inadapté à la situation. À l'exception des trois avions militaires, il n'y a absolument aucun autre trafic en vol dans un rayon de 200 kilomètres... Pas le moindre appareil aussi bien à l'atterrissage qu'au décollage ! Même pas un avion au roulage à Kiruna ou sur le parking de l'aéroport ! Pourtant, après l'accident, le contrôleur de Kiruna expliquera sans complexe aux enquêteurs que « *ce jour-là, il avait* beaucoup plus de travail que d'habitude puisqu'il avait deux avions à gérer : *Haze 01 et Torch 03 et qu'il en attendait peut-être un troisième avec Haze 02* ». On comprend qu'il soit débordé !
Le contrôleur de Kiruna va donc persister dans ses procédures routinières et pénaliser le Super Hercules. Il veut l'obliger à suivre la route d'arrivée « VAGAS 3F » qui va le rallonger de plus de 50 kilomètres ! Par ailleurs, celui de Sweden vient d'insister pour que le code transpondeur soit maintenu à 2470. Quelle peut bien

être l'utilité d'une telle instruction puisqu'il a répété à plusieurs reprises qu'il n'avait pas de contact radar ?
Et c'est justement parce que l'arrivée proposée est longue et complexe que l'équipage du Super Hercules va demander à faire une approche à vue. Nul doute qu'on assiste là à une accumulation de défaillances.

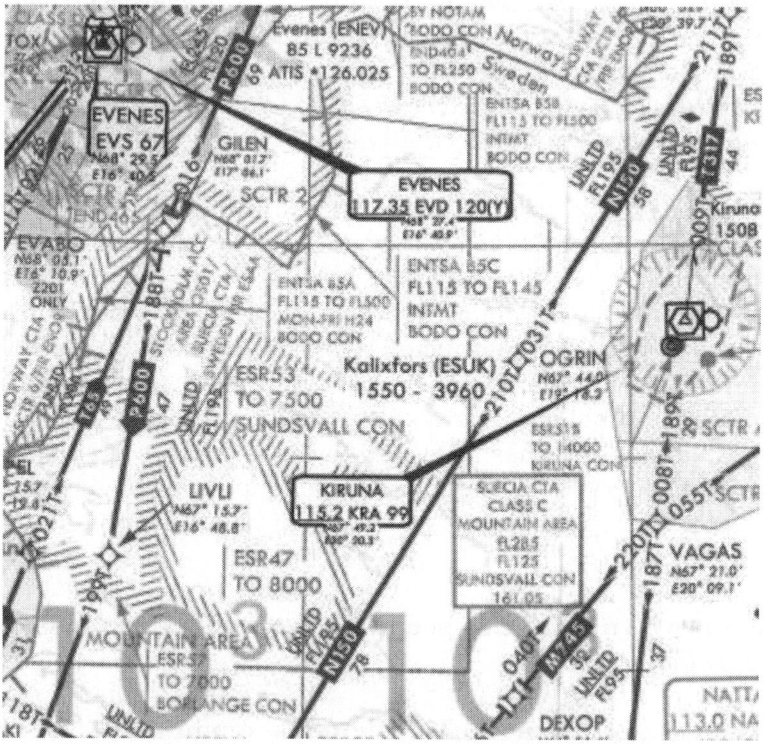

Carte de navigation aux instruments entre Evenes et Kiruna.

Pendant que les contrôleurs palabrent sur le type d'arrivée à Kiruna, dans le cockpit du Super Hercules, Ørpen veut savoir comment Garberg va amener l'avion directement en finale.

14 heures 51 minutes 26 secondes (commandant) : *Est-ce que tu veux faire une approche tactique ?*

14 heures 51 minutes 28 secondes (copilote) : *Oui.*

14 heures 51 minutes 30 secondes (commandant) : *D'accord, tu fais le briefing ?*

Le lieutenant-colonel Ståle Garberg examine alors sa carte de Kiruna un instant puis il se lance :

14 heures 52 minutes 03 secondes (copilote) : *Oui, alors... pour une tactique verticale, je vais venir à 220 nœuds à la verticale de la piste... Je compte 20 secondes et je fais un virage de 45 degrés d'inclinaison. Ensuite, je stabilise... Je mets les volets 50 quand j'ai la vitesse... Je sors le train quand j'ai la vitesse. Il y aura probablement un peu de trajectoire rectiligne avec les ailes horizontales en vent-arrière... euh, juste pour vérifier la position et ralentir avant qu'on tourne en finale.*

14 heures 52 minutes 27 secondes (commandant) : *D'accord.*

On remarquera que l'approche de Ståle Garberg est une tactique dans l'axe. Même si, comme aucun ennemi ne va tirer de missile sur l'avion et qu'il n'y a aucun stress, le copilote annonce qu'il va improviser en fonction de sa position dans le circuit. En fait, le véritable problème à résoudre, c'est surtout de convaincre le contrôleur de ne pas leur imposer une arrivée standard. Et justement, le type de Sweden rappelle pour leur donner des précisions sur ce qu'il veut et ce n'est pas vraiment une bonne nouvelle :

14 heures 52 minutes 35 secondes (contrôleur de Sweden) : *Haze 01 de Sweden ?*

14 heures 52 minutes 37 secondes (commandant) : *Oui Sweden, allez-y.*

14 heures 52 minutes 39 secondes (contrôleur de Sweden) : *Haze 01, après la verticale de Kilo Romeo Alpha, interceptez une arrivée VAGAS 3F pour la piste 21.*

Bien évidemment, Ørpen réagit aussitôt... C'est aberrant ! En clair, le contrôleur va l'amener à la verticale de l'aérodrome puis le faire repartir à plus de 40 kilomètres pour lui faire suivre ensuite une trajectoire standard. Cela représente au moins 20 minutes de vol supplémentaires, totalement inutile. Pas vraiment le type de procédure qui serait utilisée s'il fallait aller chercher des troupes sous le feu de l'ennemi.

14 heures 52 minutes 42 secondes (Commandant) : *Euh… et Sweden de Haze 01, on voudrait faire une approche à vue sur Kiruna si c'est possible ?*

Cette fois, le contrôleur est surpris… Ce genre d'approche n'est pas habituel à Kiruna et même si c'est plus simple pour l'équipage, ça ne lui plaît pas vraiment. Après tout, pourquoi simplifier les choses quand on peut les compliquer ?

14 heures 52 minutes 47 secondes (contrôleur de Sweden) : *Euh… Haze 01, vous pourrez voir ça plus tard avec la tour de Kiruna mais pour le moment, vous prenez l'arrivée VAGAS 3F pour la piste 21 à partir de Kilo Romeo Alpha.*

14 heures 53 minutes 00 seconde (commandant) : *C'est noté… Kilo Romeo Alpha et VAGAS 3F, Haze 01…*

14 heures 53 minutes 07 secondes (contrôleur de Sweden) : *Et euh… Haze 01, à quelle heure est-ce que vous estimez atterrir à Kiruna ?*

14 heures 53 minutes 12 secondes (commandant) : *L'estimée devrait être à 15 heures 05*[42]*.*

14 heures 53 minutes 15 secondes (contrôleur de Sweden) : *Okay merci.*

Un instant plus tard, le contrôleur de Sweden téléphone de nouveau à celui de Kiruna pour transmettre la demande de l'équipage. Il précise qu'il a refusé temporairement afin que le pilote traite directement avec lui. Le gars de Kiruna semble satisfait de l'attitude de son collègue et il confirme qu'il en discutera avec le pilote lorsqu'il l'appellera.

Puis Sweden rappelle le Super Hercules :

14 heures 54 minutes 05 secondes (contrôleur de Sweden) : *Haze 01, quand vous serez prêts, descendez au niveau de vol 100*[43]*.*

---

[42] En réalité, Truls Audun Ørpen annonce 14 h 05 parce qu'il parle en heure UTC qui correspond à 15 h 05 locales.

[43] 10 000 pieds : 3 040 mètres

14 heures 54 minutes 10 secondes (commandant) : *Roger, on descend au niveau 100.*

Aussitôt, Ståle Garberg ramène les quatre manettes de puissance à fond vers l'arrière. Le taux de chute atteint rapidement 2 500 pieds par minute. L'avion volait dans le ciel clair... En quelques secondes, il s'enfonce dans une couche de nuages particulièrement dense.
À cet instant, l'appareil est à 107 kilomètres de l'aéroport.

14 heures 54 minutes 13 secondes (contrôleur de Sweden) : *Haze 01, contactez la tour de Kiruna sur 130.150.*

14 heures 54 minutes 17 secondes (commandant) : *Ok, avec la tour 130.150... à plus tard.*

14 heures 54 minutes 22 secondes (contrôleur de Sweden) : *Oui, à plus tard.*

Une vingtaine de secondes plus tard, Ørpen débute la check-list « APPROCHE » mais il ne la termine pas. Après avoir effectué le réglage des altimètres, il arrête la lecture des items pour se concentrer sur la radio. Il lui faut changer rapidement de fréquence pour passer avec la tour de Kiruna comme on vient de le lui demander :

14 heures 54 minutes 55 secondes (commandant) : *Kiruna de Haze 01 bonjour !*

14 heures 55 minutes 00 seconde (contrôleur de Kiruna) : *Haze 01, Kiruna, allez-y.*

14 heures 55 minutes 03 secondes (commandant) : *Haze 01, on est à 50 nautiques à l'ouest de votre terrain*[44] *et on demande une approche à vue, quand on approchera...*

14 heures 55 minutes 10 secondes (contrôleur de Kiruna) : *Haze 01, vous êtes autorisés vers la verticale. Descendez initialement au niveau 70.*

[44] 93 kilomètres.

14 heures 56 minutes 14 secondes (commandant) : *On est autorisés vers la verticale et on descend au niveau 70*[45] *Haze 01. Et euh... est-ce que vous avez la dernière météo de chez vous ?*

14 heures 56 minutes 19 secondes (contrôleur de Kiruna) : *Alors, on a un vent du 210 degrés pour 22 nœuds... Cavok*[46] *La température 2 degrés... le point de rosée -2... Le QNH 1000 et la piste n'est pas glissante, l'action au freinage est bonne.*

14 heures 56 minutes 23 secondes (commandant) : *Roger, on a copié la météo avec le QNH à 1000, Haze 01.*

Cette fois, la situation vient de basculer ! Car d'un point de vue réglementaire, rien n'est clair... En premier lieu, le commandant n'a pas annulé officiellement son approche IFR pour poursuivre à vue. Et de son côté, le contrôleur de Kiruna n'a pas confirmé verbalement qu'il autorisait cette approche à vue. Par contre, il a laissé entendre qu'il pourrait être d'accord puisqu'il vient de donner une autorisation de descente vers 7 000 pieds... En clair, c'est n'importe quoi, aussi bien de la part du pilote que du contrôleur. Car, si l'avion descend à cette altitude, il n'est absolument pas protégé des reliefs. Droit devant lui, *exactement sur sa route,* se trouve le mont Kebnekaise. Or, nous l'avons vu, il n'y a aucun radar pour surveiller l'avion... Plus grave, aucun des intervenants ne semble avoir jamais étudié une carte de Suède. Comment ne pas avoir conscience que l'avion s'approche du plus haut sommet du pays ? Un contrôleur d'Annemasse pourrait-il ignorer que le mont Blanc se trouve à une quarantaine de kilomètres de son aéroport ?
Tranquillement, sans imaginer que son geste va avoir des conséquences catastrophiques, Ståle Garberg affiche alors le chiffre 70 sur son panneau de contrôle et il commente :

14 heures 56 minutes 49 secondes (copilote) : *Alors... vers le niveau de vol... 7 000... euh 7 000, hein ?*

14 heures 56 minutes 52 secondes (commandant) : *Oui, 7 - 0...*

14 heures 56 minutes 53 secondes (copilote) : *Okay... 7 - 0.*

---

[45] 2 128 mètres.
[46] Ceiling and Visibility OK : Plafond et visibilité OK.

Pourtant, les deux hommes ont sous les yeux toutes les informations qui prouvent qu'ils sont en train de commettre une terrible erreur. En effet, l'un des écrans affiche la *moving map* de la région... C'est un extrait de carte américaine utilisée pour le vol à vue : les altitudes des reliefs y sont clairement indiquées avec les cours d'eau, les lacs et les vallées.
Or, voici exactement ce qui apparaît sur l'écran :

La moving map qui apparaît sur l'écran du commandant.
Le chiffre « 72 » indique l'altitude en dessous de laquelle l'avion est en danger (7 200 pieds).

L'altitude de chaque sommet est indiquée clairement et le mont Kebnekaise y figure bien évidemment. Au centre de la carte, on peut apercevoir le chiffre 72... pour 7 200 pieds. C'est l'altitude de sécurité en dessous de laquelle l'avion n'est plus protégé. Pour un pilote qui vole dans une couche nuageuse, la sécurité la plus élémentaire consiste à *ne jamais franchir cette limite*.

Mais l'équipage ne semble rien remarquer et la descente se poursuit avec un taux de chute qui se maintient à 2 000 pieds par minute. Une quarantaine de secondes plus tard, l'avion arrive à 8 000 pieds. Aussitôt, l'alarme d'altitude se déclenche :

14 heures 56 minutes 31 secondes (voix de synthèse) : *1 000 pieds restants.*

Le taux de descente diminue progressivement puis le Super Hercules se stabilise au niveau 70. À cet instant, il est toujours dans la couche et il est fortement secoué dans la turbulence. Rien de plus normal, le vent est très fort et l'avion vole au ras des reliefs. De violents remous aérodynamiques montent des versants pour claquer sur les rochers comme des vagues invisibles.
La vitesse propre de l'avion est alors de 210 nœuds[47]. Le système antigivrage est connecté... Comme Garberg est pressé d'arriver, il décide d'accélérer légèrement. Il tend la main vers le panneau de contrôle et tourne la molette correspondant à la vitesse.

14 heures 57 minutes 15 secondes (copilote) : *Autothrottle pour 240 nœuds[48].*

Mais, comme la turbulence se fait de plus en plus violente, il corrige immédiatement.

14 heures 57 minutes 25 secondes (copilote) : *Ouaouhhh, ouh la la... on va ralentir à 220... 220 peut-être[49].*

En fait, les secousses sont très fortes car le Super Hercules vient tout juste de s'engager sous le versant au vent du mont Kebnekaise. L'équipage n'en a pas conscience parce qu'il est dans la couche mais il fonce droit sur le flanc ouest de la montagne. De manière étrange, la conversation tenue quelques minutes plus tôt sur la présence du plus haut sommet de Suède a été complètement oubliée !

À **14 heures 57 minutes et 29 secondes,** le C-130 percute la façade ouest du Kebnekaise avec une vitesse sol de 280 nœuds[50] ! L'enregistrement s'arrête immédiatement.

---

[47] 389 km/h.
[48] 444 km/h.
[49] 407 km/h.
[50] 520 km/h.

Photo du mont Kebnekaise (2 111 m) prise par beau temps.
Le point d'impact est au sommet.

L'impact se produit à 520 km/h... Le C-130 est littéralement pulvérisé et les malheureux n'ont pas le temps de se rendre compte de ce qui arrive. Ils passent de vie à trépas en une fraction de seconde. Le choc est immédiatement suivi d'une violente explosion qui déclenche une gigantesque avalanche. Des milliers de tonnes de neige dévalent la paroi abrupte et recouvrent les débris sous plusieurs mètres de poudreuse. Par ailleurs, les fragments de métal s'éparpillent sur plusieurs centaines de mètres autour du point d'impact et ils s'enfoncent profondément dans le glacier.

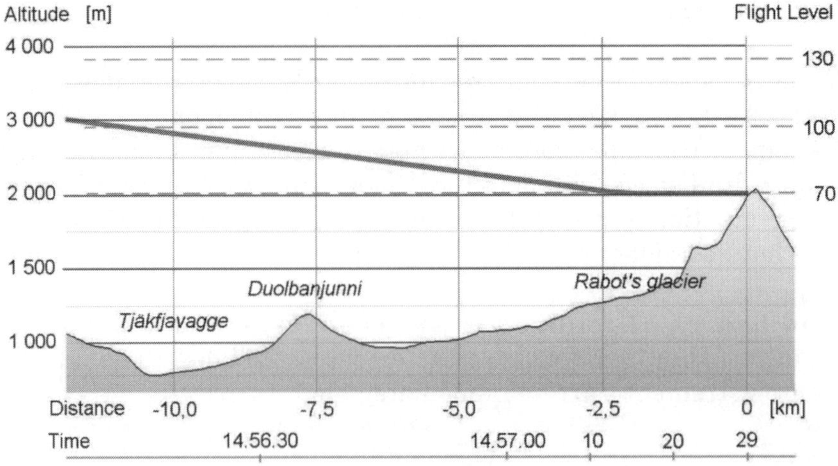

Coupe de la descente.

Trente secondes plus tard, le contrôleur de Kiruna rappelle :

14 heures 58 minutes 01 seconde (contrôleur de Kiruna) : *Et Haze 01, descendez à l'altitude de 5 000 pieds... QNH 1 000 et niveau de transition 65.*

14 heures 58 minutes 17 secondes (contrôleur de Kiruna) : *Haze 01 Kiruna ?*

Le contrôleur va effectuer une dizaine de tentatives qui n'aboutiront évidemment jamais. Il va alors contacter Haze 02 pour lui demander d'effectuer un relais radio à l'intention de son collègue... Dans chacun des messages, il précisera qu'il autorise le Super Hercules à descendre à 5 000 pieds et on ne peut que s'étonner de cette obstination dans l'erreur. Car le mont Kebnekaise se trouve à seulement 77 kilomètres de son aéroport. Lorsque la météo est bonne, on peut apercevoir distinctement ses deux sommets depuis la tour de contrôle. Tout comme Ørpen, le contrôleur de Kiruna ne réalise pas que ce relief présente un risque majeur lorsqu'un avion est libéré en dessous de 7 200 pieds. N'obtenant pas de réponse pendant les vingt minutes qui suivent, il finit par donner l'alerte... Pourtant, la machine administrative est lente à se mettre en marche dans le nord de la Suède. Il va falloir un certain temps avant que l'information circule à travers les différents services de secours. Ce n'est que trois heures et demie après le drame que la police du comté de Norrbotten est avertie qu'un avion a disparu dans la région et qu'il pourrait avoir percuté le Kebnekaise. Les responsables locaux envisagent alors d'envoyer quatre sauveteurs expérimentés explorer les pentes du relief. Malheureusement, il est trop tard ! La nuit est en train de tomber et la météo est trop mauvaise pour laisser des hommes partir dans ces conditions. Il est décidé de remettre au lendemain une éventuelle montée vers le sommet.

Dès le lever du jour, des avions et des hélicoptères sont envoyés sur la route entre Evenes et Kiruna mais ils doivent renoncer rapidement : la météo est trop mauvaise. Une puissante perturbation arrive par le nord-ouest. Il neige sur tout le nord de la Suède et le sol est dissimulé sous plusieurs couches de nuages qui s'étagent progressivement jusqu'à 25 000 pieds. On annonce des vents en altitude qui dépassent 240 km/h.

Dans ces conditions, le seul moyen de trouver l'avion est de repérer le signal émis par sa balise ELT[51]. Lorsqu'il y a un choc violent, l'émetteur déclenche une alarme sur les fréquences de détresse 406 et 121.5 Mhz. Malheureusement, les sauveteurs ne reçoivent absolument rien. En fait, l'impact contre le relief a été si violent que la balise a été pulvérisée.

L'INCERTITUDE ET LES PREMIÈRES RECHERCHES

Du fait de l'absence de couverture radar, personne ne sait à quel endroit exactement le C-130 a disparu. Et comme le Kebnekaise est noyé dans le mauvais temps, il ne sert à rien de faire décoller des avions pour tenter un survol.
Le lendemain du drame, un haut responsable militaire norvégien, le vice-amiral Bruun-Hansen annonce qu'il garde l'espoir de retrouver l'équipage en vie. Le nord de la Suède est totalement sous la neige et il est possible que le C-130 ait réussi à atterrir quelque part dans une région isolée. Pourtant l'angoisse monte et cette disparition mystérieuse fait les gros titres de tous les médias. Bien évidemment, comme toujours dans ce genre de circonstances, les rumeurs les plus folles circulent rapidement sur le Net. Certains illuminés prétendent que l'appareil a été aperçu dans le nord de la Norvège au niveau de « NordKapp ». Il se serait posé en catastrophe dans un fjord. La région est quasiment inhabitée mais l'équipage serait sain et sauf sur une côte déserte en attente des secours.
Malheureusement, deux jours plus tard, un Orion P3C de la Royal Norwegian Air Force repère une déformation étrange sur le flanc ouest du Kebnekaise. La neige est parfaitement propre mais on aperçoit distinctement la coulée d'une énorme avalanche qui s'est déclenchée sur la paroi verticale. C'est inhabituel car les traces aboutissent sur le glacier du Rabot qui n'est pas sujet à ce genre de phénomène... Le pilote transmet l'information sans y croire vraiment car il n'aperçoit pas la moindre carcasse. Comment un C-130 de 53 tonnes pourrait-il disparaître dans la neige ? Un hélicoptère Sea-King de « Cold Response » se rend aussitôt sur place. L'équipage ne voit pas non plus de morceaux de métal mais il confirme que quelque chose d'anormal s'est produit à cet endroit. Il est possible que ce soit le lieu du crash.

[51] Emergency Locator Transmitter : émetteur de localisation de détresse.

Photo prise depuis un hélicoptère deux jours plus tard, à l'heure exacte du drame : le ciel est clair en altitude mais le mont Kebnekaise est encore noyé dans les nuages.

Comme la météo est en légère amélioration, les autorités décident d'envoyer une dizaine de militaires sur place afin d'explorer le pied du glacier. Eux non plus ne trouvent aucun débris mais en arrivant sur place, ils aperçoivent une sorte de cratère creusé verticalement dans la paroi neigeuse. Cette fois, il ne fait plus aucun doute que c'est à cet endroit que le C-130 s'est écrasé.

LA COLLECTE DES FRAGMENTS

Les recherches s'avèrent terriblement difficiles car elles se font à flanc de montagne dans des conditions très dures. Car, malgré l'amélioration météorologique en cours, c'est toujours la tempête sur le Kebnekaise. Le vent souffle du 250 degrés avec des rafales à 70 nœuds[52] et il neige par intermittence. Par ailleurs, certains secteurs sont totalement inaccessibles à pied et il est indispensable de faire appel à des alpinistes chevronnés. Il faut se rendre à l'évidence : la plupart des débris ont été emportés par l'avalanche et il est probable qu'on ne pourra pas les atteindre. Les militaires doivent souvent improviser. Ainsi, la recherche des boîtes noires se fait en creusant des lignes de trous dans la neige. Le travail se fait à la pelle mais parfois à la main lorsqu'il faut explorer les failles entre les rochers. Avec le vent, la température ressentie est de l'ordre de -15 degrés. Par ailleurs, les journées sont très courtes et il faut arrêter les recherches dès que la nuit tombe.

[52] 130 km/h.

N'obtenant pas de résultats significatifs, les responsables décident d'avoir recours à des détecteurs de métaux utilisés pour le déminage. Malheureusement, ces « poêles à frire » ne sont guère efficaces car les débris sont enfouis si profondément que les systèmes ne parviennent pas à les repérer.

Militaires suédois en train de creuser des trous dans la neige... Un travail de fourmis exécuté dans des conditions très dures.

Par ailleurs, le travail présente de gros risques. Il a tellement neigé après le drame que le manteau est très instable et que le risque d'avalanche est toujours présent. Le glacier est parsemé de crevasses dont certaines font plus de 20 mètres de profondeur. Par endroits, l'espace disponible sur la pente est si étroit qu'il n'est pas possible de faire travailler plus de cinq soldats ensemble et ils doivent être encordés les uns aux autres.

La majorité des débris a disparu.
Seuls quelques rares fragments dépassent de la neige.

En fait, les recherches sont si complexes que, deux mois après le crash, les enquêteurs n'ont retrouvé que 19 % des 50 tonnes du C-130. Quelques pièces sont acheminées par hélicoptère, mais les conditions météo sont tellement mauvaises que l'atterrissage au pied du Kebnekaise est rarement possible. Le principal danger, c'est le vent qui empêche toute approche du relief. Il est donc souvent moins dangereux et plus rapide de les descendre à pied plutôt que d'attendre un créneau de beau temps.
Jour après jour, les fragments du Super Hercules sont emportés sur l'aéroport de Kiruna et stockés dans un hangar. Ils sont lavés soigneusement puis triés afin de tenter de reconstruire quelques parties de l'appareil. Les enquêteurs se rendront rapidement compte qu'ils ne pourront jamais le reconstituer entièrement mais ils poursuivent leurs recherches car il leur faut absolument retrouver les enregistreurs de vol. Or, deux mois et demi après le crash, ils sont toujours introuvables... Les recherches doivent alors être interrompues car la neige commence à fondre de manière importante sur la partie basse du glacier. Le ruissellement provoque des crevasses de plus en plus nombreuses et les hommes ne peuvent plus se déplacer sans prendre des risques de plus en plus grands. Ils sont systématiquement encordés mais cela ne suffit pas pour assurer leur sécurité. Les autorités décident de cesser les travaux pendant l'été. Ils reprendront en automne...

C'est au début du mois d'octobre que les militaires du Swedish Army Ranger Battalion remontent sur le glacier. Après une interruption de cinq mois, les autorités pensent qu'il sera très difficile de retrouver les boîtes noires. Car avec le réchauffement de la température, les débris se sont enfoncés encore plus profondément dans le glacier. Ils sont à présent figés dans une gangue de glace qui durcit jour après jour.
Pourtant, les Suédois vont avoir de la chance... Avant même de reprendre les fouilles, on leur demande de sécuriser la crête pour éviter le déclenchement d'une nouvelle avalanche. C'est en faisant ce travail préparatoire qu'ils découvrent par hasard le boitier du CVR ! Détail étonnant, celui-ci se trouvait *au-dessus du point d'impact* ! En étudiant la position de ce premier enregistreur, ils en déduisent à quel endroit chercher pour retrouver le second. Et ça marche ! Une semaine plus tard, ils trouvent le DFDR sous la crête nord-ouest du glacier du Rabot !
À partir de cet instant, la décision est prise d'abandonner les recherches. Les 75 % des débris non retrouvés resteront enfouis

très longtemps avant que le glacier ne les rejette. Cela ne se produira pas avant plusieurs dizaines d'années...

La seule pièce de taille majeure qui a été retrouvée : un morceau du plan fixe.

LA POLLUTION DU SITE

Le crash du C-130 pose un autre problème aux autorités suédoises. Le glacier du Rabot a été gravement contaminé... Car les réservoirs de l'avion contenaient encore 11 150 litres de kérosène au moment du crash. Il y avait également 50 litres de liquide hydraulique, 170 litres d'huile moteur et plusieurs litres d'acide dans les batteries. Or, ces liquides toxiques n'ont pas complètement brûlé au moment de l'impact. Ils se sont infiltrés à l'intérieur du glacier générant une pollution qui pourrait avoir des conséquences majeures sur la biodiversité de la vallée. Car l'eau qui s'écoule alimente plusieurs sources. Quelques jours après le drame, les populations concernées sont donc averties qu'il ne leur est plus possible de boire cette eau réputée auparavant pour sa pureté exceptionnelle.
Par ailleurs, certains matériaux comme la fibre de carbone, le titane ou certains composites ne sont pas biodégradables. Ils seront un jour rejetés en l'état par le glacier et les autorités s'inquiètent de voir la nature polluée dans plusieurs dizaines d'années. Plus grave encore... il est probable qu'on verra ressurgir un jour les explosifs des *flares* et des *chaffs* qui pourront présenter un danger pour les générations futures.

LA BAISSE DE PERFORMANCE DE L'ÉQUIPAGE !

Les enquêteurs suédois évoqueront un cofacteur de l'accident assez inattendu : *l'heure !* En effet, le drame s'est produit en début d'après-midi. Or, le rapport considère que ce moment est généralement un « point bas » dans les performances des navigants. Car ceux-ci sont en pleine digestion et une certaine lassitude commence à se faire sentir. C'est le moment où la vigilance baisse. Dans le cas du récit, l'attente a été longue et monotone. Facteur aggravant : pendant une heure, les moteurs ont ronronné paisiblement et il n'y a rien eu à faire. Lorsque le moment de l'action est arrivé, les pilotes ont éprouvé des difficultés pour reprendre leur rythme. Il s'est alors produit un transfert de confiance au cours duquel chacun a compté sur l'autre pour surveiller les paramètres du vol. Le stress était faible parce qu'il ne s'agissait que d'un entraînement. Comme personne n'allait tirer de missile, l'instinct de survie a été mis en sommeil par les impératifs de la digestion...
On se demande malgré tout si cette explication partielle du crash ne va pas un peu trop loin ? Devra-t-on à l'avenir éviter les décollages en début d'après-midi pour permettre aux navigants de faire une sieste récupératrice ?

LE FACTEUR « MALCHANCE »

On le sait, tous les accidents aériens sont toujours la conjonction de plusieurs cofacteurs. Les plus fréquemment rencontrés sont :

- l'erreur humaine,
- la météo,
- la nuit...

Pourtant, il arrive que le hasard joue un rôle important dans le scénario de cette pièce dramatique. En général, il est le petit coup de pouce positif qui permet à l'équipage de rentrer tranquillement à la maison sans même réaliser que l'avion a failli se planter. Le facteur chance qui fait que l'avion passe à quelques mètres de l'obstacle sans le toucher. Dans le cas du C-130 norvégien, c'est exactement le contraire qui s'est produit... car il n'y a qu'un seul sommet élevé dans toute la Suède. Aucun autre relief ne pose véritablement de problème. La probabilité de percuter le Kebnekaise était donc infime... Statistiquement, elle était d'autant plus faible que, dans un premier temps, l'avion volait largement au-dessus de l'altitude de sécurité. Si la descente avait débuté quelques secondes plus tard, il ne se serait rien passé.

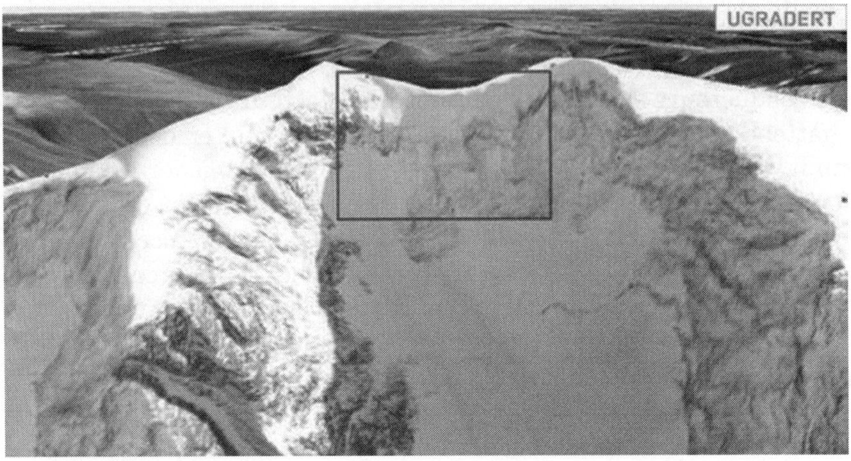

Il aurait suffi que le C-130 vole quelques mètres plus haut...
Noter la ligne horizontale qui marque le déclenchement de l'avalanche.

DES CONCLUSIONS EN DEMI-TEINTES

Comme cela se produit fréquemment dans certains pays, les Suédois semblent avoir eu des difficultés à formaliser clairement les causes de l'accident. C'est ainsi que leur rapport sous-estime considérablement le facteur humain. Si les faits relevés sont parfaitement exacts et ne souffrent aucune contestation, aucun responsable n'est formellement désigné... En fait, les enquêteurs du Bureau SHK[53] se contentent de relever deux défaillances majeures au niveau de l'administration mais les erreurs de l'équipage, tout comme celles du contrôleur de Kiruna ne sont pas clairement soulignées. D'après la commission d'enquête, les deux « responsables » du crash sont :

- **L'Armée de l'air norvégienne** qui ne « *s'est pas assurée que ses pilotes disposaient de procédures de travail suffisamment sûres pour empêcher ses avions de voler en dessous des altitudes de sécurité* ».

- **L'agence LFV** qui « *ne dispose pas de procédures de travail suffisamment sûres pour s'assurer, d'une part, que les autorisations sont seulement délivrées* à l'intérieur d'espaces *contrôlés pendant des vols en IFR, à moins que le pilote en fasse la demande expresse,*

[53] SHK (Statens Haveri Kommission) : équivalent du NTSB américain ou du BEA français

et d'autre part que l'information de vol pertinente est fournie ». Difficile de faire plus alambiqué pour éviter de parler de facteur humain ! Mais cela permet d'éviter d'écrire le mot « erreur » qui, de fait, n'apparaît d'ailleurs nulle part dans les 142 pages du rapport.

Les militaires norvégiens ne feront aucun commentaire...
Quant à l'agence LFV, elle se justifiera en expliquant qu'elle « *manque de personnel à cause de nombreux congés maladie et de maternité et que la formation des nouveaux contrôleurs est difficile* ».
Le responsable de la tour de contrôle de Kiruna expliquera même sans rire, qu'il a organisé plusieurs promenades en voiture le week-end avec ses contrôleurs afin qu'ils repèrent certains points d'entrée de la zone. Autrefois, ces repérages se faisaient en avion mais les restrictions budgétaires et l'absence de contrôleurs pilotes ne permettent plus de procéder ainsi.
La chaîne de télévision norvégienne NRK a réalisé un film documentaire sur l'accident. Ce documentaire est visible sur internet[54]. L'appareil qui apparaît en permanence est le *SIV*. Malgré quelques imprécisions techniques classiques chez les journalistes non spécialisés, il permet de visualiser certains points de ce récit. Mais là encore personne ne parle d'erreurs !

54 https://tv.nrk.no/program/dkno30001012/flytragedien-paa-kebnekaise

UNE FAUTE IMPARDONNABLE !

Il faisait partie des meilleurs pilotes. Il n'avait pratiquement commis aucune erreur au cours de sa carrière... à part une seule qui lui a coûté cher !

Jeudi 4 mars 2010
Aéroport d'Amsterdam-Schiphol.

Le Boeing 737-300 de la compagnie Corendon avec sa nouvelle peinture « Kids and Co » spécialement étudiée pour plaire aux enfants (immatriculation TC-TJB)

Corendon Airlines est une petite compagnie aérienne créée en 2004 avec des capitaux hollandais et turcs. Les fondateurs ont choisi ce nom en référence au rubis, une pierre précieuse dont la couleur rouge bordeaux est un symbole de dureté et d'élégance raffinée.
Le siège social de la compagnie se trouve à Antalya en Turquie mais elle possède également une base très active sur l'aéroport d'Amsterdam-Schiphol. Avec le développement du concept des *low cost,* Corendon a vu son chiffre d'affaires croître de façon importante ces dernières années. Elle exploite aujourd'hui onze

Boeing 737-800, un 737-300 et quatre Airbus 320 qui sont tous en version haute densité. Dès le début de son activité, la compagnie s'est spécialisée dans les vols entre l'Europe et la Turquie et cela lui a plutôt bien réussi. Elle dispose ainsi d'un potentiel de clients composé de touristes hollandais avides de soleil et d'immigrés turcs travaillant aux Pays-Bas.

LE TRAJET

Aujourd'hui, le Boeing 737-300 immatriculé TC-TJB va effectuer une rotation vers l'aéroport d'Ankara-Esenboga. Ce sera le vol CAI 1206. Le décollage d'Amsterdam est prévu à 23 heures 15 avec une arrivée en Turquie à 4 heures du matin.
Étrangement, ce genre de vol nocturne est plutôt apprécié des navigants de Corendon... Pour les pilotes, la navigation est tranquille car il n'y a pas de trafic sur les *airways* et les routes qu'on leur accorde sont généralement directes. C'est également plus paisible pour les hôtesses car elles sont peu sollicitées pendant le vol. La plupart des passagers dorment et n'ont aucune exigence particulière. Ce soir, ce sera d'autant plus facile pour elles que l'avion n'est pas plein. Il n'y a que 101 passagers sur les 189 places disponibles dans la cabine.
Après une escale de 40 minutes à Esenboga, l'appareil reprendra la direction d'Amsterdam sous le numéro de vol CAI 1205. Son atterrissage final à Schiphol est prévu à 7 heures 50 du matin. C'est une rotation moyen-courrier classique d'une durée totale de 9 heures telle que les compagnies européennes en réalisent des centaines par jour vers les pays méditerranéens.
Comme pour toutes les *low cost*, le prix du voyage est très variable selon la période où le passager achète son billet. Celui-ci peut être très bon marché ou particulièrement cher... Ainsi, en basse saison, un aller simple pour Ankara sur Corendon coûte la modique somme de 64 euros, sans aucun supplément pour les bagages en soute... C'est à peine plus cher que le taxi pour l'aéroport. Pourtant, ce prix peut monter à près de 400 euros pendant les congés scolaires où les travailleurs immigrés turcs rentrent chez eux par milliers.
Dans ce cas, le qualificatif *low cost* n'a plus aucun sens.

L'ÉQUIPAGE

Le Boeing est garé à la porte G4 d'Amsterdam Schiphol. Il est arrivé d'Antalya une heure plus tôt et l'équipage précédent n'a signalé aucun problème technique. Le départ pour Ankara est donc prévu *On Time* sur les tableaux d'affichage.

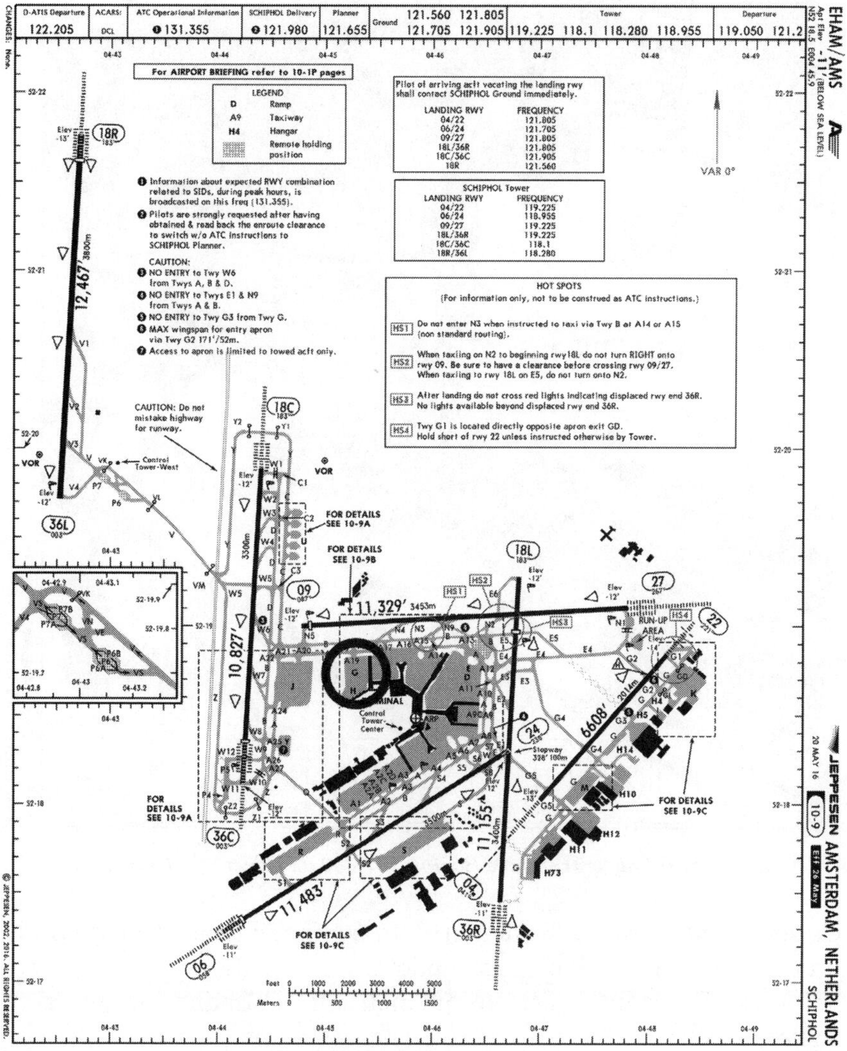

Plan des pistes de l'aéroport d'Amsterdam-Schiphol (noter le Hall G dans le cercle où est garé le Boeing).

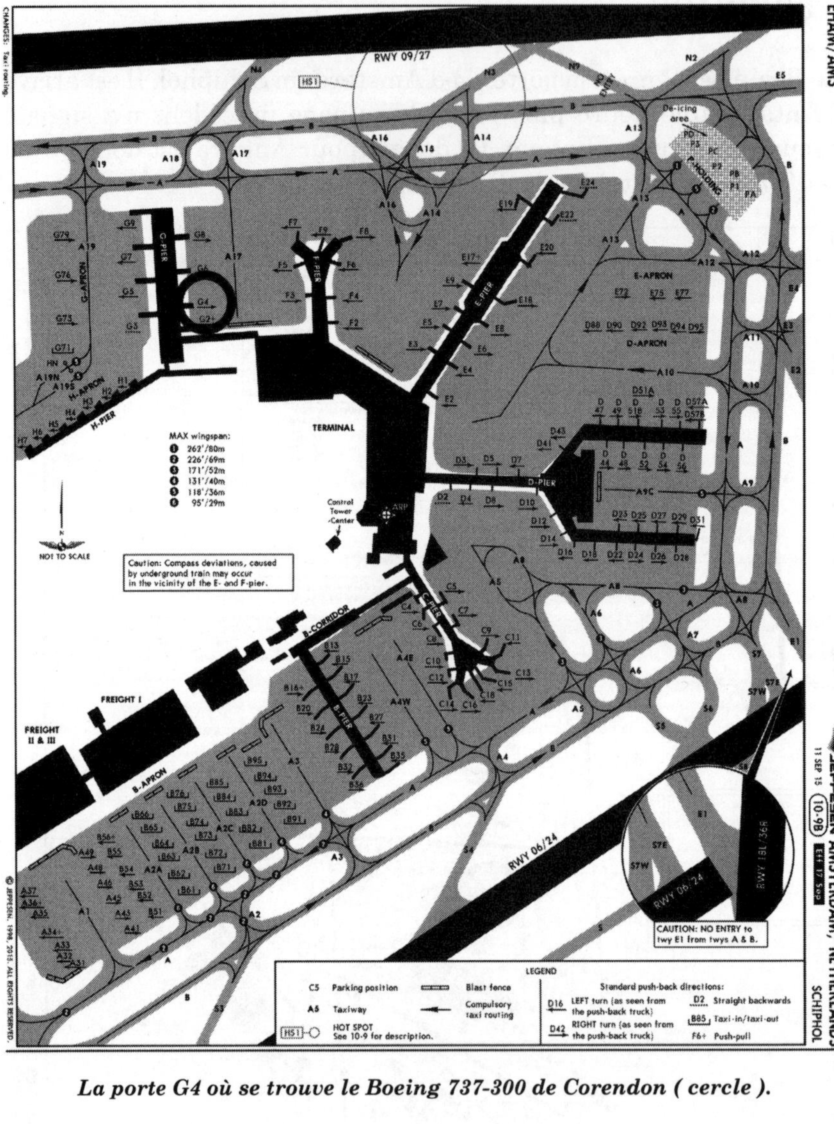

La porte G4 où se trouve le Boeing 737-300 de Corendon (cercle).

Ce soir, le vol CAI 1206 comporte un équipage de sept navigants : un commandant de bord, un copilote, un chef de cabine et quatre hôtesses. Pourtant, c'est uniquement le commandant qui sera l'objet de ce récit…

Il s'appelle Thomas Salme.

C'est un Suédois au physique plutôt avantageux. Au moment des faits, il a 41 ans et totalise 11 000 heures de vol. Son dossier professionnel est excellent. Il n'a jamais échoué lors d'un « Proficiency

Checks[1] » et toutes les remarques de ses examinateurs ont été particulièrement élogieuses. En fait, il ne fait aucun doute que le niveau de pilotage de Thomas Salme est supérieur à la moyenne. Par ailleurs, c'est un individu souriant qui jouit de la considération unanime de ses collègues. L'homme est toujours prêt à rendre service et les hôtesses apprécient de voler avec lui car il ne les dérange jamais dans leur travail.
Outre son métier de pilote, Thomas a une seconde passion qui lui vient de son père : la photographie. Tous ceux qui ont vu ses clichés reconnaissent qu'il est très doué dans ce domaine.

Thomas Salme

Thomas Salme a été recruté par Corendon il y a déjà quatre ans, mais cela fait beaucoup plus longtemps qu'il exerce le métier de pilote. Auparavant, il a travaillé à Air One, une compagnie italienne en plein essor, puis en Angleterre chez Jet2. Et pendant toute sa carrière, il n'a piloté que des Boeing 737-300. Ce type d'appareil relativement ancien est exigeant car il ne dispose d'aucune assistance électronique telle qu'on en trouve sur les machines des dernières générations. Les cadrans sont encore circulaires avec des affichages digitaux classiques. Certes, le constructeur américain a procédé à quelques améliorations par rapport au 737-200 mais on est encore à des années-lumière des dernières versions 737-800 « *Next Generation* » qui savent pratiquement tout faire. Le « 300 » exige une surveillance permanente car il est conçu « à l'ancienne » : c'est l'homme qui fait tout dans le cockpit ! Ainsi, il est impossible de laisser passer une heure sans effectuer des calculs complexes pour vérifier la consommation du carburant. Car les moteurs sont gourmands et l'autonomie se réduit comme peau de chagrin dès que l'avion doit prendre un niveau inférieur ! Par ailleurs, les aides

[1] Contrôle de compétence.

à la navigation datent des années 80, ce qui impose de surveiller la route en permanence. En résumé, le Boeing 737-300 requiert la présence d'un commandant de bord expérimenté et consciencieux. Et, sur ce point, Thomas Salme n'a aucun problème.

Thomas Salme dans le cockpit d'un Boeing 737-300.

UN RÊVE DE GOSSE

Thomas Salme ne cache pas à ses amis qu'il mène une existence de rêve. Il gagne très bien sa vie… Il exerce le plus beau métier du monde et son dossier professionnel prouve sans conteste qu'il fait partie des meilleurs.

C'est un homme heureux…

En fait, cette vie magnifique est l'aboutissement d'un rêve d'enfant ! Et c'est son père qui lui a transmis le virus de l'aéronautique. C'était en 1977… L'homme était alors photographe professionnel mais il était également titulaire d'une licence de pilote privé. Alors que Thomas n'avait que 8 ans, il l'a emmené faire une balade aérienne autour de Stockholm à bord d'un Cessna 150. Le petit avion appartenait à un *Flygklubb* situé sur l'aéroport d'Arlanda. Avant de partir, le gamin a pu traverser l'aérogare et comme il l'explique lui-même : « *je suis tombé en admiration devant les avions de ligne stationnés sur le parking avec leurs couleurs éclatantes, je me suis cru dans un film… et surtout, j'ai croisé des pilotes dans leur uniforme impeccable, cela a été un véritable choc pour moi*[2]. » Bien des années plus tard, Thomas se rappelle encore

[2] Interview accordée à Jeff Nielsen le 3 août 2013.

son émerveillement lorsqu'il a senti l'odeur du kérosène pour la première fois. Ensuite, son père lui a fait traverser les parkings à pied pour l'emmener jusqu'au hangar où se trouvait le petit biplace. Ils se sont installés... La mise en route du moteur a été effectuée et les contrôleurs ont donné l'autorisation de rouler... Puis, il y a eu l'instant magique du décollage... Dès que les roues ont quitté la piste, le père a laissé son fils prendre les commandes. Et au premier virage, le jeune Thomas a compris que son avenir était tracé : un jour, il maîtriserait des machines volantes. Il visiterait le monde et ferait l'admiration de tous.

Depuis ce vol mémorable, Thomas Salme n'a eu qu'un seul objectif : devenir pilote de ligne. Il a alors dévoré les magazines aéronautiques et découpé systématiquement tous les articles techniques. Il a même récupéré des ouvrages concernant les différentes matières au programme des examens : météorologie, instrumentation, radionavigation, mécanique du vol, etc. Le gamin était bien conscient que son objectif serait difficile à atteindre car les moyens financiers de son père étaient limités. Modeste employé chez IBM, ses fins de mois étaient très tendues. Il fallait payer le crédit de la maison et de la Volvo et il ne restait plus rien pour envisager la moindre leçon de pilotage. Alors dans un premier temps, Thomas s'est entraîné grâce à un simulateur de vol installé sur son PC. Pendant des journées entières aux commandes de son joystick, il s'est répété qu'il gagnait du temps pour le jour où il intégrerait une école de pilotage. Apprendre et travailler... Toute sa vie, ces mots ont été les clés de sa réussite... Connaître tous les manuels jusque dans les moindres détails et en savoir même davantage ! Il fallait être capable de répondre aux questions avant même qu'on ait fini de les lui poser ! Thomas Salme expliquera plus tard : « *les simulateurs de vol de Microsoft* étaient *si perfectionnés qu'ils m'ont permis de savoir piloter un Boeing alors que je n'avais que 12 ans. Malgré mon âge, je suis certain que j'aurais été capable de m'installer aux commandes d'un vrai long-courrier pour faire le trajet Milan-Miami, ou Amsterdam-Hong Kong, tout en m'occupant tout seul du pilotage de l'avion et des communications radio, aussi bien en HF qu'en VHF.* »

En fait, Thomas s'entraîne tellement qu'il n'a même plus besoin de lire les check-lists. Il les connaît par cœur, celles du Boeing 737 bien évidemment car c'est l'avion qu'il rêve de piloter, mais également celles du Lear-jet 35 ou encore du Grumman GII.

Pourtant, sa situation est difficile car il ne bénéficie d'aucun soutien... Son père n'est jamais là, sa mère souffre d'un cancer et il habite dans une banlieue peu fréquentable de Stockholm. Ses meilleurs amis appartiennent à des communautés étrangères. Ils sont yougoslaves, finlandais ou turcs et ils ne connaissent absolument rien à l'aéronautique... Ils n'ont jamais mis les pieds dans un aéroport. Cela ne décourage pas le jeune Thomas qui va poursuivre obstinément dans la voie qu'il s'est tracée. Alors que ses copains ricanent de le voir rêver de devenir « chauffeur d'avion », il ne faiblit pas : « je voulais être pilote de ligne *et j'étais prêt à tout supporter.* »

Thomas Salme travaille alors très dur au lycée. Bien conscient que son futur métier exigera de solides connaissances en mathématiques et en physique, il étudie tout particulièrement ces matières et il y obtient des notes excellentes.

Malheureusement, alors qu'il vient tout juste d'avoir 18 ans, un événement dramatique bouleverse sa vie : sa mère meurt. On est alors à quatre mois de la fin de l'année scolaire. Le jeune homme est alors si perturbé qu'il ne travaille plus et il rate tous ses contrôles continus. Les notes de son *att ta studenten* sont catastrophiques[3] et elles le bloquent temporairement dans la poursuite de ses études. Par chance, il hérite d'une petite somme d'argent. Ce n'est qu'un modeste pécule accumulé pendant des années par un être cher mais cela va lui permettre de commencer à réaliser son rêve : quelques mois plus tard, le jeune Thomas Salme va s'inscrire dans un aéroclub.

LE JOUR FATIDIQUE

En ce 4 mars 2010, Thomas Salme arrive à 22 heures au point de rendez-vous des équipages au siège de Corendon. Il y retrouve le copilote, le chef de cabine et les quatre hôtesses. Personne n'est en retard...

Tout le monde embarque alors dans un minibus navette qui emprunte la *Ceintuurbaan Zud* pour les déposer juste devant l'aérogare. Il fait nuit et l'ambiance est plus calme que dans la journée... Les passagers sont moins nombreux. Comme d'habitude, l'embarquement du vol CAI 1206 se fera à partir du hall « G », une aire de départ réservée aux compagnies *low cost.*

---

[3] En Suède depuis 1968, il n'existe plus d'examen de fin d'études du type « baccalauréat ». Tout se fait sous forme de contrôles continus : l'att ta studenten. Si les notes sont insuffisantes, l'élève doit alors passer des tests de rattrapage.

L'entrée principale de l'aéroport de Schiphol.

Dans un premier temps, l'équipage franchit les contrôles de police par un guichet qui leur est spécialement réservé. Nul besoin de faire la queue comme aux États-Unis ou en Chine lorsqu'un équipage d'A380 se trouve devant[4]. Les policiers hollandais sont efficaces... Comme d'habitude, Thomas Salme leur présente le « JD[5] » du vol qu'il s'apprête à faire sur le trajet Amsterdam-Ankara. Le document comporte tous les paramètres spécifiques : la destination, les horaires de départ et d'arrivée, le type d'avion, son immatriculation et surtout, les noms de tous les membres de l'équipage. Nul besoin de présenter individuellement son passeport et encore moins de le faire tamponner. Il suffit de porter le badge de la compagnie sur l'uniforme pour que les fonctionnaires vous laissent passer.
Ensuite, l'équipage se rend dans le « filtre » pour passer les contrôles de sécurité. La procédure est exactement la même que pour les passagers. Les agents d'une société privée fouillent soigneusement les bagages à main de chacun afin de vérifier qu'ils ne contiennent

[4] Sur les vols long-courriers A380, les équipages de certaines compagnies comme Emirates ou Etihad comportent jusqu'à... 31 personnes qui doivent présenter individuellement leur passeport.

[5] Journey Document ou Journey Log Book : document de voyage. Dans de nombreux pays d'Asie, chaque navigant doit présenter son passeport individuellement accompagné de son badge de la compagnie. Ce n'est pas le cas en Europe.

pas d'arme, d'objet tranchant ou même de flacon dont la contenance est supérieure à 100 ml. Cette mesure peut sembler étrange car on imagine mal un membre d'équipage détruire l'avion dans lequel il va voler, pourtant elle est obligatoire dans tous les pays du monde. Par ailleurs, le cas du copilote Andreas Lubitz qui a délibérément planté un Airbus 320 dans les Alpes prouve que tout peut arriver. Mais là encore ce soir, les choses se passent tout à fait normalement. Thomas Salme présente sa sacoche ouverte mais l'employé la regarde à peine. Il est tard... La journée a été longue et l'homme a confiance dans la compagnie dont il contrôle les navigants plusieurs fois par jour.
Puis, l'équipage poursuit son chemin dans les couloirs. Comme dans tous les aéroports, ils sont interminables.
Les hôtesses marchent devant... Elles discutent tranquillement. Thomas Salme est un peu en arrière à côté du copilote et les deux hommes parlent de la météo qu'ils vont rencontrer sur la route. Quelques instants plus tôt, ils ont reçu un dossier complet et tout se présente bien : ils auront du beau temps sur la route. Dans certaines compagnies, la procédure prévoit que le commandant marche devant ses subordonnés pendant tous les déplacements dans les aéroports. C'est une question d'image vis-à-vis des passagers qui observent les équipages : le chef doit toujours être parfaitement visible. Les consignes sont parfois très sévères en ce qui concerne le comportement de chacun. Ainsi, dans certaines compagnies comme Qatar Airways, aucun PNC n'a le droit d'utiliser son téléphone portable en uniforme, et ce, quelles que soient les circonstances. Mâcher un chewing-gum ou fumer, même à l'extérieur est également strictement interdit. C'est un motif de licenciement immédiat ! Par chance, rien de tout cela n'est en vigueur à Corendon. C'est une petite structure où tout le monde se connaît. L'ambiance y est plutôt décontractée et Thomas Salme a le droit de marcher en retrait du groupe.
Comme tous les navigants, il roule son trolley derrière lui. Cette sacoche contient toutes les fiches Jeppesen qui lui serviront pendant le vol. Il emporte également un Ipad et un chargeur de téléphone ainsi que ses documents d'identité : passeport, carnet de vol et licence. Par ailleurs, même si le programme prévoit que l'avion va revenir à Amsterdam cette nuit, la compagnie exige que ses navigants emportent quelques effets personnels. Car il existe toujours un risque de panne ou de déroutement à cause de la météo. Chaque navigant doit donc avoir une chemise de rechange

avec des sous-vêtements et un nécessaire de toilette comportant impérativement du déodorant[6].

Enfin, l'équipage arrive devant la porte G4. C'est là que l'avion les attend depuis un peu plus d'une heure. La passerelle mobile est en place et la porte avant gauche a été ouverte pour l'embarquement des passagers. Mais il n'y a personne à bord. La porte arrière gauche est également ouverte devant un escabeau afin de permettre le chargement du ravitaillement et des produits destinés aux ventes hors taxes.

Boeing 737 de Corendon en attente à la porte G4

Dans la salle G4, la plupart des 101 passagers sont déjà arrivés. Ils attendent qu'on les appelle. Bien que l'embarquement ne soit pas prévu avant une demi-heure, certains impatients font déjà la queue devant le comptoir. Cela ne sert strictement à rien car les places à bord sont numérotées et elles ont été attribuées à l'enregistrement mais ils craignent d'être mal placés ou de ne pas pouvoir embarquer...
L'agent au comptoir accueille le commandant Salme avec un sourire... Lui aussi travaille souvent avec Corendon et il connaît

[6] Certaines compagnies plus strictes imposent que chaque navigant emporte un uniforme de rechange complet.

pratiquement tous les équipages. Avant de scanner les badges, il montre l'entrée de la passerelle mobile à l'extrémité de laquelle se trouve l'avion.

— *Vous aurez un contrôle à la porte...*

Stoïque, Thomas Salme hausse les épaules.

— *D'accord.*

Ces procédures sont fréquentes au moment de l'embarquement... Ce sont en général des douaniers qui viennent fouiller l'avion... Ils amènent alors un chien car ils cherchent de la drogue qui pourrait avoir été dissimulée en cabine par des employés de l'aéroport.

Les contrôles peuvent être également effectués par des fonctionnaires de l'ILT[7] qui représentent la Direction de l'aviation civile des Pays-Bas. Dans ce cas, ceux-ci vérifient surtout les documents de l'avion pour s'assurer qu'ils sont valides et que les révisions ont été effectuées en temps utile...

Mais, cette fois, l'agent au comptoir croit bon de préciser :

— *C'est des flics...*

Encore une fois, Thomas Salme ne s'inquiète pas. En général, ceux-là sont à la recherche de personnes fichées. Ce sont souvent des individus suspects qui viennent d'être repérés par les caméras de surveillance de l'aéroport. Il peut s'agir également de passagers que la compagnie refuse de prendre à bord parce qu'ils ont payé leur billet avec une carte de crédit trafiquée.

Thomas Salme s'engage donc tranquillement à l'intérieur de la passerelle. Sa seule inquiétude concerne le temps que va prendre le contrôle... Il faudrait que les policiers procèdent rapidement afin de ne pas retarder le départ. Cette fois, le commandant marche devant son équipage...

Juste devant la porte se trouvent quatre hommes. Ils sont au niveau du poste de conduite de la passerelle. Deux sont en uniforme noir et jaune fluo. Les autres sont en civil avec un brassard « POLITIE » sur la manche droite.

Dans un premier temps, Thomas se dit qu'il s'agit certainement d'un contrôle aléatoire. Il est tard. On est en milieu de semaine et il n'y a pas beaucoup d'avions au départ ce soir. C'est un peu normal que ce soit tombé sur eux...

— *Bonjour messieurs, qu'est-ce qu'on peut faire pour vous ?*[8]

L'un des hommes en civil semble le chef. Il sourit :

---

[7] Inspectee Leefomgewing en Transport qui dépend du ministère des Infrastructures et de l'Environnement (équivalent de la Direction générale de l'aviation civile française).

[8] Les dialogues qui suivent sont extraits de l'interview réalisée par Jeff Nielsen dans Airline Pilot Guy.

— *Rien de particulier commandant, juste un contrôle de routine.*

Ce n'est pas la première fois que Thomas Salme est l'objet de ce genre de vérification, pourtant ce soir, il a soudain un étrange pressentiment. Pourquoi se déplacer à quatre ? En général, ils viennent à deux... Ces gens-là ont plutôt l'air de chercher quelque chose de précis.

Est-ce qu'on pourrait voir les documents de l'avion ?

— *Pas de problème, on va vous montrer ça.*

Puis, le fonctionnaire rajoute sur un ton anodin :

— *Ainsi que les licences de tous les membres de l'équipage.*

Et il insiste une nouvelle fois, un peu lourdement :

— *C'est juste la routine.*

Bien évidemment, ce genre de procédures se fait toujours de manière discrète car les passagers ne doivent pas voir des policiers en train de contrôler les équipages. Or, les « impatients » qui font la queue au comptoir pourraient apercevoir ce qui se passe à l'extrémité de la passerelle. Thomas Salme récupère donc les documents dans le cockpit puis il descend sur la piste pour se rendre dans le bureau de la police de l'air. L'endroit se trouve à quelques dizaines de mètres du nez de l'avion. L'équipage le suit puisque les policiers ont demandé à vérifier tout le monde[9].

Thomas Salme présente donc successivement la totalité des documents qui doivent se trouver obligatoirement dans l'avion pendant le vol :

- Le certificat d'immatriculation du Boeing qui est l'équivalent de la carte grise.
- Le CDN ou certificat de navigabilité qui doit être en état de validité pour que l'avion puisse voler. Il est actualisé après chaque révision importante (c'est la « visite technique » de l'avion).
- Le certificat acoustique qui prouve que les moteurs respectent les normes de bruit en vigueur.
- Une copie du CTA, le « certificat de transporteur aérien » qui justifie que la compagnie est titulaire d'une autorisation en règle pour transporter des passagers.
- La licence radio de l'avion.
- L'attestation d'assurance qui couvre la totalité des dommages qui pourraient être causés aussi bien aux tiers qu'aux personnes transportées.

[9] Chaque membre de l'équipage de cabine doit pouvoir présenter son certificat de sécurité-sauvetage, l'attestation d'aptitude physique et mentale du PNC et l'attestation d'aptitude professionnelle, en cours de validité.

Les policiers regardent également le carnet de route, la liste nominative des passagers et le manifeste du fret. Dans un premier temps Thomas Salme se dit qu'il s'agit effectivement d'un contrôle de routine car les fonctionnaires ne semblent pas apporter une grande attention aux documents qui leur sont présentés.
Puis, comme prévu, ils demandent à voir les licences des pilotes. En général, c'est surtout la date limite du certificat médical qui est vérifiée. C'est en effet sur ce point qu'il pourrait y avoir une négligence. Ce ne serait pas vraiment grave mais dans ce cas-là, le pilote ne pourrait pas voler...
Thomas présente donc son passeport accompagné de son « Medical Classe 1 » qui est encore valable pour trois mois. Il n'y a donc aucun souci de ce côté-là.

— *Je peux voir votre licence ?*

Thomas tend le document au policier et ce dernier semble soudain beaucoup plus intéressé. Il se tourne vers la lampe et lève le document devant ses yeux pour l'examiner en transparence.
Les secondes passent, longues comme des siècles... L'homme retourne la licence puis la remet devant la lumière. Au bout d'un moment, il la transmet à son collègue en civil. Finalement, il se tourne vers Thomas en grimaçant :

— *Quelque chose ne va pas !*

À cet instant, le rythme cardiaque de Thomas s'accélère.

— *Je... je comprends pas ?*

Mais le policier insiste :

— *Quelque chose ne va pas !*

À cet instant, le commandant comprend qu'il ne s'agit pas d'un contrôle de routine... Contrairement à ce que les policiers ont prétendu, ils ne sont pas là par hasard. Ils savent ! Thomas n'a pas la moindre idée de la façon dont ils ont été prévenus mais ils sont au courant ! Inutile de nier ou de faire un scandale devant l'équipage, cela ne servirait à rien :

— *Est-ce qu'on peut se mettre à l'écart pour parler* ?

Le policier acquiesce à voix basse.

— *Pas de problème, on va sortir...*

Quelques instants plus tard, Thomas quitte la pièce avec les quatre fonctionnaires. Devant l'équipage médusé, on le fait monter à l'arrière d'une BMW « Politie ». Puis, le véhicule aux rayures orange et bleues quitte l'enceinte de l'aéroport.

Dans la voiture, personne ne parle... Thomas Salme ne pose aucune question... Il ne proteste pas.

Depuis l'aéroport, le trajet dure une dizaine de minutes par l'A4 pour rejoindre un commissariat d'Amsterdam Nieuw-West où il est immédiatement emmené dans une salle d'interrogatoire. Étrangement, à partir de cet instant, les policiers se font plus souriants. On lui propose à boire... Est-ce qu'il souhaite qu'on lui apporte quelque chose à manger ?
Thomas retire sa cravate... Il a la peur au ventre, pourtant il reconnaîtra plus tard qu'au fond de lui-même il ressent un profond soulagement.
Très rapidement, l'interrogatoire commence :

— *Monsieur Salme, nous pensons qu'il y a un problème avec vos papiers.*

Thomas soupire et ne cherche pas à nier. Il parle :

— *C'est une longue histoire...*

— *Alors, allez-y, on vous écoute...*

— *C'est vrai que je vole depuis 13 ans mais...*

Il y a un long silence puis Thomas Salme ajoute d'une voix très mal à l'aise :

— *Je n'ai pas de licence.*

À cet instant, la stupéfaction s'affiche sur le visage de ses interlocuteurs... De toute évidence, ceux-ci avaient un renseignement concernant la validité des qualifications du Suédois mais ils imaginaient une infraction banale... peut-être une mention qui n'aurait pas été reportée sur son triptyque ou un retard sur la date du certificat médical... Le genre de faute qui peut éventuellement bloquer un pilote pendant quelques jours, le temps de régulariser la situation auprès de l'ILT... Mais personne ne pensait que le problème serait aussi grave :

— *Vous n'avez pas de licence ??*

UNE LONGUE HISTOIRE !

Tout remonte à l'année 1987...
Grâce au pécule que sa mère lui a laissé, Thomas Salme s'est inscrit dans le *Flygklubb* de Bromma, un petit aéroport situé dans la banlieue ouest de Stockholm. Tout est alors allé très vite pour lui. Le jeune homme effectue une quarantaine d'heures de vol sur un Cessna 150, le même type d'appareil que son père pilotait lorsqu'il lui a fait découvrir l'aviation. Et, en moins de quatre mois, il passe son brevet de pilote privé : il est alors titulaire du « PPL[10] »

[10] *Private Pilot Licence* : Licence de pilote privé

Pourtant, même si son instructeur le juge exceptionnellement doué, cette licence ne lui permet pas de trouver un emploi ! Car elle ne s'adresse qu'aux pilotes amateurs. Aucune compagnie aérienne ne pourrait le recruter. En général, le pilote privé vole sur un petit avion biplace ou quadriplace et il n'a que le droit d'emmener des amis, et seulement lorsqu'il fait beau. Pas question de voler la nuit ou dans les nuages... Et bien évidemment, il ne peut en aucun cas être salarié. Seuls les navigants titulaires d'une licence de pilote professionnel ou de pilote de ligne peuvent prétendre à un travail rémunéré. Le jeune Thomas Salme se retrouve donc avec un « PPL » qui ne lui est d'aucune utilité. Plus ennuyeux... Il n'a plus d'argent pour payer des heures de vol supplémentaires. Il en a 50... Il lui en faudrait au minimum 300 ! Sans compter les nombreux certificats théoriques à passer par le biais d'une école de pilotage.
Et il ne peut pas payer les cours.
Plus grave encore... la licence de Pilote privé n'est pas éternelle... Elle se périme automatiquement au bout d'un an lorsque son titulaire n'effectue pas un minimum de 5 heures de vol dans l'année. À la fin de 1988, Thomas Salme voit donc sa licence devenir « invalide » et il n'a pas la moindre couronne[11] pour la renouveler. À ce moment-là, il comprend que son rêve est en train de lui échapper... Ce sont alors cinq années de galère absolue qui commencent pour lui... Les pires années de sa vie. Il se lance d'abord dans la composition musicale mais il ne parvient pas à en vivre. Puis il fait des remplacements dans un laboratoire de photos. Comme c'est insuffisant, il accepte toutes sortes de petits boulots supplémentaires au hasard des offres d'emploi. Mais rien ne marche vraiment ! La vie est d'autant plus dure que Thomas Salme refuse d'abandonner l'idée de devenir pilote de ligne... Il ne cesse de répéter à ses amis que « *c'est dans ses gênes au plus profond de lui* ». Le problème, c'est que la méthode Coué ne suffit pas pour réussir.
Une lueur d'espoir apparaît en 1993 lorsqu'il apprend par hasard que la compagnie SAS[12] éprouve certaines difficultés pour recruter des pilotes. Les gestionnaires envisagent de faire appel à des

[11] La Suède est membre de l'Union européenne mais les Suédois ont toujours rejeté par référendum leur entrée dans l'Union économique et monétaire. La monnaie du pays est donc toujours la couronne et non l'euro.
[12] Scandinavian Air System. En réalité, le nom d'origine est : Scandinavian Airlines System Denmark-Norway-Sweden car la compagnie est un consortium aux capitaux danois, norvégien et suédois.

étrangers. Or, la *SAS Flight Academy*[13] se trouve sur l'aéroport d'Arlanda à quelques centaines de mètres de l'endroit où son père l'a fait voler il y a seize ans. Sans y croire, Thomas appelle alors l'école et il demande à parler à un responsable du recrutement... Et à sa grande surprise, on lui passe quelqu'un. Le jeune homme explique alors qu'il voudrait connaître la procédure pour être engagé comme navigant. Son interlocuteur est plutôt bienveillant mais il tique lorsque Thomas lui explique qu'il est seulement pilote privé et que de surcroît, sa licence est périmée. Pourtant, il accepte de l'écouter. Comme le courant passe, Thomas finit par lui demander s'il existe un moyen pour qu'il puisse s'améliorer.

— *Est-ce que je ne pourrais pas suivre des entraînements sur vos simulateurs de 737 ? J'ai beaucoup travaillé sur le Flight Simulator de Microsoft mais un vrai « simu » me permettrait de progresser encore davantage.*

Il fait cette suggestion sans vraiment y croire. Car l'heure de simulateur coûte presque aussi cher qu'une heure réelle sur avion. Car le système reproduit exactement le tableau de bord et les commandes de l'avion. Aucun rapport avec le petit écran d'un PC avec son joystick pour adolescent. Toutes les pannes possibles et imaginables peuvent être programmées... Il est possible de paramétrer toutes les météos pour s'entraîner avec vent de travers, du vent de sable, dans le brouillard ou avec un fort gradient de vent. Par ailleurs, le système est monté sur des vérins qui permettent d'imiter la turbulence et les mouvements de l'avion en fonction des actions effectuées par le pilote. Mieux encore, les simulateurs de la SAS Flight Academy sont équipés d'un système qui peut envoyer de la fumée dans le cockpit pour entraîner les pilotes à gérer un incendie à bord. Ils disposent également de portes d'évacuation situées à l'avant et sur l'aile. En fait, la similitude est si parfaite avec l'avion que le pilote peut passer une qualification de type sans avoir jamais mis les pieds dans le cockpit de l'appareil.

Thomas se dit que s'il réussit à faire des heures sur un simulateur de la SAS, il sera parfaitement au point le jour où il aura économisé suffisamment d'argent pour intégrer une école.

---

[13] La SAS Flight Academy a depuis fusionné avec l'Oxford Aviation Academy dont il a été question dans le second récit de cet ouvrage. L'école exploite aujourd'hui onze simulateurs : A320, A330/A340, B737/500-300, B737-700, B767, Dash 8-Q400, F28, F50, MD-80, S 340 and Bell/AB 412/212.

Simulateur de vol Airbus 320
(Vue intérieure)

Le même simulateur Airbus 320 vu de l'extérieur
(Noter les vérins qui reproduisent les mouvements de l'avion).

Et à sa grande surprise, le gars continue à lui montrer une certaine compréhension... L'histoire de ce jeune homme passionné semble lui plaire. À cette époque, l'école de la SAS exploite dix simulateurs. La plupart sont des DC-9 mais il y a également deux Boeing 737-300. Toutes les machines sont occupées pendant la journée par des élèves ou par des pilotes qui passent leur « Proficiency Checks », mais le soir, il n'y a personne, en particulier à partir de minuit. Et il y a toujours un instructeur de permanence qui reste très tard. Or, comme Thomas Salme l'explique lui-même : « *dans ces années-là, la Suède n'est pas un pays dangereux, il n'y avait pas de terrorisme, pas d'attentats. Les bâtiments de l'aéroport n'étaient pas gardés et il était très facile d'accéder à l'école. Personne ne vous demandait rien. Si vous franchissiez une barrière, c'est que vous y étiez autorisé, vous n'aviez pas besoin de montrer votre badge* ».
Thomas se présente donc le soir même dans le bâtiment des simulateurs. Comme annoncé, tout est désert à l'exception d'un instructeur qui remplit les dossiers des élèves. Thomas explique qu'il a déjà discuté avec un responsable et le gars accepte de lui programmer un premier vol entre Miami et New York sur un 737. Puis il le laisse se débrouiller.
Thomas n'en revient pas... Dix minutes plus tard, il est aux commandes du Boeing et la machine tourne ! Comme sa connaissance des procédures est toujours aussi vive, il se sent tout de suite à l'aise... Certes, la version de l'école est un peu différente de son PC mais il s'adapte immédiatement.
C'est le second plus beau jour de sa vie !
Cela fait des années que Thomas Salme rêve de cet instant et il en profite au maximum. Pour sa première séance, il reste plus de deux heures aux commandes du simu. Puis, il revient le lendemain soir et fait plus ample connaissance avec le permanent. Ce dernier accueille l'intrus d'autant plus facilement qu'il est meilleur que la plupart des élèves qui viennent s'entraîner pendant la journée. C'est un plaisir de le voir travailler.
Le plus étonnant, c'est que pour gagner sa vie, Thomas travaille maintenant comme vendeur dans un magasin de jeux vidéo et bien évidemment, lorsqu'il n'a pas de clients, il poursuit son entraînement sur le Flight Simulator de Microsoft. Et comme cela ne lui suffit pas pour vivre, il décroche un job à mi-temps comme technicien de nettoyage... à la SAS. Cela lui permet de se voir attribuer un badge officiel qui justifie parfaitement sa présence dans l'école chaque soir. Les journées sont donc très longues mais c'est une période heureuse pour Thomas qui s'entraîne pendant une

vingtaine de séances par mois. Le résultat, c'est qu'au bout de deux ans de ce stratagème étonnant, le jeune homme est incroyablement performant aux commandes d'un Boeing. Et pourtant, il n'a encore jamais mis les pieds à l'intérieur d'un véritable cockpit !
Et comme tout ce qui touche à l'aviation le passionne, il continue à dévorer tous les ouvrages qui paraissent sur la météorologie, l'aérodynamique, les technologies des nouveaux moteurs et même sur la cosmographie que plus personne n'apprend aujourd'hui.

C'est dans ces conditions qu'à la fin de 1996, il apprend que certaines compagnies italiennes cherchent à recruter des pilotes. En effet, Alitalia est en grandes difficultés financières et des petites structures voient le jour un peu partout pour combler les lignes qui sont négligées. Sans complexe, Thomas Salme envoie alors quatre courriers à celles qui exploitent son appareil favori, le 737-300. Bien évidemment, son CV est truffé d'inexactitudes concernant son expérience, ses licences et ses qualifications. Mais qu'importe, il n'imagine pas que cela pourrait un jour déboucher sur quelque chose de concret. C'est une sorte de jeu dans lequel il s'attribue le rôle dont il a toujours rêvé...
Il voudrait juste savoir s'il aurait une chance d'être pris.
Et à sa grande surprise, quelques jours plus tard, il reçoit un courrier en provenance du service de recrutement d'Air One ! Cette petite compagnie a été créée il y a une dizaine d'années sous le nom d'Aliadriatica. Les débuts ont été difficiles mais de nouveaux investisseurs viennent d'entrer dans le capital et ils ont de grandes ambitions pour l'avenir. Ils veulent devenir les principaux concurrents d'Alitalia. L'ancien nom a été abandonné pour « Air One » jugé plus moderne et surtout plus facile à prononcer pour les clients. Le siège social a été transféré sur l'aéroport de Rome-Fiumicino et une première ligne régulière vient d'être inaugurée entre Rome et Milan avec un grand nombre de rotations par jour. Grâce à cette liaison extrêmement rentable, les gestionnaires espèrent s'imposer sur le marché de l'aérien en Italie. Seul problème : pour que les opérations puissent débuter rapidement, il leur faut des pilotes expérimentés sur Boeing 737-300 car ils viennent d'en acquérir une dizaine sur le marché de l'occasion.
Comme Air One ne dispose pas encore d'infrastructures adaptées pour sélectionner les candidats, elle charge une société irlandaise de faire les tests préliminaires. Le courrier précise que Thomas doit se rendre rapidement à Dublin où il devra effectuer une séance en simulateur avec le commandant de bord-instructeur chargé du recrutement à Air One.

Thomas n'hésite pas une seconde... Le simulateur de 737-300, il connaît ! Il prend un billet d'avion pour l'Irlande et se présente avec sa convocation. À sa grande surprise, il est le seul candidat présent ce jour-là. Car les volontaires ne se précipitent pas. Il faut rappeler que le 737-300 commence à prendre de l'âge. Il est relativement complexe à piloter et de l'avis des spécialistes, ce n'est pas l'avion le plus réussi de Boeing.

La séance en simulateur s'effectue donc en compagnie de l'instructeur qui se met à la place gauche. Thomas doit montrer ce qu'il sait faire en tant que copilote à droite. Et le test dure longtemps... très longtemps : décollage à pleine charge, panne d'un moteur dans plusieurs configurations, atterrissage par vent de travers, dépressurisation. Toutes les procédures de secours sont exécutées les unes après les autres. Thomas Salme se débrouille parfaitement. L'examen dure quatre heures à l'issue duquel, l'instructeur lui annonce qu'il est bon et qu'il va faire un rapport extrêmement positif. Il lui suffit maintenant de faire parvenir une copie de ses diplômes et de ses licences à la compagnie afin de préparer son dossier.

Comme Thomas Salme l'explique : « *à cette époque, l'Italie croulait sous les procédures bureaucratiques. Les documents officiels n'étaient acceptés que s'ils comportaient une dizaine de tampons et autant de timbres fiscaux* ». Thomas se dit alors qu'il y a peut-être là une opportunité. Il imprime une fausse licence de pilote de ligne suédoise sur laquelle il met bien évidemment son nom et une qualification de Boeing 737. Le document est assez grossier. Il ne passerait jamais auprès d'un fonctionnaire de l'aviation civile mais ce n'est pas cette « licence » qui va être insérée dans son dossier de recrutement car elle est en suédois. Il faut présenter une traduction en italien réalisée par un traducteur officiel assermenté auprès de l'ambassade.

Or, les fonctionnaires n'ont même jamais vu une licence de pilote de ligne suédoise... On leur demande de certifier que la traduction est conforme à l'original. Cela ne leur pose aucun problème ! Après avoir payé une centaine de dollars en timbres fiscaux et en honoraires de traduction, Thomas se retrouve donc en possession d'un document italien officiel certifiant qu'il est titulaire d'un autre document sur lequel est écrit qu'il est un pilote de ligne qualifié sur Boeing 737-300. Et comme les Italiens qui parlent suédois sont aussi rares que les faussaires, personne ne lui demandera plus jamais de montrer sa « licence » suédoise. La traduction authentique dûment certifiée et tamponnée suffira !

Les choses sont d'autant moins suspectes pour les recruteurs d'Air One que Thomas Salme est de loin, le meilleur candidat qui se présente. Personne ne peut imaginer que c'est un véritable débutant.

En 1997, Thomas est donc engagé comme copilote à Air One avec les félicitations du jury. Il a alors 28 ans et son rêve est en train de se réaliser.

La compagnie lui fournit un uniforme... On lui explique les procédures à suivre pour le suivi des *rosters*, on lui donne également les différents manuels concernant le fonctionnement et le règlement de la compagnie. Et deux semaines plus tard, c'est le grand jour : il effectue sa première rotation comme copilote. Étrangement, il ne ressent pas la moindre appréhension lorsqu'il pénètre dans le cockpit. C'est juste un bonheur indescriptible d'avoir enfin atteint son objectif. Ce sera un vol entre Milan et Naples qui dure à peine une heure mais Thomas Salme ne l'oubliera jamais. Ce jour-là, c'est son commandant qui est PF et il se contente d'être PNF. Son anglais est un peu chaotique mais cela ne lui pose aucun problème car il connaît toutes les procédures par cœur.

Pour le retour vers Milan, c'est lui qui prend les commandes et la sensation est encore plus extraordinaire. Le vol est parfaitement standard... Thomas ne commet pas la moindre erreur et il pose l'avion sur la piste 35 sans aucune difficulté. Au moment où il coupe les moteurs au parking, son commandant ne lui cache pas qu'il est tout à fait satisfait de son travail.

Lorsque Thomas rentre le soir à son hôtel, il est le plus heureux des hommes... En fait, les commentaires positifs commencent à s'accumuler dans son dossier pour confirmer que cette recrue est un élément particulièrement prometteur.

Bien évidemment, Thomas dissimule un lourd secret et il ne le partage avec personne car il sait pertinemment que celui qui le découvrira s'empressera de le dénoncer.

La machine à rêve est lancée... Thomas découvre rapidement que la vie de navigant est encore plus fantastique que ce qu'il avait imaginé dans ses rêves les plus fous.

Il se marie et devient papa d'un petit garçon. Son ménage fonctionne sans aucun problème mais il ne dévoile rien à son épouse. Et étrangement, ce silence est une ombre à son bonheur. Il ne le cache pas : « *Au fil des ans, le secret est devenu de plus en plus lourd à porter pour moi* ».

Boeing 737-300 d'AIR ONE

Même son père ne se doute de rien... Ses relations avec son fils sont excellentes et il est juste satisfait de constater que ce dernier a pleinement réalisé son rêve. Il est persuadé que Thomas a passé sa licence en candidat libre sans jamais intégrer une école. Rares sont les pilotes suédois qui ont suivi cette voie mais la procédure est théoriquement possible, à condition d'en avoir les moyens financiers.

Et puis, en 1999, c'est la consécration suprême : après deux ans et demi de « place droite », le chef-pilote convoque Thomas pour lui annoncer qu'il va être autorisé à suivre le stage de formation « *commandant de bord* ». C'est une formidable reconnaissance de ses qualités car le délai après son recrutement a été extrêmement court... Dans certaines compagnies, un copilote doit parfois patienter 25 ans sur la liste de séniorité avant d'espérer devenir le patron dans un cockpit...

Bien évidemment, Thomas réussit les épreuves avec brio et il devient aussitôt l'un des éléments les plus respectés de la compagnie. Chacun reconnaît sa compétence et sa simplicité.

Les années passent... Thomas Salme va ainsi rester pendant neuf ans à Air One... L'Italie lui plaît, l'ambiance au sein de la compagnie est excellente et tout se déroule parfaitement pour lui.

Pourtant, dans le courant de l'année 2006, un ami copilote le présente à Yildiray Karaer, le PDG de la compagnie Corendon. Cette structure « turco-hollandaise » recherche des commandants

de bord qualifiés sur 737-300 et les postulants se font rares. Comme toutes les compagnies aériennes, Corendon n'a aucune difficulté à recruter des copilotes. Il y en a des centaines qui sortent chaque année des écoles de pilotage, mais il en va tout autrement des commandants de bord expérimentés. Ceux-ci coûtent cher et ils rechignent à voler sur des avions un peu dépassés comme le 300 !
Le courant passe entre les deux hommes et Thomas se dit qu'il est peut-être temps de changer de compagnie. Il connaît par cœur toutes les lignes d'Air One et le travail devient un peu routinier... Par ailleurs, le salaire proposé par Corendon est beaucoup plus intéressant et cela tombe bien car il a quelques difficultés avec les crédits qu'il a souscrits. Il décide donc d'accepter la proposition... Et comme il est l'un des pilotes les plus expérimentés d'Air One et qu'il jouit d'une excellente réputation dans le milieu aéronautique, personne chez son nouvel employeur ne demande à examiner sa licence à la loupe.
Thomas Salme signe alors un nouveau contrat particulièrement intéressant avec Cprendon... Pourtant, ce nouveau job ne dure que quelques mois car au début de 2007, on lui propose un emploi encore mieux payé au sein d'une compagnie spécialisée dans le transport de fret : « Jet2 ». Le siège social se trouve sur l'aéroport de Leeds Bradford en Angleterre. Pas de passagers... Seulement des colis... Jamais de réclamation ! Et, comme les autres compagnies, Jet2 recherche désespérément des commandants de bord expérimentés. Ses besoins sont si urgents que de nombreux avions doivent rester au sol, faute d'équipage. En fait, malgré des moyens financiers conséquents, Jet2 ne parvient pas à effectuer plus de 1 000 heures de vol par mois. C'est un chiffre ridiculement faible pour une compagnie aérienne qui, à l'époque, possède une trentaine d'avions[14]...

C'est la raison pour laquelle, Philipp Meeson, le propriétaire « Dart Group » vient de relever la grille des salaires proposés aux candidats. Par ailleurs, comme l'activité de fret n'est pas suffisante pour rentabiliser les investissements, il veut se diversifier dans les vols *low cost.*
Mais, pour cela il lui faut impérativement des commandants de bord pour faire voler ses avions.

[14] À titre de comparaison, la compagnie américaine Delta effectue en moyenne 4 000 vols par jour, ce qui représente plus d'un million d'heures par mois.

Boeing 737-300 de Jet2

Thomas quitte donc Corendon pour Jet2[15]. On lui fait passer une qualification 737 « cargo » et il se lance dans cette nouvelle aventure. Pourtant, malgré l'attrait du salaire, le Suédois ne supporte pas le rythme imposé par ses nouveaux employeurs. Comme dans toutes les compagnies de fret, la plupart des rotations se font la nuit. Les découchés sont pratiquement toujours la règle et les horaires sont épuisants. Il ne voit plus sa femme et ses enfants... Thomas se rend très vite compte que ce style de vie nocturne ne lui plaît pas. Par ailleurs, Leeds n'est pas l'endroit le plus ensoleillé du monde et la vie en Angleterre lui semble un peu triste.

Le Boeing 737-300 de Corendon

[15] La compagnie Jet2 est aujourd'hui devenue Jet2.com. Elle exploite une soixantaine d'avions (Boeing 737-800 et Boeing 757). Son siège social est toujours sur l'aéroport de Leeds Bradford.

Au bout de dix mois, il décide de démissionner et de revenir chez Corendon où il reste le bienvenu. On est alors en 2008 et Thomas retrouve ses anciens collègues avec un certain plaisir. L'ambiance est toujours aussi bonne et Amsterdam est une ville qu'il apprécie particulièrement.

Il se passe alors deux années pendant lesquelles tout va pour le mieux pour Thomas. Il en viendrait presque à oublier qu'il lui manque un document essentiel pour travailler légalement en tant que pilote de ligne...
Jusqu'à ce 4 mars 2010 !
Au sein de l'administration suédoise, quelqu'un a remarqué une anomalie et a prévenu la police hollandaise. Il est probable que le délateur ait des soupçons mais que lui-même n'imagine pas l'ampleur de la tromperie. Thomas Salme ne connaît pas le nom de celui qui l'a dénoncé. En fait, cela n'a aucune importance à ses yeux. Il n'a même jamais cherché à savoir.

EN PRISON LE SOIR MÊME

L'interrogatoire des policiers se prolonge pendant plusieurs heures... Les fonctionnaires consignent soigneusement toutes les déclarations de celui qu'ils surnomment déjà, le « faux pilote ». Ils sont abasourdis par l'ampleur de la fraude mais il y a pourtant une lueur d'admiration dans les yeux de certains. La plupart se demandent comment ce type a réussi à se faire passer pour un pilote de ligne pendant toutes ces années...
On l'observe comme une bête curieuse. Au cours de l'interrogatoire, le nombre des visiteurs qui viennent dire « bonjour aux collègues » augmente de manière inhabituelle. En fait, on vient voir ce phénomène en uniforme. Le plus étonnant, c'est que la plupart des fonctionnaires continuent à l'appeler « Commandant Salme » avec une nuance de respect dans la voix. Il n'y a pas la moindre agressivité chez eux et de manière étonnante, personne ne lui a encore demandé de retirer les galons qu'il porte sur les épaules. Après tout, ce type n'a jamais eu d'accident, pas le moindre incident, pas même un pneu éclaté. Il n'a jamais fait de mal à personne, il ne nie pas la fraude et son visage est plutôt sympathique. Difficile de ne pas éprouver une certaine admiration pour son aventure !
À la fin de l'interrogatoire, on lui demande évidemment de relire attentivement sa déposition avant de signer... Puis, lorsque c'est

terminé, un policier lui tend discrètement une feuille blanche. Est-ce qu'il pourrait mettre un petit mot et signer un... autographe ? Il est clair que personne ne le considère comme un véritable criminel ! Cela ne l'empêche pas de passer sa première nuit en prison et c'est évidemment un moment terrible pour lui...

Le lendemain, Thomas Salme est amené devant un juge et le rouleau compresseur se met en marche. Pourtant, une fois encore, il est frappé par les marques de sympathie que lui témoignent ceux qu'il rencontre.
À mesure que le temps passe, la peur se fait moins présente et le sentiment du début se confirme : *il est soulagé...* Cela fait des années qu'il craint d'être découvert et qu'il se demande ce qui lui arrivera alors. Nul doute que la charge devenait de plus en plus lourde à porter... Aujourd'hui, les dés sont jetés. Thomas sait qu'il va devoir payer sa dette. Ce sera dur mais ensuite, il passera à autre chose.

LE JUGEMENT

Celui que l'on appelle à présent le *Fake Pilot* ne fait que 3 jours de prison puis il est relâché et placé sous contrôle judiciaire. Son procès se tient quelques semaines plus tard...
De manière inhabituelle, le verdict des juges hollandais est particulièrement clément : Thomas Salme est condamné à payer une amende de 2 000 euros assortie d'une interdiction de vol pendant une année. Rien de plus ! Ce verdict montre à quel point son aventure suscite inévitablement la sympathie. En fait, on n'est pas loin du film de Spielberg où Leonardo Di Caprio se fait passer pour un pilote de ligne pour encaisser des centaines de faux chèques[16]. Au bout du compte, les juges ont imaginé que l'homme pourrait peut-être s'inscrire dans une école de pilotage afin de passer les examens qu'il n'a jamais pu tenter autrefois. Les épreuves ne devraient pas présenter trop de difficultés pour lui !

UNE RECONVERSION RÉUSSIE

Pourtant, ce n'est pas la voie choisie par Thomas Salme. Il décide de tourner définitivement la page. Malgré ses talents exceptionnels,

[16] Le film Catch Me If You Can de Steven Spielberg (2002) est basé sur des faits réels.

il se dit qu'aucune compagnie aérienne n'accepterait de le recruter aujourd'hui. L'aviation, c'est terminé ! Pour la seconde partie de sa vie, il revient donc à sa première passion : la photo. Il est aujourd'hui un photographe de mode particulièrement demandé à Milan. Il travaille pour les magazines *Malibu Lifestyle* et *Lucire Global Fashion* mais également dans le milieu du sport pour des magazines américains. Le club de foot de l'Inter de Milan fait souvent appel à lui pour les grandes occasions. Il gagne très bien sa vie et il a de nombreux projets, en particulier dans le cinéma où il envisage de faire un film en tant que réalisateur.
Aujourd'hui, quand on lui demande quelle est la meilleure solution pour devenir pilote de ligne, il répond invariablement : « *il ne faut surtout pas faire comme moi. Il existe des écoles, elles sont pour la plupart excellentes et elles ouvriront une voie royale à ceux qui sauront travailler* ». Nul doute que si Thomas Salme n'avait pas eu de problèmes financiers, il aurait été parfaitement capable de réussir tous ses certificats. Comme il l'explique lui-même sans complexe : « *Pour apprendre* à piloter clandestinement, *j'ai travaillé plus dur que si j'avais fait les choses de manière officielle. Cela m'a demandé beaucoup plus d'efforts et de persévérance que si j'étais passé par une école* ».

Thomas Salme à l'heure où ces lignes sont écrites
(@ Airline Pilot Guy)

Thomas Salme ne regrette rien. Il a réalisé un rêve qui semblait inaccessible et il a vécu treize années extraordinaires. Certains l'appellent le « faux pilote », d'autres le « vrai passionné » ; quoi qu'il en soit, il a été excellent dans tous les domaines où il a exercé.

Depuis son arrestation en 2010, l'homme a complètement changé de look. Il vit aujourd'hui à Milan. Il est père de cinq enfants et son épouse Fernanda connaît tous les détails de sa vie antérieure... Lorsqu'il prend l'avion à Malpensa, il arrive parfois que certains employés de l'aéroport le reconnaissent et l'appellent encore « commandant »...
De façon inattendue, les sondages montrent que les passagers sont compréhensifs à l'égard du fautif. Rares sont ceux qui le critiquent et ce sont toujours les mêmes arguments qui reviennent pour le défendre : « *Si ce type n'a jamais eu d'accident, c'est qu'il savait piloter correctement, c'est seulement une histoire de papiers administratifs* ».

LES CAS SIMILAIRES

À la suite de la mésaventure survenue chez Corendon, de nombreuses compagnies aériennes ont décidé de vérifier si tous leurs navigants étaient parfaitement qualifiés pour le job. Persuadées que « ce genre de mésaventure n'arrive qu'aux autres », elles ont donc lancé des enquêtes discrètes afin d'examiner soigneusement les qualifications de leur personnel navigant. Et certaines ont eu alors de très mauvaises surprises... Car le cas de Thomas Salme n'est pas unique, même si ceux qui ont été découverts étaient loin d'être aussi compétents que lui :

- Ainsi, en **décembre 2012**, trois commandants de bord travaillant pour Pakistan Airlines ont été virés discrètement après la découverte qu'il n'avait jamais passé de licence. L'un d'eux avait simplement acheté le précieux sésame auprès d'un fonctionnaire du service des licences de l'Aviation civile. Les deux autres étaient des anciens qui travaillaient pour la compagnie depuis plus de vingt-cinq ans. Ils avaient même transporté des membres du gouvernement à de nombreuses reprises. Eux aussi avaient autrefois corrompu un fonctionnaire pour obtenir une licence sans jamais passer d'examen. Tous les trois ont été découverts à la suite d'une succession d'erreurs de pilotage graves.

- En **juin 2015**, la presse indienne révèle un incroyable scandale. Anupam Verma est un « faux pilote » de 25 ans qui vient témoigner à la télévision pour raconter comment il a obtenu une licence de pilote après avoir effectué seulement… 35 minutes de vol en compagnie d'un instructeur. Pas une minute de plus… C'était à l'école de pilotage Yash Air basée sur l'aérodrome d'Indore. Le futur navigant a reçu un carnet de vol attestant qu'il en avait effectué… 360. Ce chiffre n'a pas été choisi au hasard : il est la limite basse à partir de laquelle les compagnies aériennes indiennes acceptent de recruter un copilote. Pour tenter de se justifier, le responsable de l'école, expliquera aux policiers que « *l'inexpérience du débutant n'aurait eu aucune importance puisque les commandants de bord indiens ne laissent jamais rien faire à leur copilote* ».
En fait, l'Inde est victime d'une chaîne de corruption mise en place dans les écoles de pilotage depuis plusieurs années. Le principe est simple : l'élève reçoit une bourse du gouvernement indien pour devenir pilote. Il lui suffit alors de reverser directement la totalité de la somme à l'école pour obtenir une licence sans être obligé de voler. Ainsi, en tant que fils d'agriculteur, le jeune Anupam Verma a perçu 40 000 euros qu'il a donnés à Yash Air pour régler un vol de 35 minutes, ce qui en fait l'heure de Cessna 150 la plus chère du monde ! Effaré par cette escroquerie, le jeune homme a décidé de raconter son étrange parcours à la presse : « *Qu'est-ce qui serait arrivé si je m'étais retrouvé en situation de détresse ? Je ne savais même pas comment, ni à quel endroit atterrir ! On n'aurait pas seulement tué nos passagers mais on aurait pu s'écraser sur un village ou sur une ville et tuer encore plus de monde* »

Quelque temps après le témoignage retentissant d'Anupam Verma, plusieurs dizaines de « pilotes » ont été arrêtés de vol. Madame Sathiyavathy, la nouvelle directrice de la DGCA[17] indienne, a alors annoncé que des enquêtes allaient être diligentées à travers le pays. La certification de la totalité des écoles de pilotage serait remise en question.
Car, les tricheries de Yash Air sont loin d'être un cas isolé. Pour faire face aux besoins croissants des compagnies indiennes en personnel navigant, toutes les écoles ont pris l'habitude de gonfler systématiquement le nombre d'heures de vol effectuées par leurs élèves. Les formations devant être de plus en plus rapides, il faut

[17] Directorate General of Civil Aviation.

« sortir » les jeunes diplômés de plus en plus vite. Sous couvert d'anonymat, un ancien commandant de bord indien explique que ces pratiques sont courantes depuis les années 60 : « *la moyenne des fausses heures rajoutées* à *chaque élève* est *de l'ordre de 150 sur un total de 200* ». Par ailleurs, il explique que les compagnies se rendent immédiatement compte de l'incompétence des jeunes qu'elles recrutent car ils n'ont aucun automatisme de base. En clair, ils ne savent pas piloter... « *Pourtant, elles ne peuvent pas les virer car ils sont titulaires de licences officielles délivrées par la DGCA et les dossiers fournis par les écoles sont excellents. Elles doivent alors les garder comme copilote pendant de très longues années avant qu'ils finissent par acquérir un semblant d'expérience* ». C'est dans ces conditions que certains copilotes ont été à l'origine d'incidents très graves comme celui survenu à la compagnie Air India Express le 26 mai 2010[18]. Pourtant, dans la plupart des cas, il n'y a pas de sanction.

Car la tâche pour assainir la situation aéronautique indienne est immense. Ces pratiques frauduleuses sont véritablement entrées dans les mœurs et le mal est profond. C'est ainsi que les autorités indiennes se sont rendu compte que Yash Raj Tongia, le chef pilote et propriétaire de Yash Air ne possédait pas lui-même les qualifications et les compétences nécessaires pour être pilote instructeur...

Pire... malgré le procès et la suspension de son autorisation, Yash Raj Tongia a fondé une autre école de pilotage : Centaur Aviation Academy Ltd et il continue à dispenser des cours pour former des pilotes...

On comprend pourquoi de nombreuses compagnies indiennes exigent maintenant que les candidats soient titulaires d'au moins 1 000 heures de vol, parfois même plus. Pour se protéger, elles commencent d'ailleurs par leur faire subir un test en simulateur avant même de jeter un coup d'œil sur leur carnet de vol !

Enfin, dans un genre moins grave, il est également arrivé qu'un passager se fasse passer pour un navigant afin de profiter de certains avantages dans la cabine. C'est ainsi qu'en **mars 2013**, les employés de la compagnie US Airways à Philadelphie ont vu débarquer à leur comptoir un pilote en uniforme. L'homme avait 61 ans. Il arborait un badge Air France au nom de Philippe Jernnard et portait une veste, une chemise et un sac aux couleurs

[18] Lire le récit Recule ton siège dans ERREURS de PILOTAGE tome 5 du même auteur.

de la compagnie française. Pour ce vol à destination de West-Palm Beach, il exigeait de manière péremptoire qu'on le surclasse du fait de sa qualité de commandant de bord de 747. Comme il n'y avait plus aucune place disponible en première, les agents lui ont répondu que ce n'était pas possible. Ils pouvaient seulement lui attribuer la place correspondant au billet qu'il avait acheté. Le pilote est alors devenu particulièrement impoli mais les agents de l'enregistrement n'ont pas cédé. L'affaire aurait pu s'arrêter là... Pourtant, une fois à bord de l'avion, l'homme est allé voir l'équipage et il a demandé à voyager dans le poste de pilotage prétextant qu'il serait tout à fait normal que l'équipage accepte la présence d'un « collègue » pendant le vol. Dans un premier temps, le commandant de bord a accepté d'écouter l'intrus car ce dernier semblait avoir certaines connaissances sur le pilotage d'un jumbo-jet. Par contre, il a eu immédiatement des doutes en remarquant qu'il ne savait pas déplier le *jump-seat* du cockpit ! Inquiet de voir l'individu s'installer juste derrière lui, le commandant a alors appelé la police et le « pilote » a été arrêté avant le décollage. Son badge Air France était un faux grossièrement maquillé à son nom... L'incident a eu un certain retentissement aux États-Unis car, au moment de son arrestation, Philippe Jernnard a cru bon de hurler qu'il « détestait les Américains », des propos agressifs qui ont bien évidemment été repris en détail dans les médias. Depuis le 11 septembre 2001, les autorités de l'Oncle Sam n'apprécient pas vraiment les intrusions dans les cockpits. La caution a été fixée à un million de dollars ! L'homme a été inculpé d'usurpation d'identité, de falsification de documents officiels, d'intrusion criminelle dans un cockpit et il est parti en prison.

Il ne suffit pas de porter un badge sur la poitrine pour être aussi bon que Thomas Salme !

LE PARCOURS AÉRONAUTIQUE DE THOMAS SALME

18 février 1969 : Date de naissance.
1977 : Baptême de l'air avec son père.
1987 : Licence pilote privé à 18 ans.
1988 : Licence pilote privé périmée.
1993 : Début d'entraînement en secret au simulateur de SAS.
1997 : Recrutement à la compagnie AIR ONE comme copilote.
1999 : Promu commandant de bord à AIR ONE.
2006 : Départ d'AIR ONE pour CORENDON (est recruté directement comme commandant de bord).
2007 : Recruté comme commandant de bord pendant 10 mois à JET2.
2008 : Retour chez CORENDON.
2010 : Fin de l'aventure...

SOMMAIRE

Avant-Propos 9

Droit dans le mur...11

Le crash d'Air Asia 65

Négligence fatale 121

Trou noir 199

Pilotes norvégiens et contrôleurs suédois.....255

Une faute impardonnable 309

Collection Histoires authentiques

PILOTES DE L'AÉRONAVALE

Par Frédéric Zumbiehl

Les pilotes de l'aéronautique navale ne sont pas des pilotes comme les autres. Chevaliers du ciel, ils sont aussi des hommes de mer, aviateurs par passion et marins dans l'âme.

Ancien pilote de chasse embarqué, Frédéric Zumbiehl recrée l'ambiance fiévreuse des missions de combat, de la Seconde Guerre mondiale aux conflits les plus récents.

Vous vivrez le crash au catapultage de ce pilote de Crusader qui ne parvient pas à se détacher de son siège. Vous serez aux côtés d'un pilote qui, tentant d'apponter en pleine tempête, envisage de s'éjecter dans les flots déchaînés. Vous suivrez le récit épique du sauvetage, en pleine nuit, de l'équipage du pétrolier Érika, par un Super Frelon.

Vous partagerez l'aventure d'Eugène Ely, ce pionnier, qui tenta le premier appontage de l'histoire. Vous serez aux commandes d'un Rafale, en Afghanistan, pendant la traque de Ben Laden. Et embarqué dans bien d'autres aventures encore...

Pilotes de l'aéronavale est un recueil d'histoires authentiques plus palpitantes les unes que les autres.

Consulter notre site

www.editions-jpo.com

retrouvez-nous aussi sur facebook et twitter

Imprimé en France. - JOUVE, 1, rue du Docteur Sauvé, 53100 MAYENNE
N° 2441933T - Dépôt légal : septembre 2016

A Measure of Understanding

A MEASURE OF UNDERSTANDING

QUEEN FREDERICA

OF THE HELLENES

MACMILLAN

SBN Boards: 333 12454 5

First published 1971 by
MACMILLAN LONDON LTD
London and Basingstoke
Associated companies in New York Toronto
Dublin Melbourne Johannesburg & Madras

Printed in Great Britain by
WESTERN PRINTING SERVICES LTD
Bristol

Contents

	Introduction	xi
1	Growing Up	1
2	Palo	15
3	War Against the Axis	27
4	South Africa	47
5	General Smuts	63
6	Egypt	73
7	Return to Greece	89
8	Communist War	95
9	General Marshall	113
10	Welfare	129
11	Search and Discovery	141
12	Turkey	151
13	U.S.A.	159
14	Yugoslavia	177
15	Cyprus	185
16	International Links	195
17	The King	207
18	The Family	221
19	England	239
20	The Light	247
	Epilogue	261
	Index	265

Acknowledgements

Grateful thanks are due to the George C. Marshall Research Foundation for permission to quote from the letters of General Marshall and to Mr J. C. Smuts for permission to quote the letter from Field-Marshal Smuts.

List of Illustrations

appearing between pages 50 and 51

1 Queen Frederica
2 King Paul
3 The young Princess Frederica (*J. Turek*)
4 Newly engaged to Crown Prince Paul of Greece
5 The wedding of H.R.H. Crown Prince Paul of Greece to Princess Frederica of Hanover, 9 January 1938 (*United Press International*)
6 With General Smuts in South Africa
7 Meeting Greek sailors in a wartime canteen
8 The christening of Princess Irene in South Africa, 1942
9 At home in Tatoi (*D. Patridis*)
10 The King and Crown Prince Constantine at the funeral of King George II, April 1947 (*Mantoglou Triantophyllou*)
11 Father and son in the garden at Tatoi (*D. Patridis*)

appearing between pages 114 and 115

12 The Queen with some of the 25,000 children rescued during guerilla warfare
13 The King and Queen being carried shoulder high by ex-communists on the Island of Macronisos (*Associated Press*)
14 Travelling the country (Macedonia) (*Enomenoi Photoreporter*)
15 'I must have danced on every village square in Greece' (*Mantoglou Triantophyllou*)
16 Inaugurating a new water system

17 Satisfying a thirst (*K. Megalokonomos*)
18 Touring by jeep in Macedonia with Mrs Alexandra Mela, President of the Royal Fund (*L. Karkania*)
19 Old man in Eurytania (with Princess Sophie) (*Mantoglou Triantophyllou*)
20 Young man in Thrace (*Mantoglou Triantophyllou*)
21 The way through the mountains (*Mantoglou Triantophyllou*)
22 After the earthquake

appearing between pages 178 *and* 179

23 The King and Queen with Marshal Tito on his official visit to Greece, 1954
24 The Queen with Mrs Alexandra Mela at a welfare conference (*Photographika Nea Panostsiphtses*)
25 The King with Admiral Earl Mountbatten of Burma
26 The Royal Family at Tatoi in 1955 (*D. Patridis*)
27 The ceremony of the coming-of-age of Crown Prince Constantine, 2 June 1958 (*D. Patridis*)
28 The return of the Olympic champion, September 1960
29 The engagement of Princess Sophie to Prince Juan Carlos of Spain
30 The wedding of Prince Juan Carlos and Princess Sophie (T.R.H. The Prince and Princess of Asturias) in May 1962 (*D. Patridis*)
31 The engagement of Crown Prince Constantine to Princess Anne-Marie of Denmark
32 Queen Frederica with her grandchildren, Crown Prince Palo and Princess Alexia (*Foto Kronos*)
33 Queen Frederica

The publishers apologise in advance to those photographers they have been unable to trace and will be glad to give acknowledgements to them in future editions.

May the understanding that we got from our parents be as helpful to others as it has been to us.

Constantine R.
Sophie, Princess of Spain and Greece
Irene, Princess of Greece

Introduction

It happened again. The lift stopped on the third floor and I walked out; but my rooms were on the seventh floor of the Rome Hilton Hotel. Would I ever learn that doors which opened nowadays were no longer an invitation to me to walk through them? I was so determined to remember this that it was humiliating always to forget and, automatically, to make the same mistake over and over again.

Only the other day a young friend stopped me from trying to get into a car which was not mine, just because it happened to be parked in front of the main entrance to the hotel. Instinctively I supposed, as my job had trained me to do, that any car waiting at the door must be waiting for me. It seemed that I would only stop making these foolish mistakes if I firmly put 'lift, lift', into my mind just before going to my rooms, or 'car, car', before going to town. The moment I had something else in my mind the instinctive reaction to opening doors or waiting cars would take over again and I would be amused, as well as angry with myself.

The view from the top floor of the Hilton Hotel was wonderful, but how could two rooms, no matter how comfortable, become my home, when there was so much that we had left behind; my life with Palo, our family atmosphere, queenship next to a wise and loving King, and Greece herself, the land of all dreams come true?

Of course love does not leave me, my love for Palo, for my children, my grandchildren and for Greece, goes where I go. It helps me to chase all shadows away and look at the past and the future with quiet happiness.

To see the city of Rome below reminds me of being on top of a mountain. I have always loved mountains, be they the mountains of

Austria where I spent years of my childhood, or the Hymettus overlooking Athens where I lived, a happy Queen next to a happy King, or Table Mountain above Cape Town in South Africa where, as a refugee from the Second World War, I lived with my three small children, only too often separated from Palo.

I believe that people who love mountains unconsciously yearn to find themselves an inner height, from which to view themselves as well as the world around them.

I have been a seeker for Truth all my life. I have tried to read within world events the lessons which Fate, or a higher Power has wished me to learn.

I am still learning today. Even if it is about unimportant incidents such as the lift or the car. Maybe I am supposed to learn to equate myself better with my fellow men and women.

My life has only been different from theirs so far as my position as a Queen is concerned. It has not been different in the emotions felt. I have cried like them and I have laughed like them. I have also loved and also lost. I have sometimes reached the point of near despair. But there was always the quest to find the truth about the deeper meaning of life and to learn what to do about it. If some measure of understanding has been reached I wish to share it with my fellow men and women. It is to them that this book is dedicated.

A Measure of Understanding

1. Growing Up

MY family began somewhere in mythology. The story goes that in an unknown castle the master's young wife gave birth to twelve babies. In those old days it was considered a disgrace to have more than one child at a time and so the young woman hid the babies in a basket and left the castle, to dispose of them before her husband should return. She met him in the forest and he asked her what she was carrying in the basket. 'Little guelps, my Lord,' she answered in terror – in old German the word *guelp* means little puppy-dog. The master demanded to see for himself what was in the basket. When he saw the babies he was utterly delighted. The children were saved and this is how my family name and history is supposed to have started.

My father, son of the Crown Prince of Hanover, was born in Vienna. Until the time when Germany was proclaimed a republic, after the First World War, he was Duke of Brunswick and lived in Brunswick. He then moved to Austria, where his father, the Duke of Cumberland, had lived since 1866.

This Duke of Cumberland, my grandfather, was the grandson of old Ernst August, the Duke of Cumberland who was Queen Victoria's uncle. In Hanover, owing to the Salic Law, a woman cannot reign, and therefore, under Queen Victoria, England and Hanover split into two separate kingdoms, with Ernst August carrying on the Guelph line in Hanover.

My grandfather, when he was Crown Prince of Hanover at the time that the Guelphs were settled in Austria after the war of 1866, married a Danish princess. Her name was Princess Thyra and she was the daughter of Christian IX of Denmark who was known as the father of Europe. One of his daughters became the Empress Marie Dagmar of Russia, another became Queen Alexandra of England and the third was my grandmother, the Crown Princess of Hanover, Duchess of Cumberland.

Her brother, Prince William of Denmark, was chosen by Greece to become King of the Hellenes, under the name of George I. He left Denmark at the age of seventeen and reigned in Greece for fifty years. My husband was his grandson. The Danish line has already given six kings to Greece: King George I, his son King Constantine I, three sons of his, King George II, King Alexander, and King Paul, my husband, as well as our son the present King Constantine II. Under their sovereignty Greece regained her northern provinces from Turkish rule, as well as the Ionian islands from the British and the Dodecanese from the Italians.

Owing to the Prussian war, when the Kingdom of Hanover was occupied by the Prussians, there was not much love lost between the Hanoverian Guelphs and the Prussian family, known as the House of Hohenzollern. The circumstances in which my father and my mother met were all the more extraordinary.

'I had a strange dream,' said my father's brother, Prince George-William of Hanover, to my father as they were having breakfast in their parents' home in Austria, 'I dreamed that I was driving my car somewhere in north Germany. It crashed against a tree and I was killed. The Emperor happened to be in his summer home quite close by and he sent two of his sons to accompany my coffin as well as a detachment of his bodyguard.' Both young men laughed. It was a good joke to think that in the tense atmosphere between the two families the Emperor would act in this way. 'And if he did I would still have been angry,' my uncle said.

Shortly after this conversation the young man lost his life in exactly the way he had dreamed. He was on his way to Denmark and the accident happened in north Germany, where he drove his car against a tree and was killed. The Emperor, William II, sent two of his sons and his bodyguard to follow the coffin. This was the reason for my father's going to the Court in Berlin. He went to thank the Emperor officially for his polite gesture, and there he and the Kaiser's only daughter met. Their wedding was the last international event before the First World War at which the kings and princes from all over the world were able to meet.

I remember my Hohenzollern grandfather, the Kaiser, when he was an old man living in Holland. The Hanoverian family were still very bitter against the Prussian family, even after my parents' marriage. My mother used to go and visit her father every year on his birthday, which was 27 January, but my father and brothers held themselves aloof. My mother took me because, being a girl, I counted for less, politically; but I went full of opposition, as my pride and my Guelph blood were naturally on the side of my father and brothers. But every time I met my grandfather I was immediately disarmed because he was so very nice to me.

There was a tremendous contrast between his attitude towards me and towards his own children. Between him and them there seemed a great gap. When his sons were all grown-up, family men they used to kiss his hand. So did all his grandchildren, except the Guelphs. My mother was the only girl among seven brothers and her father certainly adored her, yet she too, as a grown woman, kissed his hand. Court etiquette in Prussia and the whole attitude towards the Kaiser was such that there appeared, at any rate, to be no contact between the generations.

He seemed to be able to show his love, however, towards the daughter of his daughter, who was also the only girl amongst brothers and, whenever I went to see him, we had a most charming relationship. I would go into the garden with him and help him to work in the woods and he seemed to be happy with me around. I could say the most outrageous things to him and tell him my real thoughts and opinions, and the whole court would be nearly fainting at the way I talked to the Kaiser, but he enjoyed it.

I was told by my mother, after the war, that he followed the Greek campaign, not in order to find out if the German troops were victorious, but to learn what was happening to me. When he was a dying man he heard that I was in danger in Crete. My mother told him that we had reached Egypt safely, long before she knew this herself, as he could not be calm until he was sure I was safe. Once he had heard this he became happy and peaceful.

Childhood memories come in pictures that have no connexions. There are long gaps in between. I see a little girl walking on top of a beautifully decorated dining-room table. The flower vases seemed huge to me. I walked around as in fairyland, with the giants looking on. I was passed from hand to hand and eventually sent to my room.

The dinner took place in a castle at Gmunden in the Salzkammergut in Austria, belonging to my Guelph grandfather, the Crown Prince of Hanover, Duke of Cumberland, where he kept up a big establishment and still had a whole court. I do not remember much about my grandfather except that he wore glasses and had a flat nose. The other people sitting around the table were usually members of the court. There was the doctor whom I loved very much. He used to throw me up into the air and catch me again in his arms. The small darkish-looking man with the big ears and huge eyes was the court musician. I do not think he liked children very much as he never talked to me.

The lovely white hair amongst all the serious faces belonged to my grandmother. I still see her sweet face in front of my eyes. Her dark eyebrows and large eyes were a striking contrast to the snow-white hair piled high above her forehead. She was always gentle, always kind and simply radiated love. As children we were told to shake hands with people and say 'how do you do'. A child does not like to be forced to do all this but my grandmother explained to me why we should be polite, 'You do not greet a man or a woman, you greet a soul that belongs to God!'

After she died I dreamed of her very often, usually when I felt unhappy. I would see her sitting in her chair. I would run up to her, bury my head in her lap and let her comfort me. Whenever I tried to tell this dream to anyone I would start to cry.

My parents lived in a villa in Gmunden, below my grandfather's castle, surrounded by a large and beautiful garden. My four brothers and I spent our childhood between Blankenburg, a huge castle in the Harz mountains in Germany and this lovely place in Austria.

The earliest recollection I have of anything in particular is of water, faces and lots of hands working over me. My nurse, holding me in her arms, had fallen into the lake by stumbling over a wooden board. She could not swim and I remember going down into the water several times and coming up again. There was no fear as there was no knowledge of life and death; there was simply an acceptance of a happening, of water, faces and hands.

A child does not understand death. It should not be confronted with it. Whenever an old servant or our gardener had died I was taken to look at the corpse in the open coffin. Was it to teach me sympathy with the bereaved family? I was only six years old when I saw my grandfather dead in his bed. There is no point in exposing a child to what can only be an incomprehensible situation which no one tries to explain. The strange behaviour of the grown-ups, their tears and their whispers are more than confusing. The funerals, the flowers and the embarrassed silence that follows the child's questions are enough to produce traumata and complexes for life. Nature is more understanding than grown-ups. She encloses the child in forgetfulness and leads its interest into new games and laughter.

I have four brothers and, except for them, I hardly ever had anybody to play with. Two brothers were older and two younger and I came in the middle. Ernst August, the eldest, was so much older that he was less of a playmate than the rest. He was the responsible one and the go-between for us with our parents. George, the second brother, was a peacemaker; the understanding, loving one, who was always concerned about me and worried that I would get into trouble.

Christian, my third brother, was the one I played with most. He used to show off and always wanted to prove he was as good as me, in spite of being younger. He would not admit he was frightened of anything. He did not like riding, but he forced himself to ride so as to gain my respect.

He and I had a trade agreement. We used to barter our toys. He was the more successful, because I was very keen on chocolate and would sell anything for it, so he stole chocolate from the kitchen and exchanged it for some treasure of mine and, when what I had bought was gone, what he had bought was still there. We had curious feelings about our possessions; our toys or a tennis-ball, or even a piece of wood was a personality and if it was forgotten and left outside at night in the rain, we could not sleep because we were afraid it was lonely and ought to be brought into the house. Our youngest brother, Guelph, was usually rather badly treated by the two of us. He was the victim of all our experiments.

I have often been told that when one is the only girl one gets terribly spoilt, but as long as I was a child this did not seem to be true. I got happily bullied by my brothers. Only when I grew up did they become chivalrous and I did, perhaps, have a better time than other people.

Although we saw our parents nearly every day for lunch and in the evening time for prayers, they lived remote from our world, as was the custom in those days. Nothing private was discussed at lunch because the governess and my brothers' tutor were present, so it was a social affair. We did not know what our parents did all day, nor did we think of asking. I suppose that my father had a lot of work, administering his property. He spent most of his time in his study and usually there was someone with him, so we children could not go in and talk to him because he was busy.

He was a comforting person to talk to however, when one did get the chance. We went to Sunday service every week with our parents in the church built by my grandfather, which served a small Protestant community in an all-Catholic town. I was given two pieces of money to put into a bag during the service; either I was not told what it was for or I did not understand it. I am ashamed to say that one piece of money went into the bag while the other remained in my pocket. Slowly a small fortune was taken to the shop and a supply of chocolates hidden in my room. I was found out and told that I had sinned against the seventh commandment which says 'thou shalt not steal'. I knew that now I would never go to heaven and see Jesus. I cried so much that eventually I ran to my father and sobbed in his arms and could not speak. Suddenly I saw that he was crying too. That helped. Whenever I was in trouble I used to go to my father and find myself somehow reassured. He must have said the right words because soon the story was forgotten.

My father taught us to feel responsible towards other people; his attitude, common to his generation, was that members of a family such as ours had to apologise in their souls to other people for being more fortunately placed than them, and were bound to serve for this reason. I now think that, in many ways, our lives are more difficult than other people's. However this was his attitude, which was implied in all he said and did, and his children learned and understood it.

We hardly ever met anyone outside the household who was not a relation: there were no dances, no receptions, there was hardly any entertaining. Every autumn my father had a party at our big shooting-lodge in Austria. The only visitors were my old uncle, Prince George of Greece, whom we children called Uncle Jacob, and a Danish uncle, Prince Valdemar, who was my grandmother's youngest brother. These two old gentlemen joined my parents year after year for a month's visit.

The only part of our parents' lives that I remember sharing without our tutors and governess, was our occasional motor trips to Italy. Then we all crowded into one huge car, five children, two parents and the chauffeur. My father drove while my mother sat beside him. I sat on the back seat with the two elder boys; the chauffeur and the younger boys sat on the little seats in front of us. We had a lot of luggage as well. It was like a gypsy family going on a journey. The travelling was uncomfortable and we were too small to enjoy the museums and churches that we were made to visit. But I remember being excited by our trip to Ischia. It was then a practically undiscovered island and very primitive. It had an eerie fascination because wherever you held a match to the ground, and specially if there was a hole in the ground, smoke came out. I believe this was something to do with volcanic vents but it seemed mysterious to us.

My mother knew how to prepare Christmas for us and turn it into a happy memory that years of war, of stress and strife could not wipe out. She decorated a tree for each one of us. The dining-room became a small forest of Christmas trees in which we spent our days and played with our toys until 6 January. Then all the glory was packed up again in boxes to wait another year.

The child Jesus was a friend of mine. I used to talk to him and ask him why he did not show himself to me and play with me. What was the connexion between the child and the figure upon the cross? Both were called Jesus. The one seemed dead, the other was still playing somewhere around for me to find. The great unhappiness I felt when I was told I had stolen money was the fear that I should not even meet my friend in heaven.

Winter brought other things besides Christmas. We had deep snow in Austria and we were taken on skiing expeditions, which I did not like at all. In those days there were no ski-lifts; nothing to help the uphill climb. My mother was unbelievably energetic and she dragged us up all the highest mountains carrying our skis on our backs. I remember, from quite early childhood, being absolutely exhausted and I have never liked sports since – riding and swimming have been pleasures – but nothing for the sake of sport. The game I did enjoy, in the snow, was to ride my horse and pull my brother Christian on his skis behind me.

My brothers soon went away to school and I remained at home. It was a lonely but not unhappy childhood. I still do not know why I was never introduced to other little girls. Perhaps I was so used to brothers that I did not like little girls, or was it something that had never been thought about?

The garden was full of flowers and old trees. I built myself a hut on top of an old tree, consisting of a few planks and a rope. Here I would sit for hours watching the sky and the birds. Here I was at home; this was my property. Here the occasional tensions of a normal family life did not touch me; I was my own master living in my own kingdom. I still hear the familiar sound of the wind in the trees and feel the gentle swaying of my precarious home. Who made the wind? Was it my tree, together with all the other trees which, by moving to and fro, produced this mystery? But then, who or what moved the trees? There were so many questions and no one to answer them.

One day, not long ago, my granddaughter, Alexia, said to me, 'Mamma has our baby in her tummy.' Shall I ever forget the starry eyes with which she announced the good news. Forty-five years ago, when my young brother was born, I was told that an angel had put him into my mother's bed. Immediately the question arose in my childish mind, how can unbelievers exist, since all the mothers in the world have actually seen a real angel? How wise of the mothers today to let their children share the happiness and excitement of an expected baby.

My search for truth must have started, unconsciously, the day I doubted the story of the angel. The quest for truth remained with me all my life. It brought me glory and misery but eventually glimpses of a deep peace.

From my tree-top I could see the lake and the high mountains surrounding it. Each mountain had its own human face that made it personal to me and part of my kingdom. Sometimes they would blush bright red in the evening sun and sometimes they were angry, shouting and screaming at me through thunder and rain. Then I would go home to the family, frightened and drenched to the skin and, at night in my bed, I could hear the rain and the wind tear at my windows. God promised Noah he would never send a flood again to punish the world and God does not forget, ever, does He? With this helpful thought I would comfort myself into unconsciousness hoping the garden would be the same again tomorrow. I loved my mountains, my trees and the wild flowers, which gave me a companionship that remained unique in my memory. Even today the wild flowers of Austria are my favourite flowers. They were alive to me, like imaginary friends whom nobody should hurt. I would fall asleep among the gentians and primroses and know that they would come to play with me in my dreams.

A ghastly noise sometimes destroyed all dreams. It was the day the butcher came to kill one of the little pigs I was allowed to play with. That day I hid myself as far away as I could run, and still the shrieks would tear my heart apart. After this I was supposed to eat the meat. I cried and I was sick but I could not swallow. The nurse would punish me for being naughty and obstinate about my food. Maybe she did not know about the screams that I had heard. Why do we teach our children to love animals and be kind to them, when we do not mind killing their little friends and making them eat the creatures we first taught them to love? It must be terribly confusing to a child. Later in life I gave up eating meat and fish altogether. After all why should one contribute to the suffering in this world when it is not necessary.

Soon I could wander further afield. My horse and I would go deep into the woods looking for deer. We would climb the mountains and splash through the rivers. There was perfect understanding between us. We were both lonely but we liked each other and enjoyed the mysteries of the silent forest. It was a sturdy little horse. Its colour shone like the autumn leaves, a perfect golden-brown. We stayed away for hours and no one seemed to mind. I was sheltered from contact with other people but otherwise could do as I pleased. Sometimes I shudder when I remember the things I used to do on horseback. I would find some steep gravel-pit, put my horse up to the edge, let the ground break away from underneath its legs and so slide happily down the sandy wall. Perhaps, after all, the grown-ups were worried now and then. One day I had been missing for a very long time. My horse and I had climbed a mountain side. I could not turn round on the narrow path so I had to go on to the end, where I came to a small hut which my father used when he hunted chamois. I got off my horse, looked at the chamois above me in the rocks and thoroughly enjoyed the view of the snow-covered mountain tops. When I returned nobody asked me where I had been; I was told much later that my father, to his consternation, had found my name and my horse's name engraved with a knife on the door of the hut. It gave him an idea of how far I had ridden.

My lessons at home were supervised by my German governess, who also taught me Bible stories, a little English and very little French. Eventually my religion lessons were taken over by a clergyman who prepared me for my confirmation. I was confirmed in Blankenburg, the forbidding-looking medieval castle on top of a hill in the Harz mountains. I was not happy there. The walls were too thick, the staircases too many and the doors, with heavy keys, too large. The rooms were very beautifully arranged, with comfortable and lovely antique furniture. The whole castle was filled with family treasures, collected and inherited for generations. It would have been an antique-dealer's dream. It was not for me.

Life was not so bad in the castle when my younger brothers were at home. We went for voyages of discovery in the attics and cellars. The castle was built round a courtyard and the whole building had cellars beneath it and attics in the roof, one leading into the next all the way round the huge square. Parts of the castle dated from the eleventh century. It had a very deep well, inside the house. We sometimes dropped stones into it and waited until we heard a splash; it took a long time, while we were imagining what it would be like to fall in ourselves. A white lady was supposed to walk the castle at night and we were always looking for her, but we never saw her. The place was full of suits of armour, and the helmeted heads would wobble as we ran about. It was eerie, we were terrified and yet it was exciting for Christian and me.

The attics were vast; several stories high, with ladders joining the different levels. We sometimes roped up Guelph and let him down from one level to another. One day Christian thought it would be a good idea to show his strength by letting me down. He roped me up, but instead of putting the rope around my waist he put it through a leather belt I was wearing. Luckily one of the servants was doing some cleaning on the lower level and he saw what was happening and came to watch. Of course the belt broke, but he was there and caught me in his arms. One day when we had roped up Guelph and let him down out of an attic window, we were seen from below. We quickly hauled him back, but the consequences to us were a nightmare.

Now I was the only child at home and I did not like the castle with its forbidding portraits of my ancestors. I did not like sitting alone in my rooms and looking down into a little bit of garden that was too far away to reach. There was a deer park close by but it had a fence round it so it was not fun to look for deer. My horse was left behind in Austria. My loneliness increased. I began to have an ambition to become a nurse, but this was not encouraged. I read a great deal, which also had its complications. Theoretically I was not allowed to read anything that my governess had not read before, but one learns to get round these rules. Books were acquired during visits to other members of the family, hidden and read at night. The books that were approved usually bored me. I wanted to learn of other people's thoughts, of poetry and philosophy. I still remember when a book by Spinoza was removed from my room. It turned me into a rebel. My reading became a subject of tremendous conflict but I never gave up. My governess learned to shut her eyes and simply not report the literature I had acquired.

One day two women in uniform were shown into my parents' room and I was asked to leave. It had become the law that all children must join the Nazi Youth Movement and the women had called to remind my parents of this duty.

From that day on, once a week, I had to wear a uniform which consisted of a white shirt, black scarf and black skirt. Dressed in this fashion I would walk down the hill into the village and join a group of girls in some empty schoolroom. I did not like wearing uniform and have never liked it since, but I looked upon it as something that brought me, at last, into contact with other children. We used to knit and sing. I disliked the first but enjoyed the second. An older girl would usually lecture on some national subject but I do not believe that any of us ever listened; we were much too busy gossiping with each other.

My father was not sympathetic to the Nazi Movement but he could not discuss it openly. We had a very big staff and many were in it – some fanatic, some not fanatic – but you had to be careful what you said around the house.

After a couple of weeks in the Youth Movement I had a long private talk with my father. He explained what all this uniform business really meant and we both decided that it would be better for me not to have anything more to do with it. As long as I was in Germany this would have been impossible, according to the law, so I was sent to England.

My father was devoted to the idea of friendship with England. He was a very active member of the Anglo-German Society and it was his dream that the two countries should come closer and closer to each other. Only a friendly alliance between them could, he felt, prevent another war.

It was through the Anglo-German Society that my father became acquainted with Ribbentrop. He was also a member and, for some years, he had been an occasional visitor to our house. He had given my father the impression that he wanted his assistance in making friends with the British, whom he professed to love, and my father did his best for him, hoping that he would be a link between the two countries that would help to bind them together. This was, of course, before Ribbentrop became Ambassador to Britain, when his arrogance and tactlessness had the opposite effect.

My father did not wish me to have further Nazi commitments and, in addition to his wish to foster Anglo-German friendship, he believed that English education was the best, so he applied to Queen Mary, in London, asking her to suggest a suitable school for me.

I was sent to North Foreland Lodge, a boarding-school in Kent. It was very strict but I enjoyed the companionship I found.

When I first arrived I must have seemed a strange phenomenon. I had had practically nothing to do with girls of my own age and I understood nothing about boarding-school and its rules and regulations. I was always late; when the gong went I had no idea what it was for so I just did not move.

Once again I had to wear uniform. This time it was a green skirt, a green jacket, a green tie and a green mini-skirt for sports. The hat was abominable, a black flower-pot which we had to pull down over our ears. Was it to make us more unattractive than we already were?

When we went out we walked in a row of twos, supervised by a teacher. Nobody was ever allowed to talk or laugh in the passages. For some time I conformed as I was so happy to be with other young people, but slowly my rebellious spirit got the better of me. I organised a school meeting and put before the children my suggestions as to how life could be reformed. I was unanimously chosen to go before the school authorities and plead our case. In modern days we would most probably have occupied the school. In my day we were more polite and had more respect for our elders. I pleaded for three concessions; first, not to have to walk in twos, but to be allowed to amble along in groups as we liked, supervised, not by a mistress, but by a senior student. I asked that one classroom should be at our disposal for two hours in the evening, where we could make as much noise as we liked and where no mistress should interfere, reasoning that this would help us to keep the rule not to make a noise or talk in the passages—always a cause of bad marks. I also believed that if the girls knew that there was one place in the school where they could let off steam, they would never wish to make use of it. This was exactly what happened. For the first two days there was pandemonium. Cushions were thrown about and shrieks and laughter filled the usually silent school. The next day the room was empty, and remained empty.

We were given a bad mark followed by some kind of punishment for every small mistake. I thought this was wrong and that the girls should also have some recognition for improvement, so I suggested a system of good marks that would cancel out the bad ones. It took me some time to convince the authorities of the merits of this idea, but it worked, and the girls now had the chance to redeem themselves when in trouble.

We all had to play cricket, which was a game I did not like at all, maybe because I was not English. I remember sitting on the grass waiting for the ball to come my way and praying hard, 'Please God, give me a difficult and challenging life because I am so terribly bored.' Bored! Later in life I have often thought of this. Silly little girl with her silly thoughts and prayers!

Once again I called a school meeting. I asked all the girls if they liked cricket or if we should ask to have it abolished and introduce lacrosse instead. Almost unanimously they voted to have cricket abolished. After a successful struggle lacrosse was introduced and enjoyed by all.

In Greece I received the old girls' pamphlet from my school and I was interested to see what they had to say about me. I read: 'Frederica of Hanover, now Queen of Greece, is said to do well.' Quite a compliment!

2. Palo

AFTER I left North Foreland Lodge I was sent to Florence and attended an American finishing-school which operated under the protection of the League of Nations. Here my eyes were opened to international affairs. I became a pacifist and wrote a thesis on how war could be abolished. It was all very high-minded and probably quite unrealistic. I remember that the main point I tried to convey was that we could not stop wars merely by disarming but that we had to do it through education and a new way of thinking about each other.

My time in Florence coincided with Italy's war against Ethiopia. The day sanctions were declared against Italy, Mussolini announced a National Holiday. All the flags were out. General enthusiasm was carefully organised and eventually felt. It was difficult for foreigners to show themselves in the streets of Florence without getting insulted, so most of the time we stayed indoors at school. All Italians were asked to give their wedding-rings and jewellery to the state. I saw helmets resting on stacked rifles at every street corner and the people throwing their rings into them. It was pathetic to see all the old women and men kiss their rings before sacrificing them to the state. We wondered about the handful of rings worn by a well-to-do gentleman who gave us lessons. He too arrived the next day wearing only an iron band. When I returned to Italy many years later, as Crown Princess of Greece, I met this gentleman and I looked at his hands and all the rings were back on his fingers where they had been before!

Next door to my school lived Queen Helen of Roumania, sister of King George of Greece and of Palo, my future husband, who was then Crown Prince of Greece. She invited me to stay quite often. One day I looked into Palo's smiling face. I lost my head and my heart.

When I was a little girl Palo had visited us at home and my brothers and I had liked him very much. I remember banging on his door with Christian and Guelph, because he lingered so long in his room and we wanted him to come and play with us.

More recently I had seen him from a distance. While I was at school in England and my brother was at Oxford we were invited to Marina's wedding to the Duke of Kent. We were high up in one of the rows of seats in Westminster Abbey and I saw my future husband standing below me, with his brother. He was tall and splendid-looking. I still see that picture in my mind's eye, but at the time I was of no particular importance to him. As a matter of fact he was at the first dance I ever attended. It was in Ascot and there were hundreds of people whom I did not know. Nobody made the effort to introduce me to anyone because an English crowd is very distant with a stranger, but people came up and asked me for dances. It was King George of Greece, my future brother-in-law, who was kind to me. He saw that I was completely lost and did not know what to do so he sat down next to me and showed me how to use my little programme. He explained that I only had to wait and, when the dance began, my partner would come to collect me. But Palo was not one of my partners. Only when we saw each other again in Florence, did we suddenly look at each other. This time it was a different thing from our early meetings when he was grown-up and I was still a child.

Now he took me out for long drives alone. His loving sisters, Queen Helen and the Princesses Irene and Catherine, approved, but I thought my parents knew nothing about it. I did not tell them anything. After our wedding Palo confessed that he had written to my father asking if he could marry me but had been told I was too young. They never discussed it with me.

Instead I was sent for a very short time to a farm school to learn house-keeping. Here I mixed with every kind of person, representing all the social classes in Germany. It would have been an interesting experience if my mind had not been far away in Greece.

I remember the day we had to present ourselves and each of us was called by name. When my turn came to answer the roll-call I heard a voice saying quite loudly, 'Is it possible that we should have such an aristocratic pig amongst us!' I looked hard at the girl to memorise her face. She was the daughter of a workman. I determined to make her into a friend. Somehow I must have succeeded because, when I fell ill, she brought me far more food than the ration allowed. I found out that she had stolen it from the kitchen. She also seemed very sad when I left, and so was I. I think I had come across the first person in my life who had communist connexions.

Eventually I asked my father to invite Palo to come to Austria. He looked at me for a long time and tears came into his eyes but he sent off the invitation.

Palo joined us in Austria. I knew, of course, why he was coming, but I pretended not to. For several days we went for walks together and then we went for a long drive. My mother, who had what I then thought were old-fashioned ideas, insisted that my eldest brother come with us. This made me very cross; Palo did not say anything, so my brother got into the car and, round the first corner, we dropped him. He sat under a tree with a book until we came back three hours later and picked him up again. The next day we went for a long walk beside a little river, in a deep gorge. We walked and walked and if the track had not come to an end we should probably have walked on for ever. As it was, we sat down. He asked me to marry him and I very happily accepted. Then, to my surprise, he pulled out of his pocket a beautiful bracelet studded with sapphires, and gave it to me. I asked him why he had it in his pocket and he answered, 'Because I was sure we should get engaged,' so I told him it was disgraceful of him, to be so sure that he carried the present around with him!

When we announced our engagement to the family my brothers reacted characteristically. Ernst August, who was quite grown-up, thought I had taken much too long to give my answer. Why had I not accepted him at once, instead of waiting several days? George, a gentle, careful, objective sort of person, was afraid I had rushed into an engagement from a sense of adventure, wanting to leave home, go far away and enjoy an exciting new life. He warned me to think carefully. Christian, who was nearest to me in age, was very upset because he did not want to lose his companion. Guelph, the youngest, could not understand why anybody should wish to marry his sister at all!

We wanted to get married as soon as possible. Once you have decided, why wait? But Palo said that the carriage that was to take us to church had to be repaired. It was in ruins as it had not been used for generations. Eventually the date was fixed for 9 January 1938 because nine was a lucky number for my husband, and it has turned out a lucky number for our family.

The whole family went down to Athens by train, with two Greek cabinet ministers who had arrived to escort me on the journey. It was a terrible winter and the train was seven hours late because of ice and snow in Yugoslavia. Palo received us at the frontier and travelled through Greece with us.

At every station there were crowds of people. I was not used to crowds. I did not expect them. Very early in the morning when I was still in bed with the carriage window curtains open, we stopped at a station. I could see from my bed that it was full of people waiting for us. They were running up and down the platform looking in at every window to find where I was, and there was I, shrinking under the bedclothes. What was I to do? I could not appear in my nightgown. I rolled out of bed, crawled under the window and sat there until the train left the station.

At last the train moved into Athens. My brothers and I were standing together, by ourselves. We were all ready to leave the train. I was wearing a blue velvet dress and a white fur hat – blue and white are the Greek colours – and my brothers were in formal dress with decorations. Slower and slower went the train; I said something to my brothers and they did not answer. They were all in tears. I thought, what sort of an impression shall I make if I arrive in tears? The sight of them upset me so much that, in spite of my joy, I was on the point of crying myself. Then my brother George told me to think of our grandmother, 'Think of her and her attitude towards people and you'll be all right.' That helped. That emotion passed and all the new emotions took over.

The King, with some members of the Royal Family, was on the platform to receive us. There was a Guard of Honour, which was something I had not experienced before. Palo said, 'Come, we'll go down now, to the Guard of Honour,' and, immediately, I had a problem. He was very tall and took huge steps; I was much smaller and took little steps, so I was desperately trying to keep up with his enormous stride. We never solved this problem in all our lives and I always had to ask him to slow down.

The square outside the station was packed with people. We got into the car to drive to the palace and there were crowds, crowds, crowds all the way, waiting for us. It was an extraordinary experience; I had never imagined it and yet it was, astonishingly, accepted, though I was too much overawed, this first time, to respond to the enthusiasm. At the palace I was at once confused by the uniforms. This was a working monarchy, and there were courtiers in uniform, there were officers in uniform, there were officials in uniform, there were servants in uniform and I did not know who was what. The servants looked much the most impressive. In one room of the palace all the rest of Palo's big family were gathered and I was introduced to them. I cannot remember a single person. A whirl of festivities started; there were dinners, lunches, a concert, there was Greek dancing and, at last, the wedding.

My father accompanied me to the church. He was in a deeply emotional state, close to tears, because I was leaving him and he knew he was losing me. Soldiers lined both sides of the streets and I was struck by the difference between them and German soldiers, who were the only soldiers I knew. While we were passing, although they were presenting arms and had their rifles in front of their bodies, now and then one would let go his rifle with one hand, wave to us and then put it back again with a big smile. They all had huge smiles on their faces. It would be unthinkable for German soldiers to behave in this way. It was marvellous; it was so human and it made us laugh and helped us to master our feelings.

After the exalted emotions of the wedding social life took over again. We returned to the palace and people went to look at our wedding presents, which were all displayed in one room. My Uncle Jacob was there, Prince George of Greece, with his wife Marie Bonaparte, who was a psychoanalyst and one of Freud's best pupils. It was

Uncle Jacob who used to come to my father's shooting parties and I had been hearing about Greece from him for many years, though I did not know in those days that I was going to have such a personal interest in the country. Uncle Jacob looked at two silver vegetable dishes, which were on show with the rest of the presents, and he turned to the Duke of Kent who was standing near him and said, 'What's this? These are what I gave you and Marina for your wedding!'

The new life that now began for me was like a new incarnation. There was no Queen whose example I could follow. Although I was only twenty, I had to act as hostess, not only for my husband, but also for the King, my brother-in-law. It was quite a change, to have love uproot you from amongst the wild flowers in Austria and plant you into a kingdom, as first lady of the land. Some of the incidents I unknowingly created were a continuous source of amusement for Palo and Georgie.

In the Cathedral there used to be only one throne, for the King; the family stood behind it during official ceremonies while the King stood in front of it. Nobody ever sat down. A few months after our wedding I made my first official appearance in public as Crown Princess. It was our national feast day. We went to church with all the state officials and foreign diplomats. Palo and I stood behind Georgie's throne and I began to feel faint. I whispered to Palo that I could not stand any longer. He looked at me, desperately worried because there was nothing to be done about it. I walked up to the King and asked if I could sit on his throne for a while. 'Please do,' he said and moved away to make room for me. There I sat, where I did not belong, feeling miserable. A loud whisper went through the church and a still louder cheer when we walked out. The French Ambassador was heard to say, 'What a delicate way to announce a happy event.'

We were invited to a foreign embassy. I asked Palo, 'Whom do I have to shake hands with first?'

'Don't worry,' he said, 'The Ambassador will receive us at the door, you can't miss him.' I shook hands with the most distinguished-looking person and Palo whispered into my ear, 'That was the butler.' Every time I went to that embassy afterwards I shook hands with the butler again so that he should not be hurt. My husband had to explain to the Ambassador that I did this because of the mistake I made the first time, and he was a very understanding person and would accept it with a smile.

At an official state function Palo and I, together with our foreign guests, had to attend a concert. I had been sitting for hours in front of my dressing-table to have my hair arranged and a diadem fixed on my head. It is part of our duty to try to look our best on such occasions. We arrived in the ante-room of the concert hall, the doors opened, a hush came over the audience, we were just going to make our official entrance, when I tripped and fell flat on my face. Thank goodness the crowd had not seen my disaster, but all the guests and officials in our party rushed to my assistance. Nothing had happened to me, but my diadem, instead of being on my head, hung loosely round my neck. There was nothing to be done but, quickly and unceremoniously, to push it up over my ears, pull a little hair from underneath it onto my forehead and then walk through the waiting crowd as if nothing had happened. It was a good lesson in humility.

Never having led a social life before I was desperately shy. When I had to receive people, for the first few times there was a struggle between Palo and me, as I did not want to go downstairs to meet my guests. I begged him to go with me but he, quite rightly, refused as I had to learn to do things for myself. It was a long time before I could think of things to say to the ladies who called on me. After Sophie was born I used to have her brought down so that we could talk about the baby and in order to make polite conversation, I would say, 'Well, yes. It's a very nice baby, but isn't it a pity that it has my nose?' and one day, instead of hearing what I expected – oh, but it's a very nice nose – a lady said, 'Don't worry. It doesn't matter at all. She will grow out of it in time!'

We taught our children, from a very young age, to take part in official functions and to meet as many people as possible, so that they would be spared my agony and consider normal what I had had to learn. But slowly you grow into your job and, in time, I found it easier to do what was required of me.

After we married my husband and I settled in a small house in Psychico, taken for us by the government. The workmen were still in, when we arrived, and the noise was unbelievable. The house had only one sitting-room and they were turning one of the balconies into a sitting-room for me, upstairs. I had no housekeeping problems. I simply made out the menus and my kitchen was supplied from the palace. The Master of the Household arranged it. I was blissfully happy. It was like a dream, to be on my own with the man I loved. In the evenings we would discuss things together and he would introduce me to all sorts of books. He read aloud to me. I remember him reading all Margaret Irwin's historical novels, starting with *Royal Flush*.

Palo read to me in English, but we spoke to each other in German when we were together. Strangely enough if we could not see each other – if one of us was in the next room or we were talking over the telephone – we used English, and we wrote to each other in English. With our children we spoke Greek and English, but in these early days I did not know Greek and I would not sit down and try to learn it grammatically, I had left school too recently.

Later I tried to learn it with Prince Philip of Greece, the present Duke of Edinburgh. When he was about fifteen he used to spend part of his holidays with us, and his Greek hardly existed as he had been brought up abroad. We decided to have Greek lessons together but they became so hilarious that we had to give them up, we laughed too much.

He was a boy then, full of pranks and excellent company. As well as having Greek lessons, which were a failure, we went riding together and one day when we were jumping I fell off onto my head and got concussion. Philip rushed away to get some cognac and poured it down my throat, although I was unconscious. When I came to, dazed and full of cognac, I insisted that my horse should be brought back. It had been taken away to the stables but I demanded to have it again. My father had taught me that when you fall off a horse you have to get on again immediately, so as not to lose your nerve. This was the one idea in my head and, apparently, I was very rude to everybody till they brought it back. I do not remember this at all, but I was told that I got on again and rode round and insisted on jumping the same jump again. Philip and the others made the jump about two centimetres high, which I did not realise, and bravely jumped it and was perfectly satisfied. The next thing I knew was waking up with an ice-bag on my forehead.

My two elder children, Sophie and Constantine, were born in my sitting-room in our small house. My parents came for Sophie's birth but, when Tino was born, the war had already started and they could not come. Palo stayed with me all the time and held my hand. The Prime Minister sat downstairs with the King, because it was the custom that the Prime Minister should be in the house.

When I started to expect Sophie I felt terribly ill. I thought I had a stomach upset, but Palo knew that it was a baby. I did not believe it possible. Such a thought had not crossed my mind. I said, 'What, me have a baby? It's quite out of the question,' but I soon began to think it was quite normal.

We wanted to call our daughter Olga, but when she was born and the salute was fired, twenty-one guns for a girl, the crowd came round the house and shouted 'Sophie!' and that was that. It is the custom in Greek families to call the children after their grandparents so you can never get away from the old names.

I was as happy as I could possibly be in my new life and did not want it to be different in any way, but my first Christmas at home had a moment of sadness, although it made me laugh later on. In my parents' home Christmas had been an important event. Before the giving of presents one went to church. So now, in Greece, I thought I should go to church. At that time I was still a Protestant, so I dutifully went to the Protestant church, not realising that to go alone, having been used always to going in a family party and surrounded by brothers, it might be a lonely affair. They put a chair for me in front of the whole congregation. The clergyman read the Christmas story and then the congregation sang 'Holy Night'. I started to cry. The clergyman seeing this, closed the book, pulled out a huge handkerchief and held it in front of his nose, turned round towards the altar and stopped talking. At that stage the rest of the congregation started to cry too.

After the war, I joined the Greek Orthodox Church. It was the religion of my people, who had suffered so much and with whom I had identified myself. I felt that this was the religion I must serve.

During the first two years of my married life my husband showed me the country and made me absolutely love it. First of all the islands, which are the most beautiful part of Greece: they are so fascinating because so different from the rest of Europe. As Palo was a sailor they were also closest to his own heart.

The first summer after our wedding he hired a yacht to take me on a tour of the islands. I did not like the sailing itself. We started in a dead calm and could not put the sails up at all. Then a very, very gentle breeze arose. My husband, delighted, hoisted the sails; the boat went a little bit to one side and I was so hysterically frightened that they had to take them down again and go by engine. When I got used to it I enjoyed sailing and eventually had a small boat of my own.

It was something totally new for me, to roll on that white sand and into the warm sea and then go on into the night, with Palo at the wheel by himself. One night I was asleep on deck. It was so hot that I could not go into the cabin. I woke to the most colossal coughing noise. I asked Palo what it was and he said, 'Believe it or not, it's a dolphin. He's got a cold.' He had never heard a dolphin with a cold before, any more than I had. The animal would come up for air, cough most dreadfully, then go under and after some time come up again, still coughing.

Through all the years of the war I was homesick for the islands. There is a group near Levkas. The sea is completely quiet, enclosed by islands, and so clear that you can see fishes, and the stones on the bottom, far out from the shore. It is a completely peaceful sort of seascape. If you arrive very early in the morning and you are still asleep, you are wakened by the noise of cicadas and you know you are near a certain one of these islands, covered in trees, where the cicadas make more noise than anywhere else.

The most beautiful sight I remember is Sunion at night. We were achored off Sunion on a hot night of full moon. It was a deserted place at that time. About midnight my husband took a little rowing-boat and rowed me to the temple that stands on the headland above a steep cliff. One could not distinguish where sea, land and sky began and ended; it was all dark, and the temple was white in the moonlight, standing on nothing. To look at Sunion from a small rowing-boat in the sea, with the full moon shining on the pillars, is the most beautiful thing I have in my mind. Now it is so full of crowds that it has not the same charm, but it is still one of my favourite places in Greece.

On the first tour I suffered from the heat. I was not used to it and I was expecting Sophie, which made it worse. There was no air-conditioning in those days. Palo put big blocks of ice by my bed, with a fan behind them, hoping to keep me in a current of cool air. I do not think it worked, but looking at the ice made me feel cooler.

It was thought lucky by the people on the islands that I was going to have a baby. Walking round small villages in Corfu it was a surprise to me that a village woman would come up and want to touch me. Seeing me pregnant, she thought there would now be an heir, and so she would touch me and then raise her hands to heaven. I was embarrassed – my husband laughed; but soon I got used to it and could understand it.

In all the villages people crowded round us, trying to shake hands and at the same time talking to us as if we were part of them. They would always use the singular 'thou' to my husband, though to parents, for instance, they would use the more respectful 'you'. They called my husband by his christian name: not only when he was Crown Prince, but all through his reign it was always 'Pavlos' and nothing else.

I was young and deeply in love with my husband. In this beautiful country it was natural to begin to feel myself part of his people. They have the quality that you can be yourself with. You do not have to hide anything. You can show your emotions because that is what they will understand.

3. War Against the Axis

I REMEMBER the night when King George came into our room and said: 'Italy has attacked us. From today we are involved. I hoped to be a King who did not have to go to war. Now our people have to suffer once more.'

Maybe fate strikes at us until we forget our small selves, and learn to serve God in each other. When this can be done through wisdom rather than through suffering then a greater harmony amongst people will prevail and prevent nations from going to war with each other.

Our people certainly forgot their love of self. Never have I seen them so inspired. Personal interest did not exist, politics were forgotten and enemies became friends. I could see and feel them growing every day beyond themselves. The spirit of Greece had wings once more within the soul of every man, woman and child. Nothing was impossible, and so the first victories were won. It was our people who brought new hope and enthusiasm to a stricken world. 'Greeks do not fight like heroes, but heroes fight like Greeks.' This was written in the press of that time.

Six months of war gave me my faith in our people, a faith which nothing and no one can shake. I saw them at their best, and if their second best is worse than anybody else's, their best is quite unsurpassable.

I expect the pictures of war repeat themselves and my experiences will not have been different from those of other generations. There are moments of glory and despair, of the ridiculous and the sublime. There are the hospitals full of broken bodies and unshaven faces, of bright eyes that plead for a word of comfort to relieve the tension of spirit. Walking through the wards I learned the real meaning of our prayer: 'Give us this day our daily bread.' It is not only our bodies that are hungry, but also our souls which long for the nourishment that only love and compassion can provide.

I can still see the rows and rows of demanding eyes in the different wards, all willing me to come and talk to them. I could not just go into a ward with a cheerful greeting and visit a few beds. The only way was to go from bed to bed and talk to each patient. If I neglected one he would be disappointed and miss the only event of a day full of pain and boredom.

I realised then, that I should not, after all, have liked to be a nurse and cope with so much suffering. My respect for our nurses was enormous. I still think they are the best in the world, with a real sense of dedication to unselfish service. My sister-in-law, Catherine, was one of them. She had joined the Red Cross Voluntary Nurses. When one of the patients she had nursed back to health was later killed in action she would be so distressed we could not speak to her for days.

Once when I visited a hospital, all the church bells started to ring and another victory was announced. In no time most of the wounded soldiers jumped out of their beds, screaming and yelling and throwing their pillows all over the place. I rushed to the square in front of the Grande Bretagne Hotel, then being used by the General Staff, where masses of people were already gathered. I mixed with the crowd and joined in calling for the King and the Crown Prince, delighted to get rid of my emotions. My husband saw me from the balcony and laughed, but the King sent several police officers to fish me out of the crowd and bring me into the building. Soon the air raids drove everyone into their shelters. I was the only woman in a shelter used by Staff Officers and, on this occasion, by the King and my husband, the Prime Minister and members of the government as well. The King and the Prime Minister were engaged in an argument. Being very young and deeply impressed by all the V.I.P.s around me I wondered what tremendous decisions they could be quarrelling about. Palo soon explained to me that the argument had nothing to do with world events but centred on a donkey which was expecting a baby, and whether it could be used to transport machine-guns up the mountains or not. The King disapproved but the Prime Minister was for it. I never heard who won.

While the aggressor was Italy our war went well. Our troops were far into Albania and the Italians were in retreat; and yet we asked ourselves, what will the Germans do? I was alone at home and nervous, while Palo had gone to inspect our troops at the front. The Foreign Minister of Great Britain, Mr Eden, was coming for lunch and King George asked me to attend. Eden had been to Yugoslavia and Turkey to ask them to fight if either of them, or Greece, were attacked. This was a question of life or death for us. The lunch was terribly gloomy. The King looked glum. Eden made *conversation agréable*. Thank God, Princess Nicholas attended the lunch. My beloved Aunt Ellen, as I called her, was born a Russian Grand Duchess and married Prince Nicholas of Greece. She was the mother of Marina of Kent. Even at that time she was still a great beauty. Her enormous dark eyes could freeze and charm people alike. She had an inner courage and strength that was born out of suffering, sustained by tremendous religious faith and based upon the tradition and training of generations. We loved each other very much. Hers was the only woman's influence I ever felt in my life, otherwise I lived in a man's world.

After the meal I asked the King, 'Are the Turks and Yugoslavs going to help us?'

'No,' he said, 'No one helps us.' I knew this was the end and that Greece would be lost. I started to cry. My aunt got hold of my arm, pushed me out of the door, down the steps, into her car and we drove to her house. There she sat me on a chair, stood over me with a threatening expression and said, 'People like us don't cry, remember, Freddy, people like us don't cry in public, ever.' At that stage the only thing I knew was that when I cry, I howl.

Germany attacked. Most of our army was in Albania fighting the Italians. The few troops facing the Germans on the Bulgarian border held out for six more weeks. When the end came, our soldiers were permitted to keep their rifles and the enemy saluted them with a guard of honour.

The letters to my parents which follow show how we felt at the time about the German advance and, finally, about having to leave Greece.

26 March 1941 *Athens*

Dear Parents,

A Baron von G. has let me know that he is here on behalf of the German Foreign Office and will go back tomorrow. I'm giving him this letter and perhaps even some cigarettes. This may be the last opportunity I will have to write to you and so I will quite openly speak my mind.

Everybody here is convinced that the Germans will be attacking us in one or two days. I would not be surprised if the same gentleman who is taking this letter back with him had not already delivered the ultimatum to the German Embassy, and poor Erbach [the German ambassador] will be waiting for the right minute to present it to our Government. And why all this? To help the Fascists? They are beyond all help. They are through for ever. Should Germany attack Greece all the same, then this would be the greatest Glory imaginable for Greece. Two World Powers against Greece!

The second reason which Germany could fabricate in order to attack us is England. I can literally hear people in Germany saying: We have nothing against Greece of course, we admire them. But the Führer has said: 'I will beat England wherever I find her.'

Well, he will not find England in Greece. Those few hundred men which the Italians have brought to Greece would make no difference to England, should the Germans attack us for this reason.

Hitler cannot beat England here, he could perhaps beat the Greeks and with the atmosphere prevailing here now, he would not find this very easy either. It is of course easier for the Germans to come here than to go to England, and this is the only reason I can see, which the Germans can have.

The reason is that the announcement of a new success was needed.

Naturally, they will first offer us to join the Axis, etc., etc. I can hear the people in Germany saying: Why not follow the example of Roumania, Bulgaria and now Yugoslavia?

Do you know that they promised to satisfy the territorial demands of Bulgaria, which means Salonika and Thrace? An outlet to the sea has also been promised to Yugoslavia, at Greek expense, of course. Germany may fight for her corridor, but this does not seem to stop her from creating new corridors. Is this a just world order? Must we allow this? If we join the Axis, we will lose our independence.

I know you will say, 'Yes, but only for the duration of the war.' Yet who will guarantee this?

Should we join the Axis now, the first thing we shall have to do is to throw the English out; the second would be to invite the German Army to occupy us, or to take our harbours and airports; the third would be to beg for a financial and political adviser, who will then be graciously granted; the fourth would be that, as we would be under the protection of the German Army, we would no longer need ours.

It is much cheaper and more practical to demobilise, and so we shall send our soldiers home! The fifth would be that out of sheer love for the Axis and the new World Order, we would offer Thrace to Bulgaria and Salonika to Yugoslavia. Out of love for Mussolini we shall withdraw our forces in Albania back to our own frontier and offer him the chance of preparing himself better for the next time, or, as we now belong to the Axis, we offer him, out of friendship, Epirus, which he wanted from the very first.

We ourselves will no longer need a Royal Guard; the Germans, in order to pay us extreme honour, will post German guards in front of our house. Instead of going to the Mitropolis in state, we will go to premières of Bismarck films and such like. Post, telephone, transport, propaganda and finance will be put in the much abler hands of the Nazis. We become thus a loyal and reasonable member of the Axis and the new World Order.

To join the Axis means, either to give up one's independence willingly and without a struggle, or quickly to commit suicide out of fear of being killed.

You will probably be bewildered by this letter, I can understand this. But this is exactly what would happen, and I'm speaking from the Greek point of view.

From the German point of view, all this is of course without importance. Should we join the Axis, we would avoid bloodshed, but nevertheless lose our country and our honour, and all that willingly.

The Greeks of today would defend themselves against everybody, even if the whole world attacked them, and there remained not the slightest trace of hope. We value glory and honour more than victory; not one Greek thinks otherwise at this moment, and I myself think the same.

There was a time when I thought with sadness of the possibility that Germany could hit this small land of heroes in the back, but now I am just furious. The whole thing is a dirty trick and unworthy of the German Army. I can and will not believe it until it happens. My German blood revolts against such meanness.

Perhaps you can no longer understand that I speak as I do. But I love these people and this country fanatically. Our soldiers are indeed like gods and no longer humans in what they have achieved.

At the beginning of the war the women saved the situation in Epirus. They hauled ammunition up the mountains, they pushed the guns, they carried the food two and three times a day up the mountains, right through the enemy fire, just to lighten the men's burden during the struggle. The soldiers are full of admiration for the women of Epirus. It is thanks to them that the men halted the Italians, because the women brought what they needed on their own backs.

I visit the wounded in the hospitals almost daily, and talk with them. Wounded who have lost both legs are unhappy because they can no longer fight. Tears come into my eyes when I look at these people. They fight like lions at the front, and when they come back they are like little children, so tender and gentle and moving.

In such moments it becomes obvious that Greece is not part of the Balkans. Greeks are a people apart, with the soul of heroes, who would not give up their freedom at any price and without a fight. Just now the Greek is as he must have been in ancient times, and I am glad to live through these times, and proud that my son is the future King.

Every soldier carries a picture of little Constantine in his pocket. This was a New Year present from Palo to the soldiers. They still write letters to the little one to thank him and to tell him that they are fighting for him and his country.

Georgie (who is behaving magnificently, especially since the death of the old man [Metaxas]) receives daily letters and telegrams from parents, wives and children, announcing the death of members of their family with the words 'Long live the King, long live Greece'. One of the wounded soldiers told Uncle Jacob that he had lost a brother at the front, and that he himself volunteered in order to avenge him. Now that he is wounded his 17-year-old son has volunteered to avenge him in turn.

You can see now perhaps the sort of atmosphere prevailing here.

The new Prime Minister is an extremely nice and decent man. Palo had him in his committee at the very beginning, when he tried to start a Youth movement, which was then completely spoiled by the old man.

But I must stop talking about politics, and write of something else. Who knows who will read this letter. Never mind, there are no secrets in it.

But I must stop now. This letter has become a whole book.

I hope you will not be too upset over all I have written. This is the way that people think here, not only the leaders but every little man.

I shall hope to the very last moment that nothing will happen. It would make me so unhappy to be cut away, especially now that the brothers are fighting at the front, and the attack against Russia will be starting soon. It will always be possible to try and send news through some neutral Embassy, and anyhow all this is only a transition. In one or two years we shall all sit together and talk all this over. What a good laugh we shall have over some of these things, and how happy we shall be that the anxiety we have had about each other is at long last over.

It is all so insane and tragic that there is no sense in talking about it. Good will win. Good in every country. I think sometimes that it would be better to read history than to make it. Aunt Marie [Marie Bonaparte, wife of Prince George] finds it is better and more interesting to experience history. She is perhaps right.

She is a touching person, and films everything that is possible or impossible. I have again a letter from her to you, and I am dying to know whether it is about things that have to do with her studies.

I am sending you an article, in translation of course, which appeared in one of our newspapers and found colossal response. It is an open letter, so to speak, from the Greek people to Hitler, written by the director of the newspaper. It is unfortunately very difficult to translate, but you will get the sense, nevertheless. The newspaper was printed in 8 editions that day. People just snatched it up.

I am so sorry you cannot see the children. They are the most wonderful things ever. Mami's book was the most terrific success with my daughter. We've got to look at it every morning at breakfast.

But Tino would also like one now; he begins to like looking at pictures. But I must close now, I feel quite *ramollie*. I hope you can read this letter. A thousand greetings to the brothers. In thought I'm always near you, whatever happens. Nothing can come between us. I know how anxious you must be about us, but so are we about you.

May God bless and keep you and bring us all soon together again. Palo kisses you all.

With hugs and all my thoughts,

Your always devoted and thankful

Friederike

9 April 1941 *Athens*

Dear Parents,

Who knows if you will ever get this letter. I will give it to Calliga [Marshal of the Court] to keep, until he can find somebody to forward it to you.

Greece was overjoyed when the Yugoslavians overthrew the régime, because this meant one million men more in the army against the Germans, because we were of course quite sure that the Germans would attack. The only question was when.

At the time when Yugoslavia joined the Axis, we had quite dependable information that the Germans were going to hit the Greeks in the back, along the Bulgarian frontier. We were determined to fight alone, although we had practically no troops to defend the Bulgarian front with, as our whole Army is facing the Italians. A country of 8 million inhabitants can only call up a couple of hundred thousand men, with whom we are now winning the war against the Italians. We have only a couple of thousand men on the Bulgarian front. Nevertheless, we did not wish to allow the Germans to enter without a fight. Even if we stood quite alone.

Then came the change, which meant for us that the Yugoslavians would fight, and that we would no longer stand alone.

On the sixth at dawn Erbach presented a document to our Prime Minister, in which the violation of Greek soil by the Germans was announced. There was no question of an ultimatum or conditions. It seems that Erbach was barely able to speak, and asked our Prime Minister to still give him his hand as a mark of personal friendship.

Ever since Sunday morning the Germans have been attacking the Greek frontier with 10 divisions based in Bulgaria. Today is Wednesday, and they have not gone one step forward. They are attacking our couple of thousand men, who are hardly sufficient to occupy the line in peace-time with stukas, tanks, artillery and with everything they have. One fort was captured twice by the Germans, but is still in our hands. What our people achieve with their great soul is such that you feel like kneeling before them.

Since this morning we have been cut off from our troops. The

Germans have entered Greece through Yugoslavia. Look at your map and you will see what happened. On the lowest corner of Yugoslavia a Yugoslavian division of 40,000 men surrendered without a fight. Without a fight the Germans have reached Greek soil through Yugoslavia, and are now marching on to Salonika. We have no news from the town, which is probably already in German hands. The last we heard was that the Germans were unable to break the Greek front from Bulgaria. The front stands, and will stand until they are all captured from the back. And all this because the Yugoslavians let the Germans through without a fight.

The Greek Army proved itself the finest one in the whole world. Because where the Germans attacked the Greeks with their whole might, the Greeks have thrown them back.

I would like to know if a German officer will ever be able to look a Greek soldier in the eyes without utter shame. 8 million Greeks fight against 180 million Germans and Italians. When you read our papers and see the Greek–Italian war-communiqué, and on the other hand the Greek–German one, it does seem like a joke. Two World Powers against small Greece. What a glory for us, and what a shame for the others.

We will see how quickly the Germans will advance from Salonika. Because now the mountains begin. Today, Thursday, the news is still worse. The Yugoslavians have given up. They have let the Germans through, and so they have outflanked our second line. Nothing can hold them now, and we must leave.

Our Army (I can tell you now what our strength up there was: 20,000 against 10 divisions) is still holding. They will all be taken prisoners now.

We are being bombed night and day, which is quite amusing. We were with friends in town last evening when the sirens began to shriek. Naturally we climbed on the roof, and heard swarms of aircraft, bombs and shooting. Suddenly we heard a whistle, and somebody said a bomb was falling. I can tell you that I found myself in the cellar quicker than thought. Two or three times in the night we had to get out.

On the first evening Piraeus was bombed, which I watched with Palo from Aunt Ellen's house. As the whole thing lasted too long, we drove out to Tatoi in the moonlight. We went to bed and were suddenly thrown out of it by a terrific explosion. I was quite convinced that half Tatoi was in ruins. Palo ran out on the balcony and said at once that this was not a bomb but an explosion in Piraeus, where a ship full of munitions had been blown up. I was still convinced it was a bomb and was not going to be talked out of it. The result was a family quarrel!

We will remain on Greek soil as long as possible. Greece has many islands. But the King cannot allow himself to be captured even if he is treated with every honour. The King represents the country and when one believes in one's victory, as we do, then one must leave. Palo cannot remain here because he has married a German wife, and his staying here could appear as if he wished to play the Quisling.

We cannot help our people any more, because the Germans would stop our contact with them. The Germans will never be able to govern the Greeks. Of this I am quite sure. We deeply believe and are convinced that at the end victory will be ours. Just as you do. The future will decide. God keep you and the brothers. I pray that the brothers come through this war safely. What lies in store for us I do not know. We will end up perhaps in America. What a thought.

Don't worry too much. I know that you are in despair, I know that you are thinking of us all the time, exactly as I do of you. I will try and get news to you somehow. Some possibility will be found.

We are leaving everything behind, and are only taking the bare necessities. You may be able to get some information on whether everything here is all right. We leave everything in Messi's [lady-in-waiting] and Calliga's hands.

I believe that Aunt Alice wishes to remain here. She lives somewhere in another quarter of Athens. I envy her staying here.

I know that I, and Palo more so, will be homesick, because we love this land and its people. And they love us deeply. I know for sure that we will come back.

How will Germany ever be able to eradicate this shame from history? I speak so bitterly because of my love for this country.

Tell the brothers that I both see and understand everything as a whole. Greece is the only country that is in the right, and has no guilt whatsoever concerning this war, and defended herself most bravely and was not defeated by the Germans. Our Army has won everywhere, even against the Germans, who are still being held up on the Bulgarian front.

I know exactly what you are going through and I feel for you deeply. But everything will be all right again in a couple of years. This is how it went in the last war too. I do so wish I could help you in your worries. Don't forget that Palo and I are happy together, and that is the main thing and will comfort you in your concern over our fate. I am young enough to feel quite enterprising, even at this moment. I am taking with me H. Ypsilanti, our nanny and two dependable servants. Old Yanni will guard the house. What a topsy-turvy world this is. If it had not been so sad one could really laugh.

Our garden is at this moment so beautiful, full of flowers, but we must not think of this, it is sentimental and does not help.

I wonder who will take our yacht. Perhaps Goering. Great good may it do him.

The misery that will fall over this people tears at my heart. What can one do? We have all of us done our best, and *we* can hold our heads high.

I must stop now. The babies are fine. Thank heavens they know nothing of all our feelings.

I kiss you tenderly, and the dear brothers. I know how they think and this helps. We are a closely-knit family, and this is more than many other people can say.

God bless and keep you. Your example strengthens me.

Your always devoted

Friederike

Continued

Today is Saturday, and we are still here, thank God. The Germans crossed Yugoslavia, and joined with the Italians in Albania. Well, our neighbours are no Greeks. I heard over the German radio that the Germans captured 80,000 Greeks on the Bulgarian front. If we had only had them! All in all there were 12–15,000 men up there, who held the attack of 10 divisions for 3 days, and only surrendered with their general when they ran out of their last shot of ammunition. The Germans, advancing through Yugoslavia in a straight line, reached Salonika and cut off our troops from any possibility of contact with the outer world.

Yesterday night we had air-alarms from 9 to 1 and from 4 to 6. Palo and I were on the Lycabettus and looked on. It was quite madly exciting. I must say the noise is terrific. I'm always very brave when I am near a shelter. Otherwise I like it less. What a situation. Here am I sitting nicely in Athens, being bombed by the Germans.

The whole night through the children sit in a cold damp cellar, which is quite safe. They are wrapped in thick blankets, and sleep.

Today, Monday 14th, the news is a little better. We have managed to establish a new line in the mountains. Pray God, it holds.

The misery that has fallen on the civilian population is indescribable. I've just come back from a hospital for civilians and it is heartbreaking to see small wounded children whose parents have been killed, or young women whose babies perished. At times it is unbearable.

I do not understand why Belgrade had to be destroyed. It was declared an open city by the Yugoslavians, and now it lies in ruins.

How many more cases there must be, like the ones I have just described. It is really dreadful.

You kept asking on the telephone [before the Germans attacked] that Palo and I should not go. If it comes to the worst, we must go. First, because the King and the direct line of the dynasty must not go into captivity. Should Palo stay, he would not be allowed to help anyone, because the Germans would see to it that nobody would bother about him. We would not be allowed to visit hospitals, or speak with anybody, and generally we would be cut off from everything. Or, the Germans, who have always wished to play Palo against Georgie, would proclaim him King against his will. It is quite easy to put such things in the newspapers. (And being a prisoner, how could he defend himself?) He would be considered a Quisling for ever, both in his country and abroad. They can choose other people for such things.

We had air-alarms almost the whole of last night. When there was an alarm at four o'clock in the morning a few days ago, Palo and I decided to stay in bed. I knew that the children were quite safe in the cellar at Tatoi, and so we could stay in bed. The noise was quite indescribable. I remained in bed. Then a colossal din got me out of it before I knew how. We heard later that a bomb had hit Maroussi, the village between Psychico and Kifissia, where my car had a crash.

It seems that things are getting steadily worse. Little Peter of Yugoslavia arrived suddenly by plane, a sign that Yugoslavia is through. Our frontiers with Yugoslavia are open, you can imagine the rest.

Ever since the German attack we have had no information about the military movements of the Yugoslavians. I think we have there the same thing that happened in Poland. And yet their Army is one million strong.

We had an air-alarm this afternoon. Quite disgustingly unpleasant. They flew so low, and one could see them so clearly.

Uncle Jacob and Aunt Marie were just on their way to Piraeus, when Uncle Jacob thought that it was not sensible to drive down. They turned round and drove to the Acropolis as the sirens began to shriek. They watched everything from up there, and I believe that Aunt Marie took a film.

A clear beautiful evening today. I am sure we will have an exciting night on the Lycabettus.

I went to the children this afternoon in Tatoi. They are getting sweeter from day to day. The weather and the country are so lovely, it almost hurts. But one must not get sentimental. Everything is only a transition.

Peter [son of Prince George and Princess Marie] told us the other day that when he returned home at night in the midst of terrible noise, he found his parents sitting on the balcony in their nightgowns, with steel helmets on their heads. I must say I cried with laughter when I heard this.

Airplanes are buzzing over our heads.

Tuesday the 15th

Catherine [Palo's sister] has just arrived and says that we must prepare everything; we must be off tomorrow. I don't want to feel anything and I am trying desperately to look on all this as if it were a journey from which we will return soon.

Aunt Ellen has broken down completely. She is at the end of her endurance. It is dreadful to see so brave a woman so sad.

When you read this letter you must think that we have got over all these feelings. At least I know that wherever we go I shall, at long last, have time to enjoy the children and this makes me happy.

I know what you are feeling, and how you wish you could help us. This thought alone helps. If we could only stay. I would not mind anything if we could only stay. But without Georgie's command it is not possible, and this command he cannot give because of the reasons I have already mentioned.

But I must close now. I know for sure that all will go well, and that we shall all meet happily together again.

How quickly all will be forgotten. We will laugh later at everything we have to go through now.

I hug and kiss you tenderly, and love you and the brothers infinitely.

Yours

Friederike

Second continuation of letter 9 April 1941

Sunday, 20 April 1941

It is impossible for you to visualise what we are going through just now.

Our Prime Minister committed suicide out of sheer despair. This grieves me deeply because he was such a nice and decent man.

The day before yesterday Palo and Georgie spent from early morning until 5 a.m. of the next day at the General Staff Headquarters without eating. No one can be found who will accept the responsibility of forming a Government at this hour of greatest danger. Georgie decided to take on the office of Prime Minister himself, but he can find nobody who will accept even the post of Deputy Prime Minister. Let us hope that everything will have been settled by this evening.

Georgie is behaving quite outstandingly. He had to put many things right with a firm hand.

Our boat, on which we were all going to travel, has been bombed in the meantime. Our departure is being constantly postponed, because the Germans are still being held up. But this waiting gets on one's nerves. I wish I were far away. Now that I know that we must go, I wish all this were behind me and I could be somewhere where there is no war, but only a small white house with a garden, where I could live with my family and not see or hear anything for some time.

Some of our loveliest cities have been razed to the ground. Many civilian casualties. Why this constant bombing of cities? And still we are asked to believe that Germany is only fighting the English.

Up to today noon (Greek Easter), we have had four air-alarms, and how does one know that Athens has not been razed to the ground this time?

You can imagine our soldiers' despair, who must now hand over to the Italians, without a fight, what they had conquered and defended with such heroism.

On Thursday the Family went to Communion. Everybody cried, and when I saw Palo crying I truly realised what a raging anger I have against Hitler. Who gave him the right to make a new World Order which no one wants? Everything is being destroyed. The most flourishing cities, and human lives ruined, all for the new World Order.

Monday 21st

We have had four Governments in four days. Now we must leave, so that nobody can say that we have let down the English who are still fighting on our land. Our soldiers have a fine morale.

We know definitely that our own people will condemn us for leaving, and that the Germans will make use of this. But we must not capitulate and look on, as our country is shared out between Italy and Bulgaria.

We have had seven air-alarms yesterday and also today.

I shall leave with the children and the rest of the family, ahead of Georgie and Palo, who must leave only at the very last moment. To have to part at such a moment, be it even for a short time, is very boring.

The children are the loveliest thing in existence at this moment. It is a joy to think that at long last I will now be allowed to enjoy them in peace. These last days they have practically been living underground as the air-field, which is very near, was being bombed.

I have just said good-bye to Messi. The poor thing is not very well. I don't think she will survive the family going away again. But this country cannot live without us and that is why I am convinced that we shall come back.

It is one o'clock in the night, Palo has not yet come back, and we are to leave at 4 a.m. Poor Palo, he is the hardest hit by all this. He is losing the most.

I think constantly of the brothers, and am happy that they are not on this front. Because the Germans had to fight harder here, and suffered more casualties than anywhere else.

But I must close this journal really now. I will do my utmost to get news to you. Not at the beginning, but a little later.

When you think of us, you must think of a happy little family; this we shall always be.

Palo sends kisses and greetings to you and the brothers.

I hug you tenderly,

Your

Friederike

P.S. I am taking with me the two maids. Palo is taking Potamianos. He is his best friend. We know we can always rely on him.

We had to go, and were to board a merchant ship at four in the morning but, shortly before that hour, we heard that the ship had been bombed and sunk at anchor. The next morning we were supposed to leave by destroyer. Again the news came that the destroyer had been sunk. By now I was at the end of my tether. We finally had to leave by plane early the following day. We took no luggage. I was to travel without Palo; the King and he were to follow us a few hours later. Surely in moments like this families should not be separated. It was still night-time when Palo and Aunt Ellen took us to the plane, a Sunderland flying-boat. Aunt Ellen pressed a small silver cross into my hand, which she had found on the floor in a hospital. It must have belonged to a soldier and on it was written '*En touta nika*', 'in this conquer'. She refused to come with us – her husband was buried in Tatoi. Nobody spoke. My small son, not yet a year old, was in my arms and Sophie held my hand. We kissed goodbye. I did not know if I would ever see Palo again. The sky was full of German planes. 'If parting is not death, then death can never be parting.' We stepped into a horrible motor-boat used to carry petrol to the seaplanes. It had no seats, just blankets over some pipes. Our refugee life had started a few inches from land. The young pilot of our plane held the tiller and whistled a mournful tune. Suddenly the darkness broke into red, gold and yellow colours. The rising sun tried to impose a beauty that found no recognition in my heart.

In Crete, shortly after our arrival, we were bombed. We took refuge in an open ditch and I distinctly saw the bombs dropping from the planes and exploding to right and left of us. Two thoughts came to my mind; if it hits me I won't feel it so why worry; if it does not hit me, then I shall enjoy telling the story. Sophie, just two years old, sat on my lap. I held my hands tightly over her ears so that she could not hear the exploding bombs and at the same time expected her to hear me sing, rather desperately, 'Baa, baa, black sheep', for her comfort! Sheila Macnair, our beloved nursey, held Tino in her arms. I looked at her and thought, poor girl, it is bad enough for us to go through this, but after all these bombs are meant for us, and she has to suffer it all because of her devotion to our children. A very fat police officer shared the ditch with us. I still remember his enormous backside looming in front of us while, with his head on the ground, he murmured prayers and constantly crossed himself.

As no one had expected us in Crete no preparations had been made for us. This we found out only after we had eaten a well-prepared breakfast in a hut. It was meant for some rather surprised English naval officers who joined us when we had finished. We took all day to cross the island, in a prehistoric-looking taxi, so as to get away from the bombs. At every village we made inquiries as to whether my husband and the King had arrived. There was no news. I knew then what it felt like to die in one's soul. Late at night, news reached us that they had not yet left Athens as daylight made their departure too risky. They joined us the next evening.

Once again we had to leave. On arrival in Egypt my small son had an ugly-looking rash all over his body. Horrified, I expected scarlet fever. We sent for a famous skin specialist, who looked, and looked again. Eventually he turned to me and said, 'These are bugbites, Your Royal Highness.' My humiliation was great but equally great was my relief.

I described our flight to my aunt, the Crown Princess of Sweden, in the following letter.

30 May 1941 *Alexandria*

Dear Aunt Louise,

I am delighted to have an opportunity of writing to you but please excuse this horrible scribble, but I left my fountain-pen at home. Palo and I met Dicky [Lord Louis Mountbatten] here after he had been sunk for the fourth time in this war. He seemed very well and cheerful, and it was a pleasure seeing him there. I wanted to tell you that Palo, the children and myself are very well.

When we left Alice she was in good health. I left Athens with the children a day before Palo and his brother, by plane very early in the morning. Never shall I forget the moment of saying good-bye to Palo just before stepping into the launch which took us out to the plane, because I did not know if I would ever see him again, as flying was not exactly safe in that moment. The moment we arrived in Crete there was an air raid on and we sat in a ditch with both children pressed on the ground while bombs were whistling down right and left from us. The planes were very low and we could see the bombs falling. They dropped about 50 bombs around us, but we got through all right, awfully proud to have been under fire. It took us the whole day by car to reach one village where we should stay. I had no food for the children on the road and no napkins to change the little one when he was wet. In one village a woman gave me a towel which I tore into pieces and wrapped him up in it.

When we arrived in the village nothing was prepared for us, naturally, and I had no bed for my little boy to sleep in. So I took two armchairs, put them together and spread a blanket over it. It looked quite comfortable but the next day he was absolutely eaten up by bugs and fleas, but so was I, in fact all of us. The next day Palo came, thank God, and I felt much better. We spent about a fortnight in that place which, after having got used to it, we began to like. We washed the floor with hot water so as to get rid of the animals and after some time we were fairly comfortable. Then came the time for us to move further.

Please give my love to dear parents and beloved brothers. I know they are thinking of us all the time, as I am thinking of them always. Tell them not to worry, that as long as I have got my family I shall be happy. A photograph of all of them is with me wherever I go. Tell them to remember that if one is as united in one's thought as we are, space and time play no role at all. After the war we will all meet again brothers and friends all over the world and try and build a happier world for our children. The only hope for starting again is to find our personal friends again, no matter on which side they were, because our personal friends don't ever change.

Freddy

Egypt seemed unreal after the sirens and the bombs. Untouched by the war, the atmosphere in Cairo and Alexandria hit us like a spiritual and mental vacuum. Lack of danger at least made us sleep well, but it also stirred a certain resentment against those who were quite unconcerned about the war.

Sitting in a beautiful garden in Alexandria, surrounded by many-coloured bougainvillaeas, I mused upon our past experiences. We had lost so much, our home and family life. We had lost Greece, the country I had learned to love not only with my heart but with my whole being. Now it was occupied, and suffered under the people among whom I was born. I could not understand why all this had to happen. Why did Germany stab us in the back when our people had fought so heroically against one enemy already? It was so unjust that it broke every emotional link I had with the land of my childhood. It freed me to love and to serve Greece and the Greek people to a point of identification with them. It was our people who had made my life so easy for me. My love for my husband quite naturally included everybody and everything he loved, but, added to this, our people's reaction towards me had won me over completely. The day I entered the cathedral to be married I turned at the door to wave to the crowd. A tremendous roar went up and a secret bond was forged. Ever since then I have felt part of them as they will always be part of me.

4. South Africa

LIFE can only affect us in two ways, either we become bitter and then of no use to ourselves or to anybody else, or we become philosophical and wise. In the second case, although deeply involved with life, we can remain objective. We can learn to deal with suffering and with joy as if they were teachers to guide us towards Truth. To find the inner meaning of everything that happens to us is like a game full of surprises. A happy home, a happy family and years of bliss seemed to be in store for us. Why did we lose it all? What did I learn from it? I know that at least I did not mind losing all my possessions.

The tragedy of our people was so great that little things seemed non-existent. I walked out of my house without once looking back. The flowers in their vases, the pictures on the walls and all the lovely things we had collected, called out for me to take them with me. I knew them not. To have my husband and my children alive and well with me was all that mattered and I thanked God for it.

During the next five years I changed my residence twenty-two times. From Egypt we went to South Africa. Here Palo and I had to part. He followed the King to England, while I had to remain in Cape Town with our two children. The King did not wish to expose us any further to the dangers of war. But all I wanted was to be with Palo. The day when he left was terrible. Departures by plane are less cruel than a departure by sea. The gangway gets withdrawn and you see your loved one high above you on deck slowly disappearing into the distance as the ship moves out of the harbour. We had lunch together on board the ocean-liner but of course we could not eat with our parting only minutes away. When that moment came we both cried so much that all the members of the Greek Government assembled on deck burst into tears.

Palo wrote me the following letter from the ship on his way to England and sent it from Trinidad.

At sea

My dearest little poor sweety

Today was one of the most terrible days of my life.

It hurt so much, so much, to leave you alone. To write to you this evening is so very hard too as I have to stop every now and then because I have to cry. Since we left I have had a lump in my throat and have not been able to think of anything else all day long but of your poor sad little face. I feel this parting as something horribly cruel. I can only think and believe that it had to be this way for some higher purpose, perhaps some good will come out of this, something which will contribute to the whole great cause which perhaps may help achieve better and more beautiful days for our poor country. This is the only comfort, though tonight it is a very poor one. Tonight I can't talk of anything else but my poor little one alone in our room and crying and I can't comfort her because I am too far away. I am holding you in my arms and try to comfort you. Perhaps you are feeling it too. But the great emptiness still remains. My little one, if you only knew how much I love you. You are everything for me! and only for you I want to live.

Last night I just could not write any more, it was too much for me. I keep on thinking of your going home alone and what you felt like, what you did, my poor sweet little one.

If you only knew how sad it makes me that you should have to go through all this, my little one. What I wanted most was to make you happy. Suffering is supposed to be a necessary evil to make one develop spiritually, so perhaps it had to be.

I only hope it won't stop your gay spirits and that you will remain your same self always. My darling angel, everything is for a purpose and so you must not despair. All will come right in the end and we will look on this time as a dreadful nightmare.

This evening I have just finished the book I was reading. I recommend it to you. It is called *Incarnate Isis*. It is not easy to read as in parts it is rather long and drawn out. But if you manage to have the patience to get through it you will see that there are a lot of very interesting ideas in it. The writer believes absolutely in reincarnation and describes various characters he lived with in Egypt about three thousand years ago and then throughout the ages he kept on meeting them again.

Probably we also have lived together time and again throughout the ages and have always loved each other, because ours is no ordinary love. My little sweet one, perhaps if you could feel that there is no time and that we have always loved each other and always will, that idea might help you a little, so what are a few months' separation in thousands and thousands of years. We have met again in this life to help each other. I have opened out certain horizons for you, and you have kept both my feet on the ground, otherwise I might have forgotten that I have certain things to do on this earth and would only think of things in the abstract and in general. We compensate each other in many ways, although you seem to think that you have done nothing for me, you have done a lot. Just to mention one detail, you have brought out all my best feelings through loving you, and so I think I would not have been able to develop spiritually as quickly as I have done, without your sweet self always near me.

I think just now again I have made a small step forward.

I often think of old days at home, how happy we were and tears roll down my cheeks. My little angel, those years of our married life are the happiest of my life. None of the best can come anywhere near them. I thank God for every minute I was able to spend with you. Also those violent emotions when our babies were born. We have been blessed with two lovely children. I hope and pray that they will have a better life than ours has been these last months. We have such a lot to be thankful for, we must not fret just now. Perhaps these sad moments are just a preparation for a new lot of very happy days. God grant it. There is such a lot we could do for our poor country, if only we are given the chance.

We lived in Government House in Cape Town for about two months as guests of the South African Government. One evening I heard my servant shout, 'Fire, fire.' Before investigating further I picked up my children from their beds and carried them into the garden. They did not seem to mind; only too often I had woken them at night and taken them into an air-raid shelter. Immediately afterwards flames burst through the roof. Much later the house could be shown as the ruins of the Greek invasion! The few belongings brought from Athens and bought in Egypt were now gone too, but I still had my children.

I carried them across the park to the Prime Minister's residence. It was a beautiful old Dutch building, once inhabited by Cecil Rhodes. Now it was used during the summer season by General Smuts and his family, but it was empty at this moment, as July and August in South Africa are winter months. Cape Town was crowded with Europeans and it was difficult for me to find a house to live in. Eventually I settled in a small bungalow belonging to a country hotel. It must have been used as stables once upon a time as it smelled of horses and of hay. The rats were plentiful. The noise they made running along the roof kept us from sleeping. I used to go to bed with a stick in one hand and a torch in the other. We left this place in a hurry when, one night, a rat jumped off my dressing-table and a donkey pushed its head through my window, frightening me out of my wits.

My letters to Palo describe our efforts to make a real Christmas for the children in this horrid bungalow. My sister-in-law, Catherine, Mary, the lady-in-waiting, Sheila Macnair and a nursery-maid all did their best, crowded together in five tiny rooms. I was expecting our youngest daughter, Irene, and sometimes could not hide my utter loneliness from Palo. I used to have a crying period every day at 12 o'clock, when nobody was looking.

22 December 1941 *Cape Province, Summerset West*

My dearest sweetheart,

So it is Xmas in a few days, who would believe it that on such a day we would be separated, both living in a hotel, you at one end of the world and I at the other. I am desperately trying not to think of our little house in Athens now occupied by other people. I expect our furniture, glasses and porcelain are being used. The idea that somebody is sleeping in our big bed makes me furious.

It is funny to have Xmas here in the Summer, but for this year it is better because then one does not get the same Xmas feeling. For you it will be worse. I at least have got the children, and you have nobody. I hope somebody will invite you and give you a good time.

Catherine, Mary, myself and Nursey will have a nice self-cooked dinner.

1 Queen Frederica

2 King Paul

3 *The young Princess Frederica*

4 *Newly engaged to Crown Prince Paul of Greece*

5 *The wedding of Crown Prince Paul of Greece to Princess Frederica of Hanover, 9 January 1938* (from left to right, second and front row) *Princess Eugenie of Greece, Princess Irene of Greece, The Duke of Brunswick and Lüneburg (the bride's father), King Michael of Roumania, the Bride and Groom, Prince George of Greece (behind), the Duchess of Brunswick (mother of the bride), the Duke of Kent, King George of Greece*

6 *With General Smuts in South Africa*

7 *Meeting Greek sailors in a wartime canteen*

8 *The christening of Princess Irene in South Africa, 1942* (back row, left to right) *Prince Radziwill, Prince George of Greece, Crown Prince Paul of Greece, General Smuts holding his godchild, Princess Irene*
(seated) *Mrs Smuts, Princess Catherine of Greece, Crown Princess Frederica of Greece, Princess Marie-Bonaparte, wife of Prince George of Greece*
(children) *Princess Tatiana Radziwill, Princess Sophie, Prince Constantine*

9 At home in Tatoi
Princess Sophie, the Queen, Prince Constantine, the King and Princess Irene

10 The King and Crown Prince Constantine at the funeral of King George II, April 1947

11 Father and son in the garden at Tatoi

24 December

I was too exhausted yesterday evening to go on writing to you. I reread your letter from Trinidad to me, cried and went to sleep. This morning Catherine and Mary have gone to town to give presents to soldiers in hospital. I feel you so close this morning, my angel, that I prefer to stay in and write to you. I know that you are thinking of me wondering how I am and if I am brave and all that. Well I try to make a good show of myself. I shan't go to church in the morning but stay home with the children. I wonder if you are going. If I was with you I would also go too but alone I just can't face it. If only one did not have so many memories. I still have to tear myself away from the child's conception of Xmas.

I must remember that after all I am grown up and must give them the same Xmas that we were used to ourselves. But Xmas without you is not Xmas at all.

The children are so awfully sweet right now. I have long intelligent conversations with Sophie. She tells me all about Papa in England and then she says: 'Papa come back to Mama and then play with Sophie.' Your photo plays a great role in their lives, especially for Tino who won't go to sleep without it. Whenever they see your picture they begin to yell 'Papa, Papa'. I showed the children the film when you were leaving us for England. Tino gave one scream of Papa and rushed towards the screen and wanted to touch you. You see they will never forget you. I wonder what my parents are doing and where the brothers are. Will I ever see them again? What an unhappy Xmas this must be for my parents. They will be so unhappy thinking of me being all alone, because in their letter through Louise they said, if only you both can remain together then everything will be so much easier for you. Now they have to worry not only about my brothers but also about me.

As I am thinking so much of you and long for you so terribly I have not so much time to worry and think of them, although it is always at the back of my mind.

Evening

Well we had quite a nice time. We transformed my tiny sitting-room into a toy land. We hung up paper garlands, put the toys on the floor and a toy Xmas tree in the middle. Sophie was most excited for a long time already as I had told her about Xmas. She stood outside and knocked violently to get into the room. Tino copied her loyally and was only excited because she was. Then we let them in. They stood in front of their toys just gasping.

I did not tell them that the presents were either for her or for him, but let them choose what they liked best. Sophie has fallen in love with a horse that was meant for Tino. As he does not object it is all right. Tino's greatest joy is a tiny frying-pan and a spoon meant for Sophie. He ran in and out of the room and every time he came in he said 'oh' in a delighted voice. It was a joy to see their pleasure. I am so sorry you are not here to see it. When they had to go to bed I thought they would take their toys with them, but they insisted on taking Papa to bed and nothing else. This is a fact and I am not telling you this to make you happy. I shall be so excited to hear your voice tomorrow and only terrified the wireless will not work. [My husband was broadcasting to Greece.] I am sure I shall cry when I hear your voice.

I feel your thought and your calming influence tonight. I know that you concentrate all your thought on me not to be unhappy but patient and calm like you are. In all your unhappiness you still are so incredibly selfless and understanding.

That is where you are so much stronger than I am. I feel impatient and even bitter sometimes, but not against my fate, oh no, but against people who have everybody they love around them and out of danger, and do not know how to appreciate it.

Next Xmas there will be a third one rolling around the floor playing with the toys. If it is born in May it will be just seven months old for next Xmas. What shall we call it? Dimitri if it is a boy or Pavlos. But I can hardly cope with one Palo, how shall I manage two!

Evening 25 December

My angel, with what pleasure I heard you speak. It was too touching of course. I understood only parts of your speech, but your voice was all that mattered to me. I was in such a state of nerves that I might not find the station, that I nearly went mad. I was on the point of giving up and running out of the room when I prayed in my heart saying: 'Please, God, let me hear his voice!' When suddenly there was your adorable deep voice. You have such a beautiful voice. My angel, now don't get swollen-headed, remember I am full of loving enthusiasm!

It was so nice to know that you knew while you were speaking that

I was listening. Were you not dying to say a few words to me? I am sure you were.

It is horrible that one must be correct under these circumstances. Fancy what the world would have said if they heard you ending your speech: 'Sweetheart, I love you.'

I dreamed vividly of you last night. I dreamed I saw you again and I was wearing specially high shoes like the actors in ancient Greece. The reason was that I could reach up to you better when I wanted to embrace you. I was thinking how frightfully comfortable it was that for once I was on the same level as you are. I also was thinking how nice, it was not a dream but reality.

So who knows perhaps we met consciously in the other world and loved each other dearly, giving each other strength to go on and be patient.

This hotel is absolutely impossible in the long run. We cannot sleep because the rats make such a noise. They hardly give us anything to eat here. The food is abominable, the service is terrible. All the servants leave as they don't get enough to eat. Usually after each meal Catherine, Mary and I have to open tins of food which we cook and eat . . .They put water in the milk, the butter is bad. When I complained the woman was rude to me. I was so exasperated that I cried the whole morning. I want to leave this place, and yet there is nowhere else to go to.

Don't get upset when you read this letter, because by then I will perhaps have found a house to live in. This is just a momentary outburst of despair which will have passed by tomorrow. I expect refugees are always a burden to everybody else. I am also getting more advanced in my condition, so that all that has rather a depressing influence on my state of mind, especially as I have this horrible feeling of not having a house, and settled yet.

13 January 1942
My own darling,

Today I feel rather unhappy, that is to say I feel miserable. The radio just said you are all going to America. That has shattered again all my hopes of seeing you soon. The anxiety I feel for your safety is nearly more than I can stand. I do not know if you leave tomorrow, or the day after, or when you are going to arrive. I did not know it was possible to go through such mental hell as the suspense of getting news that you have arrived safely. I try to relax inside myself so as not to feel the agony of your absence, and the dangers you are going through. I also try to accept things as they are, and do not fight fate mentally. I try to do all these things you taught me and I think I make quite a good outward appearance of it. But inwardly the agony of it all nearly seems to suffocate me at times. I can't pray as I used to when I was a child, but if thoughts are prayers then I am praying all the time. May God protect you for me and your children. We can't live without you. I can't go on writing as the tears are streaming down my face. I'll try again tomorrow. Maybe you will then be flying to America, leaving me further and further behind.

Next morning

Oh dear, I am more quiet today inside myself. Perhaps you are thinking of me and telling me not to worry. You know, my angel, I get overcome with loneliness for you. Try not to pay any attention to it. This evening I went to Lady D. for dinner and a concert. She is a scream. She walked through all the doors first, she sat in the motor-car on the right side, and all that. I had to laugh inside myself every now and then. During the concert I had to think of you all the time longing to see your face and to hold your hands in mine. I think I shall burst into tears when I see you again. I shall behave quite foolishly and you must not mind.

16 January

This evening I heard that the Greek Prime Minister had been talking yesterday evening about the new pact between Yugoslavia and Greece. It sounds promising, but last time the whole Balkan pact was not much use to us.

We have a funny old Irish poet staying here in the hotel, Lord Dunsany. He was in Greece just three weeks before the end. He has written several poems about Sophie.

How happy I shall be to get out of this place. No more rats, no more mice, no more beetles in the bath. You do not know what a place this is. And it is situated in such beautiful surroundings, but dirty and quite impossible.

My Palo, when shall I see you again? I have only three and a half more months to go. I look terrible, like expecting quintuplets, but my face is still the same, so when you arrive you must look at my face and nothing else. It would be such a happy face if only you would come here. Perhaps when you see me I shall have three children instead of two. I would so like to have had my baby in Greece.

Johnny and I suggested to Nomicos [Greek friend] to lend me one of his ships for the occasion. The touching man took it very seriously. It could then be born on Greek territory. (Of course this was not possible, as no doctor would take the responsibility.)

Yesterday night a rat jumped off my dressing-table. I had such a fright, I thought there was somebody in the room. I can't sleep in this place properly as I am always afraid a rat might jump into my bed. So tomorrow I am taking Nursey, the children and myself to the Coutarelli house. [Greek friends.] I am delighted to get out of here.

22 January

At last I am in my own house. It is lovely and I am so pleased. I think you will like it. But it is sad to be in a beautiful house without you.

The other day I showed Sophie two photos of myself. I asked her which she wanted. She pointed to the one where I look straight ahead and said: 'Sophie wants this one, because here Mama looks at Sophie.' When I asked her why she did not want the other one, where I am looking up, she said: 'No, Sophie not want that one, because there Mama is looking at Papa.' Tino just keeps on kissing your photo whenever he sees it.

Today my cook has come, tomorrow I shall try him out. He is a Zulu. He is so shy that he hardly looks at me. I asked him to keep the kitchen spotless, that then I would be very pleased. He grinned from one ear to the other. . . You see I am doing my own house-keeping, so I choose my own servants. You will not recognise me. It will prove to Georgie what a good housefrau I learned to be! I make my menu and get told how much it costs, then we order the food.

I am sending you also the statutes of my plan for some relief work for Greece. Here we Greeks feel that we must try and do something for Greece.

26 January

My own sweetheart, I just got your telegram that you are going to Egypt. I can hardly believe it. You will be close to me and perhaps can come and see me. I want to cry already. I wonder if one can telephone to Egypt from here. If I was not expecting I would fly there to see you. But surely you will be able to come and see me. I can hardly believe in such happiness any more.

My cook does not appear to know anything. I told him I wanted ice-cream for lunch today. He seemed to know all about it. But there was no ice-cream. I asked him why he did not make it. He answered: 'I know how to turn the handle of the machine, but I do not know what goes inside.'

Yesterday I went with Loula Nomicos and Katy Georgiadi [Greek friends] to the canteen for Greek sailors we are running. The room was packed with our sailors. I told them how much I wanted to see them as I miss the Greeks and Greece, and that every single Greek face gives me the greatest pleasure. I wished them good luck, and that if they saw you in England to give you my love. They were happy, and then they sang all the Greek songs, and were so awfully sweet that I felt like kissing them all. Then I shook hands with every single one of them.

30 January

My angel, I wonder where you are now. It is difficult to look for you in my thoughts, and not to know where to find you. How dreadful the suspense until I know you arrived safely. The thought that at least you will be on the same continent, although at the other end of it, is helpful to me. I had hoped that the situation in North Africa will slowly be cleared, but today I read in the papers that Rommel has retaken Benghazi, and we are starting all over again. When is it all going to end? The descriptions we read in the papers of what our poor people are going through in Greece are too awful for words. One feels so utterly helpless. I must think all the time of the poor mothers who see their children starving in front of their eyes. I want to cry for hours. I do want to do something for them so badly. Why must our people suffer so dreadfully when they have done more than anybody else? I never thought I could love a country and its people as much as I love Greece and the Greeks. I wonder if it is because I love you so much. I absolutely feel as if I was born only to take my place in your country at your side.

31 January

This minute I received your telegram saying that you got my letter, and that you might come and see me. I am only sorry that then I shall look so awful. The baby will come on 10 May and I have decided to have it in the house, as there is enough room. You do not know how happy I am that there is some hope of seeing you again.

I wonder if this period in my life is supposed to be a special training in patience for me.

I never knew when to expect a reply from Palo as the mails were uncertain and he moved about. I quote two letters which show something of what he was doing and feeling during our separation.

Letters from Palo

9 December 1941 *London*

You are never out of my thoughts. Your last letters were so pathetic that I could not keep my tears from running while reading them.

Your letters arrived in the sequence 1,2,4,3. They each took about 2 months. I wonder why it takes so long.

I thought we would be for America for Xmas but the trip has been postponed. The actual trip across the ocean is nothing nowadays. Everybody is doing it. It varies from 8 to 15 hours.

What is terrible here is to see the city: it is just one huge mass of devastation. The West End does not look quite as bad, although there are quite a few holes here and there where houses used to stand.

I have seen quite a lot of interesting things over here. I went to see a place in the country where they make designs for guns, tanks, bombs, etc. Then I went to Woolwich Arsenal where all these things are made. I went to see a fighter squadron of Spitfires. (Incidentally at the next-door aerodrome David P. Hamilton is stationed. I have seen him twice and he sends his best love. His brother Malcolm is in Rhodesia.) I also went and saw a bomber squadron and spent the night with them. It was the most harrowing performance, as I saw them all leave, and watched them all the moments in the control-room. We went through agony until they all came back.

I have only seen Philip once since we arrived here, when he spent a long week-end in London, and I took him about.

Since then he has been twice in Windsor! As you see he moves in high circles! I wonder if something will come of it?

I also spent a week-end in Windsor with Georgie.

Last Monday I broadcast to Greece over the radio. It lasted six minutes. I wonder if I was heard. A short time ago I made a speech to the Rotary Club. It was a very strong speech which seems to have made quite an impression. Next Monday I am going to broadcast to all our Navy people in Greece and the Middle East. [This broadcast was responsible for many Naval officers leaving Greece secretly, and joining our Forces in the Middle East.]

I send you all my wishes and love for Xmas, and can't tell you how miserable I am not to be with you, just now when the babies are growing and will be able to enjoy a tree with presents. I hope you do not feel too ill any more. Now that you have changed surroundings you may feel less miserable. Another thing that frightened me so was the fire at Government House. What a thing to happen on top of all the other calamities. Many people rang up and wrote to ask how you are.

I gather you are rather pessimistic about the future. I am not at all. I think even now things have taken a definite turn for the better, and still think we will be back home in 1943. Even with this Japanese complication I remain an optimist. I think some time in the spring we will be going back to Egypt. Then I shall return to you for the happy event.

5 April 1942

Here I am in Leopoldville in the Belgian Congo all by myself. I just had an Easter dinner with the local Greek Colony, about 40 people. It was very touching, they sang all the Greek songs. I kept on thinking of you and had a lump in my throat. It is the first time I spent Easter like that, no Church, no you. I keep on thinking of Easter last year, and how tragic it was with the Germans at the gates. It is funny how I spent the last six months giving everybody courage and telling them the war will be over soon. I have probably by now got the reputation of being an incurable optimist, and yet in my heart there is nothing but sadness. I will most probably feel so much better as soon as we are together again. I can hardly believe it that in a few weeks we will meet again. I have to go to Cairo first to talk over future plans with Georgie. I should have left England with him, but the Foreign Office did not want us to travel together. I took a flying-boat to Ireland. There I got into one of the big American flying-boats of which England has three – it was very comfortable. We left at night and arrived at Lisbon the next morning. I spent the day in our Legation. In the evening we left for British Gambia, where we arrived very early in the morning. From there we went to

Lagos. We left Lagos in a Sunderland flying-boat. On the way one of our engines stopped. We flew on three engines. It went very well, but the result is I got stuck here, and tomorrow it will be a week. I hope to arrive in Cairo soon, and leave again as soon as possible. I shall come to you with the first aeroplane I can catch.

P.S. I could not care less what you look like!!

Palo arrived from England at last. When his plane had had engine trouble and he had got stuck in the Belgian Congo for several days, nobody could inform me of his whereabouts, for security reasons. I cannot imagine why we were not nervous wrecks after all these emotions.

The house I had found and rented for three months was lovely. At least Irene was born in beautiful surroundings. We asked General Smuts to become our baby's godfather. Although we had met him only once before, at the time of our arrival, we felt grateful that he gave us hospitality. After the Egyptian Government had asked the King and his family to leave, the South African Government immediately invited us to stay in their country.

General Smuts was a great man. He held Irene during her christening. I like to believe that greatness of soul will always remain my youngest daughter's finest gift.

At first we wanted to call our little daughter Alexia. In Greek this name means 'the prevention of evil'. We changed our minds as we, mistakenly, thought the name was associated with Alexander, an unlucky name for us.

Twenty-three years later I mentioned this to my son and to Anne Marie. She was expecting her first child. When their little girl was born they promptly called her Alexia as they were equally charmed by the name. Some years before her birth I had found an old icon, forgotten in one of our store rooms. I did not read the Saint's name, but hung the icon in one of the many bedrooms of the Palace. There it was for years and nobody ever looked at it. The first night of her life that Alexia spent in Athens Palace her bed was placed by chance under the icon and, while playing with the baby, I looked at the old Saint once more.

To my utter delight and surprise I read the name of Saint Alexios; he was Alexia's patron saint.

Soon Palo had to leave for Egypt and this time I refused to stay behind. It took us four days by plane to reach Egypt. We flew in a British flying-boat belonging to a commercial airline. To my terror one of the engines stopped, we came down on Lake Victoria and had to spend the night in Uganda. The Governor of Uganda hospitably invited us to dine at Government House, which is a beautiful English country house, apparently surrounded by nothing but jungle. He and his wife made an official visit of it. We were very formal. We sat, the four of us, round an enormous table so that we almost needed loudspeakers to converse. Suddenly the lights were lowered and we drank the healths of the King of Greece and the King of England. This solemnity, coming on top of the emotions of the forced landing, had me nearly under the table with uncontrollable giggles.

We flew on to Khartoum where we were told not to proceed to Cairo as Egypt was being evacuated. Rommel was at the gates. Palo left me alone in the one and only ghastly hotel and flew to Cairo. It was so terribly hot that I spent most of the time in a cold bath, reading a detective story. Against everybody's wishes I found a transport plane which gave me a lift to Cairo. To sit for a long time in a bucket seat is not very comfortable, but nothing matters when one is young and in love. The British Ambassador, Sir Miles Lampson, was very pleased when he heard of my arrival. He told Palo that a panic had broken out, and my coming to Egypt at this moment would make people think that the situation was perhaps not quite so bad. It was an eerie sight to see military cars, guns and equipment going the wrong way through Cairo; it certainly looked bad. Sure enough, after three days, all European women and children were ordered out of Egypt. Once more goodbye to Palo. He put me into a military plane. Two young American officers occupied the seats in front of me. They must have noticed my distress as, without turning round, they placed some magazines in front of me, as if they wanted to say, stop crying and read.

In 1953, when Palo and I arrived in New York for our State Visit to America, hundreds of flowers were sent to us. Among them was a box with just one rose in it. A card attached to it read, 'To the little girl who cried in an airplane'; no signature. Through the radio and the police I traced one of the officers, who had become a school-teacher. He told me that he and his friend had been desperately sorry for me but that I had been quite unapproachable. They had even made a bet as to which of them would manage to take me out in South Africa and had been horrified to see me, on arrival, being whisked away by General Smuts in a huge car.

I have never been so unhappy as when I had to see Cape Town again. I decided to climb Table Mountain by the dangerous route, roped to a guide. To reach the top of a mountain after a strenuous climb gives an extraordinary feeling of exaltation and this was what I craved, after all the misery of having to leave Palo in Egypt.

I remembered the sensation on top of a mountain from my childhood in Austria, when I had climbed the highest peak in the neighbourhood. I knew that up there, between heaven and earth, I would feel happy again. To look at high mountains and the sea, or at high mountains and a lake can still, today, create great joy in me. 'I will lift up mine eyes unto the hills from whence cometh my help.' This text from the Bible was chosen by the priest for my wedding. The mountain is symbolic of something very deep inside us. It is that reserve of divine strength upon which our human spirit feeds. Jesus took his favourite disciples up onto the mountain. He Himself was sanctified upon the hill during the Transfiguration. I believe that every time the mountain or the hill is mentioned in the Bible, it is the essence of our spirit that is meant, at the moment when the spirit touches the higher Self, or God.

I do not like the effort of climbing but I do like the glory of the summit where everything is vast and silent. As far as the eye can see there are only mountain tops reaching for the sky. They seemed symbolic of my restless spirit, looking for something beyond myself. There at the top a strange peace settled into my being which, like the clouds beneath me, guarded me from the noisy world. I wondered how I could hold on to this peace and carry it with me into the valley below.

When I returned in the evening all hell broke loose. The South

African Government let me know that they would not take any further responsibility for my stay in their country if I did such a dangerous thing again. The President of the Mountain Club, who was my guide, nearly lost his position. The Greek Government sent a protest from England and Palo a worried telegram from Egypt.

5. General Smuts

AFTER we lost our house once more General Smuts invited us to Pretoria, where we lived for quite a time. In this official Government residence he joined us for lunch every day. During the meal we did not talk much as he liked to listen to the latest news bulletins. Once he noticed how distressed I was about something specially nasty the Germans were reported to have done. He said, 'Dear child, do not upset yourself. This is a spiritual civil war. There is good and evil in both sides and in all of us. Spiritually we have to fight bad in us as well as in our enemy. We also have to encourage good in us and our enemy. When the war is over, Germany has to be treated like the lost son, whom we take back into the family with open arms. If we fail to do this, then crisis will follow crisis and all of us will become meaner and smaller than ever before.'

'So you do not hate the Germans?'

'No,' he said, 'Churchill asked the same question, and I answered him that I could not ever hate anybody as much as I have hated the British during the Boer War. You grow beyond these baser emotions when you learn to understand people and circumstances. I have long forgotten how to hate. Now I am only sorry for people, for nations, and on rare occasions for myself.'

A heavy weight fell off me. For a long time now I had felt about the war as he did, but how could I ever say so and to whom, without being misunderstood? No wonder a great friendship grew between us from that day on. In his free time we walked all over the countryside, sometimes for five or six hours, but it never seemed long as we talked continuously. He expanded my intellect and led it into the mysteries of philosophy and science. He explained to me the theory of his own philosophy, Holism, a word based on the Greek *holos*, the whole. He believed in creative evolution, in which, owing to the creative element, the whole is always more than the sum of its parts. He tried to prove his theory within the known universe in a scientific way, and did not allow mysticism to fill any possible intellectual gaps. The problem of waste within the Universe seemed insoluble to him all the same. Why are there so many stars and planets when only one has borne creative life? Why are there so many seeds when only one produces a plant, an animal or a human being?

Maybe it was the stern reaction to the promptings of mysticism within the inner self which tortured his intellect. He would only talk about what is known intellectually. His theory ranged from the evolution of life out of the sea to its present form as creative mind in man. The holistic or creative element, according to Smuts, was always more than it seemed. It was more than life in the sea, the fish, the mammals, the monkeys and is still more in man today. Man's mind is creative, and through his mind he will step into the infinite and know himself divine. Holism knows no end. It is creativity on the move within the Universe combining its transcended parts into an always greater whole.

Smuts was a monumental thinker. His intellect got hold of my mind, shook it out of its infancy and carried it to the peak of its capacity. He taught me to think and to question everything that cannot be proved. He taught me not to be an intellectual loophole hero and to fill gaps of knowledge with dreams. And yet he also dreamed. Nature was his teacher and his healer.

'There is still hope for our human race: look at these mountains. They took millions of years to be what they are and have not changed. Compared to them we are a great success. Look at the short time we have lived on this planet and look at our minds. Is there not in us a colossal creative power? Surely this is a wonderful world when Holism can produce the laughter of children, the dreams of lovers, the poems of poets and the arts of painters and musicians. This is a good world and we must never complain.'

Others may have known Smuts as a great statesman, a great soldier and a hard man. I knew him as a great human and humanist, as a great prophet, thinker, dreamer and philosopher. He taught me also to love poetry and to appreciate nature. He made me feel at one with all I saw.

'All plants and creatures are our brothers. We have passed their state and grown beyond them. But their inheritance is still within us. They still send their hope for perfection through us into infinity. Their message makes us whole.'

After a day of hard work, to walk up the mountains or across the fields would make him whole again. He would find rest and comfort within nature, his greater family which was in him and of which he felt so much a living part. If man disturbed his harmony, nature would restore the balance and give new wings to his tired mind.

On one of these walks across the highland above Muizenberg, Cape Town, the idea of the United Nations was born. It was long before the end of the war. I had asked him: 'Why did things go wrong? Why did your generation, who had already fought one war, not prevent the outbreak of another?'

'I will tell you why it went wrong. There are three reasons: one is that we Allies believed in France, the second is that America let us down, and the third reason is that I ran away. I was in England during and at the end of the war, a member of the War Cabinet. The King had privately asked me to stay on and become his Prime Minister. I felt my own country needed me as General Botha had just died. I refused, although this would have been a unique situation and opportunity. You see, I ran away, so do not rub it in. I know my responsibilities.'

It was General Smuts who drafted the Charter of Human Rights; the foundation upon which the United Nations rests. It was he who created the dream of a Family of Nations that would be expressed through the organisation of the United Nations. Many years later this great man was defeated by his own creation. India condemned South Africa for not giving enough rights to the Indians. South Africa defeated him for giving too many rights to the Indians in his country. His life can never be judged by one or two political defeats, experienced by all men in politics. His life can only be judged by his creative and holistic thinking. He believed that, in as much as the family is an expanding whole based upon free individuals, so a nation is based creatively upon its families. He coined the phrase British Commonwealth of Nations. He became its strongest supporter, although he was once England's greatest enemy. An always expanding society of Communities of Nations seemed to him the holistic way for men to live with each other at peace and in harmony with the rules of nature. That an organisation such as the United Nations does not work perfectly, is not so much the fault of the thinker as of those who cannot yet live up to such thought.

Smuts' concern was not only to defeat Germany, but to rebuild Europe. For that purpose, he felt, Russia had to be kept out of Europe. He advised an invasion through the Balkans, which would cut off Russia from Europe. Churchill agreed with him, but gave in to Roosevelt at the Conference in Ottawa. 'At Ottawa Europe was betrayed,' were Smuts' words to Churchill. He knew that, with a collapsed France, a destroyed Germany and a weak England, Russia would become impossible to deal with. New self-made problems would arise and new dangers send peace and harmony amongst nations far beyond any politician's horizon.

General Smuts was a tremendous influence upon me. I admired the very humanity with which he approached all problems. He felt that the human spirit, the holistic, creative element in all men was something to be worshipped, respected and protected. He always looked for the redeeming element in all difficult situations and in all the men or women he met.

A young South African Nazi, who had been landed on the coast from a German submarine, had been captured. He happened to be the son of one of Smuts' friends, a comrade-in-arms during the Boer War. He was condemned to death as a traitor. Would he or would he not be executed? was in every South African's mind. It was the talk of the day. The papers were full of the pros and the cons. Would Smuts let his friend's boy die? He commuted his sentence to life-imprisonment. Smuts was known as a hard man and the South Africans were surprised. I asked him what influenced his decision. He told me that the boy was an idealist, who believed with his heart and soul that

Hitler was right in his fight against Communism. He had an ideal, the ideal was wrong, but that did not make him guilty and ready to die, therefore it was better for him to live and learn, 'He has within him the best qualities to redeem himself.'

Smuts also told me that he had never, in war, killed anybody himself, although he had led his commandos against the British through the whole of South Africa. 'Once I came very close to it,' he said, 'I was riding through some bushland when a bullet grazed my horse and stuck in my saddle. I pulled out my pistol and was just going to shoot the English soldier who had fired the shot. At that moment he raised both his arms and shouted, "Think of my poor mother, Sir!" How could I shoot him after that. He was so very young.'

Smuts gave me two definite pieces of advice, 'When you have a chance to say something, either talking or writing, then say it, but do not blow bubbles in the air as so many people do,' and 'When in doubt always choose to do the courageous thing.'

The first advice has often got me into trouble, but this has never stopped me from following it.

The second advice has been extremely difficult to follow as it does not only apply to risking one's life; sometimes the courageous road has to be the road of self-denial and resignation.

Some of the incidents which I remember illustrate Smuts' direct character and soldierly approach, combined with a philosophical outlook on life that needed no frills or superfluous words. Palo and I were once driving with him up the hill above Cape Town called the De Vaal Drive. A motor-cycle with two people on it passed us at full speed. Palo exclaimed, 'This can only end badly for them!' He had hardly finished these words when, round the next corner, the predicted disaster happened. One boy was killed and the other was badly hurt. We all got out and I put a blanket under the injured boy's head, cradling it in my lap. He was very worried about his friend, not knowing that he was already dead. I tried to calm him down. General Smuts walked up to us and hearing the young man asking once more how his comrade was, he said without beating about the bush, 'He is quite dead. So do not excite yourself or worry any more.' Of course the unlucky man was in too great a state of shock to absorb the straightforward meaning of these words.

On another occasion, years later, I was flying with Smuts in his airplane through a heavy snow storm. I was absolutely terrified. He looked at me and said, apparently for my comfort, 'The chances of our arriving safely are so small that you should calm down and not think of it any more!'

At the official reception for Princess Elizabeth's wedding to Prince Philip, my sister-in-law, the Queen Mother of Roumania, had arrived with King Michael. Roumania was under Russian occupation. Queen Helen was trying to get advice from some of the statesmen gathered in London for the occasion. Should she and her son return to Roumania and face the dangers that their position exposed them to, under the circumstances? Neither Churchill nor Marshall nor any of the other important people would give her definite advice. Each one was too conscious of the heavy responsibility that such advice would involve. I suggested to my sister-in-law that she should discuss her problem with General Smuts, as I was quite sure that he would say what he thought. She put her question to him. 'Oh, yes,' he said, 'of course you go back. Because if they are going to murder somebody they are going to murder you and not your son.' My sister-in-law did go back. Eventually King Michael and his mother were forced to leave Roumania by the Russians, but they were proud to have followed his advice.

Our friendship lasted until he died. We wrote to each other at least once a week. In my letters I could pour out my heart quite openly on any subject in the world; a wise and guiding answer always came back. Once his representative in Egypt, through whom our letters were sent, was given strict instructions to see to it that no one should have the chance to tamper with my correspondence. After all it was wartime and many eyes were curious. The instructions must have come after I had expressed some rather explosive views of mine.

The time came when I could not discuss my problems with Smuts any more, for he had died. All through the summer of 1950 we knew that he had been ill. One day I said to Palo, 'I have a feeling I must fly to Pretoria.' Palo made arrangements for me to go to South Africa immediately and we sent a telegram to the family to prepare him for my visit. Two nights before my departure Palo and I were listening to Handel's 'Hallelujah', when the telegram arrived announcing that Smuts was dead.

Later I received two letters from his family which touched me deeply. One was from his daughter, Santa, who wrote that she had taken my telegram to her father and he had said, 'That she wants to come all the way from Greece to see me shows she is a real friend. Tell her she is needed in Greece. I will come and see her when I am well again. I will spend my holiday in Greece.' Santa told me in her letter that from the moment he received my message her father had been happy and very cheerful, until he suddenly died in the arms of his daughters.

Mrs Smuts started her letter, as I recall, 'Dear little Queen, don't cry now that he is dead. He loved you very much but please remember it is not only he who loved you but all of us still love you today.' Mrs Smuts was the personification of goodness. She had the most enormous blue eyes that I had ever seen and a head covered with tiny curls. Nobody could ever make her believe anything evil about anybody in the world. It was because of her and her absolute goodness that Smuts kept his faith in mankind and that his favourite words could be, 'This is a good world.' Although she was very matter-of-fact and practical-minded there was something she did not usually care to talk about, although she told me. She could see 'the little people'. They would walk in streams through her room in the evening while she sat knitting alone. They would come from underneath the locked door and walk past her chair without looking at her or talking to her and walk out again through the opposite closed door. They were only about half a metre high. The ladies wore bonnets and the little men wore peaked hats. All were dressed in grey. This story is more than strange as Mrs Smuts was a perfectly balanced person, full of common sense. She certainly was the centre of wisdom and moral support for the whole Smuts family. She died a few years after her husband. Both were cremated and their ashes scattered over the South African veldt which they loved so much.

One evening while looking at Table Mountain looming above us out of the dark sky, General Smuts said to me in a voice that seemed to be speaking in a dream, 'If reincarnation should be true, then I will have to leave South Africa, my people do not need me any more. The African continent, although once the cradle of mankind, is burned out. It holds our past and may still burn our feet. America is the future which holds man's creative development. It needs leadership so that we do not sink into an unwholesome materialism. I will have to reincarnate in America. I certainly do not like that thought as my heart is in South Africa.' Although in his writings and every-day discussions he ignored mysticism and religious speculations, in the evenings when the world was silent and he could sit relaxed on the front porch of Groote Schuur he mused beyond logical thought into a realm of dreams. Why did he admire Evelyn Underhill, the famous writer on mysticism, and give me her books to read? Maybe somehow he sensed that this is 'A world that dreams are made of' and the true reality lies beyond our senses, still to be discovered.

His last letter to me speaks for itself.

7 May 1950

We have had wonderful rains recently over South Africa, and in spite of winter now coming the earth looks a picture. Both yesterday and today have been days of most exquisite weather, and one breathes a heavenly air all the time. This makes me regret all the more that I am not able to walk and take my full share of this glory of the winter. I do not remember such rains, such fresh verdure on my land, and such a feel of spring at the end of autumn. It is almost more than one can bear. One's very soul is full of it, and in spite of the physical strain of these days of heavy labour my heart is full to bursting of it. You feel as if you are literally in the whole, and no longer yourself but part of the play of nature that surrounds you. It is at such times that one becomes aware of the Divine, not as something beyond, but as the soul and essence of nature and oneself. Language fails one to express the joy of it, and of the unity which goes with it, as if it were one glory, one life, one love. I think it is at such times that we realise more fully than at other times the divine whole in which we share and of which we are part. And is that not the truth too? And we are truly one with all things, but one realises this at such great moments of inspiration, when the self merges into the Whole, and all life and consciousness becomes as today a great act of marriage in which the love at the heart of things finds its supreme consummation. It is only occasionally that the real Truth is revealed to us as a flash of light in our happiest experiences.

A day like today is like a real marriage feast in which we partake not only of love but of the Highest. There is the Great Presence of nature, and there is the great feast which is consummated in it. This mystery of things should be an abiding impression and accompany us all the time. But it would be too much for us. It is only on the mountain summit of our experience that we have this sense and realisation of the meaning of it all, and feel ourselves of the Great Company at the Great Feast. If this experience were too long continued it might be too much for us as we would be drunk of it and undone by it. So we get it in small short doses. But those short moments of vital experience reveal the real truth and reality of things to us, and are perhaps all our little strength can bear. *The mystic whole is all the time with us and is us,* but we understand it only in flashes of high experience.

I will not write of politics to you now. But the troubled world is always with us and with me. Here in South Africa, with you in Greece, in the great world in its confusion and struggle between East and West, everywhere one is conscious of the heavy and unintelligible burden pressing on our minds. We can but continue to live and to love and to make our little contribution towards peace and understanding. It is little use writing about it. My dear love to you and Palo and the little circle which is so precious to me which I hope to see soon.

6. Egypt

DURING the war it was difficult to send any news to my parents. The only channel of communication the royal families of Europe had with each other was through the Crown Princess of Sweden. She was related to most of us and Sweden was a neutral country. We had to confine our letters to family news. The one that follows was written while I was staying in Cairo with Palo before the whole family was reunited in Alexandria.

14 June 1943 *Cairo*

My dear Parents,

I do hope that this letter reaches you, especially as I am enclosing pictures of my little family. I personally find that my children are quite simply top specimens. They are just as fat and happy as they look in their pictures.

A few days ago I flew again over the whole African continent, in order to see Palo. This is already the third time, and I can definitely say that I do not particularly like flying. It was hard to abandon the babies, who hang endlessly on me, and hate it when I leave home even for a few hours. But I cannot stand life without Palo, and in spite of fear and trembling in the airplane, I am now again with him. I must have flown about 30,000 miles in one year. My dream is to go for drives after the war in an ox-cart, as one is then not exposed to too great a danger!

I got your letter of the end of March just before I left South Africa, and am happy that you are all well in Austria. One worries so over all one's beloved.

I have a strong feeling that we shall all meet again, and this will be wonderful. How much there will be to tell each other and laugh over. Even if the past has been difficult and grave, the future will be a better one. We must believe in this, and if we believe in it we must act accordingly, and we must avoid becoming bitter and disheartened, even if this war has hit us personally in a hard and bitter way. We must start all over again and learn to live together. I wish this war were over so that one could at last live and work again. I hope it will not go on for much longer.

I was so happy to get news from all those we know, and the dear old servants in Austria. Please give them our greetings. To think that our old horses are still alive is really unbelievable. The good old Hertha was my pet horse. I had just bought one in Athens, and it looked exactly like Hertha. Naturally, I will never see it again. But this is really not the worst.

We are getting the saddest news from Athens. Thousands and thousands of children have died of starvation, and are still dying in Greece. This is what breaks my heart.

The heat here is not as bad as it can be. At Khartoum, in the Sudan, it was quite horrible. I spent a night there, and nearly died of heat. One can only imagine such a thing if one has experienced it at first hand. Everything you touch, the bath-towel, the sheets, the clothes, all is red-hot, and you drink iced water unceasingly.

In South Africa there is winter now. The climate there is exactly as in Greece, or anyhow very similar.

I have filmed very many wild animals, and I will show you the films one day. I find this much more interesting than shooting the animals. I also have a short film of little Irene's christening. She is a touching child, always friendly, and hardly ever cries. Tino is terribly stubborn, but has a very soft heart. Sophie is a real clown, as you can see from the picture. She has a very strong will, but she has also a very motherly disposition, and protects her little brother and sister.

Sophie and Tino are always very interested to know what dress I will put on in the morning. They mostly choose it themselves. They cannot bear it when I put on a black dress; they protest loudly, and I must change. I love going out for walks with them; they tell me long stories, which they make up themselves, it is terribly funny at times. They scream with laughter at their own jokes, and the funniest thing is to listen in the evening to what they tell each other in bed. I wish you could see them and enjoy them, as I do. Life seems lovely when one sees them.

I'm afraid I must close now, as the letter must go off. I think of you all the time, and know that you are thinking constantly of me. This war must end some day, and mankind will become normal again. Then we shall all meet.

Friederike

I did not hear what had really happened to my family until after the war was over. I knew, of course, that all my brothers had gone into the army. While I was still in Athens I had sent a message to the German Embassy asking that they should not be sent to the Greek front, and they were not. They all went to Russia. They were in reconnaissance units, in scout cars, always in front of the army. It was one of the most dangerous jobs.

I heard, eventually, that after about two years Hitler began to have some fear of the German royal families. They were regarded as the White Jews. He pulled them all out of the army because they were too brave, behaved too well and became leaders to their men. They were sent home and had nothing to do. Then came the generals' unsuccessful plot to assassinate Hitler. A short time after this, one wet day, my father's castle was surrounded by the S.S. They demanded to see my father; they summoned my eldest brother and they arrested him.

My father was desperate. He completely exposed his real feelings. He called all the servants together, pointed to the S.S. and said, 'Look what they are doing! This is what we have been fighting for! This is what the war has all been about!' They took my eldest brother away and, as far as the family was concerned, he had disappeared.

My brother had no idea why he had been taken. His guard conducted him to the station and they waited for a train which had room for them. Train after train went by and they were all crammed full. Finally they managed to push themselves into the corridor of a packed carriage. Standing there, my brother looked into the compartment in front of him and saw some friends of his, Hanoverian farmers. Then he suddenly realised why he had been arrested. He remembered discussing with these men what would happen to Germany after the war. Nobody, at that time, believed that Germany would win. It had been a quiet, social conversation, nothing organised or official, and the farmers were all loyal people, but they must have been overheard and informed on. It was an extraordinary coincidence that he should, now, find himself looking at these very friends.

He had to attract their attention so he got out his cigarette case, which had the Hanoverian emblem on it, a white horse on a red ground, and he held it against the compartment window. The guard did not see, but one of his friends looked up and recognised him, then he looked away and quietly let the others know. My brother asked the guard if he could take off his coat and put it in the compartment. While he was hanging it up he whispered to the man below him, 'Don't ever admit anything.'

He was locked up in the cellars of the S.S. Headquarters in Berlin for months and months. He said that every time there were air raids they took the prisoners out of the cellars and put them on the roof. His fellow prisoners were important communist leaders. He found them the best comrades he could have had. They were helpful; they were friendly; they were open-hearted; they stood up for him and he for them, but whenever he asked them what they were going to do when they took over they always said cheerfully, 'Your lot will be the first to have their throats cut!'

He was interrogated again and again, for hours and hours and hours and was told that his friends had admitted that he had plotted against the state. He persistently denied it and always asked to be confronted by his friends. If the S.S. had confronted him with them he would have known they had talked, but they never did.

Meanwhile my brother George desperately tried to contact people who could tell him where Ernst August was, but he was only warned that if he went on with the search he, too, would disappear. In the end my brother was released, but I did not manage to see him again for many years.

At the time that I was in England for Princess Elizabeth's wedding, it was my father's birthday. King George VI offered me his plane and his pilot to take me on a visit to Germany. Marina came with me because one of her sisters was in Germany as well as many cousins. We knew that food and clothing would be terribly scarce after the war and that our families would have little left, so we did not take any pompous dresses with us. I took ordinary clothes and a tea-gown only. We arrived at the little castle outside Hanover in which my father now lived – the castle where I spent so much of my childhood was in the Russian Zone – and we found that the whole populace of Hanover had collected around the place to give my father birthday good wishes, and each had brought a goose or a chicken or a hare.

It was an incredible party. We were almost hysterical with emotion because we had not seen each other for seven years. None of us thought we would meet again as a complete family. When you have four brothers you do not expect them all to come back from the war. Such a feast I have never eaten in my life, and there were Marina and I in our tactfully chosen, simple clothes, and all the other ladies wore the most sumptuous evening dresses, dug up from before the war.

I had a home in South Africa for two-and-a-half years and the children stayed there but, whenever I could, I used to fly up to Egypt to be with Palo. General Smuts would offer me a lift when he was going to the Middle East. This was much quicker and more convenient than going by a commercial airline, but the trips were incredibly tiring; sitting for hours and hours in a small Dakota until one landed in the evening, usually at Khartoum, and then on to Cairo the next day. I would stay in Cairo till Smuts came back again and picked me up.

On one of these flights Smuts' youngest daughter, who was in the forces, was travelling with her father as his secretary. We landed at Juba to refuel. In those days it was an absolutely dreadful place. A thick fog lay on it and elephants walked through the village every now and then. It was so damp one could not breathe. I would not have sent my worst enemy there. All the Africans who were doing the refuelling were stark naked. I think Smuts was very embarrassed to have me and his daughter looking on. He glanced at the English officer in charge and he hammered with a cane on one hand and he said, 'Well, boys, I'm glad you stick to your own custom of being properly dressed.'

I would join Palo in a very small house in Alexandria. It was so small that we called it 'the match-box palace'. It had a little sitting-room which was also a dining-room, two little bedrooms and a servants' room. This could be awkward if we had a lot of visitors at the same time. One day General Smuts came and then King George, and afterwards an old gentleman, Prince Mahmoud Ali, who was the Crown Prince of Egypt. General Smuts was in the sitting-room. My husband brought the King to him and sat them down together. I was sitting on the stairs because the servant was doing the bedrooms and I could not get in. My husband walked Prince Mahmoud Ali up and down the garden that was no bigger than a stamp until the King and Smuts had finished their conversation and left. Then we both entertained Prince Mahmoud Ali.

In March 1944 we eventually brought our children to Egypt. Again we moved house several times. The King lived in the Greek Embassy in Cairo. Palo and I preferred to stay in Alexandria. We lived in a very strange old house which slowly fell to pieces. Once I woke up after a terrific crash. I put the light on and found that part of the ceiling had piled up on the floor next to our bed. At another time Palo and I were sitting downstairs in our sitting-room when we heard something that sounded like a bomb go off in our garden. I was far too frightened to move. Palo carefully investigated, first inside the house and then outside. He found that one of the marble balconies had collapsed from old age and fallen into the garden. One day I nearly turned completely hysterical with fright. Some people from the health department invaded our house and told us that we all had to be vaccinated against bubonic plague. A man next door, just across our small garden, had suddenly died of this terrible illness. As a matter of fact the children had told us the evening before that they had climbed a tree and seen a dead man through the window in the other house! We left at once as we were afraid of being quarantined in that part of the city. Palo and I were given hospitality by the head of the British Community and his wife, who were friends of ours. The children were installed in an empty flat in Alexandria. My fright was in no way lessened during those days because I was reading a book called *Forever Amber*, in which there is a most ghastly description of how people died of the plague.

We still had an air-raid alarm every now and then. The sirens of Alexandria were specially frightening. They had the eerie sound of a foghorn. One night we were nearly blown out of our beds by the noise. I rushed into the children's room and found Sophie, aged seven, sitting in Tino's bed. She had her arms around his shoulders. Both looked at me with huge frightened eyes. 'Don't cry, Tino,' I said. 'When one is five years old one must not be frightened any more.' 'I am not frightened,' Tino said to me, 'but my tummy is frightened.'

I spent a good deal of my time in Alexandria looking after the children and enjoying them. We sent them to an English nursery school where they were very happy and spent all the morning. In the afternoons we would play in the garden or visit Queen Farida's children, who were the same age and great friends.

Queen Farida was charming to us all. I always felt that she was the redeeming element in Egypt. If she had been given the chance she could have been a great queen and of tremendous help to her people whom she loved dearly. She adored her children and lived only for them. Later she was forced to separate from them and watch from a distance how their young lives were formed by others.

We had many friends amongst the different communities and nationalities. At that time Alexandria was practically a Greek-speaking town and our Greek friends were a great comfort to us. There were the Jews and the Copts, Orthodox, Protestants and Catholics, all living together in Alexandria and forming a most interesting pattern of society.

We were invited quite often to the house of a Coptic lady. She was a most charming person and just born to do good. Many like myself, who lived in Alexandria during the war, will remember her having been helpful and hospitable. One evening we attended a reception at her house. We used to stay late as there was always some entertainment offered to her guests. This time she asked Palo and me to leave quickly, 'A gold cigarette-case has been stolen from one of the guests by another guest. The police have surrounded the house and wait for you to leave.' We hurriedly left. She told us the next day that she had put the light out for a few minutes and the case was found lying on the table.

One of the most brilliant diplomats in Cairo was the American Ambassador, Mr Kirk. His view usually coincided with ours and we shared many despairing moments because of other people's shortsightedness. He was completely outspoken and did not mind disagreeing with his superiors. I was very fond of him and liked his mild eccentricities. He used to take his private plane and fly round for hours reading a detective story, to get cool and relaxed from the heat and work in Cairo.

Lord Killearn, the British High Commissioner, was also a great personality of exceptional intelligence though he was not perhaps a great psychologist as far as King Farouk was concerned. They seemed to dislike each other intensely. To us he was charming. He even suggested that Palo and I should spend a holiday in Cyprus. When I smiled he realised that his suggestion was not very practical from a British point of view and we had a good laugh together.

The different British Admirals commanding in Alexandria were all our friends. The first was Admiral Rawlings, who had been blown up in the *Orion* when she evacuated Crete; a terrible disaster because she was full of troops and refugees. He himself had been blown clear and thrown into the sea. Many years later, just before his death, I went to see him in his house in Cornwall and he pressed into my hand some anemones which had come originally from Greece and been planted in his garden. He said, 'Take them with you. Greece is where they belong and you belong.'

My husband had his contacts with the navy and the army. He visited the troops in the desert and travelled back and forth from Alexandria to Cairo to confer with the King, talk to officials, make plans. For exercise he used to walk along the coast in his tracksuit and talk to the Fellahin. They could speak broken English. He loved these simple, friendly, hospitable people. On one of his walks he was arrested by the Egyptian police and taken to the police station. They were very kind and polite to him and when they found out who he was they apologised most deeply and said they thought he was a parachutist. What impressed him was their considerate behaviour even before they discovered his identity.

Egypt did not agree with our health. One of us was always ill. Palo had to be X-rayed and the photographs showed huge stones in both his kidneys. We left the hospital in silence. Palo knew he would now be an invalid for life. I tried desperately to think of how I could help him to go on living. I sent for the greatest urologist in Egypt – a German Jew, who had had to leave Germany under Hitler. We showed him the X-ray plates. He asked for another test, doubting the first diagnosis. The next X-ray showed both kidneys completely clear. An unforgivable mistake had been made.

Many years later when Palo, as King of Greece, handed our Jewish doctor a decoration, he told us that at that time he had been notified by the hospital that Palo was a dying man. He said that it was the most wonderful moment of his life, to be able to tell a man who was supposed to be dying that he was perfectly well.

During those miserable days I said to myself, 'Miracles don't happen any more. I have seen those stones in Palo's kidneys with my own eyes. They can't just disappear.' If it had not been for our Jewish friend Palo might even have been operated on and his life, young as he was, cut short unnecessarily. The miracle had happened.

Egypt was quite rightly called the Muddle East! Never have I seen such a mixture of humanity. There were the Egyptians, the British, the Greeks, the French (Vichy and de Gaulle) and many more nationalities. Embassies, governments in exile, different secret services, all were milling around giving and collecting information, usually on countries they knew nothing about.

The Communist party in Greece had taken a definite stand against Greece's defending herself when Italy and Germany made war against her, because Russia, their boss, was still allied with Germany. Later, after Germany's attack on Russia, the communists tried to present themselves as the only opponents of the Axis powers. They tried to undermine those who had, from the beginning, been steadfast friends of our Allies. Strong communist activities started in our exiled armed forces.

I have painful memories of the time when some of our destroyers, lying at anchor in Alexandria harbour, were suddenly taken over by communist soldiers. A rumour circulated in Alexandria that the mutineers would organise the kidnapping of our small son in order to use him as a bargaining counter with the Greek Government.

Palo had gone to Cairo for talks with the King and I was alone with Sheila and the children. At two o'clock in the morning I heard steps and whispering under my window, in the garden which had a huge wall round it and a guard at the gate. I knew that only intruders could have been in the garden at that time of night. I woke Nursey and told her not to put on the lights. Then I took a small pistol that General Smuts had entreated me always to carry and stood barefoot, in my pyjamas at the top of the stairs, trying to overcome my panic by thinking clearly. I decided that, if someone came up the stairs, I must first make sure that he really was a stranger and not a friend and then that, pacifist or not, before anyone harmed the children I would shoot. Thank God, in the end no stranger came into the house.

On his return from Cairo Palo went to see Admiral Rawlings, then commanding the British Naval forces, and proposed a plan of his own for retaking the ships without bloodshed. He suggested that a group of enterprising young Greek naval officers should be allowed to use the British ships anchored near our destroyers as a spring-board from which to jump onto our ships and so overpower the mutineers. The Admiral agreed. Success depended on absolute secrecy and the element of surprise. The naval officers were ready to go but somebody talked, the plan became known and had to be postponed. Later the Greek Government officially ordered the ships to be retaken but the communists were ready. As a result, though the operation was successful, there were many casualties.

The recollection of these events and of other insurrections among the Greek forces is distressing; the guilt lay not only upon the Greek side but also upon some mysterious Allied services, who had the ringleaders smuggled out of Greece and infiltrated into our forces. The Allied agents working in Greece had contact mainly with local communists. Their reports on the political opinions of the Greeks were coloured accordingly. Our politicians in exile did not help the situation as they were continually juggling for position. Palo and I were very unhappy. We saw the future of our country being gambled away.

Neither the King's warning note, nor my husband's, was heard. 'You are sowing dragon's teeth,' my husband said to General Wilson, 'The communists will not fight the Germans, but they will fight you one day and they will fight our people.' But a King or Crown Prince in exile is not heeded, no matter how loyal he has been to his Allies.

It was, of course, considered that the King would be biased. The Allies had to fight the Germans and, for that purpose, the communists were thought to be the best organised and the best haters. What happened to the country afterwards was no concern of theirs at the moment.

Palo decided to take the bull by the horns. He sent a coded telegram to General Smuts, through his representative General Theron, and put before him his request to go to Greece secretly, to take with him some of our best officers, who were completely idle in Egypt, and to start a national resistance in co-operation with the Allied Command in Egypt. The communists were not well organised yet, but already Allied money was pouring into their hands. Palo pointed out that there was still time to organise a proper resistance on a national basis. The best elements from inside and outside our country would have flocked to his leadership; the communists would have had no chance and our country's future would have been assured; it would have been a cause loyal to the King and loyal to our Allies; it would have been truly Greek. General Smuts was in full agreement. He promised to obtain the support of Churchill and Roosevelt and they agreed. Palo was blissfully happy. He began to make preparations and sent a message to General Zervas, who had started a small resistance group in Epirus. Zervas was enthusiastic and sent three telegrams to the British Command in Egypt asking that the Crown Prince should be sent over as soon as possible. The messages were never officially delivered to us. They disappeared in certain Allied files. In spite of Smuts' continuous support and Churchill's and Roosevelt's agreement the local Allied service did not move a finger. We were completely in their hands, unable to act without their knowledge or permission. It was for them to organise that Palo should be put secretly ashore in Greece.

While he still had hopes of carrying out his plan Palo needed to get to know the British agents working in Greece. They were undoubtedly immensely brave young men, whatever their politics. He gave a dinner in Cairo for the agents who happened to be in Egypt at the time, and I attended it.

Among them was a boy who could not have been more than nineteen. He showed me a photograph of a girl dressed in high boots and with long hair, obviously a Cretan girl, and he said, 'You know I am working in Crete. I have fallen in love with her and I mean to marry her.' I advised him to think it out. His life was in England, hers was in a village in Crete. I could not believe that she could be happy in England or that he could be happy in a Cretan village, but he declared he loved her and would marry her. He had just been posted to India and did not know how long it would be before he saw her again. If the liberation took place and I ever went to Greece, he asked me to tell her that he would never forget her but would come back and marry her. He gave me her address and the photograph, we separated and I was convinced that he would forget all about the girl.

I myself forgot the story until many years later when, as King and Queen, my husband and I were on one of our tours through Crete. During a reception in the Mayor's house where everybody passes and shakes hands, I turned to my husband and said, 'I wonder what happened to that young Englishman,' and suddenly there was my young English friend in front of me and he said, 'Do you remember me?'

'It's not you!' I said, and he answered, 'Yes, it is, and here is my wife.' He had gone back to Crete, he had got married, he had children and a plot of land on which he grew grapes, perfectly happy. I could not believe my eyes.

Some evil influence in high quarters successfully prevented the materialisation of Palo's plan to return to Greece. The communist movement was built up. One-and-a-half million gold sovereigns of Allied money dropped into the lap of the communists. They bought weapons from the Italians, were given enough by the British and slowly started to take over the country. They did not prevent the Germans from leaving. There is only one railway line that leads from Athens to the north and not one bridge was blown up at that time, to stop the German evacuation. All the communists were interested in was moving towards Athens and occupying the capital and all the major towns.

After the liberation an unholy civil war devastated our country completely. Athens was saved from the communists thanks to the independent action of a courageous British general, General Scobie.

He was ordered to withdraw all British troops from Greece and leave the Greeks to settle their own affairs. But the only people in Greece who carried arms were the communists; there was no Greek army; the only Greek soldiers were fighting in Italy beside the Allies. This was what the communists had been waiting for. They started to murder right and left. No family was without victims. We lost more people in dead and wounded than during the war. General Scobie decided to act. Apparently against the command of his Government he ordered his troops, the few that there were, to protect the Greek population. His action has done more for Greek–British friendship than anything that happened during the war. The communists withdrew but were not disarmed. Later, after the successful plebiscite for the King, our own return and the King's death, our country once again had to fight this well-equipped communist army.

We were heart-broken over the tragedy that had fallen upon our people and therefore also upon us. Greece had surpassed herself during the war. The whole world had been full of admiration. Now, with the communist insurrection, who would be proud of us?

All the time we were in Africa my main preoccupation was, what to do for our people in Greece? We were always absolutely confident that we would go back and I was determined not to return with empty hands but to bring something that would be immediately useful. It was also most important that our own Red Cross should not lean entirely on foreign help. It is humiliating to be dependent and it lifts the spirit to be able to help yourself.

I started fund-raising as soon as we were settled in South Africa and I managed to buy a good deal of material. The most substantial items were twenty-five mobile clinics.

Most hospitals in Greece had been destroyed. The clinics were to do something to take their place; to be, in effect, little mobile hospitals from which a doctor could do the work of a general practitioner but where he could also perform operations. A South African doctor, who understood what was necessary to carry out field operations, helped me to organise exactly what would be most useful. We could not choose very large vehicles. The roads of Greece would not take them, nor would the bridges. We chose medium-sized, military Ford lorries and equipped them fully for their purpose.

As soon as the Germans retreated and communications with Greece became possible, but long before we ourselves were able to return, I got in touch with our representative in Athens, Mr A. Benaki, who co-ordinated our efforts with the Greek Red Cross. My letter to him is quoted below, with his reply, which gives some idea of the ghastly conditions at the end of 1944.

20 October 1944 *Alexandria*

Dear Mr Benaki

It is such a joy to write to Greece and get in contact with our friends, who have never, never been out of our minds and hearts. God bless you all. I only wish we could be there in our beloved Greece amongst our own people. If we are not there yet it is not our fault. My husband has tried his utmost to return to Greece since June 1943 to join our heroes on the mountains. If he failed to do so it was because of all sorts of difficulties that were put in his way. However I hope and pray we will be with you soon. I would now like to ask you a great favour. I have prepared quite a lot, such as shoes, blankets, clothing, etc. My organisation has been working all over the African continent, specially Egypt and South Africa. I have prepared 25 mobile clinics including surgical units, children's units and blood-transfusion units. All these things I want to send to Greece as soon as possible. I must have a good and efficient committee in Athens, that will undertake full responsibility. Please will you help me and organise a committee?

The committee is to receive the goods that will be sent from here, store them, sort them, and advise me of how and when they should be used. The clinics are most valuable, as they are fully equipped with instruments that cannot be bought or replaced. I would like the Red Cross to run them and keep an eye on them. Each clinic needs a doctor, nurse, driver and helper. They can be used anywhere in Greece. Please let us know what you can do about all this, so that we can send you further details and start working. I apply to you and trust you will give me all your help and support.

Thanking you with all my heart, and best wishes to you, your wife, and all friends.

Frederica

29 December 1944 *Athens*

Madam,

. . . The new (Red Cross) Committee . . . is determined to do everything dependent on itself to help our unhappy people in every possible way, and I am writing at the request of my nephew (President of the Red Cross) to implore Your Royal Highness to do all you can to help. He of course attaches the greatest importance to Your Royal Highness's mobile clinics and the vast quantity of winter clothing and blankets your untiring efforts have so successfully got together. . . .

We are without food, without water, without electricity, without means of communication, without money. The hospitals are either destroyed or nearly so. Thousands of people have been taken as hostages and are suffering untold-of agony. Thousands have been murdered. Our houses are full of refugees from parts of the town occupied by the communists, and we run the risk of being shot walking along the street or sitting in our homes. I will not insist on describing our living conditions further; they are really too harrowing. . . .

Always Yours most respectfully

A. Benaki

To H.R.H. Princess Frederica
Crown Princess of Greece,
Alexandria.

7. Return to Greece

In the summer of 1946 King George of Greece was in England awaiting the result of the plebiscite and he sent for my husband to discuss plans for our return. The question arose as to how we were to travel to England. I did not want to fly. I had had enough of it.

We heard that a British aircraft-carrier was to leave Alexandria to return home. My husband asked Admiral Cunningham, who was now First Sea Lord, if he might sail in her and, knowing that women were not allowed, asked if an exception could be made and he might take me with him. Admiral Cunningham at once gave permission.

It was a wonderful voyage. We had the Captain's cabin; the Captain was charming; the sea was flat calm all the way; the atmosphere on board was delightful. A ridiculous incident with my eyelash curler only added to the gaiety. I broke this instrument, so I sent for a sailor and asked him if he could get it repaired in the workshop. I did not ask one of the officers because I did not want them to know that I curled my eyelashes. The sailor said there would be absolutely no difficulty and I soon had it back. That evening, having drinks before a ship's concert, I suddenly found all the officers crowding round me and somebody said, 'Your Royal Highness, please will you give us some advice? We all know how to turn our eyelashes up today, but could you tell us how to turn them down again?' I was highly embarrassed. It was the joke of the ship and became the joke of the whole fleet. The news was reported from one ship to another that the officers on the carrier were curling their eyelashes.

Our arrival in Plymouth was like a resurrection. Everything was green. We came from years in Africa, many of them spent in dry Egypt. Here there was grass, there were trees, the air was fresh. The relief of seeing grass and trees after the deserts of Egypt had a sort of magic. We felt rejuvenated.

While Palo was conferring with his brother in London I took the opportunity to do some shopping. I went to Debenham's and asked to see some dresses. To my mortification the saleslady took me by the arm and said, 'All right, come on, dear, the children's department is over there.' It was a sore point with me that I was sometimes taken for much younger than I was. My husband used to explain it to people by saying that I had the Chinese mentality and thought it an honour to be old.

After making our plans with the King we went to Paris where Jan Smuts had invited us to visit him and listen to the debates at the Peace Conference. He lent us his plane to take us to Alexandria. We were going back to make our final preparations for the return home.

We never doubted what the result of the plebiscite would be but we were touched by the delight of our friends when the news came through on the radio. Admiral Tennant, who was now commanding in Alexandria, rushed round with his wife as soon as they heard. We found them, unannounced, in our sitting-room downstairs. They looked at us with tears in their eyes and of course we fell into each other's arms.

The Greek Government sent a destroyer to fetch us, and Keith Park, who was commanding the British Air Force in Egypt, offered us three aircraft. The Egyptian Navy fired a salute as we sailed away and we were a little nervous as we did not know whether they were using live ammunition.

I was taking a whole new trousseau with me, beautiful dresses, bags, shoes; they were all in my suitcases, piled up on the deck. We ran into bad weather and by the time we dropped anchor there was nothing left of my trousseau. The salt water had seeped into the luggage and all the colours had run into each other. I had absolutely nothing to wear except a white dress and a blue hat for the arrival, which were hanging up in my cabin. I did not care. I was going home. The Captain was dreadfully distressed until he saw my happy face. It seemed symbolic. I left without anything and I came back without anything.

We anchored in a beautiful bay opposite Athens where we were to spend the night. No one was supposed to know of our coming yet because our official arrival was later to synchronise with the King's, who was flying to a military aerodrome and then boarding his own destroyer. My husband was, however, flying his own flag. It was a warm evening and very still. I was gazing at the water and I saw a little boat with a man in it, sitting fishing; he suddenly looked up, saw the flag and he knelt down in the boat and raised both his hands.

Very early the next morning we were up and waiting to get into line behind the King's ship. Four destroyers sailed into Faleron with all their flags flying – first the King's, then ours, immediately behind, and two escorting destroyers. In my mind's eye I can still see it. It was an autumn day. The air was clear, the sea dark blue and undisturbed, the sky without a cloud. Slowly we moved towards the coast of Greece. Everything was as we had hoped. The war was over and we were home. I knew that I would cry when I stepped on land, but somehow I did not, the emotion went too deep. The car drove slowly up the long road to Athens. There was no distinct clapping and cheering. The crowd seemed to have only one voice that roared an unbroken sound of joy. I felt that I walked on clouds and there was deep peace within my soul.

We went straight to the cathedral. Always in Greece you go first to the church, whether you are visiting a small village or, as now, arriving in the capital at a moment of national rejoicing. Outside the cathedral was my aunt, Princess Nicholas, who had never left Athens. We had to be very formal – just a short embrace and then we walked in.

We stood inside the cathedral opposite the priests and the choir sang a joyful *Te Deum*. I felt that we had never left. The war had never been, time was wiped out, we stood where we belonged, at last, at home.

From the cathedral we went to the old palace that overlooks Constitution Square and we stood on the balcony looking down at the square and the roads that enter it. Everywhere was black with people, roaring out their welcome. When at last we sat down for a drink in the King's small palace I said to my brother-in-law, 'I think I should cry now,' and he answered, 'Please don't. I couldn't stand it at this moment!'

Eventually we reached our own house in Psychico, and this was a different thing. It had been lived in by Italians, by Germans and, for a short time, by the English and it was filthy. It had been cleaned for us, but all the furniture, which had been new when we married, was pitch black.

The first few weeks at home were spent receiving people, people and more people. We saw people continuously until we were exhausted. We spent one long weekend away from Athens in the country staying with friends. We could not go to the King's country house, Tatoi, because the communists had destroyed most of it, burnt everything that was made of wood, smashed what they could not burn, including the heaters, the boiler and the kitchens. They had made fires under the floors to cook their food. They had destroyed all the animals at the farm.

We had met the results of the Axis war almost as soon as we arrived. The Germans had simply used up the resources of Greece to keep their armies supplied, leaving nothing for the Greek people. There were no clothes. Our best friends were without money and nearly starving. The poor had died in their thousands, especially the children. I talked to a doctor who told me about death by starvation. He had seen so much of it. He said it was a death where, strangely, the patient did not seem to suffer. It was different for the mother who had to see her child die – but the patients themselves, in hospital, had a withdrawn, unearthly look. He told me what a terrible thing it was to see that look on the face of a child.

I considered very carefully what should be the first public step I should take on my own, now that we were back in Greece. I decided to talk to all the Red Cross workers. As the Red Cross was internationally supported it had been able to carry on through the war and many of our people had joined, in an effort to fight the ghastly starvation and disease. I wanted to pay tribute to them and to the people of Greece; to their suffering which we could never really know because we had not shared it with them. Nothing that we had gone through could ever equal the agony of the people inside Greece.

When I left I could not even speak Greek. I had learned it in South Africa but it was still patchy. I prepared, very carefully, a Greek speech and I called a meeting of the Red Cross, the committee and the doctors and nurses and voluntary workers. To stand up in front of a crowd and make a speech was absolutely dreadful but it was a duty I had imposed on myself and I had to go through with it. I wanted to prove that I could speak Greek, that I was part of Greece and that we should now work together.

This was one of the first times I had ever made a formal public speech in any language. It is not customary for the Greek royal family to make many prepared speeches. My husband would perhaps address a university, but otherwise we would only speak spontaneously, if we felt something needed to be said on the spur of the moment.

I practised the speech at home with my husband for audience. My pronunciation was not good and he helped me with it. Driving down into Athens from Psychico, going into the hall, I was nearly petrified with horror. Aunt Ellen was with us and she felt the same. While I was standing up addressing the people I glanced at my aunt and Palo and they were staring at the floor. They did not look up. But the speech went off very well and opened a road for easy co-operation.

My husband and I made one long tour of Macedonia during the first six months, while he was still Crown Prince. We saw the results of occupation and the communist war; everything burnt, everything desolated. It was dreadful, and it was only the beginning of many years spent making such tours.

On 1 April 1947, we were sitting having lunch in our house when the telephone rang. It was the King's servant asking to speak to my husband. Immediately I thought that something was wrong with my brother-in-law. Why should his servant ring up and not the King himself? When Palo came back he said, 'Something has happened to Georgie. I can't understand what the servant says. We must go there at once.' We got into the car and my husband drove to the palace, very fast. He said, 'If something has happened to him the first thing I must do is to see that the army does not get too great a shock.' His immediate concern was for the army.

We went into the palace and the servant said, 'The King is upstairs.' My husband asked, 'Is he dead?' and the servant answered, 'We think so.'

We rushed upstairs into the study and there was the King lying on the sofa, very peacefully, with his hands folded and a cushion under his head. He had died of a heart attack. We were told what had happened. He had just finished giving an audience and had gone up to his study. There was a maid in the study and he asked her to get him a glass of water. He must have felt ill because he had laid himself down on the sofa, as we found him, but when the maid came back he was dead.

On the death of a king the heir cannot sit down to contemplate his loss. My husband had to take an oath to uphold the constitution without delay. The Prime Minister arrived with some members of his cabinet and members of Parliament whom he could summon in time. The Bishop came and administered the oath. I had no part to play in this ceremony and I was upstairs on a little balcony watching from behind a curtain. After the oath-taking the Prime Minister shouts 'Long live the King!' It sounded almost cruel, with my brother-in-law, whom I still thought of as the King, lying dead in the palace.

A formal ceremony takes place as soon as it can be arranged, when the King takes the oath before the whole of Parliament.

We drove in state to the Parliament building. On coming in my husband bowed and I curtsied to the assembled Parliament. The Bishop held a short service; then the President of Parliament addressed the King, not formally as 'Your Majesty' but with the familiar pronoun, 'Thou, King . . .' Everybody was standing; the King took the oath; he bowed again and I curtsied and that was all. It was very short, very dignified, and then life went on.

I had been First Lady since my marriage and becoming Queen made little difference to my work or my attitude. But I did find a difference in the attitudes of other people to me. The people about me were more attentive, more respectful than ever, and I felt they regarded me as less approachable, although I had not changed in myself. It was a slight shock. It made me feel a little sad, but it had to be digested. I learned to make allowances for this, after all, unconscious alteration in the other person. I got used to it, accepted it as normal and then again felt quite natural in my relations with them.

8. Communist War

It was Palo's fate to have to withstand a militant communist invasion. When he became King he swore an oath in front of Parliament and the Greek people to guard their individual freedom and the nation's independence from external or internal foes. The oath implied that he would have to oppose anyone who, with gun in hand, tried to force his will upon our people.

I know that communism, owing to its aggressiveness, is a great danger in the world, but it is also used as a convenient label by many of us. We do not realise that in this easy way we are sometimes inclined to dehumanise people who find themselves in deep mental torment or who are in great economic need. I have seen people so desperately poor that I was not surprised that they called themselves communists or let themselves be politically exploited by communists. Their miserable life was our fault. It was for us to give them a helping hand and make their life a happier one.

At the time that Palo became King it was a grim struggle for the villagers, living on miserable food, bread and olives and little tomatoes, the women walking for hours to fetch water and bring it home on their backs. They had lived in danger and want ever since the German occupation. Their simple concern was to keep themselves and their families alive. An experience my husband and I had in a village near the Albanian border will illustrate their attitude to politics.

We were in Epirus on our way to Konitsa towards the end of the communist war. It was quite usual for people from villages off the main road, who had heard we were going to pass near, to come down from the mountains, stop our jeep and talk to us. This time some peasants asked us to visit their village, 'It is just across the fields behind these little hills and we so much want you to come and see us.' My husband said he would try to do so later if he had time. On the way back from Konitsa he swerved off the main road, much to everybody's consternation as he had given no warning of what he intended to do. We arrived at the village and all the people gathered around, very happy to see us. We had to get out of the jeep, talk to them and drink retsina with them. After a while Palo said, 'Now we would like to go to the church,' and a silence came on them. The church was locked, which is extraordinary in Greece; we had never known it to happen before. A police officer came up to my husband and said, 'You know this is the worst communist village in the area. We did not want you to come here.' But they had asked us to visit them and they had welcomed us. They were delighted that we came.

Months later general elections took place and my husband and I were very keen to know how that village had voted. They had all voted communist! Many of their children were in Albania, either taken by force or gone voluntarily, and they were in a vulnerable position so near the Albanian border. Family loyalty and self-protection would make them vote communist, but at the same time they loved their King and Queen so they invited us and welcomed us. They did not associate the one thing with the other.

I had a very personal example of the same mentality during the worst part of the communist war. I was touring Salonika without my husband and I heard that a certain quarter was called the Stalingrad of Macedonia. I said I would go there. The police were horrified and tried to forbid me which made me angry, so I went.

The people there were pitifully poor. As soon as I arrived the place was black with them, crowding round me and touching me in quite a friendly way. I stepped up onto a stone so as to be above the crowd. One learns to do this, otherwise they may tread on each other trying to see. I said to them, 'You know I have come here simply because I love you,' which is a thing you can say quite naturally in Greece. The people were pleased and the atmosphere became very easy. Soon I was asking them about their children and they were telling me how they were getting on. I heard later that the next day, in the windows of the houses, between portraits of Stalin and Markos, our communist leader, my picture was being exhibited. I had been promoted.

We recognised three different groups of people who follow the red flag. The first two, the very poor and the intellectuals, had our deep sympathy and understanding. The poverty of the first group remains an accusation against all who believe in freedom and justice within our western way of life.

As to the second group, I, too, know how hard it is to find one's way through all the intellectual confusions one is presented with. Our sympathy went out to those thinkers, writers and artists who were caught up in them. We are just fellow wayfarers on the road towards truth. These men and women accepted Marxism as an answer to all our social evils. Although I understand their honest longing for social justice I feel that they should ponder more deeply whether their intellectual reasoning is still valid in our modern age. Like them I believe, or rather know, that the brotherhood of man is true and a part of our being, but the reference point upon which I base my knowledge and the method by which I think this brotherhood should be achieved are different.

Marxism is based on materialism. But modern science, specially nuclear physics, has discovered that matter is not what it appears to be. On investigation it now presents itself as no more substantial than waves of energy. I shall return to this idea in a later chapter; enough now to say that it seems to me that any philosophy based on materialism is rapidly growing out of date.

There is another quite different type of communist. He is the cold-blooded corrupter who makes use of other people's physical and mental torment. He is committed to a foreign nation and ready to betray his land. He tries to impose his philosophy by violence, in the service of a foreign master and his evil designs; he does not respect the freedom of the individual and therefore violates our people's sacred rights, and it was he whom we had to face. When, in these pages, I speak of communists and communism I do not wish to dehumanise those for whom our hearts have bled and whom we tried to help, although we had to fight them first. I speak of the cold-blooded core, the men and women who sold themselves and their very humanity. This was the type of communist who could carry out the singularly inhuman plan of abducting the young children of Macedonian families to serve their cause.

Since antiquity Macedonia has never existed as a state on her own. The ancient Macedonians were Greeks who succeeded, under Philip and Alexander, in uniting the Hellenes, and spread Hellenic civilisation throughout the East.

During the years 1944–8 the Greek communists agreed to the ceding of Macedonia to Yugoslavia in exchange for Yugoslav support for the communist insurrection. Official statements by Yugoslav and Greek communist leaders at the time confirmed the agreement. If the insurrection had been successful Greece would have been divided between Yugoslavia and Bulgaria.

The abduction of many thousands of children by the communist bands was to further the long-range policy of this scheme, so sinister for Greece. Of all the sad problems that faced us when we returned to our country, this was the most tragic.

For three years Palo and I were hardly ever at home. We continually travelled across the country trying to encourage our villagers not to give in to the communists either morally or physically.

Our army, newly formed since the war, was still badly equipped and inexperienced. The communists had all they wanted. When they needed more military equipment or a hiding-place to rest and re-equip, they just moved across our northern borders: there they were welcome, able to get what they wanted and return to fight once more, and our army could not reach them.

It was a heart-breaking story. Our villages were unprotected and therefore vulnerable to communist attack and atrocities. How could we ask them to resist when they had no weapons to defend themselves with? The countryside was empty of life. No one dared to till the fields and everything went to waste. The villages were burnt and looking black and desolate. All the inhabitants who could had moved into the bigger centres. Out of a population of 7 to 8 million we had one million refugees and nowhere to house them. 28,000 children had been kidnapped, mainly from Macedonia. Most of them never came back. Today they are fully trained communists behind the Iron Curtain, ready to destroy the land they hardly remember. I believe the sin against the Holy Ghost is committed when you take a child and teach it to hate. In desperation I appealed to the world through radio and press to help us bring our children back, but the world was deaf. Too much suffering had been endured and no one wished to hear of more. This was the time when I started to doubt the mission of our western world, for if it did not care about the fate of 28,000 children, nor care about their mothers' pain, then I felt that our civilisation was a fake and not worth saving.

We went by jeep, by mule and sometimes on foot to reach the furthest villages. We walked through the streets with the people. I learned to move with a crowd. Every now and then you have to halt, otherwise people tread on one another. If someone falls down the others will not wait and people get hurt. You have to be conscious of this; you stop dead and everybody stands still, then you say, 'Now let's walk quite slowly', and soon you stop again and anyone who has fallen can pick themselves up.

Palo spoke from every balcony, giving courage, promising help and, most of all, showing that the King and Queen were with their people. 'Help us, give us guns,' they would shout. 'Bring back our children; you are a mother just like us; you understand us, you can do it. Bring back our children. Please, they have taken our sons, our young daughters, even our babies. They have emptied our schools. Have pity, bring them back.' These agonising cries repeated themselves wherever we went.

In a modern monarchy a King has no material power. He cannot bring his suffering people money, he cannot bring them clothing or order that new houses shall be built. Sometimes I felt, how can we go to see our villagers if there is nothing we can give? And yet I learned that there was something we could do. Their misery was based upon their memories of the horrors they had lived through. We could bring a change into those memories and thus ease the pain a little. 'Yesterday the King was here. He heard my sorrow and she smiled at me.' These simple thoughts could break, just for a fraction of the day, the monotony of their despair. If there was nothing else, then this was what we had to do for them. It never let us rest. Soon we became like a shepherd King and shepherd Queen, always among our people. Looking into their eyes we felt their pain and they felt our sympathy and love. Once from a broken balcony in a town that had been destroyed, first during the war and now by the communists, Palo said these words to a silent crowd. 'You all know that my family motto reads "My strength is the love of my People", but from today I want you to write into your hearts that your strength is the love of your King.' Everybody cried, including myself, who stood next to him and watched the scene.

Palo and I understood the suffering and confusion of the young. At a certain time in our lives some of us go through a period of rebellion. Fundamentally we rebel against the *status quo*. Today the students rebel against social injustice, war and hypocrisy. The slogans of the past and the 'isms' of outlived social structures are frankly rejected. The young of today need new ideals that are based on what is true. The older generation, so far, has failed to provide these ideals because either it does not know how to provide them, or it is happy to conform to old, outlived thoughts and ideas. Many of us had our challenge during the war. We had to prove ourselves and have become self-satisfied. The young of today do not want to hear of our past. They want new ideas that give them answers to the questions they ask. They do not find the answers because there seems to be nothing to give or to be said that has not been said before. The young so far have nothing to give us either, so it looks like a revolt of nothing against nothing. The result can only be nothing.

The reason for all the evil of today is that, though our western thought and civilisation is partly based upon the ideas and ideals of ancient Greece, we do not follow them. In practice we teach and preach only rank materialism. Instead of striving after excellence and pursuing the highest human values we strive for more money, for better and bigger hotels, for longer and broader roads, for finer houses with larger bathrooms. Democracy is supposed to stand for the highest ideals in modern man, but our living example is utterly materialistic; hence many of the young consider us hypocrites and do not accept the authority of their elders any more.

The totalitarian systems, Nazism, Fascism and Marxism stand for a materialistic philosophy, but they preach to the young an apparently pure idealism. They do not offer them better hotels, houses, swimming-pools; they teach them to sacrifice themselves for the State and that only through the destruction of the old systems can the ideal human society arise. Fanaticism is often the result as well as immense suffering.

Many of us have failed to give our children a true challenge, a worthwhile thought that they can accept and live by. A people who have no challenge are usually unhappy.

The real challenge of life has to be an inner one. It is not war and it is not the search for bread and money. These are only pseudo-challenges and pass away. The real and most difficult challenge is to find our true selves. Our young people should be taught to face themselves and ask, who am I? This question is the starting-point for an intellectual odyssey, in which the voyager must look for what is irrefutably true in himself; only there will he find the reference point from which to judge right and wrong.

The answers to our questions exist. But we must search for them. There is a challenge for the heroic life even without war. Right does not lie in destroying what others have built for themselves.

While the nation was torn by a vicious civil war we tried to bring comfort and understanding to both sides. It was our tragedy to see Greek fight Greek. We felt it to be our sacred responsibility not only to uphold the constitutional rights of our people against the armed communist bands, but also to give a helping hand to those who had failed their country.

Palo felt deeply sorry for the young men and boys who filled our prisoner-of-war camps during the civil war, waiting to be tried for murder. Many of them had been forcibly recruited and then made to commit crimes by their communist masters. After an act of atrocity they could not return to their villages. They now had to stay in the mountains, obey their Red instructors and continue a career of looting, murder and general destruction, or come home and face the law. Among them we also found the young idealists who had joined the EAM (ELAS) the communist resistance movement, during the war, and who had only wanted to fight the Germans. When their armed bands turned against their own people it had become too late for them to leave. They themselves had become part of an inhuman situation, far beyond their control. We felt that all these young people must have had their own share of suffering and believed that, if there was just one spark of human feeling left in them, we must get hold of them and bring them back into the national life of our country. We wanted to save them from still further bitterness and despair.

Palo was desperately keen that, while fighting the communists, we should at the same time try to bring them back into the national community. He felt that in every situation one should always provide and stress the positive element. He created a school on the island of Leros in the Dodecanese. We did not at this time have enough trained psychologists or educationalists to help in this scheme, so Palo applied to personal friends or anybody else who might be interested, who would volunteer to serve in this school as helpers with the boys. Palo sent his representatives to the different prison-camps. Here they talked to the younger communists and asked them if they wished to have a new chance in life, by learning a trade in a school provided personally by the King. The school was open; there was no barbed wire and there were no policemen, there were only dedicated friends of ours who believed in the fundamental goodness of human nature. Boys up to the age of twenty-three arrived. They were reminded that they were there voluntarily; they could leave if they felt like it and nobody would run after them. They were also told that we kept no records of their past, but records of their future would start from today. Most of these boys had murdered, looted, raped and stolen. They knew only the worst side of human nature. We visited them three weeks after their arrival. The impression they made on me was that they were subhuman. They looked like animals. Their expression was dull and their walk was stooped. We were told by the people who looked after them that, at first, they refused to sleep in a bed; after all they had been used to sleeping on the ground for years in the mountains. The first night they had climbed out of the windows to test if it was true that no police would prevent them from escaping. When they found no guards they came back and stayed. They had never learned to sing, they did not know the National Anthem, or any prayers or any games, and they looked at Palo and me with deep suspicion.

Three months later we went back to see them. The change was incredible; we found normal-looking boys walking with their heads up and a smile in their eyes. We went to church together and they sang for us. The singing of angels could not have moved us more. A year later Palo and I visited them once again. This time the first group were leaving for home. Palo gave each boy a diploma signed by himself, which was to prove to anybody in his village that this was a Greek boy, a member of our national family, ready to serve the community as best he could. Never shall I forget the pride in their eyes, when they walked up to my husband to receive their diploma. Again and again, for the next few years, somewhere in the crowd a young man would shout to my husband, 'I have been to Leros, I am one of your boys.' In his village he had become an important man, for he had the King's signature on his diploma. For us he was a lost boy come home.

Palo and I felt deep gratitude to the people of Leros. For hundreds of years the Dodecanese had been under foreign domination; after the Second World War all the islands were reunited with Greece. We had been worried about installing young communists in a school on their island so shortly after their liberation. We feared they might resent it but we were quite wrong to be apprehensive. The people had understood what Palo wanted to achieve and were of immense help. Their attitude towards the unfortunate young men is characteristic of our people's generosity and humanity.

The Mayor called the population to the main village. He himself carried the Greek flag as, all together, they visited the boys shortly after the school was established. The boys faced the crowd with fear and suspicion. The Mayor said, 'For hundreds of years we have waited for this flag. Last year the King gave it to us. We now bring it to you.

You are Greeks like us and we know the flag is safe with you. Keep it for us.' Many of the young men fell on their knees and cried. Half our battle for their salvation had been won.

The communist girls were a much more difficult problem. In a Greek village the standard of morality is rigid and a girl's honour is something sacred. Any girl who was old enough, whether she had been taken by force or gone over voluntarily to the communists, would have been morally corrupted and her village would not take her back.

We had a school for girls on Leros as well, a long way from the boys' school. The question was how to get these girls back into the community? We would infiltrate two or three at a time into one of the children's homes for girls, or a housekeeping school. A few of the older pupils, whom we trusted, would be told the story and asked to keep it a secret but to try and help them. This sometimes worked and we would resettle them in a part of the country far away from their original village.

For all one's idealism and all one's goodwill one does not always succeed. Boys who were delinquent were another problem which was far more intractable than the problem of the communist boys.

When I became Queen I considered what I should do as a first public appearance and I decided to visit children's prisons. I inspected a boys' prison on the road to Tatoi and it was ghastly. The boys were all herded together in one room with nothing to do, horrible food, no sympathy, no care; they were just locked up, useless. My husband managed to have this particular prison abolished.

He founded a school for delinquent boys on the Island of Cos and he persuaded the government to pass a law by which his organisation, the Royal Institute, could take any boy out of prison, before or after his trial, and send him to this school. Like the Leros school it was open and without guards. The Royal Institute was given the right to judge when the child could be sent home to his village and his parents. We would have liked to take all the boys out of prisons and into the school but it was terribly difficult to raise enough money for the scheme.

These boys were not easy to handle. We found out, for one thing, that it is almost impossible to cure a thief. I remember a little boy in one of the schools we visited in the provinces. As we went through the school I heard sobs, and I looked round and there was a boy of about twelve crying his eyes out. I sat down next to him and I said, 'Tell me what's the matter. Why are you crying?' He could not speak. After some time it came out. 'I'm going to prison. I don't want to go.'

'Why are you being sent to prison?'

'Because I've stolen something.'

'What did you steal?'

'Shoes. And now I've been condemned and I'm going to prison. I don't want to go to prison.'

'All right,' I said, 'You won't go to prison. But could you please tell me, why did you steal?'

'Because it's so much easier than buying them.'

He went to the open school and he was very difficult to deal with because he liked to steal. He got into trouble again and again. In spite of all our efforts with these boys we failed more than we succeeded.

Any army that consists of conscripts gets all kinds of people. During the communist war the ultra-left elements naturally had to be isolated as untrustworthy. On the island of Macronisos the army had established a huge camp, where all these men were kept. There were at least 20,000 of them. Palo decided to visit them and talk to them. Against the advice of many we arrived by ship and disembarked. The men were all lined up in ranks just like ordinary soldiers but, of course, they carried no arms. We took our places opposite them and Palo addressed them and said, 'I have come to see you, because like a father I miss my children. I wait for the day when you will come back to us and when I myself can entrust into your hands the weapons with which you will protect your country. The country needs you, we love you, and I know that in your heart you are devoted to your family and to your nation. Do not let us wait too long. Remember, when you are ready to take your oath, you are welcome and I shall be there.'

In no time thousands of people broke ranks. It looked like a wall crumbling and breaking up in front of our eyes. A yelling mass of humanity surrounded us. Police protection, army protection or anything of that kind was utterly useless. There was nothing that anybody could do to protect their king and queen but at this moment we were protected by something that is holy in all of us and which had been touched in this crowd by the King's words. They carried us on their shoulders, laughing and crying at the same time. They even had the delicacy to carry me on a wooden chair, while my husband was handed from shoulder to shoulder. In the storm of the onrushing human wave I lost my handbag. Separated from us by hundreds of people someone held it up over his head as if he wanted to say, don't worry, you will have it back.

Soon afterwards batches of these men declared themselves ready to serve their country. Every time a group was sworn in the King made a public festivity. We went to the stadium and, in front of the Athenians, Palo gave the gun to each one personally. The men from Macronisos stormed the communist headquarters on the Grammos mountains during the last phase of the war. Palo was watching the troops when they attacked, which gave wings to their morale.

Palo always believed that compassion and faith in what is best in human nature is more valuable and effective than all the learned theories of psychology in the world.

On one of our northern tours we were told that most of the tobacco workers at Cavalla had communist tendencies. Palo decided to see for himself. We visited one of the factories. When we entered a huge hall we saw rows of women sitting next to each other, rolling tobacco leaves. The atmosphere was icy. Nobody looked up to greet us. We knew that Markos, the leader of the armed bands in the mountains, had been a tobacco-worker. These women must have felt that he was their man and we were the enemy. Only through a personal effort could we give the lie to all the vicious propaganda against us that they had been led to believe.

We started from the first person in the first row. We stood in front of her and said, 'Good morning, how are you? How is your family?' and did not move on, but waited until the woman looked up into our eyes and we would see a smile soften her hard, unhappy expression. Only then did we move on to the next one and the next, through all the rows, all the way down the lines to the other end of the hall. It took us the whole morning, but when we had finished many women left their seats and crowded round us telling us about the miseries of their lives. We had become one family.

During the winter of 1947–8 while we were travelling from Epirus to the Dodecanese, from Macedonia to Thrace, island to island and village to village, Palo suddenly fell ill and the doctor diagnosed typhoid fever. At that time there was no medicine to fight the illness. Hope for recovery depended on the patient's constitution and absolute quiet. Our poor doctor was panic-stricken. When King George had died he had been bitterly attacked by the press though there was nothing he could have done as King George died of a heart attack. This time a committee of doctors was formed to share the responsibility. They walked three times a day into Palo's bedroom, looked at him sternly and said, 'You must keep quiet and drink milk.' After they had repeated this every day for a long time Palo, who was the most patient man in the world, sat up in bed furiously and told them to change their tune as he hated milk, never drank it and, being in bed, had to keep quiet in any case. Afterwards he said to me, 'Where did they find these doctors? They look half dead themselves.' It was quite true. They were the oldest men in Greece; one was limping, one was deaf and the others did not look very well either; apparently age was supposed to go with wisdom which accounted for the choice.

Every day a medical bulletin appeared in the papers. Whenever the fever went up the politicians and the papers would insult the poor doctors. Slowly most of the government gathered downstairs in our palace and the doctors conferred upstairs. They would send insulting messages to each other through the members of the Court who rushed up and down between them.

In this madhouse the only quiet was in and around Palo. He wanted to hear music and, luckily, our great Greek pianist, Gina Bachauer, happened to be in Athens at that time. We placed a piano in the next room to Palo's and, with the door open, she played Bach, Beethoven and Chopin for him. Whenever she played the fever would drop, rising again when she finished. One day she played non-stop and so contributed greatly to his recovery. Gina Bachauer, her husband Alec Sherman and Yehudi Menuhin, the great violinist, and his wife would somehow move quite naturally and unrehearsed across the scene of our lives. They shared with us many anxious days and always eased the stress with the beauty of their music and the depth of their friendship.

During Palo's illness the communists had made a vicious attack upon one of our larger villages, Konitsa, near the Albanian border. A small army contingent was trying to hold out against four thousand communist bandits who had surrounded the village. They made a tremendous effort to capture it. They needed a township in which to establish what they would have called 'The Free Greek Capital'. The only contact between Konitsa and Athens was by radio. Palo was terribly worried, which did not help his recovery, as he felt that he ought to be up there in Epirus to encourage the troops and the population. One of my many children's homes, in which I had 250 refugee children, was situated a little way outside the village in a former agricultural school and we were told that the home was in the direct line of fire between the communists and the army. General Dovas, the commanding officer of Konitsa, reported to my husband by radio that he had dispatched fifteen men under one officer to defend the children. They had orders either to save them or die in the attempt. A little later General Dovas himself was critically wounded.

Palo asked me to go to Epirus to be near the troops whom he could not visit. I hated to leave him so terribly ill, but I knew it would calm his restlessness and I was also deeply moved by his confidence. He knew it was dangerous for me, but Greece comes first; I knew it was dangerous to leave him, for his illness was far from over, but Greece comes first.

I left by destroyer. On the way we scraped a floating mine which none of us appreciated. I was only told about this after the danger had passed, and nearly had a fit. The Commanding General fetched me from Preveza on the coast and together we drove by car to Jannina, the capital of Epirus. On the way I told him that I wanted to go to Konitsa and he answered that this was not possible; the roads were still blocked and no car had yet been able to get through. I told him we could go by mule from the other side but he would not even discuss it. The General had to leave for other duties and I was left to argue my case with a Brigadier and his Chief of Staff. I was informed that I might be the Queen but he, the Chief of Staff, was not going to take orders from me and let me go to Konitsa where he himself had not yet been. I knew that some of our troops had managed to reach the beleaguered garrison by a mountain track. I demanded to be taken that way; nothing doing.

While these arguments were going on, unsuccessfully for me, I visited the small companies of soldiers posted in villages around Jannina. About ten soldiers were stationed in a village that was strongly communist. I went there to give them parcels and all the villagers crowded round, watching in complete silence. Suddenly a woman broke through the crowd, came right up to me and said, 'My husband has been locked up by the police. Will you please get him out. He has been unjustly locked up.' I could see she was a communist and I knew that her husband must have been locked up because he was dangerous, and she was challenging me. I could not argue with her. It would have made her angrier and I might have got angry too. All the people might have been stirred up into a rage which would not have helped the situation. I put my arms round her shoulders, patted her on the back and said, 'Look, I think you are the most wonderful wife. You are an example of what a wife should be, always believing her husband. Bravo! Congratulations!' She started to laugh. The whole village roared with laughter. They were not taken in, but they thought it was fun. Before they had stopped laughing I got into my car and left.

Time was running out as I had to be back in Athens at a certain date. I thought of a very nasty trick. I am not proud of it, but I used it in desperation. The Chief of Staff was one of our best and most brilliant officers. He had an excellent record and his loyalty was absolute. I knew that in his youth he had once upon a time had anti-royalist tendencies which, after all, is no crime. I asked to see him once more and again he refused to let me go to Konitsa. I said to him, 'I know why you will not help me, you do not like the Queen because you are anti-royalist.' Even today I am ashamed of the tears that came into his eyes, but I got my way.

In the meantime several Ministers had arrived in Jannina to find out if the Queen was in any danger, but I was not allowed to tell anybody about my early departure for security reasons. The party who were to go to Konitsa consisted of the Brigadier, who drove us, myself, Mary Carolou, my Lady-in-Waiting, who refused to stay behind, Palo's A.D.C., Mr Leloudas, my Marshal, and the lady who was responsible for the children's home. There was no protective convoy as this might have made us conspicuous to the bandits. It was a fine winter morning. The air was as clear as crystal. The high mountains were covered in snow and the countryside, although empty of life, was just beautiful. I somehow knew that a morning filled with such beauty could not hide any dangers. We drove on a desperately bad road. Whenever we met small army contingents the officer in command would go up to the Brigadier, make his report, suddenly recognise me, rush over to my side, make his report to me and promptly burst into tears. This happened several times until we got to two small bridges that had been blown up. We abandoned the car and crawled on foot along the embankments until we found a place to cross. Two jeeps took us into Konitsa. There was not a soul to be seen and, of course, nobody expected me. I went straight to the house that served as the staff headquarters. There I found General Dovas, lying on a camp-bed in his office in a dreadful state. At that time I did not believe he would live. His legs, his arms and his head were covered with wounds. We looked at each other in silence as he pressed my hand again and again. We understood each other without speaking. Not one officer was without minor or major wounds and they were still unshaven and dirty from the battle but their eyes were shining with enthusiasm and courage. They shared their meagre lunch with me. They gave me some of the captured hand-grenades to look at, stamped with Czech and Russian markings. When I found out that the grenades were not empty I handed them quickly back. The officers did not realise that, although I had managed to get to Konitsa, I was still frightened of loaded hand-grenades.

There was no hospital and the wounded were being cared for by the inhabitants in their own houses. It was touching to see the concern for their young, suffering charges. In the meantime the square filled with people crowding round my jeep so that it could not move. All they wanted to know was, how is the King? 'We are all right,' they said, 'Tell him the communists shall never pass our lines!'

As soon as possible I went to see the children's home. The door was still locked. I opened it and found all the children sitting on the floor. There were bullet holes right across the walls, not much higher than the children's heads. They looked at me first in utter silence and disbelief, then I heard a heart-breaking whisper 'Vassilissa?' How they recognised me I do not know for I certainly did not look like a queen with my hair blown all over my face and wearing an old overcoat and high boots. They could not shout and scream, as children usually do, they were much too frightened. For many days they had only eaten bread and cheese, as cooking was impossible. The young directress had kept them lying on the floor with their heads well down. It was a miracle that not one child was hurt. We arranged for their immediate evacuation. The sporadic machine-gun fire in the distance proved that Konitsa was not yet safe for children.

The time came for me to leave as the military did not want me to travel in darkness. I hated leaving. Somehow the heroism and endurance of these people had a purifying effect and I felt free and elated. Here was humanity at its best; here was unselfishness and even compassion. They had told me the story of how the sister of one of the young communist fighters recognised him and called out for him to come over and surrender. He refused. She pleaded with him and eventually he asked her to come and fetch him. The soldiers held their fire to let her go. She rushed to him. He stood up to greet her and then both died in a hail of communist bullets. The whole village suffered under this tragedy and everybody attended their funeral. They are buried together in one grave.

Late at night I returned to Jannina. Konitsa has been one of the great incidents in my life. It is a village which is symbolic of Greece during those years, with human tragedy and human glory living side by side on this small patch of soil.

9. General Marshall

JUST before my visit to Konitsa in November of 1947, Palo sent me as his representative to England to attend Princess Elizabeth's wedding to Prince Philip of Greece. During one of the receptions I complained to Churchill about our armed forces' lack of equipment. He told me to have a talk with General Marshall who, as American Foreign Secretary, attended the wedding, as well as a Four-Power Meeting. 'I don't know the man at all, so how do you want me to talk to him?' I protested. 'Oh, you just talk to him as one soldier to another,' was the answer.

An appointment was made between Marshall and me at the hotel I lived in after my stay at Buckingham Palace. Before my meeting with this great American I needed to have a good rest. I arrived at the hotel, unlocked my apartment, closed the door, locked it again and went through my sitting-room into my bedroom where I took off my dress and threw myself on the bed. At that moment a shabby-looking woman walked into my bedroom from the sitting-room. 'I want to talk to you,' she said.

'But who are you and how did you get into my apartment?'

'That is none of your business,' she said. By then I was really extremely cross. To have hidden in my room was bad enough, to be rude on top of it was just too much. I opened the door and told her to get out and she ran off and down the stairs.

A little later General Marshall entered my sitting-room. I still remember his look of surprise when we shook hands. I think he expected somebody like old Queen Mary and was not prepared to meet a person who did not yet look mature enough to play the role of a queen.

I myself was extremely happy and very favourably impressed by his straightforward, honest approach to all the subjects we discussed. The conversation ranged from the need for mountain artillery for our troops to Greek affairs and world events in general. He promised to look into our problems and give them the most favourable consideration. As a result of our conversation we were sent all that we needed to bring the war with the communists eventually to a successful conclusion.

On my husband's suggestion, as a help to him in his work, I kept up a correspondence with General Marshall. It was very important for the King to have this private channel, through which he could express his hopes, his fears and his constructive ideas about the situation in Greece and in the world. Contact with so great a man as General Marshall was absolutely necessary, as Greek affairs sometimes seemed so difficult for foreigners to understand, and my husband wished that his views might be privately conveyed. To have written himself would have been to give too official an opinion, upon which action would have had to be taken.

For many outsiders Greek politics and politicians can be quite incoherent. Except for the communists our politicians are undoubtedly patriots and love their country but their reasoning is sometimes different from that of other people. A King needs great experience and insight to understand their way of thinking.

During the communist war the political crises were very vexatious. They made the Armed Forces unhappy with all politicians, no matter whether they were good or bad, and yet I believe that in no other country has the leader of the majority party willingly served in a Government whose Prime Minister was the leader of a minority party. It actually happened in Greece at that time, in the case of Mr K. Tsaldaris and shows that no matter what people say about Greek politicians they are capable of greatness.

I know that visitors who come to Greece either love or hate our people. Nobody ever remains indifferent. To love them is to understand them and to accept them as they are. Democracy in modern Greece is a little over a hundred years old and, whereas other democracies have had the experience of a long political evolution, we have

12 *The Queen with some of the 25,000 children rescued during guerilla warfare*

13 The King and Queen being carried shoulder high by ex-communists on the Island of Macronisos

14 Travelling the country (Macedonia)

15 'I must have danced on every village square in Greece'

16 Inaugurating a new water system

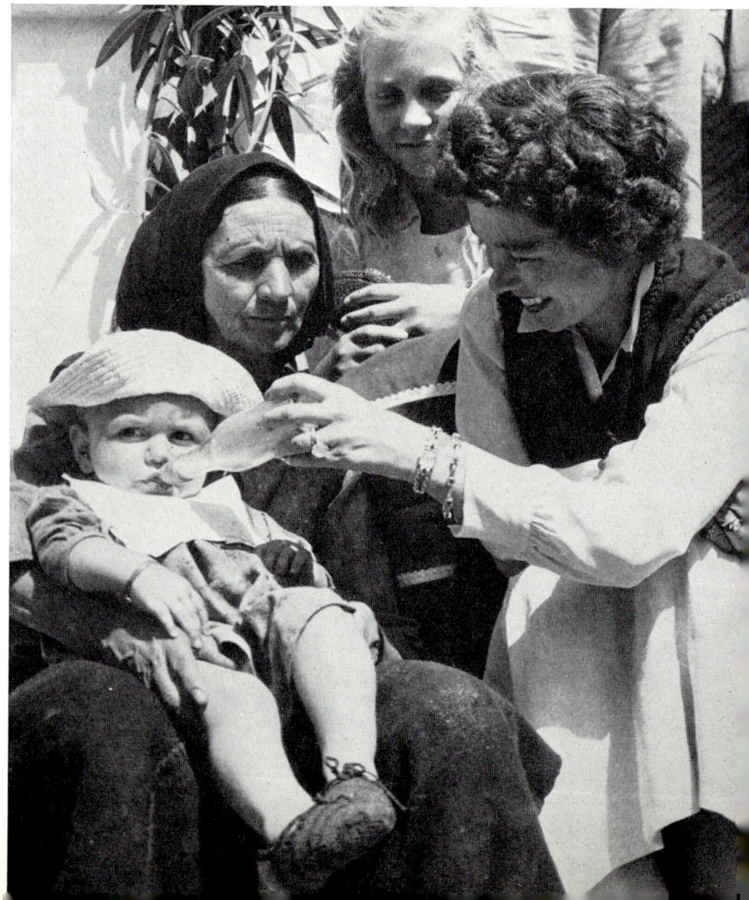

17 Satisfying a thirst

18 Touring by jeep in Macedonia with Mrs Alexandra Mela,
President of the Royal Fund

19 *Old man in Eurytania (with Princess Sophie)*

20 *Young man in Thrace*

21 The way through the mountains

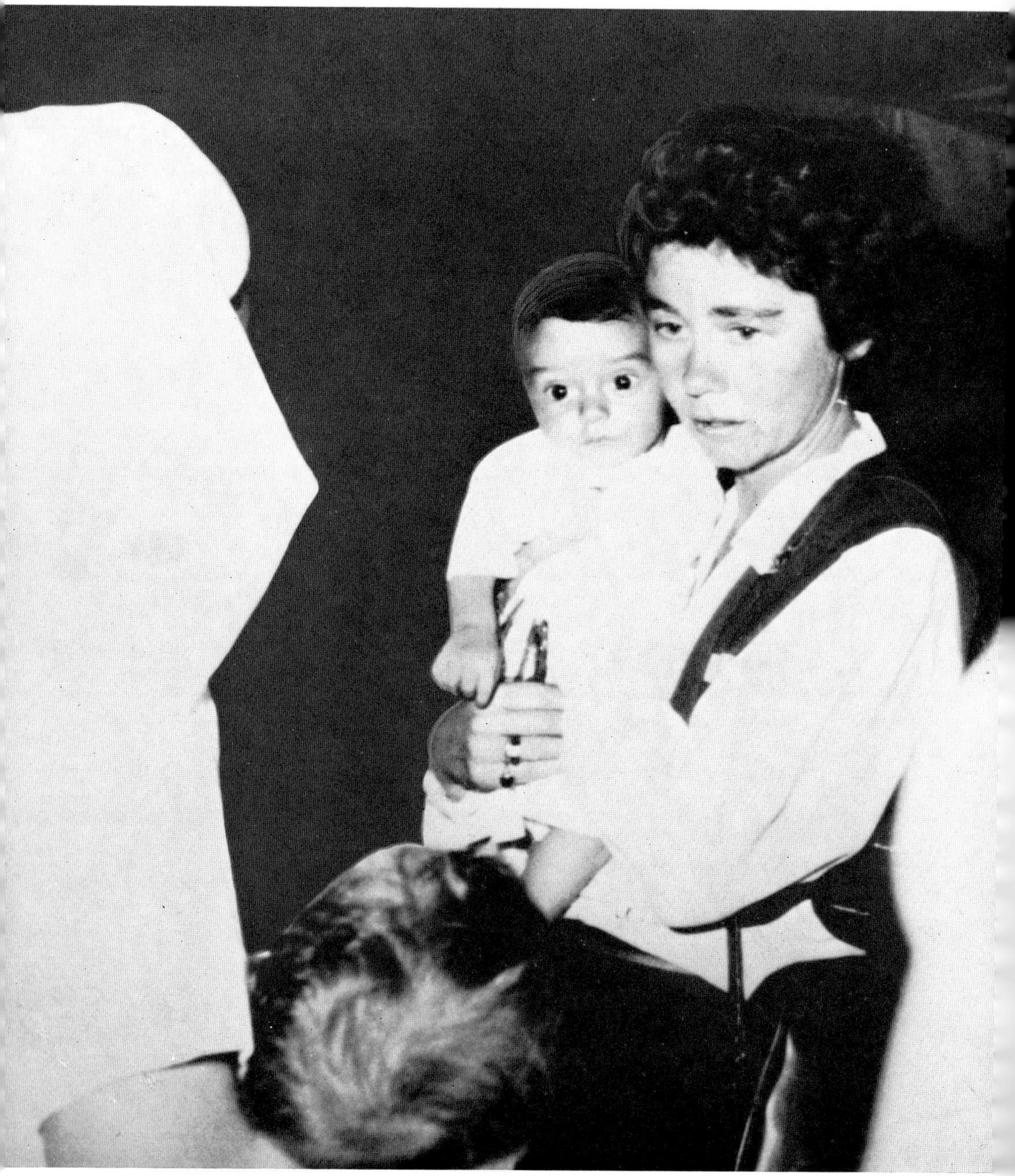

22 *After the earthquake*

had to reach it by an intellectual effort. We have not yet digested its fruits and dangers and so, quite often, manoeuvre between success and failure. The creative element within our people's character is a tremendous force. It can be as successfully exploited for a destructive purpose as it is successful when inspired by the highest goal. One of the duties of the King is always to look for and encourage the creative side within our people and to show them their own positive qualities.

During a political crisis this sometimes becomes quite difficult. Egocentricity is only too often more successful than unselfishness. This seems to be inherent in a system where a man has to praise himself in order to get votes. The negative trend can only be counterbalanced by inspired leadership, as a result of which people will want to reach beyond themselves towards a far greater goal.

I shall quote a good deal from my frank correspondence with General Marshall as it gives a picture of the political and military complications that faced the King during the communist war.

5 April 1948 *The Royal Palace, Athens*

Dear General Marshall,

I am very sorry that I did not answer your letter earlier. The trip to the Dodecanese and lately an operation on my appendix interfered with my correspondence. I received your letter with great pleasure announcing the arrival of General Van Fleet. He made an excellent impression not only on my husband and me, but also in Greek and British quarters. He has already given us the impression of being very efficient and at the same time very human. These two characteristics are bound to make him a success with our people.

It is charming of you to say that as one result of our conversation at Claridge's you chose Van Fleet to come to Greece. Your choice, we feel, has been an excellent one.

My husband would like you to know that in spite of the fact that Van Fleet seems to be satisfied with the present set-up of the Army High Command, he considers it essential to have a C.-in-C. with full responsibilities. Any other solution will remain in some respects always unsatisfactory. General Papagos, our C.-in-C. during the Albanian campaign, would be the right person at this critical moment, as he combines high integrity of character and great prestige in the Army. The C.-in-C. must not be tied down by committees, and must have full jurisdiction due to a Commander-in-Chief, and maintain personally the liaison with the foreign missions, taking his decisions following his personal talks with them The system today is intricate and slow, and my husband is afraid it acts like a brake in a war initiative and prompt decisions are needed more than anything else.

We appreciate deeply the military help that is now coming in. If we had had it last year already many grave social problems might have been avoided, such as the increase of our refugees from 20,000 to 500,000 this year. The Konitsa incident where 800 soldiers held out against 4000 communist brigands is proof that the spirit of the army is all right and the Greek soldier, given enough equipment, can fight successfully against any odds. The more armaments we have the quicker our troubles will be over.

My husband is feeling optimistic about the coming spring offensive. He intends to encourage our troops with his presence wherever it should be needed. God give that we shall not have to face a foreign invasion. Should that happen we shall fight again. My husband feels strongly that talks between our Staff and American and British Staffs might facilitate any future complications. Let us better be ready for all eventualities. Our Army under its present organisation is not in a position to face a major war. It is debatable whether aid from our friends will arrive in time to save us from a blitzkrieg of our neighbours. My husband considers it therefore now already necessary that a study be made between the Staffs, for a plan of common action for such an emergency, for us not to be caught unawares. We want to be convinced that not only can we rely in our hour of need on our friends, but also that the aid of our friends can reach us in time. I shall now finish this long letter by expressing to you once more, as I did in London, our gratitude and admiration for the courageous leadership that you have given to all of us in these troubled times. The signing by the President of the Marshall Plan has filled us all with enthusiasm. May your own people continue to appreciate this leadership, as shown by yourself and Mr Truman, as much as it is appreciated by us in Europe.

May God help us to play our part well, so as to live up to it and make it a success. To know you fills me with confidence. This is also one reason why I have written as openly as I have done, knowing that you will consider all I have said as purely personal and unofficial.

My husband sends you his best regards and hopes to have the chance of meeting you one day.

Hoping that you will visit us one day here in Greece.

With best wishes.

Frederica R.

Letter from General Marshall:

12 July 1948 *The Secretary of State, Washington*

Your Majesty:

I have delayed in responding to your gracious and frank reply to my letter of last spring because I first wished to be certain of the action of our Congress regarding appropriations for Greece and a decision to go forward with the European Recovery Plan. Also, I wished to have some indication of the first results of the military effort now in progress. Fortunately Congress granted us the necessary funds for the ensuing fiscal year and confirmed the Recovery Program; and the spring campaign appears to have progressed favorably.

I was concerned over your feeling that the British–American agreement in supporting a policy of restricted authority for the Commander-in-Chief in the field would be detrimental to success. From my long-range point of view I am inclined to your view of the matter, but I have felt it necessary to proceed with much caution because of my confidence in General Van Fleet and especially because of my distance from the scene of action. I trust that the progress of the present campaign has not confirmed His Majesty's and your fears. If so, and you will tell me, I will exert my influence to improve matters.

The reported successes of the Greek Army during the past three weeks and the sudden rupture between the Soviets and Marshal Tito are evidence of an improvement in the situation.

With reference to a continuation of our correspondence, so long as it can be on an 'absolutely private and confidential basis', I will be glad to exchange views with you whenever you feel this will be helpful.

Most confidentially, while I am in Europe for the United Nations Assembly meeting this fall, I hope to get in a brief informal visit to

Rome and Athens. Please express to His Majesty my deep appreciation of his message.

With great respect,

Faithfully yours

G. Marshall

12 August 1948 *Athens*

Dear General Marshall

I was delighted to receive your letter of 12 July, and am even more delighted to know that you may be coming to Athens in the near future. I think a visit of yours to Greece will do a great deal of good. I hope you will come and stay with us. Both my husband and I would be delighted to give you hospitality, which we hope you will accept, unless for political reasons of your own you consider this unpractical. I hope you will stay some days, so that we can show you a bit of our country, which is really very beautiful.

Talking about the question of the C.-in-C. of our Army, the position at the moment is the following: before operations started, my husband pressed for a C.-in-C. with full authority, as I wrote to you in my first letter.

Since Van Fleet's arrival fighting has taken a definite turn to the better. His dynamic influence is being felt everywhere, and we are more than grateful for his presence in Greece. I would like now to point out the more disagreeable side of the whole matter that my husband finds rather troublesome to deal with.

Van Fleet is often forced by circumstances to take over completely. This gives him freedom of command, but leaves the responsibility on our Staff. The Staff is dissatisfied with the situation.

The general opinion is, that either our army should be taken over completely by the Americans, who then would have to have freedom of command with full responsibility, or our Staff is given a leader that knows how to command and carry responsibility, and who is then helped by such first-class advice and support as given by General Van Fleet. At the moment nobody is quite sure who is responsible to whom, and who is to take orders from whom; from Americans or from Greeks. The lack of a strong C.-in-C. gives rise to some confusion and small jealousies owing to a great lack of clear-cut responsibilities, so necessary in all army matters. The other day a crisis arose between both foreign military missions on the one hand, and the Greek authorities on the other, over the General commanding our troops against the communists in the Grammos mountains. The foreigners wanted him to be removed and the Greeks wanted him to stay. My husband's opinion was not asked. He did not therefore mix up, but felt it was unnecessary to make such a big change just now, especially as this man is one of our best generals, commanding troops in the field since 1½ years. There was also no military set-back that justified such an action, specially on the eve of victory. It created some bad feeling and nearly a Government crisis. Until today my husband has not been informed why our foreign friends pressed for the removal of this general. When you come here, it would be a good idea to discuss the whole military set-up.

Now let me turn to things in general. My husband created quite a stir for having given a straight answer to a straight question, put to him by Sulzberger of the *New York Times* on the Cyprus question. In a private interview he told Sulzberger that we Greeks don't understand why Cyprus has not been given back to us yet. The island is completely Greek, and all the inhabitants want it to be incorporated once again with Greece. The English offer them autonomy which the Greeks, except a few communists, reject. The result is that the English have only the communist element of the island (an unimportant minority) as their official Greek support for this ridiculous idea. My husband also told Sulzberger that in his opinion the strategic position would not be affected but could be greatly improved, as for the exchange of Cyprus, bases could be made available not only on Cyprus but also on Crete, for both our American and English friends. The harbour of Suda in Crete is far bigger and better than the one in Cyprus. The strategic position of Crete is worth studying by our Allies. Ever since the Turkish occupation did the people of the Dodecanese and Cyprus wish to return to Greece. In the Dodecanese this wish has become a reality, in Cyprus it is still a dream.

These are only my comments on my husband's interview, which was an absolutely unofficial one. The interview was in no way meant to be embarrassing to our English friends (who did not like it very much) but set an idea going, which one day might be used for a basis of discussions, and put into reality.

My husband hopes to keep our present Government going as long as possible, which is not always very easy. As soon as the situation permits we hope to go in for new elections.

Once again we both send you our best regards and wishes, and are looking forward to seeing you soon in Greece.

Frederica R.

29 January 1949 *Athens*

Dear General Marshall,

We have been very sorry to hear about your illness, and hope to God that by now you are well on the way to recover your full strength again. I felt deeply for your dear wife who must have gone through agonies while you were being operated. Now you have resigned and this makes us all very unhappy. I expect it has come as a shock to the whole world. You gave us the feeling of strength, stability and confidence.

You and your people have made a happy combination during these last difficult years. Yours is a young nation, still full of good human qualities, dynamic and unspoiled, who found in you the leader who gives wisdom, stability and purpose, and who has directed their dynamic creative power towards a high human goal. This knowledge ought to give you great satisfaction, no matter how great the set-backs or disappointments. Your success has not made you more proud but more humble; such is the reaction of greatness in front of the responsibilities that are involved. I saw it in your wife when she told me that she feels like crying every time her husband's efforts were duly recognised. So let my words to you be also a tribute to your wife.

I think that today, no matter if in power or out of power, you are one of the most far-sighted and at the same time human-minded statesmen in the world. Your example is felt everywhere; consciously by some people and unconsciously by most. It is this influence which is so far more important than all the material help that your country is so generously producing.

We just passed through one of the worst political crises in the modern history of Greece. It was an unheard of state of affairs and the position of my husband was very difficult.

It seemed impossible to form a Government that would get the necessary majority in Parliament. We were faced with complete political disintegration at a time when our people and our Army are clamouring for strong leadership. My husband was faced with an impossible situation where on the one hand Parliament was not able to give a satisfactory solution, and on the other hand my husband could not dissolve Parliament and go in for new elections owing to the war. It was a first-class deadlock, full of dangers. So my husband decided to act. He sent for all political leaders represented in Parliament. I enclose, as it may interest you, the wording of his appeal. When he had finished, he allowed no discussion in front of him, and ended by saying, 'May God enlighten you.' Then he walked out. As for the public and the army, they went wild with enthusiasm. It was just what they wanted.

We have now a Government which, when Parliament meets on February 1, will get an overwhelming majority. The whole set-up is much better than ever before.

The present Government set-up consists of:

(1) A Co-ordination Committee composed of the political leaders in the Government and the necessary ministers for each subject concerned. And

(2) A so-called War Cabinet which again consists of the party leaders, the C.-in-C., the two Allied generals and Mr Grady.

The C.-in-C. was the King's condition to the new Government. Papagos was given the post. I think this Government will be a success. It is a much more balanced affair than we had before.

There is also complete confidence between my husband and the American and British Ambassadors. He always keeps them fully informed of any actions he takes or of any other happenings, so that there should never be any confusion. Both Ambassadors have been very helpful. Van Fleet and Papagos also get on very well together, thank God. So at the moment everybody is happy. These days were very exciting. My husband risked a great deal but won with flying colours. The country needed a sign of some moral strength that stands guard over our interests. This my husband succeeded to give. There remain still the military and economic battles to be won.

In order to clear the Peloponnese we had to transfer one division from the North to the South. The result is stronger communist activity in the North. You will have heard about the attacks on some of our bigger villages. The military situation is not worse than when you were here. The bandits are trying to go for effect at the moment. Papagos will do the best he can with the material he has in hand. But things are very difficult. We have got 197,000 soldiers. That means roughly 40,000 are regular fighting troops. The rest are supplementary troops. The communists are between 20,000 to 25,000. My husband since quite some time is trying to find out from our American friends if they want us to fight a Clearing Operation; then according to the figures I have given you we certainly need an increase. Or do our friends wish us to fight just a Holding Operation to preserve the *status quo*? This of course in the long run will exhaust us and we shall end like China. American official opinion is not clear on this subject.

So you see, on the one hand we are left dangling for lack of a clear line, and on the other hand we are blamed for not daring to move. The so to say 'increase' of 15,000 men is in reality not an increase at all. It is just a replacement of another 15,000 men. Of course, it is very helpful as some of our men have not been home since two or even three years.

I will not write to you about the economic situation because I understand too little about it. Also this letter is already much too long. I hope you won't mind it.

My husband and I think of you and your wife as real friends. I hope that if ever I come to your country I can pay you a visit at your private home.

With all my best wishes to you and Mrs Marshall.

Yours sincerely,

Frederica R.

Below is my husband's appeal to the political leaders, of which I sent General Marshall a copy:

You are the leaders of the Greek people, chosen after legal and honest elections. As such it is your duty to find a workable solution to the present political crisis.

We cannot lose any further time today by futile discussions and combinations, that each in turn fail and undermine the morale of our people and hinder our Army's all-out war effort.

I appeal to you in the name of the whole Nation to give to me and to the people a strong National Government, composed of all the political leaders, but regardless of party and personal interests. Such a National Government will be the answer to our country's need and will have the possibility to rally the whole Nation in a total war.

Such a Government will prove to our army that the political world is firmly behind them and to our friends and enemies that party politics have been shelved until peace has returned in Greece and new elections can be held.

I know your patriotism and I know your good will. I therefore firmly believe that within 24 hours you will have shown to me, the Nation and the World in general, that parliamentary government in Greece, in which we all believe and of which you bear the responsibilities, is not a failure during a crisis, but lives up to our country's greatest expectations and to the trust that the people have placed in you individually and collectively.

We cannot lose more time. The Country cannot today afford small party quarrels. The situation demands a United Government of National Salvation. This is possible, as the small interests that divide the political parties are of no significance compared to the great national interests that unite all parties. We must win this war quickly at all costs. The Greek people will judge each political leader according to the party sacrifices he has made at this moment, when the Country demands it.

I am sure that you will all prove worthy of these critical moments. But if, against all expectations, you are unable to give me the solution which I request from you, in the name of the country, then you will have failed the people's trust.

I shall then be compelled to find for our people some other solution, to which I hope parliament will grant its full support.

Once more I appeal to you. Hear the voice of our people, as expressed through me. You are the leaders, give your leadership.

12 March 1949 *Pinehurst, North Carolina*

Your Majesty:

I was glad and honored to receive your letter of January 29th. It followed me around quite a bit before it came to my hand, first the hospital in Washington, then here at Pinehurst from where it was returned to Washington, then Puerto Rico, and back to Washington where I had re-entered the hospital.

I appreciate very much your detailed account of the reorganisation of the Government which must have been a very trying period for His Majesty. From all accounts things are very much improved and I read a dispatch from Athens this morning reciting great improvement in the military situation in the Peloponnese.

As to the strength of the Army, I cannot predict until the hearings begin on the appropriation bills. However, public opinion in this country is hardening in a determination to settle this business of communistic offensives in Europe, and if unemployment in this country does not seriously increase there should not be too much difficulty in securing the necessary appropriations.

In connection with your letter and my understanding with you, and having in mind the problem of my leaving the State Department, I took the great liberty of sending it to Mr Acheson, the new Secretary of State – 'for his eye only', the letter to be returned to me without record. I did this because I felt sure it would be very helpful if he had your graphic picture of what had happened and what the present political and higher military organisation was. He is a very fine and able man. You may recall that due to my absence in Moscow in the early spring of 1947 he made the presentation of the Greek case to Congress. It was a difficult task and registered a great departure from our previous history of policy, and he did a masterful job. I think you will find him a strong help in your troubles.

As to myself, I was feeling very well, in fact was virtually the only member of our delegation in Paris who was not sick, but the surgeons thought an operation, as a precautionary measure, was already far too long delayed. They sent a doctor to Paris with me and I was the only one who did not require his assistance!

It was apparent to me that I would be out of action for from four to six months at a most critical time, and that might be fatal with all the shifting currents and sudden Soviet moves. Therefore my resignation.

With warm regards from both of us, and with great respect.

Faithfully yours,

G. Marshall

29 August 1949 *Athens, Tatoi*

Dear General Marshall,

It is a long time ago since I last wrote to you so you may be interested again to learn how we think and feel in Greece.

At the beginning of the year I wrote to you that we had just won a grave political battle that brought political unity to the Government and General Papagos as C.-in-C. of the Army. At that stage we still had to win military victory and economic victory. The latter is still far away and owing to lack of knowledge I shall not write about it. Our military battles are turning these days into a first-class victory. Vitzi has fallen; today Grammos has fallen, and the communist bandits are being chased across the Albanian borders. The two great bandit strongholds have been wiped out and a tremendous amount of material, specially heavy equipment has fallen into our hands. Although a wave of great enthusiasm is passing over our people, my husband and I are very conscious of the serious problems facing us now. First of all there is the problem of Albania. Unless effective pressure is brought to bear upon Albania by the Western Allies, we shall be forced to keep a large army on that frontier, to prevent the bandits from returning and establishing themselves within a few months. We have been told that financial help for military purposes will stop this year. We therefore have the choice to reduce the army and thus 'invite' the bandits to return from across the border so as to continue their work of destruction and bring about the moral collapse of our people, or to keep our army fully mobilised on our frontiers, and thus constitute a tremendous drain on our resources, which would soon bring about the financial collapse of the Greek State.

The successes in Greece should be followed up relentlessly, and be considered only as a minor battle won within a great war. No chance should be missed by the Western Democracies to strengthen their foothold into Eastern Europe. Greece is the stepping stone.

Now comes Albania. She is the weakest spot in the Cominform set-up. Yugoslavia is being pushed more and more towards the West, and maybe, one day we shall be again on good terms with that country, who has so greatly sinned against Greece. She alone has 12,000 out of 28,000 kidnapped Greek children, of whom not one has yet been returned. And the world is still silent about this greatest of crimes!

From an interior point of view, our greatest problem is the resettlement of 700,000 refugees. The villages are all destroyed. Unless we have the means to rebuild their homes, how can we send them back? If we don't send them back, so that they can start again the agricultural life of our country, they may turn eventually into a power of unrest and unhappiness, which would be the breeding-ground for a new communist danger. My husband and I will try to divert our people's attention towards the dangers that have to be faced and dealt with from now on, if we do not wish to turn victory into defeat. There is also the problem of what to do about the bandit prisoners. My husband started an experimental re-educational school on the Dodecanese Island of Leros for young bandits between the age of 15 and 23. Personal representatives of my husband go from prison-camp to prison-camp, and collect these young boys and take them to Leros. The leaders of the school are also personal friends of my husband's, who are interested in doing their work. The boys are told on arrival that nobody is interested in their past, that no records of theirs are in the school's files, but that records of their behaviour will be kept from today on. They are made to understand that we want to give them a new chance to become useful members of the community. The school is run on the principle of self-education. The boys are quite free to move about wherever they like on this beautiful island, and to mix with the population. They are given a complete technical, agricultural and psychological education.

The means for the running of the school are private funds collected by my husband for this purpose. We have at the moment 1300 boys. The result of this experiment is already quite astonishing. Not one of the boys has run away. We went to visit them and I assure you it was a most moving experience. Here we were surrounded by young people who only knew how to murder, burn and loot, and who in a few weeks had learned to become human again. It was a very encouraging experience. We would like to bring the number of boys up to 5000. Then we will have solved the problem of the young bandits. But it is a question of finance. We hope to get the American Mission interested in it.

My husband has also formed an organisation called 'The Greek Light'. Its aim is to raise the spiritual level of our people, and to form a positive answer against the communist doctrine. This organisation is working since a year, and its influence is to be felt already in many spheres of Greek life.

A very healthy evolution is taking place in the minds of our public. They are longing for something more than mere speeches, slogans and promises.

I hope you have not been too bored reading about things that can only be of little importance to you but are of great importance to us.

When we first met in London, I told you that we would hold on in Greece at all costs, fully conscious of our responsibility towards the West. Things looked very bad at the time. Now at last we have done it, and thrown the communists out. The psychological effort to carry on has been nearly superhuman, because our people had already spent themselves during the war and the occupation.

Now our prayer is: May our friends hold on, at all costs, to the victory in Greece, which is not only ours but also theirs. Unless this victory is followed up, we may yet turn it into defeat. Greece of today is a great human experiment. If given the chance, we shall succeed not only within our own frontiers, but also carry a ray of hope to those people who are still behind the Iron Curtain.

Frederica R.

23 December 1949 *Pinehurst, N. Carolina*

Your Majesty:

I have been long in replying to your last letter, but not idle. After Secretary Acheson's return from France and from the United

Nations in New York I showed him your letter and talked things of Greece over with him. Afterwards I saw various State Department officials concerned with Greece and also talked to various political leaders.

As you know far better than I do, the atmosphere has cleared remarkably in your country. Further, United Nations action has been decided and firm, in contrast with my day. Our own Congress I feel sure will act favourably on legislations or appropriations pertaining to Greece. Hoffman tells me that the E.C.A. program includes material contributions to the economy of your country.

The State Department informed me that your officials were in agreement as to the 1950 program, and I hope that this is sincere. But what I think is most important, they predict favorable consideration by our Congress of all phases of the program. I sincerely hope their estimate of the situation is correct, and I think it is.

You and His Majesty have had a hard struggle but the sun seems now to shine again and the future looks definitely hopeful.

With great respect and admiration,
faithfully yours

G. Marshall

General Marshall was head of the American Red Cross and, backed by American generosity, he was most helpful to me in the welfare work which I describe in the next chapter. But in the problem which was closest to our hearts, the abducted children, even his influence could do little. Below is an extract from General Marshall's letter to me dated 10 July 1950:

As you probably know, acting on the initiative taken by the President of the International Committee of the Red Cross and the Chairman of the Board of Governors of the League of Red Cross Societies, the Secretary-General of the United Nations invited the Governments of Bulgaria, Czechoslovakia, Hungary, Roumania and Yugoslavia to designate representatives to meet him in Geneva on July 6th to discuss the problem of the return of the Greek children in accordance with the resolutions of the General Assembly of the United Nations. Because of the situation in Korea I understand this meeting has been postponed. I hope not indefinitely. However I am assured that the International Red Cross is continuing its efforts to effect the repatriation of the Greek children.

I hesitate to outline these various facts because you are probably intimately familiar with them. However I should comment on the fact that the combined mission of the International Committee of the Red Cross and the League of Red Cross Societies, recently returned from Greece and brought the necessary documents required by the Czechoslovak Red Cross and that Government for the repatriation of 122 of the 128 Greek children identified by the Czechoslovak Red Cross. As you know on May 30th the American delegate to the United Nations, Ambassador Warren R. Austin, transmitted a note from the United States to the Secretary-General of the United Nations expressing our formal regret that no Greek child so far has been returned to Greece and that even elementary indications, indispensable for the solution of the problem, have not been furnished by the Governments concerned.

Recently the Bulgarian Government declared its willingness to co-operate in the repatriation of the children, and visas, I am told, are now being awaited by the International Red Cross for the entry into Bulgaria by its mission.

Very little came of the efforts of the International Red Cross. Of the thousands of children who were taken away a few hundred did come back and these were mostly from Yugoslavia. Shortly before our victory over the communists relations with Yugoslavia improved and some small groups came trickling home.

Now and again, when I was in the frontier areas, I would hear that some children had returned and, whenever this news reached me, I would ask to see the children and I would say to them, 'We are so happy that you have come back because we have waited a long time and we have missed you.' The older children often broke down because they remembered the time when they were in Greece before. They settled easily, happy to be home. The ones who had left Greece as babies or tiny children did not remember their homes. They only knew the communist background, they felt lost and we had great difficulty in re-educating them.

10. Welfare

THERE is only one aristocracy that I believe in. It is the aristocracy of the spirit and is to be found among rich and poor alike.

Early one morning I left in Thomas's car. Thomas was my husband's personal help. I sat on the floor so as not to be spotted by our police who would then have followed me. I wanted to see for myself, unrecognised, how the poorest of the poor have to live.

I went to the harbour area, as well as to several other outskirts of Athens, and walked amongst the sheds and hovels that served as dwellings for many people. I found one family actually living under an umbrella. The squalor and the misery were great. They were a legacy of the Asia Minor tragedy, when a million Greek refugees had to leave Turkey and settled around Athens and Piraeus. Even there I could find the beauty of our people's soul. I know I was not recognised. I wore dark glasses and a scarf over my hair and the people I met thought I was a welfare officer or from a ministry.

In one small hovel I found a woman cooking some evil-smelling fish. There was no chair to sit on, no window, just a bed with a few rags on top. The young woman was very friendly. She told me that a fisherman had given her the fish as a present and so her children could have a warm meal. Usually they ate some bread and olives or tomatoes. Through the open door I saw just one bright red rose growing in a white-washed tin. What a longing for beauty there must have been in this simple woman, that she could lovingly tend a flower while enduring such misery. I refrained from mentioning the flower as I knew of our people's great sense of hospitality and their generosity. I was afraid she might give it me if I admired it. After chatting a little longer I took my leave to go on to another dwelling. While walking along

I heard steps running after me, turned and saw a child, her child, with the rose in her hand, holding it up for me.

I found a blind old man living in a dark cave. The food he ate was given to him by his equally poor neighbours. I asked him if nobody had ever suggested that he go to a home for blind people, where he could be well looked after. 'You see, I do not know anybody who could help me,' he said, 'Sometimes I think of appealing to Frederica. She would help me I know, but I do not know how to write to her.' It was strange to be talked about while standing in front of him. I took steps to see that he was helped.

On another occasion I again decided to look round for myself. Palo and I had gone to the island of Tinos, where thousands of people go every year on 15 August to worship a miraculous icon of the Holy Virgin. It was the evening of 14 August. Again with a scarf round my head and a pair of dark glasses on I left the ship and entered the small town which was teeming with life. It was a hot night and excitement was in the air. The sick from all over Greece had come to wait for a miracle. Every year they come and hope and pray. The church was lit and packed with people and the crowd had pushed me against the wall in their yearning to be near the icon. Even the sick and the poor were happy on this night, the feast of Our Lady, for who could be sad at such a time? The blessing was called for and felt by all. The atmosphere was electric, full of expectation. We will never know of the many silent miracles during that night when, within their hearts, many would have been carried up to the hill 'from whence cometh their help'.

I walked along the dark streets and stepped over many sleeping figures. A little boy stood in front of an old man, who was lying wrapped in a blanket on the floor. I heard him say, 'Grandfather, they say the Queen is among us tonight, walking around unrecognised.' The old man answered without looking up, 'She does very well. Let us hope she sees a miracle.' I had my miracle and withdrew quickly back to our ship.

The next day the King and Queen took part in the official function. Life in Greece, as experienced by my husband and me, sometimes seemed like an emotional marathon, where one moved continually between tears and laughter. As General Smuts often quoted to me, 'Those whom the Gods love, on them they bestow infinite sorrow and infinite joy.'

In 1948 we went to Rhodes to celebrate the union of the Dodecanese with Greece. These islands have been separated from Greece for centuries. Many hundred years of foreign occupation have left their mark upon the population. We found them desperately poor. We walked through a highly emotional crowd to the cathedral, which was packed with officials and with as many of the population as could get in. Outside the crowd fell silent when the Bishop addressed my husband with these words, 'At last you have come, O King. We have waited for you for over 400 years. Greeks of these islands, hear me. Go to the graves of our fathers and tell them that they can sleep in peace. The King has come. Our land is free and we are, as of today, one Nation.'

We visited every single island, each one more beautiful than the last. After a reception on the island of Calymnos Palo and I went for a short drive. We stopped the car to have a look at the magnificent scenery and I watched a man slowly walking down a small hill. He was leaning on a stick and wore long, billowing Greek peasant trousers. He moved carefully and was obviously very old. When he reached the road he asked one of the drivers, 'Where is my King?' The driver pointed to my husband, who had got out of the car and was looking at the view. The old man slowly walked up to him. He did not shake hands but just looked into his eyes and then I heard him say, quite quietly, 'Yassou, Patrida', which means 'Hail, land of my fathers.' After that he turned round and slowly walked back again up the hill, and disappeared. For a long time nobody could speak.

At Patmos we had to ride on mules up to the old Byzantine monastery. The Bishop and all his priests were dressed in their most colourful robes and rode ahead of us. It must have been a strange sight to watch this long caravan of mules slowly moving up the completely bare hillside. The priests sang loudly. The entire population followed us on foot talking to each other equally loudly. We arrived at the gate and the Bishop knocked on it with his shepherd's crook. From the other side a voice called out, 'Who goes there?' The Bishop answered, 'Paul,

King of the Hellenes.' At that moment the bells started to ring and the Byzantine flag appeared on the mast. The door opened and the monks received my husband singing 'Hallelujah' and 'Glory to You, who show the Light.' They presented him with the keys of the monastery and it then became the King's property. It had been founded by one of the Byzantine Emperors and was owned by him. My husband became the first King, after the long interval, once again symbolically to take possession of it.

On the way up I watched a young boy with a hunchback. He tried to keep up with us but could not. The crowd pushed him around as everybody tried to get near us and he reached the top long after us, just when we were leaving. I caught a look of despair in his eyes. Too many people were milling about near me, so I could not talk to him, but on the way down I looked back every now and then and I would always meet his eyes while he was falling and stumbling down the hill. I felt there was something he wanted to say to me so I asked Palo to wait and let him catch up. When he reached us I asked him if there was anything I could do for him. 'Please, take me with you,' was all he said. He was in rags, had nowhere to live and moved from house to house to eat and sleep. Dimitraki boarded the destroyer with us, rags and all, and became a member of our official party. He got a tremendous ovation from his villagers as he waved goodbye to them from our ship. Later he returned having learned a trade and now able to look after himself.

I learned always to look for such hungry eyes among the many people that usually surrounded us. A crowd is not a thing. It is living individuals each of whom asks for special attention, a special look, or a special smile to make the day a special day. Does not the spark of God in all of us demand recognition?

The majority of Greeks are poor but they are still a cheerful people. In countries where a smooth-running welfare system has been established and everybody is looked after from cradle to grave, people do not seem happier. Some sympathy and personal love seems to vanish when a modern administration applies the perfect welfare state.

During a journey abroad I was asked to visit a first-class institution for children in trouble with the law. They had everything they could wish for, except love. There was a swimming-pool, ice-creams to eat, the best food for meals, radios, and so on. The children were sad. They lived behind locked doors. The passages had huge iron doors with nasty-looking keys. A committee of excellent people looked after their physical welfare but there was no one to love them. I told them I had come from far away to see them because I loved them. 'You love us?' they said, 'Then you must come again tomorrow. No one comes to see us.' They hung on my arms and would not let me go. The doors closed behind me with clattering keys. They stayed in their impersonal welfare state and I returned to our imperfect but lovable Greece, with its human beings who still know how to cry and laugh, for and with each other; to a people who make mistakes but are capable of greatness.

It is difficult to know where to begin to help when a country is in ruins, most villages burned and everybody in desperate need. During our endless drives the sight of the poverty, the misery and the desolate countryside forced us to think and plan and scheme. A fever got hold of us that made us want to rebuild our country and help our people in body and soul.

Democracy is a slow-moving machine, especially in a disrupted state. Governments came and went and each did its best, but all were busy reorganising a totally collapsed administration and a scarcely existing economy and, at the same time, fighting a war against the communist invasion. There was no money to spare for a properly organised and workable welfare plan.

It certainly seems an anachronism in modern eyes that it was left to the King and Queen to organise and run a welfare programme based mainly on voluntary work. My husband concentrated on the cultural and educational programme, while it became my job to try and save the children of Greece. The governments of the day were only too pleased to let us do part of their work. The King's Royal Institute and our combined welfare organisation were created by Royal Decree, countersigned by the Parliamentary Government.

In July 1947 the Royal Welfare Institute was born. A great friend of mine, Mrs Alexandra Mela, undertook to organise it and seventy-two ladies living in Athens volunteered to help us. The main project, at the beginning, was to save our children in the northern provinces from being carried across the borders and from being educated as enemies of the country.

I appealed for funds by describing, over the radio, the desperate situation in which our rural population lived and, especially, the tragedy of those whose children had been kidnapped and of those who lived in danger of having them kidnapped. The response from within Greece is one of those Greek miracles that cannot be believed or described unless one has lived it and experienced it. We started our rescue work before any money had come in and, within a fortnight, the first children's homes were established. The ladies, at the risk of their lives, roamed through the countryside and gathered the children. Their parents were only too glad to give them to us so as to save them. The nation rose as one man to give us help and money poured in, not as big sums, but in innumerable small amounts. The workmen volunteered to work on a Sunday and gave us the earnings of that day. It was an amazing gesture, especially as the communists had warned them against their decision to help us. In many parts of the country they worked under most dangerous circumstances, but they proudly delivered £80,000 to us, the earnings of one day.

At a meeting in the Palace the leaders of business and industry proposed a voluntary tax of one per cent on some goods imported by them, in order to support our rescue work. The value of one cigarette out of each pack was to be another source of income for the organisation, but this would have been hardest on the lower income groups which worried the Minister of Finance. I proposed to ask the advice of the leaders of the Labour Unions myself. When these gentlemen came to see me in my sitting-room and heard what purpose the loss of one cigarette was to serve, they said to me, 'Not only one cigarette, Your Majesty, but ten cigarettes if necessary.' No wonder I love our people and shall to the end of my life.

Perhaps the greatness of Greece should be judged by those moments, moments when the small self-limiting ego is forgotten and the true nature of her people stands revealed. We cannot stand on tip-toe all the time. We relax and become very ordinary. The main thing is to know that we have the capacity to rise above ourselves.

Within a few months fifty-eight children's homes were established. We housed, fed and clothed 25,000 children. We educated them, taught them a trade and, when the countryside was safe again, they were sent back to their family homes. Later, in 257 villages, we established Youth Centres called the 'House of the Child'. Here our children could follow up what they had learned in the big Children's Homes. Here they were taught, in a practical way, how to improve the villagers' own knowledge of agriculture, carpentry and masonry. Sports, games, lectures and an occasional cinema were intended to make the extremely primitive life in the village more interesting. We established sixty-two Home Industry Centres for the production of carpets, woven cloth, needlework, pottery and other handicrafts. It gave work to many idle hands and also helped to preserve the truly Greek designs. Products are sold in Athens and, eventually, abroad. Any profits are still used to occupy more hands today.

The co-operative cheese-producing centres which we built were very popular. We paid the expert but left the profit-sharing to the peasants. The quality of cheese improved to such a degree that it became competitive on the market.

We organised eighty independent groups of 'Self-help'. They consisted of masons, carpenters, blacksmiths and a dressmaker. These units went from village to village, especially in the inaccessible mountain areas. They taught our people how to help themselves and become independent of outside help, which usually never came. We loved to visit them, for it was such a pleasure to see a totally desperate people find their pride again, and delight in rebuilding their ruined homes. The young men and women who went out to these villages and lived among the people as practical missionaries are the real heroes of our every day life.

The Royal Welfare Fund inspired, created and financed many daughter institutes. Hospitals, schools and cultural institutions were founded. Its creative mission is not over today. How was it done? The success of our work depended upon an inner bond of mutual friendship, understanding and tremendous faith in our people.

The Fund was never permanently established. The Minister of Finance and the Minister of Welfare renewed its status by Royal Decree for a limited period. It was raised by a tax on cinemas, theatres and other entertainments, by the tax on imported goods and the tax on cigarettes, finally settled at the value of two cigarettes per pack. It was controlled by a committee consisting of the General Director of the Ministry of Finance (State Accountant Department), a member of the Supreme Audit Court and the Director of the Bank of Greece. Only four to five-and-a-half per cent of the income was paid to the Central Administration for expenses. The rest went back into the work for the people. This is unique in the history of welfare work for any nation, but it was possible in Greece. Most of the planning, organising and activating was done voluntarily by some seventy-two ladies and a few gentlemen. Every two ladies would undertake personally to study the needs of a special part of the country. They would recommend the help they considered most useful. The Central Committee would provide them with the money needed and the ladies would again personally supervise and organise the work to be done on the spot. Our confidence in them was so great that they could use the King's and the Queen's names to get anything they needed for the job, so avoiding the delays of red tape and inspiring people to faster and better results.

A young architect undertook to build 484 schools all over the country within nine months. He never took any payment for this incredible achievement. My husband laid the foundation stones and inaugurated each one of these schools within this short time. It took us once again all over the country from town to town, from village to village. This time it was a happy journey. Life in the countryside was beginning again and we could contribute constructively to it. The people had given us the means to help them. We were grateful to them and they were grateful to us.

Each inauguration ceremony started in the village church and ended with folk-dancing on the village square. To look at the people's postures while they were dancing and to watch their expressions was to learn something about the heroism, friendliness and dignified aloofness which only a proud past could have bred into the Greek character. Usually everybody takes part in the performance, either by dancing or watching. All will be deeply absorbed. The dance seems to reveal something of themselves which they cannot put into words, but which keeps them fascinated for hours on end.

I must have danced on every village square in Greece. Even here I found an unwritten protocol. Someone from the crowd would fetch me to join the dancers who were formed in a half-circle, holding hands and gently moving to and fro to a fiddler's mournful tune. But after a while they would take me back to where they felt that I belonged, where I could watch them, aloof and yet part of them. They want their Queen to be human, but not too human, as they still feel she should be looked up to as an object of love and respect. The King also has to represent two completely opposite pictures in our people's minds. He has to be absolutely democratic and yet be something of a romantic leader on a white horse. If he represents only the first at the expense of the second picture, he will soon be considered uninteresting. If he represents too much of the second he will be considered a dictator whose powers must be curbed. To find the happy medium is to be a success.

We were lucky to have been surrounded by unselfish people who helped us do our work. All the men and women of the different welfare institutions that already existed, together with our new organisation, were inspired by a divine sense of mission. Nobody can ever tell me again that high society is not of much use, except to wear pretty clothes and go to cocktail parties. The Queen's ladies, as they were called, wore pretty clothes and went to cocktail parties when they were in Athens, but they hardly ever were in Athens. They left their families, their safe and comfortable homes, to save our children. They drove over dangerous roads that had not been cleared of mines. They rode for hours on mules, disregarding the dangers of war, to find our children, to get to them before the communists did. It was a desperate race which they sometimes lost, but mostly won. They hardly ever had any protection. The army had a job to do, and these ladies were crazy; possessed by a sense of mission that made them disregard their own lives to save the lives of children.

On one occasion a general informed me by telephone that his troops had discovered a cave, high in the snow-covered mountains, full of very small children, all half-dead from cold and hunger. He asked if I could help them. By chance a home was ready and I told him we would undertake the responsibility of caring for these children, if he could get them down from the mountain. The ladies met them half-way up, on mountain roads not fit for soldiers to walk on. It was a heart-breaking race against time. Of these children only a few survived; all the others died on the way down. These unfortunate babies were the children of communists, who were fighting our soldiers and who simply abandoned them when the fight became too tough. An animal will not abandon its young, but I learned that some communist women would. One officer actually saw a woman throw her baby away. He picked the child up and handed it to us. Little Violetta grew into a beautiful girl who was adopted by an American couple and taken to the States. Here she had a home, a radio, a car and all the clothes she wanted but she was so homesick for Greece that we had to take her back and return her to the Children's Home in which she had grown up and where she had all her friends.

One would sometimes find out, quite by chance, how our work for the children had prevented a tragedy. I remember a touching incident right on the Yugoslav border. A fiercely communist village was next door to a fiercely nationalist village and there was great bitterness between them because, during the war, the communist village had burnt down the nationalist one. The feeling was still so strong that when the nationalist village heard that I was going to lunch near the other, they let me know that if I did they would set fire to it, so I had to have my lunch in the car.

I arrived at the communist village, where a lot of people had fled across the border during the war and had now come back. The chief man of the village was one of these. I asked him to gather together all the others so that I could talk to them, and I told them how much we had missed them and how happy we were to have them back. One of the women, who had a black scarf round her neck, came up to me and put her hands on either side of my face and looked into my eyes. I do not readily let people touch my face but there was something in her expression that made me wonder, so I let her stay like that and, after a while, I asked her what was the matter. She said, 'You know when we ran away from the Greek soldiers and went across the border, I took my family with me. But I left my little girl. I couldn't find her and there was no time to look for her. All these years I have been terribly anxious. Now that I've come back I've found out that you've had her in one of your children's homes and she's all right.'

The emotional and physical strain on the ladies who carried out the work of saving the children was very great. Several of them died. It had been too much for them. Their friends, until lately, were still working in Greece. Among my first helpers was Lady Norton, wife of the British Ambassador. She was the only foreigner who wore the symbol given to the first twenty volunteers, a gold cross with 'Thank you' engraved on the back in my handwriting; the ladies who joined us later had another symbol. Lady Norton was as wonderful a worker as the Greek ladies. In the villages and in Athens she shared it all with us and helped magnificently.

Led by Mrs Alexandra Mela, the ladies have given a shining example to the younger generation that happiness can be found and given only when the ego has been sacrificed in the service of a greater whole.

Alexandra had brilliant practical gifts. She was with me throughout the worst period of the communist war. She would sit in the back of the jeep driven by Palo, with me sitting beside him. She travelled all the rough roads with us, slept in the cold houses of local priests and in empty banks, which were often the only buildings left standing among the ruins of a burnt-out village.

The miseries we saw around us drove us to think and plan so that our people could live again in a happier Greece and our children could learn to forget the evil they had known. Alexandra picked up our every thought and idea and it was she who turned them into the most effective welfare organisation Greece had ever seen.

11. Search and Discovery

EVENTUALLY the emotional strain and the urgency with which we tried to do our job had its effect on me.

Carpenisi had been in the hands of the communists for two weeks but after fierce fighting the army recaptured the town. Immediately Palo and I visited the population. We found the smaller houses nearly buried under the heavy snow and still we could see dead bandits lying to right and left of our road. When we entered the town crowds lined the streets as usual, only this crowd was silent and most people had tears streaming down their faces. Many of the children had been abducted from this place. The two top classes from the high school were missing and other atrocities had been committed. Everywhere it had been the same story. We had seen it happening before in most other villages, but this time it was just once too often.

After our return to Athens I was called to Switzerland where my father lay ill in hospital. The peace and quiet of civilised Switzerland somehow affected me. Suddenly I could not stop crying. The world seemed to have come to a standstill. I lost faith in myself and in God. I felt that this was a terrible life. Although I was not much more than thirty I asked myself repeatedly, what was the point in living when such suffering was permitted? The age-old questions demanded an answer. Where did we come from? Why are we here? What is it all about? What is this world we live in and what am I? For life to be worthwhile I had to find the answers but it seemed an almost impossible task. Who could teach me? Where should I start? The faith of my childhood was no help, for my questioning mind could not accept what, I felt, were preconceived ideas, childish teachings and a God who could not be proved. I was in deep inner trouble and my unhappiness was great. 'The hill from whence cometh my help' was not yet climbed. It could not even be seen in the distance of my searching mind. I looked upon an alien world. Why were some people rich and others poor? Why such injustice? On the other hand, how is it that some who are poor can be perfectly happy and others who are rich never seem to get out of their miseries? This means that happiness does not depend on material things but is based on something more subtle. If there is no God then where and what is the reference point for right and wrong, or for good and evil? Nothing seemed to make sense any more. During those last years I had lived on my emotions and was now utterly exhausted. My intellect did not help me either, as no logic could explain away the questions that began to torture me.

Queenship became a burden. The crowds that continuously surrounded us wherever we went upset my longing for privacy and I felt I had nothing to give out to anybody any more. Only very few friends knew of this great inner crisis for outwardly I was not allowed to show it. The job had to go on. I was Queen of the country. Sometimes I wonder if the link with my people was not perhaps too strong. I had identified myself so much with them, with their suffering, that the civil war which wrecked Greece now seemed to tear me apart also.

When I could not bear to face the crowds it was my husband who kept me from breaking down. He did not discuss my problems. He made me go on doing my job, visiting villages, not by talking about it, but simply by programming my day so that I would go. Every morning it was absolute agony, but it was psychologically right. Sitting on a mule surrounded by enthusiastic people, trying to shut myself away from them, I learned a system for coping. I would pick out one person, look into his face, and feel that person's happiness. Then I would feel happy and it was all right, until the next time. I remember gazing at the people in the fields and villages and envying them their peace of mind.

It was so bad that one day, when it was my official duty to go to church, I had my appendix taken out instead! There was nothing wrong with my appendix. After the operation Palo said to me with a knowing smile, 'Please remember you do not have a second appendix on your other side!' On another official occasion I was already sitting in the car with Palo and the National Anthem was playing. The motor escort started, when I got out of the car and went back into the Palace. Palo calmly got out after me, took me by the hand, helped me back into the car and off we went to do our job.

Something had to be done to restore my balance and give me a new purpose in life. I had to learn how to think correctly in order to get my disrupted emotions under control, which was not easy as my emotions were in control of my thinking. Psychoanalysts and priests, the two known healers of emotional ills, were then not held in high esteem by me and therefore not consulted, as I felt their thinking had too many gaps and easy slogans. I needed a new line of thought that allowed for no loopholes, no intellectual jumps and no escapism. I had to do my own thinking and my own analysing without the help of experts.

The first helpful thought that came to my mind was this: if a doctor bursts into tears every time he sees a patient how can he possibly help him? Therefore if I identify with everyone who suffers how can I possibly be of help? I had to learn compassion without putting into my soul the misery and despair of others. This meant I had to learn to keep my own self out of the situations I encountered.

But then what is myself? This I had next to find out. Is it my body? It can't be, as my body changes. Is it my thoughts? They also change. Is it my emotions? They change continuously. The real I has to be that which does not change, therefore I must be that background upon which all changes take place. I must be the witness who watches, co-ordinates and unites my changing thoughts and emotions as well as my changing physical appearance. At the same time I had to find an answer to the question, what is this universe we live in and are part of? It also changes and is not what it appears to be. If I find the truth, which must be that element which never changes within the changing universe, then I shall also find the real truth within my changing self and vice versa.

I had placed a tremendous task before myself. There was now no escape. To succeed meant to live in peace with myself and in harmony with others and with the universe in general. To fail meant to live a life without meaning and without inspiration. It meant to remain at the mercy of my changing thoughts and emotions. I was not looking, now, for the holistic element, as Smuts described it in his philosophy. His creative element implies movement and therefore change. My task was to look for the unchanging, unifying element, that 'something' which, if it existed, would be the key to the solution of all problems and the answer to all questions.

I took up nuclear physics. It became essential to me to find out what this world of matter is. What is the material universe we live in, that is part of me and of which I am part? With the guidance of a few books, alone in my room, the mystery of the atom became revealed to me. To my amazement I found that the smallest of the small, when analysed, is only energy. Philosophically speaking, energy is only a name for a power we neither know nor see. All matter is atoms, all atoms are made up of particles, protons, electrons, neutrons, etc., all particles are quanta of energy. One quantum in reference to another acts like a tiny ball, called a particle, but both are in essence energy. Again philosophically speaking, power at rest is undetectable. Power at work, or rather power, divided by the time in which work is done, is called energy with wave and particle properties.

The Heisenberg Uncertainty Principle was a tremendous revelation to me. It states that you cannot accurately describe both the position and velocity of a particle at the same time. This is owing to the wave function of the particle. The instrument with which the scientist wishes to pinpoint the electron is itself composed of particles with wave function. These interfere with the very wave of the particle they wish to describe. A philosophical mind will see that the result is that observer and observed are completely linked on the plane of energy so that a fully accurate description of the objective world is impossible. This implies that the scientist has exploded the concept of duality, that is to say the world view, held by most of us, which sees an object world from a subject's point of view.

On the plane of energy, which is the essence of all matter, subject and object are a unit that cannot be separated. As all energy is only a name for a power we do not directly see, therefore all matter, which is energy, is also an *appearance* of this unseen power. Subject and object being fused within this power brings my analysis to the following conclusion: The material world to which I and all beings belong exists in appearance only, but in essence is the unseen power. *The Real and the True, in its last analysis, is not what I observe, but that which I do not observe, that which I truly am. The Real and the True is the Power Unseen.*

To go back to the questions that tortured me, they all seemed to find an answer. What is this world we live in? It is the unseen power. The scientist works with it and calls it energy. The theologian could call it God, the 'Absolute Power'. I like to call it the Unseen. What am I? As my body is matter and matter is energy and energy is the unseen power, then I am part of the Unseen. My real self is not the body I see, but that unseen truth of which the body is only an appearance. To give a picture of what I mean (this is not a scientific example), water, steam and ice are all appearances of H_2O; H_2O is the unseen reality of which water, steam and ice are the seen appearances. In the same way matter, which includes my body and all other bodies, is an appearance of an unseen power. My real self is that which I do not see. Each one of us can call it what he likes. A religious person can say, I am in God; God is in me. The scientist can say, I am energy; energy is me. I myself say, I am part of the unseen; the unseen is part of me.

What do I do with this knowledge? I have to apply it to my living. *The art of living now becomes a question of correct identification*, in order not to live an intellectual mistake. This is the mistake I seem to have made in the past. Owing to wrong education and wrong thinking I have identified myself with what I see, which is my body. This the scientist has proved to be an untruth and, therefore, intellectually wrong. To live truthfully and not to make an intellectual mistake I must readapt my thinking. I must learn to identify myself with the unseen which is intellectually correct, rather than to identify myself with the mere appearance of the unseen which is intellectually false. *My reference point for my 'self' is now this unseen power. It is the same power that is the essence of the seen universe, which naturally also includes all mankind.* Therefore, if I serve you, I serve myself. If I serve mankind, I serve myself. Religiously speaking: if I know God in me,

I know God in the Universe and in others. *The purpose of life is to find and identify with the Divine Unseen in ourselves and in others. Then we shall know ourselves to be truly brothers. One in All and All in One.*

To make things a little clearer I include here part of a letter I wrote to the great physicist and Nobel Prize winner Professor Heisenberg with whom I had had many conversations on the subject:

> It was kind of you to send me your lecture. I read it with the greatest interest. On page 60 you say: 'The best description of these collision (particle) phenomena is not to say that particles have been split, but to speak about the creation of particles out of energy, according to the law of relativity. We can say that all particles are made of the same fundamental substance which may be called "Energy" or matter and to formulate: The fundamental substance Energy becomes Matter by *assuming the form* of an elementary particle.'
>
> It seems to me that since the 'unseen world' is made up of particles, and particles have only assumed the form of an 'unseen substance' to which we have given the name of energy, it seems to me because of this, that the right understanding of myself and the world around me is in the right identification. Do I identify myself with the 'seen form' or with the 'unseen substance', which is mutual to all and everything? The same applies to the material world in general. Identification with the 'seen' brings multiplicity and separation. Identification with the 'unseen substance' brings non-duality, harmony, THE ONE.
>
> I feel pretty sure that the key to the philosophical interpretation is: – right identification – to recognise my oneness with the fundamental substance brings me into harmony with my fellow men and creatures and plants. We are all brothers and sisters. We are One! Serving them I serve myself. This becomes true without the need of Christianity or communism.
>
> If on the other hand I continue, as most of us do, to identify myself with the accumulation of particles, then I identify myself with the form of the 'thing' rather than with the 'thing' itself. (Thing is an inaccurate word.)
>
> With the wrong identification we ourselves introduce duality, multiplicity, separation and general mental confusion which has its echoes in philosophy, religion, economics, politics, etc. Man will not find his way as long as, by making what I think is a fundamental

mistake in his original thinking, he creates more and more separation, as he can only see separation, having put his own 'I' thought on the wrong spot. (Reference point.)

We must have the courage to turn things round and to learn to identify ourselves with the substance. Everything will fall into place. We will not be aliens to an alien world. We will recognise our ONENESS. We will have a unifying thought in our life. A knowledge that we do not have to search for truth, but that we are the truth.

Right through the war I used to dream again and again that I was lying in a certain spot in Austria surrounded by wild flowers. The dream would bring back a longing for my childhood and for the garden that I knew so well. When the war was over and I could go back to Austria I deliberately went to the very spot I had dreamed about. I sat down among the flowers and wondered what it was that made me dream so often of this place. Years later it suddenly hit me like a revelation. It was not the garden nor the flowers nor my childhood that I was homesick for. It was an experience I had had when I was a child, not more than six or seven years old. I remember distinctly that on this very spot a tremendous stillness suddenly came over me. There was no sound, no flowers, no garden and no I, but there was full consciousness. It was a consciousness empty of the world, but full of something I did not understand at that time. I remember banging my fists on the ground to find out if I was there at all. Being very small the significance of this experience was lost to me for many years. Forgetfulness took over and the child grew into womanhood and lost herself in the humdrum world. The wild flowers within my dream had tried to remind me of the great Unseen in which they and I and all have our being.

Asteri is the name of my private monastery. Palo and I found it on a walk, half-way up the Hymettus. It was pretty much in ruins. Goats walked through it, feeding on the dry grass in the small courtyard. I immediately fell in love with the place and asked the Church authorities to give it to me. They agreed and I had it rebuilt, two tiny little bedrooms and a bathroom. The monastery dates from the twelfth century and still has some badly damaged wall-paintings of the sixteenth century. A small sitting-room is the only new addition to the ancient building. There I have absolute privacy. I can see far across the valley to the Acropolis, the Lycabettus and Mount Parnes in the distance. Here the world is silent, and here the childhood experience would come again. The wild flowers are different but the stillness is the same. The strong scent of thyme and the gentle humming bees would help my spirit to lift itself above all worldly things and inwardly follow the setting sun into its very source and mine.

I often see my grandchildren stop in the middle of a game, and look and dream. Alexia will hold a toy. Suddenly it drops on the floor, her hand in the air as if she were still holding it, but her eyes are withdrawn looking at nothing at all.

To use the sea and its drops as an illustration: the sea would represent the Divine Unseen, the drops the seen appearance. Perhaps during those moments of withdrawnness the human drop-consciousness fuses with the divine sea-consciousness. A child is not yet as self-centred as we grown-ups are. Self-identification with the seen is not yet pronounced and the Unseen can still take over without being distorted. The unholy separation in consciousness between the divine and its appearance is not yet completed within a child's mind. The sea is still known as it is. The drop has not made the mistake of thinking of itself as separate from the sea. No wonder Jesus said, 'Suffer the little children to come unto me and forbid them not for of such is the Kingdom of God.'

The Kingdom of God is within us. We have been told this by the Bible, by our priests and our teachers but nobody ever told me what it meant or how to find this Kingdom. Jesus says that little children know all about it. Why are they closer to it than we are? I think, quite simply, because their ego-sense has not yet been developed. This means we have to learn to get rid of our ego, but what is our ego? Since our ego hides the truth, our ego must be a non-truth. To use the picture of the sea again: my ego must be my identification with the drop-consciousness rather than with the sea-consciousness; with matter rather than with its substance; with the seen rather than the unseen. My ego is an intellectual mistake and therefore has to be dissolved. How do I dissolve it? What is the system by which I can find that which is my ego-consciousness and therefore an intellectual mistake to be discarded?

Being part of the Unseen I have its qualities. Within the appearance – the visible world – the unseen appears creative, therefore I am also creative. I create my own thoughts. I then mistakenly identify with my thoughts and thus create my own ego. The real I is the Unseen. The ego is its shadow creation. The creation forgets its source and refers all happenings to its own shadow-self. Self-centred emotions, thoughts and actions usually refer to the shadow-self. They are inherently negative, as their reference point is a self-created, non-existent, non-reality. Whenever a negative emotion or thought comes to us we know it is associated with this wrong reference point.

Now that we know what the ego is, or rather that it is not real, we have to let it go. Only then shall we find the Kingdom of God in us. The drop-consciousness has to give way so that the sea-consciousness can take over undistorted. Whenever we are faced with a problem that would normally call for a negative reaction, such as sorrow, anger, envy, hatred, we have to ask ourselves immediately: where do I refer this problem? To the mistaken ego or drop-consciousness, then I cannot solve it; or to the sea-consciousness, to the correct identification with the Unseen. Then, where is the problem? It has naturally disappeared. Being an ego problem, it dissolved with the ego. The sea-consciousness knows no drop-consciousness and therefore no drop-problems. It only knows itself.

The correct identification with the correct reference point dissolves the ego and makes life easy to live and problems easy to solve. The strong habit of making mistakes will go on, until a new habit of thinking will make mistakes less frequent. All negative thoughts and emotions will still have to be faced but the system of dealing with them now exists and is intellectually correct. It helps one to understand oneself, to transcend the ego and to live at peace.

12. Turkey

PALO liked to walk alone, without an escort of police. He would land his boat on some rocky coast and walk across the country for hours all by himself. He loved to talk, unrecognised, with anyone he met, usually only shepherds, peasants or fishermen.

One evening in the spring of 1952 he was late. I worried as we had a dinner party at the Turkish Embassy. Eventually he arrived home, highly amused, and this is the story he told me: he had been walking up a mountain when he came across a young policeman. The policeman asked him for his identity papers. Of course he did not carry any. He told the young man to go with him to his boat and there he would identify himself. 'Oh, no', said the policeman, 'I am not coming with you, you are coming with me,' and he promptly arrested my husband who had to be back for dinner and could not afford to lose time being arrested. In desperation he showed the young policeman the only thing he had in his pocket, a handkerchief with his name and royal crown embroidered on it. The poor young man blushed like a lobster and stammered as an excuse that he thought Palo was a goat thief for whom he was looking.

That same evening we met Menderes, who was the Prime Minister of Turkey. At dinner Palo told him how he had been arrested as a goat thief and the atmosphere became quite hilarious. The time was ripe for a tremendous decision on the part of the Greek King. Palo told Menderes he wished to pay a State Visit to Turkey. Politically this proposal was all the more courageous as, in addition to years of war and occupation, there were two national dreams that separated our people into opposing camps, the dream of the Ottoman Empire and the dream of the Byzantine Empire. Within this dream no Greek King is supposed to enter Constantinople except as a conqueror. Menderes looked surprised and then utterly delighted. With the agreement of Venizelos Junior, our Prime Minister at the time, the visit was organised and a date fixed. It was not a generally popular idea and there was very strong Parliamentary opposition to the journey. Palo was determined to live political reality and not give in to mythical dreams. The time had come to spread friendship and goodwill beyond our borders to Turkey.

We travelled by sea. The skyline of Constantinople has a beauty which is out of this world. We looked at St Sophia which had been the centre of Greek Orthodoxy for many hundreds of years. Here the Byzantine emperors were crowned. No wonder so many of our people did not want Palo to go, except to fulfil an ancient dream. But our two peoples have to be friends and Palo and I were determined to go. We travelled by train to Ankara. The officials were all extremely nice and friendly and obviously terribly pleased with our gesture. Menderes could speak Greek and we all got on extremely well with goodwill all round. The Turkish population reacted at first rather politely and coldly, but as the days passed the atmosphere got warmer and warmer. Never shall I forget the day we went officially to Constantinople. As a special gesture of friendship the Turkish Government arranged for us to drive in an open car. The whole population of the town was in the streets. There were Greek and Turkish flags everywhere and Greek and Turkish voices mingled in one roar of welcome. Palo and I looked at each other and thought, is it not much better that both peoples are happy because of our visit instead of one cheering and the other crying? This is what we had hoped for and we had succeeded.

The island of Cyprus was not yet a problem. It was a British Crown Colony and at that time, according to the Turkish Government, of no importance to them. It was a problem between Greece and Great Britain, and they asserted that they did not care one way or the other. After all the Dodecanese is closer to Turkey and has a great many Moslems living on it. Strangely enough the British and American Ambassadors were both absent during our State Visit, which is not usual in such circumstances.

I do not know anything about Turkish politics but Palo and I grew very fond of the old Turkish President, Bayar. Much later a dreadful fate awaited him and his Prime Minister. Menderes was hanged and

Bayar imprisoned for many years. Palo himself tried to save them by intervening with the then Turkish Government, but it was of no avail. At the time of our visit only a happy future seemed to be in store for our two peoples.

In Constantinople Palo and I lived in the most enormous palace. To our surprise we were put into separate apartments. It did not seem to be right, according to the Mohammedan tradition, to have a King and Queen living together in the same rooms. A huge dining-room separated my apartment from his. Beautifully embroidered bedroom slippers stood before my enormous bed. Every room was so vast and dark that it gave me an impression of being rather eerie. A proper Turkish bath was attached to every bedroom which was fun to use and a new experience for me. Caviar was served for breakfast as well as last thing in the evening.

I went, without Palo, to visit St Sophia, now a museum. Although it is no longer a church today we all made the sign of the cross, but we kept our thoughts and prayers to ourselves. Byzantium has disappeared into the mists of history and its church is now an empty shell. The Ottoman Empire spread all over Greece and far into Europe and today it, too, is only a memory. I looked at this empty cathedral with its beautiful mosaics, at the high walls, so heavy with our history. What is its message to us who in another age might have been part of its glory and its greatness? Religion today cannot depend upon its churches. The outer symbols have little meaning to our modern emptiness. There are priests who, too often, know only the form and ceremony. The essence of religion lies buried deeply within the hearts of a few. Theirs is a silent mission, to hold and sanctify the faith of many who search and sense but do not know the truth. It is popularly thought in Greece that Istanbul is a derivation of three Greek words 'eis tin Polin'. It means 'to the city' – 'to Constantinople' – 'to St Sophia'. The symbol of past greatness – may it much more become a symbol for our people's inner greatness.

The correspondence with General Marshall that follows tells more about the Turkish visit and fills in the political picture inside Greece and between Greece and her neighbours.

26 June 1952 *Athens*

Dear General Marshall,

We have just come back from Turkey. It has been a great success all round.

Greek–Turkish friendship has been put on a very personal basis. We made great friends with the President who is a modest and retiring man. We especially liked the Prime Minister who is young, energetic and very intelligent with a great sense of humour. The Foreign Minister is also intelligent and charming. During ten days' official visit, there is enough chance to break the very official atmosphere and have some friendly conversations on all subjects. My husband and his Under-Secretary for Foreign Affairs, who came with us, are very satisfied with the opinions expressed by our Turkish friends. I also think that the Turks are delighted with the opinions that were expressed to them.

In an official speech my husband declared that the time has come for both countries to forget forever the bitter history of 500 years which deeply divided our two countries. He pointed out that Greece would defend all her borders in case of war. This pleased the Turks who were nervous that we might give up Thrace and thus expose their flank.

Every day during our visit brought us closer together with the Turks. The public was quite touching, and the reception we got in Ankara and especially in Constantinople was beyond every description. We were surprised and delighted. You must remember that for 500 years, since the fall of Constantinople, no Greek king has ever entered this town. The big cathedral of St Sophia (for hundreds of years a Moslem mosque and lately turned into a Byzantine museum) is still sentimentally viewed by all Greeks as the centre of the Orthodox Church. You will also remember that my husband's father, King Constantine, led his victorious troops right to the low hills overlooking Ankara during the Asia Minor campaign.

Conflicting emotions were aroused in many quarters when we decided to make this journey. But the enthusiasm that has been created within both countries made our decision more than worth while. There was nothing the Turks did not do to show us their appreciation. They even cleared up while we were there a few trade and customs difficulties. In the near future Greeks and Turks won't have to use passports in order to travel in each other's country. Rather a tricky fishing conflict was satisfactorily solved. The happier the atmosphere got, the easier it became to discuss the more difficult subjects.

One of them was Cyprus. As you know the Greeks of Cyprus are getting more and more restless, and knowing our people nothing will stop them until they have achieved their dream to unite Cyprus with Greece. They claim, and quite rightly so, that nowadays no country has a right to keep as a colony for themselves Europeans and Christians, which the Greeks *are* after all. It is the great problem between our people and the British. No matter how much our Governments for the sake of wider interests try to smooth things over, public opinion is getting every day more and more aroused about it, both here and in Cyprus.

There is a very small Turkish minority in Cyprus and one of the arguments which our British friends are using is that the poor Turks in Cyprus do not want to belong to Greece. As a matter of fact during the plebiscite organised by the Bishop in Cyprus some time ago, against the will of the British, most of the Turks voted with the Greeks to unite with Greece.

The Turkish Prime Minister let our officials understand privately that his Government was sympathetically inclined towards us over the Cyprus question and we would find no great difficulties with them in case the Greek Government was forced to take official steps owing to sheer pressure of public opinion. This attitude by the official Turks is of course for us of the greatest importance, not so much in order to push our claims, but that Cyprus cannot be used by anybody as a spoke in the wheel of Greek–Turkish friendship. It is a good indication for us of their sincere wish to make this friendship really work, no matter who approves or disapproves of this friendship. We are delighted with this independent attitude.

My husband announced to the President, during one of the last evenings, that he has decided to build a big high-school in Thrace to protect the Turkish language within our frontiers and to raise the educational level of our own Mohammedan minority. He also said he would give to this school (the first of its kind to be built in modern Greek history) the name of the Turkish President. You can imagine what an effect this announcement had upon the public and the officials alike. It proved to them our sincerity and confidence in them, as well as a completely new psychological attitude towards each other, an attitude based on human understanding and esteem. When eventually we left, there were smiles and tears all round.

I must say this Turkish visit has been to us one of the most extraordinary experiences we have ever had.

Our homecoming was also very satisfactory. We found that our people, completely overcome by the hospitality shown to us by the Turks, showed an enthusiastic and completely united approval of our decision to have gone on this mission.

My husband has also had a chance of talking to the Yugoslav Ambassador in Turkey. He made a special effort of being charming and even followed us from Ankara to Constantinople continuously expressing his interest and sympathy for our country. He made it very obvious that his country also wanted to be friends. All this is very good and very helpful, even if it is only an atmosphere. After all that is all we wanted to achieve.

How this atmosphere could be used for greater and better things, that is for wiser people to decide. Let us hope that they will not leave one stone unturned to always encourage stronger and firmer ties in this part of the world.

I am sure that Yugoslavia seeing the Greek–Turkish friendship getting stronger will eventually wish to join. Who knows, even the impossible may happen and Tito might wish to visit us.

Firm and good relations between Greece, Turkey and eventually Yugoslavia will make any aggressor think twice, and prevent a first-class springboard into Europe's 'soft underbelly'.

My husband and I will always do everything we can which might help to strengthen and unify this corner of the world. It sometimes needs a little more co-ordinated help from those who represent the Great Ones in this world. My husband's and my ambition both privately as well as in our official capacity as leaders of our country is not to have power over anybody, but to give an atmosphere of peace, stability and sincere human friendship within our country as well as towards our neighbours. I hope and pray that God will continuously help us and that we will not make too many mistakes.

With my very best wishes,

as ever

Frederica R.

1 August 1952 *Dodona Manor, Leesburg, Virginia*

Your Majesty:

I was tremendously interested in your detailed account of the visit to Turkey. While the press ran very favorable comments it is bad they could not have had the full flavor of your letter.

I have been waiting Acheson's return to have a talk with him and orient myself on the State Department reactions, but his immediate departure for Hawaii has made that impossible at this moment.

You were most kind and generous to give me the benefit of your personal description and reaction to a venture of such great importance to the world at this time. I am deeply appreciative. . . .

With warmest regards from Mrs Marshall and me to you and His Majesty, and our love to the children.

With great respect,

Faithfully yours,

G. Marshall

27 May 1953 *Athens*

Dear General Marshall,

I hope these few lines will reach you safely in England. When we heard that you are going to the Coronation we felt we must send you many messages and our love to you both. We also thought we would mention the fact that England is not too far away by plane from Greece and that this would be a good time for you and your dear wife to come and visit us before you return home. We would be so happy to see you again and there would be so much to talk about.

Politically things are going here very well and my husband and I are happy about the situation at the moment.

Although politicians will always quarrel between themselves, there has never been such harmony between the Crown and the political leaders of all sides as there is now.

My husband and I are happier and also perhaps a little wiser!

Our relations with Turkey are excellent. The Turkish President's visit to us during the winter was also a great success. The school my husband had promised to build for the Moslem minority in Thrace was all ready, standing in all its marble glory. It bears the President's name. We took him there to inaugurate it himself. He was delighted. Our people worked on it night and day so as to finish it in time and give practical proof of our friendship.

Also between Yugoslavia and us things are continuously improving. When my husband was on a two months holiday (the first since 6 years) I had to stay here and according to the constitution be Regent. In this capacity I had to give a big dinner to the Yugoslav Foreign Minister. I did it with mixed feelings thinking of the past. Mr Popovic is pleasant and intelligent. He told me he was a professor of philosophy having studied in France and Germany. He was given orders to first become Chief of Staff in the Army and then suddenly he was given orders to become Foreign Minister. I asked him what he would do if he was given orders suddenly to become a bishop. He laughed but thought it would be not likely to happen.

The Bidaults were also here a few days ago. I was very favourably impressed with the wife, who seems to be a wise, sensible and right-thinking person. Both were in favour of European Defence Council (especially she). He hoped that by September he would be able to overcome the political difficulties that prevented France from ratifying the treaty so far. In the meantime the Government has fallen. Let us hope the next one will go in for prompt ratification. I think it is Europe's greatest chance. It should not be missed. Both my husband and I made it quite clear to Mr Bidault that since, in spite of 600 years enmity between Greece and Turkey, we decided to work together for a better future, then France and Germany should also do the same. We asked Bidault straight out, 'Is it the privilege of the small countries only to be wise, and of the big countries to be stupid?' He made a bit of a poker face, but she was delighted.

De Gasperi has also been here some weeks ago. We were very favourably impressed with him and his wife. I think they are excellent people. Let us pray he will win the elections. Europe needs him in Italy, Adenauer in Germany and Schuman's influence in France.

It seems to me Europe is standing on the cross-roads of her own history. The insight of some inspired leaders and the commonsense of a great many of the population will either lead us to greater unity and co-operation, or the reactionary nationalistic spirit of small-minded individuals will succeed to turn the wheel of History back again and tear us once more apart. It seems to me at the moment that France holds the key to the situation. Adenauer is an old man but he is fighting a good fight in his own country to lead his people in the right direction. This is France's and Germany's chance and with it the chance of the whole of Europe. May it not be missed like it was missed after the First World War.

Once more my best love to your wife and hoping to see you both soon with us I send you my best wishes.

As ever in all friendship

Frederica R.

13. U.S.A.

IN November 1953 President Eisenhower invited us for a State Visit to the United States. We were keen to go as my husband wished to thank the American people for their material help to Greece through the Marshall Plan and Truman Doctrine.

We had received the President in Athens when he came on a short visit to take his leave as Commanding General, Allied Forces. On that occasion we met only for a state dinner and it was difficult to get to know each other well in such a short time. We were impressed by his simplicity and openhearted friendliness which was in contrast to the size of his entourage. Our hall downstairs was absolutely swamped by members of the press who accompanied him on his journey.

While flashlights were exploding around us with shouts of, 'Hold it, Hold it,' Palo and I simultaneously exclaimed, 'David!' One of the photographers looked up and grinned. It was David Douglas Duncan, who became famous for his pictures in Korea and his photographs of Picasso. He had accompanied us on a long trip through northern Greece during the communist war and had amused and astonished us with his daring feats and his natural remarks. Once he had landed a small plane on a pretty bad road in front of our car to take pictures. Another time he said to me, 'You know, you do not look like a Queen. You look like everybody's little sister', which was a charming and unexpected compliment.

When the official party left we asked David Duncan to join us for a drink. He was most informally dressed, with a pullover and slacks, while we were still in our official glitter, Palo in full dress uniform and I in a long dress and jewels. It was cosy to talk to a man who had shared some of our own hardships and really knew what the communist war in Greece was all about.

He said to us, 'You two are a funny lot. I like you. I have now been three weeks in the same plane with all the officials and no one has even condescended to address two words to me.' I expect to them he was just one of the many, but to us he was a friend.

On our State Visit it was a revelation to us to see how human members of the press could still be in America. At six in the morning the press had arrived on board our ship. At seven they got restless as we had not yet appeared. We were to leave the ship at ten and no one had informed us of their arrival. When we were told of their presence and their impatience with us, we hurried upstairs to meet them. They looked grumpy, but after inquiring what time they had to get up in the morning to meet us, we apologised for having inconvenienced them. This turned them into the kindest, friendliest people we ever came across. For a whole month the press gave us the most favourable coverage, but our personal contact with them also remained extremely friendly. I remember that when we reached Los Angeles I wanted very much to go shopping as I had heard of the wonderful shops in the town and Christmas was getting nearer. The problem was the press and the photographers. How was I to go shopping with hundreds of people following, all taking pictures? We asked to talk to them. 'Please,' I said, 'we have difficulty going shopping in Athens, as the traffic usually gets all mixed up with people who want to see us, so give me a chance to do my Christmas shopping for my children.' 'It shall be done,' they answered and not one of them followed us. That was great and we were impressed by their human understanding.

Several policemen had been accompanying us for many hours on their motorcycles through the town and it was raining. We were sorry for them, getting so wet, but all we could do was to smile at them through the window of our car. When we left I said to them, 'I am sorry you had to get so wet for us.'

'Lady,' was the answer of one of them, 'For you and your hubby I would gladly do this barefoot.' We were promptly photographed next to each other, with the policeman holding his shoes and socks to the camera. He was made to take them off by the press to demonstrate the meaning of his words.

We had a very friendly and heartfelt reception at the White House. Protocol is far more severe for the President than for us in Athens. He seems never to be able to move without two flags, held by military aides, moving with him. Our rooms were well furnished and comfortable and Palo was given Lincoln's bed, which was just big enough for him.

At the banquet the President, in Palo's honour, wore the Greek decoration which he had received in Athens when he had visited us, and he presented Palo with the top American decoration. The dinner was formal and dignified, but the food was not too good. I remember a shrimp cocktail which consisted of dry shrimps hanging from a glass in which there was a spoonful of ketchup.

The President asked me what my hobby was and I told him I had built my own radio as I was interested in electronics and wanted to know how things worked. He was greatly amused and told me that this was the last thing he had expected to hear. We got talking about science and my interest in it, from a philosophical point of view, and he said that whenever in the future I wanted to come back to the States he would see to it himself that I could visit the most important centres for scientific research and talk to the scientists. I thanked him and promised to come back for that purpose. He gave me a small painting he had done himself, as a memento of his own hobby.

Mrs Eisenhower was the perfect hostess and made us feel happy and comfortable. After the official dinner we retired to their private rooms where, over a drink, Palo and the President discussed unofficially those things that can never be properly discussed officially. Sometimes much more work is done that way.

There is one strange habit in America. People will send you orchids to wear on your dress, just before you go to dinner. It is meant as a gesture of respect and appreciation and only becomes complicated when several important people send orchids at the same time and each one expects you to wear his. I made it a rule not to wear any. Perhaps if they had been wild flowers I might have been tempted to wear them all the same.

Mr Dulles, the Secretary of State, gave us a huge dinner and reception on the second evening of our stay in Washington. He came up to me and said, 'This is nice of you, thank you very much.' I said 'For what?' rather astonished.

'For wearing a much prettier dress for my party than for the President's.' We all laughed. He just liked it better, but it was interesting that someone so steeped in affairs of state should have an eye for a pretty dress.

General Marshall had retired and was ill in hospital and I wanted to pay him a visit. It was outside our programme and seemed difficult to organise. Eventually, between two functions, I was flown in a special plane from New York to the Walter Reed Hospital in Washington. He was in bed in the Presidential suite. We were happy to meet again and had a long gossip. A nurse came in with a glass of milk. It was evening and I had always been told that milk is heavy for the stomach if you drink it at night. I mentioned this, more as a question than a statement. The result was that General Marshall told the surprised nurse to take the milk out and never bring it back.

The American State Visit was an inspiring but exhausting performance. It was exhausting because our programme was so full, not because the American people did not make us feel at home. On the contrary, a crowd of Americans is like a Greek crowd in one thing, they want you to be yourself. As long as you stay completely normal and natural and not pompous they will accept you as you are. I remember when my husband had to make a speech before a big gathering in the Waldorf Astoria, after it was over someone shouted, 'Now we want to hear the Queen.' They pushed a microphone in front of me and clapped. I did not know what to do as I did not want to utter anything trivial after Palo's extremely serious speech. I got up and said, 'I always agree with my husband,' and sat down again. This was a great success.

After three days in Washington and two days in New York we travelled for three weeks from one end of the States to the other. We went by train in a very comfortable private coach, but we never got much rest. In some towns we were received at seven in the morning with bands, flowers and speeches. This was usually followed by an official breakfast with hundreds of people and more speeches, which is quite an ordeal for someone like me who likes to have breakfast in bed.

At one meal the Mayor got up, raised his glass and said, 'We in America don't like Monarchies and we don't like Kings.' Then he started to stutter realising that he must have made some kind of a gaffe. He went on to say 'The only King we like is the King of Greece.' This did not make it much better for the consuls of Britain, Holland, Belgium and the northern countries. We could see that they looked very upset, as their table was just in front of ours. Palo, in his answer, assured the mayor that all his royal colleagues were charming, hard-working people.

We went from reception to reception and from meal to meal. Our train journeys were interrupted every hour or so by a whistle stop when we had to get out and be greeted by the public. At one station I saw a Red Indian woman standing a little apart from the crowd. From the train window I tried to talk to her, but she did not react. She completely ignored me. I asked somebody in the crowd if perhaps she did not understand English. 'No, they don't mix, they are very aloof', was the answer, so I just smiled at her every now and then and let it go at that. Slowly the train moved out of the station and suddenly the Indian woman started to run. She managed to catch up with us and pressed her bead necklace into my hands.

In Detroit I fell ill. My face and body were one huge rash. My eyes had swollen up so that I was not fit to be seen and I was running a temperature. Mrs Mary Carolou, my Lady-in-Waiting, told the press that I was indisposed and could not accompany the King. 'That's wonderful,' one of the reporters exclaimed, but seeing Mary's surprise he said as an excuse, as he rushed off to the telephone, 'Think, lady, what a scoop for me!'

At night we left for Chicago. The swelling was slowly going down but had not disappeared on arrival and I wanted to hide my face from the cameras, but how was I to do that with all the press and photographers around? I begged my husband to get out of the train before me so that I could get good protection behind his broad shoulders. This was absolutely against his nature. 'I will not get out before you. It's not done. No gentleman would do such a thing, certainly not I.' I held a large bouquet of flowers in front of my face and there were so many people to receive us, most of them Greeks, that we were nearly smothered by their enthusiasm and I do not think anyone noticed my swollen eyes. In the evening I had recovered sufficiently to look more or less normal, if just a little lopsided.

A civil reception had been organised in a large theatre. We sat on the stage in the most enormous chairs. Even Palo's feet did not touch the ground. These chairs must have been used in some play about kings and queens and so were considered the proper seats for us.

Mr Stevenson, the former Democratic candidate for President, addressed my husband in this way. 'Your Majesty, I am happy to see you but I wish your little daughter Irene was with you, because she and I had a very interesting conversation at lunch in your house. When I asked her which animal she liked best she answered, to my dismay, that of all the animals she liked the elephant best.' As the elephant is the symbol of the Republican Party and the donkey that of the Democratic Party, of course a roar of laughter rose from the audience. We had no idea that Irene, then ten years old, had discussed politics with Mr Stevenson during a family lunch we gave for him at Tatoi!

In San Francisco my husband was given an honorary doctorate at Berkeley University. Here, for the first time, he mentioned what the splitting of the atom means to us, philosophically, and how it can become a unifying element for mankind, or else lead to total destruction.

Professor Lawrence, the great American pioneer physicist, was present. He congratulated my husband for expressing so courageously a new thought concerning a scientific discovery.

The open theatre was packed with students. We were warned that students would be unruly and we were not to mind if they made a noise. You could have heard a pin drop, so silent and interested were they in Palo's speech, and the applause was very encouraging.

'What do you think of American women?' a reporter asked my husband when he left the University. My husband looked at the man, then at me, and said with a laugh, 'As my wife is present that's a tactless question, but, being happily married, I have no hesitation in telling you that I find American women as pretty as Greek women.'

At the Grand Canyon we were joined by an old friend, the former American Ambassador in Cairo, Mr Alexander Kirk. He was a brilliant and witty diplomat. He looked at the Grand Canyon, then turned to my husband and said, 'Really, I think that we have overdone this!' My husband laughed to such a degree that tears poured down his face. It certainly is an incredible sight, something I will never forget all my life. The colours of the rocks make the greatest impression. They blend into different shades of deep red, and when this is intensified by the setting sun the effect is almost too beautiful to bear.

At New Orleans we were joined by a little boy who was a very great friend of our children. His name was Clint Purefoy, the son of a former American Ambassador to Greece. He was a spastic and had not many years to live. In Greece he had joined my children and us for a few days near the sea. His parents did not want to leave him on his own, but the child and I had taken to each other and I persuaded them to let him stay. He had tremendous courage and even climbed a tree with my children. Of course there was always a strong sailor about who had orders to look after him.

One night as I was tucking him up in bed he said, 'I so much want to be like other children. Why am I different? Tino, Sophie and Irene tell me that I am Jesus's best pupil and that is why he has made me different. Can that be true?'

'But they are right, Clint. You know very well that a teacher will always give the most difficult job to the most brilliant pupil to do. Jesus is our teacher. As you are the best pupil He loves you most, so He gave you the most difficult task to carry out. You see, Clint, that is what the children meant.'

'If my father believes that, then I will believe it too.'

On my return to Athens I asked the Ambassador to come and see me. I told him about his little son's worries. Tears came to his eyes and he assured me he would talk to his boy in the same spirit.

In New Orleans Palo and I put little Clint between us in the open car. He drove with us in state through the town and took part in all the receptions. I want to believe it made him happy. He is dead now. There will always be a soft spot in my heart for this brave and beautiful little boy – Jesus's best pupil.

Palo had to speak at the United Nations. Mrs Pandit was President and Hammarskjöld was Secretary-General. Palo was the first Head of State who was thus honoured and a special protocol had to be invented for the occasion, which was used later on for all Heads of State who addressed the assembly. The audience was a difficult one as it was not a co-ordinated crowd but made up of individuals separated from each other by different national feelings and interests. The atmosphere was cold and rather bored. In spite of my great nervousness I watched the members slowly warming to Palo's address. There was tremendous applause when he finished with the words, 'May the United Nations become as a cathedral in which we all learn to worship what is best in each other.'

In the evening there was a huge dinner party, a real gala performance with all the members of the United Nations taking part. It might have been very enjoyable if it had not been my fate to sit next to Vyshinsky who, being the senior diplomat, took precedence over all other diplomats. I asked Hammarskjöld what on earth he expected me to discuss with my neighbour, a man who, as Russian State prosecutor, had sent hundreds of innocent people to their deaths. 'He plays the cello, you can talk about that,' was the helpful answer. The moment came. Everybody was dressed in their very best – tail-coats and decorations. I wore my jewels and a diamond diadem. I felt everybody's attention concentrated on Vyshinsky and myself. They must have been wondering how we would get on. At first we sat in silence and then I plucked up my courage, overcame my revulsion and asked him, 'Do you mind sitting next to me?'

'No,' was the laconic answer. More silence. Suddenly he asked me, 'Do you mind sitting next to me?'

'No,' I said and also remained silent. After some minutes I said, 'I hear you play the cello.'

'How do you know that?' came the grumpy but surprised rejoinder.

'Because there are some things that I know as well as you,' I told him. He now got interested and said, 'I used to play, but not any more. I am too busy trying to make the world happier. Just like you do. Don't you try to make the world happy?'

'In order to make others happy you have to be happy yourself. Are you happy?' I asked him.

'I am too busy to think about it,' was the gruff answer. Now I began to enjoy myself. 'You know how to be happy?'

'You tell me.'

'You must fall in love.' He looked at me with utter disbelief and then turned away muttering, 'I am too busy.' Towards the end of the meal he took his glass and said very quietly, 'I want to drink to your personal happiness,' and that was the end of our encounter. Later Hammarskjöld asked Vyshinsky how he had got on with the Queen of Greece. He answered, 'There was nothing I could have objected to!'

A few years later, in 1958, I followed President Eisenhower's advice and returned to the United States, this time without Palo. I was accompanied by Tino and Sophie who each followed their own special programme. The visit was semi-official. I was the guest of the United States Atomic Energy Commission.

My first engagement was a luncheon with the President of A.E.C., Mr McCone, and the other members of the commission. They had prepared a wonderful programme for me, which took me through the different centres in the United States and brought me into contact with the most important scientists.

We started off at Brookhaven where I was given my first lecture on nuclear physics. I noticed that after my many questions the programme for the journey was quickly changed. I think my scientific friends found out that I was really interested in what they were doing and thinking, and therefore turned my trip from a formal visit into an informative and educational tour.

Among the extremely interesting American scientists at Brookhaven I met a young Greek doctor called Kotzias, whose father I had known as Governor of Athens. This young man told me of a most interesting discovery of his, a medicine that controls and greatly eases the discomforts of Parkinson's disease. A few days ago, while I was writing these pages, I heard that he had been given a well deserved American prize in recognition of his great discovery. I am proud to say that my husband decorated him many years ago.

At Pittsburgh-Shippingport Admiral Rickover was my guide and mentor. As he is the father of the nuclear submarines I was shown a nuclear-powered engine and it was explained to me. We walked through a hall that consisted of many rods made of uranium 235, the fissional material that can be used for peaceful and military purposes. This material must be kept below a certain quantity. If more is added a chain reaction will start. I teasingly asked the Admiral, 'How do you know I have not got some of it in my pocket?'

'Because I thought you would not know enough about it,' was his short answer.

Admiral Rickover is a man who knows what he wants. He will go for it until he gets it and he is usually right. On the way he may step on many toes, which has brought him enough enemies but also the Atomic Fleet that America needs.

I myself have a great admiration and affection for him. He is a lonely man and knows and feels it. He is an extremely idealistic person whose greatest interest in life, apart from his job, is education. He is convinced that unless there is a spiritual awakening and the right education for responsible citizenship, no technology or scientific discoveries will save America and the world. When you ask him to give a lecture he will choose to speak about education rather than submarines.

At Shippingport he took me to see the underground atomic installation that generates electricity for the whole town, which was the first of its kind.

He was very keen to take me by helicopter to another place of interest at the other side of the town. I had never been in a helicopter before, and flying does not make me very happy anyhow. I always prefer to have my feet on the ground, but when Admiral Rickover decides something there is no chance of getting out of it. My husband's A.D.C., who accompanied me, protested against the helicopter flight.

I pretended not to hear the argument between Rickover and the Greek officer behind my back, but it was getting heated! This is what I pretended not to have heard:

The A.D.C.: 'Admiral, the Queen cannot go in a helicopter. It is far too dangerous.'

The Admiral: 'What is safe for me is also safe for her.'

The A.D.C.: 'America has many admirals. Greece has only one Queen.'

The Admiral: 'America has only one Admiral who looks after the formation of the Atomic Fleet. The Queen is therefore safe when I am safe.'

The Admiral then turned to me and said, 'You know, it is said that you are afraid of flying.'

By then I was much more afraid of him and I said with great bravado, 'Me afraid, never!'

'Well,' the Admiral said to the A.D.C., 'that settles it. She has complete confidence in me.'

We left in a small helicopter meant for just two people, the pilot and one passenger. We were three, but that did not worry the Admiral. He and I were strapped together sharing one seat, and while flying high over the town he talked education and philosophy, his favourite subjects. I would have thoroughly enjoyed this conversation if I had not been so terrified.

He invited my son, my daughter and myself to dine on board the *Nautilus*, America's first atomic submarine, which had just come back from its unique voyage under the North Pole.

Ever since that time Admiral Rickover sends me the first letter stamped with the stamp of any new nuclear craft that goes on its maiden voyage. This sign of friendship is greatly appreciated by me. I still get these letters today, even since we have had provisionally to leave our country and have not been considered such V.I.P.s by some other officials. It proves his sincere character, his sense of justice and idealism: it proves true friendship.

At Princeton's Institute of Higher Learning my host was Professor Oppenheimer who was certainly a great scientist, but I could not follow his philosophical thinking. He has written a number of books on the subject, but it is too obscure for my simple mind.

At Cape Canaveral the first moon rocket was to be launched in a few days' time and I was very keen to see it, but no foreigners had yet gone to the Cape, nor even been permitted to look at the rockets.

I mentioned my wish to see the moon rocket lift off to Mr Allen Dulles, in whose house I was having dinner. He thought this was a very good idea but a high Air Force official, present at the dinner, brought objections, 'If she is permitted to go to the Cape then we will not be able to refuse the same request to some undesirable official foreigner.'

'I have a way out to that difficulty,' I said jokingly, 'Just make it a rule that no visitors but queens and upwards are allowed to watch rockets launched from Cape Canaveral.'

Allen Dulles, head of C.I.A., laughed at the speechless Air Force general, who eventually also saw the joke. Arrangements were made to take me by special plane from Chicago to Cape Canaveral. Sophie accompanied me on this exciting adventure and we were housed in a small villa reserved for guests. To our surprise and delight it had a well-stocked icebox full of food and drink. We retired soon and were called very early in the morning. After a good breakfast out of our magic icebox we were driven to the area from which the rocket was to start. Of course in 1958 it was still an unmanned rocket. The lift-off was breath-taking. We watched from the top of a building, about one kilometre away. This sight has often been watched by millions of people on television since then, including myself, but to see with my own eyes for the first time a rocket taking off into space will remain unforgettable, even though it failed, minutes afterwards, when it was out of sight.

After Chicago University, the Argonne Laboratory and Oak Ridge, I visited the University of California at Berkeley, as well as Professor Teller's Livermore Laboratory. Professor Teller is a most colourful personality, a brilliant thinker, whose main concern is the Plowshare programme on the peaceful uses of atomic energy. I saw a film about what could be done for mankind if nuclear energy were to be constructively used and I became specially interested in the easy way in which new harbours could be built with controlled atomic blasts.

Everywhere I met young scientists of Greek origin who found an outlet for their intellectual gifts in this progressive land. Professor Ypsilantis discovered the antiproton for which the head of his team received the Nobel Prize. This discovery has opened up new vistas in the field of science and given rise to speculations about the existence, somewhere in the universe, of anti-matter.

The proton is the positive element within the nucleus of an atom. The antiproton is an equal particle but with a negative charge. It can be produced but has not yet been found in nature. Should it be found, then a world of anti-matter, that is to say an anti-world to ours, would exist, never to be seen by us. A positive and a negative world would cancel each other out, within a tremendous flow of photons, just waves of energy.

When I learned this my mind immediately saw a strange and fascinating picture which I did not mention as it is only fantasy and my own science-fiction. This is my picture, not to be taken too seriously! Since in essence all matter is energy, is it not possible that instead of speculating about an anti-universe somewhere in space, it could be naturally and continuously interacting with ours, and the continuous interaction, unknown to us, would produce all energy? We could not see the anti-world. It could not see us. Inhabitants of both would have their own kind of consciousness which would place them in their own positive or negative energy universe. Consciousness would then become an all-important element. It would be knowledge of how to equate with energy waves, so that one could move from the positive to the negative state. It might even explain people who have second sight; they might, by chance, slip into the other state, without understanding it. I am quite ready to withdraw these fantasies, as I have not enough technical knowledge to give them a logical basis from which to draw conclusions. They are just amusing thoughts that I like to play around with.

My discussions with the scientists usually centred round the meaning of matter and energy, and the philosophical implications of the

Heisenberg Uncertainty Principle, but they were not always so serious. Sometimes we had good laughs together. One scientist explained to me the attributes of a neutrino, a particle which is practically undetectable. It goes through nearly everything and carries hardly any mass at all. 'The neutrinos are everywhere around us,' the scientists said, 'They are here in this room, they are here in the match-box!'

'May I have the ones in the match-box?' I asked, teasing him.

'Certainly,' he said, 'They just cost a couple of hundred dollars. How many do you want?'

Another Greek-speaking scientist was introduced to me by Dr Teller. 'He is working on a theory he has of how to produce controlled fusion. We are building a machine for him according to his instructions. None of us understand his theory but we believe he will make it work!'

Professor Seaborg, the famous scientist at Berkeley, was my host who introduced his colleagues to me. Wherever I went discussion groups were organised so that I could listen, learn and ask questions.

I had a wonderful time. My admiration and respect for the nuclear physicists grew every day. They are pioneers, men set apart from others, who have to be honest and cannot be loophole heroes. They deal with the secrets of matter and energy and their calculations and investigations have to be based on honesty of spirit and clearness of mind. I felt happy among them. There was an atmosphere of optimism and excitement which united them all. In days gone by they would have been the courageous explorers of new continents. They seemed to have the same spirit of greatness and adventure.

After my return to New York I asked to see President Eisenhower to thank him for this extremely interesting journey and to tell him of my impressions. As the Cyprus problem was being discussed at the United Nations I did not want my visit to the President to be known, so as to avoid an impression of involving either him or myself in the dispute. My request for absolute discretion was met with great efficiency. I was secretly smuggled out of the hotel, taken to a place of special duties, flown to Washington and brought to the White House through a private door. The President and I sat together for two hours.

My heart went out to him in sympathy. Here was a man who had had to direct many bloody battles during the war; and yet he was at heart a man of peace. He was longing to find a way to bring mutual understanding and lasting peace with Russia. He was fully conscious of the heavy responsibility history had placed upon the American nation for having been the first and only one ever to have used the atom bomb. 'We must see to it that it never happens again,' he said. For that purpose he wanted to ask Khrushchev, as man to man, to think of his own historic position and to change the image of his predecessors, through himself, the new leader of Russia, into that of a man of peace.

I was deeply moved by this great-hearted and sincere man. I still see him sitting before his writing-table with both his hands in front of his face. 'Pray for me, Your Majesty. I so want to touch Khrushchev's heart so that we shall both lead the world into a happier future.'

President Eisenhower, Palo and I met again some time later in Athens. The President had been visiting world capitals before his meeting with Khrushchev. I had written to him once more on the subjects we had discussed together. I was touched when he pulled my letter out of his pocket and said to my husband, 'I always carry it with me.'

We had sent the President a telegram telling him that on arrival, instead of plaguing him with functions, we would take him to our country home, where he could relax and have a long sleep and only the next morning see all the officials. Then there would be a State dinner before his departure. We received an answer through his Embassy that he preferred a big dinner in Athens with all Greek and American officials and politicians present. This we organised.

The President arrived in the late afternoon. Palo received him at the airport and brought him to the palace where he and his family were going to stay. When, after a drink, Palo mentioned that it was time for all of us to get dressed for dinner he said, 'But aren't we going to Tatoi to relax?'

'No,' Palo said, 'You sent us a message saying that you wanted an official dinner tonight.'

'I never, and I repeat, never, said such a thing,' was his furious reply.

It looked to us as if some officials did not want to be cheated out of a good party!

The first meeting with Khrushchev in the States had gone almost too well. President Eisenhower was so elated over the possibility of a lasting friendship with Russia that I believe he was off guard later, when they met again in Paris. He was so shocked by Khrushchev's unbelievable rudeness that he missed the chance to explain away the U.2 spy flight over Russia as part of the cold war which he and Khrushchev were, after all, trying to bring to an end.

There is no disgrace in apologising between nations. It is done often enough when some frontier has been quasi-mistakenly violated. Eventually Khrushchev's rudeness went too far and became an insult to the President, the United States and the free world.

I believe that the Paris meeting was the worst tragedy in Eisenhower's life. Here was an honest, idealistic man who had been deceived and rejected by a corrupt political world.

I could not help myself but wrote to him of my sympathy and the faith which I believed the whole world had in him. I begged him to go before the United Nations and to let us know what the proposals at Paris were to have been, so that the world could judge who was right and who wrong. Maybe my voice added to his own inspiration and to the good advice of others. Eisenhower spoke magnificently at the United Nations. His speech with its positive suggestions for World Peace is well known.

President Eisenhower and General Marshall represented a type of man so greatly needed today. Their motives were clean, their thinking straight, their humanity sincere and their idealism untarnished by life.

After my long talk with President Eisenhower in the White House, Mr Allen Dulles, head of C.I.A., asked if I would like to visit him in his office. He was an old friend of my husband's and I was delighted to meet him again.

It was an extraordinarily amusing visit. I was taken by underground passage to a building and into his office. We chatted together for some time and then I got up to leave. He opened a door, led me through it, and the door shut behind us.

'This is not the way I came in,' I said to him. 'Where are we?'

'I don't know,' came the surprising answer. It was a small passage with a staircase and the door on our side had no handle so we could not get back into his office.

We looked at each other and simply cried with laughter. He never told me where this mysterious door and staircase led to. After banging on the door for some time someone opened up and I took my leave most officially, with both of us still laughing our heads off.

Mr Allen Dulles told me an amusing story about my son, who was on a military visit to the U.S.A. at the same time as I was on my science visit. I think this story was really the reason why he wanted to see me, so that I should not hear it from someone else.

Tino, during a couple of free hours, decided to visit his cousin, the young King Simeon of Bulgaria, who lived in exile in the States and followed a course at a military cadet school. They went for a drive together, Simeon wearing cadet uniform while Tino was dressed in an ordinary suit. Tino was driving and they had a slight accident. The police arrived and asked for their papers. They did not carry any. 'Who are you?' barked the policeman. Tino said, 'I am the Crown Prince of Greece.'

'Tell that to someone else,' was the answer. 'Who is your friend?'

'That is my cousin, the King of Bulgaria,' said Tino knowing he would not be believed.

'You think you can fool us! Come with us,' said the officer and locked them into a police van.

How could the poor man understand? All he knew was that Bulgaria was a country run by the communists and here was a young man who thought he was the King of that country. No wonder both Tino and Simeon were locked up. Soon their aides arrived and the story finished without getting into the press.

We all enjoyed our stay in America and love its kind-hearted people. No matter what criticisms may be made against America, no nation has poured so much material help into other countries. The American people have done this by means of their heavy taxation and this is something all the nations who have been helped should always remember.

14. Yugoslavia

IN 1954 Marshal Tito asked if he could pay a State Visit to us, which came as a great surprise. It meant that he wanted to improve relations with Greece after the disastrous support his Government had given to our communist bandits. Palo and I were only too ready to make friends, especially after Tito broke with Russia. He needed friends, and had closed his frontiers to our bandits which helped us to defeat them. Palo went to the Piraeus harbour to receive him.

I was struck by Tito's good looks. He was always beautifully turned out in smart uniforms studded with jewelled decorations. The atmosphere at table, during the first official lunch, was heavy with bitter memories, but it was always difficult for Palo and me to be cold and officially impersonal. It was too much of an effort to keep up for a long time. It is easier to be oneself than to put on a mask of something one is not. Slowly the ice melted and we became friends. I believe Tito became genuinely fond of my husband, someone with whom he could be friendly who would not take advantage of him.

Tito invited us to Yugoslavia and a few months later we returned his visit.

I found out that it is very comfortable to be a guest in a communist country. They showered us with hospitality and what I believe was genuine friendliness. After all Palo and Tito had made friends and everybody else followed their example. Opposite me at the table sat a well-dressed man in a tail-coat and with decorations. He was known to us as General Tempo, and we were aware that he had been clandestinely in Greece, helping our bandits as go-between with Yugoslavia. 'Tell me, General Tempo,' I said to him, 'When you were running around our mountains, did you ever believe we would one day be sitting opposite each other, you dressed the way you are now and I dressed the way I am?'

'Never,' was his short answer.

I became friendly with an old man who was the President of what they called their Parliament. He was a well-known painter and something of a philosopher. We teased each other as, during most meals, we always sat next to each other. He tried to convince me of Marxism, but I told him that as Marxism was based on materialism it was an out-dated philosophy and that he should become a progressive like me.

He gave me a painting of his which, he told me, was the last in his possession as all the others were destroyed during the war. It is a beautiful portrait of a young pickpocket whom he met in prison and it is hanging in my room in Athens. Shortly after our visit my old communist friend died. Maybe we had both learned something from each other.

During the visit Palo became quite fond of Tito, and I think Tito also got to like my husband. While we were in Dubrovnik I received the news that Palo's dog, a beautiful spaniel, had died. He loved it very much and I was upset at the prospect of having to give him the bad news. I mentioned it to Tito, who said nothing at all, so I thought that perhaps it was a subject that he would not be interested in. Some time passed and we carried out the official programme. Then Tito asked to speak to me without my husband's knowledge and I wondered what it could be about. He said, 'Please, don't tell your husband about the death of his dog while he is my guest. I know what it is to love and lose a dog. It is something terrible. I don't want him to be sad while he is with me.' I did not tell my husband.

One day I asked Tito why he had become an atheist and he gave me two answers. The first was that he did not want to buy a ticket to heaven by being religious and going to church. The second was that when he was a child his mother used to punish him by making him stand in the corner for hours and hours saying his prayers. After that he did not want to have any more to do with religion.

This is how I described our visit to Yugoslavia to General Marshall, in my letter of 13 October 1955:

23 The King and Queen with Marshal Tito on his official visit to Greece, 1954

24 *The Queen with Mrs Alexandra Mela at a Welfare Conference*

25 *The King with Admiral Earl Mountbatten of Burma*

26 The Royal Family at Tatoi in 1955

27 *The ceremony of the coming-of-age of Crown Prince Constantine, 2 June 1958*

28 *The return of the Olympic champion, September 1960*

29 *The engagement of Princess Sophie to Prince Juan Carlos of Spain* (left to right) *Princess Irene, Crown Prince Constantine, the Queen, the Duke of Barcelona, Princess Sophie, Prince Juan Carlos, the King, the Duchess of Barcelona*

30 *The wedding of Prince Juan Carlos and Princess Sophie (T.R.H. The Prince and Princess of Spain) in May 1962*
The King, left, and Crown Prince Constantine standing behind Princess Sophie

31 *The engagement of Crown Prince Constantine to Princess Anne-Marie of Denmark*

32 *Queen Frederica with her grandchildren, Crown Prince Paul and Princess Alexia*

33 Queen Frederica

Now about our visit to Yugoslavia. It certainly was an experience. You can't imagine what I felt when the train stopped at the last Greek frontier village. The villagers stood silently around the train, as if they were saying: 'My God, where are you going?' And I myself felt like crying. Then slowly the train moved across the border and into the first Yugoslav village. Yugoslav and Greek flags, as well as the red banner, saluted our entry. Again silent crowds around the train but much further away this time than before. In my imagination I felt the people were saying: 'My goodness, what are you doing here?' After an exchange of National Anthems, guards of honour, etc., Government representatives received us and we proceeded to Belgrade.

The reception they gave us was terrific. It looked as if people were pleased to see us. Maybe it was a change from their everyday drudgery. We lived in the former king's palace. I looked around the room to find signs of the old days but the furniture and the pictures were all new, except for an old, thick, fat perfume bottle with a silver top that was pushed into a corner of the wash-stand and which I recognised as only being possible to have belonged to the Royal Family.

The kitchen was two kilometres away from the house. It provided food for our party, for Tito's household and for all the Government and the Government employees. It seems to be a public soup-kitchen where caviar, champagne and other delicacies were being dished out.

Our impression of the present Yugoslav rulers is that they are extremely proud of not being either under Western or Eastern influence.

As the present rulers are not burdened by any responsibilities towards the past and consider themselves as the only future, their attitude is: either we shall succeed in our interior and external policy or if we fail we can always go back into the mountains. They will accept help from the other side as long as no strings are attached to it, and they say so quite openly. Theirs is a real neutralist policy and they are proud of it.

Tito has taken a personal liking to my husband and seemed to be happy and relaxed in his presence. Maybe he felt that there was for once somebody who had a decent outlook on life, had killed no one, does not want to kill anybody, and has no ulterior wicked political motives. He and his wife travelled with us right through the country. Wherever we went we found two palaces, one for Tito and his party and one for us. There were horses, carriages, motor-cars, private zoos, as well as out-of-door and inside heated swimming-pools. There were private beaches, islands that had been deserts but which, owing to special fresh water carried across from the mainland, had been turned into flowering paradises. I even found an elephant walking around one of the many gardens. Thank goodness, it was only a baby! There were motor-boats and yachts, all very pleasant and luxurious. By the end of the trip I felt I had been thoroughly 'brain-washed' and said to myself how wonderful it must be to be a Communist!

Conversation between my husband and Tito was very easy. They travelled together through the country in a car, so they discussed everything under the sun.

Tito asked my husband if he could spend a private visit with us and his wife, purely for the sake of having a rest, so we tentatively fixed the beginning of June to have him stay with us in Corfu.

This is a strange world! I still have to laugh when at a very official meal, where everybody was dressed in their very best, I asked the gentlemen next to me and across the table where they had first met Mr Tito. The answer was: 'In prison!' All of them who were today dressed in tail-coats and decorations had been condemned in the past to long terms of hard labour or life.

Altogether the visit has been a success. Tito was very insistent about his faith in an alliance with Greece, such as the Balkan Pact, although this pact had been badly shaken by the Turks. We firmly believe that American policy should be strengthening, psychologically and materially, of the Greek position. Greece is the open door for Tito with the West, which should remain strength-giving to him in his dealings with the Russians. Should, owing to a weakening of the Greek position by Greece going towards neutralism, this not be any more a tempting link for him with the West, then Tito's position is also weakened in his rather independent stand towards the East. I therefore believe, that Greece rather than any other country should be the bastion and the pillar of American foreign policy in the Balkans, the Near and the Middle East. It should not be lost by sheer bungling and lack of foresight and psychology.

The Greeks have always been true to their friends and have never failed them even when these friends were in such great difficulties that no material gain could come to our people from them. Something must be done on behalf of America for our people to regain faith, because it is only through faith and not cold calculation that our people will want to stick with the west. And it is that faith that has been shattered.

Tito's visit to Corfu, mentioned in this letter, took place as we had planned. He and his wife stayed with us for a few days and it was very pleasant. We went bathing together and we drove all over Corfu in two very small MGs. My husband took Tito in his bright green one and I took his wife in my bright red one. The roads in Corfu are very narrow and so the people would crowd right up to the car. We could see, at first, a certain surprise in the eyes of our visitors, when they found that the crowds were able to come so close without being pushed away by the police. But Tito soon got used to it and seemed to enjoy it. In the evenings he would play chess with my son. Both were very good chess players but as Tito was the more experienced he usually won.

When we came back after the State Visit to Yugoslavia we found a very unhappy situation. The rest of my letter to General Marshall of 13 October is about the political crisis which met us on our return.

Internally since months we were moving into a crisis. Owing to Papagos' prolonged illness . . . the situation was rapidly deteriorating with the leftist elements taking political advantage, trying to organise themselves, while the nationalist element remained paralysed and frustrated. There was a lack of decisions both in internal and external politics. There was no one to take responsibility and any responsibility that had to be faced was continuously being pushed on to the shoulders of a very sick man who was himself unable to take any action.

We knew that something had to be done soon, but it was difficult to take any action, especially if one is a Constitutional King.

I think that it is well known that owing to a personal clash between Papagos and Eden the Cyprus question became more and more acute. Cyprus dominates today the heart, the soul and the brain of every Greek. The three-power conference in London ended in a complete disaster, owing to the fanatic Turkish attitude which was perhaps not too disagreeable to the British. Then came the anti-Greek riots in Constantinople and Smyrna. The effect was tremendous in Greece, much much greater than any American can possibly imagine. Some 60 churches were destroyed and the Church is something which is very close to every Greek's heart. It will take some time for mutual confidence to be re-established because, as I have said to you before, our people are a highly emotional people.

Owing to this emotionalism you can imagine what a disastrous effect the anti-Greek vote over Cyprus at U.N.O. by all the Atlantic Powers had on the Greek people. We feel as if the Western world has given us a hard and undeserved kick and there is desperate bitterness in my country today, not only against the British but unfortunately this time also against the Americans. The Greek people feel (and I tell you this quite honestly, as I have always been honest in the expression of my feelings to you) that America, the country to whom we looked as giving moral leadership to the world, has for God knows what material and political reasons betrayed her own ideals.

Great bitterness has been felt also that no official word of sympathy for the desecration of churches came from our Western Christian friends. What put still more oil onto the fire was a message coming from Mr Dulles, that was addressed to the Greek and Turkish Governments alike, urging both to quickly make up and kiss each other, as otherwise American dollars would have gone to waste, or words to this effect dressed in more diplomatic language. This our people took as an insult coming at a moment of deep national mourning.

The Greeks' opinion of the Western World, the meaning of its ideals and fine words has reached rock bottom in Greece. It just couldn't be worse. It has only one good thing that now it can only get better because, I repeat, it just cannot get worse.

This is the atmosphere that my husband and I found when we returned from Yugoslavia. There are no demonstrations this time in the streets, but the atmosphere is anti-NATO, anti-Western and pro-neutralism. You can imagine what a wonderful chance this is for the 'new look' of an old Russian policy.

I can assure you that once again my husband and I have been sitting in a political madhouse. It was impossible to have any logical conversation on any subject with anyone. So we kept rather to ourselves and said to each other 'What now?'

My husband decided the first thing to do is to get a responsible prime minister. Papagos lay desperately ill in his house outside Athens. No personal contact was possible since months. Nobody knew, not even my husband, what really was wrong with him.

We were going into complete chaos. Then Papagos died. Within a few hours my husband appointed a young self-made man from Macedonia Prime Minister of Greece. In order to help him along he gave him also the right to dissolve Parliament and declare new elections should he fail to get a vote of confidence.

Mr Karamanlis, the present Prime Minister, was an extremely successful minister in the Papagos Government. The effect on the country was like champagne. Within seven hours a new government was formed, sworn in and Parliament recalled.

The result of the vote in Parliament was 200 for Karamanlis, 77 against, which came as a complete justification of the King's action and was the result of tremendous pressure of public opinion on the members of Parliament. Since then we sleep soundly again at night, a thing we had lost lately and especially the last few days.

Karamanlis is a man who says what he thinks. He is very direct in all his actions. He will take the responsibility of his own actions as well as of his own mistakes. The Army is extremely pleased with the solution and my husband also asked the Prime Minister to keep the Ministry of National Defence for himself as Prime Minister.

I have told you once before that my husband and I are deeply conscious of our country's responsibilities towards the ideals of the Western World. We shall always, and no matter whatever happens, stick to them and try and lead our country towards that direction.

Now we need help. Not so much materialistically as idealistically, and that help *must* come from America.

General Marshall replied:

16 December 1955 *Pinehurst, North Carolina*

Your Majesty:

I was surprised and much complimented to receive your lengthy personal discussion of the situation in Greece, Cyprus and Turkey and the serious reactions resulting. I was also much distressed to learn of the reactions of the Greek people with regard to the United States although probably the Turkish reactions are of much more consequence. You were very good to have written to me and I deeply appreciate your doing so.

Since receiving your letter, I have been scratching my head trying to decide just how I can be of help without violating your confidence, and also without inflaming Dulles who you tell me has not been too friendly on his part. You may be sure that your point of view here officially will receive my earnest consideration.

With my most respectful regards to His Majesty, and with great respect,

Faithfully yours,

G. Marshall

15. Cyprus

All through Palo's reign we were haunted by the unresolved Cyprus problem. Eighty-five per cent of the Cyprus population speak Greek and less than fifteen per cent are of Turkish origin; the rest are British and Maltese. During the war many of the young men from the island had volunteered to fight. They had not only joined the Greek army but some had gone into the British Forces. They had been promised union with Greece at the end of the war and this was what they hoped for. Disappointment and frustration followed their vain hopes and violence was in the air.

I wrote to Churchill long before the tragedy began, hoping to strike a human note where politics had failed.

4 March 1954 *Athens*

Dear Sir Winston,

In writing to you today I feel as if I have been advised to do so by our mutual friend General Smuts. He was, as you know, during the war years not only a friend but also adviser and teacher to me. I remember him always pointing out to all of us that the only man left who combined within himself the qualities of a statesman, as well as those of a great human being, was you, yourself. I therefore address myself today to the statesman with real insight, as well as to the great human with deep understanding.

My husband and I are beginning to really get worried about what is happening concerning Anglo-Hellenic friendship from a purely emotional point of view. A very small island called Cyprus seems to become a cause for estrangement between Greece and England. This should not be. England and Greece have been emotionally linked together for a long time and their union has been based upon completely unselfish foundations. We proved this when we stood by you during the most dangerous hours in recent British history.

In Europe you had no other friends that were yet free to decide if they wanted to make your cause their own and thereby risk unconditionally all material values to keep those of the spirit sacred, or to give in as so many of our neighbours did, thus saving their skins but losing their souls.

We know that your ideals were ours. We did not bargain and we stood by you alone in the south, as you were alone in the north. I believe that ours were the only people who gave flowers to the British soldier when he had to withdraw, thus bringing healing in defeat to the wounded pride of many a British soldier.

Our people love England. It is a love possible owing to a complete lack of a sense of inferiority. I have so often noticed in other countries who pretend to dislike England that in reality they suffer from an inferiority complex. Our people are a proud people, just and fair; therefore even in the face of misery, defeat and an unknown future they could yet feel that the British Tommy had to leave Greece in order to come again. So they gave him all they had to give, not minding what tomorrow might bring.

But now, Sir Winston, the Greek spirit is really getting hurt owing to the categorical refusal to have any discussions about the future of Cyprus.

Love such as our people have always had for England is slowly but surely turning into bitter resentment. Our people feel that those great values that united us during History have not any more the same meaning for England as they have for Greece.

I know that politics are not based on emotion, but our people are a highly emotional people. They feel that truly and honestly they have played the game. That now it is England's turn to prove her friendship, sense of justice and fair-play.

The Greeks of Cyprus are Christians, Europeans as well as Greeks, out of whose spirit have come the ideals of Democracy and Freedom. Do you believe that our people could ever understand that Christians, Europeans, as well as Greeks, should remain colonials during these modern times? You cannot make them understand that England, our England, could possibly think and feel like this about any Greek, in or outside of our own country. It is in this last-mentioned thought that our people feel justifiable bitterness.

I have put to you now the emotional side of the problem as far as our people are concerned. It is in no way exaggerated and is unfortunately continuously growing. Something must be done to save our union. It is a good one, the best there has ever been.

You may well ask, but is England's friendship less dear to you than Cyprus? I can only answer: England's friendship was dear enough for us to sacrifice ourselves and our country in the same cause and for the same ideals that have been mutually ours for generations. But I point out that we are true to our ideals and not to personal interest, as we have proved during the War. Should those ideals still remain true to you, then shall remain true for ever the meaning of these words, 'Where England stands, we stand, where England goes we go.'

The prestige of England for us foreigners lies not in the greatness of her Empire, nor has it dwindled yet to the value of a small island, but it lies in the greatness of her spirit. And this spirit, Sir Winston, is still incorporated within yourself.

I appeal to you to help us to keep the door open where an agreement between our two countries could yet be possible, so that we should not be forced to drag into the open before the profane eyes of the world our family quarrel. (Because so long as our spirit is the same it will remain a family quarrel.) All we want is an open door where discussions would be possible which might determine a gradual evolution of the Cyprus question to the satisfaction of our countries.

I remember that once before a discussion between you and me, which has never come before the public, has been a great blessing to my Country. You understood our problems, you helped to bring General Marshall in contact with me, greater American aid was given to our army, and as a result of this meeting our troops, led by our present Prime Minister, the then Commander-in-Chief Field-Marshal Papagos, were able to achieve the first victory against communist aggression. I believe, therefore, that through your influence once again great mischief can be prevented.

I would so like to be able to privately and quite unofficially discuss this subject with you and with anyone else whom you might suggest, as long as we can keep it out of the press and away from official documents and reports. But if it is not possible then this letter must remain the only hope that something might be done to keep the door open.

Would you please treat this letter as absolutely and completely confidential, as it is a purely personal letter and expresses our personal feelings and views.

My husband joins me in sending you our best regards and wishes.

Frederica R.

Sir Winston replied:

> *7 April 1954*
> Madam,
> Lord Leicester brought me Your Majesty's letter. I shall show it to the Foreign Secretary, but while we fully share your feelings on the subject of Anglo-Greek friendship it would not be right for me to leave Your Majesty in doubt of our conviction that this is not the time, in the interests either of Greece, Great Britain, or, wider still, of NATO, for discussion about changes in the government of Cyprus.
> The island is of vital importance to the defence of the Middle East and of the Mediterranean. While that remains the case, disturbance of the present regime could do nothing but harm to us all. I remember with emotion the friendly feelings shown by the Greek people in the war to the British armies who came to help defend them, first from Nazi invasion and later from Communist revolution. If a third world war should come it might well be that British blood would once again be shed to save Greece from invasion. I can assure Your Majesty that withdrawal from Cyprus would certainly not help to that end and might, indeed, fatally weaken the combination on which the safety of us all depends.
> I beg you to convey my respectful good wishes to the King and remain
> Your Majesty's obedient servant,
> Winston S. Churchill

My husband, in private conversations, offered to let the British have the free use of our harbours and bases on any of our islands if, in exchange, the Greek flag were raised on Cyprus. This would have prevented bloodshed and kept our faith in our friends. It was of no avail.

Now, in the spring of 1956, the Cyprus question was arousing feelings of the greatest bitterness in Greece. It is the subject which dominates my letters to General Marshall at the time. On 29 February I wrote to him:

> We have just passed the most difficult time since my husband's coming to the Throne. We went to the brink of the abyss, looked into it, got frightfully giddy and turned away at the last moment.

These were the most nerve-racking elections that Greece has ever gone through. The issue was either a Communist-controlled neutralism or a continuation of our traditional pro-western policy.

You will remember from my last letter what had produced the sudden pro-neutralist trend in Greece. It was Greece's feeling of having been completely abandoned by her Western Allies over the Cyprus question as well as the lack of western understanding after the anti-Greek riots in Constantinople and Smyrna.

It is a strange thing that our people rather than take insult are ready to tear down their own house over their own heads.

Karamanlis never had been leader of a party before but he had been a very successful Minister of Reconstruction within the Papagos Government and had proved himself capable in other ministerial posts throughout the last ten years.

I can assure you that this time I nearly lost my sense of humour. (Since then it has come back again.) My husband and I knew too well what the issues were, and into what disaster our people might have freely and unthinkingly voted themselves. But they didn't. It is a small majority but he is a strong man and we have faith he will carry it well and successfully.

Being a soldier, General Marshall, you will understand that when a battle has been won the position must immediately be consolidated and strengthened. America must not miss this chance. We need help to the utmost:

1. Psychologically over the Cyprus question.
2. Full-out financial support in order not to fail from an economic point of view.
3. Our Navy must be strengthened and built up again. To my husband's utter despair no support has been given to our Navy for years, and we are left with two American destroyers and a few out-of-date supporting vessels!

If ever there is to be a mobilisation there would be no possibility of transporting troops by sea with any supporting protection. You can understand how exasperating this is for us since we only have one railway line that goes from the South to the North and which, once the bridges are down, will be immediately rendered useless. We have the experience of how things had been done during the last war. Most of the mobilisation was done by ship. We need destroyers, submarines and motor-torpedo boats. Most probably all the experts will stand on their heads if you were to tell them this. They will talk about commitments within NATO, ask for reports, suggestions, make counter-proposals, promise perhaps half a ship within 6 months and, in the end, all that will have been done will be a lot of writing, proposals and counter-proposals with things remaining the same as they were.

We have a desperate feeling that in the vast offices of the State Department and the Pentagon the problems must seem so very small. We consider ourselves a very valuable outpost of the Western World against the Soviet World. We also have the impatience within our soul which you, yourself, must know so well. It is an impatience which the fighting soldier feels in the front line when he thinks of the man at the desk, who shapes the policies.

On 29 March 1956 I wrote:

After my letter to you there have been grave and sad developments in Cyprus. The deportation of the Head of the Cypriot Church (the oldest Christian Church on European soil) has created in Greece and Cyprus a storm with world-wide reaction.

It was most gratifying to see that the European Press was unanimous in condemning the action. I had just flown to Holland with my daughter for a two-day visit with Juliana, who gave a coming-out party for her oldest daughter in which my daughter took part. It was Juliana who informed me of the deportation of our Archbishop from Cyprus. From Holland I went for 24 hours to Germany, 48 hours to Paris, then Rome, Naples and back home again. The irony of the German people was interesting to see. 'Is this the kind of democracy we are supposed to learn?' they were asking.

The Archbishop was coming to Athens to have talks with the Prime Minister who had just won the elections, as well as with my husband.

The English knew that we were going to try and find some ways and means with which to keep conversations going between the British and the Archbishop. They preferred to deport him. No matter what the British say about him, before using his influence in order to pacify the island, he had to insist that the Constitution for self-government would be a truly free one, which meant a truly representative free Parliament with a democratic Government responsible to Parliament. This guarantee, although the Archbishop had conceded Foreign Affairs and Defence to the British, the British refused to give, and so the talks were broken off. The other points of disagreement were of completely minor interest and could have easily been overcome.

Our people who invented, after all, Freedom and Democracy, don't let themselves be easily fooled or tricked. And we mustn't forget they are Greeks after all, and react as Greeks.

Now the British have 20,000 troops in Cyprus, to hold down a rebellious population. This is far more than they sent us in 1941 to fight the Germans!

It is quite important to keep in mind several points. So far the Greeks and the Turks in Cyprus have had no trouble with each other at all. The so-called Terrorist organisation had it made known that they will respect Turkish lives and property and that their war was only against the British. Since the Archbishop left there has been a minor clash between the Turks and the Greeks. Our Prime Minister in his declaration before the deportation of the Archbishop after the talks had broken down, expressed his sorrow over the breakdown of the conversations and mentioned that Greece would after all be willing to discuss the safe-guarding of not only British bases in Cyprus but also anywhere they like. Some of our islands are far more suitable as a base than Cyprus itself. Greece is perhaps the only country that I know that says to the British, 'Come in, we welcome your bases on our territory,' while other countries kick them out.

We would be ready to guarantee the Turks in Cyprus double nationality, their property for ever, as well as no military service in the Greek Army. I really don't know what more Greece could do.

They say Cyprus is so close to the Turkish border. They forget that Samos, Mitylene, Chios and the Dodecanese are far closer. It has never been a danger to the Turks. On the contrary, the only time that Cyprus was used as a base against Turkey was by the British themselves during the First World War! (That is a good point, don't you think?)

Our western civilisation after all is supposed to give The Answer to Communism, Materialism and Power politics. We small nations look to the bigger nations, such as England and America. Which way will America go? With her we have all reached the crossroads. The one way will lead us to a higher conception of man's dignity, freedom and responsibilities, in other words real Democracy, while the other way, through the failure of more powerful nations to stand up for these principles, will lead us all, without our knowledge even, towards greater materialism, a philosophy of expediency and power politics; and with it will go the failure of our western civilisation. By keeping up the form of Democracy we will have killed its essence and we will have spiritually nothing different to offer to the world than what the Russians offer, and that is: the will of the stronger over the weaker, as well as the search of the weaker to win favours from the more powerful.

People will weigh who is the stronger between the two camps, the East or the West. They will not sacrifice themselves any more for the ideals that the West has betrayed. Why should they?

I believe the time to choose has come. It has been working itself up slowly since the war. A small Greek island in the Mediterranean has become the test case. Unimportant as Cyprus is, she is like a mirror within which each nation will see its own soul. It is strange that this should be so, that Greece, who has been the cradle of western civilisation, who has given birth to the idea of man's individual Freedom and Democracy, should live in such agony, wondering if this heritage which she bequeathed to Europe and America will be upheld or destroyed.

I hope you are not getting by now too tired of my letters to you. But please remember that you are the only person in the world that I write to since these last years. It is a great help to me, as it has been in the years of the war when I could write to another Great Man, General Smuts, who I know was also a great friend of yours.

The reason that the Cyprus problem was so particularly painful to Palo and me was that violence between the Greeks and the British was to us as perverse as violence between brothers. Greek and Englishman are natural friends. Byron's sacrifice at Missolonghi, Shelley's songs from across the sea and Rupert Brooke's grave on one of our islands still stir romantic dreams in our people. Many British soldiers never left. They are now part of our soil, to be protected and defended by us.

In Cyprus also there are English graves today; graves of men and women slain by their former friends in the name of patriotism. Not far from them lie buried the young Greeks hanged by their former friends, again in the name of patriotism. For centuries Greeks and Turks have lived together on Cyprus in harmony, but the doubtful promise of a politically divided island has here also brought blood and tragedy to their communities. The island of love has become the island of hate, for no one found the redeeming word which could bring healing to our self-made wounds.

The Empire was dwindling and with it dwindled the spirit of human generosity which had once handed the Ionian islands back to Greece, a hundred years ago. Both sides became embittered and murder among friends was the result. We have all sinned, whatever the eventual solution of the problem. The graves on Cyprus are witness of our mutual guilt and mutual failure.

16. International Links

WHEN we were living in South Africa a Greek shipowner, Mr Eugenides, was also a refugee there. He was an elderly man and he grew to be very fond of my little son, then about two years old. My son was also fond of him and they became great friends. He asked me if he could have a pair of Tino's baby shoes as a memento and I gave them to him. Years later he told me that he had always kept them hanging above his bed.

In 1954 Mr Eugenides asked me if I would visit his ocean liner and give it my name. When one does this one is usually presented with a handsome diamond brooch, but this time I had an idea and I asked him if, instead, he would give me the means to organise a cruise for all the royal families of Europe. He agreed; I approached the Prime Minister, Papagos, because I would not do it without his approval. He was delighted with the idea. At that time I was still popular with the world press and could carry out what might have been a controversial plan without criticism.

There were several reasons for doing it. The first was that Palo and I wanted to open up Greece to tourism. The country had not yet recovered from the effects of the communist war and it was almost unknown to tourists. Facilities for them did not yet exist, the roads were still in a dreadful state and there were no modern hotels, but first we needed to draw the world's attention. As the world press gave the cruise terrific coverage, we succeeded. Immediately afterwards the shipping companies began to organise cruises exactly following the programme we had worked out, and soon hotels and other facilities on land also began to bring in the tourists' money.

Another reason was that since the First World War the royal families no longer met each other internationally. When I was young, for instance, I only met the German royal families, which was why I hardly knew anybody; and yet we were all related. Now, after the Second World War, we wanted to make a link and help the members of the younger generation to get to know each other. They were going to have a certain influence in the world and we thought they should find out that they had a lot in common and held the same attitudes towards life. They would see how Palo and I were dealing with life in our country. Only a reigning monarchy could make that contribution to reigning and non-reigning families. It seemed a specially good time to do this, before our own children were of marriageable age, which could, perhaps, have put a different complexion on the cruise.

It was a tremendous success. There were one-hundred-and-ten of us, twenty nationalities speaking about fifteen different languages and there was not one row, not one single difficult moment during the whole ten days. We went for long excursions on the islands and saw all the sights. In the evenings there was dancing. We had a plan for the seating arrangements at meals. The ladies picked a number and the gentlemen picked a number and the matching numbers were partners for that meal so there was always a mixture; Queen Juliana, for example, might find herself with a boy of fifteen. It worked perfectly, but I found out afterwards that the younger generation used to buy and sell their partners. I only remember one problem. We found it very difficult to make Queens go through doors. They are so polite to each other that they will not go through first. There was Queen Juliana, Queen Helen of Roumania, the Queen of Italy, the Grand Duchess of Luxembourg, who was also a sovereign, and myself, and we would stand for ages in front of a door because no one would make the first move.

Palo and I had to make a number of State Visits as part of our duty. State Visits are supposed to cement friendship between one country and another and a government will decide when a King and Queen shall pay a State Visit or invite another Head of State to their country.

In a western country the procedure for a State Visit is always fundamentally the same. First there is a banquet in the host's house or palace, then a banquet at the Foreign Minister's house and this is followed by a banquet at the embassy of the visiting Head of State. In between there will be tours of museums, factories, or anything of interest. One will be shown the things for which the country is famous or in which it takes a special pride.

My own preparations for a State Visit always involved getting new clothes. Unfortunately one cannot wear the same clothes from one State Visit to another because so many photographs will have been published, and the new hosts will resent it if one has not made an effort to look different for them.

I enjoy clothes, but they are not an essential part of my thinking. I do not remember what people were wearing when I met them; I remember their expressions. But I take trouble to choose what will suit me and I love to wear a pretty dress. It is a help to know that one's choice will be considered right; for instance, I feel happy in a long dress in the evening and I do not mind at all if I am the only person at an evening function who wears a long dress.

Apart from meeting official persons, which is interesting enough, one is not able to get to know the people or the country properly on a State Visit. It is a rush from one formality to another, with just time to change one's clothes in a desperate hurry between functions. It can be very tiring and particularly if one's relations with the dignitaries are at all stiff. One has to establish human relations or one is always tense. In any case it is much pleasanter and more interesting to be on human terms with people, so one has to try one's best to get them to relax and then one can relax as well.

It can also be dull, for on a State Visit one simply does exactly as one is told, but I have found that if I have to do something that bores me to tears, it can become so utterly boring that it is funny and then I can begin to enjoy it. What is more important is that you do not want to disappoint the people who are looking at you by showing you are bored, so you will try to let them see that you are enjoying yourself. If they feel that they have made you happy then there is an exchange of happiness between you and you really do not feel so bored.

Our different State Visits took us to France, Germany, the Lebanon, Italy, Switzerland, India and Thailand. I never kept a proper diary and

I have already forgotten too much of the formal side of the visits. The things that stand out in my memory are the human incidents; the little events that made each visit different from the others.

Before arriving in France in 1956 I was told that the President, M. Coty, would decorate Palo and me with the Legion of Honour which was very nice and greatly appreciated. The only snag was that I refused to be kissed by the President, which is supposed to be part of the ceremony. Both Palo and our Foreign Minister insisted that I should submit, as it was not really a proper kiss but just a ceremonial touching of each other's heads, so I relented.

We arrived, and all the French State officials stood in a circle round us in a huge room while the President stood opposite us in the middle. He put the red ribbon over my head and onto my right shoulder and then gave me a smacking kiss on my cheek. I was rather surprised and at the same time a tremendous giggle rose in my throat because I knew what Palo was thinking, as he had convinced me that there was not going to be a real kiss. I thought I would pay him back so I put my arms round the President's neck and kissed him on both cheeks. There were cheers from the French officials, consternation from the Greeks and an amused and understanding twinkle in Palo's eyes.

The President impressed us as the most charming and polite old gentleman one could meet. His tact was remarkable. During one of the state receptions I felt the zip of my dress slowly coming down and I asked Palo in a whisper to step behind me quickly and repair the damage, which he did. The President was talking most animatedly to some people, with his back towards us, and we were sure neither he nor anybody else had noticed what had happened. When my dress was zipped up again he turned to Palo and said, 'I had to do the same thing quite often for my wife when she was still alive.' He had noticed! With great tact he had kept the guests occupied with his conversation to spare me embarrassment.

A cruiser of the Greek Navy took us for our State Visit to the Lebanon. On the way we could see the coast of Cyprus quite close by. Two

British aircraft buzzed our ship. Perhaps someone higher up in the British Command realised that this was not very polite for, on our return, the Commanding Officer of the British Naval Forces in that area asked if they could show honours to the King of the Hellenes. It was a strange sight to have Cyprus to one side of us, our ship with the Greek King on board in the middle, and two British destroyers, with the Greek flag hoisted ceremoniously on their masts, lined up on our other side.

Mr and Mrs Chamoun were our hosts in the Lebanon. We became personal friends with this charming couple and our visit was a highly enjoyable one.

Here in this beautiful country once lived one of the world's greatest poets, Kahlil Gibran. Writing this book I often think of his words, 'A voice cannot carry the tongue and the lips that gave it wings. Alone must it seek the ether.' Mrs Chamoun knew of my interest in the poet and my great love for his books. She gave me a marble bust of him which has stood ever since outside my door in Tatoi.

The President and his wife drove us all over their picturesque country and we noticed heavily armed guards wherever we went. Men with machine-guns stood, well hidden from sight, behind curtains and doors during our official receptions. We wondered what was going on. After our departure a bloody revolution broke out in which Mr and Mrs Chamoun themselves had to fight for their lives from their residence. Mrs Chamoun is as courageous as her husband. They must have known what was going to happen after we left but they never showed us any nervousness or unease. In one of the rooms of their residence my son had discovered a good supply of defensive weapons which gave us food for thought. How polite of Government and revolutionary to wait until we left before going for each other.

It was a long flight to Ethiopia. In 1955 Greece did not yet possess jet planes. We went very comfortably but more slowly by DC 6, a large four-engined plane.

As is customary the Imperial Couple received us at the airport and from there we drove in state to the palace in Addis Ababa. It was not a big town yet but already beautifully laid out. The inhabitants, especially the young people, were incredibly good-looking and gave the impression of being of a superior race. In this country, which is still full of possibilities for greater material development, the Emperor Haile Selassie impressed us as the most progressive man.

He is also a deeply religious man. When the Second World War had come to an end and the Italian occupying troops had to withdraw, the population wanted to revenge themselves on the Italian settlers in the country. The Emperor personally intervened by reminding his people of the teachings of Christ and by asking them to prove their faith and to practise forgiveness. He prevented a blood-bath and gained the gratitude of his former enemies.

Wherever we went with the Emperor he was always accompanied by a man who seemed quite different from all the other officials. He was strangely dressed, wearing a morning-coat with a white open-necked shirt. Palo and I were impressed by his benign expression. He never talked to anybody or took an active part in what was going on around him, but he was always there.

We were quite intrigued by this mysterious person but it was difficult to get any information about him, for people would avoid our questions. Eventually we found out the following story: when the Emperor was a young boy he had one great friend whom he loved and trusted and they were inseparable as children. One day his friend disappeared. For a lifetime the Emperor searched for him. After many years he was discovered in an obscure monastery where he had devoted himself to the mystical life. The Emperor asked him to leave the monastery and to share his own family life and since then he had stayed and never left the royal family. He was their friend, their helper, their ears, their eyes, their comforter and spiritual guide. He was an unselfish man, devoted to the spiritual life, who lived in this world without being of it. He lost his life when a group of rebels entered the Palace during a short-lived revolution. They singled him out from all the people present and killed him in front of the eyes of members of the royal family. Misguided passion has no respect for loyalty, friendship and spirituality.

The German State Visit was remarkable as far as the public was concerned, for they took a tremendous interest in our presence. I remember distinctly the industrial town of Essen where we were greatly impressed by the crowds that had turned out to greet us, and so it was in most towns, specially Hanover, Brunswick, Celle and Lüneburg.

Contact was more difficult with the German officials who were frightfully correct and ceremoniously on their best behaviour. Palo and I could not be happy and comfortable unless others felt at ease, but German government officials do not unbend easily.

President Heuss was our host. One of my brothers had told me that he had written a very interesting book. To make polite conversation at table I said to him, 'I hear you have written a very interesting book.'

'One book,' he answered horrified, 'I have written over twenty books.' I was checkmated.

Palo was not much more successful. We had prepared a beautiful present for Mr Heuss. We felt that he, being a classical scholar, would appreciate an antique vase and Palo formally presented him with this gift. The President opened the box. All the officials had fallen silent to give due admiration to its contents. The vase, our official present to the German Head of State, was in tiny little pieces.

As usual in an impossible situation we started to have a laughing fit. Palo managed to control himself until we reached our rooms and then we fell into each other's arms helplessly laughing away our predicament.

Chancellor Adenauer provided the human element during all the usual formal receptions. He was witty; his conversation was brilliant, if somewhat bitterly ironical towards those whom he did not like.

He had heard that a member of our party possessed a tear-gas pistol in the form of a fountain-pen. He was very keen to own one himself. During one of the official receptions I said to him, 'I have got it for you. How do you want me to get it out of my bag without anybody seeing it?'

'Well,' he said, 'We'll ask your husband and your four tall brothers to stand around us like a screen, then I can take it and nobody will have seen a thing.' This is what happened. We all went into a huddle like professional footballers and the tear-gas pistol was successfully passed from my handbag into his pocket, where it stood out like a rather large fountain-pen.

Wherever we went there were friendly laughing faces. It was as if people wanted to say, forget what happened during the war. We love Greece and the Greek people. The invasion of Greece during the war had been very unpopular with the German public. The German intellectual world is strongly Greek orientated and knowledge and love of our classics have made Greece a true 'dreamland of their longing', I quote the name of a German cultural film on Greece.

We left, greatly pleased to have re-established happy personal relations with a land traditionally pro-Greek, a land in which I was born, and which, through a freak of history, had brought so much suffering to Greece, the country of my love.

The Swiss people have always been extremely friendly to my family. Some members of the Greek royal house have lived in Switzerland for many years. Both of us have been in hospital in Zürich, Palo for an eye operation and I to have the hearing restored to my left ear.

It is very pleasant to go for a holiday or for your health to Switzerland, as the press will respect your privacy. Discretion is so intense that you could be in the same hospital with your brother and not know it.

We were amused to hear about a conversation between two old nurses over an official bulletin in the press after my husband's operation.

First Nurse: 'The King is not called August. How can they write such nonsense.'

Second Nurse: 'They must have made a mistake in the name. We'd better ask the director to have it corrected.'

The bulletin was in French and said, '*L'auguste malade. . . .*'

The Swiss State Visit was remarkable for its lack of protocol. It was more like a family visit, apart from our very official and colourful entrance into Berne. We were put into a horse-drawn carriage and driven in state through the beautifully decorated town. We could not believe our ears when suddenly, amongst the cheers, we heard a loud,

'*Zito o Vasilefs!*' We believed our eyes still less. There was Sir Clifford Norton, our friend the former British Ambassador to Greece. He was on a holiday in Switzerland, heard of our arrival, and mixed in the crowd to shout 'Long live the King' in Greek.

My husband visited many army installations and I was shown social welfare projects and children's homes. While walking through a watch factory our foreign minister was heard by my son saying, *sotto voce*, 'I would rather be a shepherd in our mountains than have to do this work!'

By the end of our visit protocol had completely disappeared, so happy and relaxed were we all.

Italy was perhaps the most formal of our State Visits. It would have remained rather impersonal had my husband not decided to speak in Italian when making his official address. This captured the imagination of the Italian people and gave our visit a warm personal note.

We lived in the King's Palace, now used by each President of the Republic. Protocol was very severe. Everything is as it used to be during the time of the royal family. The servants are dressed in the same liveries, the Royal Guard is to be seen inside and outside the Palace, the plates, the glasses, the knives and forks, everything still has the King's crest on it.

The President's wife was a most charming lady and she and I became very friendly. She took me to some of her very well organised children's centres. She was pretty, modest and always ready to be of help and to make us comfortable. I had a feeling she was somehow embarrassed to find herself in this enormous old building, which made her seem still more sympathetic and human.

Different members of my family have lived in Italy on various occasions. We were happy to have Queen Elena as godmother to Sophie. Even after the war had started she sent us a message and a present to her little godchild. The country and the people have always been hospitable to us. There seems to be a natural friendship between Greeks and Italians. That anything could have disturbed it in the past seems almost incredible to me today and as unreal as a bad dream.

Our State Visits to India and Thailand were completely different from the more standardised visits to the European capitals. In Asia there is not such a rush. Your hosts understand much better that you do like to sit down sometimes and have a rest. It was comforting to be surrounded by officials who really tried to understand what it was we should like to see, and whom we should like to meet.

Although our stay in India and later in Thailand were only too short, I learned to love both countries and was determined one day to return, to get to know the people under less formal circumstances.

In India our host was the President, Professor Radhakrishnan, the famous exponent of Hindu philosophies. With a modesty typical of what one attributes to a real philosopher, he lived in the smallest room of what was once the Viceroy's Palace.

Irene had carefully read all his books and she told him that they were so difficult to understand that sometimes, in spite of her interest and determination, she would fall asleep. The President had a wonderful, dry sense of humour. At the beginning of his formal address to my husband, he said, 'Your Majesty, before I salute you I would like to ask pardon of Princess Irene and hope she will stay awake until I have finished my speech.' Later the President presented Irene with all his books, specially autographed and spiced with small amusing comments.

My husband created a stir of amusement when he said how happy he was to be the first Greek King to come to India by invitation. He referred to Alexander the Great's invasion of India, some two thousand years ago.

Prime Minister Nehru impressed us with his incredible charm. Some people told us that he could be very disagreeable but we saw nothing of this. We sometimes noticed a certain preoccupation in his expression but who would not have problems in such a complex position? Irene and I immediately took to his daughter. She was reserved and serious but a quick smile would beautify her sensitive face and reveal a warm personality.

Mr Krishna Menon, the former representative at the United Nations as well as a former Minister for War in India and a great friend of

Prime Minister Nehru, was absent from most official functions. Many European statesmen considered him the black sheep of India owing to his left-orientated political outlook, but he had been helpful to Greece at the UNO over the Cyprus question and Palo and I wanted to meet him again. We enquired of Nehru what had happened to him. 'You want to see him?' Nehru asked, surprised.

'Of course we do,' Palo answered. A delighted smile lit the Prime Minister's face. 'It shall be done.'

Mr Nehru gave us an official lunch at his residence. Very many maharajahs were present, most of whom had official positions in the new administration as governors of their former states. At the end of the table sat Krishna Menon. Only Palo and I talked to him. Not one of the Indian V.I.P.s addressed him, perhaps because they considered him a communist, but Nehru was happy to have him there and we were happy to see him. He had been good to Greece.

I should need a whole book to describe what we saw in India. We walked barefoot, arm in arm, through the Taj Mahal. 'Will you build a monument like this when I am dead?' I teasingly asked Palo.

'Certainly not. Beautiful as it is, we want to be under the open sky in Tatoi, so that the deer can walk over us and the wild flowers can come out in the spring.'

'I agree.'

We visited ancient Hindu and Buddhist temples carved into the rocks and we stayed at Government House in Bombay, Madras and Calcutta. Mrs Pandit, the Prime Minister's sister, entertained us in Bombay. She had been President of UNO when Palo addressed the delegates during our American State Visit and she was now Governor of the Bombay region. She is a great woman, of tremendous charm and intelligence. Her house was beautifully kept and she gave us our first all Indian meal. I have loved Indian food ever since. After the official receptions we would sit with her and her family and talk to each other as real friends. Another highly educated and intelligent lady Governor was our hostess in Calcutta, Mrs Naidu, the daughter of one of India's greatest women poets. Both became devoted to Palo, who was equally charmed by each one of them.

It is remarkable to observe the high standard of conversation in these Indian households. Their knowledge of philosophy and religion is more profound than that of some people in the West. Their sense of morality, of honour and of the true mission of womanhood is still part of their ordinary outlook on life. When we see what goes on in our modern society can we believe that they are wrong?

From India we flew to Thailand. The first impression we got there was that everybody was smiling. The children, as in India, were my complete delight. While in India they simply break your heart by their oriental beauty, in Thailand they charm you by looking like benign little statues of Buddha.

The King and Queen are a remarkable young couple. In spite of the fact that tradition demands that their subjects kneel in their presence, both travel quite simply by jeep through their country to visit the remotest villages. Protocol at court is one thing, contact with the simple people in the villages is quite another. The one is paying homage to what is best in a people through the person of the King, the other is the meeting of a father and mother with their family.

Both the King and Queen of Thailand are extremely serious in their conception of their mission. They seem to combine successfully a modern approach to the problems of their people, with the duties imposed upon them by ancient tradition.

Our stay with them was too short for us to get to know the country and the people but it was enough to form a friendship based on an understanding of each other's mission. As the Kings and Queens of two modern and progressive countries, each heavy with ancient traditions, we knew it to be our duty to try and equate with modern material progress without sacrificing the wisdom of our forefathers.

17. The King

PALO and I often discussed our job. I once asked him what our people thought of us as we went about among them and he answered that it usually depended on their own wishes. They saw in us what they looked for in their King and Queen. He believed that, to most of them, we represented the Father and the Mother. Even when I was quite young the old men and women in the villages used to call me their 'little mother'. I remember Sophie, at ten years old, being upset when she heard them. She clutched my hand crying, 'You are not their mama. You are mine.'

The Greek people humanise the remote royal office into an object of personal love. Even in their religion they like to use a loving familiarity when, instead of calling the Virgin Mary the Panagia (The All-Holy One) they often call her Panagitsa (which means Little All-Holy One). Politicians saw the King as the strictly Constitutional Monarch, and he was careful never to overstep that line by even an inch. Under the Constitution the King has three rights: one is to give decorations; the second is, through the Prime Minister, to dissolve Parliament, under the constitutional safeguard of new, free elections within a certain time; the third right is to give Grace. Here Palo usually followed the advice of the Government-instituted Council for Grace, but the King is not bound by its advice. That is to say, if someone is condemned to death or life-imprisonment and the Council advises him against giving Grace, he can nonetheless still give Grace.

Palo felt the responsibility for giving Grace very keenly. When I was Regent in his absence he gave orders that all such cases should await his return. He did not wish to lay this burden on anyone else. I can recall a number of cases where he exercised the right. There was a time when he got into trouble with the Army leadership for having given Grace to an old man of over seventy, who had been blackmailed into helping the communists. This man had a brave son fighting in the Army. There was also the case of some peasants who were condemned for having given their wheat to the communist guerrillas. They would have been shot under the Greek emergency law. He gave Grace as he felt sure that the communists had simply taken the wheat. There was the owner of a factory, supposed to have given part of his stock to the bandits, who, like so many others, was pardoned. These cases were very delicate, as the atmosphere of the communist war created so much bitterness and confusion. On the whole it was wise to listen to the advice of the Council for Grace.

We used to talk about what influenced him when he had to take decisions that others would find very difficult. The question was, where to refer the problem? To the personal ego self, or to that higher part, anchored in truth, which we recognise when we ponder deeply with our whole mind. Palo felt that he had a well-established reference point for right and wrong inside himself and that decisions referred to this would carry at least some element of truth. A decision taken by the ego self might sometimes be more popular and, therefore, a self-expedient one, but that must never tempt him.

Palo believed that a king, in addition to having an ordinary education like everyone else, had to educate himself in the knowledge of man as a truly spiritual being and act accordingly. When I compared this idea of kingship to that of priesthood he answered that in ancient days the king and the priest were combined in one person.

History has moved away from this concept and the two offices are properly separated today. Similarly, in a democratic society, the belief in the divine right of kings has duly disappeared. This does not, however, release a king from the duty of searching most deeply and questioning himself most profoundly, to find the true and right course of action.

Like a good priest Palo sought to minister to the hunger for simple human understanding in other people's hearts, but he also thought that every man and woman worth anything should try to do this too.

We taught our children to look into people's eyes when they greeted them, and to smile when they passed them in the street. We explained to them that this meant giving people the food that the spirit needs. It was to give them a feeling of responsibility in dealing with other people. We often noticed that some shake hands and do not look at the person they greet. This offers such an unsatisfactory experience that we did not want the children to pick up the habit.

We agreed that we had a strange feeling every time we were surrounded by a happy, cheering crowd. We felt that we must say, 'Thank you, God bless you,' inside ourselves. It was the only way of not accepting for our own egos what had come from the people's highest self. This gift had to be given back to them unspoiled, through a smile and an understanding, loving word. It was also the only way of not getting tired, when driving through one township after another for many hours a day. Covered with dust in our jeep, travelling over roads that felt like dried-out river beds, it amused us to think that in some parts of the world people believed we wore crowns and lived in utter luxury.

We loved our job as long as we could be of service to our people. Neither of us liked the official, ceremonial part of our life. There was luckily very little of it. Most of our time was spent in the country, visiting the people, and receiving new inspiration from our association with them.

Palo was known as the happy King. His ready smile and happy laugh lifted everybody who met him out of their everyday drudgery into an optimistic mood. He loved his family. His moral strength and quiet gentleness made most people, and especially our children and myself, his ready slaves.

Either he was born unselfish or, long before I met him, he had overcome his selfish nature and could now radiate his inner strength untarnished onto others. This had its effect on our politicians. They felt secure in giving him their confidence for they knew he would never use their own weakness against themselves. He listened well and commented little, seldom expressing his opinion but giving such sympathetic attention to whoever talked to him that usually people left his room feeling better about themselves and more able to look at their problems with a wider and deeper understanding.

He had the same effect on me. I was always full of ideas, practical or unpractical, I did not know, but Palo was there as a fixed standard for me. I could test my thoughts out on him and he either approved or told me to think again.

He did not have to go through all my mental and intellectual agonies. He was sure of his own instinctive knowledge and believed in what was best in him and in others. He believed in it without doubt and lived it courageously without hesitation.

In our free time our children and I would collect in his room to gossip and discuss things. It was important to all of us to know what he thought and what he wanted us to do but he never imposed his opinion. On the contrary, he let us develop our ideas and interests as each one liked best.

He loved outdoor exercise. He rode, played squash and tennis, swam, sailed and walked for miles. In later years when he had less time, he enjoyed tidying up the trees in the woods surrounding our house. He did not like the undergrowth to get too thick as he wanted the forest to give you a feeling of throughness, where at any moment one might see a deer. No one was ever allowed to shoot on our property. Palo felt that here, amongst his family, the animals should be safe and find true sanctuary.

It used to be a great occasion for me when, every spring, Palo brought me the first wild orchid he had found. I would put it in a glass next to my bed and watch the small plant produce one mauve flower after another. Usually it developed five buds on one thin green stem. Every year we hoped a sixth bud would come out, and when it did our joy was mutually great.

Tatoi, our country place, is fifteen kilometres to the north of Athens. It is a simple country house built by Palo's grandparents, King George and Queen Olga of Greece. The estate is mostly forest and the trees are young as the whole property has been burned down twice; once during the First World War and again, just after the Second World War, when the communists deliberately set fire to it.

When we came back from Egypt and saw the sad black remains, little Irene, aged four, must have noticed Palo's expression of distress. In order to comfort him she said, 'Don't be sad, Papa, this is only because of the war.' Palo asked her, touched and amused, 'But what is the war, Irene?'

'The war, Papa, that is Mussolini's wife.' Quite a good description we thought.

Palo's study in Tatoi is a mixture of writing-room and drawing-room where we would sit around the fire in comfortable armchairs and eat our evening meals. Having to live an official life made us avoid officialness at home so we did not eat in the dining-room but preferred the cosy atmosphere of Palo's room. The evening hours were the time we liked best. Palo was relaxed and free from his daily problems. He did not carry his worries into his family life and he often told me to relax, to switch off and only to pick up the problems the next day when I could do something about them. He said to me, 'To worry is weakness. To plan is strength.'

Where I would quickly make up my mind he would take his time, carefully weigh things and then make his decision without hesitation and in perfect wisdom.

Whenever there was a tremendous political crisis on, and there were many, everybody around us would get terribly flustered, but not Palo. He would say to me, 'Don't worry, we just wait. Things change within hours as the people involved change their minds rapidly.' He gave me an example: he had asked one of our politicians, 'Why do you have this special opinion today, when you told me just the opposite yesterday?'

'But that was yesterday,' came the perfectly honest and straightforward answer.

A prime minister was extremely agitated during an audience. His government depended on the co-operation of different parties. 'Mr X has sent his resignation. The government will fall,' he complained to my husband.

'If you accept his resignation Mr X will never forgive you,' Palo answered. The government was saved.

I thoroughly enjoyed sitting opposite Palo during official dinner parties. He knew that when I was bored I would invent some silly story to make my neighbours react into conversation. While talking to his own dinner partners he would listen carefully for any exaggeration I might be producing. One day I had a specially dull foreign potentate sitting next to me. To everything I said he only answered yes or no, so I invented the following story: 'A friend of mine was swimming with us in Corfu. By mistake he swallowed a jelly-fish. This jelly-fish produced babies in his tummy and they had to be removed by caesarean.' I must say my neighbour was really very interested and conversation now became quite easy. I looked at Palo across the table. He did not look at me but both his ears moved dangerously up and down, a sure sign for me that I had gone too far.

Palo knew how to get his own way without futile arguments and discussions. Once during the communist war, the Army had planned an important offensive to dislodge the communists from a mountain range where their headquarters were situated, and the attack was planned for the early morning. The evening before Palo visited our soldiers in their entrenched positions. He deliberately did not take an overcoat, so as to give the impression to the overconcerned military authorities that he would return that very evening but when he got there he stayed. The soldiers, knowing of his presence among them, were greatly encouraged and in no time the news spread to the communists and helped break their morale.

At another time during the same period Palo was as usual driving in his jeep. I was next to him and the American General Van Fleet sat at the back. It was a hot and dusty day. For our protection against guerrilla attacks we had armoured cars in front of us as well as behind us. We wanted to visit a mountain village and the convoy was taking us the long way round. Palo knew a short cut so, fed up with all the dust we had to swallow from the cars in front of us and suspecting that we might not be taken to this village at all, as it had served as a communist headquarters, he simply left the convoy and took the short cut. We were now the first car in the row and we arrived safely. Van Fleet got out of the back of the jeep, went round to my husband and said, 'Sir, you know as well as I do that this road has not been swept of mines. If you weren't the King I would tell you exactly what I think of you.' Palo just smiled and continued to take calculated risks.

He and his party were observing the progress of a battle from a small hill-top. The supporting aircraft knew of Palo's presence and, after each successful mission, flew low over the hill and waggled their wings in enthusiastic salute to the King. It made the enemy suspicious and he sent a barrage of shells to the very spot were Palo had been standing a short time before. Several people were injured. The commanding Air Force officer escaped a severe reprimand only thanks to Palo's intervention on his behalf.

The part of my life with Palo which I liked best was to sit next to him in his jeep and to drive all over our country on good and bad days. They were long drives in conditions of great hardship and discomfort. Sometimes we were covered in dust, nearly passing out with the heat of a Greek summer day, or we were drenched with snow and rain, frozen to the bone, while driving from village to village in Thrace, Macedonia, Epirus or the Peloponnese. We never travelled by closed car as it would have prevented us from having personal contact with the people. Even during the worst period of the war we walked on foot through all the villages. Palo was lucky as his height of 1 metre 93 centimetres saved him from being smothered by the enthusiastic crowds. He usually towered far above their heads. It was more difficult for me, for, being of smallish stature, I usually had to be saved by some strong arm from being squashed.

Palo's height, his broad shoulders, his sunburned face and high forehead made him an impressive figure which could have been overpowering, if his greyish-blue eyes had not radiated so much sympathetic understanding and heartfelt human kindness. He was always ready to laugh with people but never at people. His deep voice carried the sound of comfort but never of malice. He quickly forgave other people's transgressions but did not tolerate flattery easily.

I remember an incident during the visit to a disaster area in the Ionian Islands. A bad earthquake had destroyed the towns and villages on Zante and Cephalonia. We were suffering from shock after arriving at Zante by destroyer and seeing the whole town in ruins. We could not find a single familiar landmark while our ship moved towards land. Smoke and dust had covered everything. The silence and the stench of death seemed to accuse the living for still being alive. We walked through the ruins, trying to comfort people, knowing that under such tragic circumstances only an understanding silence was acceptable.

Palo walked ahead of me, surrounded by crowds of heart-broken people. An old priest threw himself sobbing into his arms and I heard him say, 'I can't any more. All day and night I have walked from house to house, from village to village burying people. I'm too old. My health is broken. Take me with you on your ship, far away from here.' Palo put his arms round the old man and together they walked across the ruins, while Palo, by asking him questions, managed to get him interested in his mission again. By the end of the day the old man was ready to stay on and to carry out his duties.

During that same day a high Church official wanted to ingratiate himself with the King and started to make a long speech, greeting him and praising him to the skies. I saw Palo getting more and more angry. He said to me in German, so as not to be understood, 'I wish that fool would stop talking about me and tell me something about the people and their problems!' To our horrified surprise the dignitary stopped his tirade, turned to Palo and said in perfect German, 'Be patient, Your Majesty, I have nearly finished.' Then he went on praising the King as if nothing had happened. In spite of the tragic situation I had to laugh over Palo's momentary discomfort.

The earthquake that destroyed these beautiful islands occurred in early summer, 1954. My brother, Prince George of Hanover, led a team of young students to Cephalonia. From all over Europe volunteers answered his call for help and offered their services to rebuild the ruins. A summer in Greece is really very hot, and the nights bring no respite. We saw these boys and their leader move stone after stone with their own hands until a house had been built to give shelter to the old people of the town. Many of the boys suffered from the heat and the unfamiliar food but none of them left until the work was done. Before their departure they were given a medal by my husband in recognition of their good Samaritan work.

Sometimes a quick answer of Palo's would relieve a tense situation. On one of our long tours through the country we had passed many villages and listened to innumerable personal complaints and requests. One elderly man tried to get Palo's attention. He shouted from the back of the crowd that surrounded us, 'Your Majesty, you must listen to me because for many years I have been an orphan!'

'So have I,' was Palo's dry answer, while he turned to listen to more needy people. The whole crowd burst out laughing and clapped and cheered.

Driving through the country our talks were continually interrupted by demanding crowds but their effect on us somehow made us feel still closer to each other. Our love for each other and our love for our people would intermingle and give a sort of family atmosphere which you do not find easily in other countries. Palo would be happy and feel far away from his every day political drudgery and we would talk more easily together than we could at home, where we were always so busy. He would be able to give me his advice more readily and his advice was always wise and well thought out.

He knew that I was easily excited over some quick success in my welfare programme or at having been proved right in some argument with slow-minded officials. He said to me, 'When people are in the wrong and you have been proved right, don't ever say, "I told you so" as they'll never forgive you. Make them feel that it has been their brilliant idea from the beginning and that you meant the same as they did, only expressed it differently.' And, 'If you have had a success, thank people for all the things they most probably never did for you. It'll make them feel part of the success and not left out.' Or 'Don't ever remind people of having done them a good turn. Make them think they did it themselves. Gratitude is too heavy a burden for most people to bear.'

Palo was very wise and I was always learning from him but he was so modest that people often thought I ran the family. This distressed me but it did not bother him. 'People do not have to know everything,' he would say. 'I enjoy it this way.'

We were often in the mood for reminiscences during these long trips through the country. Feeling more relaxed than in Athens we used to laugh over some of the amusing incidents that are bound to happen in a hectic and eventful life like ours. There was the night when Palo drove our motor-boat onto a sand bank by mistake. I had been asleep at the time. He had opened up the floor outside the cabin door to remove the weights from the bottom of the craft. When I got up to see what had happened I fell right through the open floor and he just laughed. In the jeep Palo laughed again, 'Why didn't you look where you were going?' I wondered how I was to know that there was no floor outside my door! He reminded me that at sea one must get used to any emergency.

I had to learn this many years ago. Once I awoke with the ship's bells ringing and I heard the engines of the destroyer on which I was travelling come to a sudden stop. I opened my cabin door and saw a young sailor who was standing guard in front of it. I asked him what was going on. He looked at me with big round eyes and then, in order to calm me down, he said, 'Don't worry at all, it's nothing. There's only a fire in the ammunition stores!' I withdrew quietly and got dressed in a hurry but soon everything seemed under control.

The gaffes we had made were always a source of amusement to us. Palo thought that my masterpiece was a mistake of mine at the British Embassy when I was still quite young and my English was not too good. We had been invited to a wedding reception. The civil ceremony had been performed by our friend Sir Clifford Norton, before our arrival. Palo could not believe his ears when he heard me ask the Ambassador if the marriage had been successfully consummated! I still blush when I think of it. Sir Clifford had come to my rescue and suggested that what I had really meant to ask was, had the marriage been successfully consecrated? He was right of course. I had mixed up the words. Luckily no one else heard me as we were still walking up the steps.

We would sometimes think back over the difficult days in North Africa during the Axis War. Figures from the past would come into our minds and we would wonder what had happened to them. I remember discussing a communist driver Palo had in Egypt. He was a simple creature and he had amused my husband. It had only become embarrassing when Palo found out that every time we drove from Alexandria to Cairo and vice versa, he had communist leaflets stowed away in the back of our car. At first Palo tried to ignore even that, but it became impossible when, after a visit to our troops in the desert, he and Potamianos, his A.D.C., had heard things bumping around in the boot of the car. They had stopped, opened it up and found loaded hand-grenades inside, which the driver had stolen from the battlefield. He was using Palo's car to transfer them to Alexandria. Palo had to let him go after that.

Once Potamianos found him lighting two candles in a church and asked him, 'What are you, a communist and atheist, doing here in the church and who are the candles for?' He answered, 'One candle is for Stalin and the other for my Crown Prince.' Because he was such a simple-minded person Palo thought he might be safer with him, as he was bound to get into trouble on his own, but after the incident of the grenades we never heard of him again.

Thinking of this man I asked Palo whether the time would ever come when people could deal with each other from a purely human point of view and not have to take into consideration rank, race, religion or superficial political ideologies.

Palo felt that he could even love the Russian people very much, as well as many others that live behind the Iron Curtain. 'They are natural and uncomplicated like you and me. They aren't ashamed of their feelings and neither are we. We still laugh and cry together with our people, which is why there is such a bond between us.' He believed that if only the philosophy of hate could give way to the deeper understanding of Oneness, which we and our children had found, then the world would be a happier place to live in. This understanding would gradually develop among nations, as it would within individuals, but whoever could not rise to it voluntarily because deep within himself he wished for it, would then, all the same be forced into it, but now by outside events. The worst enemy was egocentricity and it was just in this that he saw our people's greatest danger. Unless we learned to grow from within, to overcome our inborn ego-consciousness, suffering would always be acute.

Palo and I had learned to like and respect certain Iron Curtain diplomats. They had been approached by me to find a German first cousin of mine who had been missing for over seven years. 'I cannot buy him with any political favours as I am only the consort of the Constitutional King,' I told them. 'I love my cousin and want to see him again. That is all.'

A few months passed and then my cousin returned, healthy and happy, to his mother in Germany. I received the news when we were just going to an official function. Palo noticed my emotion and asked what had happened and I showed him the telegram announcing my cousin's safe arrival. His face broke into a delighted smile, but then he said, 'For goodness' sake stop crying, we have to show ourselves now. People may think, looking at you, that we have had a family row,' which promptly turned my tears into a happy giggle.

Soon afterwards I heard that one of the diplomats involved was to leave Athens for his homeland as his diplomatic mission had come to an end. I asked to see him. He sat opposite me in my sitting-room in an armchair and did not open his mouth.

'I have asked to see you,' I said to him, 'because I want to thank you for your help in bringing my cousin back to his mother.' There was still no reaction. 'I do not know where you are going now or what your future life will be like but there is one thing I want you to know: no matter where you are or what happens to you remember that there are two people in Greece, my husband and I, who will always think of you with affection because they know that you are a good man.'

He still said nothing. I only noticed that he was breathing deeply. Then he got up, grabbed my hand, kissed it hard and walked out, never having said one word. I wept and perhaps he did too.

Much later I received anonymously a beautifully polished wooden box. Was it from him? It must have been.

Since the days of Byzantium Greek Kings and Princes have not worn a visible crown. They must learn the hard way, deserving their kingship and winning it inwardly so that it will shine all the brighter before their people's eyes.

A king must educate himself not only in the knowledge of world affairs but also in the philosophical knowledge of who and what he is. Mere investigation and theorising about the world around him will come to nothing as long as he does not make an effort to find out what his very essence is. Most people are either too busy or set in their ideas to make this effort. They, unfortunately, will remain the easy victims of our outlived 'isms' and escapist philosophies. Kingship was a sacred responsibility to my husband. He consciously combined the duties of a king with those of a priest, who has to bring healing to tormented souls. The first is a job inherited and undeserved. The second is an inner mission which has to be learned in order that it may be felt by others. I have seen his inner strength and goodness work its magic upon people. Thousands within a crowd surrounding our car would look at him and see their better selves reflected in his eyes. This was his way of nourishing their hungry souls. A king must know that he acts only as an intermediary to whom his people give their best, and he returns their kindled spark to that far greater source from which we all draw our light.

18. The Family

Our three children were sometimes called by me the monkeys or the mousies, but they refused to accept these doubtful but loving nicknames. They would firmly insist they were neither mousies nor monkeys, but Mama's and Papa's blessings. To discuss things with our children was a source of happy amusement to Palo and me. Our children were and remained a blessing to us. They grew up with a tremendous sense of responsibility towards our country and towards their parents and they were never a problem to us. On the contrary they helped us and shared our thoughts, our disappointments and our hopes. We discussed everything within the family, usually at meal-times. Unless we had guests, lunch and dinner were family affairs when we were completely alone. As a rule everybody talked at the same time about several completely different subjects: school, politics, philosophy, religion, dogs and horses. Any outsider listening would have thought it incomprehensible but we were so used to each other that it was easy to catch on to the different lines of thought and discuss several subjects simultaneously. All three children grew up with a healthy philosophy of life and what we had had to learn from experience came quite naturally to them.

Irene when four years old said to me one evening just before going to sleep, 'You know, Mama, I love you much longer than you love me; and I also know you much longer than you know me.'

'How is that?' I asked her, rather surprised.

'Well,' she explained, 'when I was up there with Jesus, I saw you down there and I said to Jesus, "Jesus, that is the woman I love. I want to be born in her." ' Perhaps little children bring into this world memories of former incarnations that disappear in later years, to save them from the burdens of the past.

Irene came into my room one day and, in conversation, happened to mention that she and Tino had seen a fairy flying around outside the dining-room window. She was not a bit excited about it, as if it was a normal thing to see a fairy. Maybe for some children it is. 'What did it look like?' I asked her.

'It had white wings, short hair and was wearing tiny little black bathing-pants.' I was curious to hear what my son had to say about this. I found him playing around the stables. 'Tino, what did you and Irene see?' Without looking up he explained, quite unimpressed, that they had seen a fairy with white wings, short hair and black bathing-pants, outside the dining-room. I left it at that. When they grew up both laughingly refused to accept the story insisting that it must have been a butterfly.

The other day my little grandchild, Alexia, told me that at night she had got out of her bed, looked through the window and seen all the fairies dance on the grass in the moonlight. 'They did not see me,' she said, 'otherwise they would have run away.' She may have dreamed it. How should she know the difference between a dream and ordinary life? Children move in a world of poetry where beauty is not spoiled by logic and where romantic imagination is living experience.

The greatest evil I have seen was little children who could not smile, whose dreams were turned into a nightmare by our world of grown-ups. They streamed into our Homes looking like old men and women, wise beyond their years and sad beyond all tragedies within this world. Often we left our children, to hold them and give them of our love so that they might smile again. Two weeks of gentle care would bring laughter back into their lives. Perhaps some special fairies played with them at night and changed the horror they had seen into a game of light, where shadows die and evil cannot live and where the morning brings new hope, new happiness and joy.

Sophie sat on my lap. Opposite us Palo was reading a newspaper. 'You know, Mama,' she said, 'I think we have the nicest Papa in the world.' Palo's face could not be seen. He did not comment, but the paper shook. Was it laughter or emotion? He never told me.

One evening all three children trooped into my room and I could see that they had a problem. 'Mama, the priest tells us God blew into a lump of earth and the first man was made. Then he took a rib from this man and made his wife. All of us are supposed to be their children, but the teacher tells us we come from monkeys. Who is right?' This was quite tricky, so I asked the children what they themselves thought about it. 'We think we come from the monkeys,' was the answer. This was not exactly flattering to their parents and ancestors, so I felt I had to give some explanation. I told them how life evolved from out of the sea, looking first like an amoeba, then a fish, a reptile, a monkey and now, eventually, like a human being. I told them that we only looked like these stages in the past but never actually were a fish, a reptile, or a monkey. We may not be what we look like now, but still evolve into a more God-like being. Once part of God is in us, it must want to resemble God himself more and more. In nine months a baby within its mother evolves through all these stages until it is born a perfect human being. So we also evolve through many stages until we become a perfect being. The children were satisfied and never troubled about this problem again.

My family never believed in Hell or the Devil. I do not believe there is an evil power, as such. There is just 'not knowing the good'; the 'All-Power' cannot be limited by 'not knowing all-power'. One day this idea upset a member of the foreign diplomatic corps. He and I had a long argument on the subject. He was a deeply religious man in a strictly dogmatic sense and, to my amusement, he defended the existence of the Devil with great conviction, as if he was the Devil's advocate; he was himself a saintly and perfectly charming person, but he was upset, so he turned to my son, then aged twelve, and said, 'Prince Constantine, if there is no Hell then where do the bad people go after they die?' To Palo's and my utter delight, Tino answered promptly, 'They also go to Heaven but with a heavy heart!'

When they grew up our children became an immense help to us. Our daughters took over many of my duties. They too now travelled from one corner of the land to the other, visiting our far away villages and showing our people there that they were not forgotten. They did their job with a deep sense of service. It was not a formal service, where a royal presence is wanted at a formal function, but the true service from the inner self.

There is a special bond between each one of us. But the bond between Palo and Tino was unique. Apart from the purely human side it was specially close because of the job. My husband and I had full confidence in all our children. Our way of thinking, reacting and judging a situation was the same. All of us tried to act according to what we felt was the highest in us, and encourage the highest in others. The result was that Palo would often harm himself by doing courageously what was morally right, rather than what was personally expedient.

All our children had to learn, quite early, how to overcome their smaller selves. This cannot be done without tremendous suffering. They knew the way and walked it without fear. Today theirs is an inner freedom which no outer restrictions can destroy.

For years Palo worried that he might be overcome with emotion on the day when Tino came of age.

Tino had to take his oath to the King as an officer of the Greek Armed Forces. Everybody was in full dress uniform or evening clothes. The Government, the Armed Forces and Foreign Delegations were lined up all round the reception room in the old Athens Palace while Tino, in a slow and steady voice, took his oath. The flag was lowered and the National Anthem played. He then turned to his father, saluted and stood strictly at attention while my husband said these words to him:

'CONSTANTINE,

God has graciously destined you to reign over this glorious, gallant and noble Nation of ours.

This sacred favour given to you, is an outstanding mark of honour and a legacy of great responsibility.

As from this day, you shall be my partner in the endeavour to further the progress and well-being of my people.

I am confident that your love of the Greek People, equal as it is to my own profound affection for them, will bring you as great happiness as it brings to me. In paying the price of their glorious history and enduring the consequences of their age-long struggles even to this day, in defence of mankind, the Greek People have not as yet been able to develop their capabilities to the full and achieve the standard of well-being to which they are justly entitled. For this very reason, they deserve every mark of affection and regard and every act of sacrifice on your part.

Be a just, kind and indefatigable worker for the advance and glory of Greece.

Uphold steadfastly the Democratic Principles of our institutions and the Constitutional Liberties of our People.

Devote your life to the happiness of the Country. There is no task more noble and more important than this. *Always remember that it is preferable that the King should suffer than that the suffering should fall on the Nation and the Country.* Endeavour to show yourself worthy of the Greek Soldier whose leader you will be in the future. When the time comes, you will take your place at the head of the Greek Armed Forces, the bearers of a heroic and glorious tradition.

Keep them devoted to duty and battleworthy, the guardians of our tradition, respected by our friends and feared by our foes, the priceless jewel of a proud Nation.

May they never be forced to strike.

Be the protector and guardian of our Holy Church.

Draw your strength from the love between you and your people.

Redress offence by pardon,
Discord by unity,
Error by truth,
Doubt by faith.

I pray that you and my People may know days of glory in the noble struggle for progress and civilisation.

May God Almighty make you an instrument of peace and always keep guard over Greece and over you, Constantine.'

The Commander-in-Chief of the whole American Navy used Palo's speech as an order of the day to all ranks under his command, pointing out that this was what a modern King gave as advice to his son.

Father and son never looked at each other. They knew that if they did the emotion would be too strong and impossible to control.

They were both immensely proud of each other. It was a pride that had its root in deep mutual love and devotion. The King handed the sword to his son who accepted it, saluted and turned to leave. The Flag and Army leadership followed him out of the hall and into the Square. After laying a wreath on the Tomb of the Unknown Soldier Tino took the salute of detachments from the Armed Forces. He was now entitled officially to carry out his functions as heir to the Greek Throne.

Palo and I soon afterwards left for abroad and, for the first time, at the age of eighteen, Tino exercised the full responsibility of the Regency. He did it to perfection.

I firmly believe that most young people, if given the right education in responsibility towards others, can become useful members of our society at an early age. I do not mean that they need an expensive and therefore an exclusive education; I mean an education in the art of the Greek 'areti'. Education in the knowledge of excellence should not be limited to the few; a king should be practising excellence in kingship; a peasant should do the same in caring for the land and a workman should express it through the work of his hands. It is not where you are placed in life that matters, but how and in what spirit you do your work. It is the degree of excellence as expressed and understood by each individual which divides people into either an aristocracy or a proletariat of the spirit.

Ever since he was ten years old, whenever his lessons allowed it, Tino attended all his father's audiences and conferences, sitting quietly in a corner listening and learning. When he came of age at eighteen he was asked to give his opinion. Similarity of thought and co-operation of action made Tino his father's most trusted help.

Once, several years before Tino came of age, Palo and I were amused and surprised at his independence and enterprise. Palo was talking to someone who was being specially difficult while Tino was present. I can count on my fingers the times I have seen Palo angry, but this time he became terribly cross. When the audience was over and the individual left, Tino, without our knowledge, took a car and drove to the man's house. He calmly told him that he had no right to make his father so angry. The man realised he was in the wrong and sent his sincere apologies to the King. The incident was closed.

Our daughters would also come to my help if I was in difficulties. I had been greatly upset by the resignation of some of my closest friends and best helpers who, owing to some misunderstanding, felt that they could not carry on their work. Before I realised what they were doing, Sophie and Irene had both rushed off to deal with the situation and assure my friends that, even if others had made mistakes, they had my love and my full confidence. I was thus spared the distress of losing their co-operation.

Sophie has always been the home bird. She did not want to go to school abroad; however, my brother, Prince George of Hanover, had taken over the Kurt Hahn Schools in Germany and we sent her to Schloss Salem. Sophie actually enjoyed her time at school, where my best friend and sister-in-law, Princess Sophie of Hanover, looked after her. It is a co-educational school and we thought it the best system of education for responsible democracy.

I shall never forget the moment when Sophie and I had to part. My sister-in-law took her to Salem. Sophie was already sitting in the car when she opened the door and ran into my arms crying, 'Mama, Mama, I don't want to go.' We had to be physically separated as we were hanging round each other's necks, crying our eyes out.

Palo and I were highly amused when we were informed that the Greek teacher at school had asked that Sophie might not attend his lessons as she continually corrected his Greek and insisted that he pronounced every word wrong. The poor man used the Erasmus pronunciation which is considered incorrect in Greece. The children in her class, of course, believed Sophie and not the teacher. The result was complete confusion. Most of all she enjoyed the music of which there was a great deal at school. She and later Irene, too, joined the choir which was really professional in its quality.

Sophie always loved little children, especially babies. On her return to Greece she joined a school for nurses, got her diploma, and became a fully trained children's nurse. She served in the home for babies for quite a time, doing all the night and day duties expected of her. During her training she had to follow courses in psychology. When the pupils were told that even new-born babies have erotic feelings, Sophie was heard saying, 'I wonder which baby told that story to our teacher.'

Irene decided on her own that she wanted to follow her older sister to school at Salem when she was not yet ten years old. She joined a junior school, a little distance from Salem. She bravely left us and I saw her walking happily into the building with a whole bunch of other children. After three days I decided to see how she was getting on, so before leaving for Athens I passed by her school and looked through a classroom window where I saw her sitting among the other children writing a letter. She did not see me and, to my utter horror, she was crying. She had wanted to go to school so badly that against our will we had let her, and here she sat, crying heartbrokenly. Eventually she saw me and came out. She sobbingly pushed a letter into my hand and I read it then and there. To my surprise it said, 'Dear Mama. I am very happy here at school. Don't worry about me. Everybody is very nice to me. I know I chose well. Love. Irene.' 'Tell me,' I said to her, 'What do you want me to believe, your letter or your tears?' Still sobbing she pointed to the letter. Her tears were only momentary, she said. When she was very small and something frightened her or made her nervous, she would explain to us that she had a magic box inside her, which helped her when she was in difficulties, so I expect she also used it when she was homesick.

Sophie and Irene eventually finished their schooling with a highly educated Greek lady professor, who taught them ancient Greek, literature, history, art and archaeology. The girls even wrote two books on archaeology, having themselves done quite a lot of excavating near Tatoi.

My husband and I founded a school in Greece on similar lines to Schloss Salem, but for boys only. Here Tino was educated. I remember how sad he was on the day he left, over an incident that brought home to him the realities of his position. He came into my room and sat down very miserably. I asked him what was the matter. He said, 'You know, it is very hard to grow up,' and told me how he had been to say goodbye to Mr Young, the headmaster, who was also his English tutor, and to thank him for all he had done. 'Do you know what he did?' Tino ended, 'He stood at attention, he bowed his head and he said, "Goodbye, Sir." '

After he left school, in addition to his military training, Tino followed lectures at Athens University. This eventually became rather difficult as the students were only too often and too happily mixed up in political riots and strikes. It was inadvisable for the Crown Prince to get involved with these things and so he continued his lessons with some of the best professors we have in constitutional law, economics and history. All three children took a course in fundamental nuclear physics, perhaps in order to find out what their mother was talking about!

The whole family loves music. Bach is the favourite. Irene has inherited her talent for the piano from her father who, if he had had the time, would have been a great musician. We all lived by music. In every room a gramophone was playing, and often through the open windows Handel's 'Messiah' could be heard far into the forest. We could never hear it enough and Sophie and Irene could sing every note of it. Music relaxed us. Music inspired us. Irene has made it the mission of her life. She knows that her talent as a pianist is a gift from God, so she tries to acquire through hard work the technique needed, so that the gift may flow through her to others, undistorted. Music is the highest expression of the Divine in art, and true art must come from the Divine in the artist and touch the Divine in the beholder. Art that does not have this effect should not, I think, be so called, since true art should always lift people but never confuse them.

Some of the modern stuff we see in paintings or hear in sound relates to the torn soul of modern man and may be a true expression of our confused age but, to my mind, it should not carry the name of art. The poet said, 'Beauty is Truth'. He surely meant truth absolute and not truth relative. When the world has once again found an acceptable reference point and, from there, reaches out towards a true and healthy view of life, then I believe a new Golden Age of music, painting, sculpture and poetry will arise. Today all limiting rules have been abandoned but no new thought has harnessed the wild confusion. I believe that in art also, spiritually speaking,

> Another Athens shall arise,
> And to remoter time,
> Bequeath, like sunset to the skies,
> The splendour of its prime.

* * *

Sophie and Tino went to the wedding of the Duke of Kent in England. Tino rang us up and said we should be prepared for a surprise. Apparently Juan Carlos was paying great attention to Sophie which she did not seem to mind. Palo and I were horrified and delighted. We were delighted, as Juanito, as we call him in the family, is incredibly good-looking. He has fair curly hair which he personally dislikes but all elderly ladies, like myself, simply adore. He has dark eyes with long lashes, is tall and athletic and turns his charm on and off as he likes. But what is more important, he is intelligent, has modern ideas and is kind and gentle. He has enough pride to be a real Spaniard, but also enough loving understanding to be able easily to forgive other people's transgressions. We were horrified, not that it mattered to us personally, because he is a Catholic and we knew that before they could get married there would be tremendous discussions on this relatively unimportant subject.

Juanito, with his parents, spent the summer at Corfu, our summer residence. Palo and I mentally held each other's hands all through those weeks, wondering what would transpire. Corfu is the most beautiful place to fall in love. Nights are made more silent in a mysterious way by the chirping of the cicadas and the occasional hoot of an owl. Sometimes a bright orange moon turns the cypresses into Gothic-looking steeples that point towards the dark sky and remind us of the great stillness within our hearts. Corfu is a place for young people and we insisted on keeping it like that. Usually it was swarming with our children's young cousins and for Palo and me it was a real holiday. We followed their cheerful conversations at table as if they were scripts in a funny film and we enjoyed their crazy pranks.

One day two young cousins were expected, but no one went to the aerodrome to receive them. There was only a taxi with an incredibly stupid driver, who understood nothing the young men were saying to him and took them to all sorts of places but not to our house. The driver, as it happened, was my son in disguise. Another time when some young guests arrived, the house was closed and locked up. The butler had been instructed to tell them that the family had left for the summer and to offer to arrange for rooms in the hotel. We were all watching behind the curtains until we laughed so much that we gave the show away.

In the evenings after dinner Palo and I would lie in our armchairs on the terrace in the near dark and listen to classical music. Handel's organ concertos, Mozart masses, Beethoven, Bach and Chopin were favourites that recharged our spiritual batteries. The young people would slowly gather and stretch out on comfortable chairs to listen to the sounds that seemed to come from heaven and return to God who first inspired them. In this happy atmosphere Sophie and Juanito decided to share their lives for ever. We were intensely pleased though we knew in our hearts that the first break in our intimate family life had come, but we felt that as long as there was real love there would be no loss, as new loyalties when built on old ones add to their value.

Sophie's wedding was an enormous affair. After some terribly difficult conversations with individuals who tried to be more Catholic than the Pope, we sent Mr Pesmazoglou, Greece's brilliant lawyer, to the Vatican. The Vatican authorities confirmed our point of view which was that, since both parents had decided that the wedding should be in Athens, Sophie could be married as an Orthodox Princess in the Orthodox Cathedral, but since her husband was a Catholic we should have a Catholic wedding beforehand in the Catholic Church. We all considered it correct for Sophie, after she became a Spanish Princess and left Greece, to become a Catholic also. This is right and also a tribute to the people one serves.

It was a brilliant day; Sophie looked beautiful. Her dress was a dream of lace and over it, falling from her hair down to the ground, she wore my wedding veil, also of lace. A long train was carried by six bridesmaids among whom were her sister Irene, Juanito's sister, the Infanta Pilar, Princess Irene of Holland, Princess Alexandra of Kent and my children's best friend, Princess Tatiana Radziwill. Six young men held the crowns over the young couple's heads. My husband stood behind Sophie and Juanito and, at a certain moment in the ceremony, he held up both crowns and crossed them three times over their heads. It was a moving sight. Rose petals were showered from the galleries onto the couple and the congregation, which looked like falling snow against the brilliant light.

For the first time in our lives we, the family, had taken tranquillisers. We did not want to disgrace ourselves on this happy day. But Sophie was leaving. That thought could not be banished and had to be dealt with rather violently and, I am afraid, unphilosophically. She drove to church with her father in a beautiful coach pulled by six white horses. On the way back she sat with her husband and both times our son accompanied his sister on horseback, riding in full uniform next to the carriage.

When the moment came for her to leave the tranquillisers had given out and the result was according!

After a few days we did a terribly stupid thing. The young couple asked to see us before leaving for Spain and their long honeymoon round the world. I knew this would be a mistake, but we made it all the same. We visited Sophie and Juanito at the beautiful island home of Mr and Mrs Niarchos who had kindly put it at their disposal. We were happy to share their happiness for a short time, but when we left all of us cried for literally three hours, including Juanito who loves his wife very much and, having a soft but manly heart, cannot bear to see tears in her eyes. We thanked God inwardly that these two young people had found each other. All of us love Juanito most dearly.

We had tried very hard, ever since our children were small, to teach ourselves that they are not really ours. They are only lent to us, that we may teach them how to walk, but the walking has to be done by themselves. Parents are contradictory; we solve our emotional problems with our brains and know exactly what is correct and what is not towards our children, but all the same we make mistakes and suffer when they leave us.

During the reception at Sophie's wedding Tino would dance only with Anne Marie. I kept on whispering in his ear, 'Will you please also look after the other girls.'

'No,' he said, 'I don't want anybody else to get the same idea about Anne Marie as I have.' Here we were once again witnessing one of our children walking off without us.

We had met Anne Marie for the first time in Denmark when she was twelve years old. My husband then said to me, 'Look, she is like a butterfly. I hope Tino will marry her one day.' It seems as if once again father and son were of one mind.

During the summer of 1960 Tino decided to take part in the Olympic Games. For months he got up every morning at five o'clock to practise in his boat before his studies. There was no competition, because his boat was the only one of its class in Greece, given him by the Navy as a present for his coming of age, so he could not really find out if he was good enough.

The famous races took place in the Bay of Naples. We all, as usual, discussed everything together and agreed that the best attitude for him to have towards the race was to say to himself, 'I do not want victory for myself. I want to serve Victory. If it comes to me, all right. If it does not, I will still have served.' We decided not to pray to God as He could not possibly sit in one boat and lead it to victory, and the others would, no doubt, want God to help them just as much as we did.

Every day Palo, the girls and I were invited onto another yacht to follow the races. We spent hours at sea, hours of agony and suspense. Tino sailed like a young god and for seven days we watched, followed and tried not to pray. On the last day it was a race between him and the Italian competitor and we were on an Italian yacht. Nobody spoke. Palo and I sat close together and Sophie and Irene never stopped looking through their binoculars. We all knew what it would mean for Tino to win a Gold Medal. The Olympic Games were born in Greece, and here was the Crown Prince of Greece. If he won, the whole country would stand on its head with delight. Palo and I could not go on looking any more. We tried to think of other things, but it was impossible. The gun went off and Tino had won. Carl, Tino's cousin and best friend who had shared our family's life and Tino's school for three years, jumped into the water fully clothed with a huge bottle of champagne, and swam to Tino's boat. Sophie and Irene sobbed quietly into their handkerchiefs. Palo and I were in each other's arms. He told me to stop behaving like a baby, but when he took off his dark glasses a small river of tears poured from them onto the ground.

We arrived on land before Tino and waited for him while all the sirens were blowing and people cheering. In spite of having beaten their own champion, Tino was popular with the Italians and everybody shared his joy. He was one of the youngest competitors. The moment he put his foot on land Sophie got hold of a water hose and soused him from top to toe. Palo grabbed him by the shoulders and threw him unceremoniously into the water.

Tino knew that success can be as destructive as failure, unless properly dealt with. Over a drink at the Yacht Club we discussed this point and he decided to throw the victory out of his mind as if it had been won by somebody else. He rightly felt that only then could it be enjoyed without its affecting him.

That evening, like so many young Greeks in ancient days, he was proclaimed 'Olympionikis'. The anthem played, the Greek flag rose to the highest mast saluting the winner, the King's son.

I think Tino inherited his love for the sea from his father. Palo was a born sailor who handled a boat as well as any naval officer. He knew the coast of Greece by heart and could recognise landmarks at night when others would consult charts and make complicated calculations. Our sea is quite tricky. One has to know it well to avoid getting some unpleasant surprises.

Palo decided it would be fun to go in his open crashboat from Faleron to Rhodes. Thank goodness the weather was fine and after many hours at sea we arrived safely, but on the way back things changed and we met high seas that got steadily worse. Palo's chair was screwed into the small mast. He tried with all his might to keep the boat from being turned over. The wind rose to force nine which is a bad storm, difficult to ride out in a big ship. For our small, flat-bottomed craft it was real disaster. I sat on the open deck near Palo trying to hold on for dear life. The boat was continually being thrown out of the sea by the huge waves, to come crashing back, sometimes partly on its side. We were in constant danger of breaking up. The heavy waves rolled over us, sometimes so dark that there was no white spray or blueness to be seen. There was just black water through which we dived, trying to catch a breath of air between the avalanches. Sometimes I would stick my head out from behind the windscreen trying to help Palo watch out for another dangerous wave coming our way but it was useless, I could see nothing. The wind would lift my hood from my hair and the sea worked into the gap between the hood and my head drenching me now inside as well as out. After a specially bad crash I saw Palo's chair had torn loose from the mast. He was still holding on to the steering-wheel with one hand, while lying on top of three sailors, all of whom had fallen together in a heap on the deck. I asked Palo if he thought it might get any worse. 'No,' he said, 'nothing can get worse than this.'

It is very strange, but my experience at that moment was a complete light-headedness. I began to enjoy myself immensely. The knowledge of imminent death had done away with fear. Fear fell away like an unnecessary burden, already outlived by death itself. The emotion that remained was the excitement of the moment and a hilarious lack of care.

The closer we got towards land the more uncontrolled the sea became. The downward draught from the mountains increased the violence of the waves. It was a mad gamble between life and death. Palo never let go of the steering-wheel. His performance was superb and with a tremendous effort of concentration and immense skill he practically threw our small craft between the wildly moving waves into the safety of the harbour of Tinos. We moored our boat next to the caïques, none of which was crazy enough to go to sea that day. The fishermen on board looked at our small motor craft and then at us, as if we came from another world. I made a remark to Palo, but he did not answer. He sat on deck and could not speak any more from utter exhaustion. The struggle had lasted for fourteen hours. Palo had been literally fighting for our lives and he had won.

The population of the island heard we had arrived on a small craft and were moored in the harbour. They were convinced that the Virgin of the Holy Icon had saved us. In the evening Palo and I paid our respects to the icon. The whole population and the fishermen from the caïques next to us followed us into the church as we knelt before the icon. Should we not always bow to what is best in our people, especially when their very best has been poured for generations into a holy image?

On our return to Athens the press had exaggerated our adventure out of all proportion. The next morning I came downstairs to find Palo's secretary in the drawing-room. I happily described the whole adventure to him in all its frightening details. When I had finished he pulled out of his pocket my husband's communiqué, in which he had made known to the press that the trip was not at all dangerous and that it had been no more than normally bad weather. The secretary asked me with a twinkle in his eye if I wished to change my story. All I could tell him was that I did not know about the communiqué as otherwise I would have co-ordinated my description with the official version.

Before the war Palo had been sailing a great deal. He even became champion of Greece in the Star Class, a different kind of boat from the one Tino used. After Tino's triumph the whole family took up sailing again. It was tremendous fun to compete against each other during national and international regattas. Each of us had a different coloured boat; Palo's was all white, Tino's dark blue, Sophie chose dark red, Irene light blue and mine was bright red. I christened my boat *Bounatsa*, which means 'dead calm', as I was usually among the last to pass the finishing-line. The Yacht Club Racing Committee had great fun discussing our progress when we were racing against each other. They only asked my husband laughingly to see that if we accused each other of having fouled, we should settle our differences at home and not bring them in front of the committee to judge.

Sailing is a wonderful sport. It is exciting having to battle with the elements. The sea is always unpredictable and will never help you. A sailor may love the sea but he has to overcome it in order to survive. To sail in a small boat is to forget the world and all one's troubles, and for Palo it was a wonderful balance to the turbulent political problems he continually had to deal with.

We all took part in races organised in Norway and none of us had ever sailed in such rough weather before. I wondered, while trying to survive in my own boat and at the same time worrying dreadfully about each member of my family, if people who write constitutions ever think of the possibility that every single member of the Royal Family may be on the high seas, each battling for his own life as well as for the first prize. They can't have thought of it, otherwise they would have found legal ways of preventing it. But it was the greatest fun in the world. What I enjoyed most were the discussions afterwards, when everybody tried to explain the race from his point of view. It was a wonderful way of sharing each other's enjoyment.

A friend of ours once said to me, 'What I like best about your family is that you are all so proud of each other and everybody always tries to show off the other one's success.' Yes, ours was a happy family, and I believe this is very important for the stability of a nation's life.

19. England

A TIME came when ill-disposed voices grew noisy in our lives. I was being accused of wanting political power and of dominating the family. I was accused of using the welfare organisation for our own glory and to influence Greek political life. Governments in power supported my work, fully conscious of its beneficial influence, specially in the northern provinces. Communism, however, feeds on poverty and distress, therefore what we were doing to fight these conditions was a thorn in the flesh of the communists. It had taken the wind out of their sails in northern Greece.

It had always been the plan of Greece's enemies to stir up trouble in Macedonia. If they could not get hold of that part of Greece by war then it had to become an inside job. The many thousands of children who had been abducted during the communist war were all grown up by now, fully trained to return to do their foreign masters' dirty job.

Our children and I attended Princess Alexandra's wedding in England. Before going to Windsor Castle we spent a few days once again at Claridge's in London. Irene and I arrived in the afternoon and decided to go window-shopping. We left the hotel by the side entrance. My hired car was in front of the door but I told the driver I preferred to walk. Followed by an English detective Irene and I moved up the street. Suddenly a woman grabbed me by the shoulders and swung me round. I later learned that she was a Mrs Ambatielos, the English wife of a Greek communist in prison. At that time I had never even heard of her or of her struggle to obtain remission of her husband's sentence. As a wife I can understand how great were the emotional pressures on her.

The detective pulled her off me and Irene and I quickly crossed the road so as to pretend that we were not involved. Men with long sticks appeared from behind two street corners, liberated the screaming woman and threw my detective to the ground. The woman ran yelling and cursing after us.

Irene and I walked faster and faster, made a quick turn and found ourselves in a mews that was closed at the other end. There was nobody to be seen who could have helped us. It was a Saturday afternoon and this particular mews was empty. I asked Irene, without turning round, 'What's happening now?' and she said, 'They're all running after us.' We made another turn and again found ourselves in a *cul de sac*. We decided to ring two doorbells. One door opened and we quickly got in and banged it shut. A charming young American lady looked at us in surprise. I said to her, 'I am the Queen of Greece. There are a bunch of men running after me with big sticks. Can we stay a while?' She was efficiency itself and helped us as best she could. After some time my detective arrived, completely dishevelled and upset. Eventually we went to some friends of ours, Mr and Mrs Nomicos.

The next day the story was headlined in the Greek papers and a storm of fury went through our country. In spite of the fact that Mrs Ambatielos and her communist friends stood, day in and day out, around the hotel, shouting and carrying slogans against me, the British press ignored the incident to begin with, but when the British Government sent an official apology which was published in Greece, certain newspapers started a howl against 'This Fascist Queen'. I looked at the *Daily Express* and saw the headline, 'Do We Want This Woman Here?' The press seemed to have forgotten, now that the war had been over for twenty-five years, that the whole Greek nation including the royal family had been engaged in it as much as, if not more than any of the other Allies, fighting first against Fascism and then against Nazism.

Tino, who was in the same car with Irene and me going to the church for the wedding, told me he had been warned that an attack on my life was planned by the communists. The route was swarming with police. Eventually the true story about my being chased through the streets of London broke in America and it was also reported by the *Daily Telegraph*. That day my hotel was surrounded by a different crowd who cheered and clapped when I appeared. The Greek Prime Minister, through my husband, asked me to send a telegram to Greece requesting that there should be no manifestations in my favour, which apparently the public had planned. It would have become an anti-English demonstration which we all wanted to avoid. For us the incident was closed when we received the letter of apology and, according to our Prime Minister, nothing should be done to aggravate the situation.

During the official receptions at Alexandra's wedding I felt how terribly embarrassed everybody was about the incident. It made me feel very lonely. For the first time in my life I had looked hatred in the face. It was not pleasant. I rang up Palo several times during the receptions, holding on to his calm, deep voice.

Lilibet, as we call the Queen of England, was very sweet to me. She was really upset that something like this could have happened in England. Before the official letter was received I was urged by the Greek Foreign Minister to return to Greece. I told Lilibet I would not leave unless she, herself, threw tomatoes at me! This, at least, made her laugh.

In July Palo and I were expected to make our State Visit to England. Since the incident was closed there was no reason to change our plans, unless we now wanted to produce an international incident ourselves by refusing the invitation. This Palo did not consider for one moment.

Until this incident my recollections of England had always been happy ones. I have felt a great bond with her. Owing to my Guelph ancestry I was born a princess of Great Britain and Ireland as well as a princess of Hanover. Before my marriage my father, as a courtesy, asked the King of England, George V, for his permission. The courtesy was returned. The King called a Crown Council, actually during the Christmas holiday, and the permission was granted. I wore a small crown of diamonds at my wedding, worn by all Guelph princesses when they marry, and I was told that Queen Victoria had had it copied and it is to be seen in many of her portraits.

At one of my first meetings with Churchill, at the time of Princess Elizabeth's wedding, he said to me accusingly, 'Wasn't the Kaiser your grandfather?'

'It depends how you look at it,' I answered, 'The Kaiser certainly was my grandfather, but Queen Victoria was my great-great-grandmother. If you had the Salic Law in England my father would be your King today.'

To this day the liveries worn at the English Court are the same as those I knew at home in my childhood. This helped me to feel at home in Buckingham Palace from the first time that I was taken there, on my way to school at North Foreland Lodge.

England has a strange effect on me. No matter how angry one can get with England and the English, no matter how frustrated by her politics, one cannot help loving England. It has to do with the individual English person. Once he is your friend he will always be your friend whatever happens. The politics may change but the English friends do not, whatever their politics are, while in other countries this is not always so. In England, too, it seems to me that the standard of honour and human decency is still a high one. The country itself has a great charm for me. Whenever I think of it I see the primroses that grow along a river bank or along the sides of a small winding road. They have a place in all the other pictures of England that memory brings back.

I have delightful memories of my stay in Buckingham Palace for Princess Elizabeth's wedding to Prince Philip of Greece, although I had to go alone as Palo was recovering from typhoid. The young couple's love for each other affected everybody. A war torn Greece and a war torn England were lifted for a few days into a dreamland of happiness. I felt deeply moved during the wedding ceremony. Our two countries had suffered so much. They had been so heroic and so steadfast in their friendship for each other. We had stood by each other during the worst crisis in our history and now this friendship was sealed by the love of two people, the young princess of England and the young prince of Greece. I am grateful to Lilibet and to Philip for giving us memories that still make us smile today and help us to face a troubled world.

There was tremendous opposition in Greece to our going to England for the State Visit after the incident outside Claridge's, but my husband considered it the only proper and honourable thing to do.

Political troubles had prevented us from accepting the Queen of England's invitation to pay a State Visit once before. When she first came to the throne we had been invited, but a most unfortunate situation then existed.

The Cyprus question was brewing. Eden was a sick man and had come to recuperate in Greece in the private house of a friend. Papagos, a very proud field-marshal, wanted the question solved in the Greek way, under his premiership. The two men met at a reception in the British Embassy – my husband and I were not present but I understand that they started to discuss it and then became so heated that there was no further contact. At all events, the invitation to go to London was not accepted and this was extremely painful to my husband. His advice was that a State Visit would be a good opportunity for quiet, human discussion. He and I could take the limelight doing public functions while the ministers concerned could talk it over privately, behind the scenes, without all the publicity of a special conference on the subject. My husband was not heeded: the quarrel was too serious and the bitterness too great. These events were still in his mind when the opposition arose to our later visit, and made him the more determined to go this time.

The people of London gave us a wonderful welcome. From the station to Buckingham Palace they were five or six rows deep and, though an English crowd is not so noisy as the crowds in some countries, we could see in their faces that they were friendly. Philip told me that the turn-out was exceptional. Londoners are not usually so interested in State Visits as they have too many of them. I think the reason must have been first, perhaps, curiosity because of the incident, but secondly reaction against it, for the friendliness was so clear.

We had been greeted by the Queen of England at the station and she was dressed in blue and white, the Greek colours, symbolic of her goodwill and friendship towards us and her appreciation of Palo's steadfastness.

A row of top brass was waiting with her to receive us and the first in the row was Earl Mountbatten. As is customary between cousins, I kissed him and, being slightly flustered by all the formality, I then lifted my face to kiss the next man in the row. Just in time I realised that he was Field-Marshal Lord Alexander, whose slight look of surprise brought me back to reality and prevented me from going vaguely down the line kissing all the officers.

It was a delight to me to see my cousin Dickie, whom we have always admired, not only as a splendid naval officer but also as a loving and helpful friend. Palo and I have spent many happy hours in his house and he in ours. He has been just as welcoming to my son and daughter-in-law. Some of the funny incidents of my life are connected with him as we have a habit of playing jokes on one another.

In the summer of 1949, when he was Commander-in-Chief of the Mediterranean Fleet, he anchored at Navarino. Palo and I had dinner on board his ship and, after the gentlemen had been left to their port at the table, I went into Dickie's cabin and made him an apple-pie bed. This was to remind him that although he was a great admiral, he was still our beloved cousin. The next morning, when there were many sea miles between us, a signal was flashed to him which read, 'From Queen to Admiral Mountbatten: How did the Admiral sleep?' A signal came back to me, 'From Admiral Mountbatten to the Queen: Thanks to his loyal steward's not having confidence in Queens, the Admiral slept very well.'

He had his revenge when he came to stay at Tatoi in 1950. I had once told him that I loved brown sugar which was unobtainable in Greece, but I had forgotten this. I went to bed leaving him talking to my husband downstairs. When I got into bed I bruised my toe on an extremely hard parcel and I opened up the bed and found a sack of brown sugar in it.

The day after our arrival for the State Visit we had lunch at the Guildhall. When Palo mentioned in his speech that no noisy minority could ever break the bond of friendship between the country who won the first victories on land and the country who won the first victories in the air, the whole audience rose and shouted and clapped. Palo went on to say, 'I believe that in this modern world a new sense of mission is needed within all of us. We must learn to understand where there is confusion, to forgive where there is fault, to heal where there is bitterness, to be steadfast where there is doubt, and above all let us rediscover the beauty of the human spirit and let us serve it within each other, as we serve the Divine.'

I could see by their faces that the audience was moved as there were tears running down several cheeks. Apart from the shouts of a few professional communists, Palo and I experienced England at her best. Our gesture of friendship had been understood and was returned. This is what Palo wanted. This is what he achieved.

20. The Light

DURING his last year on earth Palo visited Mount Athos once again. It was to attend the 1000th anniversary celebration of the time when the first monasteries were established there. For a few hours the Glory of Byzantium lived again. I know that Palo prayed for its message to remain purely spiritual.

In the early Christian Church mysticism played an important role. The old church fathers were great mystics, who preached and taught the art of meditation. Mount Athos became the centre for Christian mysticism.

While Palo visited the monasteries, I remained on a ship and admired the century-old buildings from the sea. The Orthodox monks knew how to find the right places to build their monasteries. They usually built them on top of a hill. They knew that the eyes carry the mind far into the distance until the physical horizon and the mental one fuse into a vast stillness which neither the noise of man nor nature can invade.

Meditation is still practised in some of these monasteries. There are certain monks, who usually live away from the big monasteries, and have established small communities of their own. Often they live in tiny cells that seem glued to the rocky mountain side.

I knew an old Russian monk who used to be an officer in the Imperial Guard. He lived in one of these cells and he ate only what was given to him as a present. He slept on a raised wooden plank under which the skulls of his predecessors were piled up. This sounds to me quite awful, but he had become friends with their memory. After all, so he said, they had seen the same view across the sea, they had prayed the same prayers and believed in the same God. Their thoughts had been purified by meditation, so there was nothing eerie or morbid about their remains.

He came to Athens every now and then to visit Princess Nicholas, a Russian-born Grand-Duchess, my beloved Aunt Ellen. They had much to talk about. I know that he was a great comfort to Aunt Ellen who suffered much when she thought about the brutal murder of her whole family in Russia. She asked him once, 'Why, why, did God allow this to happen to so good a family?' The old monk answered, 'So that they might be sanctified.' She was at peace after that.

Meditation, as practised in the East and in the West, has three stages: Concentration, Meditation, Contemplation. This practice is beyond ordinary prayer. Prayer only too often degenerates into childish demands for material goods and personal advantages. Unless it is an unselfish offering towards God of one's whole being, it can become an ego-centred, one sided conversation, an intensification of our wrong identification with the seen world. It is a hanging-on to the scientifically and philosophically exploded notion of duality.

Meditation on the other hand is an inner process where, by intense concentration on a religious or philosophical subject, the meditator disassociates himself from the outer world of matter. Only one thought, the thought of the chosen object, is to be held, at the expense of all other thoughts. This is called concentration. When this has been achieved and the mind has become one-pointed, then that very point of concentration has also to be let go, and with it even the last thoughts concentrated upon it are to disappear. Great care has to be taken at this stage that no new thoughts are introduced. Now meditation proper has begun which, in its deepest stage, is called contemplation. When there is no more movement, not even by thought, then the great stillness is known as the Absolute.

The thoughts are the tools out of which the ego has been forged. The ego disappears with the disappearing thoughts. The self remains free from its identification with the world of appearance, fully conscious and identified with the Unseen. 'The Hill from Whence Cometh Our Help' has been climbed. There is now only peace: the peace that passeth understanding.

It is most necessary that meditation be taught to the world in general. Unfortunately it has remained a little known practice, carefully guarded by some monks in a few monasteries. Most priests know little about it, and yet it is the way towards union with God. All priests should be taught how to meditate, so as to be able to teach it to a spiritually hungry world. Only too often people are given empty words and childish preachings instead of a method of disengaging from worldly things, and finding the peace which comes from knowing and identifying with truth.

I believe that our modern priests, in addition to learning mysticism and meditation, should have a knowledge of the basic concepts of modern physics (nuclear physics). In their lives they will have to deal not only with ready believers, but also with many intellectual unbelievers. They should learn to equate the discoveries of physics with the language of religion. The physicist's unseen power, with which he works, which he calls energy and of which all things material are made, this, the priest could call the 'Father', and the seen world of matter could be called the 'Son'. Then even an agnostic scientist should have no intellectual objection when our priest pointed out to him the words in the Bible which say, 'The Father and the Son are One'. The Unseen and the Seen are one: energy and matter are one.

Jesus repeatedly pointed out that it was not He who acted in the world but the Father through him. Jesus' greatest and most important message to us is that, all through his life, He remained identified with the Father, while in the appearance of the Son. The Seen knew his only reality to be the Unseen. Jesus taught us correct identification. That was His great example to us. That was the meaning and the message of His life. 'The Kingdom of God is within us', means the great Unseen is within us. It can be found mystically, through meditation and contemplation, which is the method by which a very few learn to disassociate from the Seen, the apparent Truth, and find the Unseen Reality, the only Truth.

It can also be found intellectually because nuclear physics is the intellectual method by which we study matter and find the Power Unseen. Young scientists should also be given some training in philosophy, not in order to impose a philosophical system on them, but to give them the capacity to draw philosophical conclusions from their own scientific discoveries.

Until the nineteenth century religion and science were mortal enemies. For many people faith was a substitute for intellect.

The twentieth century has brought the nuclear age, with its double message of fear and hope: total disintegration through the bomb on the one hand, and a new philosophical outlook on life on the other. The new outlook is based upon the knowledge that the highest truth is the Unseen Power and that we are all true brothers and sisters within it, in other words we are all of one God, never to be separated either from Him or from each other. What makes us into separate individuals is true only in the world of duality, which is the apparent material world. It is only an apparent separation made by our own intellect. For instance: if my knowledge of the Unseen is less than yours, then I am a different person from you. If your knowledge and mine were to be complete, then there would be no apparent difference between us, as there is no difference between us in the Unseen Power or Reality, which is Truth absolute.

The nuclear age will teach us a new sense of belonging. No philosophies and no creeds will stand up to scrutiny any longer if they still teach us the separation of mankind into colours, races and religions. Our modern scientists, many of them without yet realising it, have discovered the truth of the Unseen Power, which had been taught by seers, prophets and the Messiah, thousands of years ago. Hinduism through the teachings of Advaita, and Buddhism with its message of Nirvana, brought the truth of the Unseen Reality to the East. Christ brought it to the West. The message of the Unseen is the same in all cases. The method of discovering it is also very similar. Meditation is practised not only in some Christian monasteries, but is also taught by the Hindu and Buddhist monks. It is very wrong that many of us Christians are intolerant of the same practice by non-Christians.

The essence of religion is the same everywhere, when it is based on truth. We have to learn to recognise and worship God through the cloak that fits us best, but also through the many garments worn by other people and other races, whose outer manifestations, such as their temples and their religions, are only a different form of this same Truth.

The time will come when people no longer ask, 'Are you a Christian, Jew, Buddhist, Hindu or Moslem?' People will be known as those who live and understand the truth and those who do not. Plotinus was not a Christian, and yet he experienced the deepest knowledge, 'Union with the One', which mystic Christianity aspires to. Several times during his life the stillness of the 'Great Unseen' was revealed to him.

Truth does not depend on the religious institutions we create. Truth is in us, and we are in it. It is patiently waiting for us to become aware of its continuous presence. When, eventually, we have become aware of it, then we know that we are not this and not that. We are 'No Thing'. We are what never changes, 'The Great Unseen'. Within this knowledge the concept of duality loses its meaning and all religions and philosophical systems end. With the disappearance of duality, the Unseen also reveals that the evolutionary process within the world of matter was only a slow becoming aware of the truth, as being the great Unseen within it. With full awareness, evolution fades into the same unreal appearance as the world of matter does; that world within which it has its only meaning.

We must learn to understand that Truth is one, although its interpretation may differ through different religions. Today our religious leaders must look with gratitude at our modern scientists. They have helped our priests to give intellectually correct answers to those for whom faith is not enough. Doubting Thomas touched the body of Christ and found the Truth, the Unseen Power. The modern scientist, like Thomas, touches the world of matter with his instruments and reveals to us the Truth, the Unseen Power.

How valuable it would be if our schools and universities could introduce a Professor of Co-ordination. It would be his task to hold the unifying thought of the Unseen Truth co-ordinated among all subjects. This new reference point would then become the foundation upon which all learning could be based. It would point to harmony within the individual, the family, the nation, groups of nations and the world in general. This would then be a reference point which would be as correct when reached by intellectual deduction, as when reached through mystic experience. Faith would then no longer be just a hope or escapism, as it would be impregnated by the intellectually- and mystically-arrived-at Truth. It would become an instrument powerful as a blow torch.

The intellect gives us a correct theory. Mystic meditation provides the experience. Theory alone too often degenerates into mere intellectual acrobatics. Mysticism alone, without intellectual control can turn us into dreamers and cut us off from the world in which we are supposed to prove and live the Truth.

A balanced combination of the two produces a philosophy that challenges us to live life as a glorious adventure. Every thought and action has to be tested for its correct reference point, until our whole personality is turned into an instrument to discover and unify with the Unseen in ourselves, in others and in the Universe outside. Now we shall know the Truth, and the Truth will set us free.

Where intellect proves, deducts and analyses, mystical experience proves and harmonises. Each must complement the other, because knowledge of the Ultimate Reality, the Unseen Power, the stillness is not only an intellectual understanding but also a direct experience. But experience, no matter how exalted, is still a manifestation between a subject and an object, and, therefore, a manifestation within the rejected notion of duality. The Ultimate Unseen Truth is not something to be achieved. It is always there. It is the seen and the unseen. It is the universe and us. Only when experience of the Ultimate becomes *being the Ultimate*, has truth become a living reality, so perfectly expressed through the lives of Christ, Buddha and the Advaitan sages of India.

In 1965 my son addressed all the assembled Archbishops and Bishops in the palace, and the Greek people through the radio. He said: 'We live today in highly critical times. The forces of irreligious materialism, unbelief, crime and violence encircle the whole world and try to enslave it.

'Contrast this nefarious activity with Jesus' message of peace on earth and goodwill to all men.

'Today more than ever divine enlightenment is necessary for all of us. We need, absolutely, that life-giving inspiration which moved the disciples of our Lord to go among all nations and teach His Gospel.

'How will the priest attain that divine inspiration which transforms both himself and his work? This of course is a gift of God's grace, but *meditation* can bring this grace and thus help him to acquire the necessary strength. If the priest has experienced in his own heart the strength of the presence of the Holy Spirit it will enable him to bless those who surround him and to serve them with sympathy and understanding.

'St Simeon says, at first a person finds it difficult to succeed in self-concentration, but if he perseveres he will find what he has never before experienced: the Spirit revealing itself in full clearness.

'If the priests and the monks are encouraged to practise meditation, the results would be highly beneficial both to themselves and to their flock. They and all of us would then be in a position to understand better why, the Kingdom of Heaven is within us. Every member of the Church, from the most humble to the most distinguished prelates, would feel honoured by the knowledge that he helps the Church to recover its message and inner meaning.'

We have to distinguish between two schools of thought in any religion. The first is the popular, which caters to men's outward-going tendencies. It is easy as it deals with the apparent, material side which can be seen, touched, heard, and practised through rituals and charities. It provides the missionaries who, even within the Christian faith, sometimes wish to change people from one Church to another.

The second school is the mystical, which caters to the inward-turning possibilities in man. The mystical is purely within a man himself and not dependent on any outer form or ritual. All through the ages there have been individuals who have practised meditation and who, through contemplation have found the Kingdom of God, the Absolute.

Plotinus, the neo-Platonist, and some of the early Church Fathers, as well as Meister Eckhart in Europe, and Shankara of India, are only some of the men inside and outside Christianity who have borne witness to the truth beyond the apparent, material world. The outer language or the symbols into which they translate their inner experiences may differ from each other, but these only relate to their own traditional religious or philosophical upbringing; the mystically-arrived-at truth is the same in all cases.

A true mystic cannot try to convert people from one Church to another, or from one set of practices to a different one, where both would be activities in the outer world. At most he can suggest that they forget the outer world for a time through meditation and contemplation. The mystic has the truth confirmed by his own experience, whereas the popular religionist depends upon the teachings and preachings of others, and has to make this his own by an act of faith.

Popular institutional religion has reached its intellectual limits. It needs to be deepened by knowledge through personal experience. It still has its place in our society, but at a particular level of understanding only, and eventually it has to merge into a growing mystical awareness. The teaching of meditation to a wider public is the best way to achieve this.

St Gregory the Great said, 'There is no state of life of the faithful from which the grace of contemplation can be excluded . . . also those who are married receive it.' St John of the Cross said, 'Fix your attention upon Him without any desire to feel or hear anything of God.' Surely St John could not have said this without having known the truth beyond all experience – the Undivided One. In the Middle Ages Meister Eckhart strongly emphasised in his sermons that we should find the presence of God within the centre of our being.

Shankara, in the ninth century, in India, wrote, 'Let him know that thinking is a hundred times better than hearing, that meditation is a hundred times better than thinking, that Insight without separateness is infinitely better than meditation. For it is certain that through Insight without separateness the true being of the Eternal is attained.'

For me the most useful method of starting a meditation is to concentrate upon the sun. Light has always played a great role in my family's life. Light is the visual proof of the existence of Energy. Light is the first visible manifestation of Power Unseen. The story of creation in the Old Testament starts with the appearance of Light.

Concentration on the sun at the beginning of meditation means to transfer the sun I see outwardly, to the depths of my inward mind. I then concentrate upon this inner mental object to the exclusion of any other thought. The mind gets slowly withdrawn towards this inner sun, as the point of concentration, until it fuses with its light. This is the moment when either the light becomes a mystic experience and envelops me with all its brilliance, or the Divine consciousness reaches out towards me and draws me through the light into the great stillness. Here all being comes to rest. Here is no birth, here is no death, no world, no thought, no thing, no observer who observes, yet it is full awareness of Awareness. The sea knows no drop, only the water of which it is made.

The light experience can also come as a pure gift of grace, like a comforter in moments of sorrow and stress.

My family are not saints, or cranks, but as a family we are united within one love, searching for what is true and good and right, holding within ourselves the Truth. The light experience came to each of my children separately and in different parts of the world after Palo died. Tino saw its brilliance more than once, and felt it as a source of energy and strength. Irene was carried by the light into its very source. It touched the music in her soul. She follows its message and makes it ring in other people's hearts. I myself once awoke within a golden stream of light. It poured as if from the centre of my head until my body was afloat within its brilliant flow.

Sooner or later these moments pass away: just glimpses of reality. We have to heed their message and work to make their meaning clear in our minds. Then, like a mirror to the sky, life can reflect the light that heaven holds for us. When this has settled and is lasting, life has fulfilled itself in us.

The condition attained by the practice of meditation enables me to reject the criticism of the sceptics and atheists who deny the existence of a deeper hidden reality behind the material universe. Although I understand their point of view I feel sorry for them, for their lack of inner experience is the real cause of their materialistic outlook.

When meditation has become a well-established habit and the intellectual study of the world of matter has revealed it to be Unseen Power, then the process can become simplified. The meditator now has only to affirm that he is part of the Unseen Power. The material Universe and all thoughts about it will have been transcended and any attention given to it *as being separate from Unseen Power* can be truthfully discarded.

The meditator will thus intellectually dissolve all thoughts of matter, as the world around us. With it he dissolves all thoughts which serve to hide the thoughtless, motionless Awareness; the Stillness within Awareness.

Science has taught me that, philosophically speaking, power at rest is undetectable – a vast stillness – which, when at work, pours itself into innumerable energy quanta that make up the visible world. Meditation has taught me that mind at rest is undetectable – a vast stillness – which, when at work, pours itself into innumerable thought-forms that appear as the known world. Power and mind are expressions of the same stillness. We call it energy, when in movement as the material world. We call it thoughts, when in movement as personal consciousness.

In the last analysis, both stillness and movement are the absolute undivided Truth, Non-Duality—The One.

The Bible says: In the beginning was the Word (Movement) and the Word (Movement) was with God (Stillness) and the Word (Movement) was God (Stillness).

In agreement with my family I feel the time has come to write of these intimate experiences and of my conversations with Palo during his last days. I do so because, having spent many years struggling along the hard path to truth and inner peace, and feeling that some measure of them, at least, has been attained, I wish to share them with others who are also still struggling to find them.

Perhaps this may comfort those who search. The experiences came to us as gifts from the most High, at moments when the loss of him who was the centre of our lives became too hard to bear.

During Palo's last illness I myself fell ill. The wish to be with him kept me close by his bed. Unconsciously I hoped to leave this world, rather than see him go. The Unseen sent out a warning thought: '*If you destroy your form, you think a lie. Your Self is one with him, whose Self is not his form. Think right. Be what you do not see, and you will be at one, when his appearance is gone.*'

The challenge came. Philosophy now had to prove its living truth. My wavering spirit sent out a cry into the infinite. 'Palo my love, don't leave me.' The answer came. The higher self swept out all ego thought, and truth remained a shining light in which we two and all are One. No separation. Only One.

Palo knew his religion well. He could easily have officiated at a mass, so familiar was he with all the details. He not only knew the form but also the essence of religion and taught it to our children. He loved to meditate in church. His eyes were constantly closed while he seemed in a religious world of his own, unbound by dogma, a higher world of pure spirituality.

On the afternoon of Wednesday, 4 March 1964, I went into his sick room and found Palo lying with a blissful expression on his face. I asked, 'How are you feeling?'

'I thought I had gone,' he said softly, 'I still feel far away. It takes a little time to get used to. I must have been completely on the other side.'

'What is it like?'

'Incredible,' he answered. 'I had a vision of a long dark road with a brilliant light shining at the end of it. It gives a marvellous feeling of peace and happiness. It is a great spiritual uplift, like coming close to Heaven. *That* is the real Holy Communion.'

'Palo, you don't know how happy I am that you have had this great experience,' I answered.

'Yes, I now understand everything. It is the Truth. This is the most wonderful time of our lives,' he said. I asked him if he would like some music. He assented eagerly. All through the late afternoon and early evening we listened in rapt, silent attention to Bach's 'St Matthew Passion'. The records were played during the whole period but he never tired or fell asleep. It was as if he were being carried back again to the vision in that other consciousness. When the gramophone stopped he remarked, 'This is the greatest music that has ever been written.'

When night came he said to me, 'Let us be alone to talk to each other.' Everybody left the room. We remained talking throughout the night; he was eager and happy that in this way he could share the experience with me. When the early morning of Thursday came we were still conversing together.

Palo remained cheerful throughout the day, even smiling despite his pain. I asked, 'Are you in pain?' He replied, 'The body is nothing compared with this heavenly feeling.'

In the evening when we happened to be alone again he moved restlessly, obviously preoccupied with his thoughts. Finally he explained, 'I want to take you on a journey to a far away place. I want very much to go there. The road which I see leads to it.'

'Yes, we shall go together, where is it?'

'It is where that beautiful light is. There will be no more problems there, only happiness; having found it everything else falls into place. There we can be free. Let us go now.'

'What about the children?'

'They will also find the same road but they will follow us later.'

'Then we shall all be together again?'

'Yes, we shall.'

The next day, Friday, the sixth, Palo said, 'When you have known the road on the other side you don't want to struggle along it on this side any more. Come, let us go; we have finished here. Don't let's take the world with us. We shall always be together, you and I.'

Tino came into the room and said, 'Papa, everybody is thinking of you. The churches are full of people who pray for you to get better.' Palo looked at him for some time and then said, 'Tell them I thank them and good-bye.'

The doctors and nurses came in and felt it to be their duty to give the King narcotic injections and drip-feeding through the veins. They believed that he must be in considerable physical pain but, owing to his courage and self-control, was endeavouring to master its outward expression. He refused to accept both. 'The injections will separate you and me, and the drip-feeding will hold me back,' he said to me, 'I want to be quite conscious when we go.'

He had an intuitive understanding that when the normal state of consciousness was temporarily changed to an exalted, ecstatic, spiritual awareness, the introduction of narcotic drugs would have an obstructive or annihilating effect.

The Eastern Orthodox Church of which, of course, Palo was the devout Protector, teaches the existence of what it calls the Uncreated Light. One of its most celebrated holy men, St Makarios the Great, who lived in the early centuries of Christianity, wrote a book of *Instructions for Monks*. Therein he stated, 'The Light is a shining of the Holy Spirit in the soul. Through this Light God is truly known.'

Palo said, 'I still see the Light. It is much larger now, and the peace is getting stronger. Now we go.'

The Holy Icon, brought from the Island of Tinos, looked down upon us all. It had been placed against the wall across the room. With Palo's last breath the small flame of the oil-lamp, burning before it, suddenly went out.

Was it a sign to us that we should always live within the Light?

My husband and I believe in Love, not only in the love that exists between two persons but in the love that lies within the soul of every man and woman and has as its source the love of God.

I love the Real You. The You one never sees. It is the You that has no limits. By loving the Unseen in each other we love God. The God within one of us, loves the God within the other.

During meditation this unity of love can be experienced. The meaning of life is to find God. Jesus knew the Truth by being the Truth. His life was a continuous Holy Communion, where his Unseen Self remained united with the Unseen Reality.

On the tombstone of King Paul his favourite words from the Gospel of St John are engraved, because they are part of the chapter which embodies the philosophic truth of Oneness expressed by Christ himself:

I have glorified Thee on the earth, I have finished
the work which Thou gavest me to do.
And now I am no more in the world, but these are in the
world, and I come to thee. Holy Father, keep through
Thine own name those whom Thou hast given me, that they may be
One as we are.

Epilogue

Palo

PALO is my husband and my love. I cannot see him, but that doesn't matter; he still is my husband and I still love him.

Did I ever really see him? Then who is his real self? The man who looked thirty-six when I married him, or the man at sixty-two when his illness was overcome?

I love Palo, the Palo who is always his Self, the one who never changes, beneath and above the changing years of age. Our real selves we never see, so when yet another change comes, do I lose anything? Did I lose Palo?

We love in each other that which we never see. How can we ever lose each other? The true self is there, as much as before. The loss is theirs who do not know, it is not mine, nor his who truly loved the changeless me.

He said: '*I carry you in my heart, for ever and ever. We shall always be together. There is no separation, there is just one road. You and I, we know the road.*'

You see, Palo knew. He knew of no separation. We had often talked about this before.

It was quite clear in his mind, those last days of his illness. What strangely happy hours we spent together. Happy in the knowledge of each other's understanding. His spirit had overcome the suffering of body and soul, he lived already within the truth of the unchanging Self. And there at rest, he reached for me and helped my wavering self to join his peace, which God gives all who look for Him beyond the world of light and shade.

He said: '*When one has seen the road on the other side, one does not want to walk it here any more.*'

Yes, Sweetheart, I also do not want to walk it here any more. But there seems to be something I still have to learn. There is only one road, just as you say, and we shall never be separated, just because there is no other road. You saw it clearly on the other side, you saw it to be one with the road on this side. My task seems to be to learn to walk the road on the other side, while still in appearance on this side. And so consciously we walk together.

Sometimes it's a bit of an uphill climb, although I know that the uphill climb is only in my imagination, just a mirage of past memories come to distract me from the Truth. Then I think of your valiant spirit, of how you held on to the Truth and overcame your suffering, of how the spirit triumphs over the body when firmly linked to the Spirit Unchanging.

Humbly I ask also to be absorbed, and for the spark to join the light that leads to peace.

Do not think I ask for death. That word is just a word and has no meaning to either of us. We know that the Self Unseen and God Unseen are like the Father and the Son made One. So if I ask to be absorbed I ask to be more conscious of God Unseen and Self Unseen as One.

I sometimes wonder, Sweetheart, if you knew what would happen to me when your battle was won. You were so keen that I should walk with you already, now, the road you saw on the other side. '*Come*,' you said, '*come quickly, what are you waiting for?*' It still rings in my ears and in my soul.

Yes, Sweetheart, wherever you go I go too, we shall never leave each other. We served and loved the Unseen God, we served and loved each other's Unseen Selves. Hand in hand we walk within this knowledge now, and rest our spirits there where no one can reach us with an ugly mind.

You said: '*We will not take this world with us – just you and me at last alone*.' How can I ever thank you for wanting me next to you when life was fading as the dream it is?

You saw the self which lives beyond the dream; you claim me as your comrade even now. Thank-you for having chosen me. I follow you with joy.

You saw the Light while still within the denseness of our world, and when its grace surrounded you, you joined it with a smile which made us smile with you. Across the room the candle flickered and went out. Was it a miracle? Or did the spark just follow the greater flame which joined its source? Within this source we are all one. Just as the rays have but one Sun, so we are one – the you, the I, the daughters, Greece, the world and our son. No separation – all are one, just One.

Greetings, my Sweet. The dream for you is over. The Light is shining in our hearts. There is no sorrow, no shadow, and no night. Your peace, your joy, your love, help me to stay awake, and keep my eyes upon the glory that Heaven's Grace bestowed on us.

Meditation

A gate of golden light breaks through my consciousness into another day and from the window of my room I watch the sunrise turn from purple to bright red. No craft has ever reached its brilliant source, the symbol of my heart. But who has built the wings that bear my spirit into the centre of my being? Why do we lose the promise of the morning within the movement of the day? The dreams of childhood through the hopes of youth must build an image of eternity within the wisdom of the years. This is the truth from which we flee, when we give preference to our shadow selves. I turn my back on what is past and look towards the morning sun.

Index

Relationships to Queen Frederica are given in parentheses

Acheson, Dean, 117, 126, 157
Acropolis, 39, 148
Addis Ababa, 199–200
Adenauer, Konrad, 158, 201–2
Advaita, 250, 252
Albania, 29, 31, 37, 96, 116
Alexander, King of the Hellenes (brother-in-law), 2
Alexander, Field-Marshal Earl, 244
Alexandra, Queen of Britain (great-great-aunt), 2
Alexandra, Princess of Kent, 231, 239, 241
Alexandria, 44, 60, 77–87, 90
Alexia, Princess of Greece (grand-daughter), 8, 49, 148
Alice, Princess of Greece (husband's aunt), 36
Ambatielos, Mrs Betty, 239–40
Ankara, 153–4
Anne Marie, Queen of the Hellenes (daughter-in-law), 59, 232–3
Argonne Laboratory, 170
Asteri, 147
Athens: wedding in, 18–19; wartime, 28–29, 35, 37, 39–40, 74; in civil war, 84
Austin, Warren R., 128
Austria, 7–9, 17, 147

Bachauer, Gina, 107–8
Bayar, Cecal, 52–4, 157
Belgrade, 38, 179
Benaki, A., 86–7
Berkeley, 164, 170–2
Berne, 202
Bidault, Georges, 158
Bidault, Mme, 158
Blankenburg, 4, 10
Britain: wartime, 57; post-war, 89–90; and Cyprus, 155, 181–2, 185–92; and Coronation of Elizabeth II, 157; State Visit to, 243–5; relations with Greece, 243, 245
Brooke, Rupert, 192
Brookhaven, 167
Brunswick, 201
Buckingham Palace, 242–3
Buddha, 250–2
Bulgaria, 29–30, 98
Byron, Lord, 192

Cairo, 44, 58, 60, 73, 77
California, University of, 170
Calliga (Marshal of the Court), 34, 36
Calymnos, 131
Canaveral, Cape, 170
Cape Town, 47–62
Carl, Prince of Hanover (brother), 233
Carolou, Mrs Mary, 50, 110, 163
Carpenisi, 141
Catherine, Princess of Greece (sister-in-law), 28, 39, 50
Cavalla, 106
Celle, 201
Cephalonia, 213–14
Chamoun, Camille, 199
Chamoun, Mrs, 199
Chicago, 163–4, 170
Christian IX, King of Denmark (great-grandfather), 1
Christian, Prince of Hanover (brother), 5, 11, 17
Churchill, Sir Winston, 63, 66, 83, 113, 241–2; correspondence with, 185–8
Claridge's, 239, 242

communists, 81–5, 95–112, 114–19, 142, 159, 177, 208, 212, 239
Constantine I, King of the Hellenes (father-in-law), 2, 154
Constantine II, King of the Hellenes (son), 2; birth, 23; childhood, 32–3, 42–3; in South Africa, 51–2, 55, 74; in Egypt, 78–9, 81; in America, 165, 167, 169, 175; plays chess with Tito, 181; and Eugenides, 195; on sinners in Heaven, 223; bond with father, 224; comes of age, 224–5; Regent, 226; education, 228–9; and Sophie's engagement, 230; practical jokes, 230; and Anne Marie, 232; 'Olympionikis', 233–4; and assassination threat, 240; address to Archbishops and Bishops, 252–3; experience of light, 255
Constantinople, 151–6, 181, 189
Corfu, 181, 230
Cos, school in, 104–5
Coty, Réné, 198
Coutarelli, 55
Crete, 3, 42–3, 80, 84, 122
Cumberland, Duke of, 1, 4
Cunningham, Admiral A. B., 89
Cyprus, 119, 152, 155, 181–93, 199, 243

Daily Express, 240
Daily Telegraph, 240
Debenham & Freebody, 90
Detroit, 163
Dovas, General, 108, 110
Dubrovnik, 178
Dulles, Allen C., 170, 174–5
Dulles, John Foster, 161, 182, 184
Duncan, David Douglas, 159–60
Dunsany, Lord, 54

Eckhart, Meister, 254
Eden, Sir Anthony, 29, 181, 243
Edward, Duke of Kent, 230
Egypt, 43–4, 55, 60, 77–87, 90, 217
Eisenhower, Dwight D., 159, 161, 167, 172–4
Eisenhower, Mamie, 161
Elena, Queen of Italy, 203
Elizabeth II, Queen of Britain, 68, 76, 113, 157, 241–3
Ellen—*see* Helen
Epirus, 95, 108
Erbach, Herr, 30, 34
Ernst August, Duke of Brunswick (father), 1, 2, 12, 75–7, 141, 241; correspondence with, 30–41, 73–4
Ernst August, Duke of Brunswick (brother), 5, 17, 75–6
Ethiopia, 14, 199–200
Eugenides, 195

Faleron, 91, 234
Farida, Queen of Egypt, 79
Farouk, King of Egypt, 80
Florence, 15
France, 90, 158, 198
Frederica, Queen of the Hellenes
FAMILY: ancestry, 1–2, 241; childhood, 3–4; education, 10–13, 15–16; parents, relations, 3, 4, 6–7, 30–41, 73–74, 76–7; engagement and marriage, 15–23; children, 23, 41, 50–2, 74, 78–79, 221–3, 226–9, 231–2
CROWN PRINCESS, 20–2; learns Greek, 22, 92–3; war, 27; air-raids, 35, 37–9, 42–4; leaves Greece (1941), 39, 42, 43; to South Africa, 47; Cape Town, 49–59, 61; climbs Table Mountain, 61–2; Pretoria, 63; and Smuts, 63–71; in Alexandria, 60, 77–87, 90; London, 89–90; Paris, 90; returns to Greece, 90–2
QUEEN: accession, 94; communist war, 95–139, 141; visit to Konitsa, 108–12; and General Marshall, 113–28; illness, etc., 142, 163, 202; State Visit to Turkey, 152–6; relations with press, 159, 160, 163–4, 240; State Visit to U.S.A., 60–1, 159–66; unofficial visit to U.S.A., 167–73; State Visit to Yugoslavia, 177–81—*see also* Britain, France, Germany, Lebanon, Italy, India, Switzerland, Thailand
WELFARE WORK: children, 102–5, 125–6, 133; earthquake, 213–14; poverty, 129–30; Red Cross and hospitals, 11, 27–8, 32, 38, 85–7, 92–3, 127–8; refugees, 98–9, 116, 119, 134–135; Royal Welfare Fund, 133–9, 239

CORRESPONDENCE WITH: parents, 30–41, 73–4; King Paul, 48–59; Benaki, 86–7; Churchill, 185–7; Heisenberg, 146–7; Princess Louise of Sweden, 43–4; Marshall, 115–28, 154–158, 179–84, 188–92; Smuts, 70–1
VIEWS ON: communists, 96–100, 106–7, 139; Cyprus, 119, 155, 181–93; democracy, 190–2; education, 226; England, 239–42; evolution, 223; Germany, 30–2, 36, 45, 63, 75; Greece and the Greek people, 24–5, 32, 35, 55–5, 114–15, 137, 207; meditation, 247–50, 255–6; monarchy, 137, 207–9, 219, 225; mountains, 61; music and art, 108, 229, 231; nuclear physics, 144, 146–7, 167, 171–2, 249–50; philosophy and religion, 11–12, 23, 141–9, 153, 165, 171, 223, 230–1, 247–60
Freud, Sigmund, 19

Gambia, 58
Gandhi, Mrs Indira, 204
Gasperi, Alcide de, 158
Gasperi, Signora de, 158
George I, King of the Hellenes (husband's grandfather), 210
George II, King of the Hellenes (brother-in-law), 2, 15–16, 27, 32, 36, 40, 47, 57, 58, 81–3, 85; return to Greece, 89–91; death, 93–4, 107
George V, King of Britain, 241
George VI, King of Britain, 76
George, Duke of Kent, 16, 20
George, Prince of Greece ('Uncle Jacob', husband's uncle), 19–20, 32–3, 39
George, Prince of Hanover (brother), 5, 17, 76, 214, 227
George-William, Prince of Hanover (uncle), 2
Georgiadi, Katy, 56
Germany: upbringing in, 2–6, 10–12; attacks Greece, 29–42; Smuts and, 63, 66; treatment of royalty in, 75–6; relations with France, 158; and Archbishop Makarios, 190; State Visit to, 201; relations with Greece, 202
Gibran, Kahlil, 199
Gmunden, 4
Goering, Hermann, 37
Grand Canyon, 165
Greece: Royal House of, 1–2; character of people, 19, 24–5, 32, 36, 45, 63, 75; and Axis war, 27–41; communist war in, 95–139; and American relations with Yugoslavia, 180; internal crisis, 181–3; relations with Britain, 182–93, 243; relations with U.S.A., 182–3; tourism, 195
Gregory the Great, St, 254
Guelph (family), 1, 2, 4
Guelph, Prince of Hanover (brother), 6, 11, 18

Hahn, Kurt, 227
Haile Selassie, Emperor, 200
Hamilton, David P., 57
Hamilton, Malcolm, 57
Hammarskjöld, Dag, 166–7
Hanover, 1, 2, 76–7, 201
Heisenberg, Dr Werner, 144, 146–7, 172
Helen, Queen of Roumania (sister-in-law), 15, 16, 68, 196
Helen, Princess of Greece ('Aunt Ellen', husband's aunt), 29, 35, 39, 42, 91, 93, 248
Heuss, Theodor, 201
Hitler, Adolf, 30, 33, 40, 75
Hoffman, Alvin, 127
Hohenzollern, House of, 2
Hymettus, 147

India, 65, 204–5
Ionian islands, 2
Irene, Princess of Greece (daughter), 59 74, 164–5, 204, 211, 221–2, 227–9, 231 233, 239–40, 255
Irene, Princess of the Netherlands, 231
Irwin, Margaret, 22
Istanbul—*see* Constantinople
Italy, 15, 27, 34, 200, 203, 233–4

Jannina, 109–10, 112
Jesus Christ, 61, 148, 165–6, 249, 253
John of the Cross, St, 254
Juan Carlos, Prince of Spain (son-in-law), 230–3
Juba, 77

Juliana, Queen of the Netherlands, 190, 196

Karamanlis, Constantine, 183, 189
Khartoum, 60, 74, 77
Khrushchev, N. S., 173–4
Killearn, Lord, 80
Kirk, Alexander, 79–80, 165
Konitsa, 95, 108–11, 116
Köprülü, Fuad, 154
Kotzias, Dr, 167

Lagos, 59
Lampson, Sir Miles, 60
Lawrence, Professor Ernest O., 164
Lebanon, 198–9
Leicester, Lord, 188
Leloudas (Marshal of the Court), 110
Leopoldville, 58
Leros, schools at, 102–4, 116–17
Levkas, 24
Lincoln, Abraham, 161
Lisbon, 58
London, 57, 89–90, 239–43
Los Angeles, 160
Louise, Queen of Sweden, 43–4, 73
Lycabettus, 37, 39, 48

McCone, John A., 167
Macedonia, 93, 98, 239
Macnair, Sheila, 42, 50, 81
Macronisos, 105–6
Mahmoud Ali, 77–8
Makarios the Great, St, 259
Makarios, Archbishop, 190
Marie Bonaparte, Princess of Greece (husband's aunt), 19, 33, 39
Marie Dagmar, Empress of Russia, 1
Marina, Princess of Greece and Duchess of Kent (husband's cousin), 16, 76–7
Markos (communist leader), 97, 107
Marshall, General George C., 68, 113–114; correspondence with, 115–28, 154–8, 179–84, 188–92; and Coronation of Queen Elizabeth, 157; illness, 162; character, 174; and Churchill, 187
Mary, Queen of Britain, 13
Mela, Mrs Alexandra, 134, 139
Menderes, Adnan, 151–2, 154–5
Menon, Krishna, 204–5
Menuhin, Yehudi, 108
Messi (Lady-in-waiting), 36, 41
Metaxas, General, 32
Michael, King of Roumania, 68
Mohammedanism, 152–3, 157
Mountbatten, Earl, 43, 243–4
Muizenberg, 65
Mussolini, Benito, 15, 211

Naidu, Mrs, 205
National Socialism, 12
Nautilus, U.S.S., 169
Navarino, 244
Nehru, Jawaharlal, 204–5
New Orleans, 165
New York, 60–1, 162
Niarchos, Stavros, 232
Niarchos, Eugenie, 232
Nicholas, Princess—*see* Helen
Nomicos, Mr, 240
Nomicos, Loula, 56, 240
North Atlantic Treaty Organisation, 182, 188, 190
North Foreland Lodge, 13–14
Norton, Sir Clifford, 203, 216
Norton, Lady, 139

Oak Ridge, 170
Olga, Queen of the Hellenes (husband's grandmother), 210
Olympic Games, 233
Oppenheimer, Dr Robert, 169
Orion, H.M.S., 80

Pandit, Mrs Vijaya, 166, 205
Papagos, Alexander, 115–16, 124, 181–3, 187, 195, 243
Park, Air Marshal Keith, 90
Parnes, Mount, 148
Patmos, 131–2
Paul, King of the Hellenes (husband): engagement and marriage, 15–17, 19, 24, 29; leaves Greece in 1941, 36, 38, 40, 43–4, 47, 57; correspondence, 48–49, 50–9; broadcasts, 52–3, 57–8; in Egypt, 55, 58–9, 60, 77–87; and Greek forces, 80; illness, 80–1; attempts to return to Greece in 1944, 82–5; returns, 90–1; accession, 93–4; war

with communists, 95–112, 141, 212–13; and school for communists on Leros, 102–4; and for delinquents on Cos, 104; at Macronisos, 106; illness, 107–8; military problems, 119, 121, 124; on Cyprus and Crete, 122; and 1949 crisis, 123–6; and King's Royal Institute, 133; accidentally arrested, 151; State Visit to Turkey, 152–3; and Turkish school in Thrace, 156; State Visit to U.S.A., 159–66; speech to U.N., 166; and Eisenhower, 173; and Tito, 177–81; and Karamanlis, 183; and Coty, 198; and British Navy, 199; and President Heuss, 201; in India, 204–5; on monarchy, 207–9; character, philosophy, 209–13, 215, 217; and Constantine's coming of age, 224–6; at Sophie's wedding, 231; at Olympic Games, 234–6; seamanship, 234–5; and State Visit to England, 241–2; Guildhall speech, 244–5; at Mount Athos, 247; last illness, 257; religion, 257; death, 257–9; epitaph, 260; epilogue, 261–3
Pesmazoglu, Mr, 231
Peter, King of Yugoslavia, 38
Peter, Prince of Greece (husband's cousin), 39
Philip, Duke of Edinburgh (husband's cousin), 22, 57, 68, 113, 242, 243
Pilar, Infanta of Spain, 231
Piraeus, 35, 177
Pittsburgh-Shippingport, 168
Plotinus, 251, 253
Plymouth, 89
Popovic, Koca, 157
Potamianos (A.D.C.), 217
Pretoria, 63, 69
Princeton, 169–70
Psychico, 9–13
Purefoy, Mr, 165
Purefoy, Clint, 165–6

Queen Frederica, S.S., 195–6

Radhakrishnan, Sir Sarvepalli, 204
Radziwill, Princess Tatiana, 231
Rawlings, Admiral Sir Bernard, 80, 82
Rhodes, 131, 234
Ribbentrop, Joachim von, 12–13
Rickover, Admiral, 168–9
Rome, xi
Roosevelt, Franklin D., 66, 83
Roumania, 30, 68
Royal Welfare Fund, 133–9
Russia, 66, 68, 217–18

St Sophia (Constantinople), 152–4
Salem, Schloss, 227–8
Salonika, 31, 37, 96
San Francisco, 164
Schuman, Robert, 158
Scobie, General Sir Ronald, 84–5
sea and sailing, 24, 216, 233, 236–7
Seaborg, Professor Glenn T., 172
Shankara, 254
Shelley, P. B., 192
Sherman, Alec, 108
Simeon, King of Bulgaria, 175
Simeon, St, 253
Smuts, Field-Marshal J. C., 50, 59, 61, 63–71, 77–8, 83, 90, 131, 144, 185 192
Smuts, Mrs J. C., 69
Smuts, Santa, 69
Smyrna, 181, 189
Sophie, Princess of Hanover (sister-in-law), 227
Sophie, Princess of Spain and Greece (daughter), 21, 23, 51–2, 55, 74, 165, 167, 169–70, 203, 222, 227–8, 230–4
South Africa, 47, 49–59, 61–7
State Visits (in general), 196–7—*see also* Britain, France, Germany, Lebanon, Italy, India, Switzerland, Thailand, Turkey, United States of America, Yugoslavia
Stevenson, Adlai, 164
Sulzberger, Arthur Hays, 122
Sunion, 24–5
Sweden, 73
Switzerland, 141, 202–3

Table Mountain, 61–2, 70
Taj Mahal, 205
Tatoi, 35, 38, 42, 104, 164, 173, 199, 210, 228, 244

Teller, Professor Edward, 170, 172
'Tempo, General', 177–8
Tennant, Admiral Sir William, 90
Thailand, 206
Theron, General, 83
Thrace, 30–1, 155, 157
Thyra, Duchess of Cumberland, 1, 2
Tito, Marshal, 177–81
Tsaldaris, Constantine, 114
Turkey, 152–7, 181–3, 191–2

Uganda, 60
Underhill, Evelyn, 70
United Nations, 65, 127, 166, 182, 205
United States of America, 127, 159–75, 182, 190
Unseen, The, 145–9, 248–52, 256

Valdemar, Prince of Denmark (great-uncle), 7
Van Fleet, General, 115, 117–18, 212–13
Venizelos, Sophocles, 151
Victoria, Lake, 60
Victoria, Queen, 1, 242
Vyshinsky, Andrei, 166–7

Washington, 161–2
Westminster Abbey, 17
William II, Kaiser of Germany (grandfather), 2–3, 241–2
William, Prince of Denmark—*see* George I, King of the Hellenes
Wilson, General Sir Henry Maitland, 82
Windsor Castle, 57, 239

Ypsilanti, H., 37
Ypsilantis, Professor Thomas John, 171
Yugoslavia, 30, 34–5, 125, 128, 156–7, 177–81

Zante, 213–14
Zervas, General, 83
Zürich, 202